ACCESO GRATIS a la Lectura en la Nube

Para visualizar el libro electrónico en la nube de lectura envíe junto a su nombre y apellidos una fotografía del código de barras situado en la contraportada del libro y otra del ticket de compra a la dirección:

ebooktirant@tirant.com

En un máximo de 72 horas laborales le enviaremos el código de acceso con sus instrucciones.

CONSTITUCIÓN Y ESTADO AUTONÓMICO

CARTOGRAFÍA DEL DEBATE SOBRE LA REFORMA TERRITORIAL

Procedimiento de selección de originales, ver página web:
www.tirant.net/index.php/editorial/procedimiento-de-seleccion-de-originales

CONSTITUCIÓN Y ESTADO AUTONÓMICO

CARTOGRAFÍA DEL DEBATE SOBRE LA REFORMA TERRITORIAL

Ignacio Durbán Martín

Javier Palao Gil

(Editores)

tirant lo blanch

Valencia, 2025

En caso de erratas y actualizaciones, la Editorial Tirant lo Blanch publicará la pertinente corrección en la página web www.tirant.com.

© TIRANT LO BLANCH
EDITA: TIRANT LO BLANCH
C/ Artes Gráficas, 14 - 46010 - Valencia
TELFS.: 96/361 00 48 - 50
FAX: 96/369 41 51
Email: tlb@tirant.com
www.tirant.com
Librería virtual: www.tirant.es
DEPÓSITO LEGAL: V-4430-2024
ISBN: 978-84-1056-746-7

Si tiene alguna queja o sugerencia, envíenos un mail a: *atencioncliente@tirant.com*. En caso de no ser atendida su sugerencia, por favor, lea en *www.tirant.net/index.php/empresa/politicas-de-empresa* nuestro procedimiento de quejas.

Responsabilidad Social Corporativa: http://www.tirant.net/Docs/RSCTirant.pdf

Autores

Ignacio Durbán Martín

Javier Palao Gil

Ignacio González García

Mar Antonino de la Cámara

Ignacio Durbán Martín

Laura Hernández Llinás

José Mª Vidal Beltrán

Eva Gomis Jaén

Miguel Ángel Sevilla Duro

Carmen Montesinos Padilla

Eva Sáenz Royo

Joaquín Martín Cubas

Borja Sanjuán Roca

Jorge Castellanos Claramunt

Josu de Miguel Bárcena

Jon Arrieta Alberdi

Índice

Presentación

IGNACIO DURBÁN MARTÍN
JAVIER PALAO GIL

No hace mucho, en una de las jornadas organizadas por la Cátedra de Derecho Foral Valenciano y Desarrollo Estatutario de la Universitat de València, tratamos de soslayo la siempre espinosa cuestión de las señas de identidad a propósito de la ley que el gobierno valenciano decía estar preparando al respecto. Manuel Alcaraz, profesor de derecho constitucional de la Universidad de Alicante y exconseller de Transparencia y Participación en ese mismo gobierno —pero en la versión del Botànic— entre 2015 y 2019, comenzó a bromear en su intervención y planteó si la incapacidad de los españoles para reformar su Constitución no formaría parte también de sus señas de identidad como pueblo. Razón no le faltaba: en más de dos siglos (1812-2025), ningún gobierno de España ha sido capaz de acometer una reforma de calado del texto constitucional con el que le haya tocado en suerte regir el país, sea cual sea. Es la nuestra una nación de rompe y rasga, que siempre ha preferido la sustitución, a menudo de forma violenta, de una constitución por otra antes que la reforma pacífica y obrada de mutuo acuerdo.

Y es que nuestro país no ha sabido hacer nunca, a lo largo de los últimos dos siglos, una reforma constitucional de cierto alcance, y ha optado sistemáticamente por la ruptura, no por la reforma. De ahí que podamos enumerar tantas constituciones en los siglos XIX y XX: 1808, 1812, 1834, 1837, 1845, 1856, 1869, 1876, 1931… Ante un cambio en el Gobierno o un golpe de Estado, nuestras autoridades tradicionalmente han tirado a la papelera el texto vigente y han optado por hacer uno nuevo. El corolario de este aserto es que si, como por milagro, alguno perdura durante décadas, entonces se mantiene intacto, sin cambios ni adaptaciones: no se reforma, no sea que vaya a suceder algo malo... Lo que ocurre al final es que la rigidez y la esclerosis propician la fractura y su desaparición en medio de un cambio profundo. Así ocurrió en 1868 con el texto de 1837-1845; y en 1931 con el canovista de 1876, que ya olía a rancio tras la crisis del 98 y fue dejado en suspenso durante la dictadura de Primo de Rivera. Lo malo es que los procesos de transformación iniciados al caer las constituciones añejas se vieron truncados poco después por movimientos involucionistas basados en sendos golpes de Estado (Pavía-Martínez Campos en 1874, y el de los militares en 1936) que condujeron a regímenes políticos indeseables que no hicieron más que acentuar el atraso del país: el de la corrupción sistemática de la Restauración, y la dictadura franquista. Vaya por delante este aviso a navegantes antes de recordar que los bandazos se evitan mediante el mecanismo de la reforma (y, también, el viejo proverbio que afirma que no hay dos sin tres).

El mejor ejemplo de lo que venimos sosteniendo nos lo proporciona la Constitución de 1876, hasta la fecha la más longeva de nuestra historia: casi 50 años. Pues bien, en todo ese tiempo no sufrió la menor modificación: ni una coma. Aquella estabilidad, que a partir de 1898 fue más presunta que real, se acabó transformando en una dictadura. La segunda República, la guerra civil y otra dictadura —la franquista— vinieron después. Habría sido mejor modificar aquella Constitución a tiempo para adaptarla a cambios y transformaciones y, de paso, seguir la estela de las naciones de nuestro entorno, más avanzadas y modernas en el tránsito de los siglos XIX al XX. El profesor García Canales explicó tiempo atrás las claves de lo ocurrido con la ley fundamental del sistema canovista:

> «Una Constitución nacida de las inquietudes e intereses de los grupos sociales dominantes en un momento dado es utilizada hasta la desnaturalización por esos mismos grupos, y convertida en valladar frente a posibles reformas; algo así como un cor-

sé jurídico o freno de la evolución social y política. Una Constitución holgada y flexible se convierte en el respaldo jurídico de los intereses tradicionales, pues, pese a todas las denuncias y presiones, la clase política beneficiaria de la Restauración permanece conscientemente maniatada por las trabas formales de la "vigente" legalidad, sin hacerse eco de los cambios profundos que en la sociedad española se están efectuando».

Una constitución convertida en un corsé jurídico que da la espalda a los cambios profundos que experimenta España... Quizá nos suene de algo... Siempre hay oportunidad para corregir el precedente histórico, y el primer paso es apercibirse de él. Y, en ese sentido, empieza a ser urgente llevar a cabo una reforma que adapte nuestra Constitución a los nuevos tiempos, que la acerque a las nuevas generaciones para que éstas la hagan también suya, que la sintonice, en fin, con la situación real del país: esta ya no es la España de la Transición, aunque algunos se empeñen en seguir anclados en ella y traten de arrastrarnos a los demás en su empeño. La alternativa a la reforma, por cierto, nos la señaló hace tiempo George Santayana, un filósofo y ensayista de origen español, que —con una cita conocida por todos— sostenía que aquellos que no recuerdan el pasado están condenados a repetirlo. Recuperamos la afirmación de Santayana para echar un vistazo al pasado y comprobar que, de nuevo, estamos ante un error repetido. Parece que no escarmentamos...

Las causas de este bloqueo pueden ser muy diversas. De su transcurso en nuestro pasado contemporáneo, y de las explicaciones correspondientes, ya se ocuparon dos especialistas de la historia constitucional española, Marta Lorente e Ignacio Fernández Sarasola. Canales analizó lo concerniente a la longeva Constitución de 1876. Pero agua pasada no mueve molino, aunque nos ayude a entender por qué tampoco se mueve ahora. Parece más interesante —y más correspondiente a la materia de este libro— reflexionar sobre las razones del inmovilismo actual. Y quizá algunas de ellas residan en los años que siguieron a la muerte del dictador, aquello a lo que seguimos llamando «la Transición». Mucho se habló entonces —y ahora aún se recuerda— del consenso, aquella palabra que fue un mantra durante varios años, hasta que el PSOE ganó las elecciones de 1982 y el desencanto que había augurado Jaime Chávarri en su célebre película-documental de seis años antes comenzó a abrirse paso con nitidez.

Conviene recordar que la Transición tuvo mucho de pacto o acuerdo, seguramente más que de consenso. Y es una diferencia relevante. El consenso requiere de un diálogo abierto y amplio, de un esfuerzo encaminado a alcanzar un lugar de convergencia, una especie de ecosistema político en el que la mayor parte de la sociedad se siente cómoda y puede situarse sin reparos, huyendo de aislar al discrepante e incorporando a las nuevas generaciones mediante un mecanismo de adhesión. Los años que siguieron a la muerte del general Franco carecieron de la tranquilidad y la paz necesarias para construir ese consenso amplio, entre atentados terroristas, agitación en las calles y la amenaza permanente del golpe de Estado por parte de unas fuerzas de seguridad y armadas ancladas aún en la dictadura. El golpe se acabó materializando el 23 de febrero de 1981; su fracaso y la victoria socialista del año siguiente cerraron la Transición y abrieron una nueva época, la de un régimen democrático cada vez más consolidado.

Esa democracia sentó sus bases sobre un pacto tácito —pero con bastantes muestras expresas— en el que los que habían detentado el poder durante el franquismo —y antes también— renunciaron a su monopolio y aceptaron dirimirlo en elecciones libres. A cambio, la oposición democrática renunció a la revolución, a juzgar las responsabilidades derivadas de la dictadura y a poner en valor la República traicionada, aceptando algo tan exorbitante como la Ley de Amnistía de 1977. Por eso se dice que la Transición fue en realidad un pacto por el olvido, un olvido que permanece aún en nuestros días. Es bastante fácil señalar hoy a los que siguen insistiendo en el olvido y en hostigar las políticas de memoria: son los herederos —algunos de ellos, biológicos— de los principales beneficiados por aquella ley que indultó, en esencia, a reos de crímenes de guerra y contra la humanidad y blindó los delitos más atroces de la dictadura.

Las diferencias entre el pacto y el consenso extienden sus consecuencias en el tiempo. El consenso puede tener una vigencia intemporal conforme se sumen más partes. Sin embargo, el pacto la tiene limitada a las que intervienen en él, y se explica entre ellas, por lo que pierde vigor con el paso del tiempo. Por eso es tan difícil explicárselo a los más jóvenes: ellos no fueron parte del pacto, no entienden las circunstancias limitativas de la época y no se sienten obligados por ellas. Y tienen buena parte de razón. La monarquía, por ejemplo, fue una de las condiciones del pacto; por eso se ve ahora cuestionada, y más cuando quienes ocupan la jefatura del Estado se comportan de manera poco ejemplar. Si no se hubiese impuesto como condición *sine qua non* del nuevo régimen político, si se hubiese explicado a fin de conseguir una complicidad mayor entre la población, quizá se sostendría ahora sobre bases más firmes. Sin embargo, su apoyo social se debilita al mismo ritmo al que se produce el relevo generacional...

La Constitución de 1978 fue el fruto más importante de aquel pacto, con sus virtudes y sus defectos. Lo que ocurre es que, casi medio siglo más tarde, perdido aquel contexto y en una sociedad muy distinta, los segundos tienden a verse más que las primeras. Y, al ser el resultado de un pacto, los que no fuimos parte nos acercamos a ella con una visión distinta, sin prejuicios ni condicionamientos históricos. Tejero nos queda muy lejos... Y cabe recordar que, a día de hoy, dos terceras partes del censo electoral de nuestro país no pudo participar en el referéndum de 1978; es decir, dos de cada tres votantes españoles de hoy día no tuvieron papel alguno en la sanción de nuestra carta magna. Este argumento tiene una importancia relativa si el texto se actualiza y modifica periódicamente, de una forma transparente y con la participación —o, al menos, la complicidad— de la población del país.

Es lo que no entienden algunos de los protagonistas de aquel tiempo que se consideran guardianes de sus esencias y de las de aquella Constitución tan lejana: ancianos de pelo blanco que no han sabido, o querido, retirarse a tiempo. Nos juzgan inmaduros, incapaces de llevar adelante una reforma como ésta. Que la política española no sabe de consensos, y sí de pactos, lo demuestra la vida cotidiana: solo hay que ver los telediarios, o seguir el culebrón de la renovación del Consejo General del Poder Judicial. Pero si para muestra vale un botón, la incapacidad absoluta para reformar el texto constitucional es el mayor de ellos. Es un mal que viene de lejos: como veníamos diciendo, desde 1812 este país no ha hecho ni un solo cambio de calado en una constitución; y ha habido unas cuantas… Pero ahora mismo, los que se aferran al texto incólume de 1978 no necesitan nada de los que sí querríamos cambiarlo y actualizarlo, por lo que la posibilidad de un pacto sigue desvanecida; y así seguirá por mucho tiempo, desengañémonos. Para ellos, *abrir el melón constitucional* es motivo de riesgo y peligro: se romperá la nación, proliferarán sus enemigos —en especial, los separatistas—, las instituciones se prostituirán —llevándoselas lejos de Madrid, por ejemplo—, llegará la odiada república... (añada el amable lector lo que mejor le parezca).

Y por aquí se va a otra de las causas del bloqueo. Porque, en el fondo, hay un problema de cultura constitucional y tradición democrática. Nuestro país adolece de lo uno y de lo otro. Salvo durante los pequeños lapsos de la Gloriosa y las dos repúblicas, España no ha vivido en un verdadero régimen democrático hasta 1978; ese déficit sigue condicionando aun ahora nuestra percepción de los hechos políticos (y el resurgir de la ultraderecha de corte franquista demuestra que sigue larvada una tradición autoritaria con matices distintos de la que vemos en la Europa central). Y qué decir de una nación que ha renunciado a explicar qué es la Constitución. A nuestra clase política no se le cae la palabra de la boca, pues es, al parecer, la panacea para todos nuestros males; pero luego no se molesta en incluir una materia que la exponga en sus contenidos y en sus repercusiones. ¿Cómo se explica esto? Tampoco se enseña con propiedad la estructura política e institucional del país: no solo la Constitución, sino también los poderes, los partidos políticos, la organización territorial, qué es la Administración... Seguimos teniendo, pues, una materia pendiente, que no es otra que la de formar ciudadanos responsables y conscientes a través de una cultura constitucional. Quizá por esta vía pueda conformarse, con el tiempo, una generación que haya perdido el miedo a lo que supone una reforma de calado de nuestra carta magna. Pero, por el momento, no es así, porque los más jóvenes se alimentan de los prejuicios, de los miedos y de las ideas preconcebidas de sus mayores, carentes como están del necesario aparato crítico y conceptual para enfrentarse a ellos con ventaja.

Lo cierto es que la Constitución alemana de 1948 ha sido reformada más de 60 veces; la francesa de 1958, en otras 25 ocasiones. Sin ir más lejos, la portuguesa de 1976, coetánea de la nuestra, ha sufrido 7 cambios desde entonces, que han permitido modificar, entre otras cosas, aspectos ideológicos, de organización institucional y la regulación en materia económica y social; no han sido un mero retoque puntual y cosmético. En nuestro país, hasta el momento se han operado tres reformas en el vigente texto constitucional: la de 1992 para reconocer en el art. 13.2 el derecho de los ciudadanos comunitarios residentes en España a ser elegibles en las elecciones municipales; la de 2011 para consagrar en el art. 135 el principio de estabilidad presupuestaria y los límites al déficit y al endeudamiento de las administraciones públicas; y la del pasado 2024 para ampliar derechos de las personas con discapacidad y eliminar del texto la expresión «disminuidos físicos, sensoriales y psíquicos». Las dos primeras fueron impuestas desde Bruselas: no hay más que añadir. La tercera merece un comentario aparte, pues se lleva a cabo tras una negociación de dos años y medio que se acaba tramitando mediante el procedimiento de urgencia y lectura única, como si fuese algo vergonzante (es cierto que las otras dos también utilizaron ese mismo procedimiento). Por supuesto, no se consensua con las entidades que representan al sector de las personas con discapacidad —el CERMI, especialmente— y se lleva a cabo en un momento complicado para ellas (la negociación de los presupuestos anuales con las autoridades autonómicas). Los valencianos, además, recibimos el enésimo desengaño de nuestras autoridades de Madrid al intentar modificar levemente una disposición adicional y poder así cumplir con lo que dictamina nuestro Estatuto de Autonomía respecto del derecho civil. Los déficits democráticos afloran por todas partes...

Al margen de estas tres modificaciones puntuales, lo cierto es que desde hace aproximadamente dos décadas —y muy especialmente en el transcurso de la última—, viene manteniéndose un debate de mayor alcance y enjundia acerca de la conveniencia de reformar en profundidad la Constitución española de 1978. Las opiniones que provienen del ámbito académico convergen en la necesidad de una amplia reforma y en que el consenso no puede ser una condición para iniciar el procedimiento, sino un resultado que sólo puede forjarse de manera progresiva y laboriosa. Los aspectos sobre los que, según el parecer mayoritario de quienes se han involucrado en este debate, debería proyectarse esta necesaria revisión constitucional abarcarían: la cláusula europea, los derechos fundamentales, el sistema electoral, el modelo bicameral, la Corona, el Gobierno, el Poder Judicial, el Tribunal Constitucional, el propio procedimiento de reforma y, por supuesto —y con carácter prioritario—, la organización territorial del Estado. En efecto, buena parte de la discusión doctrinal se ha centrado en reflexionar, específicamente, en torno a las posibilidades de reforma del Título VIII —y el elenco de disposiciones a él conexas— de la carta magna, es decir, el que lleva por rúbrica «De la organización territorial del Estado» y que conforma un amplio marco regulatorio que, con frecuencia, se ha dado en denominar la «constitución territorial». Y es que, una vez se ha constatado que las vías *infraconstitucionales* de reforma del modelo territorial de Estado plantean unas limitaciones insuperables, el debate se ha ido focalizando con el tiempo en la modificación de las previsiones constitucionales que regulan esta cuestión.

Se considera perentorio introducir modificaciones sustanciales en su contenido habida cuenta de que, cumplidos cuarenta y seis años de vigencia, presenta claros síntomas de desgaste y, lo que es peor, de haber sido desbordado en gran medida por muchos de los acontecimientos —jurídicos y políticos— que han jalonado el desarrollo del proceso autonómico. En este sentido, episodios como el «procés» catalán no serían sino la punta de un *iceberg* de carencias y disfunciones que aquejan a nuestra constitución territorial y que demandan soluciones de conjunto. Son numerosas las voces que no esconden su preocupación al respecto y han instado, en repetidas ocasiones, a actuar para poner remedio a esta improrrogable situación: García Roca, Montilla Martos, Muñoz Machado, Tudela Aranda, Solozábal Echevarría, Tornos Mas, Aja Fernández, Sáenz Royo, Rubio Llorente, de Carreras Serra, Aragón Reyes, López Basaguren, Carmona Contreras, Pérez Royo, Cruz Villalón, Carrillo López, Albertí Rovira, Ortega Álvarez o Caamaño Domínguez, todos ellos reconocidos especialistas en la materia, son sólo algunos ejemplos. No cabe ninguna duda, pues, de que hay una posición mayoritaria en el seno de la academia que propugna la reforma de una parte tan sustancial de la Constitución de 1978 con el propósito de subsanar sus carencias, enmendar sus desaciertos y descargarla de normas transitorias cuya operatividad está actualmente agotada. A partir de aquí, no existe, ciertamente, un acuerdo unánime sobre los criterios que deberían inspirar la reforma ni tampoco sobre las soluciones concretas que convendría implementar, pero sí puede constatarse, como se verá, que buena parte de las propuestas se han realizado —explícita o implícitamente— en clave federal. Con todo, lo fundamental es que existe un amplio consenso en cuanto a la necesidad misma de la reforma.

Más allá de la dimensión académica, el debate sobre la reforma de la constitución territorial ha tenido también un notorio alcance social y político. Cabe subrayar, en este sentido, la participación activa en él de diversos grupos de reflexión, fundaciones y asociaciones como el Cercle d'Economia, la Fundació Rafael Campalans, la Fundación para la investigación sobre el derecho y la empresa (Fide), la Fundación Alfonso Perales, la Asociación por una España Federal o la Asociación de Federalistas del País Vasco. No menos trascendente ha sido la intervención propiamente institucional. Como es sabido, hace ya casi dos décadas, el Consejo de Estado se pronunció sobre algunas perspectivas de modificación de la constitución territorial previa petición de un informe por parte del Gobierno y, hace algo más de un lustro, el Ejecutivo valenciano formalizó un conjunto de propuestas de reforma en materia territorial (incluidas en su *Acuerdo del Consell sobre la reforma constitucional*). También es un hecho significativo que diversos partidos políticos hayan incluido en algún momento de los últimos años entre sus ejes programáticos la reforma de la Constitución y, más concretamente, del modelo territorial en ella consagrado, planteando soluciones diversas para la superación de algunos de los problemas de funcionamiento del Estado autonómico. Así, por ejemplo, PSOE, Ciudadanos, Podemos e Izquierda Unida (estos dos últimos coaligados, junto a otras fuerzas políticas menores, en la candidatura conjunta Unidas Podemos) concurrieron a las elecciones generales de junio de 2016 con programas electorales que abogaban explícitamente por acometer cambios constitucionales que incidiesen en el modelo territorial del Estado. Es cierto que, con posterioridad, este tipo de planteamientos han ido desapareciendo de los programas electorales, pero el hecho de que hayan llegado a incluirse con carácter relativamente reciente es, sin duda, algo remarcable. E igualmente reseñable es que el Congreso de los Diputados crease durante la XII Legislatura la Comisión para la evaluación y la modernización del Estado autonómico, donde diversos comparecientes hablaron de reforma constitucional (si bien, como es sabido, una serie de vicisitudes políticas propiciaron que esta Comisión deviniese inoperante en la práctica).

Pues bien, una de las consecuencias más palpables de este amplio debate ha sido la continua proliferación de una gran cantidad de informes, documentos y trabajos —ya sean de corte académico, divulgativo, institucional o abiertamente político— repletos de ideas y propuestas de tipología muy variada todas ellas relativas a la modificación de la constitución territorial. Y esa gran cantidad de material que viene publicándose a lo largo de los últimos años en torno a los posibles horizontes de reforma del texto constitucional ha comenzado a resultar del todo inmanejable debido al volumen de información que tan copiosa producción escrita suministra a toda persona que a ella se aproxima. Hasta tal punto es así, que tratar de retener, siquiera en sus líneas globales, el cúmulo de prescripciones contenidas en este abultado *corpus* constituye, hoy por hoy, una ardua —por no decir imposible— tarea. Piénsese que hablamos de un abundantísimo número de publicaciones que se nos presentan, además, bajo formatos muy variados. El que predomina es, sin duda, el estrictamente académico que se desglosa, a su vez, en monografías y contribuciones a revistas especializadas o libros colectivos (siendo que a menudo, en uno y otro caso, han proliferado, con relación a esta temática, obras o números de tipo monográfico). Pero también han sido frecuentes los informes provenientes de la sociedad civil (elaborados por fundaciones, asociaciones o por comités de expertos constituidos *ad hoc*, como anteriormente se ha indicado) e, incluso, del ámbito propiamente institucional (baste con ver las citadas aportaciones a este respecto del Consejo de Estado o del Gobierno de la Comunitat Valenciana). A todo lo cual se han sumado, adicionalmente, las declaraciones, manifiestos y programas de diversos partidos políticos. De modo que, cuando se observa el panorama en su conjunto, no puede sino advertirse que nos hallamos ante una batería de aportaciones intelectuales que, tanto por su profusión como por su carácter disímil, ha acrecentado desmesuradamente la densidad de un debate ya de por sí trabado, espinoso y expuesto al vaivén de los cambios de ciclo político.

Es por ello que, a juicio de quienes participamos en esta obra, ha llegado el tiempo de ordenar las coordenadas del debate sobre la reforma del Título VIII de la Constitución —un debate ampliamente concebido, es decir, integrando también en él otras facetas del texto constitucional con evidente conexión— ofreciendo un recuento sintético, claro y sistematizado del conjunto de propuestas formuladas hasta el momento dentro de este concreto ámbito temático. Entendemos que compendiar éstas en un catálogo unificado y cuya elaboración responda a unos parámetros científicos, rigurosos y homogéneos, además de constituir un hecho novedoso, podría contribuir, por su utilidad, a la clarificación y al consiguiente avance de un debate que, en los últimos años, ha ido incrementando exponencialmente su complejidad.

Así pues, como ya habrá podido advertirse, la obra colectiva que en estas líneas se presenta —y que es, en buena medida, fruto de la reflexión desarrollada en el marco proyecto I+D+i para grupos de investigación emergentes «Constitución y Estado autonómico. Cartografía del debate sobre la reforma territorial» (Ref.: GV2020-063), financiado por la Generalitat Valenciana—, fija como objeto de su estudio la propia discusión en torno a la reforma de la constitución territorial. Partiendo de estas coordenadas, el libro se estructura en once capítulos, cada uno de los cuales se ocupa de un eje temático diferente, donde se van estudiando con detalle las distintas propuestas de reforma formuladas hasta el momento. Esos once temas, que abarcan las principales líneas de reflexión sobre nuestro modelo territorial de Estado y sus perspectivas de revisión, son, en concreto, los siguientes: el mapa autonómico, el régimen jurídico de los estatutos de autonomía, el reparto de competencias entre el Estado y las comunidades autónomas, el Senado, las relaciones intergubernamentales en el marco del Estado autonómico, la participación de las comunidades autónomas en la Unión Europea, la financiación autonómica, el Estado social autonómico, la autonomía local, la problemática de la secesión y, en fin, los hechos diferenciales y las asimetrías. Proponemos, pues, un examen desapasionado de cuantas contribuciones se han realizado hasta la fecha a este intrincado debate para poder, de este modo, ofrecer al público —tanto al especializado como al general— una perspectiva clarificadora de cuáles son los principales consensos y disensos suscitados alrededor de esta compleja cuestión y, sobre todo, una panorámica ordenada, ilustrativa y accesible del *status quaestionis* en materia de propuestas de reforma del modelo territorial consagrado en la Constitución de 1978.

Y frente a la intención de algunos de momificar la Constitución declarándola intangible *in saecula saeculorum* y tratando de condenarnos a repetir nuestro pasado, sirvan estos trabajos como propuesta para tratar de evitarlo, dándolos a conocer. Si la reforma constitucional se hace de forma inteligente, puede conseguirse una renovación de la legitimidad de la principal de nuestras leyes, y, por el mismo precio, sumar a las nuevas generaciones —los menores de 65 años, vaya— al consenso constitucional de una forma activa. Además, daríamos una muestra indudable de madurez política, de cultura constitucional, un paso irreversible en el camino de convertir la democracia en una tradición: habremos vencido a nuestra propia historia reciente. No permitamos que, como en tantas ocasiones del pasado, la Constitución se convierta en un problema. Porque la alternativa es el inquietante colofón con el que se cierra la mejor de las novelas de García Márquez: «las estirpes condenadas a cien años de soledad no tenían una segunda oportunidad sobre la tierra». Sobre nuestra larga soledad como país se podrían escribir muchas monografías, pero una imagen reciente vale más que mil palabras: la de los solitarios representantes del PP y PSOE reunidos en Bruselas con el comisario europeo de Justicia, Didier Reynders, elegido como mediador porque resulta que nuestros políticos patrios son incapaces de alcanzar un pacto bien sencillo sobre la renovación del CGPJ, y han tenido que buscar compañía. La cara del comisario era un poema... Igual hay que seguir el mismo camino con la reforma constitucional para poder gozar de una segunda oportunidad sobre la tierra.

Quisiéramos concluir estos párrafos introductorios expresando nuestro agradecimiento a la Dirección General de Transparencia y Participación (la heredera, desde julio de 2023, de la anterior Conselleria del mismo nombre) y a la Universitat de València por su continua labor de impulso y fomento del estudio de importantes materias como la que en estas páginas se aborda, a través de la Cátedra de Derecho Foral Valenciano y Desarrollo Estatutario, que ambos codirigimos. Es un maridaje que lleva funcionando razonablemente bien desde hace más de una década con protagonistas políticos y académicos muy diversos. A la Fundación Manuel Giménez Abad por su respaldo en la organización de la jornada «La reforma de la constitución territorial: una visión de conjunto», que tuvo lugar el 9 de junio de 2022 en palacio de la Aljafería de Zaragoza, pues, en ella, varios de los participantes en este trabajo colectivo y otros asistentes tuvimos ocasión de mantener un provechoso debate. Y, finalmente, a Pablo Muruaga Herrero por su colaboración en las tareas de edición de esta obra.

El cierre del mapa autonómico

IGNACIO GONZÁLEZ GARCÍA
Universidad de Murcia

1. PLANTEAMIENTO Y DELIMITACIÓN DEL OBJETO.

Como es bien conocido, la extraordinaria apertura con la que nuestra Constitución dota al modelo de reparto territorial del poder a través del principio dispositivo permite al legislador estatutario configurar de modo muy diverso las distintas dimensiones del modelo: institucional, competencial y territorial. En particular, por lo que se refiere a la concreción del territorio que corresponde a cada una de las comunidades autónomas que se constituyan, el artículo 147.2.b CE establece que será el estatuto de autonomía la norma competente para realizar la *delimitación del territorio* de la comunidad autónoma, siendo éste además un contenido necesario de los estatutos.

Partiendo de esta remisión constitucional a las normas estatutarias y de la lectura —a mi juicio, cuestionable— que la doctrina mayoritaria ha hecho de la jurisprudencia del Tribunal Constitucional sobre la misma podría parecer que cualquier del modificación del mapa territorial autonómico —incluidas aquéllas más intensas como, por ejemplo, la fusión de comunidades autónomas— es *vehiculable* a través de una mera reforma estatutaria sin que se precise modificación del Texto Constitucional, lo que no siempre es cierto.

Por este motivo, la primera dificultad de este trabajo —y el primer aviso que se hace al lector— es que vamos a movernos constantemente en esa difusa línea roja que separa las reformas del mapa territorial que necesitan reforma constitucional y las que no, sobre lo cual además —obvio es decirlo— no existe criterio doctrinal unánime, circunstancia que complica aún más la tarea. En todo caso, hay que señalar que, evidentemente, la remisión del artículo 147.2.b CE a las normas estatutarias no desapodera en modo alguno al reformador de la Constitución para volver a llevar al texto constitucional cualquier decisión relativa a la delimitación, alteración, consolidación o cierre del actual mapa territorial autonómico.

En segundo término, quede también señalado en estas primeras líneas que, como veremos, prácticamente no existen propuestas de reforma de nuestra Constitución exclusivamente dirigidas a configurar definitivamente —de un modo u otro— nuestro mapa territorial autonómico, pero sí, lógicamente, propuestas de finalidad y vuelo distinto que, colateralmente, afectarían a la delimitación de ese mapa territorial. Sirvan como ejemplo de ello, la propuesta gubernamental de 2005 de llevar a la Constitución la denominación de las comunidades autónomas o las muchas iniciativas políticas y doctrinales en pro de federalizar el estado autonómico. En este trabajo nos referiremos a todas ellas, pero tan sólo en la medida en que puedan incidir sobre el cierre del mapa autonómico, quedando otras cuestiones también derivadas de las mismas tratadas en los correspondientes capítulos de esta obra colectiva. En esa misma lógica, quedarán fuera del objeto de este trabajo aquellas propuestas de reforma constitucional que no afectan al mapa autonómico en tanto que no alterarían el diseño territorial de las actuales comunidades autónomas, aunque sí a su configuración como sujeto político, su condición jurídica y a su relación con el conjunto del Estado (*v.g.* propuestas de confederación).

En tercer y último lugar, indicar que este trabajo pretende ofrecer no un desglose exhaustivo de propuestas —muchas de ellas reiterativas— realizadas en esta materia, sino una panorámica crítica de las principales líneas de reforma constitucional que sobre este concreto objeto se han venido defendiendo desde el ámbito doctrinal, político, institucional o de la propia sociedad civil, lo que obliga a sistematizar y, sobre todo, a seleccionar aquéllas que resultan más representativas de cada una de esas líneas.

2. LA CANCELACIÓN DEL MAPA AUTONÓMICO: SUPRESIÓN DE LAS COMUNIDADES AUTÓNOMAS

Lógicamente, un modo de cerrar completamente, en su sentido más amplio y literal, el mapa territorial autonómico es proceder a la supresión de las comunidades autónomas. Sin tener que acudir a la vía de la reforma constitucional cabría articular la eliminación de las autonomías a través de la derogación estatutaria. Decisión normativa que habría de adoptarse caso por caso y, dada la bilateralidad de los estatutos, con el consenso de cada una de las comunidades autónomas con el estado, articulado por medio de los correspondientes procedimientos de reforma estatutaria.

Esta fue la postura casi unánime de la doctrina cuando en el año 2011, en pleno auge de las crisis económica y territorial[1], surgieron, por primera vez, voces de dirigentes políticos autonómicos amenazando no con una renuncia total a la autonomía, pero sí con la devolución unilateral de determinadas competencias si no eran convenientemente financiadas por el Estado. Presidentes de comunidades autónomas gobernadas por el Partido Popular (Madrid, Castilla La Mancha, Valencia y Murcia) se manifestaron reiteradamente en este sentido[2], aunque sin adoptar nunca ninguna medida concreta que fuera en la dirección anunciada. Desde el gobierno estatal no se tardó en rechazar de plano la posibilidad de que las comunidades autónomas pudieran devolver unilateralmente al Estado las

1 Recordemos, por un lado, los devastadores efectos que sobre las arcas públicas tuvo la crisis económica iniciada en 2008, que puso en jaque el modo de administrar el gasto público en servicios tan relevantes —y tan costosos— como la educación o la sanidad, ambos de gestión autonómica. Y, por otro lado, la STC 31/2010, de 28 de junio, que resolvió los diferentes recursos de inconstitucionalidad interpuestos contra la reforma del Estatuto catalán de 2006 y que declaró inconstitucionales o concretó una determinada interpretación conforme a la Constitución de no pocos preceptos del mismo, y que sirvió de pretexto para el giro secesionista de los partidos políticos y grupos parlamentarios que sostienen al Gobierno de esa Comunidad Autónoma.

2 Sirvan como ejemplo estas declaraciones realizadas por el Presidente de la Comunidad Autónoma de Murcia a la agencia EFE, el 27 de julio de 2011, durante su participación en los Cursos de Verano de la UCM en San Lorenzo del Escorial: «Si resulta que en un lugar de España donde no quieren ser un lugar de España se está dando una Historia que no tiene nada que ver con España, no me interesa la competencia de educación, ni en Murcia, ni en Sebastopol [...] Si al final del trayecto resulta que no podemos mantenerlo, no les quepa duda: deseo fervientemente que nunca lleguemos a esta circunstancia, pero si llegamos, antes que la quiebra, de que nadie se quede sin esos servicios básicos, los devuelvo al Estado y que se haga cargo».

competencias de las que son titulares[3]. Lógicamente, después de alcanzar el Partido Popular el gobierno tras las elecciones del 20 de noviembre de 2011, tanto la intensidad como la frecuencia de las manifestaciones de estos presidentes autonómicos descendieron notablemente. Tan sólo Esperanza Aguirre, todavía presidenta de la Comunidad de Madrid, mantuvo el pulso dialéctico con el ejecutivo central. Decía al inicio de este párrafo que ésta era la postura casi unánime de la doctrina porque, de modo absolutamente minoritario, yo mismo he defendido la posibilidad de que las comunidades autónomas puedan renunciar parcial o totalmente a la autonomía de forma unilateral, incluso sin consentimiento del Estado[4].

Evidentemente, esta operación de eliminar las comunidades autónomas encontraría su sede natural en la reforma de la Constitución: que el constituyente decidiera revertir por completo el modelo autonómico hasta contraerlo en alguna fórmula de Estado unitario dotado de cierta descentralización administrativa. Así lo ha propuesto VOX con toda claridad, como eje fundamental de su programa político. Ya en su manifiesto fundacional se indicaba claramente que el Estado autonómico era una apuesta fallida sólo cabía finiquitar:

> «Sus fines eran correctos, pero su concreción jurídica y práctica ha resultado insatisfactoria tanto desde el punto de vista político como del funcional y económico. No ha cumplido el objetivo de integrar a los nacionalismos periféricos, contribuyendo por el contrario a la exacerbación de sus pulsiones sepa-

---

3 En palabras del entonces Ministro de Justicia, Francisco Caamaño: «El PP nunca ha creído en el Título VIII de la Constitución y, por tanto, se sienten incapaces en muchos casos de gestionarlo y asumir sus responsabilidades. Las comunidades autónomas que tienen competencias ya transferidas tienen que cumplir su responsabilidad. Devolverlas implicaría una reforma de la Constitución y de los Estatutos». Declaraciones al diario El País, de 28 de julio de 2011.

4 Ignacio GONZÁLEZ GARCÍA (2014), pp. 449-475.

> ratistas; ha provocado un crecimiento del sector público más allá de lo sostenible; ha deteriorado significativamente la unidad de mercado interna; ha multiplicado innecesariamente la complejidad administrativa; ha dañado la coherencia de nuestra acción exterior y ha contribuido en buena medida a la preocupante pérdida de calidad de nuestro sistema educativo»[5].

Este planteamiento se concretó después en los dos grandes documentos políticos que ha aprobado la formación hasta la fecha. La medida núm. 6 recogida en *Cien medidas para la España viva* (2018) preveía lo siguiente:

> «Transformar el Estado autonómico en un Estado de Derecho unitario que promueva la igualdad y la solidaridad en vez de los privilegios y la división. Un solo gobierno y un solo parlamento para toda España. Como paso previo: devolución inmediata al Estado de las competencias de Educación, Sanidad, Seguridad y Justicia limitando en todo lo posible la capacidad legislativa autonómica»[6].

Con casi idéntica literalidad, ha pasado a la primera medida en la que se concreta el primer eje («Igualdad entre españoles») de la llamada *Agenda España* (2021), en el entendido de que «una España sin distinciones ni fronteras internas es la mejor garantía de prosperidad y bienestar para todos»[7].

Se trata de una propuesta hasta ahora minoritaria que no ha encontrado eco en el ámbito doctrinal, más allá de algún apoyo marginal[8]. Ningún autor relevante ha apostado por este

---

5 www.voxespana.es/index.php/manifiesto-fundacional

6 https://www.voxespana.es/biblioteca/espana/2018m/gal_c2d72e181103013447.pdf

7 https://agendaespana.es/wp-content/uploads/2021/10/AgendaEspana_VOX.pdf

8 José Ramón RECUERO ASTRAY (2017), analiza hasta cuatro opciones distintas para la reforma constitucional del Estado autonómico, apostando decididamente por la supresión de las comunidades au-

tipo de reforma. Ha sucedido, por el contrario, que alguno de los mejores expertos de nuestro país en la materia ha venido a defender la existencia de límites implícitos a la reforma de nuestra Constitución que harían imposible una revisión de la misma en esa dirección. Así, Solozábal Echavarría ha afirmado que no ya la supresión de las comunidades autónomas sino incluso otras formas de «rectificación centralista» mucho menos intensas como la recuperación por el Estado de determinadas competencias (educación y sanidad, principalmente) serían «ilícitas, imposibles constitucionalmente hablando». Su argumentación, cuya consideración final de vinculación entre el principio democrático y la descentralización política no comparto, es esencialmente la siguiente:

> «El poder constituyente constituido tiene límites, o sea, aunque la reforma pueda parecer cubierta con la expresión reforma total o revisión, si supone traslación de la soberanía en su titularidad o si finalmente afecta a la definición democrática del Estado, no es lícita. [...] Algo que no puede hacer el poder constituyente constituido es destruir la propia base constitucional o impedir el funcionamiento democrático del Estado. [...] Una rectificación de la organización territorial, cualitativa en el sentido de la recuperación del carácter centralista del sistema, alcanzaría al principio democrático. A nuestro juicio, es tan fuerte la identificación entre descentralización y democracia que una *desustanciación* del modelo autonómico [...] tendría una *significación antidemocrática* que carecería de base constitucional para llevarse a cabo»[9].

---

tónomas, en la idea de que «el poder debe estar lo más lejos posible», por lo que «es preciso volver a pensar, regresar a la libertad, al autogobierno y, en definitiva, a la autonomía de cada persona y de los grupos, comunidades o sociedades en que nos integramos, sin necesidad de rígidas y caras Autonomías interpuestas», pp. 193-194

9 Juan José SOLOZÁBAL ECHAVARRÍA (2014), pp. 21-22.

3. LAS ALTERACIONES INTERAUTONÓMICAS DEL TERRITORIO

Dejando fuera, obviamente, todo lo que tenga que ver con la reorganización *interna* del territorio de una comunidad autónoma —que no afecta a sus fronteras con otras Autonomías—, nos referimos en este apartado a las alteraciones que puedan comprometer parte del territorio de dos o más comunidades ya constituidas, sin que aquéllas lleguen suponer la integración completa de una en otra, esto es, sin que llegue a haber fusión de dos o más comunidades autónomas en una sola, extremo al que aludiremos en el siguiente epígrafe. Hablamos, por tanto, de la segregación-agregación de enclaves municipales *interautonómicos* y de la segregación-agregación de provincias de una comunidad a otra.

Lo primero que hay que señalar a este respecto es que el constituyente de 1978 remitió a los estatutos de autonomía, por vía del artículo 147.2.b, la "delimitación" del territorio autonómico. Habilitación constitucional a la norma estatutaria que la jurisprudencia constitucional ha venido entendiendo de modo muy amplio, lo que ha planteado el problema de cómo regular en normas diferentes —los estatutos de autonomía— un proceso —segregación-agregación— que afecta a más de una comunidad autónoma. El Tribunal Constitucional resolvió la cuestión del siguiente modo:

> «El Estatuto de una Comunidad no puede regular de un modo *completo y acabado* la segregación y correspondiente agregación de enclaves ubicados en su territorio cuando éstos pertenecen al de otra Comunidad Autónoma. La regulación estatutaria no puede contener el procedimiento de modificación territorial que deberán seguir las dos Comunidades implicadas, sino tan sólo el proceso de formación y manifestación de la voluntad de cada una de ellas para perfeccionar —mediante actos distintos, pero

> complementario— el complejo procedimiento en que consiste la segregación de un enclave y su agregación a otra Comunidad»[10].

Así, pues, la alteración del territorio de una comunidad autónoma que implique, a su vez, la alteración del territorio de otra autonomía requiere el cumplimiento de dos condiciones esenciales. En primer lugar, la existencia una regulación paralela y complementaria en cada uno de los estatutos de autonomía afectados. Hay, por tanto, una concurrencia objetiva de competencia sobre la que debe proyectarse el criterio del *interés respectivo* como delimitador del ámbito propio de normación de cada estatuto de autonomía. Y, en segundo lugar, la puesta en marcha de dos procedimientos —simultáneos o sucesivos, pero en todo caso coordinados— que culminen con la correcta manifestación de la voluntad de segregación/agregación de todas las partes implicadas.

De este modo, la mayor parte de los estatutos de autonomía han establecido diversos procedimientos segregación-agregación de parte de sus territorios. Estas regulaciones suelen tener una redacción de propia de norma de alcance general, pero se refieren a situaciones y territorios muy concretos. Tanto es así que, en ocasiones, una vez desaparecida la concreta circuns-

---

10 STC 99/1986, de 11 de julio, que desestimó los recursos de inconstitucionalidad acumulados núms. 384/1983 y 396/1983, promovidos por el Gobierno y el Parlamento vascos, respectivamente, contra la entonces vigente Disposición transitoria séptima, 3, de la Ley Orgánica 4/1983, de 25 de febrero, de Estatuto de Autonomía de Castilla y León. Esta sentencia ha sido objeto de numerosas críticas doctrinales. *Vid.* los trabajos más representativos de las distintas posiciones adoptadas respecto de los argumentos utilizados por el Tribunal en la misma, por orden de publicación: Ángel SÁNCHEZ BLANCO (1986), pp. 129-156; Luis María DÍEZ-PICAZO GIMÉNEZ (1987), pp. 139-176; y César AGUADO RENEDO (1992), pp. 99-117.

tancia que pretendían abordar, han sido expresamente derogadas por el legislador estatutario[11].

En todo caso, parece claro que no es precisa la reforma constitucional para llevar a cabo este tipo de modificaciones del mapa territorial autonómico. No obstante, ha habido alguna propuesta de reforma de esta remisión al Estatuto que hace la Constitución, al menos dos:

El Acuerdo del Consell de la Generalitat Valenciana sobre la reforma constitucional, de 9 de febrero de 2018[12], recogió en el apartado 4.k del epígrafe rotulado «Un nuevo modelo territorial: hacia el federalismo», la necesidad de reconocer «la potestad de cada comunidad de regular su organización territorial interna en los respectivos Estatutos de Autonomía, eliminando por tanto de la Constitución las referencias a las provincias y a las diputaciones y cabildos o consejos insulares». La falta de concreción de esta propuesta impide calibrar completamente el impacto que podría tener sobre la materia que nos ocupa, pero es evidente que, indirecta pero necesariamente, afectaría al modo de articular las eventuales alteraciones territoriales de las comunidades autónomas.

Más confusa e imprecisa aun resulta la propuesta recogida en el documento «Reflexiones para una reforma constitucional: la reforma de la organización territorial del Estado» del grupo de trabajo de la Fundación Fide, de 12 de marzo de 2018. En su apartado III.2.7.1 aboga por mantener la flexibilidad que aporta el principio dispositivo al modelo territorial y no llevar al texto constitucional la denominación de las comunidades autónomas actuales, para seguir permitiendo que «las Cortes Generales, previa iniciativa o consentimiento de los

---

11 *Vid.* un análisis completo de estas regulaciones estatutarias, tanto vigentes como ya derogadas, en Ignacio GONZÁLEZ GARCÍA (2021), pp. 119-136.

12 https://participacio.gva.es/documents/162282364/165197951/Acuerdo+del+Consell+sobre+la+reforma+constitucional.pdf/ecc2fe28-4b83-4606-97db-d582d726b27b

territorios afectados, adapten el número y tamaño de las comunidades autónomas, a las necesidades de los ciudadanos y de los pueblos de España». Pero, a continuación, afirma que «sería preciso, no obstante, actualizar la redacción de los artículos 143, 144 y 147.2.b de la Constitución para atender a la realidad actual, compuesta por las diecisiete comunidades autónomas y las dos Ciudades Autónomas que existen», sin indicar en modo alguno ni el alcance de esa actualización ni la compatibilidad de lo que parece proponerse con la primera de las afirmaciones a favor del mantenimiento del principio dispositivo.

Además, en el apartado III.2.7.9 de la misma propuesta, se propugna la reforma del artículo 147.2.b y del 141.1 de la Constitución también en la dirección de reforzar la capacidad de autoorganización territorial de las comunidades autónomas por cuanto «el esquema provincia uniforme, en gran medida inalterado desde 1833, resulta obsoleto», sin mayores precisiones.

En todo caso, parece que en ambos documentos se apunta hacia una revisión del régimen actual en lo relativo a la alteración de los límites territoriales autonómicos.

A este respecto han sido muy pocas los pronunciamientos doctrinales, si bien debemos destacar las relevantes aportaciones de Bilbao Ubillos, que da cuenta de las alternativas —todas finalmente desechadas— que barajó el Consejo de Estado, durante la elaboración de su conocido Informe de 2006 sobre la reforma de la Constitución planteada por el Gobierno el año anterior, en relación con la regulación constitucional del procedimiento de modificación de los límites provinciales (artículo 141 CE) que implicara la alteración del territorio de dos o más comunidades autónomas[13]:

---

[13] Juan María BILBAO UBILLOS (2008), pp. 1595-1596. El autor fue jefe de gabinete del Prof. Rubio Llorente, Presidente del Consejo de Estado durante la elaboración del citado Informe.

Una primera opción consistente en que, una vez tomado en consideración el proyecto/proposición de ley orgánica de modificación provincial elaborado por los titulares ordinarios de la iniciativa legislativa (artículo 87 CE), se diera participación a los Parlamentos autonómicos y se celebrara referéndum en las poblaciones afectadas.

Una segunda alternativa que diera la iniciativa del procedimiento a los municipios que pretenden la segregación de una comunidad autónoma para incorporarse a otra[14], que deberían activar la tramitación de la correspondiente ley orgánica, danto audiencia previa a los órganos representativos de las comunidades autónomas afectadas (con o sin ratificación por referéndum popular en tales autonomías).

Una última posibilidad que también se barajó fue el atribuir a las instituciones representativas de las comunidades autónomas implicadas una facultad de veto mediante la emisión de informe vinculante, previo a la celebración del referéndum, en la línea de lo recogido en la disp. trans. 7ª del Estatuto de Castilla y León.

Lo que finalmente sí recogió el Informe es una postura clara respecto de cómo articular las alteraciones de los límites provincia-

---

14 Para articular el modo de adoptar los acuerdos municipales correspondientes también se sopesaron algunas variantes: «El acuerdo favorable a la separación y posterior incorporación habrá de adoptarse por la mayoría de las corporaciones locales del correspondiente ámbito de decisión, siempre que representen al menos la mitad de la población afectada. Si se quisiera primar la voluntad de la población directamente afectada, por encima de otros intereses, bastaría con que la propuesta, ya aprobada por los ayuntamientos que promueven el cambio, fuese ratificada por la mayoría de los electores de la provincia en un referéndum en el que habría de participar, al menos, la mitad del cuerpo electoral». Ibidem, p. 1595 in fine.

les que afectaran a los límites territoriales autonómicos, esto es, a la tensión entre los artículos 141.1 y 147.2.b de la Constitución[15].

4. LA CREACIÓN DE NUEVAS COMUNIDADES AUTÓNOMAS

La alteración de mayor impacto sobre el mapa territorial autonómico que se ha planteado en el marco de una eventual reforma constitucional es, además de la supresión de las autonomías ya referida, la creación de nuevas comunidades autónomas.

Lógicamente, al no existir ya territorios no constituidos en comunidad, las vías para la creación de nuevas autonomías con límites territoriales distintos de los actuales se limitan a dos, para las que —ya lo adelantamos— no hay en nuestro país preceptos constitucionales que las regulen de modo específico: la integración de una sola de dos o más comunidades preexistentes y la creación de una nueva comunidad a partir de la escisión de parte de otra preexistente. Nos referimos a ambos fenómenos por separado.

---

15 Francisco RUBIO LLORENTE y José ÁLVAREZ JUNCO (2006), p. 167: «La insuficiencia de la ley orgánica para modificar los Estatutos de Autonomía, expresamente reconocida por el Tribunal Constitucional en la Sentencia 76/1983, de 5 de agosto, obliga a concluir, por tanto, que, en principio, sólo mediante la modificación de los Estatutos de Autonomía cabe alterar los límites provinciales, siempre que tal alteración entrañe también la de los límites de las Comunidades afectadas, que, como es obvio, han de ser al menos dos. Los únicos casos en los que la alteración de los límites provinciales afecta a los de la Comunidad y, sin embargo, no es necesario modificación de los Estatutos, son aquellos que vienen así contemplados en las propias normas estatutarias, como sucede en Aragón (artículo 10), el País Vasco (artículo 8) y, en un sentido opuesto, Castilla y León (Disposición Transitoria Séptima)».

4.1. Por integración de comunidades autónomas preexistentes.

4.1.1. La derogación de la disposición transitoria 4ª CE.

Nuestra Constitución no recoge ninguna cláusula de aplicación general para la integración de comunidades autónomas ya constituidas. Se prevé exclusivamente un procedimiento especial de incorporación de Navarra País Vasco (disp. trans. 4ª CE)[16], bien al ente preautonómico o a la comunidad autónoma vasca ya creada.

Lo que no se establece de modo explícito en la disposición transitoria cuarta es que esa posibilidad siga abierta cuando la provincia de Navarra hubiera accedido ya a la autonomía por una vía distinta, como así ha sucedido. A la luz de los dispuesto por el Estatuto navarro, parece claro que el legislador no entendió esta cláusula constitucional como norma cuyo efecto se agota con el acceso de Navarra a la autonomía. La LORAFNA se refiere expresamente a la posibilidad de incorporación a la Comunidad Autónoma del País Vasco en su lacónica disposición adicional segunda, que establece, por una parte, que el *órgano foral competente* al que se refiere la disposición transitoria cuarta de la Constitución es el Parlamento foral, como es lógico; y, por otra parte, que también le corresponde a la Cámara

---

16 Este precepto establece literalmente lo siguiente: «1. En el caso de Navarra, y a efectos de su incorporación al Consejo General Vasco o al régimen autonómico que le sustituya, en lugar de lo que establece el artículo 143 de la Constitución, la iniciativa corresponde al Órgano Foral competente, el cual adoptará su decisión por mayoría de los miembros que lo componen. Para la validez de dicha iniciativa será preciso, además, que la decisión del Órgano Foral competente sea ratificada por referéndum expresamente convocado al efecto, y aprobado por mayoría de los votos válidamente emitidos. 2. Si la iniciativa no prosperase, solamente se podrá reproducir la misma en distinto período del mandato del Órgano Foral competente, y en todo caso, cuando haya transcurrido el plazo mínimo que establece el artículo 143».

navarra la iniciativa para la posterior segregación de Navarra de la Comunidad Autónoma del País Vasco, en caso de que se hubiera llevado a cabo la incorporación. Parece claro que el legislador estatutario navarro entendió vigente y aplicable la disposición transitoria cuarta de la Constitución aun después de que Navarra se hubiera constituido en comunidad autónoma independiente por otra de las vías de acceso a la autonomía que prevé nuestra carta magna[17].

Ante este panorama normativo, todos los actores políticos de nuestro país —con la única excepción de la ya extinta UPyD[18]— han venido dando por sentado en los últimos años que estamos ante un precepto que sigue vigente y que es, por tanto, plenamente aplicable, tanto los que se han venido mostrando a favor de su contenido como sus detractores. De este modo, el debate se ha derivado hacia la oportunidad o no de derogar esta disposición en el eventual escenario de una futura reforma constitucional. Debate que ha sido especialmente

---

17 Por lo que se refiere a la jurisprudencia del Tribunal Constitucional sobre esta cuestión, hay que señalar que la STC 94/1985, de 29 de julio, es la única que dedica algunas líneas expresamente al ámbito temporal de aplicación de esta disposición. Lo hace de modo colateral pero inequívocamente favorable a entenderla todavía vigente, aun con posterioridad a la aprobación de la LORAFNA tres años antes: «Ese proyecto de unión política de los cuatro territorios históricos, que es constitucional y estatutariamente legítimo, por cuanto la Norma Fundamental prevé la posible incorporación de Navarra en la disposición transitoria 4ª y así se recoge en el artículo 2.2 del Estatuto vasco, no puede plasmarse, sin embargo, en el momento presente, en un emblema oficial identificador, como tal, de la Comunidad Autónoma vasca».

18 UPyD recogió en su programa electoral de 2016 la siguiente afirmación: «suprimir la disposición transitoria cuarta que afecta a Navarra, dado que su transitoriedad venció cuando ésta se constituyó como Comunidad Autónoma». La cursiva es mía. https://upyd.es/wp-content/uploads/2016/10/Programa-UPyD-definitivo.pdf

intenso entre 2004 y 2016[19]. Por supuesto, a partir de 2017 el fenómeno secesionista en Cataluña eclipsa casi cualquier otra

---

[19] Así, ya en 2004 el Presidente de UPN y del Gobierno de Navarra manifestó que no era «lógico que la Comunidad más histórica de España esté sometida de forma permanente a una espada de Damocles, por lo que en un momento, que espero que no pase, en el que la ciudadanía se vuelva loca y se consiga una mayoría absoluta en el Parlamento, decida configurar otra realidad con Euskadi. No lo podemos consentir». (Diario de Noticias, 10/05/2004). Estas declaraciones las hizo en el contexto de la tramitación en el Parlamento de Navarra de una iniciativa de IU, finalmente rechazada exclusivamente con los votos de UPN, que proponía que el Parlamento Foral se pronunciara expresamente a favor del mantenimiento de la disposición transitoria cuarta de la Constitución ante un eventual escenario de reforma constitucional: «1. Las Cortes de Navarra declaran que los navarros y navarras tienen derecho a decidir sobre su futuro de forma directa y democrática, dentro de los cauces políticos establecidos. Por ello, rechazan cualquier reforma de la Constitución Española que suponga la supresión del único mecanismo de decisión directa de la ciudadanía navarra, mediante referéndum, que se contiene en la misma. 2. Las Cortes de Navarra expresan que cualquier reforma constitucional debe pasar por la confirmación y ampliación del derecho democrático de los ciudadanos y ciudadanas de la Comunidad Foral a decidir libre y directamente el futuro institucional de Navarra» (DSS Parlamento de Navarra, núm. 26, sesión 23, de 25 de junio de 2004, p. 2). En campaña de las elecciones generales de 2011, la Presidenta del Gobierno de Navarra, pidió públicamente al candidato del Partido Popular, Mariano Rajoy, que cerrara «de una vez esa puerta entreabierta a una hipotética absorción de Navarra por Euskadi» porque «Navarra no es transitoria, Navarra el para siempre», a lo que el Sr. Rajoy contestó que se comprometía a que «Navarra siga siendo Navarra, a defender el régimen foral de Navarra» y a «quitar» la disposición transitoria cuarta si hubiera un proceso de reforma constitucional en el futuro (Diario ABC digital, 13/11/2011). Ya para las elecciones generales de 2015, prácticamente todas las fuerzas políticas incluyeron alguna alusión específica a la disposición transitoria cuarta de la Constitución, bien para su derogación, bien para su mantenimiento.

cuestión relativa a la organización territorial del Estado, pero los principales partidos del espectro político estatal han seguido manteniendo en sus programas electorales menciones expresas a esta disposición transitoria cuarta[20], habiéndose convertido este extremo en elemento ya de inexcusable debate cada vez que se alude a una eventual reforma de la Constitución territorial, más aún habida cuenta del reforzado protagonismo que Bildu ha venido teniendo como colaborador parlamentario del Gobierno de Navarra y del Gobierno de coalición PSOE-Podemos en la actual legislatura.

En el ámbito doctrinal es muy mayoritario el criterio a favor de la vigencia de la disposición transitoria 4ª CE. Así, Medina Guerrero pese a admitir que «las normas del Título VIII reguladoras de la *iniciativa autonómica* [son ya hoy] superfluas —en cuanto normas materialmente transitorias—» añade que, en el contexto de una eventual reforma de la Constitución sólo «procedería la erradicación de las normas contenidas en los artículos 143, 144 a y c, y 151.1 [así como de] las disposiciones transitorias 1ª, 2ª, 3ª, 5ª y 7ª», pero no de la disposición transitoria cuarta por cuanto lo que en ella se recoge «abre una opción a la que se puede recurrir permanentemente»[21].

---

20 Sirva como ejemplo el programa electoral de Ciudadanos para los procesos de elecciones generales de 2019: «Suprimiremos la disposición transitoria cuarta que prevé la posibilidad de anexión de Navarra por el País Vasco. Enumeraremos las comunidades autónomas constituidas y daremos por cerrado su proceso de conformación». https://www.ciudadanos-cs.org/programa-electoral.

21 Manuel MEDINA GUERRERO (2006), pp. 616 y 617. También se han manifestado de modo expreso a favor de entender la disposición transitoria cuarta como una norma con vocación de permanencia José Antonio RAZQUIN LIZARRAGA (1989), p. 412; Antonio GUTIÉRREZ LLAMAS (1991), pp. 263 y 264; Pedro María LARUMBE BIURRUN (1991), p. 79; Juan Cruz ALLI ARANGUREN (2018), pp. 411 y 412; Iñaki URRETAVIZCAYA AÑORGA (1992), p. 189); Jaime Ignacio DEL BURGO TAJADURA (2004), pp. 84 y 85; entre

Por el contrario, tan sólo un sector doctrinal muy minoritario —pero también muy relevante— ha venido defendiendo la ausencia de vigencia de cualquiera de las siete disposiciones transitorias de la Constitución referidas al proceso autonómico. De este modo, de Carreras Serra esgrime:

> «Todas ellas regulan el acceso a la autonomía, más exactamente, el ejercicio del derecho a la autonomía establecido en el artículo 2 de la Constitución. [...] se trata de normas todavía válidas pues no han sido derogadas, ni expresa ni tácitamente, aunque su eficacia se agotó por el mejor ejercicio del derecho a la autonomía, que era su único contenido normativo»[22].

Esta minoritaria línea argumental fue asumida como premisa por el Consejo de Estado en su ya citado Informe de 2006: los preceptos constitucionales que concretan el principio dispositivo en procedimientos y vías de acceso a la autonomía (incluidas las correspondientes disposiciones transitorias) han agotado completamente su eficacia una vez se ha consumado ese acceso[23]. Parece claro que el Consejo de Estado, en la prime-

---

otros. Por otro lado, hay muchos autores han mantenido la misma posición, si bien que de modo implícito: Javier TAJADURA TEJADA (2006), p. 643; Rafael JIMÉNEZ ASENSIO (1985), pp. 518-521; César AGUADO RENEDO (1996), pp. 133 y 470; Alberto PÉREZ CALVO (1999), p. 672; Vicente Juan CALAFELL FERRÁ (2006), p. 122; o Juan Alfonso SANTAMARÍA PASTOR (1992), p. 772.

22 Francesc DE CARRERAS SERRA (2009), p. 98). En la misma línea, Francisco BALAGUER CALLEJÓN (2006), pp. 571 y 572; y Pedro CRUZ VILLALÓN (1991), p. 64.

23 En palabras del propio Consejo recogidas en la parte introductoria del texto, «En el estadio inicial y transitorio, el principio dispositivo se manifestó en aquellos preceptos (artículos 143, 144, 148, 151 y disposiciones transitorias 1ª a 7ª) que concedieron a las provincias [...] la potestad de impulsar la creación y organización de comunidades autónomas. [...] El principio dispositivo desaparecerá de la Constitución con la derogación de los artículos que lo consagraron. Ahora bien, esa derogación no entraña, en puridad, consecuencia jurídica apreciable.

ra parte del Informe, opta por entender que las disposiciones transitorias relativas al proceso autonómico no son ya Derecho aplicable, como tampoco lo es el propio artículo 143 al cual modulan o excepcionan. Ahora bien, ya en la parte referida concretamente a estas disposiciones de ese mismo documento, el Consejo de Estado da un giro de guion difícilmente justificable, afirmando que las disposiciones transitorias 4ª y 5ª, a diferencia de las demás, son las «únicas que no se circunscriben a un tiempo determinado», por lo que «en consecuencia, requieren un análisis separado y un tratamiento distinto», sugiriendo así que esos dos preceptos, a diferencia del resto de transitorias de la Constitución, pudieran no haber agotado sus efectos[24].

Desde luego, es muy discutible que las disposiciones transitorias 1ª, 2ª y 3ª se puedan entender referidas a un «tiempo determinado» y la disposición transitoria 4ª no lo esté. De hecho, en nuestro criterio, está referida *al mismo tiempo determinado*: el momento en que se articula la iniciativa autonómica. Tal es así que, las tres primeras transitorias establecen excepciones al régimen general de la iniciativa recogido en el artículo 143 y, a continuación, la disposición transitoria 4ª comienza diciendo «en el caso de Navarra», aludiendo claramente a la misma realidad y a ese mismo precepto, al que se refiere de forma expresa por dos veces.

La acrobacia argumental se completa indicando seguidamente el Informe que «aun sin entrar en consideraciones acerca de la posibilidad de aplicar este procedimiento cuando ya Navarra ha dejado de ser provincia foral para transformarse en Comunidad» —es decir, sin entrar a resolver el problema que aquí nos

---

Los preceptos que se vayan a derogar eran ya inaplicables desde que concluyó el proceso de organización política del territorio nacional en comunidades autónomas. Desde entonces se habían agotado las posibilidades 'creadoras' del principio dispositivo», *vid.* en Francisco RUBIO LLORENTE y José ÁLVAREZ JUNCO (2006), p. 128.

24 Francisco RUBIO LLORENTE y José ÁLVAREZ JUNCO (2006), p. 155.

ocupa—, el mantenimiento de este precepto en el escenario de una reforma de la Constitución que consagrara la existencia de las comunidades autónomas lo transformaría en una suerte de «procedimiento singular de reforma de la Constitución» que lo convertiría en algo muy distinto a lo que ahora es.

En mi opinión, la disposición transitoria cuarta de la Constitución ha perdido ya toda aplicabilidad, por lo que el debate sobre la procedencia o no de su derogación expresa es totalmente estéril. Y ello por los siguientes motivos:

En primer lugar, porque esta disposición es, como las tres que le preceden, una modulación de la regla general del artículo 143 de la Constitución sobre la iniciativa del proceso autonómico, precepto éste último cuyos efectos parecen haberse agotado, en opinión prácticamente unánime de la doctrina, toda vez que el total de las provincias españolas, han accedido a la autonomía, solas o junto con otras limítrofes[25]. Esa vinculación entre ambas normas, que explicita por dos veces la propia disposición transitoria cuarta, tampoco es cuestionada, ni siquiera por aquellos que —como vimos en páginas anteriores— defienden la plena eficacia actual de esta disposición. Por tanto, siendo las cuatro primeras disposiciones transitorias de la Constitución diferentes modulaciones del régimen general del artículo 143, la eficacia de las mismas cesa cuando se agota el objeto del precepto matriz. En el concreto caso de la disposición transitoria cuarta, cesa bien por la incorporación de la provincia de Navarra al ente preautonómico vasco o régimen autonómico que lo sustituya, tal y como en ella se establece, bien por el acceso de Navarra a la autonomía por alguna otra vía distinta —por el propio cauce general del artículo 143 o por otros también especiales pero distintos de la disposición transitoria cuarta— como

---

25 Por todos, Jaume VERNET i LLOVET (2002), p. 167; y Enric FOSSAS ESPADALER (2007), p. 99. En contra de esta tesis, César AGUADO RENEDO (1997), pp. 156 y 157.

comunidad autónoma uniprovincial o junto con otras provincias formando una comunidad autónoma pluriprovincial diferente a la del País Vasco. Este solo argumento ya sería suficiente para poder sostener nuestra tesis, pero no es el único.

Un segundo argumento tiene que ver con la clara voluntad mostrada por los constituyentes *navarristas* de consentir la inclusión de esta disposición en la Constitución con la condición de dotarla de carácter claramente temporal: hasta tanto Navarra no decidiese su configuración como comunidad autónoma, incorporada o no a la del País Vasco. En ese entendido se desarrollaron las negociaciones correspondientes a la redacción de este precepto, que venían ya muy condicionadas por lo acordado en los Decretos-leyes preautonómicos[26].

En tercer término, debemos atender también al sentido finalista del precepto. Esta disposición prevé, a mi entender, sólo dos escenarios diferentes: la incorporación de la provincia de Navarra, todavía no constituida en Comunidad Foral, bien al ente preautonómico del País Vasco, bien a la comunidad autónoma vasca si ésta ya existiera. En el primer caso, esto es, la provincia de Navarra se habría incorporado al ente preautonómico vasco y, de ese modo, habría iniciado posteriormente junto con las demás provincias vascas el acceso a la autonomía, lo que le habría permitido participar en la elaboración del Estatuto correspondiente como un territorio más. La cuestión es que, por esta vía, esos territorios no habrían podido acogerse en ese caso a la dispensa prevista en la disposición transitoria segunda de la Constitución para acceder con el primer Estatu-

26 *Vid.*, muy en particular, la tramitación y el debate de la enmienda núm. 778bis, de 30 de enero de 1978, cuyo texto recogía de modo literal el acuerdo del Consejo Parlamentario de Navarra, de 30 de diciembre de 1977 (Diario de Sesiones, Congreso de los Diputados, núm. 93, Comisión de Asuntos Constitucionales y Libertades Públicas, sesión núm. 24, de 20 de junio de 1978, p. 1773).

to de Autonomía al máximo techo competencial posible, pues Navarra no cumple con los particularísimos requisitos establecidos por la misma. Como es bien conocido, las tres provincias vascas, que ya plebiscitaron Estatuto de Autonomía durante la II República, podían acogerse a la excepción prevista en la disposición transitoria segunda CE1978, que permite eludir los requisitos del artículo 151 para acceder a la autonomía por esa vía *rápida* o *extraordinaria* de mayor contenido competencial, no así la provincia de Navarra. De ese modo, el acceso a una autonomía plena de esa hipotética comunidad autónoma vasco-navarra no habría tenido más vía posible que el cumplimiento de los severos condicionantes impuestos por el artículo 151 CE. Ésta y no otra es la razón que explica que la disposición transitoria cuarta permita también la incorporación de la provincia de Navarra a la Comunidad Autónoma del País Vasco ya constituida, era la posibilidad de orillar los requisitos del artículo 151 también para Navarra, dividiendo el proceso en dos pasos: creación de la comunidad autónoma vasca *ex* disposición transitoria segunda e incorporación posterior de Navarra *ex* disposición transitoria cuarta[27].

Por último, aparte de las anteriores razones, a mi juicio, que el constituyente haya calificado de «transitoria» la norma que prevé la posible incorporación de Navarra al País Vasco no es irrelevante. Algo debe significar cuando se optó por esa denominación y ubicación en lugar de decantarse por otras opciones: bien por mantener ese precepto en el título VIII de la Constitución, incluso en el propio artículo 143 como un apartado más del mismo; bien por calificarla como disposición «adicional», tal y como se hace con otras disposiciones de contenido territorial como las adicionales primera, tercera y cuarta —referida, además, la primera de ellas a la foralidad—.

---

[27] Así lo ha entendido también un importante sector doctrinal, v.g. Enrique LINDE PANIAGUA (1979), pp. 347 y 348.

Y es razonable entender también que esa diferente calificación tiene que ver con la proyección temporal que se pretende dar a cada mandato normativo[28]. Es bien cierto que no estamos ante una norma de *Derecho transitorio* en estricto sentido técnico, esto es, no se trata de una norma llamada a facilitar el tránsito entre dos regímenes diferentes, regulando los diversos alcances de la retroactividad de la nueva norma. En realidad, el constituyente utiliza en término *transitorio* —en todas las disposiciones que así califica, no sólo la cuarta— en un sentido coloquial o literal, pretendiendo destacar el carácter estrictamente *temporal, caduco, perecedero* de tales preceptos. Estamos, en definitiva, ante la *transitoriedad/caducidad* del objeto de la norma. Su *ratio legis* se extingue una vez que Navarra, en lugar de optar por la vía de acceso a la autonomía habilitada por la disposición transitoria cuarta, se acoge a la vía de la disposición adicional primera.

La disposición transitoria cuarta —y el propio artículo 143 de la Constitución— es una norma *ad tempus*, no porque tenga un plazo expreso para el fin de su vigencia, sino porque posee *cessante legis ratione.* Su vigencia está condicionada a que perduren determinadas circunstancias que motivaron la creación de la norma o a que no se produzca determinado hecho que haría decaer su razón de ser. Ahora bien, para entenderlo así

> «debe haber una inequívoca *voluntas legis,* incorporada como tal al cuerpo normativo de la ley. Es preciso que el condicionamiento de la vigencia de la ley resulte, si no es necesariamente una disposición expresa, *sí al menos del sentido necesario de los propios preceptos de la ley*»[29].

¿Se da esta última circunstancia en la disposición transitoria cuarta de la Constitución? ¿Deriva ese condicionante de su vi-

---

28 En esta línea, Gumersindo TRUJILLO FERNÁNDEZ (1992/1993), p. 118.

29 Luis María DÍEZ-PICAZO GIMÉNEZ (1990), p. 148. La cursiva es mía.

gencia del sentido necesario del precepto? En mi opinión, sin ninguna duda. Y ello por los motivos ya apuntados y porque la referencia a Navarra en el texto de la disposición se hace en tanto que provincia foral, no comunidad autónoma. Es evidente que en 1978 la única Navarra que existía era la Navarra provincia, por lo que si el constituyente se hubiera querido referir a una futurible Comunidad Autónoma de Navarra, habría hecho alusión expresa a esa condición autonómica, como hizo —en esa misma disposición— con el País Vasco, utilizando la expresión «o régimen autonómico que lo sustituya»[30].

4.1.2. La constitucionalización de un procedimiento general para la fusión de comunidades autónomas

Como ya hemos indicado, excepción hecha de la disposición transitoria 4ª, nuestra Constitución no contiene ningún precepto que regule una eventual fusión de varias comunidades autónomas ya constituidas[31]. Esta laguna, pues, abre el interrogante de hasta qué punto podrían los estatutos de autonomía suplir esta función al amparo de la habilitación al estatuto de autonomía para delimitar el territorio autonómico que hace el artículo 147.2 CE. El conjunto de la doctrina constitucionalista ha respondido afirmativamente a esta cuestión[32], apoyada principalmente en una inter-

---

30 En el mismo sentido, César AGUADO RENEDO (1996), p. 130.

31 Esta omisión es, como muy acertadamente señaló hace ya décadas F. Javier GARCÍA ROCA (1984), pp.120-121, «no sólo un grave defecto técnico, sino también una clara contradicción con el propio principio de voluntariedad, pues no parece tener mucho sentido dejar la elaboración del mapa regional a la voluntad de las propias comunidades autónomas [...] e impedir, a la vez, la posterior rectificación de errores históricos o la acomodación a las nuevas necesidades de regiones económico-planificadoras».

32 En esa misma obra, F. Javier GARCÍA ROCA (1984), p. 121, si bien criticó la omisión en el Texto Constitucional «de un procedimiento de

pretación muy expansiva de lo dispuesto por el Tribunal Constitucional en la citada STC 99/1986, ya citada[33]. Sin embargo, a mi criterio, estamos ante una solución, al menos, muy cuestionable.

La supresión de dos o más comunidades autónomas para crear un nuevo ente autonómico distinto de aquéllas no es una mera *alteración del territorio* de las mismas. Y no es, desde luego, ninguna de las modificaciones del ámbito territorial autonómico a las que alude la STC 99/1986, referida al supuesto de los enclaves territoriales. Evidentemente, esta operación de integración o fusión de comunidades autónomas preexistentes tiene efecto sobre el ámbito territorial de ambas, que pasa a constituir el territorio de la nueva comunidad autónoma. Pero ésa es una consecuencia secundaria del proceso. Lo pretendido aquí no es reordenar el territorio de dos o más comunidades autónomas. La fusión es nada menos que la extinción de las comunidades autónomas fusionadas para la creación, a partir de las mismas, de un nuevo sujeto dotado de autonomía y que, lógicamente, integra el territorio completo de aquéllas.

Sin duda, en nuestro sistema los estatutos de autonomía pueden y deben delimitar el territorio de su comunidad autónoma y regular el régimen de sus variaciones posteriores —al menos, en la parte que hace a la decisión que corresponde a sus instituciones—. Y también es cierto que una nueva comunidad autónoma, resultado de la fusión de otras preexistentes, será creada por un nuevo estatuto de autonomía que delimitará su territorio. Pero el régimen de cómo debe articularse esa fusión y, por tanto, la elaboración de ese nuevo estatuto no es materia atribuida por la Constitución a la norma estatutaria, ni expresa ni implícitamente.

---

agregación o fusión futura de comunidades autónomas ya existentes», consideraba también que ese «error se ve en cierta medida amortiguado con las previsiones contenidas en algunos Estatutos de Autonomía».

33 Por todos, Enric FOSSAS ESPADALER (2006), pp. 605-606 y M. Josefa RIDAURA MARTÍNEZ (2016), p. 393.

La decisión de si es o no posible fusionar dos o más comunidades autónomas, como la decisión de si es posible o no crear comunidades autónomas, así como el régimen básico del procedimiento a seguir para adoptar las mismas, corresponde exclusivamente, incluso en un modelo parcialmente *desconstitucionalizado* y presidido por el principio dispositivo como el nuestro, al constituyente[34]. Su remisión al Estatuto no podría nunca entenderse derivada del silencio de la Constitución sobre la materia, ni de la previsión del artículo 147.2.b. La decisión del constituyente de recoger expresamente en la disposición transitoria cuarta del Texto Constitucional el régimen de la eventual incorporación de Navarra al País Vasco es un vivo recordatorio de esta circunstancia.

Admitido ello, podría plantearse a fin de lograr la integración territorial de varias comunidades autónomas no una reforma estatutaria sino revertir el camino de la autonomía y crear *ex novo* la comunidad autónoma pretendida a partir de las provincias resultantes, que habrían vuelto al régimen estatal común. Un modo peculiar de *reactivar* la virtualidad original del artículo 147.2.b CE.

El primer argumento a atender para invalidar la posibilidad de instrumentalizar la reversión del proceso autonómico en algunas partes del territorio y el inicio de una nueva fase de

---

34 Como señaló en Tribunal Constitucional en la muy conocida STC 31/2010, de 28 de junio, F.J. 6º, a la «expansividad material de los Estatutos se oponen límites cualitativos». Límites que «definen toda la diferencia de concepto, naturaleza y cometido que media entre la Constitución y los Estatutos, como son cuantos delimitan los ámbitos inconfundibles del poder constituyente, por un lado, y de los poderes constituidos, por otro. En particular, los que afectan a la definición de las categorías y conceptos constitucionales, entre ellos la definición de la competencia de las competencias que, como acto de soberanía sólo corresponde a la Constitución, inaccesibles tales límites a cualquier legislador y sólo al alcance de la función interpretativa de este Tribunal Constitucional».

acceso a la autonomía como vía para fusionar comunidades autónomas ya constituidas es, sin duda, la actual ineficacia de los preceptos constitucionales que regulan tales cauces de acceso, como ya se ha detallado. Las comunidades autónomas pueden, por supuesto, volver al régimen común derogando su Estatuto de Autonomía, en la medida en que el principio dispositivo sigue vigente en la segunda de sus dimensiones. Pero lo que es claramente contrario a la lógica del modelo y a la finalidad de las normas que lo rigen es la instrumentación de esa vía de reversión/acceso para alcanzar el objetivo de fusionar dos comunidades autónomas ya existentes. En tal caso, lo pretendido por las comunidades autónomas no es la renuncia a la autonomía, la vuelta al régimen común, sino fusionarse con otras comunidades autónomas utilizando una vía prevista para un fin distinto. Estaríamos, a mi juicio, en un evidente fraude de Constitución.

El procedimiento de creación de una nueva comunidad autónoma, a partir de la integración de otras preexistentes —pero distinta de éstas— debería seguir, a mi criterio, las pautas esenciales que la propia Constitución establece para el acceso a la autonomía de las provincias, adaptándolas a la diferencia cualitativa de que el sujeto titular del derecho de autonomía son ya las comunidades autónomas a fusionar y no las provincias que las componen. Sin embargo, apenas encontramos propuestas de reforma constitucional que vayan en esta dirección.

En el informe sobre la reforma de la Constitución, editado por el profesor García Roca, se señala que el ponente en esta materia defendió que, en la hipótesis de que el mapa territorial autonómico fuera llevado a la Constitución a través de la incorporación a la Carta Magna de la denominación de las actuales comunidades autónomas, «sería lógico regular a la vez en la Constitución mecanismos de fusión entre comunidades autónomas como existen en otras Constituciones», en el entendido de que podría ser recomendable racionalizar un mapa territorial «escasamente defendible desde criterios económicos y objetivos [...], pues no todas las comunidades autónomas tienen un tamaño idóneo para el autogobierno»[35]. Por el contrario, otros miembros del grupo de trabajo se mostraron a favor de me mantener el mapa ya consolidado. Finalmente, el criterio asumido por todos fue que «de no poder constitucionalizarse mecanismos que abrieran la posibilidad de la reforma del mapa, podría ser mejor no constitucionalizarlo, para no consagrarlo como inamovible y dadas sus deficiencias que fueron compartidas»[36].

Por tanto, este informe entiende como deseable llevar a la Constitución los mecanismos de fusión, pero no imprescindible, pues da a entender que ese tipo de operaciones son *vehiculables* actualmente a través de reforma estatutaria, criterio que no compartimos. Más allá de ello, no se realiza una propuesta concreta sobre el régimen de la fusión de comunidades autónomas que poder incorporar al Texto Constitucional.

Sí avanzó mucho más en esta dirección el profesor Bilbao Ubillos, al hilo del análisis del Informe del Consejo de Estado de 2006 y también en la hipótesis de la inclusión en la Constitución de la denominación de las actuales comunidades autónomas. Afirma este autor que debiera considerarse establecer en la Constitución una cláusula que «previese y facilitase la alteración sucesiva del ámbito espacial de las actuales comunidades autónomas e incluso el aumento o la reducción del número de éstas»[37], esto es, una disposición de vuelo más general que estableciera el régimen no sólo de la fusión de comunidades autónomas sino también de la creación de nuevas Autonomías o cualquier otra fórmula de alteración del mapa territorial autonómico actual. Plantea este autor dos alternativas para ello: bien acudir al procedimiento ordinario de reforma constitucional (artículo 167 CE), en el entendido de que la denominación de las comunidades autónomas no se haría

35 F. Javier GARCÍA ROCA (Ed.) (2014), p. 110.

36 Ibidem.

37 Juan María BILBAO UBILLOS (2008), p. 1572.

en el Título Preliminar; bien prever una variante específica del mismo que diera un mayor protagonismo a las comunidades implicadas, tanto en la iniciativa del procedimiento, como en su desarrollo[38]. Además, este mismo autor, testigo privilegiado del proceso de elaboración del Informe del Consejo de Estado, detalla cómo en la Comisión de Estudios del Consejo se barajaron varias alternativas para incluir en el artículo 144 CE un «procedimiento especial para la modificación de la división resultante de la enumeración de las comunidades autónomas en el propio texto constitucional»[39], ninguna de las cuáles fue finalmente incorporada a la versión final del Informe[40].

---

38 Ibidem p. 1573.

39 Ibidem p. 1574.

40 «Una primera fórmula a considerar sería dejar en manos de las propias Comunidades la iniciativa. [...] Pero esta solución [...] encierra un riesgo. La eventual modificación de dicho mapa ha de tomar en consideración sin duda el interés y la voluntad de las Comunidades afectadas por ella, pero no hasta el extremo de hacer prevaler ese interés y esa voluntad sobre el interés general del Estado y la voluntad del conjunto de la nación. [...] Como segunda opción, un procedimiento de reforma que pudiera ser promovido por cualquiera de los sujetos habilitados con carácter general para impulsarla (artículo 166 CE), pero cuya tramitación se iniciaría en el Senado, en atención a su perfil institucional como Cámara de representación territorial. Una vez registrado el proyecto o tomada en consideración la proposición, el Senado solicitaría la opinión de las comunidades autónomas afectadas, que deberán emitirla, dentro del plazo indicado, mediante acuerdo de los respectivos Parlamentos. [...] Aprobada la reforma por las Cortes Generales, parece razonable (necesario incluso) que el proyecto se someta a referéndum con el fin de que la población de los municipios (o provincias enteras) directamente afectados exprese su voluntad [...], [compatible con] la posibilidad (prevista en el artículo 167.3 CE) de que la reforma fuese sometida a un ulterior referéndum, esta vez en todo el territorio nacional, cuando así lo soliciten [...] una décima parte de los miembros de cualquiera de las dos Cámaras. [...] Aprobada definitivamente la reforma constitucional, se abriría de inmediato el proceso de ela-

Por último, la propuesta de reforma constitucional que yo mismo he planteado tiene una finalidad diferente y está enmarcada en contexto también distinto al de la anterior por varios motivos: está referida exclusivamente al fenómeno de la fusión de comunidades autónomas, no a otras alteraciones territoriales interautonómicas; viene motivada por la idea de que, a diferencia de otras alteraciones, la fusión de comunidades autónomas no se puede articular a través de reforma estatutaria; y está planteada en la hipótesis de que no está constitucionalizado todavía el mapa territorial vigente pues no se ha llevado a la Constitución la denominación de las CCAA[41].

De este modo, en primer lugar, entiendo que corresponde a la Constitución el establecimiento de los requisitos y límites en que tales fusiones podrían realizarse. Así, parecería razonable —y hasta necesario— que se dispusieran requisitos relacionados con el carácter limítrofe de las comunidades autónomas a fusionar, límites al número mínimo de autonomías que pudieran quedar finalmente constituidas, volumen máximo relativo de población que se pudiera concentrar en una sola comunidad o, en fin, cualquier otro requisito o límite orientado a salvaguardar el interés general del Estado y los equilibrios territoriales dentro del mismo. Este tipo de reglas pueden establecerse o no, pero, de hacerlo, su lugar es exclusivamente el texto constitucional, único modo de asegurar la regulación uniforme y de aplicación general de las mismas.

En segundo término, se debe pautar por la Constitución el proceso de negociación y aprobación del proyecto del nue-

---

boración del Estatuto de Autonomía de la nueva Comunidad Autónoma que ya aparece mencionada en la propia Constitución y de modificación de los Estatutos cuyo ámbito territorial se ve alterado. Una operación que comprende asimismo el traspaso de derechos y obligaciones de una Comunidades a otras». Ibidem p. 1574-1576.

41 *Vid.* Ignacio GONZÁLEZ GARCÍA (2021), pp. 137-162.

vo Estatuto de Autonomía entre las comunidades autónomas implicadas. No cabe pensar en procesos paralelos e independientes. Los sujetos llamados a fusionarse deben alcanzar una propuesta común que elevar al Estado y, por tanto, deben poder deliberar y negociar —en régimen de igualdad— de modo directo. Éste es un elemento clave que, hasta ahora, la doctrina ha obviado completamente. El concreto modo de articularlo sería lo menos relevante siempre que se establecieran condiciones suficientes para garantizar la negociación y la posición paritaria de las partes. Quizá lo razonable pudiera ser que cada Parlamento aprobara una propuesta que fuera discutida en una comisión mixta paritaria de representantes de las cámaras correspondientes, cuyo resultado final fuera de nuevo ratificado por el pleno de cada una de las mismas.

Estamos ante uno de los ejes del problema porque, a mi juicio, aquí quiebra totalmente la lógica que preside la STC 99/1986, relativa a los enclaves territoriales, que ha venido guiando el criterio de la doctrina mayoritaria. Esa sentencia establecía que en el complejo proceso de segregación/alteración de enclaves no hay «identidad de objeto». A criterio del Tribunal, «aun cuando ambas regulaciones [estatutarias] estén llamadas a dar curso a actos que, adoptados de modo autónomo por cada Comunidad, habrán de concluir integrándose en un único resultado», cada regulación se proyecta «sobre ámbitos distintos», cuales son «la adopción por cada Comunidad Autónoma de una decisión relativa a su alteración territorial [segregación una, agregación la otra]». A mi juicio, en el caso de plena fusión de ambas comunidades autónomas ya no se puede hablar de ausencia de identidad de objeto, al menos en esta fase del proceso. Una vez aprobado por separado que se pretende iniciar el procedimiento, existe un único objeto cuya elaboración y decisión final corresponde conjuntamente —no paralelamente, ni sucesivamente— a las comunidades autónomas que pretendan la fusión. Y, consecuentemente, no pueden los Estatutos de Autonomía respectivos regular lo que a cada parte corresponde, porque no la hay. Es inexcusable que este procedimiento esté previsto y regulado en el texto constitucional.

Tampoco cabe dejar en manos del estatuto de autonomía, en tercer término, el siguiente de los elementos esenciales del proceso: el consentimiento por parte del Estado de la fusión propuesta por las comunidades autónomas implicadas, cuyo régimen debe venir dado expresamente también por la Constitución[42]. Es bien cierto que la norma fundamental ya establece cuál es la participación del Estado —aprobación por ley orgánica y, en algunos casos, referéndum de ratificación— para los supuestos de reforma de estatutos de autonomía, pero —hay que insistir en ello— no estamos ante un caso de reforma estatutaria sino ante un fenómeno distinto y de mayor intensidad, cuyo objeto escapa del ámbito propio del estatuto de autonomía. El constituyente debe prever, como es habitual en otras constituciones, el modo y el alcance de la intervención final del Estado en este proceso. Y es razonable entender que debiera establecer un régimen nunca menos gravoso que el que ya prevé para la reforma estatutaria.

En cuarto y último lugar, en la línea de garantizar que la fusión de comunidades autónomas se vehicula por un procedimiento revestido de —como mínimo— los mismos rigores que las reformas estatutarias, habría de preverse también en la Constitución la celebración final de un referéndum vinculante de ratificación en el conjunto del territorio de la nueva autonomía a constituir, para todos los supuestos de fusión, con independencia de cuáles fueran las comunidades autónomas implicadas en el proceso.

De conformidad con estas premisas, se propone la incorporación al Texto Constitucional de un nuevo precepto que

---

42 En esta misma línea, Manuel ARAGÓN REYES (1992-1993), p. 204 y César AGUADO RENEDO (1996), p. 470.

establezca el régimen de la fusión de comunidades autónomas en los siguientes términos u otros equivalentes:

> «1. Las comunidades autónomas limítrofes con características históricas, culturales y económicas comunes podrán fusionarse en una sola Comunidad Autónoma. La Comunidad resultante no podrá integrar más de una quinta parte de las provincias ni más de una cuarta parte del censo estatal.
>
> 2. La iniciativa corresponde a las comunidades autónomas, de conformidad con lo dispuesto en sus Estatutos de Autonomía, requiriéndose, en todo caso, una mayoría de dos tercios del parlamento regional y referéndum autonómico favorable.
>
> 3. El proyecto de Estatuto de Autonomía será elaborado, en el plazo de tres meses desde la aprobación de las iniciativas, por una comisión mixta paritaria de un máximo de diez representantes elegidos por cada cámara autonómica. El proyecto, una vez ratificado por los parlamentos regionales, será remitido a las Cortes Generales para su aprobación por mayoría de tres quintos en cada cámara.
>
> 4. El Estatuto de Autonomía precisará ratificación por referéndum favorable de la mayoría absoluta del censo electoral de la nueva Comunidad Autónoma a constituir.
>
> 5. La entrada en vigor del Estatuto de Autonomía derogará los Estatutos de las comunidades autónomas fusionadas. Si la iniciativa no prosperase, no podrá reiterarse hasta pasados cinco años».

4.2. Por escisión de una parte del territorio de la comunidad autónoma

Sobre la posibilidad de crear nuevas comunidades autónomas a partir de la escisión de parte del territorio de las ya constituidas, en particular, de alguna o algunas de las provincias en ellas integradas, no existen aportaciones doctrinales relevantes, más allá del citado trabajo de Bilbao Ubillos que, como hemos visto, señala el camino de la reforma constitucional para poder articular estas modificaciones del mapa autonómico.

Sí ha habido, sin embargo, algunas iniciativas o propuestas políticas de diversa índole promoviendo o demandando la segregación de algunas provincias o territorios para su constitución en comunidad autónoma distinta, si bien todavía no han cristalizado en el inicio de un procedimiento que, efectivamente, lleve a tal fin. Los enumeramos de modo muy sucinto a continuación, en la medida en que sus promotores han planteado estas iniciativas en el marco constitucional vigente, sin demandar reforma constitucional. Así, por ejemplo:

Tras algún otro intento similar en años anteriores[43], el pleno del Ayuntamiento de León aprobó el 27 de diciembre de 2019 una moción a favor de la autonomía de la «Región Leonesa», que incluiría a las provincias de León, Zamora y Salamanca. La moción presentada por UPL, fue apoyada por PSOE y Podemos, lo que generó tensiones con en la federación socialista castellanoleonesa. Posteriormente, se han ido planteando mociones similares en hasta 63 municipios (61 leoneses, 2 en Zamora y Salamanca), habiendo sido aprobadas en 54 de ellos con algunos votos favorables de concejales de casi todos los grupos políticos[44]. La vía prevista por los impulsores de la iniciativa es la mera reforma estatutaria, en el entendido de que es cauce suficiente y la Constitución no lo impide[45].

---

43 La controversia sobre la pertenencia de la provincia de León a la Comunidad Autónoma de Castilla y León estuvo presente desde el primer momento de la creación de esta comunidad autónoma. *Vid.*, por todos, Ángel SÁNCHEZ BLANCO (1985), pp. 515-546.

44 *Vid.* toda la información al respecto en https://www.upl.es/

45 Así lo ha expresado, v.g., el Presidente del Consejo de Cuentas de Castilla y León y exalcalde de la ciudad de León, Mario Amilivia. *Vid.* https://www.diariodeleon.es/articulo/leon/amilivia-sostiene-que-region-leonesa-legalidad/202112151423502173049.html. En la citada moción del Ayuntamiento de León se decía que esa iniciativa «hoy podría resolverse en el ámbito de la reforma del propio Estatuto de Autonomía o con una simple ley orgánica del Parlamento

En Granada también encontramos un supuesto similar reciente. En 2017 se constituyó la plataforma ciudadana «Juntos por Granada» (JxG) con el objetivo de impulsar el procedimiento de convertir la provincia de Granada en Comunidad Autónoma[46]. Ya en 2021 la plataforma ha dado lugar al partido político denominada «Granadinos por Granada», presidido por César Girón, exdirigente del PSOE. A diferencia del caso anterior, no se propugna la vía de la reforma estatutaria sino la reactivación de las vías de acceso a la autonomía establecidas en el Título VIII de la Constitución, en este caso para la creación de una nueva comunidad autónoma uniprovincial. También en el Ayuntamiento de La Línea de la Concepción se han planteado iniciativas tendentes a la conversión del municipio en comunidad o ciudad Autónoma[47].

Asimismo, el movimiento o plataforma ciudadana de Tabarnia, como reacción al proceso secesionista en Cataluña, ha venido propugnando la creación de una nueva comunidad autónoma a partir de la escisión de una parte del territorio de las

---

Nacional Español constituyendo la Comunidad Autónoma de la Región Leonesa. Y ello es posible con base en la propia Constitución, cuyo artículo 143 establece en su apartado 1° que en el ejercicio del derecho a la autonomía reconocido en el artículo 2 de la Constitución, las provincias históricas con características históricas, culturales y económicas comunes, los territorios insulares y las provincias con entidad regional histórica podrán acceder a su autogobierno y constituirse en comunidades autónomas con arreglo a lo previsto en este Título y en los respectivos Estatutos».

46 *Vid.* https://juntosxgranada.es/nosotros/#manifiesto

47 *Vid.* al respecto el «Dictamen legal sobre la viabilidad jurídica de constituir la Línea de la Concepción en Ciudad Autónoma: procedimiento y competencias que se asumirían por el Ayuntamiento» (Antonio DE CABO DE LA VEGA y Gabriel MORENO GONZÁLEZ), que aboga por la vía prevista en el artículo 144.a CE, bajo el presupuesto de que el principio dispositivo -en su primera vertiente, de creación de comunidades autónomas- sigue abierto y vigente en nuestro sistema.

provincias de Tarragona y Barcelona, apelando a lo dispuesto en el artículo 144 a y b de la Constitución[48].

En todo caso, en mi criterio, en estos concretos supuestos, y a diferencia de lo que ocurre en la fusión de comunidades autónomas, al no haber aquí extinción instrumental de las comunidades autónomas preexistentes, cabría justificar la vigencia del principio dispositivo en su primera dimensión y utilizar la vía del artículo 143 CE para crear la nueva comunidad autónoma, previa escisión de las provincias correspondientes vía reforma estatutaria[49].

5. LA CONSOLIDACIÓN DEL ACTUAL MAPA TERRITORIAL: LAS COMUNIDADES AUTÓNOMAS EN LA CONSTITUCIÓN

5.1. La propuesta de reforma constitucional de 2005

La inmensa mayoría de los pronunciamientos relativos al mapa territorial autonómico publicados en los últimos años apuestan por la consolidación de las fronteras autonómicas actuales por la vía de incorporar a la Constitución la denominación de las diecisiete comunidades autónomas y dos ciudades autónomas ya constituidas. Y es lógico que así sea, por dos motivos principales.

En primer lugar, porque todas las propuestas de reforma constitucional en clave federal —y son muchas las que se han hecho en esa dirección desde el ámbito político[50] y también

---

48 *Vid.* la propuesta completa en https://www.tabarnia.org/web/solucion-al-independentismo-catalan-aplicar-el-articulo-144-y-crear-tabarnia/

49 *Vid.*, al respecto, Ignacio GONZÁLEZ GARCÍA (2024), pp. 1-25.

50 *Vid.*, por todos, Javier ZARZALEJOS NIETO (2015); Miquel ICETA LLORENS (2013), p. 30; o el Documento de trabajo de la Fundació Rafael Campalans, 164, «Por una reforma constitucional federal» (https://reformafederal.files.wordpress.com/2013/05/164_papersdelafundacio.pdf)

doctrinal[51]— parten, evidentemente, del presupuesto de la consolidación del mapa territorial autonómico en la Constitución. Y, en segundo término, porque, como bien es conocido, en el año 2005 el Gobierno formuló una propuesta de reforma parcial de la Constitución[52] que, entre otras cuestiones, plateaba llevar al Texto Constitucional la mención expresa de las Autonomías ya creadas y consolidadas en nuestro sistema. El proceso de reforma no llegó siquiera a iniciarse propiamente, pero sí se llegó a elevar consulta al Consejo de Estado sobre el particular, el cual emitió el tantas veces citado Informe de 2006.

En concreto, la consulta del Gobierno en lo que hace al objeto de nuestro estudio podría sintetizarse en las siguientes líneas del referido documento:

> «Es tiempo de consolidar los logros alcanzados [dice la consulta gubernamental], reconociendo de forma expresa en nuestra Constitución a los sujetos institucionales que han protagonizado todo ese proceso. Hoy no sólo sabemos cuántas comunidades autónomas vertebran España y cómo se denomina cada una de ellas, sino que, además, todos tenemos la sólida convicción de que las comunidades autónomas han llegado para quedarse y que ya son un elemento irrenunciable de la estructura territorial del Estado.
>
> Designar por su nombre a todas y cada una de las comunidades autónomas que integran España no es un innecesario ejercicio de estilo. Por el contrario, significa superar la apertura inicial del modelo de descentralización política establecido por el constituyente. Las comunidades autónomas ya no serán

---

51 *Vid.*, por todos, José TUDELA ARANDA (2009); F. Javier GARCÍA ROCA (2013), pp. 20-31; Juan José SOLOZÁBAL ECHAVARRÍA (2014), pp. 19-68; Eliseo AJA FERNÁNDEZ (2014); José Antonio MONTILLA MARTOS (2015); o Gregorio CÁMARA VILLAR (2018), pp. 395-430. Críticos con este tipo de propuestas, *vid.*, Eduardo VÍRGALA FORURIA (2017) o Ignacio GONZÁLEZ GARCÍA (2018), pp. 117-153.

52 Ya anunciada por el Presidente del Gobierno en su discurso de investidura ante las Cortes Generales el año anterior (DSS, Congreso de los Diputados, sesión plenaria núm. 1, de 15 de abril de 2004).

> una posibilidad constitucional, sino sujetos políticos pertenecientes a la Constitución misma.
>
> [...] El Gobierno, en consonancia con ese compromiso, solicita del Consejo de Estado que informa sobre esta cuestión, precisando, en todo caso, los siguientes extremos:
>
> 1. Qué artículo o artículos de la Constitución son los más idóneos para llevar a cabo esa mención expresa e individualizada de las comunidades autónomas y las dos Ciudades Autónomas.
>
> 2. Qué criterio o criterios se consideran más adecuados para ordenar esa enumeración.
>
> 3. Qué consecuencias jurídicas produce la constitucionalización de la existencia de las comunidades autónomas en la Constitución y qué preceptos del texto constitucional convendría modificar para reflejarlas»[53].

El Informe dio respuesta a esta consulta, desgranando uno a uno los elementos esenciales de la propuesta de reforma constitucional, que posteriormente han merecido la atención individualizada por parte de la doctrina[54]. Seguir ese mismo orden de cosas nos permite a nosotros también enlazar aquí las claves principales de la cuestión.

5.2. El Informe del Consejo de Estado de 2006

5.2.1. El alcance del principio dispositivo.

El Consejo de Estado traza una doble dimensión del principio dispositivo, que se proyecta sobre objetos y sujetos diferentes:

---

53 Francisco RUBIO LLORENTE y José ÁLVAREZ JUNCO (2006), p. 127.

54 *Vid.*, por todos, los estudios doctrinales publicados por el Centro de Estudios Políticos y Constitucionales junto al propio texto del Informe del Consejo de Estado, ya citados en este trabajo.

> «En el estadio inicial y transitorio, el principio dispositivo se manifestó en aquel los preceptos (artículos 143, 144, 148, 151 y Disposiciones Transitorias Primera a Séptima) que concedieron a las provincias [...] la potestad de impulsar la creación y organización de las comunidades autónomas».

Lógicamente, esa dimensión del principio dispositivo desaparecería con la derogación expresa de tales preceptos. No obstante lo cual, «no entraña, en puridad, consecuencia jurídica apreciable, [pues tales preceptos] eran ya inaplicables desde que concluyó el proceso de organización política del territorio nacional en comunidades autónomas»[55]. Una vez alcanzado ese estadio, «el principio dispositivo no puede jugar ya en favor de las provincias para hacer posible la creación de nuevos entes dotados de autonomía política»[56].

Según establece el Informe, la consagración de la denominación en el Texto Constitucional de las comunidades autónomas ya constituidas debe conllevar necesariamente, independientemente de la fórmula y del procedimiento en los que tal modificación se concretara, la derogación expresa de esos preceptos relativos a la primera de las dimensiones del principio dispositivo, por cuanto se habría constitucionalizado «la estructura territorial existente en la actualidad»[57].

5.2.2. La concreta denominación de las comunidades autónomas y su ubicación en el Texto Constitucional

El Informe planteó varias alternativas sobre en qué concretos términos denominar en la Constitución a cada una de las comunidades autónomas, evaluando pros y contras técnico-jurídicos

---

55 Francisco RUBIO LLORENTE y José ÁLVAREZ JUNCO (2006), p. 128.

56 Francisco RUBIO LLORENTE y José ÁLVAREZ JUNCO (2006), p. 129.

57 Francisco RUBIO LLORENTE y José ÁLVAREZ JUNCO (2006), p. 136.

(particularmente la eventual colisión con el artículo 147.2.a) y también otros de naturaleza estrictamente política. Finalmente, entre las opciones de recurrir bien a la denominación oficial de las mismas que actualmente recogen los respectivos Estatutos, bien a sus denominaciones ordinarias no oficiales y, a su vez, utilizar para todas ellas el lengua oficial común para todo el Estado o introducir la denominación propia de la lengua cooficial correspondiente donde exista, el Consejo de Estado recomendó recurrir a las denominaciones no oficiales[58] y recoger tanto la versión en castellano como en las demás lenguas oficiales.

Por lo que hace a su ubicación en la estructura de la Constitución, el Consejo de Estado admite como aceptable llevar dichas denominaciones bien al Título Preliminar (concretamente, en el artículo 2), bien al Título VIII (tanto en el artículo 137 como en el 143, simultánea o alternativamente)[59]. Lógicamente, la opción por un Título o por otro condicionaría el tipo de procedimiento de reforma constitucional que habría que seguir a tal efecto.

---

58 Francisco RUBIO LLORENTE y José ÁLVAREZ JUNCO (2006), p. 140: «Difícil de superar es el obstáculo que resulta de la colisión entre la constitucionalización de las denominaciones oficiales de las comunidades autónomas y el derecho que el propio texto constitucional (artículo 147) atribuye a estas para establecerla. Para salvarlo solo caben dos vías: privar a las Comunidades de la facultad para establecer su propia denominación o, en sentido opuesto, aceptar que esa facultad permite alterar el texto constitucional sin acudir al procedimiento de reforma. Para escapar de ese dilema, cuyos términos son igualmente inconvenientes, parece aconsejable eludir la dificultad incorporando a la Constitución, no las denominaciones oficiales de las comunidades autónomas, sino sus denominaciones ordinarias, los nombres que se utilizan en la rúbrica de las leyes orgánicas que aprueban los respectivos Estatutos».

59 Sobre las concretas redacciones propuestas para esos artículos en las distintas alternativas planteadas, *vid.* Francisco RUBIO LLORENTE y José ÁLVAREZ JUNCO (2006), pp. 135-136.

Respecto del orden en el cual realizar esa enumeración de comunidades autónomas, el Informe, tras plantear también varias alternativas, opta por el criterio cronológico. Esto es, por enumerar las Autonomías por orden de fecha de aprobación del primer Estatuto de Autonomía, salvando las coincidencias en tales fechas de algunas comunidades recurriendo a los ordinales de las leyes orgánicas correspondientes, tal y como se hace en la práctica protocolaria (Reglamento general de Precedencias, aprobado por Real Decreto 2099/1983, de 4 de agosto)[60].

5.2.3. Otros preceptos constitucionales indirectamente afectados por la reforma

Finalmente, el Informe del Consejo de Estado se refiere a otros preceptos constitucionales que se verían indirectamente afectados por esta modificación constitucional, además de los ya citados artículos 2, 137 y 143 y concordantes relativos a los procedimientos de creación de las comunidades autónomas.

En concreto, el documento alude a la Disposición Transitoria Cuarta de la Constitución, en los sorprendentes términos que ya indicamos en el epígrafe 4.1.1. de este trabajo, y al artículo 152.1 relativo a la organización institucional de las comunidades autónomas de vía extraordinaria. Sobre este último proponía «mantener su contenido en todo lo esencial», suprimiendo la alusión a esas comunidades autónomas para generalizar su ámbito de aplicación e incluir en el artículo 147.2.c una remisión expresa al mismo[61].

---

60 Francisco RUBIO LLORENTE y José ÁLVAREZ JUNCO (2006), pp. 138-139.

61 Francisco RUBIO LLORENTE y José ÁLVAREZ JUNCO (2006), p. 154: «El hecho de que la estructura institucional que en él se preveía para algunas Comunidades se haya generalizado obliga, sin embargo, a mantener su contenido en todo lo esencial. Para ello basta con suprimir el inciso que hoy restringe el ámbito de la norma a las Co-

BIBLIOGRAFÍA

AGUADO RENEDO, César (1997), «El principio dispositivo y su virtualidad actual en relación con la estructura territorial del Estado», *Revista de Estudios Políticos*, núm. 98, pp. 137-158.

AGUADO RENEDO, César (1996), *El Estatuto de Autonomía y su posición en el ordenamiento jurídico*, Madrid, Centro de Estudios Constitucionales.

AGUADO RENEDO, César (1992), «La jurisprudencia constitucional sobre la delimitación del ámbito territorial de la Comunidad Autónoma de Castilla y León (y II)», *Autonomies: Revista Catalana de Derecho Público*, núm. 14, pp. 99-117.

AJA FERNÁNDEZ, Eliseo (2014), *Estado autonómico y reforma federal*, Madrid, Alianza Editorial.

ALLI ARANGUREN, Juan Cruz (2018), *La autonomía de Navarra. Historia, identidad y autogobierno*, Pamplona, Gobierno de Navarra.

ARAGÓN REYES, Manuel (1992-1993). «La reforma de los Estatutos de Autonomía», *Documentación Administrativa*, núm. 232-233, pp. 197-222.

BALAGUER CALLEJÓN, Francisco (2006), «Reformas constitucionales relativas al Título VIII en relación con la recepción constitucional de la denominación oficial de las comunidades autónomas», en Francisco RUBIO LLORENTE y José ÁLVAREZ JUNCO (dirs.), *El informe del Consejo de Estado sobre la reforma constitucional. Texto del Informe y debates académicos*, Madrid, Consejo de Estado y Centro de Estudios Políticos y Constitucionales, pp. 565-584.

BILBAO UBILLOS, Juan María (2008), «La modificación del mapa autonómico: creación de nuevas comunidades autónomas y alteración de los límites territoriales de las existentes», en AA.VV., *Estudios sobre la Constitución Española. Homenaje al Profesor Jordi Solé Tura*, Vol. II, Madrid, Congreso de los Diputados, pp. 1563-1596.

---

munidades que alcanzaron por la vía rápida el máximo nivel de autonomía. Aunque en el Derecho comparado de los Estados compuestos la obligación que la Constitución federal impone a la organización de los entes territoriales se plasma en fórmulas más sintéticas [...] las fórmulas de ese género no resultan procedentes cuando, como en nuestro caso, los principios estructurales que la Constitución consagra no obligan solo a los componentes territoriales del Estado, sino también a todo el Estado en todas sus instancias y órganos».

BURGO TAJADURA, Juan Ignacio del (2015), *La Epopeya de la Foralidad vasca y navarra. Principio y fin de la cuestión foral (1812-1982)*, Tomo 2, Bilbao, Fundación Popular de Estudios Vascos.

BURGO TAJADURA, Juan Ignacio del (2004), «Navarra en el futuro constitucional», *Cuadernos de Pensamiento Político*-FAES, núm. 4, pp. 73-92.

CALAFELL FERRÁ, Vicente Juan (2006), «La garantía del territorio de las comunidades autónomas ante la reforma de la Constitución. (Un apunto a la propuesta de cerrar el mapa político de España)», en AA.VV., *Autonomías y Organización territorial del Estado: presente y perspectivas de futuro, XXVII Jornadas de Estudio de la Abogacía General del Estado (26, 27, 28 de octubre de 2005)*, Madrid, Ministerio de Justicia-BOE.

CÁMARA VILLAR, Gregorio (2018), «La organización territorial de España. Una reflexión sobre el estado de la cuestión y claves para la reforma constitucional», *Revista de Derecho Político*, núm. 101, pp. 395-430.

CARRERAS SERRA, Francesc de (2009), «Reformar la Constitución para estabilizar el modelo territorial», en AA.VV., *La reforma constitucional: ¿hacia un nuevo pacto constituyente? Actas de las XIV Jornadas de la Asociación de Letrados del Tribunal Constitucional*, Madrid, Tribunal Constitucional-Centro de Estudios Políticos y Constitucionales, pp. 47-112.

CRUZ VILLALÓN, Pedro (1991), «La constitución territorial del Estado», *Autonomies*, núm. 13, pp. 61-70.

DÍEZ-PICAZO GIMÉNEZ, Luis María (1990), *La derogación de las leyes*, Madrid, Civitas.

DÍEZ-PICAZO GIMÉNEZ, Luis María (1987), «Sobre la delimitación estatutaria del territorio de las comunidades autónomas y la rigidez de los Estatutos (comentario a la STC 99/1986, en el caso del Condado de Treviño)», *Revista Española de Derecho Constitucional*, núm. 20, pp. 139-176.

FOSSAS ESPADALER, Enric (2007), *El principio dispositivo en el Estado Autonómico*, Barcelona, Marcial Pons.

FOSSAS ESPADALER, Enric (2006), «La inclusión de la denominación de las comunidades autónomas en la Constitución: el jurista persa satisface (parcialmente) su curiosidad», en Francisco RUBIO LLORENTE y José ÁLVAREZ JUNCO (dirs.), *El informe del Consejo de Estado sobre la reforma constitucional. Texto del Informe y debates académicos*, Madrid, Consejo de Estado y Centro de Estudios Políticos y Constitucionales, pp. 585-626.

GARCÍA ROCA, F. Javier (Ed.) (2014), *Pautas para una reforma de la Constitución. Un informe para el* debate, Madrid, Instituto de Derecho Parlamentario–Thomson Reuters Aranzadi.

GARCÍA ROCA, F. Javier (2013), «¿Reforma constitucional en clave federal?», *El Cronista del Estado Social y Democrático de Derecho*, núm. 34, pp. 20-31.

GARCÍA ROCA, F. Javier (1984), «El principio de voluntariedad autonómica: teoría y realidad constitucionales», *Revista de Derecho Político*, núm. 21, pp. 111-140.

GONZÁLEZ GARCÍA, Ignacio (2024), "La parcial reviviscencia del principio dispositivo. A propósito de la propuesta de creación de la Comunidad Autónoma de León", *Revista General de Derecho Constitucional*, núm. 40, pp. 1-25.

GONZÁLEZ GARCÍA, Ignacio (2021), *La fusión de comunidades autónomas. A propósito de la (no) incorporación del Navarra al País vasco*, Valencia, Tirant lo Blanch.

GONZÁLEZ GARCÍA, Ignacio (2018), «La revisión del artículo 145 CE en el contexto de una reforma federal de la Constitución», *Revista de Derecho Político*, núm. 103, pp. 117-153.

GONZÁLEZ GARCÍA, Ignacio (2014), «La devolución unilateral de competencias», *Teoría y Realidad Constitucional*, núm. 34, pp. 449-475.

GUTIÉRREZ LLAMAS, Antonio (1991), *Los procedimientos para la reforma de los Estatutos de Autonomía de las comunidades autónomas*, Madrid, Civitas.

ICETA LLORENS, Miquel (2013), «Una reforma federal de la Constitución», *El siglo de Europa*, núm. 1002, p. 30.

JIMÉNEZ ASENSIO, Rafael (1985), «La reforma del Estatuto de Autonomía del Parlamento Vasco», *Revista de Estudios Políticos*, núm. 46-47, pp. 475-523.

LARUMBE BIURRUN, Pedro María (1991), «Apuntes sobre el territorio de la Comunidad Autónoma», en AA.VV. *Estudios sobre el Estatuto de Autonomía del País Vasco. Actas de las II Jornadas de Estudio sobre el Estatuto de Autonomía, celebradas en San Sebastián (11-14 de diciembre de 1990)*, Tomo I, IVAP.

LINDE PANIAGUA, Enrique (1979), «Procedimientos de creación de comunidades autónomas», *Documentación Administrativa*, núm. 182, pp. 287-366.

MEDINA GUERRERO, Manuel (2006), «La inclusión de las comunidades autónomas —y Ciudades Autónomas— en el Texto Constitucional (o sobre la conveniencia de preservar el principio dispositivo en la concreción de la denominación de las comunidades autónomas», en Francisco RUBIO LLORENTE y José ÁLVAREZ JUNCO (dirs.), *El informe del Consejo de Estado sobre la reforma constitucional. Texto del Informe y debates académicos*, Madrid, Consejo de Estado y Centro de Estudios Políticos y Constitucionales, pp. 609-626.

MONTILLA MARTOS, José Antonio (2015), *Reforma federal y Estatutos de segunda generación. Los Estatutos de Autonomía de segunda generación como modelo para la reforma federal de la Constitución*, Cizur Menor, Aranzadi.

PÉREZ CALVO, Alberto (1999), «Comentario a la disposición transitoria cuarta», en Oscar ALZAGA VILLAAMIL (dir.), *Comentarios a la Constitución Española de 1978*. Madrid, Edersa.

RAZQUIN LIZARRAGA, José Antonio (1989), *Fundamentos Jurídicos del Amejoramiento del Fuero. Derechos históricos y régimen foral de Navarra*, Pamplona, Gobierno de Navarra.

RECUERO ASTRAY, José Ramón (2017), *España y su futuro. Propuestas para fortalecer la Nación y reformar la Constitución*, Madrid, Instituto de Estudios de la Democracia–Thomson Reuters Aranzadi.

RIDAURA MARTÍNEZ, M. Josefa (2016), «El proceso de independencia de Cataluña: su visión desde la Comunidad Valenciana», *Teoría y Realidad Constitucional*, 37, pp. 381-404.

RUBIO LLORENTE, Francisco y ÁLVAREZ JUNCO, José (2006), *El informe del Consejo de Estado sobre la reforma constitucional. Texto del Informe y debates académicos*, Madrid, Consejo de Estado y Centro de Estudios Políticos y Constitucionales.

SÁNCHEZ BLANCO, Ángel (1986), «Ajustes territoriales en las comunidades autónomas. Derechos institucionales y derechos de las Comunidades sociales. La STC 99/1986 relativa al Condado de Treviño», *Revista Vasca de Administración Pública*, núm. 16, pp. 129-156.

SÁNCHEZ BLANCO, Ángel (1985), «La delimitación del territorio de la Comunidad Autónoma de Castilla y León: las sentencias del Tribunal Constitucional relativas a la integración de las provincias de León (89/1984, de 28 de septiembre) y Segovia (100/1984, de 8 de noviembre)», *Revista de Estudios de la Administración Local y Autonómica*, núm. 227, pp. 515-546.

SANTAMARÍA PASTOR, Juan Alfonso (1992), «Disposición adicional segunda», en Juan Alfonso SANTAMARÍA PASTOR (dir.), *Comentarios al Estatuto de Autonomía de la Comunidad Autónoma de Navarra*, Vitoria, INAP.

SOLOZÁBAL ECHAVARRÍA, Juan José (2014), «Una propuesta de cambio federal», en Juan José SOLOZÁBAL ECHAVARRÍA (Ed.), *La reforma federal. España y sus siete espejos*, Madrid, Biblioteca Nueva, pp. 19-68.

SOLOZÁBAL ECHAVARRÍA, Juan José (2007), «Consideraciones del Informe sobre otras posibles reformas del modelo autonómico», en Ángel GÓMEZ MONTORO (Ed.), *La reforma del Estado autonómico.*

Jornadas de estudio sobre el Informe del Consejo de Estado, Madrid, Centro de Estudios Políticos y Constitucionales.

TAJADURA TEJADA, Javier (2006), «Inclusión de las comunidades autónomas en la Constitución», en Francisco RUBIO LLORENTE y José ÁLVAREZ JUNCO (dirs.), *El informe del Consejo de Estado sobre la reforma constitucional. Texto del Informe y debates académicos*, Madrid, Consejo de Estado y Centro de Estudios Políticos y Constitucionales, pp. 627-652.

TRUJILLO FERNÁNDEZ, Gumersindo (1992/1993), «Homogeneidad y asimetría en el Estado Autonómico: contribución a la determinación de los límites constitucionales de la forma territorial del Estado», *Documentación Administrativa*, núm. 232/233, pp. 101-120.

TUDELA ARANDA, José (2009), *El Estado desconcertado y la necesidad* federal, Cizur Menor, Civitas–Thomson Reuters.

URRETAVIZCAYA AÑORGA, Iñaki (1992), «La disposición transitoria cuarta de la Constitución: antecedentes, contenido material y vigencia. El término incorporación: problemas de aplicación», *Revista Vasca de Administración Pública*, núm. 32, pp. 163-214.

VERNET i LLOBET, Jaume (2002), «La apertura del sistema autonómico», *Anuario de Derecho Constitucional y Parlamentario*, núm. 14, pp. 127-170.

VÍRGALA FORURIA, Eduardo (2017), «El modelo federal español (reforma territorial ¿federal?)», en Manuel ÁLVAREZ TORRES y Enrique ÁLVAREZ CONDE (dirs.), *Reflexiones y propuestas sobre la reforma de la Constitución Española*, Granada, Comares.

ZARZALEJOS NIETO, Javier (2015), «La reforma federal, entre el modelo y la política», *Cuadernos de pensamiento político FAES*, núm. 45.

OTROS DOCUMENTOS

Manifiesto Fundacional de VOX (2013): www.voxespana.es/index.php/manifiesto-fundacional

100 Medidas para la España Viva (VOX, 2018): https://www.voxespana.es/biblioteca/espana/2018m/gal_c2d72e181103013447.pdf

Agenda España (VOX, 2021): https://agendaespana.es/wp-content/uploads/2021/10/AgendaEspana_VOX.pdf

Acuerdo del Consell de la Generalitat Valenciana sobre la reforma constitucional, de 9 de febrero de 2018: https://participacio.gva.es/documents/162282364/165197951/Acuerdo+del+Consell+sobre+la+reforma+constitucional.pdf/ecc2fe28-4b83-4606-97db-d582d726b27b

Reflexiones para una reforma constitucional: la reforma de la organización territorial del Estado, del grupo de trabajo de la Fundación Fide, de 12 de marzo de 2018: https://thinkfide.com/wp-content/uploads/2020/10/Fide-Doc.-Reflexiones-Grupo-Reforma-Constitucional.pdf

Programa electoral UPyD 2016: https://upyd.es/wp-content/uploads/2016/10/Programa-UPyD-definitivo.pdf

Programa electoral de UPL 2019: https://www.upl.es/programa-electoral-generales-noviembre-2019/

Manifiesto de la Plataforma Ciudadana Juntos por Granada 2017: https://juntosxgranada.es/nosotros/#manifiesto

Dictamen legal sobre la viabilidad jurídica de constituir la Línea de la Concepción en Ciudad Autónoma: procedimiento y competencias que se asumirían por el Ayuntamiento (Antonio DE CABO DE LA VEGA y Gabriel MORENO GONZÁLEZ): http://lalinea.es/documentos/DICTAMEN%20La%20L%C3%ADnea%20de%20la%20Concepci%C3%B3n%20(A.%20de%20Cabo)_signed.pdf

Documento de trabajo de la Fundació Rafael Campalans, núm. 164: Por una reforma constitucional federal: https://reformafederal.files.wordpress.com/2013/05/164_papersdelafundacio.pdf

Propuesta de Tabarnia: https://www.tabarnia.org/web/solucion-al-independentismo-catalan-aplicar-el-articulo-144-y-crear-tabarnia/

Propuestas de reforma constitucional sobre la naturaleza de los estatutos de autonomía

MAR ANTONINO DE LA CÁMARA
Universidad de Deusto

1. INTRODUCCIÓN

La posición de los estatutos de autonomía en el sistema de fuentes no es una cuestión menor en el diseño global del estado autonómico. Como ha afirmado Aragón Reyes «la cuestión clave de nuestro peculiar modelo autonómico reside [...] en la muy especial naturaleza jurídica de los Estatutos de

Autonomía»[1]. Y, sin embargo, las propuestas de reforma constitucional al respecto no son especialmente numerosas.

De hecho, el debate protagonizado por los estatutos de autonomía que tuvo lugar a finales de la década de los 80 y a principios de la década de los 90 se dirigía a interpretar cuál era la exacta posición de los estatutos en el sistema de fuentes. Solo posteriormente, a partir de la segunda década de los años 2000, comienzan a proliferar las propuestas de reforma que afectan a la naturaleza de los estatutos de autonomía. La controversia en que se desenvolvieron las propuestas tenía un carácter muy diferente al de los primeros debates doctrinales sobre los estatutos, pues ya no se perseguía desentrañar su naturaleza o su posición en el sistema de fuentes. Estas cuestiones habían sido despejadas y los interrogantes surgían en torno a la función de los estatutos y a su capacidad para influir en la configuración territorial del Estado. En una palabra, se ponía en duda la virtualidad del principio dispositivo, planteando, en consonancia, una serie de reformas constitucionales que pasaban por su desactivación.

El principio dispositivo ha sido descrito como «la característica más destacada de la Constitución española»[2] y trae causa de lo que se ha denominado como *desconstitucionalización* de la Constitución[3]. Su desactivación incide principalmente en el

---

1 Manuel ARAGÓN REYES (2006), p. 90.

2 Ignacio DE OTTO Y PARDO (1987), p. 256. También César AGUADO RENEDO (1997), p. 137. Enric FOSSAS ESPADALER (2008), p.152 utiliza la expresión «la característica más singular de la CE» y la explica como remisión de la decisión política a un momento posconstitucional y a normas formalmente infraconstitucionales. Así, mediante el principio dispositivo se adjudica esta decisión a «los representantes de los territorios que primero aspiran a y luego disponen de autonomía, conjuntamente con las instituciones representativas del Estado» (2008), p. 153.

3 Expresión, utilizada por primera vez por Pedro CRUZ VILLALÓN en su clásico artículo «La estructura del Estado o la curiosidad del

régimen jurídico de los estatutos de autonomía y, por ello, este capítulo explica las reformas del Título VIII que afectan a la posición de los estatutos de autonomía a la luz de su relación con el principio dispositivo.

Existen dos manifestaciones del principio dispositivo[4]: la primera afecta al mapa autonómico y prácticamente ha agotado sus posibilidades. En este sentido, el principio procuró capacidad a los entes territoriales para configurar parcialmente la estructura territorial del Estado mediante la opción de formar una comunidad autónoma, a través de varias previsiones constitucionales a las que, en este sentido, cabe atribuir carácter transitorio. Desde bien temprano, se propuso la eliminación de esta vertiente: en la medida en que el proceso autonómico es un proceso irreversible[5], los preceptos constitucionales abiertos habían quedado prácticamente desactivados, por mucho que el principio permaneciera «latente» en la CE[6].

---

jurista persa», publicado por vez primera en la Revista de la Facultad de Derecho de la Universidad Complutense en 1981. Aquí citaré la versión incorporada en 2006 a la recopilación de trabajos que publicó en el Centro de Estudios Políticos y Constitucionales bajo el título de La curiosidad del jurista persa, y otros estudios sobre la Constitución (2006a), p. 284. La expresión fue rápidamente difundida, aunque en ocasiones ha sido controvertida. Por todos, Eduardo GARCÍA DE ENTERRÍA (1983), p. 226. En lo que aquí nos interesa Enric FOSSAS ESPADALER (2008), p. 153 pone en relación el principio dispositivo con la desconstitucionalización que supuso diferir la decisión política.

4 Ignacio DE OTTO Y PARDO (1987), p. 256,

5 Así lo denomina Pedro CRUZ VILLALÓN (2006), p. 428 en «La estructuración del Estado en las Comunidades Autónomas», publicado previamente en 1985.

6 La expresión es utilizada por Aguado Renedo (1997a, 155 y ss.). En este trabajo se recogen las posiciones y propuestas que en ese momento se pronunciaron respecto del principio dispositivo en la primera vertiente.

Pero es la segunda vertiente la que constituye el principal interés en este trabajo. Se refiere a la posibilidad de las comunidades autónomas resultantes del mapa autonómico de pactar el modelo, las características y las competencias propias de su autonomía a través de sus estatutos. Si el principio dispositivo funcionaba era, en gran parte, gracias a la ambigua naturaleza de los estatutos de autonomía. Aunque la doctrina había discutido animadamente sobre este extremo, la jurisprudencia constitucional no permitía salir de dudas al respecto y, en la práctica, esta indeterminación funcionaba[7]. Sin embargo, con la aprobación del Estatuto de Autonomía de Cataluña de 2006 y la STC 31/2010 aclaró su doctrina sobre la naturaleza de los estatutos y, al mismo tiempo, restó virtualidad al principio dispositivo. Es a partir de esta desactivación del principio dispositivo cuando empieza a cuestionarse su virtualidad y, en consecuencia, empiezan a surgir propuestas de reforma que afectan a la naturaleza constitucional de los estatutos de autonomía.

Para dar cuenta de la relación entre la naturaleza de los estatutos de autonomía y el principio dispositivo y de cómo este ha influido en las propuestas de reforma constitucional, distingo tres etapas diferentes. En la primera etapa, que tuvo lugar entre la década de los 80 y 90 se suscitó un debate que atañía a la

---

7 Esta situación terminó con la STC 247/2007. Esta sentencia resolvió el recurso de inconstitucionalidad promovido por el Gobierno de la Comunidad Autónoma de Aragón contra el artículo 20 de la Ley Orgánica 1/2006, de 10 de abril, de Reforma de la Ley Orgánica 5/1982, de 1 de julio, de Estatuto de Autonomía de la Comunidad Valenciana (BOE núm. 86, de 11 de abril de 2006). Se impugnó entonces un solo precepto del estatuto: el artículo 17.1, que reconocía el derecho al agua de los valencianos. A raíz de esta controversia el Tribunal Constitucional se pronunció por primera vez y de manera expresa sobre la naturaleza y posición de los estatutos de autonomía y reconoció su «singular posición en nuestro sistema de fuentes» STC 247/2007, de 12 de diciembre, FJ 6.

naturaleza del estatuto como ley orgánica, norma singular o ley *cuasi-constitucional* y a su posición en el sistema de fuentes. La deferencia que el Tribunal Constitucional mostró al enjuiciar los estatutos los mantuvo incólumes durante años, lo que facilitó que se afirmase su carácter de ley *cuasi-constitucional*. La STC 247/2007 recoge, a mi juicio, la opinión general de la doctrina.

Una segunda etapa tuvo lugar a partir del Estatuto de Autonomía de Cataluña de 2006 y, sobre todo, de la STC 31/2010, y puso en el centro de la polémica la pregunta por la función y los límites de los estatutos y la del Tribunal Constitucional en la interpretación y concreción de tales límites. La sentencia declaró, en contra de lo pretendido por el estatuto, que los estatutos de autonomía no podían definir conceptos constitucionales ni, por tanto, modificar la jurisprudencia constitucional y supuso un cambio respecto de la doctrina relativa a la posición de los estatutos en el sistema de fuentes recogida en la STC 247/2007. En este momento, el principio dispositivo queda, en gran medida, desactivado.

La tercera etapa constituye un momento propositivo: en él se producen las principales propuestas de reforma de la regulación constitucional de los estatutos de autonomía que, en gran medida, desembocaban en el cierre del principio dispositivo.

2. PRIMERA ETAPA: LA NATURALEZA DE LOS ESTATUTOS DE AUTONOMÍA Y SU POSICIÓN EN EL SISTEMA DE FUENTES

El artículo 81 CE reconoce la naturaleza orgánica de los estatutos de autonomía, pero tanto el texto constitucional como el diseño definitivo *de facto* de la reforma estatutaria incluyen numerosas diferencias entre estos y el resto de las leyes orgánicas. Las más significativas son, por un lado, la que atañe al procedimiento de aprobación y reforma que difiere enormemente del procedimiento seguido por otras leyes orgánicas: el estatuto no solo tiene que ser aprobado por ratificación popular mediante referéndum en el caso de las autonomías circunscritas al artículo 151 CE (otras comunidades autónomas lo han adoptado en lo que atañe a algunos de sus contenidos), sino que, además, la Constitución exige que cualquier reforma de los estatutos sea ratificada por el legislador estatal mediante ley orgánica. A esta concurrencia de voluntades entre el legislador autonómico y el estatal se le ha denominado carácter paccionado de los estatutos[8].

La segunda particularidad de los estatutos es su función «materialmente complementadora»[9] de la Constitución, especialmente en lo que atañe a las competencias; de manera que el estatuto se erige como parámetro de constitucionalidad.

Ambas características han servido para justificar que, a pesar de la letra del artículo 81 CE, los estatutos de autonomía no eran simples leyes orgánicas o, dicho de otro modo, no eran *solo* leyes orgánicas. Pero, entonces, ¿qué son exactamente los estatutos de autonomía? La opinión doctrinal podría dividirse *grosso modo* en dos posturas. Cada una de ellas explica de manera distinta el mismo fenómeno: los estatutos ofrecen cierta resistencia a las leyes estatales, que no pueden derogarlos. Una primera posición sostiene que los estatutos son una ley orgánica y que, por tanto, se ordenan según el criterio de competencia, de lo que se deduce su resistencia frente a las leyes estatales que invaden tal competencia. Una segunda posición atribuye al estatuto

---

8 Santiago MUÑOZ MACHADO (2005), p. 732 lo ha denominado «un procedimiento bifásico y sustancialmente paccionado». Para Juan José SOLOZÁBAL ECHEVARRÍA (2019), p. 57 el momento centrífugo lo protagonizan los parlamentos autonómicos, que tienen la iniciativa legislativa. El momento centrípeto vendría dado por su tramitación en las Cortes Generales.

9 En palabras de Pedro CRUZ VILLALÓN (2006), p. 427.

un carácter autónomo y específico[10] y, en algunos casos, incluso constitucional, de la que ha llegado a deducirse una posición de superioridad jerárquica en relación con otras leyes estatales.

Para quienes conciben el estatuto de autonomía como una ley orgánica[11] prima el criterio formal y, en ese sentido, el procedimiento, la elaboración o el órgano de producción de los estatutos suponen, efectivamente, importantes diferencias con respecto al resto de leyes orgánicas, pero no constituyen criterios en la determinación de su posición en el sistema de fuentes. Esta viene dada, exclusivamente, por la norma de rango superior, es decir, la Constitución. Esta perspectiva formal afecta a dos cuestiones relevantes. Por un lado, los estatutos no tienen carácter constituyente: el denominado carácter paccionado no es jurídicamente tal, en la medida en que, por mucho que se tenga en cuenta y se exija la participación de los entes territoriales a través de cauces políticos, la aprobación de los estatutos y su reforma corresponde exclusivamente a las Cortes[12].

Por otro lado, no cabe atribuir a los estatutos superioridad jerárquica deducida de su rigidez frente a otras leyes estatales. La rigidez puede ser un indicio de superioridad jerárquica, pero no son indisociables[13]. La resistencia pasiva que presenta

---

10 Por todos, Pedro CRUZ VILLALÓN (2006a), p. 427.

11 Defienden esta tesis Juan José SOLOZÁBAL ECHEVARRÍA (1982), p. 129, Santiago MUÑOZ MACHADO (1982), p. 287, Ignacio DE OTTO Y PARDO (1987), p. 257, Joaquín TORNOS MAS (1988), p.129, Francisco BASTIDA FREIJEDO y Juan Luis REQUEJO PAGÉS (1991), p. 133 y César AGUADO RENEDO (1997b) que ha sido quien ha tratado este de manera más sistemática y exhaustiva.

12 Ignacio DE OTTO PARDO (1987), p. 266, César AGUADO RENEDO (2007), p. 291. En sentido diferente, Javier PÉREZ ROYO (1984), p. 128 y ss. considera que los estatutos no son leyes paccionadas en rigor, pero que suponen algún tipo de pacto.

13 César AGUADO RENEDO (1997b), p. 177 sostiene que la finalidad de la rigidez no es otorgar superioridad jerárquica, sino estabilidad.

el estatuto de autonomía frente a otras normas estatales no se debe a su superioridad jerárquica, sino al procedimiento de reforma del estatuto, porque estos no cuentan con supremacía normativa de vigencia o deferencia jurisdiccional. Por tanto, dado que el estatuto es una ley orgánica, en los casos de conflicto con otras leyes estatales deberá aplicarse el principio de competencia, y no el de jerarquía.

Sin embargo, no faltaron voces que sostuvieron que la naturaleza jurídica de una norma no viene necesariamente determinada por su forma, sino también por su contenido, procedimiento de aprobación y reforma y función. Así se ha afirmado, más allá de su condición de ley orgánica, el carácter *sui generis*[14] del estatuto e, incluso, parte de la doctrina fue en su día más allá y sostuvo la naturaleza *cuasi-constitucional* del estatuto. La doctrina ha aportado argumentos dirigidos a subrayar tanto las diferencias entre estatuto y la ley orgánica[15], enfatizando su carácter singular,

---

14 Entre otros, Pedro CRUZ VILLALÓN (1985), p. 429 y Javier PÉREZ ROYO (2011), p. 89.

15 Entre otros, Javier PÉREZ ROYO (1984), p. 128 y ss., que sostiene que el estatuto es una ley orgánica, pero solo desde el punto de vista formal, pues en todo lo demás difiere. La propia LOTC distingue entre leyes orgánicas y estatutos de autonomía; la voluntad de las comunidades autónomas es indispensable para reformarlos; debe ser aprobado por referéndum de la población; tiene mayor rigidez que las leyes orgánicas; etc. Finalmente caracteriza a los estatutos como «leyes en las que coinciden dos voluntades. Y esto es lo específico del mismo» (1984), p. 135 y considera a la ley como «vehículo» del estatuto, porque los actos sometidos a aprobación no resultan absorbidos por los actos mediante los que se aprueban. Manuel ARAGÓN REYES (1992), p. 219 ha atribuido una posición superior a los estatutos respecto del otras leyes del Estado: «Se caracterizan porque son indisponibles por el propio Estado de manera ordinaria, esto es, en el ejercicio de la potestad legislativa de las Cortes Generales. El Estado solo puede alterarlas, unilateralmente, mediante la reforma

como los elementos comunes de los estatutos con la Constitución, enfatizando el carácter *cuasi-constitucional* de los estatutos[16].

En cuanto a su carácter paccionado, tal vez formalmente sea una ley estatal, en tanto que tramitada y aprobada en las Cortes Generales, pero la iniciativa autonómica corresponde a las nacionalidades y regiones en virtud del derecho a la autonomía, reconocido en el artículo 2 CE, por lo que los entes territoriales, si bien no producen su propia constitución, tienen un importante papel en la configuración de la Constitución total[17]. Por todo ello, los estatutos han llegado a ser calificados como «normas constitucionales secundarias»[18] o normas *cuasi-cons-*

---

constitucional, lo que significa, en consecuencia, que todo ese «bloque» goza de superior jerarquía que el resto de las leyes».

16 Francisco RUBIO LLORENTE (1989), p. 25 los denomina normas constitucionales secundarias; RUIPÉREZ ALAMILLO, Javier (2001), p. 811 la considera como norma entre la Constitución y las leyes, norma intermedia a la que ha denominado «norma cuasi-suprema» y cuya superior jerarquía frente al resto de leyes ha afirmado; Eduardo GARCÍA ENTERRÍA (1985), p. 109 también las considera jerárquicamente superiores. En cualquier caso, debe tenerse en cuenta que el reconocimiento del carácter constitucional de los estatutos implica también reconocer su singularidad, pero no necesariamente al revés. Así, Pedro CRUZ VILLALÓN (2006), p. 429 ha sostenido: «Los Estatutos de Autonomía constituyen hoy, por sí mismos, una categoría perfectamente autónoma y específica, tan característica del ordenamiento español como la Constitución o la Ley».

17 Francisco RUBIO LLORENTE (1989), p. 26. Según Manuel ARAGÓN REYES (1992), p. 220 el Estado total o global debe distinguirse del Estado central en este contexto, ya que precisamente esta es la diferencia entre los estatutos de autonomía y el resto de leyes estatales, que sí se corresponderían con el Estado central.

18 Así, Francisco RUBIO LLORENTE (1989), p. 26, Teresa FREIXES SAN JUAN las ha denominado «normas constitucionales de segundo grado» (2018), p. 18 y Eduardo GARCÍA DE ENTERRÍA (1985), p. 90.

titucionales[19], que implicarían cierto carácter de superioridad respecto de las leyes estatales. Los estatutos coinciden con la norma constitucional en que ambas regulan su propio procedimiento de reforma, aunque de manera parcial y condicionada, sometido a los límites expuestos al inicio del epígrafe. Otro argumento subraya que, si la indisponibilidad por el legislador ordinario caracteriza formalmente a la Constitución, tampoco los estatutos pudieron ser aprobados solo por él, ni por él podrán ser modificados, derogados o reformados[20]. Todos los estatutos han establecido como requisito necesario para su reforma la aprobación de la asamblea legislativa de la comunidad autónoma, lo que implica que solo mediante reforma constitucional el Estado podría reformarlos unilateralmente[21]. Ello ha llevado a sostener que la posición de los estatutos en el ordenamiento jurídico «no viene dad[a] por su procedimiento de aprobación, sino exclusivamente por su procedimiento de reforma»[22].

Por último, y de gran importancia, en virtud de que opera cierta *desconstitucionalización* en la estructura territorial del poder, se produce el reenvío parcial de esta estructura a algunas normas *infraconstitucionales*. Entre ellas se cuentan los estatutos que se incluyen, así, en el bloque de constitucionalidad. El bloque de constitucionalidad funciona como parámetro de va-

---

19 Entre otros, Juan José SOLOZÁBAL ECHEVARRÍA (1998), p. 138, Manuel ARAGÓN REYES (2006), p. 90.

20 Francisco RUBIO LLORENTE (1989), p. 25. En las páginas siguientes responde, además, a la objeción de que la única voluntad jurídica es la del Estado, a través de las Cortes, puesto que, aún sin ser todavía comunidades autónomas, los entes territoriales participaron en su creación, en virtud del artículo 2 CE que reconoce el derecho a la autonomía.

21 Pedro CRUZ VILLALÓN (2006a), p. 429.

22 Pedro CRUZ VILLALÓN (2006a), p. 428. Además, ha subrayado que los límites de la reforma estatutaria que, en ningún caso puede suprimir una comunidad autónoma.

lidez de las leyes[23] y completa la indefinición del texto constitucional. Ello es, precisamente, una manifestación del principio dispositivo, que consistiría, entonces, en la posibilidad de que los estatutos desarrollen la constitución territorial en aquello que la Constitución no contemplaba. Y así, los estatutos han desarrollado la estructura territorial del Estado a partir de unas bases constitucionales mínimas[24].

---

23 Manuel ARAGÓN REYES (1992), p. 218 sostiene que la naturaleza jurídica de los estatutos no viene definida exclusivamente por la Constitución, sino también por los propios estatutos lo que les aproxima a la Constitución y les distancia de la ley. Los estatutos no solo forman parte del bloque de constitucionalidad en tanto que recogen competencias, sino que forman parte del bloque constitucional, en la medida en que, junto con la Constitución establecen el sistema de fuentes. Los estatutos no son estrictamente constitución, pero la prolongan y completan (2006), p. 92.

24 La doctrina se ha esforzado en distinguir el principio dispositivo de la desconstitucionalización, pues, aunque relacionadas, cabe entender el primero como resultado de la segunda. Pedro CRUZ VILLALÓN, (2006), p 448: «La Constitución no se limitaba pura y simplemente a desconstitucionalizar, sino que, simultáneamente, se remitía a unas normas plurales, absolutamente peculiares, los Estatutos de Autonomía», Enric FOSSAS ESPADALDER (2008), p. 153 subraya que la desconstitucionalización explica «dónde se produce el consenso para decidir», mientras que el principio dispositivo responde a «quién debe participar en el consenso para decidir». Mientras que entre la doctrina reina un consenso generalizado sobre la importancia del principio dispositivo, que, además, caracteriza el modelo español en contraste con el resto de modelos territoriales, la tesis de la desconstitucionalización ha sido controvertida. Francisco TOMÁS Y VALIENTE (1988), p. 19 consideró que la tesis de la desconstitucionalización era «más brillante que convincente». Años después Manuel ARAGÓN REYES (2014), p. 22 sin negar la desconstitucionalización en el sentido aquí indicado, subraya que la Constitución no está del todo desconstitucionalizada, razón por la que es posible el control de los estatutos de autonomía por el Tribunal Constitucional para velar por que los estatutos cumplan con las

En la práctica, los efectos jurídicos de la jerarquía y de la competencia son similares[25]. En ambos tipos de ordenación se produce el acatamiento de una ley respecto de otra. Pero mientras que en las relaciones de jerarquía el conflicto entre dos normas relativas al mismo ámbito de validez se resuelve mediante el contraste entre una y otra y, consecuentemente, mediante el deber de acatamiento de la inferior respecto de la superior, la relación de competencia se trata de una relación *internormativa* indirecta, basada en un deber de respeto de las dos normas en conflicto hacia una tercera norma interpuesta, superior a ambas, de atribución de competencias[26]. Ahora bien, en virtud del principio dispositivo, la Constitución remite las normas de distribución de competencias al bloque de constitucionalidad, incluyendo a los estatutos[27]. Por eso, aunque la igualdad de rango entre estatuto y ley no justifica una ordenación jerárquica entre ellas, el estatuto genera los mismos efectos que una ordenación jerárquica[28].

---

bases constitucionales. Luis COSCULLUELA MONTANER (2015), p. 19 afirma con rotundidad que el modelo está constitucionalizado.

25 Ignacio DE OTTO Y PARDO (1987), p. 258. Francisco BALAGUER CALLEJÓN (1991), p. 149 nota a pie de página 28: «se puede entender que la competencia no es más que una relación jerárquica indirecta, esto es, una relación jerárquica mediatizada por la Constitución».

26 En esta caracterización entre las relaciones jerárquicas y las relaciones competenciales sigo a Francisco BALAGUER CALLEJÓN (1991), p. 149.

27 Como así reconoce el FJ 6 de la STC 247/2007, de 12 de diciembre: «la integración de los Estatutos en el bloque de la constitucionalidad, su consiguiente consideración como parámetro para el enjuiciamiento de las normas legales y, sobre todo, la función que los Estatutos desempeñan y su muy especial rigidez, les otorgan una singular resistencia frente a las otras leyes del Estado que hace imposible que puedan ser formalmente reformados por éstas. Esta afirmación opera, sin duda, con carácter general frente a las leyes estatales ordinarias».

28 Aunque los estatutos no pueden desconocer los criterios materiales en los casos en que la Constitución reenvía la regulación de aspectos

La ordenación entre los estatutos de autonomía y las leyes estatales responde a un criterio competencial, pero también se corresponde con la ordenación propia de la jerarquía. Es competencial en la medida en que implica un deber de respeto recíproco de las normas a una norma de atribución competencial, y no se da una coincidencia en el ámbito material de validez entre las normas confrontadas. Sin embargo, es el propio estatuto (y las normas que componen el bloque de constitucionalidad[29]) el que opera como criterio de validez del resto de leyes y no solo la Constitución. Ello le acerca al principio de jerarquía, puesto que genera un deber de obediencia directo de una norma sobre otra norma y una resistencia frente a ella (asimilándose al par superior-inferior). Como ha sostenido de Otto Pardo, claro defensor de la naturaleza de ley orgánica de los estatutos, «la diferencia entre el bloque de constitucionalidad y el resto de la legislación cumple una función similar a la de la supremacía jerárquica de la Constitución federal sobre las leyes de la Federación y de sus Estados miembros»[30]. De no ser así, de no reconocer esta diferencia entre las normas estatutarias y las leyes restantes, «no existiría garantía alguna de la autonomía frente al legislador estatal».

---

específicos a las correspondientes leyes orgánicas (arts. 81, 122.1, 149.1.29, 152.1 157.3 CE) que pueden llevar a cabo una delimitación de su propio ámbito circunscribiendo la eficacia de acuerdo con dicha limitación (STC 247/2007, de 12 de diciembre, FJ 6).

29 Aunque Ramón Tomás FERNÁNDEZ RODRÍGUEZ (1981), p. 107 sostiene que pronto se asumió de manera pacífica que el deslinde competencial no podía «llegar a ultimarse del todo, sobre la base del binomio Constitución-Estatutos». En virtud de la redacción del artículo 28.1 LOTC ya no serán solo los estatutos y las leyes de transferencia y delegación previstas en el artículo 150.2 CE las que determinen el orden competencial, sino también otras normas con fuerza de ley.

30 Ignacio DE OTTO PARDO (1987), p. 258.

Esta especial función y las consecuencias que tiene sobre su ordenación respecto de otras leyes le confiere este carácter híbrido, que en principio no habría de suponer problema, mientras no constituya una dificultad práctica. Por eso, en el momento en que las consecuencias jurídicas de la jerarquía y la competencia convergen, generando resistencia frente a otras leyes, el impacto de esta discusión es más moderado de lo que llegará a ser posteriormente. En definitiva, la relación entre el estatuto y las leyes estatales no se explica con el recurso a uno solo de los órdenes, competencial o jerárquico. Ninguno de ellos dos consigue dar cuenta por sí solo de la especial y, en cierto sentido, híbrida naturaleza del estatuto[31] . Y es que, como ha sostenido recientemente Rodríguez de Santiago:

> «en el ámbito del derecho interno [...] el principio de competencia, con carácter general, no puede funcionar sin el auxilio del *principio de jerarquía:* la norma que ordena la relación entre otras normas conforme al principio de competencia tiene superior rango jerárquico al de las normas ordenadas»[32].

Por cuanto respecta a la doctrina emanada por el Tribunal Constitucional, el TC ha tardado bastante en pronunciarse al respecto de la naturaleza y posición de los estatutos, dando una respuesta a los debates anteriores. La STC 247/2007 afirmó que los estatutos son normas a través de las que opera el principio dispositivo y que «constituyen una pieza esencial en la estructura compuesta del Estado» (FJ 5). A pesar de que el Tribunal reconoció que su relación con las leyes estatales se corresponde con criterios competenciales (STC 247/2007, FJ 6), también afirmó que el estatuto ocupa una «posición singular» en el sistema de fuentes, fruto de su integración en el

---

31 José Luis CASCAJO CASTRO (2009), p. 136 consideraba que la norma estatutaria no era simplemente una norma particular, sino «más bien una fuente del derecho que está deficientemente construida».

32 José María RODRÍGUEZ DE SANTIAGO (2021), p. 89.

bloque de constitucionalidad, que lo convierte en parámetro de constitucionalidad. El Tribunal reconoció entonces su carácter paccionado, vehículo de la voluntad de autogobierno de un determinado territorio y de la expresión de la voluntad del Estado. En lo que toca al procedimiento de reforma, que no responde a la sola voluntad del legislador estatal, sostuvo que dota al estatuto de una especial rigidez de la que proviene su resistencia pasiva ante otras leyes orgánicas. En cuanto a su valor normativo, la sentencia distingue entre leyes ordinarias y leyes orgánicas. Respecto de las primeras,

> «su consiguiente consideración como parámetro para el enjuiciamiento de las normas legales y, sobre todo, la función que los Estatutos desempeñan y su muy especial rigidez, les otorgan una singular resistencia frente a las otras leyes del Estado que hace imposible que puedan ser formalmente reformados por éstas» (FJ 6).

Respecto de las leyes orgánicas, «la relación de los Estatutos se regula, como ya se ha adelantado, por la propia Constitución, según criterios de competencia material, de modo que el parámetro de relación entre unas y otras es, exclusivamente, la Norma constitucional» (FJ 6), incluyendo las normas de remisión a determinadas leyes orgánicas, por ejemplo[33].

---

[33] A la vez, el estatuto está dotado de una singular resistencia frente a las leyes estatales ordinarias. Sin embargo, en la STC 31/2010 el Tribunal subrayó su carácter como ley orgánica y restó eficacia al carácter constitucional de los estatutos, pues, aunque los estatutos realizan funciones materialmente constitucionales este calificativo es puramente académico y no se traduce en un valor normativo añadido al que corresponde a las normas situadas extramuros en la Constitución formal, por lo que su posición en el sistema de fuentes es, por tanto, la característica de las leyes orgánicas. (STC 31/2010, FJ 3).

3. LA SEGUNDA ETAPA: LA DESACTIVACIÓN DEL PRINCIPIO DISPOSITIVO Y LOS LÍMITES DE LOS ESTATUTOS DE AUTONOMÍA

Las normas que rigen la estructura territorial española son, desde un punto de vista formal, la Constitución de 1978, los estatutos de Autonomía y la jurisprudencia constitucional que, con su labor interpretativa ha desempeñado un papel fundamental en la construcción del Estado autonómico. Una primera manifestación se produjo con la importantísima STC 76/1983, mediante la que el Tribunal Constitucional se reservó el monopolio de la interpretación del bloque de constitucionalidad frente a las leyes. La actividad del Tribunal Constitucional no entraba en conflicto con los estatutos que, en la práctica, no eran objeto de control constitucional[34]. Es decir, la deferencia del Tribunal respecto de la norma estatutaria permitía eludir la pregunta por los límites de los estatutos. Esta situación se prolongó en el tiempo, con algunas excepciones puntuales, como la que se acaba de exponer, y de poco impacto, hasta el denominado «segundo proceso autonómico»[35], cuyo máximo exponente fue el Estatuto de Autonomía de Cataluña de 2006 y la respuesta del Tribunal Constitucional, a través de la STC 31/2010.

Esta vez la problemática no traía causa directa de la posición del estatuto respecto de otras leyes estatales en el ámbito de la determinación de competencias, sino de la relación entre los estatutos y el Tribunal Constitucional. La vocación del estatuto era la de consolidarse como un elemento activo en la configuración autonómica, en todo aquello que el principio dispositivo le permitiera. El Estatuto de Autonomía de Cataluña de 2006 había sido

---

[34] Según Pedro CRUZ VILLALÓN (2006a), p. 488: «Los Estatutos no solo son en la teoría y en la práctica parámetro de control, sino que, en la práctica, no son objeto de control de constitucionalidad».

[35] Pedro CRUZ VILLALÓN (2006b), p. 79.

concebido principalmente como una forma de profundización en el autogobierno catalán. El principio dispositivo era activado como herramienta para constituir un Estado asimétrico y con mayor nivel de autonomía. Todo el proceso se fundamentaba jurídicamente en la tesis de que la estructura territorial del Estado podía ser modificada por los estatutos, en todo aquello que no se contuviera en la Constitución de manera directa, aunque hubiera sido afirmado previamente por el Tribunal Constitucional[36].

Uno de los objetivos del estatuto fue, por ejemplo, el blindaje competencial[37]. Se pretendía redefinir el reparto de competencias para blindarlas frente al carácter expansivo de las competencias estatales y ello entraba en pugna con la interpretación constitucional precedente. El blindaje competencial perseguía inaplicar una serie de técnicas jurídicas aplicadas por el Tribunal Constitucional, como la noción de bases, la noción de interés general, la fuerza expansiva de los títulos competenciales de carácter horizontal sobre otras competencias sectoriales y la cláusula de supletoriedad, etc. que desvirtuaban el sistema de reparto competencial[38]. La técnica empleada por el estatuto era copar todo el espacio no reservado al Estado por

---

36 Miguel Ángel APARICIO PÉREZ (2011), p. 25 sostendrá que el estatuto es la norma más elevada tras la Constitución y la completa con cosas que ella misma decidió omitir y, por tanto, el Tribunal Constitucional no puede interpretar lo que ella misma no contenía.

37 Enoch ALBERTÍ ROVIRA (2005), p. 9 y ss. define el blindaje competencial como el mantenimiento de la integridad de las competencias de la Generalidad, para lo que identifica tres estrategias diferentes. La primera es garantizar este blindaje mediante la reforma de los estatutos, la segunda a través de los derechos históricos y la tercera, que se expondrá más adelante, reformar la Constitución.

38 Así lo explica Pedro CRUZ VILLALÓN (2009), p. 108. Tomás DE LA QUADRA-SALCEDO JANINI (2005), p. 198 señala que la consecuencia problemática de este blindaje, tal y como fue concebido por el estatuyente, es que daría lugar a diecisiete bloques de constitucionalidad distintos.

la Constitución, de manera que quedase inutilizada la cláusula residual del artículo 149.3 CE. El estatuto no solo conformaba la Constitución material, en tanto que contenedor de las competencias, sino que aspiraba a interpretarla[39].

Nadie ponía en duda la sumisión de los estatutos al texto constitucional de manera directa, pero este, en parte *desconstitucionalizado*, era incompleto. Tanto los estatutos como la jurisprudencia constitucional habían construido la constitución territorial del Estado a partir de la Constitución de 1978, aunque las fronteras entre el uno y la otra no estaban claros, ni se había dado la necesidad de concretarlos hasta este momento. Se trataba, por tanto, de una cuestión de límites. De un lado, los límites que los estatutos encontraban en la Constitución abierta, pero no vacía de contenido y, de otro, los límites de la jurisprudencia constitucional en atención a la deferencia al legislador. Un legislador, en este caso, de características especiales.

Finalmente, la STC 31/2010, de 8 de junio, salvó la constitucionalidad de muchos preceptos, pero estableció unos límites que cercenaban las posibilidades autonómicas de configurar la estructura territorial en los términos pretendidos por el Estatuto de Autonomía de Cataluña y ello concitó gran polémica entre la doctrina. La sentencia afirmó en el FJ 6 que entre los límites de los estatutos se encontraban:

> «los que afectan a la definición de las categorías y conceptos constitucionales, entre ellos la definición de la competencia que, como acto de soberanía, sólo corresponde a la Constitución, inaccesibles tales límites a cualquier legislador y sólo al alcance de la función interpretativa de este Tribunal Constitucional (STC 76/1983, *passim*)».

Para sus detractores la sentencia supuso en la práctica varios problemas.

---

39 Pedro CRUZ VILLALÓN (2009), p. 106.

En lo que respecta al nivel de autogobierno, la sentencia había establecido que los estatutos no podían blindar sus propias competencias, puesto que esto supone afectar a las competencias del Estado[40]. En segundo lugar, parte de la doctrina entendió afectado el carácter asimétrico de la constitución territorial[41]. Por último, lo anterior sería el resultado de la consideración que el Tribunal realiza de la función de los estatutos de autonomía, a los que restringe sus posibilidades de configuración de la estructura territorial, desde una interpretación más restrictiva del principio dispositivo[42].

---

40 Miguel Ángel APARICIO PÉREZ (2010) lo señala como el intento de dar por finalizado el proceso autonómico y cerrar el principio dispositivo. Por su parte, Carles VIVER PI-SUNYER (2010), p. 68 considera que, tras la sentencia, la «delimitación de competencias continuará quedando en la práctica a la libre disposición del legislador estatal ordinario con el único control del Tribunal que ejercerá utilizando como único parámetro para enjuiciar las decisiones estatales el texto sumamente abierto de la Constitución».

41 Enoch ALBERTÍ ROVIRA (2010), p. 22, por ejemplo, consideró que no se había respetado «la capacidad de diferenciación [...] que resultó imprescindible para implantar el nuevo modelo territorial».

42 Enric FOSSAS ESPADALER (2011), p. 313 sostiene sobre la sentencia que esta «mantiene una concepción del Estado Autonómico en el que los estatutos, y lo que ellos aportan y suponen al sistema pierden parte de su papel hasta devenir prácticamente irrelevantes. No cabe pues pensar en una futura evolución del sistema basada en una reforma estatutaria». En contra, Joaquín TORNOS MAS (2010), pp. 45-46 para el que la justificación del estatuto era como «un instrumento para alcanzar un mayor nivel de autogobierno [...], imponer al Tribunal Constitucional una reinterpretación de su jurisprudencia y hacer realidad el reconocimiento de un Estado plurinacional que admite la singularidad catalana dentro de España». El autor considera que los argumentos jurídicos de las sentencias son razonables, previsibles, no arbitrarios, y duda sobre las posibilidades que existían de llegar y conquistar sus objetivos, por lo que no considera culpables a la STC, sino también a quien la impulsó sin advertir a los ciudadanos de sus consecuencias, p. 48.

Incluso aceptando la tesis de los límites, la respuesta de «cuántas cosas se extraigan de la Constitución para limitar el poder *estatuyente* depende, naturalmente, de cómo interpretamos la Constitución»[43] . Por ello, parte de la doctrina más favorable al estatuto de autonomía catalán, invocó el argumento de la deferencia al legislador[44] como crítica a la sentencia. Más que en la constitucionalidad o no de los preceptos estatutarios, la controversia se enfocó principalmente en la posición en la que quedaban los estatutos que muchos entendieron como «devaluados» en su función y su significación[45]. Entre otras

---

43 Víctor FERRERES COMELLA (2010), p. 75.

44 Entre otros, Joan VINTRÓ CASTELLS (2010), p. 49. Este autor sostiene que tras esta sentencia solo queda como alternativa modificar la constitución; letrado del Parlamento de Cataluña sostiene que los límites del principio dispositivo determinan lo que cabe o no en los estatutos y, por tanto, el contenido de la autonomía (Antoni BAYONA ROCAMORA 2010, 71). Javier PÉREZ ROYO (2011), p. 142 considera que la STC 31/2010 supuso la destrucción de la Constitución territorial, puesto que no respetaba el contenido del pacto entre el legislador autonómico y las Cortes Generales. Miguel Ángel APARICIO PÉREZ (2011), p. 39 objetó que el Tribunal había asumido el monopolio de la función normativa distribuidora del sentido y del contenido de los poderes correspondientes a las autonomías, en detrimento del estatuto y Mercè BARCELÒ I SERRAMALERA (2010), p. 33 también incide en la falta de deferencia al legislador, Víctor FERRERES COMELLA (2010), p. 76 considera oportuno diferenciar en este extremo entre la deferencia hacia el legislador cuando este tiene competencia para legislar y cuando no.

45 Mercè BARCELÒ I SERRAMALERA, Xavier BERNARDÍ GIL y Joan VINTRÒ I CASTELLS (2010), p. 496 defienden que: «es la figura general de los estatutos —y no una norma estatutaria concreta—, su significación y su función constitucional, la que queda enormemente devaluada a raíz de esta sentencia, que deja prácticamente sin sentido una de las piezas esenciales sobre las que se construye el Estado autonómico español». El informe elaborado por un grupo de expertos a petición del presidente de la Generalitat concluye de la siguiente manera: «1. La sentència debilita significativament la fun-

cosas, la sentencia asumía el monopolio interpretativo de conceptos constitucionales esenciales en la constitución territorial del Estado, excluyendo a otras instancias como los estatutos de autonomía, diseñados por el constituyente para completar la constitución territorial. Con ello la sentencia neutralizaba uno de los objetivos del estatuto, a saber, ser *tan* intérprete de la Constitución como lo era el Tribunal Constitucional.

A la vez, entre los críticos del Estatuto de Autonomía de Cataluña se despertó la sospecha de que habían sido precisamente las teorías que atribuían a los estatutos cierto carácter *cuasi-constitucional* las que habían generado falsas expectativas sobre las posibilidades y límites de los estatutos[46]. También recayó cierto peso sobre la interpretación de la tesis de la *descons-*

---

ció constitucional de l'Estatut d'autonomia i en substitueix el seu paper en el bloc de la constitucionalitat pel del propi Tribunal. 2. La sentència tracta, sovint, l'Estatut com una llei merament autonòmica, a través de la qual la comunitat autònoma pretendria imposar a l'Estat obligacions i mandats, i oblida que és una norma estatal fruit d'un pacte polític entre la Generalitat i l'Estat. 3. La sentència no aplica la seva reiterada doctrina sobre el principi de deferència cap al legislador que, en aquest cas, encara havia de ser aplicat de forma més exquisida per la funció constitucional de l'Estatut i pel plus de legitimitat que deriva del procediment d'elaboració i aprovació. Ans al contrari, la sentencia està impregnada d'una prevenció injustificada respecte el contingut de l'estatut d'autonomia». Informe sobre la STC que resol el recurs d'inconstitucionalitat presentat per 50 diputats i senadors del partido popular contra l'Estatut d'Autonomia de Catalunya». Disponible en: http://statics.ccma.cat/multimedia/pdf/2/6/1279183979262.pdf.

46 Varios autores han sostenido esta idea: Santiago MUÑOZ MACHADO (2005), p. 732, César AGUADO RENEDO (2007), p. 284, Luis ORTEGA ÁLVAREZ (2010), p. 285. Esta idea queda reforzada por la propia STC 31/2010 que insiste en el carácter de ley orgánica, a diferencia de la doctrina previa del Tribunal Constitucional, más insistente en los aspectos singulares de los estatutos.

titucionalización en la que algunos habían sustentado la idea de que la Constitución no contenía límites a los estatutos.

La ambigüedad de la naturaleza de los estatutos, fruto del principio dispositivo y de su papel en el bloque de constitucionalidad había cumplido hasta entonces con las expectativas volcadas sobre esta figura, pues permitía soslayar la pregunta por la verdadera naturaleza de los estatutos y mantener satisfechos a unos y otros. Pero todo ello salió a relucir de nuevo con motivo del Estatuto de Autonomía de Cataluña y el Tribunal Constitucional puso fin a la ambigüedad al subrayar el carácter de ley orgánica de los estatutos. La doctrina constitucional declaró que el monopolio de la competencia en materia de interpretación de los conceptos constitucionales corresponde solo al propio Tribunal Constitucional, con la correlativa exclusión del estatuto en este ámbito material. Es en la fuerza vinculante y en la supremacía de la doctrina constitucional, y no estrictamente en la Constitución, donde se encuentra la regla del reparto competencial.

Precisamente por eso, la opinión general doctrinal fue que los estatutos ya no funcionaban como la vía idónea para alcanzar los fines queridos por «las visiones más descentralizadoras o nacionalistas»[47].

---

[47] José TUDELA ARANDA, (2011), p. 274. Efectivamente, Xavier ARBÓS I MARÍN (2010), p. 32 expuso que en la STC 31/2010 el Tribunal Constitucional «parece querer negarse a que un Estatuto le haga cambiar su jurisprudencia [...]. Si la reticencia del Tribunal va por aquí [...] el problema institucional es muy serio, porque el legislador democrático del Estado de las autonomías no podrá intervenir en lo que la Constitución deja abierto». Josep M.ª CASTELLÀ ANDREU (2010), p. 90 considera que la única puerta abierta que deja la sentencia es la de la reforma constitucional.

4. LAS PROPUESTAS DE REFORMA DEL RÉGIMEN CONSTITUCIONAL DE LOS ESTATUTOS DE AUTONOMÍA

Sin embargo, en general, quienes defendieron con más ahínco la reforma constitucional no fueron los partidarios del Estatuto de Autonomía de Cataluña, sino sus detractores. Así, se produjo cierta tendencia a atribuir los excesos del estatuto al principio dispositivo sobre el que se habían construido las expectativas de que los estatutos actuaran como configuradores activos en la estructura territorial del poder. Por otro lado, la sentencia había generado una suerte de desconfianza en la intervención del Tribunal Constitucional a la hora de establecer los límites de la autonomía que generó cierta preocupación y que convenía atender.

Se generalizó, entonces, la opinión de que la vía idónea para modificar la constitución territorial consistía precisamente en comenzar por la reforma de la Constitución formal y no de los estatutos, regresando a la idea de un auténtico compromiso sustancial incorporado en el texto constitucional[48]. De entre ellas, la más extendida ha sido la eliminación del principio dispositivo en sus dos vertientes.

4.1. Propuestas relativas al principio dispositivo en su primera vertiente

En cuanto al principio dispositivo en su vertiente de acceso a la autonomía, las propuestas se habían formulado con carácter previo a la reforma del Estatuto de Cataluña. Consisten, en general, en aportaciones de carácter técnico por las que se pretenden eliminar el Derecho transitorio impropio, el principio dispositivo encaminado a poner marcha el Estado autonómico

---

[48] César AGUADO RENEDO (1997a), p. 157 contrapone a este compromiso «auténtico», la fórmula del compromiso apócrifo definida por Schmitt como descripción del principio dispositivo.

de la Constitución algunos preceptos ya inservibles[49], como las normas relativas a la iniciativa y al proceso de constitución de las autonomías. En concreto a los arts. 143, 144, 146, 148 y 151 CE así como las siete primeras disposiciones transitorias. El Informe del Consejo de Estado sobre la reforma constitucional elaborado en 2005 abogaba por mantener la redacción del artículo 144.b CE, por si pudiera ser de aplicación futura[50] y por la inclusión de las comunidades autónomas de manera expresa en la Constitución. En contra de la norma general que impera en este bloque de medidas, esta propuesta ha generado cierto disenso[51].

---

49 Entre otros, Manuel ARAGÓN REYES (2014), p. 28 y Pedro CRUZ VILLALÓN (1991), p. 68 ya señaló que debían eliminarse los preceptos de carácter transitorio, los preceptos relativos al proceso autonómico y los relativos a la descentralización y, en cambio, incluir de manera expresa que España es un país descentralizado. Tomás DE LA QUADRA-SALCEDO FERNÁNDEZ DEL CASTILLO (2015), p. 80 considera que no corresponde al momento actual a los sistemas de acceso a la autonomía y los distintos niveles de competencias. También Juan Carlos GAVARA DE CARA (2012), p. 59, JAVIER GARCÍA ROCA (2012), p. 18 y Francesc DE CARRERAS SERRA (2009), pp. 98-99.

50 Francesc DE CARRERAS SERRA (2009), p. 100 considera que esa posible aplicación refiere a Gibraltar y se muestra a favor.

51 A favor, Francisco RUBIO LLORENTE (2009), p. 39, Tomás DE LA QUADRA-SALCEDO FERNÁNDEZ DEL CASTILLO (2015), p. 80, Javier TAJADURA TEJADA (2006), p. 627, Francesc DE CARRERAS SERRA (2006), p. 653. COSCULLUELA MONTANER (2015), p. 29 lo que impediría la supresión por fusión de algunas comunidades uniprovinciales de escasa dimensión demográfica. Más crítico con la idea es Juan Carlos GAVARA DE CARA (2012), p. 87: «si lo que se pretendía era "cerrar" el proceso autonómico, que quedó abierto en 1978, la inclusión de la denominación de las Comunidades Autónomas era prácticamente irrelevante. No afectaba a ninguno de los elementos que era indispensable clarificar e incorporaba una rigidez en el mapa autonómico que, aunque ya muy difícilmente modificable, exigiría, por cautela, alguna cláusula de flexibilización». En el mismo sentido, Alberto LÓPEZ BASAGÚREN (2012), p. 41 considera algo «decepcionante» esta propuesta. En Francisco

Cabe señalar, por último, una propuesta en relación con el derecho a la autonomía que podría verse afectado por la eliminación del principio dispositivo, en la medida en que el artículo 2 CE que reconoce el derecho a la autonomía es vehículo del principio dispositivo. Por eso se ha propuesto sustituir el derecho a la autonomía (ya realizado) por la garantía constitucional de la autonomía[52].

4.2. Propuestas relativas al principio dispositivo en su segunda vertiente

La propuesta de eliminar el principio dispositivo en su segunda vertiente ha encontrado un gran consenso[53]. Tanto los que se habían mostrado críticos con la sentencia, como sus defensores estaban de acuerdo en lo tenso de la situación. Tal

---

RUBIO LLORENTE y José ÁLVAREZ JUNCO (2006) pueden encontrarse varios artículos dedicados exclusivamente a la discusión sobre la denominación de las comunidades autónomas en el texto constitucional que conviene consultar para un tratamiento exhaustivo de esta propuesta.

52 Propuesta contenida en el Informe del Consejo de Estado. A favor, Frances DE CARRERAS SERRA (2009), p. 96 que aboga por denominarlo principio de autonomía.

53 Juan José SOLOZÁBAL ECHEVARRÍA (2019), p. 56 ha sido de los pocos constitucionalistas que se ha mostrado a favor del principio dispositivo. También ARBÓS I MARÍN (2010), p. 32 fue crítico con el cierre del principio dispositivo: «Para terminar, lo que me parece más inquietante es la fuerza de los que opinan que la botella está mal diseñada y que habría que taparla de una vez». Enric FOSSAS ESPADALER (2008), p. 170 explica algunos problemas que podrían derivarse de la eliminación del principio dispositivo. Aunque Francisco RUBIO LLORENTE (2009), p. 39 estaba de acuerdo con la conveniencia de la eliminación del principio dispositivo, consideraba improbable que se produjera el consenso necesario para ello. Así las cosas, habría que modificar la Constitución, al menos, para reducir el impacto de sus efectos negativos.

y como se habían sucedido los acontecimientos, los primeros no podían obtener sus pretensiones por la vía de la reforma estatutaria y los segundos consideraron que la configuración actual del Estado autonómico imponía una carga excesiva al Tribunal Constitucional. Se trataba de limitar o de anular por completo el margen de actuación de los estatutos en la configuración territorial y en su nivel de autogobierno y el control del Tribunal sobre este margen de actuación. La posición del Tribunal Constitucional frente a los estatutos fue una de las cuestiones cuya solución era más urgente, con vistas a evitar el cuestionamiento de la intervención del Tribunal Constitucional. Para ello, tan necesario como modificar la atribución de competencias era finalizar con la sensación de que «todo puede ser negociado entre la instancia central y la autonómica»[54], así como replantear la función jurisdiccional del Tribunal Constitucional en la construcción del Estado Autonómico. Esta propuesta implica necesariamente la modificación de los aspectos básicos de la regulación de los estatutos: su contenido, su procedimiento de elaboración, su naturaleza y el control constitucional a que queda sometido.

4.2.1. Contenido de los estatutos de autonomía

La modificación del sistema de distribución competencial afecta de manera importante al contenido de los estatutos, si lo que se quiere es eliminar el principio dispositivo. Seguramente, la propuesta con mayor impacto en lo que afecta a los estatutos sea la modificación del marco de distribución competencial que pivota sobre la inclusión en la Constitución de una lista de competencias del Estado y la articulación de una suerte de cláusula residual; sobre esto se han propuestos diversas va-

---

[54] Tomás DE LA QUADRA-SALCEDO FERNÁNDEZ DEL CASTILLO (2015), pp. 80-81

riaciones. La Constitución podría, por ejemplo, contener tanto una lista de competencias exclusivas del Estado como una cláusula residual que atribuyera el resto de las competencias a las comunidades autónomas[55]. Una medida alternativa sería la inclusión de dos listas: una que contemplase las competencias exclusivas del Estado y otra que incluyera las competencias en las que pueden concurrir competencias legislativas y estatales entre las comunidades autónomas y el Estado. El resto serían las competencias directamente atribuidas a las comunidades autónomas en virtud de la cláusula residual[56]. Otra opción respecto a la configuración de la cláusula residual podría consistir en que las comunidades autónomas establecieran caso a caso cuáles son las competencias residuales que asumirían[57] .

Prescindiendo ahora de las competencias, también es posible identificar otra serie de propuestas relativas al contenido de los estatutos con distintos niveles de densidad normativa: con independencia de la reforma del Título VIII, parte de la doctrina considera conveniente la inclusión en los estatutos de los derechos como un medio para acentuar el carácter federal del Estado[58]. Otro sector doctrinal se manifiesta a favor de que

---

55 Joaquín TORNOS MAS (2020), p. 214, Javier GARCÍA ROCA, (2000), p. 108, José TUDELA ARANDA, (2011), p. 268, Santiago MUÑOZ MACHADO et al., (2017), p. 15, Mariano BACIGALUPO SAGGESE et al. (2018), p. 5.

56 Tomás DE LA QUADRA-SALCEDO FERNÁNDEZ DEL CASTILLO (2015), p. 44. Manuel ARAGÓN REYES (2014), p. 28 también considera que debe contemplarse de manera clara tres tipos de competencias: «las exclusivas del Estado, [...] las compartidas con las Comunidades Autónomas y [...] las exclusivas de éstas».

57 Tomás DE LA QUADRA-SALCEDO FERNÁNDEZ DEL CASTILLO (2015), p. 44 considera que tal solución haría imposible un eventual sistema de aprobación de los estatutos directamente por las comunidades autónomas con el previo control por el Tribunal Constitucional.

58 Juan José SOLOZÁBAL ECHEVARRÍA (2019), p. 53 apuesta por el reconocimiento de los derechos estatutarios como verdaderos de-

el estatuto solo recoja normas relativas a la estructura orgánica e institucional[59]. De entre ellos, algunos se preocupan especialmente porque los estatutos reflejen exactamente el contenido de la Constitución en lo que pueda afectar al Estado central[60].

Según estos autores, la inclusión de normas relativas a la distribución de competencias conseguiría reducir los casos de tensión entre leyes estatales y estatutos de autonomía. Con ello se persigue eliminar, en la medida de lo posible, la atribución al Tribunal Constitucional de la delimitación competencial que, para parte de la doctrina, suponía «una labor titánica o excesiva que no podemos continuar atribuyéndole»[61].

4.2.2. Procedimiento de reforma estatutaria

El procedimiento de reforma estatutaria es la vía por la que se actualiza el principio dispositivo, por lo que las propuestas de reforma están íntimamente vinculadas al mismo. Cuanto menor sea la apertura del sistema, mayor será el carácter meramente institucional y organizativo de los estatutos, con las variedades que acabo de exponer. Todo ello ha llevado a la

---

rechos objetivos y reconoce la veste social del Estado autonómico; también se muestra a favor Juan Carlos GAVARA DE CARA (2012) sobre todo respecto de los derechos de carácter social; Pedro CRUZ VILLALÓN (2005), p. 29 considera que la federalización del Estado beneficiaría la inclusión de las tablas de derechos en la Constitución, (2006), p. 95. José TUDELA ARANDA (2011), p. 268. En el mismo sentido, Santiago MUÑOZ MACHADO et al. (2017), p. 15.

59 Javier GARCÍA ROCA (2012), p. 9 considera que deberían definirse multilateral y constitucionalmente los puntos de conexión territorial de las competencias, que no deberían estar en los estatutos y, por otro lado, sería recomendable un acuerdo sobre el uso de las lenguas propias, que debería ser concretado en los estatutos (2012), pp. 19-20.

60 Luis COSCULLUELA MONTANER (2015), p. 29.

61 Javier GARCÍA ROCA (2012), p. 12.

conclusión de que la tramitación estatutaria en las Cortes Generales perdería su función, pues su contenido ya no ha de ser pactado, en la medida en que no afecta al Estado central. Los estatutos como norma propia de las Autonomías no necesitarían más aprobación que la de su propia Asamblea y, como mucho, solo la ratificación del Parlamento[62]. Menos autores son los que han expresado de manera explícita su convicción de preservar el carácter paccionado o bifásico de los estatutos[63] y entre ellos es importante distinguir entre: a) quien defiende el carácter paccionado de los estatutos y la supresión del principio dispositivo y b) quien defiende el carácter paccionado y la permanencia del principio dispositivo. Este último es el supuesto que maneja el Informe del Consejo de Estado. Su propuesta consistiría en incorporar a la Constitución el principio general de que las propuestas de reforma estatutaria deben ser apro-

---

62 José TUDELA ARANDA (2011), p. 268, Tomás DE LA QUADRA-SALCEDO FERNÁNDEZ DEL CASTILLO (2015), p. 90 que añade que la Constitución se limitaría a establecer los quórums de aprobación y algunos principios generales relativos al procedimiento de reforma de los estatutos, Santiago MUÑOZ MACHADO et al. (2017), p. 15. En contra, Luis COSCULLUELA MONTANER (2015), p. 30. Miguel AGUDO ZAMORA (2019), p. 131, Francisco CAAMAÑO DOMÍNGUEZ (2014), p. 271 contempla la posibilidad de que no todo el contenido de los estatutos tenga que ser aprobado por las Cortes Generales, también Mariano BACIGALUPO SAGGESE et al. (2018), p. 7 considera oportuno reducir la intervención de las Cortes Generales en la aprobación de los estatutos, interviniendo solo para verificar su constitucionalidad e instar el control previo de constitucionalidad en caso necesario.

63 A favor de la reforma tal y como está diseñada en la actualidad se ha mostrado Juan José SOLOZÁBAL ECHEVARRÍA (2019), p. 59 que considera conveniente conservar esta naturaleza dual, p. 68, puesto que erige al estatuto en parámetro constitucional que además incide en las competencias, reforzando en este sentido la integración, de conformidad con su idea de los amarres constitucionales. También Teresa FREIXES SAN JUAN (2018), p.18.

badas por sus asambleas legislativas, así como la incorporación de normas básicas dirigidas a su correcto acoplamiento con las Cortes Generales. El Informe sostuvo también la conveniencia de, en aquellos contenidos que pudiera afectar al Estado central, se evitara la aprobación de los estatutos como leyes orgánicas, aunque sin reducir sus garantías. El Consejo de Estado propone para ello dos vías distintas: el recurso a la tramitación que contempla el artículo 74 CE, incluyendo la posibilidad de su aprobación por mayoría absoluta en el Congreso, en caso de divergencia entre las dos Cámaras, o la aprobación por mayoría absoluta de las dos Cámaras y, en caso de divergencia entras ambas, una mayoría algo superior en el Congreso.

También ha habido quien ha considerado que el procedimiento de reforma estatutario debería ser regulado por vía constitucional, con la consecuente eliminación del artículo 150.2 CE y no dejarlo al albur de cada comunidad autónoma que, además, en algún caso ha provocado intromisiones ilegítimas al prescribir reglas de procedimiento legislativo a las Cortes[64]. Esta regulación constitucional de la reforma estatutaria podría recabar la opinión de todas las comunidades autónomas sobre un proyecto de estatuto determinado o imponer plazos entre dos reformas estatutarias o exigir la aprobación de un estatuto por dos legislaturas sucesivas[65]. Todas ellas medidas encaminadas a atribuir más rigidez al estatuto y, por tanto, a dificultar el recurso al principio dispositivo.

4.2.3. Control previo de constitucionalidad de los estatutos de autonomía

Esta propuesta consiste en la recuperación del control previo de constitucionalidad sobre los proyectos de estatutos de auto-

---

64 Francesc DE CARRERAS SERRA (2009), p. 106.

65 Propuesta de Francisco RUBIO LLORENTE (2009), p. 40.

nomía[66]. Aunque no afecta al Título VIII de la Constitución, ni siquiera al contenido constitucional, ha sido una de las medidas que mayor consenso han generado tras la STC 31/2010. Tanto que finalmente fue incorporada en la LOTC[67]. Esta era una de las principales preocupaciones de muchos de los académicos y sobre la que la gran mayoría se ha expresado. No se trataba tanto de poner en duda la legitimidad del Tribunal para controlar el cumplimiento de la Constitución, sino que varios juristas y académicos habían interpretado que el Tribunal adolecía de cierta ausencia de autocontención y, por tanto, de deferencia al legislador. Al recuperar el control de constitucionalidad previo, se evitaba someter a control constitucional un texto que no solo había sido negociado y aprobado por el ente territorial y el poder central, sino, además, sometido a referéndum. En ese sentido, prescindir del carácter paccionado y diferir la participación democrática de la ciudadanía con posterioridad a la intervención constitucional, podía amortiguar las suspicacias sobre el Tribunal Constitucional[68] y proteger la *auctoritas* de la

---

66 A favor de la incorporación de esta medida se han mostrado, Roberto BLANCO VALDÉS (2018), p. 16, César AGUADO RENEDO (2016), p. 697, CARRILLO I LÓPEZ (2016), p. 113, Francesc DE CARRERAS (2009), p. 107, Francisco RUBIO LLORENTE (2009), p. 40 estuvo, en un principio, de acuerdo con la propuesta del recurso previo, si bien, posteriormente, llegó a mostrar algunas dudas sobre la «eficacia y conveniencia» de la misma.

67 Artículo único.3 de la Ley Orgánica 12/2015, de 22 de septiembre, de modificación de la Ley Orgánica 2/1979, de 3 de octubre, del Tribunal Constitucional, para el establecimiento del recurso previo de inconstitucionalidad para los Proyectos de Ley Orgánica de Estatuto de Autonomía o de su modificación (BOE núm. 228, de 23 de septiembre de 2015).

68 Ignacio DE OTTO PARDO (1987), pp. 265-266 identifica la ausencia de naturaleza constitucional de los estatutos como obstáculo para sostener la existencia de España como Estado federal. Aunque, en general, y a lo largo de los años la diferencia entre el Estado Autonómico y el federal ha ido diluyéndose.

institución. Apenas hubo voces que sostuvieran la falta de oportunidad del control previo de constitucionalidad[69].

4.2.4. Naturaleza jurídica de la norma básica institucional

Dada una eventual reforma constitucional, el horizonte del modelo de Estado al que se quiere tender es, en general, el federal, aunque es cierto que dada la amplísima variedad de modelos que caben en el tipo federal no se avanza mucho. no se avanza mucho con esta afirmación. En lo que atañe a los estatutos, por ejemplo, cabría esperar que una propuesta de reforma en sentido federal incluyera la atribución de naturaleza constitucional a los estatutos[70], pero ello no es necesariamente así.

Así, una primera posición al respecto y, seguramente mayoritaria, ha defendido que ante una reforma de la Constitución, los estatutos deberían adquirir verdadera naturaleza constitucional. Son muchos los autores dispuestos a reconocer el rango constitucional de esta singular norma, en tanto que aprobadas por un poder constituyente interno siempre y cuando los estatutos no contengan nada que ataña a la estructura del Estado[71], como ya se

---

69 En contra, Josep M.ª CASTELLÀ ANDREU (2020), p. 115 que considera que sería propio de un Estado confederal y no federal. Juan José SOLOZÁBAL ECHEVARRÍA (2019), p. 56. Incluso con una reforma del Estado debería conservarse el artículo 161.2 CE, pero solo para casos de palmaria inconstitucionalidad «no en actuaciones infractoras del sistema competencial». En cambio, está en contra de la reforma de 2015 que reintroduce el control previo de constitucionalidad solo para estatutos. El autor es crítico con este control, porque considera que no es una labor jurisdiccional y que por ello puede politizarse.

70 José TUDELA ARANDA, (2011), p. 268, Santiago MUÑOZ MACHADO et al. (2017), pp. 14-15.

71 En contra, Javier GARCÍA ROCA (2012), p. 8 considera que el federalismo español no tendría por qué seguir el modelo federal «ortodoxo», de manera que los estatutos tuvieran naturaleza constitucional.

ha dicho. Ello se llevaría a cabo en tres fases distintas: en primer lugar, se eliminaría el principio dispositivo y, por tanto, las competencias dejarían de ser incluidas en los estatutos. En segundo lugar, habría de darse una reforma estatutaria de conformidad con la reforma constitucional. Por último, habría de reconocerse su carácter constitucional y simultáneamente de ley orgánica.

En favor de la protección de este carácter constitucional de los estatutos se ha propuesto la creación de una instancia de control estatutario, para asegurar la eficacia normativa de los estatutos, que no necesariamente debería incluir la creación de un nuevo órgano, sino que se podría atribuir, por ejemplo, esta competencia específica de control a una Sala del Tribunal Superior de Justicia de la Comunidad Autónoma de que se trate[72].

Pero esta propuesta *federalizante* suele tener en cuenta exclusivamente la articulación del Estado. En cambio, no atiende a la perspectiva procesal de la palabra federal[73], enfoque fijado especialmente en las bases del modelo territorial. Ello es relevante, puesto que en el sistema español la influencia de las comunidades autónomas no solo en su nivel de autogobierno, sino en la configuración de la constitución territorial del Estado ha venido dada por la apertura del sistema. En este sentido, desde otra noción de federalismo más amplia se incluiría a los entes territoriales en un pacto constitucional de convivencia territorial nuevo. Y es que el pacto actual solo es revisable mediante una reforma constitucional que no reconoce a las

---

72 Propuesta incluida en el Informe «Propuestas para un debate sobre la reforma territorial desde las Universidades Andaluzas»: Xavier COLLER PORTER et al. (2018), pp. 14-15.

73 Pedro CRUZ VILLALÓN (2006b), p. 92. El autor considera que, en ocasiones, las propuestas federales se han realizado en el sentido de «eludir la dimensión asimétrica», 96.

comunidades autónomas la capacidad de decisión, aunque las permita intervenir mediante la capacidad de propuesta[74].

Y es en ese sentido donde algunos autores han defendido, normalmente con carácter previo a la STC 31/2010, una propuesta minoritaria[75]. Si bien coincidían en que el estatuto no era la norma adecuada para realizar una modificación adecuada de la estructura territorial, tampoco les convencía despojar a los entes territoriales de capacidad decisoria, en el sentido *procedimental* de un Estado federal. Por eso, se ha planteado algo más que una reforma del Título VIII de la Constitución. Se trataría, así, de modificar el procedimiento de reforma constitucional con vistas a que la participación de los entes territoriales sea un requisito indispensable ante la eventual modificación de la estructura territorial[76].

Ello desde luego ampliaría la restringidísima capacidad actual de las comunidades autónomas en el proceso de reforma constitucional, limitada, como se ha dicho, a una capacidad de iniciativa. Una concreción de esta propuesta consiste en perfeccionarla en dos etapas diferenciadas[77]: la primera de las etapas debería incorporar los distintos territorios en el procedimiento de reforma. De la segunda fase resultaría la Constitución federal. Se resaltaría, así, la unidad del Estado por contraste con la dinámica actual del Estado de las autonomías, protagonizado por el momento devolutivo, en el que el movimiento pasa por facultar a los territorios al uso de un poder, dividiendo así el del Estado.

---

74 Francisco BASTIDA FREIJEDO (2018), p. 379.

75 En Enric FOSSAS ESPADALDER (2008), pp. 170-171 se incluye entre ellos a Pedro CRUZ VILLALÓN, por relación al artículo aquí referenciado, y Carlos DE CABO MARTÍN.

76 Pedro CRUZ VILLALÓN (2006b), p. 93.

77 Pedro CRUZ VILLALÓN (2006b), pp. 93-94.

4.2.5. Asimetría

En este marco, ¿cabe reconocer las singularidades que afectan a los distintos territorios? En la medida en que el estatuto ya no afecte a las competencias estatales, la capacidad de los entes territoriales en la configuración de la constitución territorial disminuye sobremanera. Varios juristas, conscientes de ello han optado por una configuración del federalismo hasta cierto punto asimétrica[78] que respondiera a algunas de las expectativas de Cataluña. ¿cómo articular la asimetría, una vez eliminado el principio dispositivo y sin contar con los propios entes territoriales en la reforma constitucional? Sin perjuicio de lo que pueda desarrollarse en su respectivo capítulo y aparcando ahora las discusiones sobre la oportunidad política de configurar un federalismo de carácter asimétrico, quisiera muy brevemente recoger algunas de estas propuestas.

Se ha propuesto como técnica jurídica para garantizar cierto grado de asimetría el establecimiento de derogaciones parciales del federalismo, a través de los estatutos[79]. Una alternativa consistiría en que cada estatuto contuviera esta excepción, pero en ese caso, el estatuto debería ostentar rango constitucional. Otra alternativa pasaría por reconocer la existencia de leyes constitucionales singulares con carácter constitucional

---

78 Manuel ARAGÓN REYES (2014), p. 28 ha mostrado sus reticencias en la configuración de un Estado asimétrico: «Modelo éste, el de la asimetría, difícilmente compatible con un Estado federal y muy poco probado en el constitucionalismo foráneo».

79 Pedro CRUZ VILLALON (2006), p. 96 considera que el estatuto no es el instrumento adecuado, dado el carácter bilateral que tiene, pues la asimetría afecta a todas las regiones y no solo a la que está directamente implicada. En cualquier caso, el estatuto sería una norma de rango constitucional y alcance territorial limitado que incluye derogaciones a la Constitución federal para que este territorio pudiera preservar la singularidad de su pacto con el Estado.

que contuvieran las derogaciones territoriales a la Constitución federal en el territorio o comunidad respectiva[80].

Por otro lado, se ha propuesto la inclusión en el artículo 2 de una mención que reconozca el carácter de nacionalidades al País Vasco, Cataluña, Galicia y Andalucía, mención que podría servir para introducir por vía estatutaria singularidades que resultan muy convenientes y no por ello opuestas a la igualdad sustancial de derechos de todos los españoles ni a los principios de solidaridad y no discriminación entre las comunidades autónomas[81]. En el caso de que se conviniera reconocer otras singularidades, se ha sugerido establecer alguna norma especial ya fuera en la propia Constitución por referencia directa a las comunidades autónomas, ya sea por referencia a los criterios de población, superficie u otros que se consideren, pero en estos casos la reforma estatutaria podría incorporar alguna condición adicional[82].

Se ha llegado a proponer, incluso, en el marco de un Estado federal, pero que integre las demandas de los entes territoriales con conciencia diferenciada, la reducción del número de autonomías reconocidas, de manera que redundaría, además, en beneficio de la estabilidad de las finanzas públicas y del funcionamiento general del Estado[83].

Para el concreto caso catalán se han planteado más propuestas. Así, por ejemplo, el establecimiento de una disposición adicional específica para Cataluña[84], no de índole general, sino que concretase algunos aspectos que, de quedar en el estatuto, no alcanzarían el rango constitucional. Se trataría de

---

80 Propuesta de Pedro CRUZ VILLALÓN (2006), p. 96.

81 Propuesta de Manuel ARAGÓN REYES (2014), p. 29.

82 Propuesta de Tomás DE LA QUADRA-SALCEDO FERNÁNDEZ DEL CASTILLO (2015), p. 80.

83 Javier TAJADURA TEJADA et al. (2013), pp. 53-54.

84 Marc CARRILLO i LÓPEZ (2016), p. 114.

excepciones al régimen general incluido en la Constitución, relativo a competencias, financiación, inversión en infraestructuras y régimen de las lenguas oficiales. Se pretende entre otras cosas incorporar a la Constitución parte del contenido del estatuto de autonomía catalán que había sido declarado inconstitucional en la STC 31/2010, al igual que se ha propuesto incorporar en la Constitución algunos de los conceptos esenciales que definía el estatuto para blindar las competencias y que el Tribunal Constitucional declaró inconstitucional[85].

5. CONCLUSIONES

Desde el punto de vista del sistema de fuentes del Derecho, la ambigua naturaleza de los estatutos es en gran parte producto del principio dispositivo. Esta naturaleza ambigua ha permitido durante años soslayar las diferencias entre teóricos, aplicadores e intérpretes del Derecho constitucional respecto de la función que cumplen los estatutos en la configuración territorial del Estado.

Sin embargo, tras el Estatuto de Autonomía de Cataluña de 2006 y la STC 31/2010, el carácter ambivalente de los estatutos dejó de surtir efecto, de manera que ya no satisfacía ni a unos ni a otros. El legislador estatutario había acentuado la vertiente jerárquica, que se proyectaba sobre la norma con un fuerte carácter expansivo, desencadenando como respuesta del Tribunal Constitucional la denominada «devaluación» del estatuto, al reconocerlo exclusivamente en términos de ley orgánica y recor-

---

85 Santiago MUÑOZ MACHADO, et al. (2017), pp. 18-19. Los autores defienden otra medida que se hace cargo de las consecuencias del fallido Estatuto de Autonomía catalán y que pasaría por modificar al mismo tiempo la Constitución y el estatuto catalán y ser sometidas a referéndum simultáneamente en los respectivos ámbitos territoriales. Santiago MUÑOZ MACHADO había defendido ya esta posición en 2015, p. 54.

dando la posición de supremacía del Tribunal. Con ello se puso fin a los beneficios propios de la ambigüedad.

En este sentido, la STC 31/2010 supone en gran parte el cierre del principio dispositivo. Del mismo modo que el principio dispositivo en su primera vertiente agotó su virtualidad, también en su segunda vertiente puede entenderse agotado, en la medida en que su desambiguación ha minado su operatividad. Las propuestas de reforma solo pueden comprenderse a partir del cambio en la doctrina constitucional, puesto que consisten en su mayoría en adaptar el régimen constitucional de los estatutos de autonomía a la realidad actual: la desactivación del principio dispositivo por la jurisdicción constitucional.

Y es que, ahora que décadas de experiencia autonómica nos avalan, casi toda la doctrina coincide en un extremo: eliminar el principio dispositivo mediante un efecto *boomerang* que debe introducir, vía reforma constitucional, lo que la Constitución de 1978 decidió dejar fuera. Académicos de diferentes escuelas y tendencias han articulado sus preferencias a partir de este elemento en común y en la mayoría de los casos lo han hecho en la idea de conducirnos hacia el federalismo (en sus distintas versiones). Si por federalismo entendemos aquella estructura territorial que reconoce naturaleza constitucional a las normas básicas territoriales, la gran mayoría de las propuestas relativas a los estatutos de autonomía desembocan en la configuración de un Estado federal. Si, de otro modo, se entiende por Estado federal la participación de los entes territoriales en el proceso constituyente, entonces habrá que concluir que no es la opción preferida por los constitucionalistas españoles.

Sin duda la propuesta de mayor éxito entre la doctrina, aunque con algunas variaciones, consiste en la limitación del contenido de los estatutos a cuestiones de incidencia autonómica. De este modo, podría eliminarse la exigencia de someter a trámite la aprobación del estatuto en las Cortes Generales y, a la vez, dotar de carácter constitucional a la norma institucional básica de las entidades territoriales españolas.

La segunda de las propuestas en clave federal, aunque minoritaria y extremadamente compleja de llevar a la práctica, presenta la ventaja de devolver al ámbito político lo que pertenece al mismo y tiene en cuenta la participación de los entes territoriales en el Estado. Esta opción es la propuesta integradora por antonomasia tanto por sus efectos en el diseño definitivo territorial español, como por su fundamentación que, más allá del criterio de racionalización democrática, se fundamenta en la realidad cultural y social de los territorios españoles.

BIBLIOGRAFÍA

AGUADO RENEDO, César (2016), «El recurso previo de inconstitucionalidad frente a proyectos de estatutos de autonomía y de su modificación». *Teoría y Realidad Constitucional*, núm. 38, pp. 683-699.

AGUADO RENEDO, César (2007), «De nuevo sobre la naturaleza jurídica del Estatuto de Autonomía, con motivo de los procesos de reforma». *Asamblea: Revista Parlamentaria de la Asamblea de Madrid*, núm. 17, pp. 283-306.

AGUADO RENEDO, César (1997a), «El principio dispositivo y su virtualidad actual en relación con la estructura territorial del Estado». *Revista de Estudios Políticos*, núm. 98, pp. 137-158.

AGUADO RENEDO, César (1997b), «Acerca de la naturaleza jurídica del Estatuto de Autonomía». *Revista española de derecho constitucional*, núm. 17, pp. 69-195.

AGUDO ZAMORA, Miguel (2019), *Reforma constitucional y Estado autonómico*. Madrid, Tecnos.

ALBERTÍ ROVIRA, Enoch (2005), «El blindaje de las competencias y la reforma estatutaria». *Revista catalana de dret públic*, núm. 31, pp. 475-523.

ÁLVAREZ JUNCO, José, RUBIO LLORENTE, Francisco, eds. (2006), *El informe del Consejo de Estado sobre la reforma constitucional: texto del informe y debates académicos*, Madrid, Centro de Estudios Políticos y Constitucionales-Consejo de Estado.

APARICIO PÉREZ, Miguel Ángel (2011), «Posición y Funciones de los Estatutos de Autonomía en la Sentencia del Tribunal Constitucional 31/2010», *Revista d'estudis autonòmics i federals, (Ejemplar dedicado a: Especial sobre la Sentència de l'Estatut d'Autonomia de Catalunya)*, núm. 12, pp. 16-43.

ARAGÓN REYES, Manuel (2014), «Problemas del Estado autonómico». *Asamblea: revista parlamentaria de la Asamblea de Madrid*, núm. 31, pp. 13-34.

ARAGÓN REYES, Manuel (2006), «La construcción del Estado autonómico». *Cuadernos Constitucionales de la Cátedra Fadrique Furió Ceriol*, núm. 54-55, pp. 75-95.

ARAGÓN REYES, Manuel (1992), «La reforma de los Estatutos de Autonomía». *Documentación administrativa. Ejemplar dedicado a: El estado autonómico, hoy*, núm. 232-233, pp. 97-222.

ARBÓS I MARÍN, Xavier (2010), «Una visión general», *Revista catalana de dret públic. Especial sentencia 31/2010 del Tribunal Constitucional, sobre el Estatuto de Autonomía de Cataluña de 2006*, pp. 29-32.

ARANDA, Elviro, DE MIGUEL BÁRCENA, Josu, ROMÁN, José María, TAJADURA TEJADA, Javier, coords. (2013), «Cinco propuestas para la reforma constitucional en clave federal», *Revista Cuadernos Manuel Giménez Abad*, núm. 5, pp. 52-57.

BACIGALUPO SAGUESSE, Mariano, ARAGONÉS, Juan Luis, ARIÑO ORTIZ, Gaspar, BORRAJO INIESTA, Ignacio CLEMENTE ORREGO, Ismael, DE LA QUADRA-SALCEDO FERNÁNDEZ DEL CASTILLO, Tomás, FUENTES GÓMEZ, Julio, HURTADO IGLESIAS, Santiago, LINARES GIL, Maximino, MÁRQUEZ SÁNCHEZ, Luis Fabián, MARTÍNEZ CALVO, Juan, MELLADO RAMÍREZ, David, PIÑAR MAÑAS, José Luis, RODRIGUEZ ÁLVAREZ, José Antonio, RODRÍGUEZ RAMOS, Luis RUIZ GALLUD, Salvador, SÁNCHEZ NAVARRO, Ángel, SILVA SÁNCHEZ, Manuel, SOLDEVILA FRAGOSO, Santiago, TORNOS MÁS, Joaquín, VELÁZQUEZ SÁIZ, Juan, VELEIRO COUTO, Elena (2018), Informe del Grupo FIDE: «Reflexiones para una reforma constitucional: la reforma de la organización territorial del Estado». Disponible en: https://thinkfide.com/wp-content/uploads/2020/10/Fide-Doc.-Reflexiones-Grupo-Reforma-Constitucional.pdf

BALAGUER CALLEJÓN, Francisco (1991), *Fuentes del Derecho*. Madrid, Tecnos.

BARCELÒ I SERRAMALERA, Mercè, BERNADÌ GIL, Xavier y VINTRÒ I CASTELLS, Joan (2010), «Balance y perspectivas», *Revista catalana de dret públic. Especial Sentencia 31/2010 del Tribunal Constitucional, sobre el Estatuto de Autonomía de Cataluña de 2006*, pp. 494-501.

BASTIDA FREIJEDO, Francisco José y REQUEJO PAGÉS, Juan Luis (1991), *Cuestionario comentado de Derecho Constitucional: el sistema de fuentes y la jurisdicción constitucional*, Barcelona, Ariel.

BASTIDA FREIJEDO, Francisco (2018), «La Corona y la República», en Ramón PUNSET BLANCO y Leonardo Álvarez Álvarez (coords.), *Cua-*

tro décadas de una Constitución normativa (1978-2018): Estudios sobre el desarrollo de la Constitución Española, Cizur Menor, Civitas, pp. 363-383.

BLANCO VALDÉS, Roberto (2018), Diario de sesiones del Congreso de los Diputados, 21 de febrero de 2018, núm. 445.

CAAMAÑO DOMÍNGUEZ, Francisco (2014), *Democracia federal. Apuntes sobre España,* Madrid, Turpial.

CARRERAS SERRA, Francesc de (2009), «Reformar la Constitución para estabilizar el modelo territorial», en *La reforma constitucional: ¿hacia un nuevo proceso constituyente?,* Actas de las XIV Jornadas de la Asociación de Letrados del Tribunal Constitucional, Madrid, Centro de Estudios Políticos y Constitucionales-Tribunal Constitucional, pp. 47-113.

CARRERAS SERRA, Francesc de (2006), «La inclusión de la denominación de las Comunidades Autónomas en la Constitución», en RUBIO LLORENTE, Francisco y ÁLVAREZ JUNCO, José (eds.), *El informe del Consejo de Estado sobre la reforma constitucional. Texto del Informe y debates académicos,* Madrid, Consejo de Estado, Centro de Estudios Políticos y Constitucionales, pp. 653-663.

CARRILLO I LÓPEZ, Marc (2016), «La reforma del Estado de las Autonomías». *Revista Teorder,* núm. 19, pp. 104-115.

CASCAJO CASTRO, José Luis (2009), «Observaciones sobre la denominada función constitucional de los Estatutos de Autonomía». *Teoría y Realidad Constitucional,* núm. 23, pp. 133-147.

CASTELLÀ ANDREU, Josep M.ª. (2020) «¿Estatutos de autonomía aprobados exclusivamente por las Comunidades Autónomas?: Los futuros estatutos en el sistema de fuentes», en Ramón PUNSET BLANCO y Leonardo TOLIVAR ALAS (coords.), *España: El federalismo necesario,* Madrid, Reus, pp. 95-122.

COLLER PORTER, Xavier, GÁLVEZ MUÑOZ, Lina, HARGUINDÉGUY, Jean Baptiste, RUBIO MARIN, Ruth, RUIZ-RICO RUIZ, Gerardo, ZAFRA VÍCTOR, Manuel (2018), Informe «Propuestas para un debate sobre la reforma territorial desde las Universidades Andaluzas». Universidad Pablo de Olavide. Disponible en: https://www.upo.es/investiga/ptyp/es/publication/propuestas-para-un-debate-sobre-la-reforma-territorial-desde-las-universidades-andaluzas/

COSCULLUELA MONTANER, Luis (2015), «La reconstrucción del Estado Autonómico», *Cronista del Estado social y de Derecho,* núm. 51, pp. 16-31.

CRUZ VILLALÓN, Pedro (2009), «La dificultad del Tribunal Constitucional como garante del Estado de Autonomía», *Revista Jurídica de la Universidad Autónoma de Madrid,* núm. 19, pp. 101-111.

CRUZ VILLALÓN, Pedro (2006a), *La curiosidad del jurista persa y otros estudios sobre la Constitución,* Madrid, Centro de Estudios Políticos y Constitucionales.

CRUZ VILLALÓN, Pedro (2006b) «La reforma del Estado de las autonomías», *Revista d'Estudis Autonòmis i Federals,* núm. 2, pp. 77-100.

CRUZ VILLALÓN, Pedro (1991), «La constitución territorial del Estado», *Revista catalana de dret públic,* núm. 13, pp. 61-70.

FERNÁNDEZ RODRÍGUEZ, Ramón Tomás (1981), *Las leyes orgánicas y el bloque de la constitucionalidad: en torno al artículo 28 de la Ley Orgánica del Tribunal Constitucional,* Madrid, Civitas.

FREIXES SAN JUAN, Teresa (2018), Diario de sesiones del Congreso de los Diputados, 21 de febrero de 2018, núm. 445.

LÓPEZ PINA, Antonio (2012), «Encuesta sobre la reforma de la Constitución», *UNED. Teoría y Realidad Constitucional,* núm. 29, pp. 11-88.

FOSSAS ESPADALER, Enric (2011), «El Estatuto tras la sentencia», *Teoría y Realidad Constitucional,* núm. 27, pp. 291-314.

FOSSAS ESPADALER, Enric (2008), «El principio dispositivo en el Estado Autonómico», *UNED. Revista de Derecho Político,* núm. 71-72, pp. 151-173.

FERRERES COMELLA, Víctor (2010), «El Tribunal Constitucional ante el Estatuto», *Revista catalana de dret públic. Especial Sentencia 31/2010 del Tribunal Constitucional, sobre el Estatuto de Autonomía de Cataluña de 2006,* pp. 69-78.

GARCÍA DE ENTERRÍA, Eduardo (1985), *Estudios sobre Autonomías territoriales,* Civitas, Madrid.

GARCÍA ROCA, Francisco Javier (2018), «Reflexiones para una reforma constitucional: la reforma de la organización territorial del Estado». Disponible en: https://thinkfide.com/

GARCÍA ROCA, Francisco Javier (2014), «Pautas para una reforma constitucional: un informe para el debate», Madrid, Aranzadi.

GARCÍA ROCA, Francisco Javier (2012), «La reforma constitucional en clave federal». Conferencia pronunciada en Zaragoza, Fundación Giménez Abad y Konrad Adenauer Stiftung. Disponible en: https://www.fundacionmgimenezabad.es/es/documentacion/reforma-constitucional-en-clave-federal

GARCÍA ROCA, Francisco Javier (2000), «¿A qué llamamos, en Derecho, hechos diferenciales?», *Cuadernos de Derecho Público,* núm. 11, pp. 74-108.

GAVARA DE CARA, Juan Carlos (2012), «Sobre la reforma de la Constitución», CONTRERAS CASADO, Manuel, GARCÍA LÓPEZ, Eloy,

LÓPEZ BASAGUREN, Alberto, LÓPEZ PINA, Antonio, *Teoría y realidad constitucional*, núm. 29, pp. 11-76.

MIGUEL BÁRCENA, Josu de (2018), «Estatutos de Autonomía: evolución y reformas», en Rafael RUBIO NÚÑEZ y Esther GONZÁLEZ HERNÁNDEZ (coords.), *España constitucional (1978): trayectorias y perspectivas, Tomo V*, Madrid, Centro de Estudios Políticos y Constitucionales, pp. 4289-4301.

MUÑOZ MACHADO, Santiago (2015), «El Estado Autonómico y el futuro político de Cataluña», *Cronista del Estado social y democrático de Derecho*, núm. 51, pp. 44-55.

MUÑOZ MACHADO, Santiago 2010), «El dogma de la Constitución inacabada», *Revista Española de Derecho Constitucional*, núm. 90, pp. 245-266.

MUÑOZ MACHADO, Santiago (2005), «El mito del Estatuto-Constitución y las reformas estatutarias», en Isaac MARTÍN DELGADO y Luis Ignacio ORTEGA ÁLVAREZ (coords.), *La reforma del Estado Autonómico*, Madrid, Centro de Estudios Políticos y Constitucionales, pp. 731-823.

MUÑOZ MACHADO, Santiago (1982), *Derecho público de las Comunidades autónomas*, Madrid, Civitas.

MUÑOZ MACHADO, Santiago, AJA FERNÁNDEZ, Eliseo, CARMONA CONTRERAS, Ana, DE CARRERAS SERRA, Francesc, FOSSAS ESPADALER, Enric, FERRERES COMELLA, Víctor, GARCÍA ROCA, Francisco Javier, LÓPEZ BASAGÚREN, Alberto, MONTILLA MARTOS, José Antonio, TORNOS MAS, Joaquín (2017), «Ideas para una reforma». Disponible en: https://www.ucm.es/data/cont/media/www/pag-31775//ideas%20para%20una%20reforma%20constitucional.pdf

ORTEGA ÁLVAREZ, Luis (2010), «La posición de los estatutos de autonomía con relación a las competencias estatales tras la sentencia del tribunal constitucional 31/2010, de 28 de junio, sobre el estatuto de autonomía de Cataluña», *Revista española de Derecho Constitucional*, núm. 90, pp. 267-285.

OTTO PARDO, Ignacio de (1987), *Derecho constitucional. Sistema de fuentes*, Barcelona, Ariel.

PÉREZ ROYO, Francisco Javier (2011), «La STC 31/2010 y la contribución de la jurisprudencia constitucional a la configuración de un estado compuesto en España: elementos de continuidad y ruptura, e incidencia en las perspectivas de evolución del estado autonómico», *Revista catalana de dret públic*, núm. 43, pp. 121-149.

PÉREZ ROYO, Francisco Javier (1984), *Fuentes del Derecho*, Madrid, Tecnos.

QUADRA-SALCEDO FERNÁNDEZ DEL CASTILLO, Tomás de la (2015), «Sobre la reconstrucción del Estado autonómico», *El Cronista del Estado Social y Democrático de Derecho,* 51 *(Ejemplar dedicado a: Sobre la reconstrucción del Estado Autonómico: X Congreso de la Asociación Española de Profesores de Derecho Administrativo),* pp. 56-83.

QUADRA-SALCEDO JANINI, Tomás de la (2005), «La reforma de los Estatutos de Autonomía y sus límites constitucionales», *Cuadernos de Derecho Público,* núm. 24, pp. 175-202.

RODRÍGUEZ DE SANTIAGO, José María (2021), *Sistema de fuentes del Derecho administrativo,* Madrid, Marcial Pons.

RUBIO LLORENTE, Francisco (2009), «Rigidez y apertura en la Constitución, *La reforma constitucional:* ¿hacia un nuevo pacto constituyente?», *Actas de las XIV Jornadas de la Asociación de Letrados del Tribunal Constitucional.* Madrid, Asociación de Letrados y Tribunal Constitucional, pp. 17-40.

RUBIO LLORENTE, Francisco (1989), «El bloque de constitucionalidad», *Revista Española de Derecho Constitucional,* núm. 27, pp. 9-37.

RUIPÉREZ ALAMILLO, Javier (2001), «Algunas cuestiones sobre el régimen constitucional de los estatutos de autonomía: naturaleza jurídica y peculiaridades de la norma institucional básica de las comunidades autónomas. Especial consideración a su carácter consensual», *Anuario da Facultade de Dereito da Universidade da Coruña,* núm. 5, pp. 777-820.

SOLOZÁBAL ECHEVARRÍA, Juan José (2019), *Pensamiento federal y otros estudios autonómicos,* Zaragoza, Fundación Manuel Giménez Abad.

SOLOZÁBAL ECHEVARRÍA, Juan José (1998), *Las bases constitucionales del estado autonómico,* Madrid, McGraw-Hill Interamericana de España.

SOLOZÁBAL ECHEVARRÍA, Juan José (1985), «Sobre los supuestos jurídicos de la cobertura institucional del pluralismo territorial en el Estado autonómico español», *Revista de Estudios Políticos,* núm. 46-47, pp. 11-34.

TOMÁS Y VALIENTE, Francisco (1988), *El reparto competencial en la jurisprudencia del Tribunal Constitucional,* Madrid, Tecnos.

TORNOS MAS, Joaquín (2020), «La construcción del Estado autonómico», en *Cuatro décadas de jurisprudencia constitucional: los retos,* Madrid, Centro de Estudios Políticos y Constitucionales-Tribunal Constitucional-Asociación de Letrados del Tribunal Constitucional, pp. 189-247.

TORNOS MAS, Joaquín (2010), «El Estatuto como norma jurídica», *Revista catalana de dret públic. Especial Sentencia 31/2010 del Tribunal Constitucional, sobre el Estatuto de Autonomía de Cataluña de 2006,* pp. 96-100.

TAJADURA TEJADA, Javier (2006), «Inclusión de las Comunidades autónomas en la Constitución», en RUBIO LLORENTE, Francisco y ÁLVAREZ JUNCO, José (eds.), *El informe del Consejo de Estado sobre la reforma constitucional. Texto del Informe y debates académicos*, Madrid, Consejo de Estado, Centro de Estudios Políticos y Constitucionales, pp. 627- 651.

TAJADURA TEJADA, Javier, ARANDA ÁLVAREZ, Elviro, DE MIGUEL BÁRCENA, Josu, ROMÁN GURRERO, José María (2012), «Cinco propuestas para la reforma constitucional en clave federal», *Revista Cuadernos Manuel Giménez Abad*, núm. 5, pp. 52-57.

TUDELA ARANDA, José (2018), «La asimetría, que no los hechos diferenciales, como nota distintiva del Estado Autonómico», *UNED. Revista de Derecho Político*, núm. 101, pp. 431-46.

TUDELA ARANDA, José (2011), «¿Reforma constitucional en clave federal? (Sistematización de problemas generados por las reformas y posibles soluciones)», *Revista de Estudios Políticos*, núm. 151, pp. 231-279.

VIVER PI-SUNYER, Carles (2010), «Los efectos jurídicos de la sentencia sobre el Estatuto», *Revista catalana de dret públic. Especial Sentencia 31/2010 del Tribunal Constitucional, sobre el Estatuto de Autonomía de Cataluña de 2006*, pp. 68-70.

El reparto de competencias entre el Estado y las comunidades autónomas en la Constitución: consensos y disensos en torno a su posible (pero improbable) reforma

IGNACIO DURBÁN MARTÍN
Universitat de València

1. EL PUNTO DE PARTIDA: UN (DES)ORDEN COMPETENCIAL CUESTIONADO Y CONFLICTIVO

El régimen de distribución competencial entre el Estado y las comunidades autónomas (CCAA) ha sido, desde hace años, objeto de numerosas críticas. De este sistema se ha dicho, entre otras cosas, que es «ciertamente peculiar»[1], «inextricable»[2], «ineficiente»[3], «incoherente»[4], «impreciso»[5], «enmarañado»[6] o «un semillero inagotable de conflictos»[7]. Sus principales disfunciones traen causa, según se ha observado en múltiples ocasiones, de un diseño constitucional «incorrectísimo técnicamente»[8]. Y es que los preceptos de la Constitución que regulan el reparto territorial del poder —«de concepción bastante enigmática y, en todo caso, anormalmente imprecisos»[9]— consagran una excesiva apertura del sistema. Esta apertura se produce al atribuir a los estatutos de autonomía y a otras leyes un papel clave en la atribución y/o delimitación de competencias. De este modo, el orden competencial no queda fijado en la Constitución, sino en lo que se ha dado en llamar «bloque de la constitucionalidad», que, de acuerdo con lo indicado, está integrado por el propio texto constitucional, los estatutos de autonomía y otras leyes. Pero, además de ser extraordinariamente abierto, el modelo adolece de una notable indeterminación, tanto desde el prisma del alcance funcional de las competencias

---

1 Francesc DE CARRERAS SERRA (2018), p. 204.

2 Santiago MUÑOZ MACHADO (2012), p. 99.

3 *Ibid.*, p. 117.

4 Enric FOSSAS ESPADALER (2018), p. 4306.

5 *Ibid.*, p. 4307.

6 *Propuestas para mejorar el autogobierno de Cataluña y el funcionamiento del modelo territorial de Estado*, Cercle d'Economia (2018), p. 6.

7 Álvaro RODRÍGUEZ BEREIJO (2013), p. 25.

8 Santiago MUÑOZ MACHADO (2012), p. 101.

9 *Ibid.*, p. 105.

como de su delimitación material. En suma, la distribución de competencias entre el Estado y las CCAA se determina a través de «un bloque de la constitucionalidad hipertrofiado y en constante modificación»[10] caracterizado, fundamentalmente, por la falta de claridad.

El engrosamiento y la imprecisión de las reglas competenciales, además de impedir un adecuado funcionamiento de los mecanismos de rendición de cuentas[11], han generado una enorme conflictividad, lo que, a su vez, ha conferido un papel desmesurado al Tribunal Constitucional (TC), pues es el que finalmente, con mejor o peor fortuna, ha terminado dando forma a los elementos estructurales del modelo. Tan relevante ha sido su contribución que, desde hace décadas, viene hablándose de la existencia de un «Estado autonómico jurisdiccional»[12]. En efecto, la intervención de la jurisdicción constitucional en la interpretación y concreción del sistema de reparto y delimitación competencial ha sido cuantitativa y cualitativamente superior a la de otros Estados descentralizados y esto ha provocado, con demasiada frecuencia, resultados insatisfactorios. Tanto la gran dilación en la resolución de muchos asuntos[13] como la abundante, compleja y oscilante jurisprudencia constitucio-

---

[10] Javier GARCÍA ROCA (2016), p. 19.

[11] *Vid.*, al respecto, entre otros, Manuel MEDINA GUERRERO (2016), p. 130; o Juan José SOLOZÁBAL ECHEVARRÍA (2014), p. 40.

[12] La referida expresión —o similar— ha sido utilizada, entre otros, por Manuel ARAGÓN REYES (1986), pp. 7-12; Francisco FERNÁNDEZ SEGADO (1990), pp. 51-116; Pedro CRUZ VILLALÓN (1991), pp. 249-260; Alberto FIGUEROA LARAUDOGOITIA (1991), p. 23; Francisco TOMÁS Y VALIENTE (1993), pp. 65-66; o Luis LÓPEZ GUERRA (1993), p. 72.

[13] Sobre esta cuestión Francisco SOSA WAGNER (2015), p. 36, apunta que: «La seguridad jurídica sufre si, además, tenemos en cuenta que el citado Tribunal, para abordar y resolver los asuntos, no utiliza plazos procesales sino bíblicos, a veces yo diría que geológicos».

nal[14] han resultado lesivas en términos de seguridad jurídica. A este último respecto, Muñoz Machado ha comentado que:

> «desde muy temprano el Tribunal Constitucional, en lugar de dictar sentencias confirmatorias o anulatorias, se inclinó por la pendiente de las virguerías jurídicas y creó un fantástico universo de conceptos que ha de manejarse para saber, aproximadamente, de qué tipo es una competencia y qué facultades incluye. Se ha olvidado por completo el Tribunal Constitucional, al dejarse caer por ese precipicio, que en Derecho las soluciones que no son sencillas resultan inútiles»[15].

Y, a cuenta de una de las resoluciones más decisivas que se han dictado en torno a la organización territorial del Estado —la STC 31/2010, relativa a la reforma del *Estatut* catalán de 2006— con implicaciones directas y de calado sobre el orden de reparto competencial, Aparicio Pérez apuntó que:

> «el Tribunal no se sitúa como intérprete de la Constitución sino como "comisario del poder constituyente", en frase que con-

---

14 En palabras de Javier GARCÍA ROCA (2016), p. 19: «Ausente el poder de reforma constitucional por su falta de diligencia, cientos de sentencias interpretativas del Tribunal Constitucional han ocupado su lugar (...) El intérprete supremo de la Constitución ha realizado numerosas exégesis, más o menos acertadas, generando a veces verdaderas mutaciones constitucionales, tampoco exentas de inseguridades y contradicciones. Resulta imposible retener los estándares jurisprudenciales en la cabeza». Y, también sobre esta cuestión, apunta Felio José BAUZÁ MARTORELL (2016), p. 1233, que «en nuestro país la distribución de competencias participa en gran medida de un componente aleatorio: al ser rogada la justicia constitucional, cualquier cosa es posible en otras normas que forman parte del bloque de constitucionalidad, que no tienen por qué someterse al control del Tribunal Constitucional; y, aun así, aunque este Órgano se pronuncie, las especialidades por razón de la materia pueden alimentar una nutrida casuística que asemeja al Derecho a un juego de envite o azar».

15 Santiago MUÑOZ MACHADO (2012), p. 114. Por su parte, Francisco SOSA WAGNER (2015), p. 37, habla del «lenguaje serpenteante que suele cultivar» el TC en este ámbito.

> sagró en su día el profesor García de Enterría, e, incluso, como poder constituyente directo. Se olvida así que el Tribunal Constitucional es un poder constituido y que no puede dar contenido alguno a la Constitución si la Constitución no tiene en sí misma ese contenido: interpretar es descubrir, no inventar»[16].

Ahora bien, cabe remarcar que el TC tampoco lo ha tenido sencillo para autolimitarse en su tarea hermenéutica a lo largo de todos estos años. Y es que la primera de las normas cuya interpretación se le ha encomendado bien merece ser descrita como lo hizo, tras su aprobación, el diputado catalán de UCD Antonio de Senillosa Cros: «una farragosa Constitución que, como el queso de gruyere, está llena de agujeros»[17]. Por ello, sin perjuicio de los errores o excesos que quepa atribuir a la labor exegética del TC, conviene no desatender que, como ya se ha dicho, muchas de las disfunciones que aquejan a nuestro sistema de distribución y delimitación de competencias encuentran su origen en las insuficiencias normativas del texto constitucional. En este sentido, Aja Fernández advirtió con buen criterio que «sería superficial y demagógico hacer del TC el chivo expiatorio de la crisis del Estado autonómico»[18].

Nos encontramos, pues, ante lo que García Roca ha denominado «un círculo vicioso del cual hay que salir: normas constitucionales demasiado abiertas e imprecisas y sometidas a exégesis no menos complejas y ambiguas»[19]. En estas coordenadas, y teniendo en cuenta que el propio TC desactivó en su día —precisamente en la citada sentencia sobre el *Estatut* catalán— el intento de clarificar algunas de las líneas maestras del vigente modelo competencial desde el nivel estatutario, son numerosas las voces que vienen insistiendo desde hace tiempo en la necesi-

---

16 Miguel Ángel APARICIO PÉREZ (2010), p. 26.

17 Antonio DE SENILLOSA CROS, «Después», *El País*, 3-12-1978.

18 Eliseo AJA FERNÁNDEZ (2014), p. 188.

19 Javier GARCÍA ROCA (2016), p. 19.

dad de superar la complejidad y confusión inherentes al sistema delineado por la Constitución de 1978 mediante una reforma de su texto que clarifique las reglas competenciales fijándolas con precisión y nitidez en la propia carta magna (evitando así su dispersión en el referido bloque de la constitucionalidad) para, de un lado, reducir la conflictividad —política y jurídica— y, de otro, propiciar que las competencias puedan ejercerse con rapidez, eficiencia y seguridad jurídica. Hay una gran cantidad de informes, documentos y trabajos —ya sean de corte académico, divulgativo, institucional o abiertamente político— que respaldan estas posiciones. Sin embargo, como es sabido, no se ha alcanzado un consenso al respecto entre las distintas fuerzas políticas y, a la vista de los términos en los que viene produciéndose el debate sobre el modelo territorial en los últimos tiempos, parece improbable que pueda lograrse en un futuro próximo[20].

Sea como fuere, lo que en estas páginas se ofrece es una perspectiva general de las concretas propuestas de reforma que sobre este asunto se han formulado hasta el momento. Se deja intencionadamente a un lado, habida cuenta de su interrelación con otras facetas de la constitución territorial que escapan al tratamiento de este capítulo, la vertiente del debate sobre el procedimiento de reforma constitucional que eventualmente convendría activar, es decir, la cuestión de cuál de las vías constitucionalmente previstas —art. 167 o art. 168— sería la procedimentalmente idónea para acometer cambios en este ámbito[21]. En lo que sigue únicamente se aborda, pues, la dimensión

---

20 Iñaki AGIRREAZKUENAGA ZIGORRAGA (2016), p. 1501, manifestaba, hace ya ocho años, su escepticismo al respecto cuando decía que: «Por lo que concierne al debate de la necesaria clarificación en la distribución de competencias entre el estado y las CCAA, creo que la reforma constitucional que al efecto fuese necesaria, estaría abocada al fracaso por falta de consenso».

21 *Vid.*, al respecto, entre otros, Álvaro RODRÍGUEZ BEREIJO (2013), p. 25; Juan José SOLOZÁBAL ECHEVARRÍA (2014), pp. 23-25; Joa-

principal del tema de referencia, esto es, el diseño constitucional del sistema de distribución de competencias entre el Estado y las CCAA que, en palabras de Solozábal Echavarría, constituye «el *quid quaestionis* de todo Estado descentralizado»[22].

2. PROPUESTAS DE REFORMA DEL SISTEMA CONSTITUCIONAL DE DISTRIBUCIÓN DE COMPETENCIAS

2.1. La orientación federal como nota definitoria común

Las propuestas de reforma constitucional en el terreno de la distribución de competencias que se han formulado hasta el momento muestran —de forma explícita o implícita, según los casos— una vocación federal. El federalismo ha constituido, sin duda, la principal fuente de inspiración a la hora de proponer fórmulas para superar las disfunciones que caracterizan el reparto competencial del Estado autonómico. Ahora bien, cabe advertir que, salvo excepciones, este tipo de propuestas no toman como referencia ninguna experiencia federal en particular, sino que parten de una caracterización genérica de Estado federal o, si se prefiere, de una visión panorámica de los sistemas federales. No siempre existe, por lo demás, unanimidad en torno a cada una de las opciones técnicas posibles, pero sí hay un amplio acuerdo, como se verá, sobre algunos de los criterios generales que deberían inspirar la reforma.

---

quín TORNOS MAS (2014), p. 60; Tomás DE LA QUADRA-SALCEDO FERNÁNDEZ DEL CASTILLO (2014), p. 22 y (2015), p. 74; y Josep M.ª CASTELLÀ ANDREU (2018), p. 108.

22 Juan José SOLOZÁBAL ECHEVARRÍA (2014), p. 37. En el mismo sentido, José TUDELA ARANDA (2016), p. 294.

2.2. El cierre del modelo en la Constitución: uno o varios listados de competencias estatales y una cláusula residual en favor de las CCAA

Estas propuestas «federalizantes» coinciden en propugnar la necesidad de incorporar a la Constitución la fórmula de distribución competencial clásica de los modelos federales —si bien, como se ha dicho, no suele haber referencias a ningún sistema federal en concreto[23]—. Según esta fórmula, el texto constitucional únicamente debería recoger las competencias del Estado dejando, en virtud de una cláusula residual, todas las demás en manos de las CCAA[24]. Partiendo de este esquema

---

23 La excepción, en este punto, la constituyen las propuestas de los administrativistas Tomás-Ramón FERNÁNDEZ RODRÍGUEZ (2015), p. 14 y Francisco SOSA WAGNER (2015), pp. 35-36, pues ambas adoptan expresamente como modelo de referencia el sistema de reparto competencial de la Ley Fundamental alemana. Y, aunque no se haga de forma explícita, también se inspiran en el referido modelo las propuestas de Tomás DE LA QUADRA-SALCEDO FERNÁNDEZ DEL CASTILLO (2014), pp. 11-33 y (2015), pp. 71-78 y Felio José BAUZÁ MARTORELL (2016), p. 1243.

24 *Vid.* este planteamiento en Francisco BALAGUER CALLEJÓN (2006), pp. 579-581; Juan Carlos GAVARA DE CARA (2012), p. 57; Eliseo AJA FERNÁNDEZ (2014), p. 378; Eliseo AJA FERNÁNDEZ *et al.* (2015), p. 74; Javier GARCÍA ROCA (2013), p. 28 y (2016), pp. 21-22; Diego LÓPEZ GARRIDO (2013), p. 29; Joaquín TORNOS MAS (2014), p. 54; Santiago MUÑOZ MACHADO (2014), pp. 224-225; Manuel ARAGÓN REYES (2014), p. 29; José Antonio MONTILLA MARTOS (2015), p. 114 y (2018), pp. 376-386; Eva SÁENZ ROYO (2016), p. 151; Marc CARRILLO LÓPEZ (2016), p. 112; Francesc DE CARRERAS SERRA (2016), pp. 468-470 y (2018), pp. 205-206; Manuel MEDINA GUERRERO (2016), p. 132; Miguel HERRERO DE MIÑÓN (2016), pp. 93-94; Eduardo VÍRGALA FORURIA (2017), p. 369; Enric FOSSAS ESPADALER (2018), pp. 4313-4314; Gregorio CÁMARA VILLAR (2018), p. 238; Julio GONZÁLEZ GARCÍA (2018), p. 179; Antonio ARROYO GIL (2019), p. 182 y (2020), p. 56; Juan José SOLOZÁBAL ECHEVARRÍA (2019), p. 477; Miguel AGUDO ZAMORA (2020), p. 90; *Por una reforma federal del Estado*

general, algunas propuestas hablan, genéricamente, de la inclusión en la Constitución de un único listado que contenga las competencias estatales[25] y otras, buscando mayor claridad

autonómico, Fundación Alfonso Perales (2012), pp. 53-63; *Cinco propuestas para la reforma constitucional en clave federal,* Fundación Ciudadanía y Valores, (2012), p. 14; *Por una reforma constitucional federal,* Fundació Rafael Campalans (2013), p. 26; *Propuestas para una reforma constitucional. Mejora de la calidad democrática y reforma del modelo territorial,* Manuel CONTRERAS CASADO *et al.* (2013), p. 4; *Hacia una estructura federal del Estado (Declaración de Granada),* PSOE, (2013), p. 9; *Pautas para una reforma constitucional,* Javier GARCÍA ROCA (ed.) (2014), p. 105; *Ideas para una reforma constitucional,* Santiago MUÑOZ MACHADO (coord.) (2017), p. 10; *Reflexiones para una reforma constitucional: la reforma de la organización territorial del Estado,* Fundación Fide (2018), p. 5; *Propuestas para un debate sobre la reforma territorial desde las universidades andaluzas* (2018), pp. 18-19; *Propuestas para mejorar el autogobierno de Cataluña y el funcionamiento del modelo territorial de Estado,* Cercle d'Economia (2018), p. 6; *Acuerdo del Consell sobre la reforma constitucional* (2018), p. 16; y *Declaración de la Asociación por una España Federal,* Asociación por una España Federal (2021), p. 2.

25 En efecto, algunas propuestas incluyen referencias genéricas a un listado único de competencias estatales, pero ello no parece excluir —al menos no expresamente— la posibilidad de ordenar o compartimentar éstas atendiendo a un criterio de diferenciación entre tipologías competenciales. De hecho, en algunos casos, quienes realizan alusiones genéricas a un único listado de competencias del Estado plantean, al tiempo, la demanda paralela de incluir definiciones precisas del sentido y alcance de las distintas categorías competenciales, lo cual parece ir, precisamente, en la línea de la catalogación de las competencias estatales. *Vid.*, por ejemplo, Joaquín TORNOS MAS (2014), pp. 53-54; Antonio ARROYO GIL (2019), pp. 182, 183 y 189; o *Hacia una estructura federal del Estado (Declaración de Granada),* PSOE, (2013), p. 9. Así pues, la idea de incluir en la Constitución un único listado totum revolutum de competencias estatales —que se menciona, sin considerarla la mejor opción, en Javier GARCÍA ROCA (2016), p. 21 o, como mera posibilidad, en *Propuestas para un debate sobre la reforma territorial desde las universidades andaluzas* (2018), p. 18— no parece que suscite demasiadas adhesiones.

y precisión, abogan por una clasificación de las competencias del Estado sobre la base de las diferentes categorías competenciales —a las que luego habrá ocasión de referirse pormenorizadamente—[26]. Todo lo dicho implicaría operar, al menos, los siguientes cambios en el vigente texto constitucional: la supresión del art. 148.1 y 2; la reformulación del contenido del actual art. 149.1 y 2; y la modificación de la cláusula residual ahora recogida en el art. 149.3[27].

2.3. El lógico corolario de la propuesta antedicha: el fin del principio dispositivo en su dimensión competencial

Se ha puesto de manifiesto reiteradamente que, en caso de optarse por la constitucionalización de un esquema de reparto competencial como el apuntado —esto es, la consabida fórmula federal consistente en el juego combinado de uno o varios listados de competencias propias de la federación y una cláusula residual en favor de los estados miembros—, los estatutos de autonomía perderían su función de normas de articulación

---

26 *Vid.*, en este sentido, Juan Carlos GAVARA DE CARA (2012), p. 57; Javier GARCÍA ROCA (2016), pp. 21-22; Eduardo VÍRGALA FORURIA (2017), p. 369; José Antonio MONTILLA MARTOS (2018), pp. 376-386; Enric FOSSAS ESPADALER (2018), pp. 4313-4314; Gregorio CÁMARA VILLAR (2018), p. 238; Miguel AGUDO ZAMORA (2020), p. 90; *Por una reforma constitucional federal*, Fundació Rafael Campalans (2013), p. 26; *Propuestas para un debate sobre la reforma territorial desde las universidades andaluzas* (2018), pp. 18-19; *Propuestas para mejorar el autogobierno de Cataluña y el funcionamiento del modelo territorial de Estado*, Cercle d'Economia (2018), p. 6; y *Acuerdo del Consell sobre la reforma constitucional* (2018), p. 16.

27 Resulta particularmente útil y clarificadora la pormenorizada propuesta articulada de José Antonio MONTILLA MARTOS (2018), pp. 376-386. Francesc DE CARRERAS SERRA (2018), p. 206, propone, por su parte, una nueva redacción de la cláusula residual para adecuarla a la mencionada fórmula federal.

de competencias. El reparto competencial se establecería íntegramente en la Constitución y, en consecuencia, los estatutos de autonomía no tendrían que contener ya listados de competencias autonómicas pues autonómicas serían todas las competencias no atribuidas al Estado en la Constitución[28]. De este modo, se produciría la supresión del principio dispositivo en la determinación competencial, es decir, las CCAA ya no podrían continuar participando en la configuración de su propio régimen de competencias. Es ésta una perspectiva, la de poner fin al principio dispositivo —en este caso en su faceta competencial—, en la que a menudo se ha incidido por considerarse necesaria[29]. Existen, no obstante, algunas voces que, aun compartiendo la propuesta de introducir la fórmula de atribución competencial federal en la Constitución y el consiguiente «cierre» del sistema, sugieren que, quizás, los estatutos de autono-

---

[28] Se trata, como se ha indicado, de una observación realizada en múltiples ocasiones. *Vid.*, entre otros, Juan Carlos GAVARA DE CARA (2012), p. 57; Eliseo AJA FERNÁNDEZ (2014), p. 379; Joaquín TORNOS MAS (2014), p. 53; Luis COSCULLUELA MONTANER (2015), p. 28; José Antonio MONTILLA MARTOS (2015), p. 114 y (2018), p. 383; Enric FOSSAS ESPADALER (2018), pp. 4313-4314; Antonio ARROYO GIL (2019), p. 182; *Por una reforma federal del Estado autonómico,* Fundación Alfonso Perales (2012), p. 61; *Por una reforma constitucional federal,* Fundació Rafael Campalans (2013), p. 26; o *Reflexiones para una reforma constitucional: la reforma de la organización territorial del Estado,* Fundación Fide (2018), p. 5.

[29] *Vid.*, entre otros, Manuel ARAGÓN (2014), p. 29; Joaquín TORNOS MAS (2014), p. 53; Joan OLIVER ARAUJO (2014), p. 65; Luis COSCULLUELA MONTANER (2015), p. 28; Javier GARCÍA ROCA (2016), p. 22; Eva SÁENZ ROYO (2016), p. 151; Frances DE CARRERAS SERRA (2018), pp. 201-204; Enric FOSSAS ESPADALER (2018), pp. 4313-4314; *Por una reforma constitucional federal,* Fundació Rafael Campalans (2013), p. 26; *Pautas para una reforma constitucional,* Javier GARCÍA ROCA (ed.) (2014), p. 105; *Propuestas para un debate sobre la reforma territorial desde las universidades andaluzas* (2018), pp. 17-18.

mía no deberían perder toda capacidad de incluir previsiones de naturaleza competencial[30].

2.4. Las concretas categorías competenciales

Otra de las propuestas que cuenta con mayor respaldo es la de incluir en el texto de la Constitución una definición precisa del alcance de todas las categorías competenciales[31] en un

---

30 Antonio ARROYO GIL (2019), p. 182, observa, al respecto, que la referida fórmula federal de atribución competencial «provocaría que todas las Comunidades Autónomas tuvieran las mismas competencias, más allá de las singularidades propias de cada una de ellas (los llamados hechos diferenciales: lengua propia, Derecho civil propio, régimen foral, insularidad, ultraperificidad, etc.), cuyo reconocimiento debería llevarse a cabo, con carácter general, en el texto constitucional, sin perjuicio de su mayor concreción en sede estatutaria». También Juan José SOLOZÁBAL ECHAVARRÍA (2014), p. 39, expresa sus dudas al respecto cuando dice que la citada fórmula federal de atribución de competencias «descargaría y reduciría la importancia del Estatuto de autonomía, al no contemplar lo que, después de todo, es el contenido más importante del mismo actual, esto es, el establecer el acervo competencial propio, aunque al final lo que importa es el cúmulo de competencias de que se disponga, con independencia de la procedencia normativa de las habilitaciones con las que se cuenta efectivamente».

31 *Vid.*, en este sentido, Eliseo AJA FERNÁNDEZ (2014), p. 379; Joaquín TORNOS (2014), p. 53; Juan José SOLOZÁBAL ECHAVARRÍA (2014), p. 41; Javier GARCÍA ROCA (2016), p. 22; Marc CARRILLO LÓPEZ (2016), p. 112; José Manuel GARCÍA-MARGALLO (2017), p. 131; José Antonio MONTILLA MARTOS (2018), pp. 376-386; Enric FOSSAS ESPADALER (2018), p. 4314; Antonio ARROYO GIL (2019), pp. 183 y 189; *Por una reforma federal del Estado autonómico*, Fundación Alfonso Perales (2012), p. 61; *Por una reforma constitucional federal*, Fundació Rafael Campalans (2013), p. 26; *Hacia una estructura federal del Estado (Declaración de Granada)*, PSOE, (2013), p. 10; *Pautas para una reforma constitucional*, Javier GARCÍA ROCA (ed.) (2014), p. 106; y *Acuerdo del Consell sobre la reforma constitucional* (2018), p. 16.

sentido similar al que se intentó en el Estatuto de Autonomía de Cataluña[32]. Pero este acuerdo generalizado se desdibuja cuando se desciende a los detalles, pues la caracterización de las tipologías competenciales no es unívoca, es decir, no todo el mundo concibe de la misma forma las distintas clases de competencias. Si nos centramos en tres de las categorías que —tanto en la teoría como en la práctica— cabe considerar *clásicas* (exclusivas, compartidas y concurrentes) se observa que no siempre son entendidas —ni, por lo tanto, definidas— del mismo modo. Pero, además de la problemática que entraña la existencia de estas diferencias en el terreno de la conceptualización, puede constatarse también que hay distintas preferencias a la hora de determinar qué categorías competenciales deberían tener mayor o menor peso en la articulación global del sistema. Para abordar esta pluralidad de perspectivas se ha optado por estructurar la explicación sobre la base del citado esquema *tradicional* que diferencia entre competencias exclusivas, compartidas y concurrentes —añadiéndose también la variante de las transversales u horizontales—. Partiendo de este marco de referencia, se irán exponiendo sintéticamente los distintos posicionamientos que sobre esta cuestión se han venido defendiendo a lo largo de los últimos años.

2.4.1. Competencias exclusivas

Varias propuestas abogan por constitucionalizar una noción estricta de las competencias exclusivas del Estado, esto es, una acepción del concepto de exclusividad que otorgue al Estado la totalidad y plenitud de las potestades —legislativa, reglamentaria y ejecutiva— ejercitables sobre una serie de materias —cuya determinación también requeriría una revisión, *vid. infra*, apartado 2.5.—. El Estado sería, con relación a estos ámbitos

---

32 *Vid.*, al respecto, Marc CARRILLO LÓPEZ (2010), pp. 270-276.

materiales, titular de todas las funciones y, en consecuencia, se excluiría la intervención autonómica. Se trata de lo que en alguna ocasión se ha denominado «competencia completa»[33] o «exclusividad plena»[34] del Estado y es la que actualmente se proyecta sobre materias como las previstas en las reglas 2.ª, 3.ª, 4.ª o 20.ª del art. 149.1 CE. De esta forma se superaría, al menos en lo que al Estado concierne, la confusa utilización del término exclusividad[35] y quedaría claro que, cuando se habla de competencias exclusivas del Estado, se está haciendo referencia a que éste —y no otro poder público— es el titular de todas las facultades normativas y ejecutivas que pueden ejercerse sobre un conjunto de materias determinado. Es lo que han

---

33 Antonio ARROYO GIL (2019), p. 142.

34 Santiago MUÑOZ MACHADO (2015a), p. 80. Al respecto, el propio Santiago MUÑOZ MACHADO (2015b), p. 209, afirma que: «La definición más lógica y técnicamente acertada de las competencias exclusivas es la que califica de esta manera a las atribuciones que el ordenamiento confiere con monopolio a un determinado poder o institución públicos. Si tal monopolio no se da, la competencia no será exclusiva».

35 *Ibid.*, p. 77.

defendido, con ligeros matices en cada caso, Vírgala Foruria[36], Montilla Martos[37] o García Roca[38], entre otros[39].

Pero también hay quienes parten de un entendimiento más laxo de la exclusividad y propugnan que, dentro de la categoría de las competencias exclusivas estatales, cabría incluir la fórmula que atribuye todas las facultades normativas —legislación y

---

36 Es, probablemente, quien con más rotundidad se ha expresado al respecto: «En la lista de competencias estatales habría que limitar la utilización del término "competencia exclusiva" a cuando el Estado detenta todas las potestades normativas y ejecutivas sobre una materia. Para evitar confusiones, sería conveniente que tales "materias" fueran lo más precisas posibles, es decir, delimitando exactamente el ámbito de control competencial. En otras palabras, reservando la exclusividad para aquellos sectores de la materia o submateria en que sea funcionalmente posible la actuación única». Eduardo VÍRGALA FORURIA (2017), p. 369.

37 José Antonio MONTILLA MARTOS (2018), pp. 378 y 380. Cabe precisar que este autor, aunque parte de la concepción indicada supra de las competencias exclusivas estatales, deja abierta la posibilidad de que la Constitución o el Estado atribuyan, según los casos, la función ejecutiva a las CCAA.

38 Hace más de tres lustros ya afirmaba este autor que, «en el elenco del art. 149.1, pese al equívoco enunciado general de unas supuestas competencias "exclusivas" del Estado, que induce a error, se disciplinan tanto competencias del Estado como asumibles por las Comunidades Autónomas. Muchas de ellas, por tanto, no son exclusivas del Estado sino compartidas, como revela el que se regulan en el propio precepto como "exclusivas sin perjuicio de..." (...) Parece conveniente fijar en la Constitución con claridad —mediante su reforma— las competencias indisponibles del Estado, aquellas verdaderamente exclusivas». Javier GARCÍA ROCA (2007), p. 6. *Vid.* también Javier GARCÍA ROCA (2016), p. 21.

39 *Vid.* también *Por una reforma federal del Estado autonómico*, Fundación Alfonso Perales (2012), p. 62; y *Pautas para una reforma constitucional*, Javier GARCÍA ROCA (ed.) (2014), pp. 105-106.

potestad reglamentaria[40]— al Estado y deja la ejecución —que habilita para el ejercicio de las potestades administrativas y, en su caso, para dictar normas reglamentarias organizativas o de funcionamiento— en manos de las CCAA. En esta dirección han apuntado, con sus respectivos matices, Medina Guerrero[41], de la Quadra-Salcedo Fernández del Castillo[42] o Solozábal Echava-

---

40 Aunque, desde muy temprano, la jurisprudencia constitucional interpretó que el concepto de «legislación» utilizado en el art. 149 CE comprende tanto las leyes formales como los reglamentos ejecutivos de las mismas, he optado, para evitar equívocos, por referirme en este trabajo separadamente a los conceptos de legislación y de potestad reglamentaria. No puede dejar de señalarse en este punto, por su gran interés, la crítica a la mencionada interpretación jurisprudencial realizada por Xavier BERNADÍ GIL (2008) y (2010).

41 Su posición es coincidente con el grupo de autores anteriormente señalado en lo relativo a constitucionalizar una noción estricta de las competencias exclusivas del Estado: «Es preciso acotar un espacio de competencias exclusivas estatales, entendiendo el concepto en su sentido federal clásico, esto es, como atribución plena y excluyente». Sin embargo, a continuación, añade que «a la vista de lo consolidado de la jurisprudencia constitucional en torno al alcance de la competencia estatal de "legislación" (así, por ejemplo, art. 149.1. 6ª, 7ª, 8ª y 9ª), tendría sentido reconducir tales materias competenciales al catálogo de competencias exclusivas del Estado, o bien valorar sobre cuáles de ellas podría reconocerse un margen de maniobra normativo a las CCAA, en cuyo caso habría de reconducirse a la categoría de competencias compartidas». Y, al respecto, agrega que: «Convendría incorporar una específica cláusula sobre las competencias ejecutivas del Estado, que en principio deberían coincidir con los espacios materiales sobre los que ostente competencias normativas exclusivas», puntualizando que: «Como es obvio, podría ser necesario matizarlo en el caso de que se cataloguen como competencias exclusivas todas o algunas de las actuales competencias de "legislación"». Manuel MEDINA GUERRERO (2016), pp. 133 y 135-136.

42 Tomás DE LA QUADRA-SALCEDO FERNÁNDEZ DEL CASTILLO (2014), p. 25.

rría[43], entre otros[44]. Esta técnica, conocida como el binomio le-

---

43 Así lo expone cuando afirma que: «Por tanto, se propondría al comienzo del título VIII de la Constitución un capítulo en el que se trataría de definir los diversos tipos de competencias, así exclusivas, compartidas y concurrentes», para, a continuación, proponer la siguiente definición: «Las competencias exclusivas atribuyen a su titular la potestad para agotar la intervención en una materia o dominio concreto, bien en su conjunto o plenamente, esto es, todas las facultades o funciones, caso de las competencias exclusivas extraordinarias; o bien en un determinado nivel, esto es, respecto de determinadas funciones, caso de las competencias exclusivas ordinarias». Juan José SOLOZÁBAL ECHEVARRÍA (2014), pp. 41-42.

44 Cabe considerar que participan de esta opinión también quienes abogan por atribuir, con carácter general, las competencias de ejecución a las CCAA. Y es que un escenario así implicaría entender las eventuales competencias exclusivas del Estado, no en sentido estricto, sino como «competencias exclusivas parciales», pues éste nunca retendría la facultad de ejecución. En esta línea, Enric FOSSAS ESPADALER (2018), p. 4314, ha dicho que una de las cosas que «contribuiría a la mejora del sistema» sería «la atribución en bloque de la ejecución a las CCAA». Eliseo AJA FERNÁNDEZ (2014), pp. 379-380, que identifica el binomio legislación-ejecución como competencia compartida y, por lo tanto, distinta de las competencias exclusivas del Estado, considera, no obstante, que «podría incorporarse un principio general interpretativo a favor de la ejecución de las competencias por las CCAA». Antonio ARROYO GIL (2019), p. 184, por su parte, ha sostenido que sería conveniente poner fin a la técnica bases estatales-desarrollo autonómico atribuyendo, según los casos, la totalidad de la función legislativa, o bien al Estado o bien a las CCAA, «pudiéndose valorar en el primer caso si la correspondiente competencia reglamentaria y ejecutiva podría quedar en manos de las Comunidades Autónomas, como sería lo propio de un federalismo de fuerte impronta ejecutiva». *Vid.* también *Cinco propuestas para la reforma constitucional en clave federal*, Fundación Ciudadanía y Valores, (2012), p. 15, donde se dice que: «En términos generales las competencias de ejecución deberían de corresponder a los Estados miembros»; si bien se puntualiza que esto tendría lugar en caso de «que la propia ley federal así lo disponga».

gislación estatal-ejecución autonómica, es por la que actualmente se rigen materias como las enunciadas en las reglas 6.ª, 7.ª, 8.ª, 9.ª o 12.ª del art. 149.1 CE. Ahora bien, cabe preguntarse hasta qué punto resultaría clarificadora una eventual reforma constitucional que subsumiese explícitamente este esquema de reparto competencial dentro de la categoría de las competencias exclusivas del Estado. Y es que este planteamiento supondría perpetuar la confusa noción de las «competencias exclusivas parciales»[45] —en este caso del Estado—, es decir, una concepción de la exclusividad que no implica el monopolio del conjunto de funciones que sobre una materia pueden ejercerse, sino únicamente el monopolio de algunas de dichas funciones —en este supuesto, legislación y potestad reglamentaria—. Desde este punto de vista, conviene advertir que, según una interpretación con notable respaldo a la que seguidamente se hará referencia —y a la que yo me adhiero—, esta lógica de reparto competencial consistente en atribuir al Estado las potestades normativas —tanto legislativas como reglamentarias— y a las CCAA la ejecución, encuentra, desde el punto de vista de la categorización, un acomodo más claro dentro de las competencias compartidas, que son, precisamente, las que corresponde abordar a continuación.

2.4.2. Competencias compartidas

Aunque la Constitución española no lo enuncia, el concepto de «competencias compartidas» hace referencia, según explica Muñoz Machado, «a cualquier hipótesis en la que el poder de decisión sobre una materia se reparte entre dos instancias territoriales, bien porque se fragmenta la responsabilidad legislativa, bien porque se distribuyen entre ambas, de cualquier manera que sea, las funciones ejecutivas»[46]. Atendiendo a esta

---

45 Santiago MUÑOZ MACHADO (2015a), pp. 80-82.

46 Santiago MUÑOZ MACHADO (2015a), p. 82.

conceptualización son, esencialmente, dos las especies que integran el género de las competencias compartidas en nuestro modelo de distribución competencial: el binomio bases estatales-desarrollo autonómico y el —ya mencionado— binomio legislación estatal-ejecución autonómica[47]. Pues bien, hay quienes aconsejan —con buen criterio, a mi parecer— regular las competencias compartidas en el texto constitucional ordenándolas de acuerdo con esta clasificación[48]. Partiendo de este es-

---

47 *Ibid.*, pp. 82-84.

48 *Vid.*, en este sentido, Javier GARCÍA ROCA (2016), p. 21; Eduardo VÍRGALA FORURIA (2017), pp. 369 y 372; y *Por una reforma constitucional federal*, Fundació Rafael Campalans (2013), p. 26. A juicio de Eliseo AJA FERNÁNDEZ (2014), pp. 164 y 379, este planteamiento según el cual las «competencias compartidas» constituyen una categoría general que engloba dos modalidades distintas resulta terminológicamente complicado «porque obliga a especificar continuamente el subtipo de compartida». De ahí que él opte por denominar «competencias compartidas» al binomio legislación estatal-ejecución autonómica y «competencias concurrentes» al binomio bases estatales-desarrollo autonómico. Se trata, en cualquier caso, de una elección controvertida toda vez que, como después se verá —*vid. infra*, apartado 2.4.3.—, la expresión «competencias concurrentes» es generalmente identificada con otra tipología competencial de una naturaleza muy distinta. Francesc DE CARRERAS SERRA (2016) pp. 459 y 466, también denomina competencias concurrentes al binomio bases estatales-desarrollo autonómico, si bien anteriormente, en el marco del mismo trabajo, cuando expone los tipos de competencias desde la perspectiva del federalismo comparado identifica el citado binomio bases estatales-desarrollo autonómico como competencias compartidas y el binomio legislación estatal-ejecución autonómica como competencias concurrentes. José Antonio MONTILLA MARTOS (2018), pp. 376-384, en su propuesta de reforma articulada del art. 149 CE, recoge en un apartado el listado de materias regidas por el binomio bases estatales-desarrollo autonómico y en otro distinto las sujetas al binomio legislación estatal-ejecución autonómica. Cabe aclarar que, en la justificación posterior a la propuesta, el autor sólo emplea la denominación «competencias compartidas» para referirse

quema, se ofrece a continuación una síntesis de las principales propuestas y líneas de debate que se han planteado en torno a cada una de estas dos clases de competencias compartidas.

a) Binomio bases estatales-desarrollo autonómico

La técnica bases estatales-desarrollo autonómico es identificada con frecuencia como uno de los puntos más controvertidos de nuestro sistema de distribución competencial. Entre los problemas de articulación de la normativa básica estatal y la autonómica de desarrollo destaca, como ha expuesto Muñoz Machado, que:

> «el legislador estatal se ha asentado en la práctica de fijar con unos márgenes de discrecionalidad muy amplios lo básico en cada materia. La legislación autonómica de desarrollo tiene que adaptarse y fluctuar dependiendo de las decisiones básicas que el legislador vaya adoptando en cada momento. Todo ello da al conjunto ley básica-desarrollos una gran inestabilidad; considerando, además, el enorme grado de discrecionalidad, que el Tribunal Constitucional avala ordinariamente, para la formulación legal de las bases, la inseguridad del orden competencial autonómico se pone continuamente de manifiesto»[49].

Se trata, pues, de un esquema de articulación competencial complejo y, aunque la jurisprudencia constitucional ha aportado algunas claves interpretativas de interés y utilidad, sus principales deficiencias nunca han terminado de solucionarse. En este sentido, de la Quadra-Salcedo Fernández del Castillo ha observado lo siguiente:

---

al primero de los listados mencionados. Así pues, no parece que el binomio legislación estatal-ejecución autonómica forme parte, desde su punto de vista, de la categoría de las competencias compartidas —ni tampoco de las exclusivas, ni de las concurrentes, pues todas ellas se hallan ubicadas en listados diferentes—.

49 Santiago MUÑOZ MACHADO (2015b), p. 243.

> «La importancia del asunto reside en que no es cuestión de si la solución jurídica es acertada en una u otra sentencia, sino en la eventual sensación de que en todas las sentencias y en todas las materias la determinación de si el Estado ha traspasado o no sus límites o si lo han hecho las CCAA, parece existir un elemento de azar o imprevisibilidad que pone de manifiesto que ese modelo de reparto bases-desarrollo no es un buen modelo, en cuanto genera inseguridad primero y conflictividad después»[50].

A estos —y otros— inconvenientes de orden jurídico se suman las disfunciones en términos de delimitación de las esferas de responsabilidad y calidad del control democrático. No es, pues, de extrañar que, en el marco del debate sobre la reforma de la constitución territorial, se haga hincapié en la necesidad de reducir los espacios a los que se aplica esta técnica de reparto competencial[51] o, incluso, se abogue por su supresión[52]. No obstante, frente a esta última perspectiva, algunos han recordado que conservar el esquema bases-desarrollo resulta necesario —si no inevitable— para dar respuesta a la creciente complejidad de nuestra sociedad actual[53]. Entre quienes

---

50 Tomás DE LA QUADRA-SALCEDO FERNÁNDEZ DEL CASTILLO (2015), p. 72.

51 *Vid.*, en este sentido, Francisco CAAMAÑO DOMÍNGUEZ (2014) pp. 274-275 y 277; Eliseo AJA FERNÁNDEZ et al. (2015), p. 74; José Antonio MONTILLA MARTOS (2018), p. 381; Enric FOSSAS ESPADALER (2018), p. 4314; *Por una reforma federal del Estado autonómico*, Fundación Alfonso Perales (2012), p. 62; *Hacia una estructura federal del Estado (Declaración de Granada)*, PSOE, (2013), p. 10; y *Propuestas para un debate sobre la reforma territorial desde las universidades andaluzas* (2018), p. 17.

52 *Vid.*, en este sentido, Tomás DE LA QUADRA-SALCEDO FERNÁNDEZ DEL CASTILLO (2015), p. 72; Antonio ARROYO GIL (2019), pp. 183-184 y (2020), p. 56; y *Cinco propuestas para la reforma constitucional en clave federal*, Fundación Ciudadanía y Valores, (2012), p. 15.

53 En este sentido, afirma Eliseo AJA FERNÁNDEZ (2014), p. 379, que: «Este tipo de competencia se apoya en la distinción, que parece muy adecuada en la compleja sociedad actual, entre un espacio mínimo

propugnan su continuidad —más o menos reducida—, se ha planteado la conveniencia de precisar constitucionalmente el alcance de la competencia estatal para establecer las bases[54]. Y

---

común para todos, legislado por el Estado, y un ámbito diverso de normativa autonómica». Juan José SOLOZÁBAL ECHEVARRÍA (2019), p. 477, por su parte, considera que «la clarificación competencial no puede imponer la renuncia a la condición compartida de las competencias, sin que quepa prescindir por tanto de la utilización del esquema bases y desarrollo para repartir los espacios normativos entre el Estado y las Comunidades Autónomas». Y, en fin, José TUDELA ARANDA (2016), p. 294, se expresa en los siguientes términos: «Así, resulta innecesario decir que junto a una mayor precisión, incluso terminológica, será preciso abordar en profundidad cuestiones como la relativa a la legislación básica, origen de tantas distorsiones en el modelo de la Constitución del 78. Una cuestión que se inserta en la más amplia problemática de cómo responder satisfactoriamente a las necesidades planteadas por las competencias compartidas. En este punto, no creo que sea realista pensar que es posible reconducir a la exclusividad casi todas las materias. Las exigencias de un mundo cada vez más complejo, parece que van en sentido contrario. Por ello, es previsible que, de hecho, la mayoría, si no la totalidad de las materias sean objeto de competencia compartida. Ser realista sobre este punto, evitaría problemas. La finalidad esencial de la reforma debe ser la claridad. El modelo que se construya debe responder a una apuesta: la claridad, transparencia y garantía de ambos principios, de unidad y autonomía. Buena parte del desafío de alcanzar semejante objetivo, se juega en el reparto competencial. Simultáneamente, no sería conveniente olvidar que la perfección y la matemática es ajena al Derecho y, más aún, al reparto del poder».

54 Según Eduardo VÍRGALA FORURIA (2017), p. 369, «lo básico debe tener como límite infranqueable, explicitado constitucionalmente, el posibilitar a las CCAA poder realizar un apolítica propia, es decir poder decidir entre varias opciones posibles, pues la competencia legislativa que se les asigna lleva implícita la facultad de orientación política». José Antonio MONTILLA MARTOS (2018), p. 378, propone que la Constitución diga de las bases, entre otras cosas, que: «Deberán constituir un mínimo común normativo de forma que no se impida el establecimiento de políticas propias». Josep M.ª CAS-

también cuenta con un notable respaldo la idea de involucrar a las CCAA en la tramitación de la legislación básica a través de un Senado que las represente[55].

TELLÀ ANDREU (2018), pp. 117-118, ha afirmado que: «Llevar a la Constitución una definición del alcance de las bases estatales (...) aportaría cierta claridad al sistema». En el *Acuerdo del Consell sobre la reforma constitucional* (2018), p. 16, se habla de «acotar el alcance de las competencias (...) compartidas, para evitar los abusos en la elaboración y aplicación de "legislación básica" con vis atractiva». En *Por una reforma constitucional federal*, Fundació Rafael Campalans (2013), p. 26, se dice que: «De forma particular se definirá el alcance de la competencia estatal para establecer las bases, limitando el poder estatal al establecimiento de principios o de un mínimo común denominador en normas con rango de ley (...) que permitan un desarrollo posterior autonómico a través de leyes diferenciadas». Y en *Propuestas para un debate sobre la reforma territorial desde las universidades andaluzas* (2018), p. 17, hay una referencia a «la necesaria y mayor precisión normativa de este tipo de competencias estatales».

55 Eliseo AJA FERNÁNDEZ (2014), p. 379, habla del «papel principal del Senado» en este ámbito. En concreto, plantea que: «Una ley sería básica o no según establecieran el proyecto del gobierno y la opinión del Congreso de los Diputados y el Senado federal, siguiendo el procedimiento legislativo. Pero la clave estriba en que las CCAA estarían presentes en ese Senado y sus gobiernos contribuirían así a la definición de las competencias, de carácter político y no jurisprudencial». José Antonio MONTILLA MARTOS (2018), p. 378, propone que la Constitución establezca, en concreto, que: «Las bases deberán fijarse en las leyes aprobadas también en el Senado. Cuando excepcionalmente se aprueben por reglamento requerirán la autorización del Senado». En *Por una reforma constitucional federal*, Fundació Rafael Campalans (2013), p. 26, se afirma lo siguiente: «En relación con la normativa básica estatal lo más relevante es asegurar que las leyes básicas se aprueben en el Senado de nueva configuración, de modo que el alcance de lo básico sea fruto del acuerdo político que se alcance en la Cámara Territorial». En *Ideas para una reforma constitucional*, Santiago MUÑOZ MACHADO (coord.) (2017), p. 10, se habla de «garantizar la participación de las Comunidades en la determinación de las regulaciones básicas

b) Binomio legislación estatal-ejecución autonómica

La técnica legislación estatal-ejecución autonómica no resulta tan controvertida como la anteriormente examinada. Es verdad que, desde el prisma de su categorización, existen, como se ha visto, distintas perspectivas: algunos la consideran una forma de competencias exclusivas del Estado, otros entienden —entendemos— que se incardina en el ámbito de las competencias compartidas y, en fin, hay quienes la ven como un *tertium genus*. Sea como fuere, en lo concerniente a su articulación concreta, son pocas las propuestas de cambio que se han formulado. Montilla Martos plantea constitucionalizar un principio general para precisar que, a través de esta técnica, «el Estado ejerce tanto la potestad legislativa como la potestad reglamentaria, asumiendo la concepción material de legislación que ha consagrado la jurisprudencia del Tribunal Constitucional»[56]. Y propone introducir, como novedad, «la posibilidad de que las Comunidades puedan ejercer la potestad reglamentaria en estas materias siempre que se vincule a la ejecución de normativa previa del Estado, bien legislativa, bien reglamentaria». Es una posibilidad, aclara, que había previsto el Estatuto de Cataluña, pero fue vaciada de contenido a través

---

del Estado a desarrollar por aquéllas». En el *Acuerdo del Consell sobre la reforma constitucional* (2018), p. 16, se dice que: «Las leyes aprobadas en el ejercicio de dichos títulos competenciales [competencias concurrentes y compartidas] deben contar con la aprobación del Senado». Y, yendo un paso más allá, Javier GARCÍA ROCA (2016), p. 22, ha planteado «redactar unas directrices de técnica normativa sobre la confección de las normas básicas y aprobarlas por ambas Cámaras. Se trata de frenar algunos notorios abusos: el exceso de reglamentos básicos, de regulaciones detalladas y facultades ejecutivas en vez de ordenaciones de principios, de bases no identificadas, de competencias transversales, etc.».

56 *Vid. supra*, nota 40.

de la interpretación conforme por la STC 31/2010[57]. En palabras de Bernadí Gil, esta regulación estatutaria catalana:

> «pretendía incorporar a las competencias ejecutivas de la Generalitat la potestad reglamentaria sustantiva, o con efectos *ad extra*. Sin embargo, hay que destacar que no se trataba de asumir *toda* la potestad reglamentaria de forma íntegra —entendiendo el término *legislación* en sentido formal, de manera que la competencia estatal quedara limitada exclusivamente a las normas con rango de ley—, sino de afirmar, mucho más modestamente, que en el ámbito de sus competencias ejecutivas la Generalitat estaría habilitada para desarrollar o completar la *normativa* (leyes y reglamentos) *del Estado*, es decir, para ejercer una potestad reglamentaria de segundo nivel o de carácter complementario»[58].

Por su parte, Vírgala Foruria —«aplicando la tesis que ha seguido la mayoría de la doctrina y la jurisprudencia del TC»— coincide con Montilla Martos en que «la Constitución tendría que precisar que el reglamento ejecutivo complementa a la ley y pertenece a la función legislativa, dándole a esta expresión un contenido amplio y material». No obstante, se muestra más restrictivo al considerar que la función ejecutiva autonómica debería quedar reducida, en todo caso, al ejercicio de las potestades administrativas para la puesta en práctica de la normativa estatal y, en su caso, a la aprobación de normas reglamentarias organizativas o de funcionamiento para regular la propia competencia funcional de ejecución[59].

---

[57] José Antonio MONTILLA MARTOS (2018), pp. 379 y 382-383. En el mismo sentido también *Por una reforma constitucional federal*, Fundació Rafael Campalans (2013), p. 26.

[58] Xavier BERNADÍ GIL (2010), p. 262.

[59] Eduardo VÍRGALA FORURIA (2017), p. 372.

2.4.3. Competencias concurrentes

La noción de «competencias concurrentes», tampoco enunciada en la Constitución, hace referencia, según el parecer mayoritario de la doctrina[60], a aquellos supuestos en que tanto el Estado como las CCAA disponen exactamente de las mismas competencias sobre una misma materia. Para de la Quadra-Salcedo Fernández del Castillo:

> «Lo primero que precisa aclaración es el término mismo de competencias concurrentes. La idea de concurrencia expresa que sobre una misma materia se pueden dictar inicial e indistintamente regulaciones hechas por sujetos diferentes. Esa posibilidad de dictar regulaciones de forma indistinta, por unos y otros titulares de la potestad legislativa, supone reconocer que ambas potestades son válidas en principio y, por tanto, que ambos sujetos —CCAA y Estado— son competentes para regular una materia determinada. Supone también que pueden concurrir en la regulación de una materia dos normas en principio plenamente válidas, pero que pueden ser contradictorias entre sí. Esa contradicción no determina, en principio, la invalidez de ninguna de ellas, sino su eficacia o ineficacia o, si se quiere, su aplicabilidad al caso en función de la regla de resolución del conflicto que se establezca»[61].

Pues bien, centrada la definición de esta categoría según la interpretación que mayoritariamente se le ha dado[62], cabe

---

60 *Vid.*, entre otros, Juan José SOLOZÁBAL ECHAVARRÍA (2014), p. 39; Tomás DE LA QUADRA-SALCEDO FERNÁNDEZ DEL CASTILLO (2014), p. 26; Santiago MUÑOZ MACHADO (2015a), pp. 88-92; José Antonio MONTILLA MARTOS (2018), pp. 378 y 382; Antonio ARROYO GIL (2019), pp. 157-19; Germán FERNÁNDEZ FARRERES (2020), p. 70; y Pedro IBÁÑEZ BUIL (2023), pp. 303-304.

61 Tomás DE LA QUADRA-SALCEDO FERNÁNDEZ DEL CASTILLO (2014), p. 26.

62 Como se ha indicado anteriormente (*vid. supra,* nota 48), en ocasiones se emplea la expresión «competencias concurrentes» para aludir a lo que mayoritariamente se ha categorizado como compe-

precisar que se trata del régimen que afecta, en nuestro sistema de distribución competencial, a los ámbitos de la cultura (art. 149.2 CE) y de la investigación científica y técnica (art. 149.1.15.ª CE), aunque en ocasiones se ha hecho mención de otras materias que, no sin ciertas dudas, podrían considerarse vinculadas a este régimen competencial[63].

Algunas de las propuestas de reforma de la Constitución que aquí se están examinando se han referido a esta tipología competencial. Por un lado, están quienes plantean la conveniencia de incluir un listado de materias —que apenas variarían respecto de las mencionadas en el párrafo anterior— sujetas a la lógica de las competencias concurrentes sin pretender introducir por esta vía cambios reseñables en el conjunto del modelo[64]. Y,

---

tencias compartidas. A este respecto dice Germán FERNÁNDEZ FARRERES (2020), p. 67: «Aun cuando no suele ser infrecuente que a las competencias que confluyen o convergen para la regulación total o global de una materia también se les denomine competencias "concurrentes", en realidad se trata de supuestos distintos, en manera alguna equiparables (...) No hay lugar, por tanto, a identificar —es decir, a confundir— uno y otro tipo de competencias, aunque sólo lo sea porque su no diferenciación induce a confusión a la hora de concretar su funcionalidad y aplicabilidad de la complementaria regla de la prevalencia de la norma estatal frente a la norma autonómica cuando una y otra se oponen o colisionan». Y Antonio ARROYO GIL (2019), p. 142, se ha referido al «empleo que de manera imprecisa se hace de este término [competencias concurrentes] para referirse a estos supuestos que aquí hemos caracterizado de competencias compartidas».

63 Javier GARCÍA ROCA (2007), pp. 8-9.

64 José Antonio MONTILLA MARTOS (2018), pp. 378 y 382, plantea, en su propuesta de reforma articulada del art. 149 CE, un listado específico de tres materias —a las dos citadas supra, añade «políticas de promoción de la igualdad de género»— que quedarían sujetas a un régimen de competencias concurrentes descrito en los siguientes términos: «Sobre estas materias la Federación y las Comunidades pueden legislar y ejecutar estableciendo relaciones de colaboración

por otro lado, están los que, al propugnar una reforma inspirada en el sistema de reparto competencial de la Ley Fundamental alemana[65], otorgan un mayor protagonismo, cuantitativo y cualitativo, a esta tipología competencial hasta el punto de convertirla en la clave de bóveda del sistema[66].

2.4.4. Competencias transversales u horizontales

Se denominan «transversales u horizontales» aquellos títulos competenciales del Estado que, en palabras de Arroyo Gil,

> «o bien vienen definidos de manera muy amplia o abierta en el texto constitucional o bien representan habilitaciones a favor del Estado para que pueda poner en práctica determinadas actuaciones, generalmente de carácter normativo, con el fin de alcanzar algún objetivo»[67].

Cabe aclarar que no constituyen una tipología independiente de las anteriormente descritas puesto que siempre pueden

---

entre ellas». Juan José SOLOZÁBAL ECHAVARRÍA (2014), p. 39; y Javier GARCÍA ROCA (2016), p. 21, también plantean la posibilidad de un tratamiento diferenciado de esta tipología competencial.

65 *Vid. supra,* nota 23.

66 Tomás-Ramón FERNÁNDEZ RODRÍGUEZ (2015), p. 14; Francisco SOSA WAGNER (2015), pp. 35-36; Tomás DE LA QUADRA-SALCEDO FERNÁNDEZ DEL CASTILLO (2014), pp. 26-32 y (2015), pp. 71-78; Felio José BAUZÁ MARTORELL (2016), p. 1243; y *Cinco propuestas para la reforma constitucional en clave federal,* Fundación Ciudadanía y Valores, (2012), p. 14 —esta última referencia es parcialmente citada, en lo concerniente a las competencias concurrentes, en Eduardo VÍRGALA FORURIA (2017), p. 372, si bien no parece que la tónica general de la propuesta de este autor se ajuste del todo a los planteamientos germanófilos descritos—. Para una crítica prolijamente fundamentada de estas posturas *vid.* Germán FERNÁNDEZ FARRERES (2020).

67 Antonio ARROYO GIL (2019), p. 160.

subsumirse dentro de alguna de ellas[68]. En nuestro ordenamiento jurídico, suelen identificarse como pertenecientes a esta variante competencial las reglas 1.ª y 13.ª —aunque también se han incluido, en ocasiones, otras como la 23.ª— del art. 149.1 CE. Se trata de competencias estatales controvertidas en la medida en que pueden modular y reducir el acervo competencial autonómico. Y ello debido a que invisten al Estado de una gran capacidad de actuación con un marcado potencial expansivo que inevitablemente se proyecta sobre materias que no le están atribuidas expresamente. Es, pues, comprensible que haya diversas propuestas de reforma constitucional que aspiren a amortiguar estos efectos. Observamos que se han valorado, esencialmente, dos opciones: 1) reformular los términos de este tipo de cláusulas para limitar las potenciales intromisiones normativas —posibilidad que unas veces se ha enunciado gené-

---

68 Así, por ejemplo, una competencia transversal u horizontal puede ser, al tiempo, una competencia compartida en su modalidad de binomio bases estatales-desarrollo autonómico (v. gr. el caso del art. 149.1.13.ª CE). *Vid.* Francesc DE CARRERAS SERRA (2016), p. 466. O también puede darse el supuesto de que una competencia transversal u horizontal sea, a la vez, una competencia exclusiva del Estado, como plantea Tomás DE LA QUADRA-SALCEDO FERNÁNDEZ DEL CASTILLO (2014), p. 25, con relación al art. 149.1.1.ª CE.

ricamente[69] y otras con un mayor grado de concreción[70]—; o 2) suprimir estos títulos competenciales —o alguno de ellos— en el entendido de que los objetivos que persiguen pueden lograrse a través de otras vías[71]. También ha habido quienes, com-

---

[69] Han planteado, sin entrar en detalles, la conveniencia de precisar mejor en la Constitución el alcance de estos títulos competenciales —tanto la regla 1.º como la 13.ª del art. 149.1 CE—, entre otros, Joaquín TORNOS MAS (2014), p. 53; Antonio ARROYO GIL (2019), pp. 185-186 y (2020), p. 56; así como el documento *Hacia una estructura federal del Estado (Declaración de Granada)*, PSOE, (2013), p. 10. También de forma un tanto imprecisa lo han hecho, sólo con relación al art. 149.1.13ª CE, Manuel MEDINA GUERRERO (2016), p. 137 y Eliseo AJA FERNÁNDEZ (2014), p. 379. Y, respecto al art. 149.1.1ª CE, se hace lo propio en *Por una reforma constitucional federal*, Fundació Rafael Campalans (2013), p. 27, aunque, como se indica después (*vid. infra*, nota 71), no se descarta su supresión.

[70] Por lo que concierne al artículo 149.1.1.ª CE en *Propuestas para un debate sobre la reforma territorial desde las universidades andaluzas* (2018), p. 17, se dice que: «Conviene pensar también en el mantenimiento de una cláusula competencial transversal (igualdad básica). Si se pusiera en marcha, tendría que plantearse una restricción de su alcance material (servicios públicos esenciales para el conjunto de ciudadanos) para evitar potenciales lecturas expansivas y antiautonómicas». Y, con respecto al art. 149.1.13ª CE, en *Por una reforma constitucional federal*, Fundació Rafael Campalans (2013), pp. 27, se propone una nueva redacción: «Bases para la ordenación general de la economía y garantía de la unidad del mercado», que pretende ir «en el sentido desarrollado por la mejor jurisprudencia constitucional que solo admite la intervención estatal cuando la dimensión de sus decisiones supera claramente la posible actuación de las CCAA». En este sentido, cabe apuntar que José Antonio MONTILLA MARTOS (2018), p. 376, incluye, entre las competencias exclusivas del Estado de su propuesta articulada de reforma del art. 149.1 CE, el siguiente apartado (h): «Garantía de la unidad de mercado, sin perjuicio de la ejecución por las Comunidades», que parece ser una alternativa al vigente 149.1.13.ª CE.

[71] Sobre el art. 149.1.1.ª CE, Manuel MEDINA GUERRERO (2016), pp. 137-138, afirma que: «ha mostrado en la práctica una enorme vis expansiva, resultando por ende perturbadora para el ordenamiento

partiendo la premisa de operar una reforma constitucional del sistema de distribución de competencias en clave federal, han subrayado la importancia de conservar —y desdramatizar— esta clase de títulos competenciales pues son, precisamente, consustanciales a la práctica política de los Estados federales[72].

---

competencial. Por otra parte, la igualdad que persigue en el ejercicio de los derechos y deberes puede alcanzarse, en la mayoría de los supuestos imaginables verdaderamente relevantes, a través de otros títulos competenciales mencionados en el art. 1491.1 CE. Parece razonable su supresión». En *Por una reforma constitucional federal*, Fundació Rafael Campalans (2013), pp. 27, después de afirmarse que la redacción del artículo debería ser más precisa, se plantea como alternativa que sea examinado para verificar «si sus objetivos se cumplen a través de la distribución competencial y resulta innecesario». También Eliseo AJA FERNÁNDEZ (2014), p. 379, apunta en esta dirección cuando, comparando la regla 1.ª con la 13.ª del art. 149.1 CE, dice que: «Seguramente el 149.1.1.ª es (…) menos necesario y mayor fuente de conflictos». Debe, además, tenerse en cuenta que no hay un equivalente al actual art. 149.1.1.ª CE en la propuesta articulada de José Antonio MONTILLA MARTOS (2018), pp. 376-380, lo cual cabe interpretarlo como una propuesta de supresión del mismo. Y, en cuanto al art. 149.1.13.ª CE, en *Por una reforma federal del Estado autonómico*, Fundación Alfonso Perales (2012), p. 62, se plantea que: «Podría prescindirse de una competencia general de ordenación de la economía, que sería sustituida por una serie de medidas destinadas a garantizar la unidad de mercado y la igualdad en las prestaciones básicas: a) el principio de reconocimiento mutuo de los títulos habilitantes que condicionan la actividad económica; b) la habilitación de una competencia federal para armonizar regulaciones si se comprueba que hay obstáculos reales o distorsiones en la competencia; c) Una competencia de la Federación, que se activaría solo a petición de una mayoría de las unidades federadas y que podría incluir medidas de regulación, fomento y ejecución. [Sería el modo, por ejemplo, de activar medidas como la llamada "ley de dependencia"]».

72 *Vid.*, en este sentido, Eva SÁENZ ROYO (2014), pp. 44-46 y (2016), pp. 150-152; Juan José SOLOZÁBAL ECHAVARRÍA (2014), p. 47 y (2019), p. 477; y Tomás DE LA QUADRA-SALCEDO FERNÁNDEZ DEL CASTILLO (2014), p. 25.

2.5. Breve referencia a la necesaria revisión de materias y submaterias

Las propuestas de reforma constitucional del sistema de distribución de competencias objeto del presente análisis no contemplan una descripción detallada de las materias —y, en su caso, submaterias— sobre las que se proyectarían las tipologías competenciales anteriormente expuestas[73]. No obstante, se ha hecho hincapié, por un lado, en la necesidad de «reflexionar sobre una posible reasignación entre los niveles de gobierno de tales materias competenciales a la luz de los defectos e ineficiencias que la práctica ha ido poniendo de manifiesto»[74] y, por otro, en la conveniencia de redefinirlas para actualizarlas y detallarlas[75]. En relación con todo ello conviene tener presente que existen múltiples estudios que analizan, desde el prisma

73 Constituye una excepción, en este punto, José Antonio MONTILLA MARTOS (2018), pp. 376-384, pues, al realizar una propuesta articulada de reforma del art. 149.1 CE, incluye una serie de listados de materias ordenados por tipologías competenciales. En *Por una reforma constitucional federal,* Fundació Rafael Campalans (2013), pp. 27-28, hay propuestas de modificación que afectan a materias concretas, si bien no se trata de una relación exhaustiva ni sistematizada. En *Reflexiones para una reforma constitucional: la reforma de la organización territorial del Estado,* Fundación Fide (2018), p. 6, se apuntan, desde un prisma muy general, distintas posibilidades al respecto. Y puede encontrarse alguna referencia tangencial a materias específicas en Eliseo AJA FERNÁNDEZ (2014), pp. 379-380; o en *Pautas para una reforma constitucional,* Javier GARCÍA ROCA (ed.) (2014), p. 107.

74 Manuel MEDINA GUERRERO (2016), p. 62. *Vid.* también, en este sentido, la labor de reasignación realizada por José Antonio MONTILLA MARTOS (2018), pp. 376-384; y *Cinco propuestas para la reforma constitucional en clave federal,* Fundación Ciudadanía y Valores, (2012), pp. 13-15.

75 *Vid.*, entre otros, José Antonio MONTILLA MARTOS (2015), p. 114 y (2018), pp. 376-384; Manuel MEDINA GUERRERO (2016), p. 62; Eduardo VÍRGALA FORURIA (2017), p. 369; Josep M.ª CASTELLÀ ANDREU (2018), p. 108; y *Pautas para una reforma constitucional,* Javier GARCÍA ROCA (ed.) (2014), p. 107.

competencial, las materias más diversas. Este tipo de trabajos incluyen, en ocasiones, propuestas *de lege ferenda* y también *de constitutione ferenda*. Su examen y sistematización serían, sin duda, de gran utilidad para tener una visión más completa y fundamentada de las posibilidades de reordenación y reformulación de los distintos ámbitos materiales.

2.6. Los principios de prevalencia y supletoriedad

Las posiciones sobre el eventual encaje de los principios de prevalencia y supletoriedad en un renovado sistema de reparto competencial de inspiración federal son muy variadas. A continuación, se ofrece una exposición sucinta y esquemática de las principales posturas que se vienen manteniendo al respecto.

2.6.1. Prevalencia

De entrada, están quienes plantean suprimir de la Constitución el principio de prevalencia. Fossas Espadaler fundamenta esta posición diciendo que se trata de una noción incoherente con un modelo de distribución de competencias que, como el nuestro, pertenece al ámbito de los federalismos de devolución[76]. Medina Guerrero, por su parte, argumenta que la supresión de esta cláusula «no sólo sería de utilidad para aclarar el sistema competencial, sino que también serviría para eliminar un punto de fricción entre las jurisdicciones constitucional

---

[76] Enric FOSSAS ESPADALER (2018), pp. 4306 y 4314. *Vid.*, sobre el particular, BIGLINO CAMPOS (2007), pp. 168-181, aunque, en general, toda la monografía resulta muy ilustrativa al respecto.

y ordinaria»[77]. También se ha dado el caso de propugnar su eliminación sin ofrecer razones concretas[78].

Otros han sostenido que conviene mantener la prevalencia para que despliegue sus efectos en el ámbito de las competencias compartidas —y, más específicamente, en el terreno del binomio bases estatales-desarrollo autonómico—. En realidad, se trata del único espacio en el que, por ahora, se ha permitido que la prevalencia opere. Ciertamente, durante años la jurisprudencia del TC impidió a la jurisdicción ordinaria la posibilidad de inaplicar una ley autonómica que entraba en conflicto con otra estatal básica. De acuerdo con dicha doctrina jurisprudencial, lo que correspondía dirimir en esta clase de casos era la presunta inconstitucionalidad mediata de la ley autonómica y esta tarea sólo podía acometerla, como es lógico, el TC. De modo que, según esta interpretación, este tipo de colisiones debían resolverse siempre en términos de validez y no de aplicabilidad. Pero, como es sabido, el TC ha modulado su jurisprudencia al respecto —no sin cierta división interna— en los últimos años. Desde el año 2016[79], se ha ido dando una nueva interpretación a la prevalencia que atribuye una capacidad inmediata de los operadores jurídicos para inaplicar preceptos de leyes autonómicas cuando estén ante uno de los dos siguientes supuestos: 1) el de la repetición por la ley autonómica de contenidos de una ley básica estatal (*leges repetitae*) sin la necesaria adaptación a las posteriores modificaciones de esta última (siempre, cabe subrayarlo, que la constitucionalidad de dichas modificaciones no se cuestione por el operador jurídico); 2) el de una ley autonómica promulgada en ausencia de legislación básica estatal previa

---

77 Manuel MEDINA GUERRERO (2016), pp. 138-139.

78 *Por una reforma constitucional federal*, Fundació Rafael Campalans (2013), p. 27.

79 *Vid.*, SSTC 102/2016, 116/2016, 127/2016, 204/2016, 1/2017 y 76/2022; y AATC 167/2016 y 27/2019.

que resulta incompatible con una ley básica del Estado dictada posteriormente (cuya constitucionalidad, tampoco en este caso, debe resultar dudosa para el operador jurídico).

Pues bien, partiendo de este nuevo escenario, Montilla Martos propone reformular la cláusula constitucional de prevalencia en los siguientes términos: «En caso de conflicto entre las bases estatales y normas autonómicas aprobadas con anterioridad prevalecerán las bases»[80]. El autor justifica su propuesta del modo siguiente:

> «En cuanto a la prevalencia, también una regla de aplicación de normas no había tenido apenas uso en la relación entre los ordenamientos estatal y autonómico. Sin embargo, recientemente se ha reconocido por el Tribunal Constitucional su aplicación al supuesto de nuevas normas básicas que contradicen las normas autonómicas aprobadas en desarrollo de las bases anteriores. En este supuesto puede ser, efectivamente, de aplicación la prevalencia para agilizar el funcionamiento del ordenamiento hasta que las Comunidades adapten su desarrollo normativo. Parece adecuada una referencia constitucional a la prevalencia en este sentido»[81].

Fernández Farreres —que se ha mostrado crítico frente a ciertas propuestas de reforma constitucional en clave federal del sistema de reparto de competencias entre el Estado y las CCAA—, también respalda el vínculo entre prevalencia y competencias compartidas —«no a otras se puede referir el referido artículo 149.3 CE»[82]—, y sugiere dar un paso más que la jurisprudencia que acaba de sintetizarse con el propósito de que «el juez pueda dar preferente aplicación a la ley básica estatal frente a la ley de desarrollo autonómica opuesta, haya sido dictada antes o después que aquélla»[83]. Según la interpretación de este autor, «el artículo 149.3 le habilita [al juez ordinario] para dar prefe-

80 José Antonio MONTILLA MARTOS (2018), p. 380.

81 *Ibid.*, p. 384.

82 Germán FERNÁNDEZ FARRERES (2020), p. 94.

83 *Ibid.*, p. 93.

rente aplicación a la ley básica estatal cuando, no cuestionada ni puesta en duda su constitucionalidad, constate que la misma se opone a lo dispuesto por la ley autonómica de desarrollo o complementaria»[84]. Con este entendimiento del precepto, apunta, se pondría fin «a la artificiosa distinción de la nueva jurisprudencia basada en el dato temporal de que la ley autonómica sea previa o, por el contrario, posterior a la ley básica estatal»[85].

Algunos autores, partiendo de la premisa —sin duda más ortodoxa— de que el ámbito natural en que actúa el principio de prevalencia es el de las competencias concurrentes, propugnan la idoneidad de constitucionalizarlo explicitando esta correlación. Así lo defienden, con sus respectivos matices, Vírgala Foruria[86] o de la Quadra-Salcedo Fernández del Castillo[87].

---

84 *Ibid.*, p. 94.

85 *Ibid.*, p. 88.

86 Eduardo VÍRGALA FORURIA (2017), p. 373, dice al respecto: «En definitiva, la regla de la prevalencia tiene pleno sentido y efectividad en el campo de las competencias concurrentes, y así tendría que constitucionalizarse, pues en estos casos pueden darse dos normas válidas sobre un mismo objeto. La prevalencia no vendría a solucionar ningún conflicto, sencillamente porque éste no existe. Lo que ocurre es que en estos casos opera una norma competencial en virtud de la cual la norma estatal cede ante la "federal". Fuera de estos casos, muy raros, debe establecerse en la Constitución que la cláusula de prevalencia no tiene otro efecto que el de la resolución provisional de un conflicto entre dos normas, la estatal y la autonómica, que regulen un mismo objeto material, haciendo prevalecer la estatal hasta tanto el Tribunal Constitucional —si se plantea el conflicto, obviamente— se pronuncie sobre la exacta delimitación competencial entre ambas instancias y la consiguiente invalidez de una de las normas en conflicto».

87 Tomás DE LA QUADRA-SALCEDO FERNÁNDEZ DEL CASTILLO (2014), pp. 26-27, que, como se ha indicado (*vid. supra*, notas 23 y 66), atribuye a las competencias concurrentes una función clave en su propuesta de reforma del sistema constitucional de distribución competencial, apunta que: «Para resolver cuál es la norma aplica-

Se ha sugerido también reinterpretar la vigente formulación de la prevalencia para resolver los conflictos suscitados entre normas estatales dictadas con fundamento en las competencias transversales u horizontales (reglas 1.ª y 13.ª del art. 149.1. CE) y normas autonómicas[88]. Y hay, en fin, otras voces que manifiestan la voluntad de dotar de operatividad a la cláusula de prevalencia, si bien lo plantean en términos más generales que los hasta ahora examinados. Cabría distinguir, dentro de este último grupo, dos tipos de propuestas: las que abogan por una

---

ble de entre dos normas igualmente válidas ha de establecerse un criterio de resolución de ese conflicto sobre la norma aplicable; y ese criterio es el de que en el momento en que el Estado dicta su regulación, esta desplaza la de la comunidad autónoma en cuanto esta última sea contradictoria con la primera. Ahora bien, mientras esa regulación estatal no se dicte, se aplica la norma autonómica plenamente válida. Lo mismo ocurre (es decir, continúa siendo plenamente válida) con la norma autonómica anterior en aquellas de sus previsiones que no sean incompatibles con las previsiones de la legislación estatal posterior. Tal criterio de determinación de la norma aplicable —la prevalencia del Derecho estatal— debe ser el general para todos los casos, sin perjuicio de que en casos concretos pueda alterarse ese criterio y establecerse la preferencia de la norma autonómica, ya sea para materias concretas dentro de las concurrentes, ya sea para alguna (o algunas) comunidad autónoma determinada. Las razones para esa diferenciación pueden justificarse en cada caso en circunstancias o razones concretas, o pueden fundarse en la apreciación hecha por el soberano —por el constituyente— de que existen hechos diferenciales que justifican ese tratamiento específico». El autor profundiza, a lo largo del mismo trabajo, sobre este posible modo de articular la prevalencia.

88 Francesc DE CARRERAS SERRA (2016), pp. 470-472 y (2018), pp. 206-209.

reforma de la citada cláusula[89] y las que no se manifiestan explícitamente en este sentido[90].

---

89 Javier GARCÍA ROCA (2013), p. 28, propone clarificar la prevalencia. Eliseo AJA FERNÁNDEZ (2014), p. 380, sostiene que «cabría plantearse la funcionalidad de alguna cláusula general para resolver contradicciones, que podrían asumir los tribunales ordinarios, como sería la cláusula de preferencia del actual 149.3 CE fijada con mayor claridad: a favor de la CA si la competencia es de su exclusividad (estricta), y del Estado, si figura expresamente en una de las listas que le corresponden». Y en *Por una reforma federal del Estado autonómico,* Fundación Alfonso Perales (2012), p. 62, se dice que: «Para que los conflictos normativos se resuelvan con sencillez, debe reconocerse a los jueces ordinarios la potestad para desplazar el derecho de las unidades periféricas cuando entre en contradicción con el derecho de la Federación. Si el órgano judicial considera que la Federación ha actuado más allá de sus competencias entonces tendrá que plantear una cuestión de inconstitucionalidad de resolución preferente y sumaria». Las tres propuestas antedichas, cabe recalcarlo, fueron formuladas con anterioridad al giro jurisprudencial al que se ha hecho referencia supra.

90 Juan José SOLOZÁBAL ECHAVARRÍA (2014), p. 42, dice, sin mayores especificaciones, que: «Se asume también el principio de prevalencia como criterio de resolución de conflictos, no de atribución de competencias». Josep M.ª CASTELLÀ ANDREU (2018), p. 118, habla de la conveniencia de «dotar de mayor operatividad a cláusulas constitucionales como la primacía». Y Eliseo AJA FERNÁNDEZ *et al.* (2015), p. 75, plantearon, antes del giro de la jurisprudencia constitucional en materia de prevalencia, que: «quizás la fórmula más adecuada sea, precisamente, la que ya establece la Constitución pero que no ha sido utilizada porque el TC no ha permitido su aplicación por parte de los tribunales ordinarios: la prevalencia no deberá ser aplicada cuando la materia sea competencia exclusiva de las CCAA. En las competencias compartidas el límite a la utilización política por parte del Estado de esta cláusula derivaría de la participación de las CCAA en su determinación; y en las competencias exclusivas del Estado parece lógica la aplicación de este principio. Aunque todo ello requiere la previa clarificación de las categorías competenciales en el texto constitucional, sin los solapamientos actuales».

2.6.2. Supletoriedad

Hay quienes plantean suprimir el principio constitucional de supletoriedad del derecho estatal. Fossas Espadaler lo hace sobre la base del mismo argumento que utiliza para defender la eliminación de la prevalencia, esto es, afirma que se trata de un principio incoherente con la lógica del federalismo de devolución[91]. Arroyo Gil también plantea que se suprima o que, alternativamente, se reforme para clarificar su significado en el sentido que a continuación se reproduce:

> «Cabe preguntarse, entonces, si este modo de entender la supletoriedad [como una norma sobre la aplicación del Derecho, pues "no es una norma competencial" (STC 103/1989, FJ 4)], perfectamente coherente con la naturaleza de una regla que va dirigida al aplicador del Derecho y que carece de relevancia alguna en el terreno de la distribución de competencias, necesita explicitarse en la Constitución (…) De ahí que proceder a la supresión de la regla de supletoriedad en una futura reforma del texto constitucional en sentido federal (…) no deba ser una posibilidad de antemano descartable. Y de optarse por su mantenimiento convendría eliminar la perífrasis "en todo caso", que confunde más que aclara, porque si bien su correcto entendimiento demanda interpretarla en el sentido de que el derecho estatal será supletorio del derecho de las Comunidades autónomas, con independencia del título competencial de que estas hayan hecho uso, no siempre, y en todo caso, se ha interpretado así. Bastaría, pues, con señalar que "el derecho estatal será supletorio del derecho de las Comunidades autónomas" para que el aplicador del Derecho tuviese claro que si se encontrase con alguna laguna (involuntaria) en el seno del ordenamiento jurídico de una Comunidad autónoma, habría que procurar integrarla acudiendo al propio derecho de dicha Comunidad autónoma (autointegración); y si no se encontrase allí la norma aplicable, tendría que acudir seguidamente al derecho estatal (heterointegración) antes que a otro»[92].

---

91 Enric FOSSAS ESPADALER (2018), pp. 4306-4307 y 4314. *Vid. supra*, nota 76.

92 Antonio ARROYO GIL (2020), p. 55.

En la misma línea, Montilla Martos propone reformular la cláusula constitucional de supletoriedad en los siguientes términos: «Las normas del Estado aprobadas en virtud de un título competencial propio serán supletorias de las normas de las Comunidades»[93]. El autor justifica así su propuesta:

> «se mantiene la referencia a la supletoriedad de las normas estatales como mecanismo de heterointegración para cubrir las posibles lagunas que puedan existir en los ordenamientos autonómicos, garantizando con ello la plenitud de ese ordenamiento. No obstante, la referencia a la supletoriedad se hace teniendo en cuenta la doctrina del Tribunal Constitucional (STC 118/1996, STC 61/1997) según el cual no es una regla de producción de normas (no es una "cláusula universal de atribución de competencias") sino una regla de aplicación de normas a disposición de los operadores jurídicos. En este sentido, el Estado no puede crear normas en materias sobre las que no tiene competencia para que sean supletorias sino que sólo podrán serlo aquellas que haya aprobado en virtud de un título competencial propio»[94].

En un sentido opuesto, de Carreras Serra sostiene que «se debería rectificar la jurisprudencia constitucional sobre el principio de supletoriedad establecida en la STC 147/1991 y, muy especialmente, en la STC 61/1997, para volver a lo señalado en la STC 76/1983, según la cual las Cortes Generales pueden legislar sobre cualquier materia sin necesidad de poseer un título específico para ello»[95]. Vírgala Foruria comparte este criterio y entiende necesaria una nueva cláusula de supletoriedad que establezca «que el Estado puede dictar derecho supletorio en todo caso», aunque matiza que éste «sólo actuaría en presencia de una verdadera laguna en el derecho autonómico, agotadas infructuosamente las vías de autointegración de ese derecho»[96].

---

93 José Antonio MONTILLA MARTOS (2018), p. 380.

94 *Ibid.*, pp. 383-384.

95 Francesc DE CARRERAS SERRA (2016), p. 472.

96 Eduardo VÍRGALA FORURIA (2017), p. 373.

Otros autores, como García Roca[97] o Castellà Andreu[98], también han tenido en cuenta este principio en el marco de sus respectivas reflexiones sobre la reforma del modelo territorial, si bien no han formulado propuestas específicas sobre el particular.

2.7. Las leyes del art. 150 CE

Las diversas clases de leyes previstas en el art. 150 CE —leyes marco, leyes orgánicas de transferencia o delegación y leyes de armonización— se han visto involucradas, como no podía ser de otra manera, en el debate sobre la reforma del reparto de competencias entre el Estado y las CCAA. Los defensores de las tesis «federalizantes» se inclinan mayoritariamente por la supresión de todas las modalidades legislativas contempladas en este precepto, aunque, como a continuación se verá, hay algunas opiniones a favor de su pervivencia bajo ciertas condiciones.

2.7.1. Leyes marco

La supresión de esta categoría normativa es la opción que cuenta con más apoyos. La principal razón en que se fundamenta esta postura —que también se alega para defender la eliminación de las leyes de transferencia o delegación— es su incompatibilidad con un modelo de inspiración federal como el que se propone pues a través de éste se busca cerrar el repar-

---

97 Javier GARCÍA ROCA (2013), p. 28, propone: «Clarificar la supletoriedad del Derecho estatal (artículo 149.3) tras las diversas sentencias constitucionales recaídas».

98 Josep M.ª CASTELLÀ ANDREU (2018), p. 118, considera que se debería «dotar de mayor operatividad a cláusulas constitucionales como la (...) supletoriedad (en manos de la jurisprudencia constitucional)».

to competencial entre el Estado y las CCAA[99]. Otro argumento

---

99 Eduardo VÍRGALA FORURIA (2017), p. 374, aboga por la «supresión del art. 150 CE en aras de la estabilidad del sistema, eliminando la posibilidad de que el Estado otorgue competencias suyas a las CC.AA vías leyes marco, de delegación y de transferencia». Antonio ARROYO GIL (2019), p. 184, afirma que «convendría acabar con las leyes marco y las leyes de transferencia y delegación de los apartados 1 y 2 del art. 150 CE, respectivamente, con el objetivo evidente de evitar la constante apertura del sistema constitucional de distribución competencial, que tan perniciosa se ha demostrado». *Vid.* también, de este último autor, (2020), p. 56. En *Reflexiones para una reforma constitucional: la reforma de la organización territorial del Estado*, Fundación Fide (2018), pp. 5-6, puede leerse: «Esta premisa [que las competencias asignadas por la Constitución sean indisponibles, tanto para el Estado como para las CCAA] conlleva la derogación del artículo 150 de la Constitución y sus correlativos (como el art. 153.b CE): las leyes estatales de delegación y transferencia previstas en los apartados 1 y 2 de dicho precepto complican y deforman la distribución de competencias, privándola de su rango constitucional y sometiendo el sistema a presiones e incertidumbres constantes. Esta supresión no impediría la colaboración entre Administraciones públicas ni la racionalización de servicios o actuaciones: pero todo ello puede conseguirse mediante técnicas interadministrativas que conllevan el ejercicio de las competencias constitucionales, no mediante la redefinición de su contenido ni mediante alteraciones en su titularidad, tal y como permite ahora el art. 150 CE». En *Cinco propuestas para la reforma constitucional en clave federal* (2012), p. 14, se sostiene también que: «Esta reforma [una cláusula constitucional que atribuya una lista de competencias al Estado, que debe ejercer necesariamente y no puede delegar ni transferir] implica la desaparición de las Leyes Orgánicas de Transferencia o Delegación, y de las Leyes Marco, previstas en el actual art. 150 CE». En *Por una reforma constitucional federal*, Fundació Rafael Campalans (2013), p. 27, se afirma con rotundidad que: «Desaparecen las figuras de la legislación marco y de armonización». Parecen estar refiriéndose también a la supresión del art. 150.1 y 2 CE los siguientes autores: Marc CARRILLO LÓPEZ (2016), p. 112, cuando dice que: «Lógicamente, en este esquema [un esquema competencial basado en una

que se ha argüido es que las leyes marco no serían necesarias dado que su cometido podría cumplirse mediante las leyes orgánicas de transferencia o delegación[100].

No obstante, algunos autores han sostenido que las leyes marco podrían tener su encaje en un sistema de distribución de competencias de naturaleza federal. Medina Guerrero ha dicho, en este sentido, que su mantenimiento «no desentonaría (...) en un eventual sistema competencial de cuño federal; especialmente si se matiza la actual redacción del art. 150.1 CE en el sentido de que la atribución de las facultades normativas debería extenderse a todas las CCAA que quieran asumirlas»[101]. Gavara de Cara ha sugerido «reconvertir a la ley marco del art. 150.1 CE en un instrumento pensado para adoptar regulaciones estatales de carácter básico»[102]. García Roca

---

lógica federal, *vid. supra,* apartado 2.2.] habrán de quedar excluidas las previsiones del actual artículo 150 CE sobre la modificación extraestatutaria de competencias»; Francesc DE CARRERAS SERRA (2018), p. 206, al afirmar que, si se implantase un modelo de reparto competencial de naturaleza federal, «dejarían de tener sentido las leyes del artículo 150 CE, expresión máxima del principio dispositivo, una confusa apertura más, también inédita en el derecho comparado. Este artículo, por tanto, debería también derogarse»; y Paloma BIGLINO CAMPOS (2018), p. 696, cuando sostiene que: «Sería preciso, además, desactivar algunas de las cláusulas que flexibilizan excesivamente nuestro sistema en favor de mayorías políticas coyunturales, como son las contenidas en el art. 150 CE».

100 José Antonio MONTILLA MARTOS (2018), p. 385, considera que mantener esta tipología normativa: «No tiene sentido pues las leyes marco cumplen la misma función constitucional que las leyes del artículo 150.2, pero éstas tienen un ámbito de aplicación más amplio. Por ello, en la práctica, nunca se han utilizado las leyes del artículo 150.1 mientras que las del 150.2 han sido aplicadas en diversas ocasiones, con gran trascendencia para la configuración del Estado autonómico».

101 Manuel MEDINA GUERRERO (2016), p. 139.

102 Juan Carlos GAVARA DE CARA (2012), p. 57.

plantea que «el razonable uso de las leyes marco (artículo 150.1 CE) en materia de impuestos cedidos puede hacer aconsejable su mantenimiento»[103]. Y la propuesta de la Fundación Alfonso Perales contempla mantener las tipologías legales del art. 150 CE —y, por tanto, de las leyes marco— siempre que en su aprobación participe el Senado[104].

2.7.2. Leyes de transferencia o delegación

Esta categoría normativa es, sin duda, la más controvertida de las tres que integran el art. 150 CE[105]. Las leyes de transferencia o delegación son, en palabras de García Roca, «un agujero negro que ofrece la negativa imagen de una Constitución con competencias permanentemente sometidas a devolución»[106]. A menudo se ha subrayado la conveniencia de suprimirlas con base en la primera de las razones expuestas en el apartado anterior —pues, como se ha dicho, es frecuente invocarla también con relación a las leyes marco—, esto es, la incompatibilidad de este tipo de fórmulas, que suponen mantener indefinidamente abierto el reparto competencial y provocan un continuo vaciamiento del Estado, con la pretensión de fijar constitucionalmente la distribución de competencias entre el Estado y las CCAA[107].

---

103 Javier GARCÍA ROCA (2016), p. 22.

104 *Por una reforma federal del Estado autonómico*, Fundación Alfonso Perales (2012), p. 62.

105 Ya en 2006, el Consejo de Estado, en su informe sobre la reforma de la Constitución, sugirió la «modificación del precepto para hacerlo más claro y evitar las graves disfunciones derivadas de una utilización abusiva o masiva de este instrumento excepcional». *Vid. El informe del Consejo de Estado sobre la reforma constitucional* (2006), pp. 175-177.

106 Javier GARCÍA ROCA (2016), p. 22.

107 *Vid. supra*, nota 99. Y, además de lo allí expuesto, ténganse en cuenta las siguientes referencias: Juan Carlos GAVARA DE CARA (2012), p. 57, considera que: «La lista única elimina el problema de la constan-

También hay, en este caso, quien, desde las coordenadas federalistas, aboga por mantener esta tipología legal en la constitución territorial. Montilla Martos cree que «debe permanecer este instrumento normativo como cláusula de flexibilidad competencial aunque aclarando constitucionalmente su significado y efectos»[108]. Y esta es, en concreto, la propuesta articulada que el autor formula:

> «El Estado podrá delegar en las Comunidades mediante ley orgánica que requiere la aprobación del Senado, el ejercicio de facultades correspondientes a materia de su titularidad siempre que con ello no se contradigan otras disposiciones constitucionales. La ley preverá en cada caso la correspondiente transferencia de medios financieros, así como las formas de control

---

te apertura del sistema e implicaría la supresión del art. 150.2 CE, ya que las competencias estatales deben considerarse indelegables, salvo reforma constitucional. En este sentido, la distribución de competencias en ningún caso puede ser afectada por el legislador, sea ordinario, orgánico o estatutario, ya que se trata de una materia constitucional irrenunciable, que no debe formar parte de la discusión política, sino directamente del texto constitucional en todas sus versiones, aunque se deba reformar la Constitución frecuentemente». Manuel ARAGÓN REYES (2014), p. 29, propone «reformar el Título VIII para hacer desaparecer (...) la cláusula de transferencia o delegación de competencias del Estado a favor de las Comunidades Autónomas, cláusula gravemente perturbadora, pues las competencias de éstas solo deben ser las atribuidas por los Estatutos en aplicación de lo previsto en la Constitución». Miguel HERRERO DE MIÑÓN (2016), p. 4, propugna la «la eliminación de lo que hoy es el artículo 150.2, que permite, nada menos, que el paulatino vaciamiento del Estado». Javier GARCÍA ROCA (2016), p. 22, dice que, en el caso de constitucionalizarse un «esquema de competencias estatales nítidamente definidas», carecería de sentido «mantener las leyes orgánicas de delegación y transferencia (artículo 150.2 CE) para flexibilizar el modelo estatutario». Javier TAJADURA TEJADA (2017), pp. 283-284, habla de «la necesaria supresión del artículo 150.2 CE».

108 José Antonio MONTILLA MARTOS (2018), pp. 385-386.

> que se reserve el Estado. Su revocación, en su caso, deberá hacerse de forma expresa mediante ley orgánica»[109].

Medina Guerrero, aunque manifiesta sus dudas sobre la continuidad de estas leyes —«dada la excesiva "apertura" del orden competencial que entraña la interpretación que terminó por imponerse en la práctica, según la cual este mecanismo puede servir para la transferencia de competencias tanto legislativas como ejecutivas»—, entiende que podrían mantenerse siempre que se explicitasen en la Constitución dos cosas: de un lado, que estas leyes quedan limitadas «a la delegación de competencias de ejecución —en línea con lo que la mayoría de la doctrina había inicialmente sostenido a la luz de la interpretación literal y sistemática del art. 150.2 CE—» y, de otro, la enumeración de «los concretos supuestos excluidos de una eventual delegación»[110]. Meilán Gil considera que el art. 150.2 CE: «Tiene virtualidad, como su utilización correcta en algún caso corrobora y bien administrado podría entenderse como una técnica de federalismo de ejecución». A lo que añade que su derogación «sería una mera convalidación de las inconstitucionalidades llevadas a cabo»[111]. Agirreazkuenaga Zigorraga, por su parte, subraya «la flexibilidad que supone el artículo 150.2 CE» y se muestra crítico con la propuesta de eliminación[112]. Y, por último, debe mencionarse nuevamente la propuesta de la Fundación Alfonso Perales puesto que, como se ha indicado *supra*, sugiere conservar las figuras normativas del art. 150 CE —y, por tanto, de las leyes orgánicas de transferencia o delegación— siempre que en su aprobación participe el Senado[113].

---

109 *Ibid.*, p. 385.

110 Manuel MEDINA GUERRERO (2016), p. 139.

111 José Luis MEILÁN GIL (2015), p. 172.

112 Iñaki AGIRREAZKUENAGA ZIGORRAGA (2016), p. 1503.

113 *Por una reforma federal del Estado autonómico*, Fundación Alfonso Perales (2012), p. 62.

2.7.3. Leyes de armonización

Las posiciones a propósito de las leyes de armonización en el contexto de las propuestas de carácter federal también son divergentes. Algunas voces plantean que, a la vista de su escaso recorrido práctico —motivado, en buena medida, por una interpretación jurisprudencial restrictiva— y ante la duda de cuál sería su encaje en un sistema de distribución de competencias renovado en clave federal, quizás lo más lógico sería suprimirlas, aunque tampoco parece que sea percibido como una necesidad acuciante[114].

A sensu contrario, hay quien ha sostenido que, en el supuesto de una reforma constitucional en clave federal, procedería conservar esta tipología normativa. En este sentido, Gavara de Cara se ha expresado en los siguientes términos:

> «Desde otra perspectiva, aunque no ha sido utilizada en la práctica la Ley de Armonización prevista en el art. 150.3 CE, se debe garantizar que en un futuro su utilización solo debe venir enmar-

---

114 Manuel MEDINA GUERRERO (2016), p. 139, considera que: «En este contexto [un sistema competencial plenamente homologable con el de un clásico Estado federal como el que estamos sugiriendo], no parece que tenga mucho sentido la preservación de la ley de armonización, cuyas posibilidades reales de utilización, por lo demás, quedaron ya muy mermadas a raíz de la STC 76/1983». Javier GARCÍA ROCA (2016), p. 22, dice que: «Las leyes de armonización del artículo 150.3 CE podrían también ser suprimidas por desuetudo, tras no usarse durante décadas y a la vista del entendimiento restrictivo del Tribunal Constitucional. En general, será necesario simplificar con minimalismo para alcanzar claridad». La perspectiva de suprimir las leyes de armonización también se ha contemplado, sin apelar a argumentos concretos, en otras propuestas. Así, en *Por una reforma constitucional federal,* Fundación Rafael Campalans (2013), p. 27, se dice: «Desaparecen las figuras de la legislación marco y de armonización». Y en *Reflexiones para una reforma constitucional: la reforma de la organización territorial del Estado,* Fundación Fide (2018), pp. 5-6, puede leerse: «En cuanto a las leyes de armonización (art. 150.3 CE), algunos miembros del grupo propugnan su supresión; otros, por el contrario, estiman conveniente mantener su existencia».

> cada y justificada para la protección de un ejercicio igualitario de derechos fundamentales en las distintas Comunidades Autónomas que debe ser su único parámetro de referencia para determinar su oportunidad y conveniencia (excluyendo algunas especificidades como la lengua propia o las derivadas del territorio insular). De este modo se debe convertir en un instrumento normativo llamado a ejercer un rol trasversal importante en un nuevo contexto»[115].

Para Montilla Martos también tendría sentido mantenerlas, pues «hay supuestos en los que puede tener sentido su aplicación»[116]. Y Arroyo Gil, que también comparte este parecer, lo argumenta del siguiente modo:

> «aunque las mismas [las leyes de armonización] han permanecido inéditas hasta el momento, a causa de la frustrada experiencia del célebre proyecto de LOAPA, fuertemente contestado por el Tribunal Constitucional en su Sentencia 76/1983, lo cierto es que sí podrían jugar un papel relevante en el futuro Estado autonómico, de conformidad con la reforma que aquí defendemos. Suprimida la técnica bases-desarrollo, a través de este tipo de leyes se podría conseguir una cierta armonización de la legislación autonómica en aquellos casos (excepcionales, cabe entender) en que esta fuera tan dispar que pudiera poner en riesgo grave los intereses generales del Estado (el principio de unidad de mercado o la igualdad sustancial de todos los españoles en el disfrute de los servicios y prestaciones básicas). Por tratarse de una técnica normativa considerada excepcional, y dada la gravedad que su activación supone para la autonomía política de las Comunidades Autónomas, parece aconsejable que la aprobación de este tipo de leyes quede sujeto a una mayoría cualificada en cada una de las cámaras (que, en el caso del Congreso, podría ser absoluta, y en el del Senado, reformado en el sentido que a continuación se explicará, de tres quintos). Se conseguiría así que la aprobación de esta legislación armonizadora fuera el fiel reflejo de un amplio acuerdo alcanzado no sólo en la cámara de representación popular, sino también, y de manera más acentuada, en la de representación territorial»[117]

---

115 Juan Carlos GAVARA DE CARA (2012), p. 57.

116 José Antonio MONTILLA MARTOS (2018), pp. 385-386.

117 Antonio ARROYO GIL (2019), p. 185.

Desde esta perspectiva, cabe hacer alusión, por última vez, a la propuesta de la Fundación Alfonso Perales ya que, como viene diciéndose, en ella se apuesta por conservar las figuras normativas del art. 150 CE —y, por tanto, las leyes de armonización— en la medida en que el Senado participe en su aprobación[118].

BIBLIOGRAFÍA Y OTRAS FUENTES DOCUMENTALES

BIBLIOGRAFÍA

AGIRREAZKUENAGA ZIGORRAGA, Iñaki (2016), «La idea de España y su organización en el siglo XXI», en José M.ª BAÑO LEÓN (coord.), *Memorial para la reforma del Estado. Estudios en homenaje al profesor Santiago Muñoz Machado*, tomo 2, Madrid, Centro de Estudios Políticos y Constitucionales, pp. 1497-1525.

AGUDO ZAMORA, Miguel (2020), *Reforma constitucional y Estado autonómico*, Madrid, Tecnos.

AJA FERNÁNDEZ, Eliseo (2014), *Estado autonómico y reforma federal*, Madrid, Alianza.

AJA FERNÁNDEZ, Eliseo, GARCÍA ROCA, Javier, MONTILLA MARTOS, José Antonio y DÍEZ BUESO, Laura (2016), «Reflexiones sobre una posible reforma constitucional del sistema autonómico», en *Informe Comunidades Autónomas 2015*, Barcelona, Instituto de Derecho Público, pp. 71-83.

APARICIO PÉREZ, Miguel Ángel (2010), «Alguna consideració sobre la Sentència 31/2010 i el rol atribuït al Tribunal Constitucional», *Revista Catalana de Dret Públic*, núm. extra. 1 (Dedicado a: Especial Sentencia 31/2010 del Tribunal Constitucional sobre el Estatuto de Autonomía de Cataluña de 2006), pp. 23-28.

ARAGÓN REYES, Manuel (2014), «Problemas del Estado autonómico», *Asamblea: revista parlamentaria de la Asamblea de Madrid*, núm. 3, pp. 13-34.

ARAGÓN REYES, Manuel (1986), «¿Estado jurisdiccional autonómico?», *Revista Vasca de Administración Pública*, núm. 16, pp. 7-12.

118 *Por una reforma federal del Estado autonómico*, Fundación Alfonso Perales (2012), p. 62.

ARROYO GIL, Antonio (2020), «La reforma constitucional del Estado autonómico en clave federal: ¿Únicamente lista de competencias estatales, cláusula residual inversa y supresión de la regla de supletoriedad del Derecho estatal?», en Ramón PUNSET BLANCO y Leopoldo TOLIVAR ALAS (coords.), *España: El federalismo necesario*, Madrid, Editorial Reus, pp. 33-57.

ARROYO GIL, Antonio (2019), *Distribución y delimitación de competencias*, Madrid, Marcial Pons–Fundación Manuel Giménez Abad.

BALAGUER CALLEJÓN, Francisco (2006), «Reformas constitucionales relativas al Título VIII en relación con la recepción constitucional de la denominación oficial de las CCAA», en Francisco RUBIO LLORENTE y José ÁLVAREZ JUNCO (eds.), *El informe del Consejo de Estado sobre la reforma constitucional. Texto del informe y debates académicos*, Madrid, Consejo de Estado / Centro de Estudios Políticos y Constitucionales, pp. 565-583.

BAUZÁ MARTORELL, Felio José (2016), «Revisión del sistema constitucional de distribución de competencias en España: ¿ruptura o reforma?», en José M.ª BAÑO LEÓN (coord.), *Memorial para la reforma del Estado. Estudios en homenaje al profesor Santiago Muñoz Machado*, tomo 2, Madrid, Centro de Estudios Políticos y Constitucionales, pp. 1229-1246.

BERNADÍ GIL, Xavier (2010), «La doctrina de la Sentència 31/2010 sobre les competències executives (sostenella e no enmendalla)», *Revista Catalana de Dret Públic*, núm. extra. 1 (Dedicado a: Especial Sentencia 31/2010 del Tribunal Constitucional sobre el Estatuto de Autonomía de Cataluña de 2006), pp. 262-269.

BERNADÍ GIL, Xavier (2008), «Competencias ejecutivas y potestad reglamentaria», *Revista d'Estudis Autonòmics i Federals*, núm. 6, pp. 320-364.

BIGLINO CAMPOS, Paloma (2018), «Una democracia en clave federal», en Benigno PENDÁS (dir.), Esther GONZÁLEZ HERNÁNDEZ y Rafael RUBIO NÚÑEZ (coords.), *España constitucional (1978-2018) trayectorias y perspectivas*, vol. 1, Madrid, Centro de Estudios Políticos y Constitucionales, pp. 683-697.

BIGLINO CAMPOS, Paloma (2007), *Federalismo de integración y de devolución: el debate sobre la competencia*, Madrid, Centro de Estudios Políticos y Constitucionales.

CAAMAÑO DOMÍNGUEZ, Francisco (2014), *Democracia federal. Apuntes sobre España*, Madrid, Turpial.

CÁMARA VILLAR, Gregorio (2018), «La organización territorial de España. Una reflexión sobre el estado de la cuestión y claves para la reforma constitucional», en Teresa FREIXES SANJUÁN y Juan Carlos GAVARA DE CARA (coords.), *Repensar la Constitución. Ideas para una reforma de la Constitución de 1978: reforma y comunicación dialógica. Parte segunda,* Madrid, BOE, pp. 213-247.

CASTELLÀ ANDREU, Josep M.ª (2018), *Estado autonómico: pluralismo e integración constitucional,* Madrid, Marcial Pons–Fundación Manuel Giménez Abad.

CARRERAS SERRA, Francesc de (2018), «Reforma del Estado de las autonomías: la necesidad de culminar el modelo federal», en Teresa FREIXES SANJUÁN y Juan Carlos GAVARA DE CARA (coords.), *Repensar la Constitución. Ideas para una reforma de la Constitución de 1978: reforma y comunicación dialógica. Parte segunda,* Madrid, BOE, pp. 183-212.

CARRERAS SERRA, Francesc de (2016), «Una posible reforma constitucional del sistema de distribución de competencias», en VV.AA., *La Constitución política de España: estudios en homenaje a Manuel Aragón Reyes,* Madrid, Centro de Estudios Políticos y Constitucionales, pp. 457-475.

CARRILLO LÓPEZ, Marc (2016), «La reforma del Estado de las autonomías y Cataluña», *Teoría y Derecho,* núm. 19, pp. 105-115.

CARRILLO LÓPEZ, Marc (2010), «La doctrina del Tribunal sobre la definició de les competències. Les competències exclusives, les compartides i les executives», *Revista Catalana de Dret Públic,* núm. extra. 1 (Dedicado a: Especial Sentencia 31/2010 del Tribunal Constitucional sobre el Estatuto de Autonomía de Cataluña de 2006), pp. 270-276.

CONTRERAS CASADO, Manuel; GARCÍA LÓPEZ, Eloy; GAVARA DE CARA, Juan Carlos; LÓPEZ BASAGUREN, Alberto y LÓPEZ PINA, Antonio (2012), «Encuesta: Sobre la reforma de la Constitución», *Teoría y Realidad Constitucional,* núm. 29, (Ejemplar dedicado a: La reforma constitucional), pp. 11-76.

COSCULLUELA MONTANER, Luis (2015), «La reconstrucción del Estado autonómico», *El Cronista del Estado Social y Democrático de Derecho,* núm. 51, (Ejemplar dedicado a: Sobre la reconstrucción del Estado Autonómico: X Congreso de la Asociación Española de Profesores de Derecho Administrativo), pp. 16-31.

CRUZ VILLALÓN, Pedro (1991), «La construcción jurisprudencial del Estado de las Autonomías», *Revista Vasca de Administración Pública,* núm. 31, pp. 249-260.

DE LA QUADRA-SALCEDO FERNÁNDEZ DEL CASTILLO, Tomás (2015), «Sobre la reconstrucción del Estado autonómico», *El Cronista del Estado Social y Democrático de Derecho,* núm. 51, (Ejemplar dedicado a:

Sobre la reconstrucción del Estado Autonómico: X Congreso de la Asociación Española de Profesores de Derecho Administrativo), pp. 56-83.

FERNÁNDEZ FARRERES, Germán (2020), «Tipos de competencias normativas del Estado y de las Comunidades Autónomas (exclusivas, compartidas, concurrentes) y función de la regla de prevalencia del Derecho estatal», en Ramón PUNSET BLANCO y Leopoldo TOLIVAR ALAS (coords.), *España: El federalismo necesario,* Madrid, Editorial Reus, pp. 59-94.

FERNÁNDEZ FARRERES, Germán (2005), *La contribución del Tribunal Constitucional al Estado autonómico,* Madrid, Iustel.

FERNÁNDEZ RODRÍGUEZ, Tomás-Ramón (2015), «Sobre la necesaria redefinición del Estado autonómico», *El Cronista del Estado Social y Democrático de Derecho,* núm. 51, (Ejemplar dedicado a: Sobre la reconstrucción del Estado Autonómico: X Congreso de la Asociación Española de Profesores de Derecho Administrativo), pp. 8-15.

FERNÁNDEZ SEGADO, Francisco (1990), «La construcción jurisprudencial del Estado autonómico», *Revista Vasca de Administración Pública,* núm. 27, pp. 51-116.

FIGUEROA LARAUDOGOITIA, Alberto (1991), «Los problemas para la definición del modelo de relaciones Estado Comunidades Autónomas», en VV. AA. *Poder político y Comunidades Autónomas,* Vitoria-Gasteiz, Parlamento Vasco, pp. 17-65.

FOSSAS ESPADALER, Enric (2018), «Competencias del Estado y de las Comunidades Autónomas: criterios constitucionales y evolución jurisprudencial», en Benigno PENDÁS (dir.), Esther GONZÁLEZ HERNÁNDEZ y Rafael RUBIO NÚÑEZ (coords.), *España constitucional (1978-2018). Trayectorias y perspectivas,* tomo V, Madrid, Centro de Estudios Políticos y Constitucionales, pp. 4303-4314.

GARCÍA-MARGALLO, José Manuel (2017), *Por una convivencia democrática. Una propuesta de reforma para adaptar la Constitución al siglo XXI,* Barcelona, Deusto.

GARCÍA ROCA, Javier (2016), «La reforma de la Constitución territorial: un buen camino entre secesión e inmovilismo», *Teoría y Derecho,* núm. 19, pp. 16-31.

GARCÍA ROCA, Javier (ed.) (2014), *Pautas para una reforma constitucional. Informe para el debate,* Cizur Menor (Navarra), Aranzadi.

GARCÍA ROCA, Javier (2013), «¿Reforma constitucional en clave federal?», *El Cronista del Estado Social y Democrático de Derecho,* núm. 34, pp. 20-31.

GARCÍA ROCA, Javier (2007), «Tipos de normas de deslinde y criterios para la distribución de competencias territoriales», en VV.AA., *Comentarios a la reforma del Estatuto de Castilla y León*, Valladolid, Lex Nova - Junta de Castilla y León, pp. 707-742.

GONZÁLEZ GARCÍA, Julio V. (2018), «Hacia un desarrollo federal de la Constitución española», *Sistema: revista de ciencias sociales*, núm. 251-252, pp. 171-181.

HERRERO DE MIÑÓN, Miguel (2016), *Tres conferencias sobre la reforma constitucional*, Valencia, Tirant lo Blanch.

IBÁÑEZ BUIL, Pedro (2023), *Recurso de inconstitucionalidad y delimitación de competencias. Un estudio de la doctrina constitucional*, Madrid, Centro de Estudios Políticos y Constitucionales.

LÓPEZ GARRIDO, Diego (2013), «Una reforma constitucional para España», *El Cronista del Estado Social y Democrático de Derecho*, núm. 33, pp. 24-30.

LÓPEZ GUERRA, Luis (1993), «La segunda fase de construcción del Estado de las Autonomías (1978-1983)», *Revista Vasca de Administración Pública*, núm. 36 (II), pp. 69-80.

MEILÁN GIL, José Luis (2015), *El itinerario desviado del Estado autonómico y su futuro*, Cizur Menor (Navarra), Aranzadi.

MEDINA GUERRERO, Manuel (2016), «El Estado autonómico y el reparto competencial», *Cuadernos de Alzate: revista vasca de la cultura y las ideas*, núm. 48-49, pp. 129-140.

MONTILLA MARTOS, José Antonio (2018), «Artículo 148», «Artículo 149» y «Artículo 150», en Yolanda GÓMEZ SÁNCHEZ (coord.), *Estudios sobre la reforma de la Constitución de 1978 en su cuarenta aniversario*, Cizur Menor (Navarra), Aranzadi, pp. 371-386.

MONTILLA MARTOS, José Antonio (2015), *Reforma constitucional y estatutos de segunda generación. Los Estatutos de Autonomía de segunda generación como modelo para la reforma federal de la Constitución*, Cizur Menor (Navarra), Thomson Reuters-Aranzadi.

MUÑOZ MACHADO, Santiago (2015a), *Tratado de Derecho administrativo y Derecho público general. Tomo IX. La organización territorial del Estado–2*, Madrid, Ministerio de la Presidencia-BOE.

MUÑOZ MACHADO, Santiago (2015b), *Tratado de Derecho administrativo y Derecho público general. Tomo VI. La Ley*, Madrid, Ministerio de la Presidencia-BOE.

MUÑOZ MACHADO, Santiago (2014), *Cataluña y las demás Españas*, Barcelona, Crítica.

MUÑOZ MACHADO, Santiago (2013), *Crisis y reconstitución de la estructura territorial del Estado*, Madrid, Iustel.

MUÑOZ MACHADO, Santiago (2012), *Informe sobre España. Repensar el Estado o destruirlo*, Barcelona, Crítica.

OLIVER ARAUJO, Joan (2014), «España en la encrucijada», en Joan OLIVER ARAUJO (dir.), María BALLESTER CARDELL, Vicente J. CALAFELL FERRÁ y Alberto OEHLING DE LOS REYES (coords.), *El futuro territorial del Estado español: ¿centralización, autonomía, federalismo, confederación o secesión?*, Valencia, Tirant lo Blanch, pp. 35-96.

RODRÍGUEZ BEREIJO, Álvaro (2013), «Las reformas necesarias para España. La constitución y la articulación territorial del Estado español», *Cuadernos de pensamiento político FAES*, núm. 40, pp. 23-36.

SÁENZ ROYO, Eva (2016), «El reparto competencial en el Estado autonómico desde una perspectiva comparada», *Cuadernos de Alzate: revista vasca de la cultura y las ideas*, núm. 48-49, pp. 141-153.

SÁENZ ROYO, Eva (2014), *Desmontando mitos sobre el Estado autonómico*, Madrid Marcial Pons.

SOLOZÁBAL ECHAVARRÍA, Juan José (2019), *Pensamiento federal español y otros estudios autonómicos*, Madrid, Iustel.

SOLOZÁBAL ECHAVARRÍA, Juan José (2014), «Una propuesta de cambio federal», en Juan José SOLOZÁBAL ECHAVARRÍA (ed.), *La reforma federal. España y sus siete espejos*, Madrid, Biblioteca Nueva, pp. 19-68.

SOSA WAGNER, Francisco (2015), «Para el debate entre colegas sobre la reconstrucción del Estado autonómico», *El Cronista del Estado Social y Democrático de Derecho*, núm. 51, (Ejemplar dedicado a: Sobre la reconstrucción del Estado Autonómico: X Congreso de la Asociación Española de Profesores de Derecho Administrativo), pp. 32-43.

TAJADURA TEJADA, Javier (2017), «El Estado autonómico: el necesario cierre del modelo», en Juan CANO BUESO y Rafael ESCUREDO RODRÍGUEZ (coords.), *Estudios en homenaje a Alfonso Guerra. La Constitución a examen: la reforma de la Constitución en España*, Valencia, Tirant lo Blanch, pp. 271-290.

TOMÁS Y VALIENTE, Francisco (1993), «La primera fase de construcción del Estado de las Autonomías (1978-1983)», *Revista Vasca de Administración Pública*, núm. 36 (II), pp. 45-68.

TORNOS MAS, Joaquín (2014), «Del Estado de las autonomías al Estado federal», en Francisco RUBIO LLORENTE *et al.*, *Una propuesta de federalización*, Madrid, Fundación Coloquio Jurídico Europeo, pp. 37-60.

TUDELA ARANDA, José (2016), *El fracasado éxito del Estado autonómico. Una historia española*, Madrid, Marcial Pons.

TUDELA ARANDA, José (2011), «¿Reforma constitucional en clave federal? (Sistematización de problemas generados por las reformas y posibles soluciones)», *Revista de Estudios Políticos*, núm. 151 [Ejemplar dedicado a: El Estado Autonómico en cuestión. La organización territorial del Estado a la luz de las recientes reformas estatutarias (2006-2010)], pp. 231-279.

VÍRGALA FORURIA, Eduardo (2017), «El modelo federal español (reforma territorial, ¿federal?)», en Enrique ÁLVAREZ CONDE (dir.) y Manuel ÁLVAREZ TORRES (coord.), *Reflexiones y propuestas sobre la reforma de la Constitución española*, Comares, Granada, pp. 357-406.

OTRAS FUENTES DOCUMENTALES

Acuerdo del Consell (Generalitat Valenciana) *sobre la reforma constitucional*, aprobado el 9 de febrero de 2018. Disponible en: https://participacio.gva.es/documents/162282364/165197951/Acuerdo+del+Consell+sobre+la+reforma+constitucional.pdf/ecc2fe28-4b83-4606-97db-d582d726b27b

Cinco propuestas para la reforma constitucional en clave federal, Fundación Ciudadanía y Valores, Javier Tajadura Tejada (coord.), 2012. Disponible en: https://federalistainfo.files.wordpress.com/2012/11/reforma_cons_fed_funciva.pdf

Declaración de la Asociación por una España Federal, Asociación por una España Federal, 20 de septiembre de 2021. Disponible en: https://porunaespanafederal.es/propuesta-federal/

El informe del Consejo de Estado sobre la reforma constitucional. Texto del informe y debates académicos, edición a cargo de Francisco Rubio Llorente y José Álvarez Junco, Madrid, Consejo de Estado / Centro de Estudios Políticos y Constitucionales, 2006.

Hacia una estructura federal del Estado (Declaración de Granada), PSOE, 2013. Disponible en: http://web.psoe.es/source-media/000000562000/000000562235.pdf

Ideas para una reforma constitucional, Santiago Muñoz Machado (coord.), 2017. Disponible en: https://www.ucm.es/data/cont/media/www/pag-31775/Ideas%20para%20una%20reforma%20constitucional.pdf

Manifiesto fundacional de Federalistas del País Vasco, Asociación de Federalistas del País Vasco (Alberto López Basaguren *et al.*), 2018. Disponible en: https://federalistak.es/index.php/manifiesto-del-24-o/

Por una reforma constitucional federal, documento de trabajo de la Fundació Rafael Campalans (núm. 164), Barcelona, 2013. Disponible en: https://fcampalans.cat/uploads/publicacions/pdf/164_papersdelafundacio_def.pdf

Por una reforma federal del Estado autonómico, Fundación Alfonso Perales, Gregorio Cámara Villar (coord.), 2012. Disponible en: https://fcampalans.cat/uploads/activitats/pdf/libro-federalismo11.pdf

Propuestas para mejorar el autogobierno de Cataluña y el funcionamiento del modelo territorial de Estado, elaboradas por el Cercle d'Economia, Sitges, 2018. Disponible en: https://reformafederal.files.wordpress.com/2018/06/propuestas-para-mejorar-el-autogobierno-de-cataluc3b1a-2.pdf

Propuestas para un debate sobre la reforma territorial desde las universidades andaluzas, Grupo de discusión organizado por la Universidad Pablo de Olavide, 2018. Disponible en: https://www.upo.es/investiga/ptyp/wp-content/uploads/2018/06/Propuesta-de-reforma-territorial-8.pdf

Propuestas para una reforma constitucional. Mejora de la calidad democrática y reforma del modelo territorial, Manuel Contreras Casado *et al.*, 2013. Disponible en: https://federalistainfo.files.wordpress.com/2013/04/prop_ref_const_psoe_aragon.pdf

Reflexiones para una reforma constitucional: la reforma de la organización territorial del Estado, Fundación Fide (Fundación para la investigación sobre el derecho y la empresa), 2018. Disponible en: https://thinkfide.com/wp-content/uploads/2020/10/Fide-Doc.-Reflexiones-Grupo-Reforma-Constitucional.pdf

Tomás de la Quadra-Salcedo Fernández del Castillo, *El modelo territorial español treinta y cinco años después*, documento de trabajo (con propuestas de reforma) elaborado para la Fundación Alternativas, 2014. Disponible en: https://fundacionalternativas.org/publicaciones/el-modelo-territorial-espanol-treinta-y-cinco-anos-despues/

Una España federal en una Europa federal, declaración promovida por Amparo Climent, Nicolás Sartorius, Juan Miguel Hernández León, Ángel Gabilondo, José Antonio Zarzalejos, Javier Nadal, Fernando Vallespín, Laura Arroyo, Frederic Monell y Rodolfo Benito (al que posteriormente se adhirieron numerosas personalidades), 2014. Disponible en: http://declaracionfederal.blogspot.com/2014/07/una-espana-federal-en-una-europa-federal.html?spref=tw

Una visión panorámica del debate sobre la reforma constitucional del Senado

LAURA HERNÁNDEZ LLINÁS
Universidad de Salamanca

1. LAS DIFUCULTADES DE CARTOGRAFIAR EL DEBATE SOBRE LA REFORMA CONSTITUCIONAL DEL SENADO ESPAÑOL

La reforma del Senado constituye un objeto de estudio ineludible para cualquiera que se proponga abordar la problemática de la reforma de la «Constitución territorial» española.

El análisis crítico del diseño constitucional de nuestra segunda cámara es uno de los temas que más atención ha recibido por parte de la doctrina a lo largo de nuestra democracia. Y si ha habido un asunto que ha generado un consenso mayoritario entre nuestros constitucionalistas ha sido la discordancia entre la pretendida naturaleza como «cámara de representación territorial» de nuestro Senado y su regulación constitucional, un asunto que suscitó críticas desde los primeros años de vida de nuestra Constitución. Dado el enorme desarrollo que ha experimentado la descentralización del Estado español desde 1978 hasta el presente, hoy es prácticamente un lugar común afirmar que existe un desfase entre la configuración del Senado y la realidad jurídico-política del Estado de las autonomías. No obstante, a pesar de este diagnóstico prácticamente unánime del problema, cuál sea la vía idónea para su solución no es en absoluto una cuestión pacífica. El propósito de este capítulo es ofrecer una visión panorámica de las diferentes posiciones que se han enfrentado en este debate, sistematizando las principales propuestas doctrinales formuladas a lo largo de las últimas décadas. A tal fin, repasaremos primero los principales intentos de reforma del Senado que se han producido en España. A continuación, expondremos los distintos modelos de cámara alta cuya introducción en nuestra realidad jurídico-constitucional ha sido sugerida por la doctrina para mejorar la integración entre las partes y el todo de nuestro Estado autonómico. Cada propuesta responde a una lógica propia, haciendo imposible escindir por completo la composición y las funciones que deberían atribuirse a un eventual Senado reformado. No obstante, en aras de una mayor claridad expositiva, trataremos estas cuestiones de forma separada. Dedicaremos asimismo un apartado a sintetizar el planteamiento de quienes han propuesto la supresión del Senado, por considerar que su reforma sería un esfuerzo innecesario y estéril a los efectos de incorporar la voluntad de las comunidades autónomas a la decisión estatal. Por último, desarrollaremos una breve reflexión sobre el escenario en el que se desenvolvería hoy un nuevo intento de reforma constitucional del Senado y sobre los elementos que, creemos, deberían tenerse en cuenta antes de acometer dicha tarea.

Una vez presentado el esquema que seguiremos en las próximas páginas, conviene trasladar al lector una advertencia. Dada la ingente literatura existente sobre nuestro objeto de estudio y la extensión limitada de un trabajo de estas características, el presente capítulo no puede agotar todas las cuestiones que sería necesario abordar para ofrecer un retrato verdaderamente completo del debate, ni revisar todas sus aristas. Nuestro propósito no puede sino ser mucho más modesto: poner negro sobre blanco los aspectos más relevantes de la discusión sobre la reforma constitucional de nuestra cámara alta, y ofrecer una síntesis de los principales acuerdos y desacuerdos que suscita esta problemática. En consecuencia, el valor añadido de este capítulo —si es que puede aportarse alguno a un debate tanto y tan rigurosamente trabajado por nuestros mejores constitucionalistas y administrativistas— pretende ser la esquematización de los elementos centrales de una cuestión tan densa como la que nos ocupa. Se busca, por tanto, acercar el debate al lector que quiera hacer una incursión rápida en este tema, desde el convencimiento de que una síntesis cabal y bien organizada puede resultar de utilidad para los juristas menos familiarizados con esta materia y también, quizás sobre todo, para la sociedad civil.

2. BREVE APUNTE A PROPÓSITO DE LA EVOLUCIÓN DEL DEBATE SOBRE LA REFORMA DEL SENADO

El tipo de bicameralismo adoptado por la Constitución de 1978 vino prefigurado en buena medida por la naturaleza bicameral de las cortes constituyentes. Con la intención de evitar que el Senado se convirtiera en una fuente de conflictos, y dado que en aquel momento existían más incertidumbres que certezas sobre la evolución que tendría el modelo territorial español, se optó por configurar un bicameralismo imperfecto, con un Senado cuyos miembros serían elegidos en su mayoría por sufragio directo en circunscripciones provinciales. La Constitución le atribuyó un doble papel: ser una de las dos cámaras que representan al pueblo español en su conjunto (artículo 66.1 CE) y, al mismo tiempo, ser la cámara de representación territorial (69.1 CE). Sin embargo, únicamente le otorgó las herramientas necesarias para cumplir el primero de estos dos cometidos. Como analizaremos en este trabajo, el Senado configurado por el constituyente nunca pudo ser, ni por su composición ni por sus funciones, una cámara de representación territorial.

La escasa funcionalidad territorial del Senado y su falta de especificidad representativa recibieron desde un primer momento las críticas de la doctrina, que siempre se mostró insatisfecha con su diseño. A medida que el Estado autonómico fue desarrollándose, el Senado fue señalado cada vez por más voces como una carencia institucional en nuestro particular sistema de descentralización política. El primer gran intento de potenciar su función territorial llegó en febrero de 1990, fecha en la que se constituyó una ponencia en el seno de la Comisión de Reglamento del Senado para estudiar su reforma. La ponencia acordó circunscribir su actuación a la reforma reglamentaria, descartando la necesidad de modificar el texto constitucional[1].

---

1 La reforma vino precedida por un amplio debate sobre la necesidad y oportunidad de abrir el procedimiento de la reforma constitucional en un momento tan temprano. El principal problema que preocupaba a los partidarios de no emprender una reforma de la Constitución era el riesgo de debilitar su fuerza normativa. Al respecto, Eliseo AJA FERNÁNDEZ, Manuel ARAGÓN REYES, Ángel GARRORENA MORALES, Javier PEREZ ROYO, Ramón PUNSET BLANCO *et al.* (1991); Ángel GARRORENA MORALES (1995); Eliseo AJA FERNÁNDEZ (1994). Una de las voces contrarias a la reforma en aquellos primeros momentos de nuestro régimen democrático fue la de Francisco Rubio Llorente. Ver Francisco RUBIO LLORENTE (1996).

Fruto de sus trabajos se aprobó en enero de 1994 la reforma del Reglamento del Senado, en virtud de la cual se creó la Comisión General de las Comunidades Autónomas (arts. 55 a 56 bis 9 RS). A esta última, de carácter permanente e integrada por el doble de senadores que cualquier otra comisión, se le atribuyó un extenso elenco de competencias que la convirtieron en el órgano encargado de informar y ser informado de los asuntos autonómicos. Todos los senadores de designación autonómica podían intervenir en sus reuniones con independencia de si eran o no miembros de la misma. También podían hacerlo el Gobierno central y los presidentes o consejeros de gobierno de las CCAA, a quienes se les reconocía igualmente capacidad de convocatoria. Junto con la creación de la Comisión General de las CCAA, la segunda gran aportación de la reforma de 1994 fue habilitar el uso de las lenguas cooficiales en algunas sesiones de la cámara alta[2]. Dicha posibilidad, de importante valor simbólico, ha sido ampliada en reformas reglamentarias posteriores; en concreto, en los años 2005 y 2010.[3].

A pesar del carácter ambicioso de la reforma del Reglamento del Senado, que para algunos excedió incluso el marco de lo constitucionalmente admisible en su intento por potenciar el carácter territorial de la cámara, al poco tiempo se constató su insuficiencia para alcanzar el objetivo perseguido. Se impuso entonces la conclusión de que la transformación del Senado en una auténtica cámara de representación territorial exigía una reforma constitucional. Tras el fracaso de varias ponencias constituidas en distintas comisiones del Senado para el estudio de su re-

---

2 Consultar STC 205/1990 de 13 de diciembre.

3 Consultar: Reforma del Reglamento del Senado sobre la ampliación del uso de las lenguas cooficiales en el Senado de 4 de julio de 2005 y Reforma del Reglamento del Senado sobre el uso de las lenguas oficiales en las comunidades autónomas en la actividad de la cámara de 27 de julio de 2010.

forma llegaría la VIII legislatura y, con ella, el mayor intento que ha conocido nuestra democracia de llevar a cabo la reforma constitucional de la cámara alta. El Consejo de Ministros, dando cumplimiento a lo anunciado por el presidente José Luis Rodríguez Zapatero en su sesión de investidura, solicitó en marzo del 2005 un informe sobre la reforma constitucional al Consejo de Estado. Como es conocido, no se solicitó al órgano un dictamen sobre un texto previamente elaborado por el Gobierno, sino la opinión de los expertos acerca de varios aspectos considerados merecedores de reforma, con el objetivo de que sus ideas sirvieran de base para llevarla a efecto. En concreto, se requirió al Consejo de Estado que se pronunciase sobre la transformación del Senado en una cámara de representación territorial, la inclusión en el texto constitucional del nombre de las CCAA, la recepción en la Constitución del proceso de integración europeo y la supresión de la preferencia del varón sobre la mujer en el orden sucesorio de la Corona. Por lo que se refiere en particular al Senado, la solicitud del Consejo de Ministros indicaba que el avance armónico del Estado de las autonomías exigía «que la definición del Senado contenida en la Constitución se corresponda eficazmente con la composición y funciones propias de una genuina cámara territorial», y expresaba su convicción de que solo una reforma de alcance constitucional podía «conformarlo como una cámara con identidad propia, representativa de la diversidad, cuya actividad no constituya una reiteración corregida del proceso parlamentario ya transitado en el congreso»[4]. Bajo estas premisas, se solicitó al Consejo de Estado que se pronunciara acerca de las funciones y la composición que deberían atribuirse a la cámara alta, la posición institucional que debería corresponderle en el seno de las Cortes Generales, y las consecuencias sistemáticas que comportaría su reforma sobre el conjunto de la estructura institucional.

---

4 Francisco RUBIO LLORENTE y José ÁLVAREZ JUNCO (eds.) (2006), p. 69.

El Consejo de Estado emitió su informe en el año 2006. El documento, un análisis preciso y exhaustivo sobre las cuestiones que le habían sido planteadas, fue publicado junto con la consulta del Gobierno y los debates académicos celebrados en las Jornadas organizadas por el Consejo en colaboración con el Centro de Estudios Políticos y Constitucionales que precedieron a su elaboración[5]. La singularidad de su origen y su rigor lo han convertido en un punto de referencia ineludible para el estudio de la materia que nos ocupa. En palabras de Garrorena Morales, este informe supuso un punto de inflexión en el debate sobre el Senado, en la medida en que por su autoría representó un documento *cuasi-oficial*, y por su precisión aportó una concreción al debate con la que hasta entonces no habíamos contado[6]. No obstante, y a pesar de la esperanza que despertó la implicación de los actores políticos en la reforma constitucional, las expectativas de cambio que generó el informe quedaron frustradas. La ponencia llamada a poner en práctica las reformas sugeridas no llegó ni siquiera a constituirse, y desde entonces hasta ahora no ha existido un impulso político suficiente para llevar a la práctica la tan ansiada reforma del Senado. El único cambio significativo que ha experimentado la institución vino de la mano de la gran reforma de la Ley Orgánica del Tribunal Constitucional en el año 2007, aprovechando la cual se modificó el Reglamento del Senado para introducir la participación de las CCAA en la elección de los magistrados constitucionales[7]. Desde entonces, los cuatro magistrados propuestos por el Senado han de ser elegidos entre los candidatos

5 Francisco RUBIO LLORENTE y José ÁLVAREZ JUNCO (eds.) (2006).

6 Ángel GARRORENA MORALES (2009), p. 19.

7 Conviene consultar la Ley Orgánica 6/2007, de 24 de mayo, por la que se modifica la Ley Orgánica 2/1979, de 3 de octubre, del Tribunal Constitucional, la Reforma del Reglamento del Senado, por la que se modifica el artículo 184, de 27 de noviembre de 2007, y las sentencias del Tribunal Constitucional 49/2008, de 9 de abril, y 101/2008, de 24

presentados por las asambleas legislativas de las CCAA[8]. Con posterioridad a esta reforma se constituyó en 2012 una ponencia de estudio para la reforma de las funciones del Senado en la Comisión de Reglamento, y en 2017 una nueva ponencia para el estudio sobre el funcionamiento del Senado, pero ambas terminaron por disolverse sin llegar a materializar sus propósitos.

A lo largo de los últimos años los académicos no han olvidado la necesidad de abordar la reforma constitucional del Senado, y han mantenido viva la discusión elaborando nuevos informes y documentos de trabajo cargados de propuestas y reflexiones a propósito de esta cuestión. En la política española, sin embargo, la reforma que un día se percibió como una necesidad inaplazable lleva ya tiempo sumida en un largo letargo del que nada hace pensar que vaya a despertar pronto.

3. PROPUESTAS PARA LA REFORMA CONSTITUCIONAL DEL SENADO

Dedicaremos el presente apartado a reseñar las propuestas de quienes han considerado la reforma del Senado como la vía idónea para adecuar nuestro sistema institucional a la realidad

---

de julio de 2008, que resolvieron dos recursos de inconstitucionalidad relativos a sendas reformas.

8 La reforma tenía por objetivo introducir una sensibilidad autonómica en el seno del alto tribunal, encargado último de la resolución de los conflictos competenciales que tan frecuentes han sido en el devenir de nuestro Estado. No obstante, su valor quedó en gran medida atenuado por la intervención del propio Tribunal Constitucional que, en respuesta a la impugnación de esta modificación, interpretó para salvar su constitucionalidad que las propuestas de las asambleas autonómicas no vinculan a la Comisión de Nombramientos del Senado, que juzgará discrecionalmente su idoneidad y podrá rechazarlas si lo considera conveniente.

del Estado autonómico. En este sentido, es preciso advertir que la composición y las funciones de toda cámara alta son elementos inescindibles a la hora de formular un nuevo modelo de senado. Como señaló tempranamente López Guerra[9], composición y funciones aparecen estrechamente imbricadas, no tanto porque las atribuciones del Senado deban corresponder a su composición, o viceversa, sino porque ambos aspectos dependerán de la concepción que se tenga del papel de la cámara y de los objetivos que constitucionalmente se le asignen. En palabras de Garrorena Morales, composición y funciones del Senado son cuestiones subsidiarias que solo pueden resolverse una vez tengamos clara la finalidad institucional que queremos que desempeñe la segunda cámara[10]. Sin embargo, son tantos los autores y las propuestas de reforma que han sido desarrolladas por la doctrina a lo largo de los años que la única manera de ofrecer una visión general del estado de la cuestión es dar cuenta, por un lado, de los tres modelos básicos de Senado que han sido propuestos en función de su composición y, por otro, de las distintas funciones que se han propuesto para esta nueva cámara.

3.1. Reforma de la composición del Senado

De conformidad con el artículo 69 CE, el Senado se compone de dos tipos de miembros: los senadores de eleccion directa y los senadores designados por las asambleas legislativas autonómicas. Los primeros constituyen la gran mayoría de la cámara y son elegidos en circunscripciones provinciales, a razón de cuatro senadores por provincia. En las provincias insulares cada isla o agrupación de ellas, con Cabildo o Consejo Insular, constituye una circunscripción a efectos de elección de senadores, correspondiendo tres a Gran Canaria, Mallorca y

---

9 Luis LÓPEZ GUERRA (1996), p. 238.

10 Ángel GARRORENA MORALES, (2006), p. 906.

Tenerife, y uno a cada una de las demás islas de menor tamaño. Ceuta y Melilla, por su parte, eligen dos senadores cada una. El sistema electoral, cuya determinación quedó deferida a la Ley Orgánica de Régimen Electoral General, es de tipo mayoritario con voto limitado (artículo 166 LOREG). Por su parte, los senadores autonómicos son un grupo mucho menos numeroso: cada comunidad autónoma ha de designar uno, más otro por cada millón de habitantes de su respectivo territorio. Su designación corresponde al Parlamento autonómico de acuerdo con lo que se establezca por vía estatutaria[11], que habrá de respetar la adecuada representación proporcional[12].

La falta de especificidad territorial de una cámara así constituida ha sido siempre el blanco de las críticas de la doctrina. De la ingente literatura sobre esta cuestión podemos extraer tres posibles modelos alternativos a la regulación constitucional actual: un senado de elección directa por los ciudadanos en circunscripción autonómica al estilo estadounidense o suizo, un senado de designación parlamentaria similar al modelo austriaco, o un senado de designación gubernamental al modo del *Bundesrat* alemán. Junto a estos tres grandes modelos que se han dado en llamar «básicos», no han faltado las propuestas mixtas que combinan dos fórmulas entre sí, e incluso alguna propuesta más heterodoxa como la de Herrero de Miñón, que sugirió convertir al Senado en una institución destinada «a la reflexión política y el control *extrapartidista,* compuesta de personalidades de indiscutible prestigio por su experiencia y trayectoria» como

---

11 Para una clasificación de la normativa estatutaria en esta materia, consultar Julia SEVILLA MERINO (1987), p. 2254; Piedad GARCÍA-ESCUDERO MÁRQUEZ (1995), pp. 121-124. La parquedad de la regulación estatutaria ha hecho que numerosas CCAA hayan regulado esta cuestión por vía legislativa o reglamentaria. Véase al respecto Francisco J. VISIEDO MAZÓN (1997), pp. 146 y ss.

12 Sobre esta cuestión, consultar las sentencias del Tribunal Constitucional 40/1981, de 18 de diciembre y 4/1992, de 13 de enero.

antiguos Presidentes del Gobierno, del Congreso de los Diputados, del Tribunal Constitucional o gobernadores del Banco de España[13]. Otro aspecto de gran relevancia en el debate sobre la reforma constitucional del Senado es si ciertas comunidades autónomas deberían tener una singular participación en su composición y funciones en atención a sus «hechos diferenciales». En el presente trabajo no abordaremos esta última cuestión, que será analizada en el capítulo a cargo de Arrieta Alberdi[14].

Con el objetivo de presentar las posibles alternativas planeadas para la composición del Senado de la forma más sencilla posible, escogeremos en cada modelo las propuestas de algunos autores que nos han parecido especialmente representa-

---

13 Miguel HERRERO DE MIÑÓN (2013), pp. 229-230. No podemos olvidar que esta idea tiene un importante precedente en la tesis doctoral de José Manuel Vera Santos que señaló tempranamente la necesidad de territorializar el Senado y añadió a su particular propuesta la peculiaridad de incorporar la presencia de algunas personalidades notables en la cámara alta, con el objetivo de facilitar las labores técnicas de la cámara y de facilitar la composición de acuerdos gracias a la introducción de una perspectiva no viciada por los intereses partidistas. José Manuel VERA SANTOS (1997).

14 Conviene, no obstante, señalar que el Consejo de Estado se pronunció expresamente en contra de esta posibilidad, por considerar que la sede natural para la tutela y desarrollo de los hechos diferenciales es el ámbito competencial, y no la composición y funciones de una institución como el Senado, donde introducir previsiones constitucionales diferenciadas para ciertas comunidades autónomas podría resultar disfuncional y perjudicar a la coherencia y la integración del sistema. En la expresión utilizada en el informe, «Una cosa es el reconocimiento de la diferencia y de su necesidad de garantía y protección, y otra cosa es su traducción en un régimen primado en el proceso de formación de la voluntad del Estado. (…) la participación en la voluntad común de los órganos centrales del Estado debe ser multilateral, y no construida sobre una excepción ni sobre un estatus privilegiado constitucionalmente reconocido». Francisco RUBIO LLORENTE y José ÁLVAREZ JUNCO (eds.) (2006), p. 239.

tivas y al hilo de su exposición señalaremos algunas ventajas e inconvenientes que otros han visto en cada modelo.

3.1.1. Senado de elección directa por los ciudadanos

Una de las autoras que defienden la conveniencia un senado de elección directa por los ciudadanos en circunscripciones autonómicas es Biglino Campos. Con ocasión de los debates previos al informe del Consejo de Estado, abogó por reformar nuestra cámara alta en este sentido, por ser ésta «la mejor manera de dar expresión al pluralismo territorial y al principio democrático»[15]. Propuso igualmente que las elecciones de senadores se hicieran coincidir con las elecciones al parlamento de la respectiva comunidad autónoma y que se hiciera un reparto de senadores por comunidad autónoma en el que primara el criterio de población y no el criterio territorial, bajo la premisa de que «quienes votan son los ciudadanos y no las hectáreas»[16], existiendo en todo caso la posibilidad de reconocer un número fijo de senadores a cada comunidad autónoma para salvaguardar los intereses de las menos pobladas. En cuanto a la fórmula electoral, propuso dejar su fijación a los estatutos de autonomía, estableciendo como límite desde la Constitución «el respeto a los derechos de las minorías y una cierta homogeneidad en todo el territorio del Estado»[17]. Otro de los autores que se ha inclinado por la adopción de este modelo es Albertí Rovira. Al igual que Biglino Campos, considera que una elección popular en circunscripción autonómica con elecciones coincidentes con el Parlamento autonómico es suficiente para dotar a la cá-

---

15 Paloma BIGLINO CAMPOS (2006), p. 749.

16 *Ibid.*, p. 748 En parecido sentido, Antonio TORRES DEL MORAL (1992), p. 363. Conviene también ver la reflexión a propósito de esta cuestión de Fernando SANTAOLALLA LÓPEZ (2007).

17 *Ibid.*, p. 748.

mara alta de un carácter territorial[18]. También este autor se ha mostrado partidario de distribuir los senadores por comunidades en función de su población, dentro de una horquilla que asegure un mínimo a las más pequeñas y una determinada ratio entre éstas y las más pobladas. En cuanto al sistema electoral, de forma similar a la catedrática vallisoletana, considera que la mejor opción es permitir una cierta proporcionalidad, bien a través de sistemas proporcionales con corrección mayoritaria o bien un sistema mayoritario con correcciones proporcionales.

Cabe destacar también la posición de López Garrido que, desde los años noventa, viene defendiendo la conveniencia de optar por un senado electivo, desde la premisa de que mantener su legitimación democrática directa es el presupuesto necesario para poder incrementar sus funciones[19]. Recientemente abogó por la adopción de este modelo en el marco de los trabajos preparatorios del Informe para una reforma de la Constitución dirigido por García Roca[20]. Igual que los dos autores apenas mencionados, López Garrido considera que la clave para dar a un senado de este tipo la capacidad de representar los intereses autonómicos es hacer coincidir las elecciones al Senado con las elecciones en cada comunidad autónoma. Igualmente, ha destacado la importancia de atribuir a los presidentes autonómicos la condición de miembros natos de la cámara alta y especializar al Senado en las leyes que más afecten a las competencias de las comunidades o los municipios, como veremos más adelante.

Por último, es preciso apuntar que este modelo fue también la opción preferida por el Consejo de Estado en su Informe de

---

18 Enoch ALBERTÍ ROVIRA (2005), pp. 48 y ss.

19 Consultar Diego LÓPEZ GARRIDO (1994); Diego LÓPEZ GARRIDO (2013). Más recientemente, sobre las funciones del senado: Diego LÓPEZ GARRIDO (2018).

20 Javier GARCÍA ROCA (2014), pp. 61 y ss.

2006[21]. Así, el Consejo propuso modificar el artículo 69 CE en el sentido de asignar a cada comunidad autónoma un número fijo de seis senadores, más otro por cada millón de habitantes y otro por cada provincia en su respectivo territorio, siendo todos ellos elegidos por sufragio directo por los votantes de cada comunidad autónoma, en elecciones coincidentes con las autonómicas. La fórmula electoral se refirió a la LOREG, apuntando que ésta podría a su vez contener alguna remisión a los estatutos de autonomía si ello se considerase oportuno[22].

Son muchos los autores, sin embargo, que han considerado que la sustitución de la circunscripción provincial por la autonómica no sería suficiente para dotar de un carácter territorial al Senado[23]. Así, por ejemplo, García Roca ha afirmado que este modelo no permitiría una representación territorial sino que únicamente duplicaría la representación popular de la cámara baja, con el inconveniente añadido de que si existieran mayorías populares distintas en cada cámara no existirían razones claras para hacer primar la voluntad del Congreso[24]. En la misma línea, García Escudero ha señalado que en una cámara alta de elección directa quedaría representada la pluralidad ideológica que existe entre los ciudadanos del territorio nacional, tal y como ocurre en el Congreso de los Diputados, pero no la

---

21 Francisco RUBIO LLORENTE y José ÁLVAREZ JUNCO (eds.) (2006), p. 225. No obstante, a pesar de manifestar su «moderada preferencia» por esta opción, el Consejo de Estado formuló una segunda alternativa: un modelo mixto que combinara la elección popular directa con la designación por los Parlamentos autonómicos. Nos referiremos a este segundo modelo el próximo apartado.

22 *Ibid.*, 225-226.

23 Entre otros, Eduardo VÍRGALA FORURIA (2011).

24 Javier GARCÍA ROCA (2016). En parecido sentido José Antonio ALONOS DE ANTONIO (2005), pp. 374 y ss.; Alfonso FERNÁNDEZ-MIRANDA CAMPOAMOR (2006), pp.783-785.

pluralidad territorial existente entre las distintas CCAA[25], una cuestión que también ha sido señalada por Garrorena Morales[26]. Con ocasión de los debates académicos previos al informe del Consejo de Estado, tanto García Escudero[27] como Punset Blanco[28] y Fernández Miranda[29] apuntaron que un senado como el propuesto por la profesora Biglino Campos duplicaría la representación existente en el Congreso y no expresaría una voluntad única de cada comunidad autónoma, sino las distintas corrientes de opinión que conviven dentro de cada una de ellas. Para Biglino Campos, sin embargo, este aspecto no es un resultado defectuoso sino una «consecuencia obligada del pluralismo característico de un Estado social y democrático de Derecho»[30].

3.1.2. Senado de elección indirecta por los Parlamentos autonómicos

El modelo de elección indirecta por las asambleas parlamentarias admite dos grandes posibilidades en función de la fórmula electoral empleada: un senado en el que resulten elegidos en cada comunidad autónoma miembros de más de una fuerza política, que se alcanzaría a través de un sistema electoral proporcional, o un senado en el que cada comunidad autónoma tenga una única voz, gracias a la adopción de una fórmula mayoritaria pura. El primero de estos modelos cuenta con una tradición consolidada en nuestra democracia, en la medida en que es el sistema de designación utilizado para los llamados *senadores autonómicos*. Entre sus defensores se encuentran Torres

---

25 Piedad GARCÍA-ESCUDERO (2006), p. 803

26 Ángel GARRORENA MORALES *et. al.* (2006), p. 51.

27 Piedad GARCÍA-ESCUDERO (2006), pp. 803-804.

28 Ramón PUNSET BLANCO (2006), pp. 874 y ss.

29 Alonso FERNÁNDEZ MIRANDA (2006), pp. 782 y ss.

30 Paloma BIGLINO CAMPOS (2006), p.749.

del Moral[31], Castellà Andreu[32] y Santaolalla Gómez[33]. En palabras de este último, la voluntad que debe estar representada en el seno de la cámara alta no es —no podría serlo— la de los territorios, sino la de los ciudadanos que en ellos residen y, en consecuencia, no es necesaria una voz única por cada territorio. De acuerdo con el autor, este modelo presenta tres principales ventajas. En primer lugar, al ser elegidos mediante un sufragio popular indirecto, los senadores mantendrían una conexión cercana con el pueblo al que representan, en concordancia con el artículo 66.2 CE. Además, a diferencia de los modelos de elección directa, el suyo evita la duplicidad en la composición de Congreso y Senado, dado que los parlamentos encargados de la elección senatorial nunca reflejan de forma perfecta la distribución poblacional en el territorio, y además sería previsible que se dieran pactos y acuerdos entre las fuerzas políticas en ellos representadas a la hora de escoger a los candidatos finalmente designados. Igualmente contribuiría a la diferenciación el hecho de que la designación no coincidiría en el tiempo con las elecciones al Congreso de los diputados. En tercer y último lugar, su propuesta corregiría una importante incoherencia del Senado actual: se configuraría una cámara con una legitimidad popular menos intensa que la de la cámara baja, una cuestión esencial dadas sus menores atribuciones funcionales.

Entre los partidarios un senado de designación parlamentaria con fórmula proporcional está también el Consejo de Estado, para quien la principal ventaja de este método de designación es su continuidad con la regulación actual[34]. No obstante, en su informe no propuso la extensión del sistema vigente de designa-

---

31 Antonio TORRES DEL MORAL (1992).

32 Josep María CASTELLÀ ANDREU (2017).

33 Fernando SANTAOLALLA LÓPEZ (2007), pp. 65 y ss.

34 Francisco RUBIO LLORENTE y José ÁLVAREZ JUNCO (eds.) (2006), pp. 227-228.

ción de los senadores autonómicos, sino un modelo mixto en el que parte de los senadores fueran designados por las asambleas legislativas autonómicas y otra parte elegidos por sufragio directo de los ciudadanos. En concreto, propuso asignar a cada comunidad autónoma seis senadores, más uno por cada millón de habitantes, elegidos por el parlamento autonómico correspondiente de acuerdo con lo establecido por vía estatutaria y respetando en todo caso la adecuada representación proporcional. Por cada provincia se elegiría, además, otro senador, en este caso por sufragio universal, mediante escrutinio mayoritario y siendo elegido el candidato que más votos tenga, cualquiera que sea su número.

Autores como Garrorena Morales, Solozábal Echevarría[35] y Vírgala Foruria[36] también han manifestado su conformidad con la adopción de un senado de designación parlamentaria, y han valorado positivamente que se otorgue representación no solo a la corriente de opinión dominante, sino también a las minorías de cada territorio. No obstante, se han inclinado por diseñar sistemas que no consisten en un mero reparto proporcional, con el objetivo de hacer de la corriente de opinión mayoritaria la voz dominante de cada comunidad autónoma, sin por ello impedir de forma total la expresión de la oposición política. Para ello Garrorena Morales[37] propuso hace ya treinta años la aplicación de un sistema mayoritario corregido con un senador para la segunda fuerza, una propuesta secundada en lo esencial por San-

---

35 Juan José SOLOZÁBAL ECHEVARRÍA (2014), pp. 19-68.

36 Eduardo VÍRGALA FORURIA (2011), p. 123; Eduardo VÍRGALA FORURIA (2017).

37 Ángel GARRORENA MORALES (1995). Es preciso destacar, no obstante, que este autor en fechas más recientes ha declarado que podría perfectamente prescindirse de la previsión de voto restringido que entonces defendió en deferencia a las minorías de cada comunidad autónoma. Ver al respecto Eliseo AJA FERNÁNDEZ, Ángel GARRORENA MORALES *et al.* (2006), p. 53.

taolalla López[38]. Solozábal Echevarría y Vírgala Foruria han manifestado su preferencia por atribuir a la mayoría del Parlamento autonómico el 80% de los escaños y a la oposición un 20%[39].

Hay quien ha ido más allá, proponiendo directamente una designación por los Parlamentos autonómicos con fórmula mayoritaria sin voto limitado, buscando primar de forma absoluta la orientación política dominante tal y como sucede en el modelo de consejo federal. Es el caso de Punset Blanco[40], para quien resulta esencial dar a la representación de cada comunidad autónoma un carácter unitario en el seno de la cámara alta. En sus palabras, lo «genuinamente territorial de la representación llamada a actualizarse en el Senado es que a través de los senadores se represente la orientación política dominante en su comunidad autónoma»[41]. Así, su modelo consigue la territorialidad predicada del senado tipo dieta sin dejar de hacer del Senado una cámara parlamentaria. Además, presenta un «plus adicional de legitimidad» frente al modelo alemán, dado el origen directamente popular del órgano *designante* y la mayor publicidad del procedimiento electivo, sometido además a las reglas del debate parlamentario[42]. Por último, tendría la virtud de revitalizar el papel de las asambleas autonómicas, las cuales podrían debatir, con la presencia e intervención de sus senadores, los asuntos de su interés que más tarde se tratarían en el Senado[43].

---

38 Fernando SANTAOLALLA LÓPEZ (2007); Ángel GARRORENA MORALES *et al.* (2006), pp. 52-53

39 Juan José SOLOZÁBAL ECHEVARRÍA (2006), p. 390; Eduardo VÍRGALA FORURIA (2011), p. 123.

40 Ramón PUNSET BLANCO (2006); Ramón PUNSET BLANCO (1993).

41 Ramón PUNSET BLANCO (2006), p. 877. En este mismo sentido se ha pronunciado Vírgala Foruria, para quien en la cámara alta ha de reflejarse el «pulso político gobernante en cada Comunidad Autónoma». Eduardo VÍRGALA FORURIA (2011), p.123.

42 Ramón PUNSET BLANCO (2006), p. 877.

43 *Ibid.*, p. 877.

Siguiendo con la propuesta de Punset Blanco, en un senado así elegido no debería permitirse que los senadores fueran a su vez miembros del Parlamento designante ni del gobierno autonómico, resultando suficiente para establecer una conexión entre ambas cámaras que los senadores participaran en las sesiones de las asambleas autonómicas. Su propuesta conllevaría la supresión de la prohibición del mandato imperativo, en tanto que la pretendida presencia unitaria de cada comunidad autónoma en el Senado requiere de una relación fiduciaria permanente entre los órganos *designantes* y los parlamentarios designados. Dicha relación exigiría que los primeros pudieran dar instrucciones y revocar a sus senadores, y la vinculación del mandato de estos últimos a la de las asambleas autonómicas[44]. Un Senado así compuesto sería, en lógica coherencia con lo dicho hasta ahora, una cámara permanente —sin perjuicio de que sus sesiones quedaran suspendidas al finalizar la legislatura congresual—[45].

Punset reconoce, no obstante, que su propuesta presenta algunos inconvenientes que dificultarían su adopción, al apartarse del sistema hoy vigente y resultar una apuesta arriesgada para los grandes partidos nacionales. También han señalado algunas desventajas de este modelo los partidarios de un senado gubernamental. En este sentido, cabe apuntar las críticas realizadas por Aja Fernández[46] y García Roca[47] a los senados de designación parlamentaria, incluso en el caso de empleo de una fórmula mayoritaria sin voto limitado. Su principal objeción es la falta de especialización de los miembros de este tipo de senado. Los senadores no estarían en condiciones de ser expertos en todas las materias sobre las cuales tendrían capacidad de decisión, a diferencia de lo que sucedería en un

---

44 *Ibid.*, p. 878.

45 *Ibid.*, p. 878.

46 Enoch ALBERTÍ ROVIRA (2005), pp. 26-27.

47 Javier GARCÍA ROCA (2016).

consejo federal de composición variable, tal y como se explicará en el próximo apartado. Por otro lado, en el momento actual los programas legislativos dependen más de los gobiernos que de los Parlamentos, de modo que sería más aconsejable la presencia de los primeros para desempeñar las funciones que se esperan de un senado útil al Estado autonómico. También ha señalado Aja Fernández[48], acompañado en esta ocasión por González Trevijano[49] y Fernández Miranda[50], que en la práctica un senado de designación parlamentaria, tal y como demuestra la experiencia austriaca, no evita que la representación de cada comunidad autónoma siga siendo plural.

Antes de finalizar este apartado, merece la pena referirnos también a la peculiar propuesta formulada por Blanco Valdés en 2005, que trató de combinar las ventajas de un senado de designación parlamentaria con sistema proporcional con el plus de territorialidad que suele predicarse del *Bundesrat* y del modelo de designación parlamentaria con formula mayoritaria y sin voto limitado. Para ello, el autor propuso que los senadores fueran elegidos por las asambleas autonómicas con arreglo a un sistema proporcional, pero que expresaran la voluntad de la cámara alta a través de dos sistemas de votación diferentes: un sistema de *voto in capita* como regla general y un sistema de *voto comunitario* para determinadas materias especialmente sensibles para las CCAA[51]. En concreto, requerirían del voto comunitario la reforma de la Constitución, la fijación del sistema de financiación de las CCAA (artículo 157.3 CE), la apro-

---

48 Eliseo AJA FERNÁNDEZ (2006), p. 713 y ss.

49 Pedro GONZÁLEZ TREVIJANO (2006), p. 837

50 Alfonso FERNÁNDEZ MIRANDA CAMPOAMOR (2006), pp. 786-787.

51 Roberto BLANCO VALDÉS (2005), pp. 41-47. Como veremos más adelante, en tiempos más recientes este autor ha pasado a defender una postura distinta: la conveniencia de suprimir el Senado, o bien mantener su regulación del Senado inalterada, para que éste continúe siendo una cámara irrelevante, pero inocua. *Vid. infra* apartado 4.

bación de las leyes de armonización, la adopción de medidas de coerción estatal en virtud del artículo 155 CE, la prestación del consentimiento del Estado para obligarse por medio de los tratados a los que se refiere el artículo 94.1 CE, la adopción de acuerdos de cooperación entre comunidades autónomas (artículo 145.2 CE) y la decisión estatal sobre la distribución de los recursos del fondo de compensación (artículo 158.2 CE). En estas materias, el Senado dispondría de una capacidad de veto absoluta, de alcanzarse la mayoría que se estimara conveniente en cada caso. Restaría determinar el tipo de mayoría por la que los grupos territoriales de senadores podrían formar la voluntad interna de la comunidad autónoma a la que representan, así como el sistema de adopción de decisiones mediante voto comunitario (valor de cada uno de los votos comunitarios y mayoría necesaria para tomar decisiones)[52]. En todo caso, el modelo planteado por Blanco Valdés conjuga las ventajas de la proporcionalidad con la garantía de que la voluntad expresada en cada caso a través del correspondiente voto comunitario sería la de la respectiva comunidad autónoma.

3.1.3. Cámara federal al estilo del Bundesrat alemán: un consejo de las comunidades autónomas

La propuesta más alejada de nuestra tradición constitucional es la de quienes abogan por la creación de un senado inspirado en el *Bundesrat* alemán, donde los senadores fueran designados por los gobiernos autonómicos entre sus miembros. Un senado así constituido no sería una cámara parlamentaria, sino un órgano intergubernamental, una suerte de consejo de las comunidades autónomas. Pese a sus diferencias con nuestra cámara alta actual y con los principales modelos que podemos

---

52 Para un desarrollo más detallado de esta propuesta, consultar: Roberto BLANCO VALDÉS (2017).

encontrar en el Derecho comparado, el senado tipo dieta ha recibido un apoyo no desdeñable entre la doctrina española. Su principal valedor en los últimos años ha sido Aja Fernández. Con ocasión de los debates previos a la elaboración del Informe del Consejo de Estado, este autor defendió la conveniencia de reformar el Senado en este sentido y sugirió atribuir tres senadores a cada comunidad autónoma, más uno por cada millón de habitantes[53]. De acuerdo con este criterio, resultaría un senado de ochenta y cinco miembros. Siguiendo la propuesta de Aja Fernández, cada comunidad autónoma tendría atribuido un número de votos que sería ejercido por los miembros que su gobierno designara para actuar en el seno de la cámara alta. Cada gobierno autonómico podría enviar a los consejeros y altos cargos que considerase más conveniente en función de los asuntos a debatir, de manera que los miembros presentes en la cámara irían variando según el orden del día. En coherencia con lo dicho hasta ahora, todos los votos de cada comunidad autónoma tendrían el mismo sentido, al reflejar la posición del mismo gobierno. No obstante, el propio autor reconoció que convendría regular la posibilidad de expresar una posición diferente en los gobiernos de coalición, un supuesto relativamente frecuente en algunas de las regiones españolas[54].

El propósito fundamental de Aja Fernández y de quienes han secundado su postura, entre los que destaca la figura de García Roca[55], es que el Senado pueda servir para poner remedio a algunos de los principales déficits de nuestro modelo de descentralización territorial. En particular, estos autores buscan hacer de él una institución capaz de corregir la debilidad de la participación de las CCAA en las instituciones generales del Estado, solventar la falta de canales oficiales de diálogo entre el Estado y

53 Eliseo AJA FERNÁNDEZ (2006).

54 *Ibid.*

55 Javier GARCÍA ROCA (2014).

las CCAA y entre éstas entre sí, y permitir su intervención en los asuntos relacionados con la Unión Europea. En su opinión, un consejo federal sería la única institución capaz de desempeñar estos cometidos. Los mismos tienen su traducción en una serie de funciones que, como veremos más adelante, adquieren en la propuesta de estos autores una dimensión distinta a la que suele acompañar a las propuestas de quienes se decantan por un senado de elección popular o de designación parlamentaria[56].

La idea central de hacer del Senado un consejo de las comunidades autónomas es, en palabras del propio Aja Fernández, crear un órgano que ayude a la integración del Estado autonómico. Y para ello, nada mejor que aunar la orientación política principal de las CCAA con la capacidad técnica de sus gobiernos[57]. De esta forma, el modelo permitiría articular una verdadera representación territorial, dando voz a esa *orientación política dominante* de cada comunidad autónoma de la que hablaba Punset Blanco, beneficiándose además de la especialización de los senadores gubernamentales. En contraste con los modelos analizados previamente, en los cuales en el seno de la cámara alta estarían representados los mismos partidos políticos presentes en el Congreso, y ésta se integraría por candidatos propuestos por la dirección de esos partidos sin intermediación de las instituciones autonómicas y sin preparación técnica especial en las cuestiones autonómicas, un consejo federal al estilo alemán permitiría una especialización autonómica de la labor del senado, que contaría con la experiencia de senadores conocedores de las necesidades de las comunidades que

---

56 Como se verá más adelante, el pretendido Consejo de las Comunidades Autónomas prescindiría de algunas funciones asociadas al carácter parlamentario de la cámara alta y potenciaría la función legislativa en las competencias compartidas, y la función de impulso de las relaciones intergubernamentales.

57 Eliseo AJA FERNÁNDEZ (2005), p. 16; Eliseo AJA FERNÁNDEZ (2006), p.714.

ellos mismos gobiernan. El autor reconoce que también este senado tendería seguir las grandes orientaciones de los partidos políticos presentes en el Congreso, pero considera que en él éstas vendrían al menos matizadas por los intereses de las comunidades autónomas[58]. Conviene además destacar una última ventaja del modelo, y es que previsiblemente reduciría la elevada litigiosidad competencial entre Estado y comunidades ante el Tribunal Constitucional, corrigiendo así una de las grandes fallas del Estado autonómico.

Los críticos de este modelo oponen varias objeciones frente a su importación a España. En primer lugar, muchos señalan la aparente incongruencia de crear un senado que, sin ser una cámara parlamentaria, esté llamado a integrarse en un Parlamento. Esta es, de hecho, la razón que dio el Consejo de Estado para descartar la propuesta de Aja Fernández[59]. En segundo lugar, es también frecuente entre los detractores del modelo alemán señalar que no se adecúa bien a la realidad jurídico-política española[60]. Al fin y al cabo, el *Bundesrat* es un ejemplo único en el Derecho comparado, muy vinculado a la tradición alemana y a su

58 Eliseo AJA FERNÁNDEZ (2005), p. 26.

59 Francisco, RUBIO LLORENTE (2006), p. 184. En parecido sentido, Enoch ALBERTÍ ROVIRA (2005), p. 43; Ricardo CHUECA RODRÍGUEZ (2005), pp. 209-210.

60 En este sentido se pronunciaron prácticamente todos los intervinientes en los debates que precedieron a la elaboración del Informe del Consejo de Estado. También Eduardo VÍRGALA FORURIA (2011), p. 122. En parecido sentido Aragón Reyes ha señalado que el buen funcionamiento del Bundesrat ha sido posible porque allí se dan tres condiciones que no existen en España, y sin las cuales este modelo no puede ser eficaz —la lealtad constitucional de los Länder y del Estado federal, la inexistencia de partidos nacionalistas-independentistas y el hecho de que los gobiernos de los Länder representan a la mayoría parlamentaria en su territorio, pues siempre han sido o gobiernos de mayoría absoluta o gobiernos de coalición—: Manuel ARAGÓN REYES (2019), p. 201.

particular federalismo[61], y difícil de compatibilizar con las aspiraciones de los distintos nacionalismos que conviven en el Estado español[62]. Entre nosotros carece de arraigo alguno y, para muchos, no sería prudente introducir en España un modelo de institución que ha sido gravemente cuestionado en su propio lugar de origen[63]. La tercera gran dificultad que plantea el senado tipo dieta es que podría conducir a un choque de legitimidades de difícil solución en caso de discordancia entre Congreso y Senado. En estos supuestos, en palabras de Albertí Rovira, la confrontación entre legitimidad democrática directa y legitimidad federal gubernamental está servida, y ello sin duda podría convertirse en un foco de tensión constante[64]. En cuarto lugar, para quienes, como Biglino Campos o López Garrido, abogan por darle al Senado una composición derivada de una elección popular directa, la designación gubernamental presenta un importante déficit de partida por su lejanía respecto de los ciudadanos[65]. Se critica también, en quinto lugar, que la pretendida ventaja de dar una única voz a cada comunidad autónoma no es tal, en la medida en que se logra a costa del sacrificio de la representación de la pluralidad política de la comunidad y conduce a dar una imagen política distorsionada de ésta[66]. La unidad de voto de

---

61 Consultar, por ejemplo, el trabajo de Manuel MARTÍNEZ SOPEDRA (2002).

62 El difícil encaje entre el modelo Bundesrat y las sociedades donde al menos una parte de los ciudadanos se sienten parte de un Estado plurinacional ha sido otra de las grandes críticas de sus detractores. Esta cuestión fue tempranamente señalada, entre otros, por Francisco RUBIO LLORENTE (1996), p. 360.

63 Pedro GONZÁLEZ TREVIJANO (2006), p. 843.

64 Enoch ALBERTÍ ROVIRA (2005), p. 46.

65 Paloma BIGLINO CAMPOS (2006), p. 747. También en alguna ocasión se ha sumado a esta crítica Ángel GARRORENA MORALES *et al.* (2006), p. 52.

66 Enoch ALBERTÍ ROVIERA (2005), p. 47.

las delegaciones autonómicas se critica también porque puede alargar y dificultar el proceso de toma de decisión y, además, podría suscitar especiales dificultades en los gobiernos de coalición. Como antes apuntamos, este problema ha sido identificado también por el propio Aja Fernández. Albertí Rovira, sin embargo, considera que la solución de permitir dividir el voto en estos casos «no solo iría contra la lógica que inspira el sistema, sino que eliminaría casi todas sus eventuales ventajas y trasladaría el debate al interior de los gobiernos»[67]. Apunta, además, que el hecho de que las formaciones senatoriales sean variables en función del tema a debatir también podría dificultar el funcionamiento de la cámara, dado que muchas veces las negociaciones entre fuerzas políticas requieren su extensión más allá de los asuntos tratados en un determinado momento para poder lograr acuerdos sobre la base de ejes más amplios[68]. En séptimo lugar, algunos autores señalan que el senado gubernamental contribuiría al indeseable debilitamiento de los Parlamentos autonómicos que hoy ya experimentamos, siendo la negociación entre gobiernos, por lo general, menos transparente que la que se produce en sede parlamentaria[69]. Por último, desde una perspectiva práctica son varios los autores que han señalado que la experiencia alemana demuestra que un consejo federal fuerte con mayorías distintas al Congreso y capacidad de veto supone un importante riesgo de introducir bloqueos en el proceso legislativo[70]. Además, el estudio del sistema alemán demuestra que la composición gubernamental de un senado no excluye las alineaciones partidistas de sus miembros, ni la necesidad de construir y mantener una extensa y sólida red de relaciones intergubernamentales[71].

---

67 *Ibid.*, p. 43.

68 *Ibid.*, p. 44.

69 *Ibid.*, p. 45; Ramón PUNSET BLANCO (2006), p. 877.

70 Entre otros, Roberto BLANCO VALDÉS (2017), p. 70

71 Enoch ALBERTÍ ROVIRA (2005), p. 47. En parecido sentido Carlos GARRIDO LÓPEZ (2019), pp. 111-119.

3.2. La reforma de las funciones del Senado

Carecería de sentido realizar aquí un estudio exhaustivo de las funciones atribuidas al Senado, una cuestión de sobra conocida entre nosotros. No obstante, quizás sí resulte conveniente exponer las líneas maestras de su configuración funcional, tal y como lo hicimos en relación con su composición, ya que una breve descripción de las funciones del Senado puede ayudar a ilustrar los motivos del descontento que esta cuestión suscita, así como a comprender el sentido de las reformas que se han propuesto.

De acuerdo con su regulación actual el Senado es, ante todo, una de las dos partes que forman las Cortes Generales, el órgano encargado de representar al pueblo español (artículo 66 CE). Como tal, le corresponde ejercer la potestad legislativa del Estado, aprobar sus presupuestos y controlar la acción del Gobierno, si bien el texto constitucional lo coloca en una posición subordinada a la cámara baja en todas estas funciones. En lo que respecta a la función legislativa se le reconoce iniciativa en igualdad con el Congreso, pero se le otorga una posición muy secundaria en la fase de deliberación parlamentaria. El proceso legislativo comienza en la cámara baja en todo caso y el Senado, si bien puede enmendar e incluso vetar iniciativas legislativas remitidas por el Congreso, carece de poder para forzar cambios en la posición de este último, ya que su voluntad puede ser fácilmente superada en aplicación de las normas del artículo 90 CE. El Senado dispone tan solo de dos meses —veinte días en caso de que el proyecto de ley sea declarado urgente por el Gobierno o el Congreso— para introducir sus enmiendas o vetos. Éstos pueden ser superados por el Congreso por mayoría simple, sin necesidad siquiera de pasar por una comisión mixta de conciliación. El eventual recurso a un órgano mixto de conciliación solo se prevé para las discrepancias que pudieran surgir en la ratificación de tratados internacionales, la autorización de convenios entre CCAA, o el reparto del Fondo de Compensación Interterritorial. También en estos casos la decisión definitiva le corresponde al Congreso, por mayoría absoluta. El papel del Senado no presenta ninguna especialidad territorial en el procedimiento legislativo de las leyes ordinarias u orgánicas que afectan particularmente a las CCAA, ni siquiera en el caso de la aprobación y reforma de los estatutos de autonomía.

La práctica política de los partidos españoles ha contribuido a reforzar la irrelevancia de la cámara en el proceso legislativo. Por un lado, los partidos no colocan a sus grandes líderes en esta cámara, y por otro, el Senado reproduce la dinámica partidista del Congreso hasta el punto de que en su seno habitualmente el tono del debate es el mismo que en la cámara baja. En palabras de Garrido López[72], «si el proyecto de ley empieza abrasando, termina abrasando», de manera que nuestro Senado ni siquiera está en condiciones de cumplir la clásica función de servir como cámara de enfriamiento. Tampoco puede desempeñar de forma eficaz su labor como cámara de reflexión, dada la brevedad de los plazos dispuestos para su intervención. Todo lo señalado hasta ahora, unido al creciente recurso por parte del Gobierno a los Decretos-leyes, en cuyo control no interviene el Senado, coloca al Senado en una posición de total marginalidad respecto de la cámara baja.

En el proceso legislativo que conduce a la aprobación de la Ley de Presupuestos Generales del Estado, la intervención del Senado es la misma que en el proceso legislativo en general —con la salvedad, claro, de no tener reconocida la iniciativa, que corresponde en exclusiva al Gobierno—.

En lo que se refiere a las relaciones del Senado con el Gobierno, éste no interviene en su investidura, ni en la cuestión de confianza, ni en la moción de censura. No obstante, sí dispone —en igualdad con el Congreso— de los instrumentos de información y control ordinarios (petición de información, comparecencias, preguntas e interpelaciones y comisiones de

---

72 Carlos GARRIDO LÓPEZ (2019), p. 54.

investigación). No obstante, una vez más, la práctica política española ha restado protagonismo al Senado en este ámbito.

De las demás funciones atribuidas al Senado por la Constitución, destacaremos únicamente dos: su intervención en la reforma constitucional y en el nombramiento de los miembros de algunas de las más altas instituciones del Estado. En cuanto a la reforma constitucional, existe una equiparación absoluta entre ambas cámaras cuando ésta debe tramitarse por el procedimiento agravado del artículo 168 CE, y casi absoluta en el procedimiento de reforma ordinario del artículo 167 CE. Y respecto de los nombramientos, también ambas cámaras se encuentran en igual posición a la hora de elegir magistrados del Tribunal Constitucional (159.1 CE) y vocales del Consejo General del Poder Judicial (arts. 122 CE y 112 y 113 LGPJ).

Es habitual que la doctrina se refiera de forma separada a las funciones hasta ahora comentadas, atribuidas constitucionalmente al Senado en tanto cámara de representación del pueblo español, y a las funciones más conectadas con la dinámica autonómica, denominadas en ocasiones *funciones territoriales* del Senado. No obstante, esta separación no existe en el texto constitucional. La primera de estas *funciones territoriales* es la aprobación por mayoría absoluta de las medidas de coerción estatal propuestas por el Gobierno, función que será ejercida solamente en circunstancias extraordinarias y que le corresponde al Senado en exclusiva. En segundo lugar, a esta cámara le corresponde, en paridad con el Congreso, apreciar la necesidad de dictar leyes de armonización[73] al amparo del art 150.3 CE. Se requiere mayoría absoluta de cada cámara. En tercer lugar, en los procedimientos de autorización de los acuerdos de colaboración entre CCAA previstos en el art 145.2 CE y para

---

[73] Es preciso tener en cuenta, no obstante, que estas leyes han devenido una fuente del Derecho absolutamente excepcional tras la STC 76/1983, de 5 de agosto.

la distribución de los recursos del Fondo de Compensación Interterritorial a los que se refiere el art 158.2 CE, corresponde al Senado ejercer la iniciativa. En ambos casos se precisa la voluntad concurrente de ambas cámaras, expresada por mayoría, y se prevé un mecanismo de conciliación en caso de discrepancia: una comisión mixta de igual número de senadores y diputados. No obstante, de no alcanzarse el acuerdo buscado, la decisión definitiva corresponde al Congreso por mayoría absoluta).

Las notas que definen nuestro bicameralismo, por tanto, son su carácter desequilibrado, asimétrico y desigual en detrimento del Senado. Y si su composición no lo convertía en una cámara de representación territorial, tampoco lo hacen sus funciones. Por eso, desde épocas tempranas se viene debatiendo si sería o no necesario y conveniente atribuir al Senado funciones específicamente territoriales, cuáles serían esas funciones, y cuál es el peso que esta cámara debería asumir respecto al Congreso en su ejercicio. Si bien puede afirmarse que a la hora de determinar estas cuestiones ha existido un grado de consenso superior al que existe respecto de la composición de la cámara alta, tampoco este ha sido un tema pacífico. Las propuestas de reforma de las funciones del Senado también lo han acompañado desde los primeros años de andadura de nuestro régimen democrático, y han sido muchas y considerablemente diversas entre sí. Como acertadamente advirtió Garrorena Morales, la simetría entre composición y funciones no es tan rígida como pudiera creerse[74]. La correlación entre estas dos variables es bastante más fluida y moldeable de lo que pudiera parecer, y hay un gran número de combinaciones posibles. Así, podemos encontrar autores como Ramón Punset que, a pesar de ser muy exigente en lo que se refiere a la territorialización de la composición del senado, considera que no debería realizarse cambio alguno en sus funciones. Por esta razón, a la hora de estructurar el pre-

[74] Ángel GARRORENA MORALES (2006), pp. 926-927.

sente apartado seguiremos la misma estrategia que empleó en su día Garrorena Morales: considerar de forma sucesiva las funciones que se suelen atribuir al Senado, y comentar al hilo de su exposición las diferencias que existen entre los autores cuyas posiciones han sido comentadas los apartados que anteceden a estas líneas. Así, nos detendremos de forma consecutiva en el análisis del papel que quiere atribuirse al Senado en la función legislativa y en la función de relación e integración de las comunidades autónomas en el Estado, para después hacer una breve referencia al papel que ha pretendido conferirse a esta cámara en otros ámbitos, y en especial en el control al Gobierno, el nombramiento de los miembros de determinadas instituciones del Estado y la participación de las comunidades autónomas en la formación de la voluntad estatal ante la Unión Europea.

3.2.1. El Senado y la función legislativa

Que el Senado debe continuar participando en la función legislativa y que, en último término, deberá prevalecer la voluntad del Congreso sobre la suya son dos de las pocas cuestiones sobre las que existe un acuerdo unánime. Se ha logrado también un alto grado de acuerdo en que debería reforzarse la intervención de la Cámara alta en el proceso legislativo, y en que tal fuerzo sería especialmente deseable en aquellas leyes que tienen una *especial incidencia autonómica.* Más allá de estos elementos relativamente pacíficos, existen varias cuestiones de gran relevancia sobre las que el grado de desacuerdo aumenta considerablemente.

Para simplificar los problemas que suscita la reforma del Senado en lo que respecta a su papel en la función legislativa, podríamos decir que hay tres grandes discusiones aún abiertas: si la intervención del Senado debería ser universal o, por el contrario, afectar únicamente a aquellas normas que se consideren especialmente trascendentes para las CCAA, qué normas deberían ser consideradas *leyes de especial incidencia autonómica,* y cómo debería instrumentalizarse la pretendida participación reforzada de la cámara alta en su tramitación. A propósito de la primera de estas cuestiones, con la notable excepción de Aja Fernández[75], la mayor parte de la doctrina coincide en que la intervención del Senado en el proceso legislativo debería afectar a toda ley. A esta consideración subyace el entendimiento del Senado como cámara de doble naturaleza, llamada no solo a ostentar la representación territorial sino también a representar al pueblo español en su conjunto[76]. A la hora de determinar cuáles deban ser las normas consideradas *leyes de especial incidencia autonómica,* existe un acuerdo bastante amplio en incluir en esta categoría los estatutos de autonomía, las leyes de bases, las leyes de transferencia

---

75 Este autor propone distinguir entre al menos cuatro tipos de leyes cuya tramitación sería distinta, con un mayor protagonismo del Senado cuanto mayor fuera su incidencia autonómica. En primer lugar, en aquellas leyes que no afectan a las CCAA, en la tramitación de las cuales el Senado solo podría exponer su opinión general en un dictamen que enviaría al Congreso sin mayor efecto. En segundo lugar, las leyes que afectan a las CCAA como marco general de las competencias autonómicas o de forma incidental, en las que se exigiría aprobación del Senado por mayoría simple, si bien sus diferencias con el Congreso podrían ser superadas por este último por mayoría simple. En tercer lugar, las leyes correspondientes a las competencias compartidas de legislación-ejecución, donde el Senado podría modificar o rechazar el texto del Congreso con mayoría absoluta, y para imponerse a su decisión este último necesitaría la misma mayoría. En último lugar, las leyes correspondientes a las competencias compartidas de legislación, en cuya tramitación Senado y Congreso tendrían una misma posición y sus diferencias deberían resolverse acudiendo a una comisión mixta paritaria. En caso de no alcanzarse un acuerdo, podría decidir el Congreso pero para ello necesitaría de una mayoría cualificada. Para conocer la propuesta completa del autor, ver: Eliseo AJA FERNÁNDEZ (2006), pp. 714-719.

76 Es importante tener presente que esta concepción es una premisa que está especialmente presente en el Informe del Consejo de Estado. A ello se ha referido, entre otros, Cindocha Martín, a cuyo trabajo nos remitimos: Antonio CINDOCHA MARTIN (2011), p. 196.

del artículo 150 CE y las leyes que afectan a la financiación de las CCAA (en particular, la Ley Orgánica de Financiación y las leyes de distribución del Fondo de Compensación Interterritorial). Sin embargo, hay varios autores que consideran que esta categoría debería incluir un mayor número de normas. Por último, en lo que respecta a la instrumentalización de la participación reforzada del Senado lo habitual es abogar por la introducción de todos o alguno de estos tres refuerzos procesales: una primera lectura en el Senado, una ampliación del plazo de discusión en el Senado o la extensión del mecanismo de resolución de discrepancias previsto en el artículo 74.2 CE.

En su Informe de 2006, el Consejo de Estado se inclinó por mantener el Senado como una cámara legislativa con competencia universal y reforzar su papel en el procedimiento legislativo, especialmente en relación con las leyes de especial incidencia autonómica[77]. En concreto, propuso modificar las reglas del artículo 90.2 CE para ampliar hasta cuatro meses el plazo para su intervención en el procedimiento ordinario y dar la posibilidad de que el Gobierno o el Congreso fijen un plazo mayor a veinte días para los proyectos declarados urgentes. En lo que se refiere a los cambios necesarios para dotar al Senado de una mayor relevancia en la tramitación parlamentaria de las leyes de especial incidencia autonómica, propuso que algunas de estas normas pasaran por una primera lectura en el Senado. En concreto, aquellas que resultarían más fáciles de identificar, con el objetivo de evitar problemas de calificación: las leyes previstas en los artículos 150, 156.2, 157.3 y 158.2 CE. Quedarían fuera, por tanto, las leyes de bases y los estatutos de autonomía. No obstante, propuso igualmente la incorporación de una cláusula residual en virtud de la cual el Gobierno podría remitir al procedimiento legislativo especial para las leyes

---

[77] Para conocer los detalles de la propuesta en este ámbito: Francisco RUBIO LLORENTE y José ÁLVAREZ JUNCO (eds.) (2006), pp. 190 y ss.

de especial incidencia autonómica aquellas materias cuya relevancia, a su juicio, así lo justifique. Por otro lado, incorporó un mecanismo preventivo para evitar que una eventual negativa del Senado a aprobar una iniciativa legislativa condujera a un bloqueo: atribuir al Presidente del Gobierno la facultad de reanudar el procedimiento en el Congreso, cuando lo juzgara necesario para poder llevar a cabo su programa político. En relación con la posible falta de acuerdo entre las dos cámaras en el contenido de una ley, el Consejo propuso también la extensión de la comisión mixta prevista hasta hoy en el artículo 74.2 a todas las normas de primera lectura en el Senado, así como a las leyes básicas. La comisión de conciliación debería presentar un texto para su votación en una y otra cámara. De no alcanzarse un acuerdo para su redacción, o de no ser aprobado el texto resultante por ambas cámaras, la decisión final correspondería al Congreso por mayoría absoluta.

3.2.2 El Senado y la concertación y cooperación entre el Estado y las CCAA y entre éstas entre sí

Desde la premisa de que uno de los grandes déficits del Estado autonómico es la falta de coordinación y cooperación entre el Estado y las comunidades autónomas, y entre éstas entre sí, se ha venido reivindicando que el Senado haga posible la comunicación entre estas partes. En este sentido, como acertadamente se señaló en el Informe del Consejo de Estado[78], pueden distinguirse dos tendencias doctrinales a la hora de enfocar la configuración del Sendo como un espacio de concertación y cooperación. Para la primera, el Senado es esencialmente una Cámara legislativa a través de la cual las CCAA participan en la legislación estatal y en el proceso de formación de la voluntad

78 Ver al respecto Francisco RUBIO LLORENTE y José ÁLVAREZ JUNCO (eds.) (2006), pp. 200 y ss.

del Estado, sin perjuicio de que pueda realizar también funciones de control, seguimiento, información e impulso político, así como servir de foro para el debate y la resolución de conflictos. Para la segunda, que coincide con quienes han propuesto la adopción de un modelo de senado similar al alemán, esta vertiente tiene una importancia capital ya que su composición gubernamental permitiría hacer del Senado una instancia de concertación y dialogo permanente entre el Estado y las CCAA, y de éstas entre sí, y servir como núcleo central de la acción y coordinación interterritoriales. Mientras que para la primera corriente la concertación y cooperación tendría escasa entidad como función autónoma, para la segunda resultaría una función propia, distinta y de una importancia clave a la hora de dar sentido al Consejo de las CCAA.

Una de las voces que con mayor claridad se ha pronunciado acerca de esta cuestión, desde la perspectiva de los autores pertenecientes a la primera tendencia doctrinal que hemos identificado, es Biglino Campos[79]. Para ella, el Senado es la sede natural e idónea para la integración en materias cuya resolución exija forma de ley; la función legislativa subsumiría era función de integración. Por el contrario, cuando la falta de coordinación afecta a materias de naturaleza administrativa, el canal adecuado de solución han de ser las relaciones intergubernamentales. Su postura es a grandes rasgos la que se mantiene en el Informe del Consejo de Estado, donde prácticamente la única propuesta concreta para materializar esta función es la de facultar al Senado para recabar la presencia de los miembros de los Consejos de Gobierno de las CCAA y a estos para solicitar ser oídos[80].

79 Ver al respecto Paloma BIGLINO (2006), pp. 742-745.

80 Ver al respecto Francisco RUBIO LLORENTE y José ÁLVAREZ JUNCO (eds.) (2006), pp. 199-202.

El principal defensor de la postura contraria es Aja Fernández[81]. Para él, sería deseable hacer del Senado una institución capaz de racionalizar e institucionalizar la coordinación entre Estado y CCAA. La presencia en él de los gobiernos autonómicos lo colocaría en la posición idónea para desempeñar este cometido, que se traduciría en impulsar las relaciones de colaboración, promover los convenios de cooperación, favorecer un intercambio sistemático de información y experiencias entre las CCAA y generar instrumentos que contribuyan a reducir la conflictividad que actualmente padece nuestro Estado autonómico.

3.2.3. Otras funciones: control al Gobierno, nombramientos y Unión Europea

Aunque, como venimos insistiendo, sería imposible aspirar a agotar la problemática de las funciones del Senado en un trabajo de estas características, sí conviene hacer algunas observaciones respecto de otras funciones que se han pretendido atribuir al Senado. En primer lugar, respecto de la función de control al Gobierno, que el Senado viene desempeñando desde una posición muy débil respecto del Congreso, la práctica totalidad de los autores coinciden en que lo mejor sería optar por mantener la regulación actual. La nota disonante es, una vez más, la de Aja Fernández y quienes han defendido su modelo. Según este autor —en lógica coherencia con la composición que postula para el Senado— este debe perder la posibilidad de controlar al Gobierno, porque «la dinámica que el control ordinario genera es la de gobierno-oposición, que resulta fundamental en el Congreso pero inútil y distorsionada para las funciones e integración de la Cámara autonómica»[82].

En segundo lugar, es conveniente hacer notar que el continuismo es también la opción dominante cuando se trata de

81 Ver al respecto Eliseo AJA FERNÁNDEZ (2006), pp. 719-720.

82 Eliseo AJA FERNÁNDEZ (2006), pp. 723-724.

abordar la función de nombrar algunos miembros de altas instituciones del Estado. Así, el nuevo Senado seguiría participando como hasta ahora en el nombramiento de miembros del Tribunal Constitucional, el Consejo General del Poder Judicial o el Tribunal de Cuentas, con la gran diferencia de que su nueva composición haría que estuviera en condiciones de dar participación a las CCAA en estas decisiones. Este cambio es valorado positivamente de manera unánime; también, lógicamente, por los partidarios de un senado tipo dieta.

Por último, existe un acuerdo generalizado en que el Senado debería canalizar la participación de las CCAA en la Unión Europea y, en concreto, en la conformación de la voluntad estatal ante esta organización supranacional cuya actuación tanto las afecta. Al respecto, nos remitimos a los capítulos de esta obra especializados en este ámbito.

4. OTRAS PROPUESTAS: MATENIMIENTO O SUPRESIÓN DEL SENADO

En contra de la tesis dominante sobre la conveniencia de convertir el Senado en una cámara territorial, algunos autores han defendido que la mejor opción sería mantenerlo tal y como está, y otros que convendría prescindir por completo de esta cámara. La primera posición fue mantenida, con ocasión de los debates previos al Informe del Consejo de Estado, por González Trevijano[83] y Fernández Miranda[84]. De acuerdo con el primero no es pertinente desde un punto de vista político comenzar una reforma de tal calado sin que exista previamente un consenso mayoritario en lo relativo a sus elementos esenciales. Para el segundo, esa falta de acuerdo sin duda hace de la reforma del Senado

---

83 Pedro GONZÁLEZ-TREVIJANO (2006).

84 Alfonso FERNÁNDEZ-MIRANDA CAMPOAMOR (2006).

una empresa políticamente inviable pero, además, no debemos olvidar que esta cámara hasta hoy no ha suscitado problemas ni bloqueos insuperables, lo que hace innecesaria su reforma. También ha desaconsejado la reforma constitucional del Senado Rey Martínez[85] que, años después y en un contexto sociopolítico diferente, hizo una reflexión similar a la de sus compañeros. Por otro lado, los principales valedores de la defensa de la supresión de la cámara alta han sido Garrido López y Sáenz Royo[86], a los que se ha sumado en los últimos tiempos Blanco Valdés. Estos autores rechazan algunas de las premisas fundamentales que dan sustento a todas las propuestas expuestas hasta ahora. En particular, rechazan que las segundas cámaras de los Estados federales de nuestro entorno sirvan al objetivo de posibilitar la participación de los entes territoriales en la política general del Estado. La «representación territorial» que se pretende alcanzar a través de la modificación de la composición y funciones de la cámara alta es, sencillamente, «un mito». Una «desafortunada metáfora configurada a partir de una anacrónica concepción confederal de la representación característica del primer federalismo» que no puede materializarse en el Senado, por más que cambiemos el método de reclutamiento, la organización o las funciones de sus miembros[87]. En las rotundas palabras de Blanco Valdés

> «la pretensión de convertir el Senado en una auténtica cámara de representación territorial, sin duda tan bien intencionada como ingenua, solo puede conducir a la frustración o a la melancolía por una simple y sencillísima razón: porque tal tipo de cámaras no existen»[88].

---

85 Fernando REY MARTÍNEZ (2012).

86 Ver en este sentido Eva SAENZ ROYO (2012); Carlos GARRIDO LÓPEZ y Eva SÁENZ ROYO (2014); Carlos GARRIDO LOPEZ (2016); Carlos GARRIDO LOPEZ (2019).

87 Carlos GARRIDO LOPEZ (2019), p. 139.

88 Roberto BLANCO VALDÉS (2017), p. 61. El autor continúa añadiendo que «es verdad que hay Senados que así son etiquetados con frecuen-

En una monografía dedicada al estudio de la búsqueda incansable de la representación territorial en España, Garrido López plantea tres tesis fundamentales, extraídas del estudio del funcionamiento práctico de las segundas cámaras en los Estados federales de nuestro entorno. En primer lugar, que las segundas cámaras federales no son órganos de las entidades federadas y no expresan la voluntad de estas, sino la voluntad de la federación a la que pertenecen[89]. En segundo lugar, que en estas cámaras no existe propiamente representación territorial porque, sea cual sea el modo de extracción de los senadores, la representación de las unidades territoriales no se articula ni expresa de manera sustantivamente distinta a la representación de la comunidad nacional[90]. Y, en tercer lugar, que en la actualidad la integración y participación efectiva de las unidades territoriales en la formación de la voluntad legislativa estatal no dependen de las segundas cámaras, sino del sistema y la estructura de los partidos existentes en los diversos niveles de gobierno[91]. Todo ello le lleva a concluir que no se necesita un nuevo y mejor Senado para apuntalar nuestro Estado autonómico, y que la reforma del Senado para convertirlo en una cámara de representación territorial constituye «un empeño innecesario y estéril»[92]. Sería innecesario porque ninguna reforma de esta institución podría lograr una mayor integración territorial, ni potenciar el multilateralismo frente al bicamera-

---

cia, pero lo cierto es que los que entre ellos suelen incluirse o no son de verdad territoriales o, cuando sí, no son instituciones representativas». En consecuencia, en su opinión a día de hoy solo hay dos alternativas sensatas en lo que respecta a la reforma constitucional del Senado: mantener su regulación actual, que lo convierte en una Cámara políticamente irrelevante pero inocua, o proceder a su supresión.

89 Carlos GARRIDO LÓPEZ (2019), pp.108-111.

90 *Ibid.*, pp. 111-119.

91 *Ibid.*, pp. 119-122.

92 *Ibid.*, pp. 136-142.

lismo que caracteriza nuestro modelo de estado, y estéril porque, como ya se ha apuntado, a su entender la representación territorial no es más que es una quimera.

En la misma línea, Sáenz Royo ha planteado que no es necesaria una cámara *ad hoc* para conseguir una eficaz participación de las CCAA en la decisión estatal, y que la conversión del Senado español en una cámara de representación territorial en aplicación de las propuestas reseñadas en este trabajo no garantizaría esa pretendida mejora de la participación autonómica. En esencia, plantea que todas estas propuestas arrastran el mismo defecto: ninguna de ellas consigue sustituir las afinidades partidistas de los senadores por afinidades territoriales, ni siquiera el modelo alemán. La experiencia germana demuestra que el funcionamiento del *Bundesrat* también está determinado por la dinámica partidista: las voluntades de los representantes de los *Länder* vienen condicionadas por el Estado de partidos, en la medida en que el partido o coalición gobernante utilizará el Consejo para apoyar o combatir a quien ostente el Gobierno del Estado[93]. En definitiva, tal y como argumenta también Garrido López, para la profesora zaragozana lo determinante a la hora de condicionar la participación y el peso de las entidades territoriales en las decisiones estatales es el sistema de partidos y el peso que tengan en su seno los intereses territoriales[94]. Por otro lado, esta autora señala que, en contra de la opinión mayoritaria, no existe en España un déficit en la participación de las CCAA en las decisiones estatales[95]. Esa participación de los intereses territoriales en la decisión estatal se lleva a cabo actualmente en el Congreso, a causa del funcionamiento de

---

93 Eva SÁENZ ROYO (2012), p. 187.

94 *Ibid.*, pp. 186 y ss.

95 *Ibid.*, pp. 176-186.

nuestro particular sistema de partidos políticos[96]. Dichos intereses penetran en la cámara, en primer lugar, a través de la presencia en su seno de diputados procedentes de partidos de ámbito autonómico, públicos defensores de los intereses de su respectiva comunidad autónoma, cuyos votos resultan decisivos en ausencia de mayorías absolutas. En segundo lugar, es preciso considerar el peso que los líderes autonómicos de los grandes partidos nacionales han adquirido en las últimas décadas, y el hecho de que son ellos quienes seleccionan los miembros de su partido que serán candidatos al Congreso, factores que igualmente acercan a los diputados a los intereses territoriales.

En definitiva, para estos autores una modificación del Senado no lograría la actualización de una representación especial. Invariablemente, el Senado resultante de la reforma seguirá regido por la dinámica de partidos. Además, han manifestado su convicción —esta vez sí, ampliamente compartida por la doctrina— de que la reforma de la cámara alta no serviría para la integración de los nacionalismos periféricos[97]. En consecuencia, abogan por su supresión y por fomentar otras vías de integración y participación de las comunidades autónomas, esencialmente, los mecanismos intergubernamentales. Tanto Sáenz Royo como Blanco Valdés consideran además que la supresión del Senado no plantearía grandes problemas desde un punto de vista jurídico[98]. Por el contrario, el mayor obstáculo de esta propuesta se encontraría en el ámbito político, ya que, en pa-

---

96 Merece la pena destacar que esta cuestión fue tempranamente señalada por Francisco Rubio Llorente. Consultar Francisco RUBIO LLORENTE (1996), p. 359.

97 Eva SÁENZ ROYO (2012), p. 174.

98 La constitucionalidad de la supresión del Senado ha sido analizada con detenimiento por Javier Ruipérez Alamillo, que ha alcanzado idéntica conclusión: no hay obstáculo alguno para hacer del Parlamento español un Parlamento unicameral. Javier RUIPÉREZ ALAMILLO (2014); Javier RUIPÉREZ ALAMILLO (2015).

labras de Sáenz Royo, «serían los propios partidos políticos los que tendrían que decidir suprimir una institución que en gran medida les sirve para colocar a sus dirigentes»[99]. A nivel jurídico bastaría con eliminar los preceptos constitucionales que hacen alusión al Senado y constituir un sistema monocameral simplificando muchos de los procedimientos legislativos.

5. LA REFORMA CONSTITUCIONAL DEL SENADO, ¿UNA PRIORIDAD?

Como se ha tratado de exponer a lo largo del presente trabajo, las críticas a nuestro Senado han sido prácticamente coetáneas a la entrada en vigor de la Constitución. Su reforma es una reivindicación, en la acertada expresión de Blanco Valdés, «añeja, persistente y trasversal», por cuanto nos ha acompañado de forma constante a lo largo de las cuatro décadas y media de nuestro régimen democrático, y ha sido demandada por personalidades políticas y académicas a ambos lados del espectro ideológico. Sin embargo, a pesar de la experiencia acumulada y del alto grado de precisión y desarrollo que han alcanzado algunas de las propuestas realizadas desde la arena política, la doctrina y la sociedad civil, hoy en día no parece que estemos más cerca de lograr la materialización de la tan ansiada reforma constitucional del Senado que cuando el Consejo de Estado emitió su informe respecto a esta cuestión hace ya diecinueve años. De hecho, si algo puede decirse es que la reforma constitucional del Senado, a pesar de seguir siendo mayoritariamente considerada un ajuste necesario para acompasar la cámara a la evolución de nuestra descentralización política, es un tema que ha perdido protagonismo en los últimos

---

99 *Ibid.*, p. 192. En parecido sentido, Roberto BLANCO VALDÉS (2017), p. 71.

tiempos. Reformar el Senado no parece hoy una prioridad y, sin embargo, ello no tiene por qué ser algo negativo. Al fin y al cabo, para poder elegir el Senado que queremos es imprescindible un acuerdo previo sobre el modelo territorial que queremos, y no podemos olvidar que aún tenemos pendiente la renovación colectiva de algunos acuerdos clave en esta materia. Aunque las heridas provocadas por la polarización que acompañó al *procès* catalán aún no han cicatrizado, las difíciles circunstancias que nos hemos visto obligados a afrontar en los últimos años han enfriado las pasiones que avivó el proceso soberanista, y quizás hayan contribuido también a darnos una mejor perspectiva acerca de la dimensión y la importancia de todo lo que nos une, frente a aquello que nos separa. Siendo esto así, tal vez podamos hacer acopio de la serenidad y la flexibilidad necesarias para emprender un debate ciudadano fructífero a propósito de esta cuestión. Solo una vez alcanzada esta renovación del consenso acerca del modelo de descentralización en el que queremos desarrollar nuestra convivencia tendrá sentido volvernos a plantear la reforma constitucional del Senado, y cómo hacer de éste una cámara útil a dicho modelo —si es que dicha utilidad puede lograrse en la práctica—.

BIBLIOGRAFÍA

AJA FERNÁNDEZ, Eliseo (2006), «La reforma constitucional del Senado: hacia una cámara autonómica designada por los Gobiernos», en RUBIO LLORENTE, Francisco y ÁLVAREZ JUNCO, José (eds.), *El informe del Consejo de Estado sobre la reforma constitucional. Texto del Informe y debates académicos*, Madrid, Consejo de Estado, Centro de Estudios Políticos y Constitucionales, pp. 709-730.

AJA FERNÁNDEZ, Eliseo (2005), «La reforma constitucional del Senado para convertirlo en una Cámara autonómica» en Eliseo AJA FERNÁNDEZ, y Enoch ALBERTÍ ROVIRA, *La reforma constitucional del Senado*, Madrid, Centro de Estudios Políticos y Constitucionales, pp. 11-32.

AJA FERNÁNDEZ, Eliseo (1994), «El Senado Autonómico, entre la reforma reglamentaria y la reforma constitucional», *Informe Comunidades Autónomas 1993*, Vol.1, Instituto de Derecho Público, pp. 560-581.

AJA FERNÁNDEZ, Eliseo, ALZAGA VILLAAMIL, Óscar, GARCÍA ROCA, Javier y GARRORENA MORALES, Ángel y SOLOZÁBAL ECHEVARRÍA, Juan José (2006) «Encuesta sobre el Senado y su reforma», *Teoría y realidad constitucional*, núm. 17, pp. 9-61.

AJA FERNÁNDEZ, Eliseo, ARAGÓN REYES, Manuel, GARRORENA MORALES, Ángel, PEREZ ROYO, Javier, PUNSET BLANCO, Ramón *et al.* (1991), «La reforma del Senado», *Anuario de derecho constitucional y parlamentario*, núm. 3, pp. 181-234

ALBERTÍ ROVIRA, Enoch (2005), «La reforma constitucional del Senado a la hora de la verdad» en Eliseo AJA FERNÁNDEZ, y Enoch ALBERTÍ ROVIRA (auts.), *La reforma constitucional del Senado*, Madrid, Centro de Estudios Políticos y Constitucionales, pp. 33-50.

ALONSO DE ANTONIO, José Antonio (2005), «Algunas propuestas para la reforma constitucional del Senado», *Foro, Nueva época*, núm. 2, pp. 359-407.

ARAGÓN REYES, Manuel (2019), «La reforma del Estado autonómico: mejora y no sustitución del modelo», *Fundamentos: Cuadernos monográficos de teoría del estado, derecho público e historia constitucional*, núm.10, pp. 183-214.

BIGLINO CAMPOS, Paloma (2006), «El Senado, cámara de conexión entre las Comunidades Autónomas y la Unión Europea» en RUBIO LLORENTE, Francisco y ÁLVAREZ JUNCO, José (eds.), *El informe del Consejo de Estado sobre la reforma constitucional. Texto del Informe y debates académicos*, Madrid, Consejo de Estado, Centro de Estudios Políticos y Constitucionales, pp. 733-746.

BLANCO VALDÉS, Roberto (2017), «La reforma del Senado: ese oscuro objeto de deseo», *Claves de razón práctica*, núm. 251, pp. 60-71.

BLANCO VALDÉS, Roberto (2005), «La reforma del Senado», *Claves de razón práctica*, núm. 151, pp. 41-47.

CASTELLÀ ANDREU, Josep Maria (2017), «El Senado ante el debate de su reforma, ¿continuidad, reforma o ruptura del modelo constitucional vigente?», *Revista general de derecho constitucional*, núm. 24.

CINDOCHA MARTÍN, Antonio (2011), «El Senado y su Reforma (Un clásico de nunca acabar)», *Revista Jurídica. Universidad Autónoma de Madrid*, pp. 167-206.

CHUECA RODRÍGUEZ, Ricardo (2005), «Condicionamientos constitucionales de la reforma del Senado», en Miguel Ángel GARCÍA HERRERA y José María VIDAL BELTRÁN (coords.), *El estado autonómico:*

integración, solidaridad, diversidad, Madrid, Editorial Colex en colaboración con INAP, pp. 199-212.

FERNÁNDEZ-MIRANDA CAMPOAMOR, Alfonso (2006), «Sobre la reforma del Senado», en RUBIO LLORENTE, Francisco y ÁLVAREZ JUNCO, José (eds.), *El informe del Consejo de Estado sobre la reforma constitucional. Texto del Informe y debates académicos,* Madrid, Consejo de Estado, Centro de Estudios Políticos y Constitucionales, pp. 751-793.

GARCÍA-ESCUDERO MÁRQUEZ, Piedad (2006), «La reforma constitucional del Senado: cuestiones a resolver», en RUBIO LLORENTE, Francisco y ÁLVAREZ JUNCO, José (eds.), *El informe del Consejo de Estado sobre la reforma constitucional. Texto del Informe y debates académicos,* Madrid, Consejo de Estado, Centro de Estudios Políticos y Constitucionales, pp. 795-824.

GARCÍA-ESCUDERO MÁRQUEZ, Piedad (1995), *Los senadores designados por las Comunidades Autónomas,* Madrid, Cortes Generales-Centro de Estudios Políticos y Constitucionales.

GARCÍA ROCA, Javier (2014), *Pautas para una reforma constitucional. Informe para el debate,* Pamplona, Aranzadi.

GARRIDO LOPEZ, Carlos (2019), *El Senado ante el enigma de la representación territorial,* Madrid, Marcial Pons.

GARRIDO LOPEZ, Carlos (2016), «Pero... ¿Puede ser el Senado una cámara de representación territorial?», *Revista Española de Derecho Constitucional,* núm. 107, pp. 75-116.

GARRIDO LÓPEZ, Carlos y SÁENZ ROYO, Eva (2014) «Razones para plantear la supresión del Senado», *Cuadernos Manuel Giménez Abad,* núm. 7, pp. 57-69;

GARRORENA MORALES, Ángel (2009), «Nuevas condiciones desde las que replantear el cometido de la doctrina respecto de la reforma del Senado», *Revista de Estudios Políticos,* núm. 145, pp. 11-31.

GARRORENA MORALES, Ángel (2006), «La reforma constitucional del Senado», en RUBIO LLORENTE, Francisco y ÁLVAREZ JUNCO, José (eds.), *El informe del Consejo de Estado sobre la reforma constitucional. Texto del Informe y debates académicos,* Madrid, Consejo de Estado, Centro de Estudios Políticos y Constitucionales, pp. 89-902.

GARRORENA MORALES, Ángel (1995). «¿Reforma del Reglamento del senado o reforma del Senado?», *Anales de Derecho,* núm. 13, pp. 67-78.

GONZÁLEZ TREVIJANO, Pedro (2006), «Una reforma constitucional del Senado o una *cámara en busca de autor*» en RUBIO LLORENTE,

Francisco y ÁLVAREZ JUNCO, José (eds.), *El informe del Consejo de Estado sobre la reforma constitucional. Texto del Informe y debates académicos*, Madrid, Consejo de Estado, Centro de Estudios Políticos y Constitucionales, pp. 825-841.

HERRERO DE MIÑÓN, Miguel (2013), *Cádiz a contrapelo. 1812-1978: dos constituciones en entredicho,* Barcelona, Galaxia Gutenberg.

LÓPEZ GARRIDO, Diego (2018), «El valor del Senado: Funciones patentes y latentes», *Revista de las Cortes Generales,* núm. 104, pp. 89-112.

LÓPEZ GARRIDO, Diego (2013), «Una reforma constitucional para España», *El Cronista del Estado Social y Democrático de Derecho,* núm. 33, pp. 24-30.

LÓPEZ GARRIDO, Diego (1994), «Hacia un nuevo Senado: propuesta de reforma constitucional», *Revista de las Cortes Generales,* núm. 33, pp. 7-25.

LÓPEZ GUERRA, Luis (1996), «La reforma del procedimiento legislativo del Senado» en *Ante el futuro del senado,* Barcelona, Generalitat de Catalunya, Institut d'Estudis Autonòmics, pp. 327-228.

MARTÍNEZ SOPEDRA, Manuel (2002), «El Senado reformado: ¿cámara o consejo? (o porqué no es procedente el *Bundesrat* como modelo)», *Cuadernos constitucionales de la Cátedra Fadrique Furió Ceriol,* núm.40, pp. 75-98.

PUNSET BLANCO, Ramón (2006), «De un Senado a otro. Reflexiones y propuestas para la reforma constitucional», en RUBIO LLORENTE, Francisco y ÁLVAREZ JUNCO, José (eds.), *El informe del Consejo de Estado sobre la reforma constitucional. Texto del Informe y debates académicos,* Madrid, Consejo de Estado, Centro de Estudios Políticos y Constitucionales, pp. 857-895.

PUNSET BLANCO, Ramón (1993), «La territorialización del Senado y la reforma de la Constitución», *Revista española de Derecho constitucional,* núm.37, pp. 81-90.

REY MARTINEZ, Fernando (2012), «¿Se puede reformar el Senado?» *Claves de Razón Práctica,* núm. 225, pp. 98-116.

RUBIO LLORENTE, Francisco (1996), «La reforma constitucional del Senado» en *Ante el futuro del senado,* Barcelona, Generalitat de Cataluña, Institut d'Estudis Autonòmics, pp. 357-364.

RUBIO LLORENTE, Francisco y ÁLVAREZ JUNCO, José (eds.) (2006), *El informe del Consejo de Estado sobre la reforma constitucional. Texto del Informe y debates académicos,* Madrid, Consejo de Estado, Centro de Estudios Políticos y Constitucionales.

RUIPÉREZ ALAMILLO, Javier (2015), «¿Podría suprimirse el Senado español mediante la técnica de la reforma constitucional? (II)», *Teoría y realidad constitucional*, núm. 36, pp. 131-170.

RUIPÉREZ ALAMILLO, Javier (2014), «¿Podría suprimirse el Senado español mediante la técnica de la reforma constitucional? (Una primera aproximación al problema práctico desde las ciencias constitucionales) (I)», *Teoría y realidad constitucional*, núm. 34, pp. 155-192.

SAENZ ROYO, Eva (2012), «Parlamentos, partidos y Estado Autonómico: Sobre la conveniencia de suprimir al Senado», *Revista de Derecho Político*, núm. 85, pp. 171-194.

SEVILLA MERINO, Julia (1987), «Los senadores autonómicos», en *Las Cortes Generales*, vol. 3, Madrid, Instituto de estudios fiscales, Madrid, pp. 2247-2262.

SANTAOLALLA LÓPEZ, Fernando (2007), «La representación territorial y el Senado. En torno a la propuesta del Consejo de Estado», *Revista Española de Derecho Constitucional*, núm. 79, pp. 47-82

SOLOZÁBAL ECHEVARRÍA, Juan José (2014), «Una propuesta de cambio federal», en Juan José Solozábal Echevarría (coord.), *La reforma federal. España y sus siete espejos*, Madrid, Biblioteca Nueva, pp. 19-68.

SOLOZÁBAL ECHEVARRÍA, Juan José (2006), «Nuevas perspectivas sobre la reforma del Senado», *Revista Aragonesa de Administración Pública*, núm. 28, pp.373-396.

TORRES DEL MORAL, Antonio (1992), «El Senado», *Revista de Derecho Político*, núm. 36, pp. 357-375.

VERA SANTOS, José Manuel (1997), *Senado territorial y presencia de notables*, Departamento de Publicaciones, Secretaría General del Senado, Madrid.

VÍRGALA FORURIA, Eduardo (2017), «Las relaciones de inordinación de las Comunidades Autónomas en los órganos comunes del Estado», *Revista general de derecho constitucional*, núm. 24.

VÍRGALA FORURIA, Eduardo (2011), «Las relaciones de inordinación en el Estado autonómico español», *Revista de estudios políticos*, núm. 151., pp. 109-152.

VISIEDO MAZÓN, Francisco J. (1997), *La reforma del senado: territorialización del Senado. Comisión general de las Comunidades Autónomas*, Madrid, Departamento de Publicaciones, Secretaría General del Senado.

Las propuestas de reforma constitucional en materia de las relaciones intergubernamentales, en el marco del Estado autonómico

JOSÉ Mª VIDAL BELTRÁN
Universitat de València

EVA GOMIS JAÉN[1]
Universitat de València

[1] La autora es beneficiaria de una Ayuda para la Formación de Profesorado Universitario (FPU 21/03709), en cuyo marco ha elaborado este trabajo.

1. INTRODUCCIÓN

La falta de un mandato concreto o unas bases sobre las que pudiesen desarrollarse las relaciones intergubernamentales en el texto constitucional ha sido, sin duda alguna, uno de los grandes problemas que ha arrastrado el modelo de Estado compuesto que configuró nuestra Constitución de 1978 y, al mismo tiempo resulta un objeto de estudio imprescindible ante cualquier reforma de la «constitución territorial».

Sin embargo, en descargo de este vacío constitucional, también deben apuntarse las dificultades, por no decir la imposibilidad, de abordar la articulación de las relaciones intergubernamentales en el momento de redactarse el texto constitucional, en el que se pretendía transitar desde una dictadura con un modelo centralista hacia una democracia que reconocía la posibilidad de acceder a cierto grado de autonomía a los territorios que lo solicitasen. Las dificultades, pues, para plantear en el Título VIII un esquema completo de la estructura territorial, relaciones intergubernamentales incluidas, son manifiestas.

Cosa distinta es el hecho de que sí se dedicara un artículo específico de la Constitución a las relaciones entre los gobiernos autonómicos, a fin de evitar posibles federaciones entre algunas de ellas y controlar aquellos acuerdos horizontales que no fuesen del agrado de las autoridades estatales[2], tal como se plasma en el artículo 145: «1. En ningún caso se admitirá la federación de Comunidades Autónomas. 2. Los Estatutos podrán prever los supuestos, requisitos y términos en que las Comunidades Autónomas podrán celebrar convenios entre sí para la gestión y prestación de servicios propios de las mismas, así como el carácter y efectos de la correspondiente comunicación a las Cortes Generales. En los demás supuestos, los acuerdos de cooperación entre las Comunidades Autónomas necesitarán la autorización de las Cortes Generales».

Sea como fuere, en el presente estudio no pretendemos realizar una exégesis de los motivos que propiciaron la falta de una regulación de las relaciones intergubernamentales en el texto constitucional o de las restricciones a los acuerdos entre CCAA que hemos reseñado en el párrafo anterior, sino que debemos abordar, primero, el análisis de las soluciones que se han aportado en base a determinados acuerdos políticos y, ligado a estas soluciones, las propuestas que tanto desde la doctrina, como desde los distintos actores sociales y políticos, se han ido planteando.

Tras el análisis de dichas propuestas realizaremos una breve reflexión sobre estas aportaciones y el escenario que puede dibujarse, si se aborda una reforma de la «Constitución territorial», en el ámbito de las relaciones intergubernamentales enmarcadas en el modelo de Estado compuesto del que nos hemos dotado.

---

2 Probablemente, el mayor temor era sobre los posibles acuerdos o la federación de algunas CCAA con la misma lengua cooficial y las mismas raíces históricas.

2. BREVE APUNTE SOBRE LOS INSTRUMENTOS Y ORGANISMOS QUE ARTICULAN LAS RELACIONES ENTRE LAS INSTITUCIONES ESTATALES Y AUTONÓMICAS

Tal como hemos indicado, ante la falta de una configuración constitucional de las relaciones intergubernamentales, ante la necesidad, en cualquier modelo de Estado compuesto, de establecer los mecanismos y organismos que conforman estas relaciones intergubernamentales, y ante la carencia de mandatos constitucionales al respecto, se ha ido adoptando un conjunto de acuerdos políticos y textos legales que han articulado estas relaciones entre las instituciones estatales y autonómicas. A continuación, y como cuestión previa al análisis de las aportaciones sobre una posible reforma constitucional relativa a estos aspectos, realizaremos un breve apunte sobre dichos mecanismos y organismos, para lo cual debemos distinguir entre las relaciones de conflicto y las relaciones de cooperación[3].

2.1. Las relaciones de conflicto

En la construcción de cualquier modelo de Estado compuesto, la delimitación de los ámbitos competenciales de cada Administración acostumbra a generar numerosos conflictos. Estos conflictos son todavía mayores en España, en la medida en que nuestra Constitución, en vez de establecer unas grandes áreas de competencias exclusivas para cada una de ellas, se distribuyen de manera difusa entre las administraciones estatal y autonómicas, con competencias exclusivas, compartidas y concurrentes.

---

3 Para ello y entre la mucha doctrina que hay al respecto, en este apartado, nos remitimos a: José María VIDAL BELTRÁN (2020), pp. 37-84.

Es por ello que, una adecuada articulación territorial del Estado autonómico reclama la resolución de dichos conflictos: es necesario tener presente numerosos aspectos del acervo competencial y mecanismos para evitar y, en su caso, resolver situaciones conflictuales que pudieran surgir. En primer lugar, en el momento de elaborar y adoptar las respectivas normas, deben asumirse por todas las partes los principios de lealtad institucional e intentar no sobrepasar el propio ámbito competencial. Aunque no podamos entrar en el detalle del asunto, baste referir que los puntos de mayor fricción en España se relacionan con la «legislación de carácter básico», punto central de esta controversia, pero también con otros ámbitos de la acción normativa del Estado, como el recurso a los llamados «títulos horizontales», «la política de subvenciones» y «el establecimiento de puntos de conexión territorial para deslindar las competencias del Estado y de cada una de las CCAA»[4].

En segundo lugar, ante el surgimiento de conflictos resulta conveniente establecer vías de negociación previas a las instancias judiciales. A propósito, la Ley Orgánica 2/1979, de 3 de octubre, del Tribunal Constitucional contempló un plazo, ampliado a nueve meses mediante la Ley Orgánica 1/2000, de reforma de la ley orgánica antedicha, para dar tiempo a que una Comisión Bilateral de Cooperación entre la Administración es-

---

4 Entre los numerosos estudios que han profundizado sobre estas cuestiones, pueden apuntarse: Javier BARNÉS VÁZQUEZ (2004), p.159; José TUDELA ARANDA (2003), pp. 251-272; Manuel CARRASCO DURÁN (2005); Francisco BALAGUER CALLEJÓN (2007); Francisco CAAMAÑO DOMÍNGUEZ (2000-2001); Tomás DE LA QUADRA-SALCEDO JANINI (2004); José Antonio MONTILLA MARTOS (2003), (2004) pp. 207-231; (2006), pp. 105-150; (2018), pp. 573-605; Luis Ignacio ORTEGA ÁLVAREZ, Juan José SOLOZÁBAL ECHAVARRÍA y Xavier ARBÓS MARÍN (2006); Germán FERNÁNDEZ FARRERES (2005); Jordi SEVILLA SEGURA, José María VIDAL BELTRÁN y Cristina ELIAS MÉNDEZ (2009); etc.

tatal y las autonómicas[5] pudiese resolver extraprocesalmente el conflicto competencial. A su vez, contempló y reforzó las funciones de tales las Comisiones Bilaterales de Cooperación, propiciando la reforma de buena parte de los Acuerdos de creación o Normas de funcionamiento por las que se regían las Comisiones Bilaterales constituidas hasta entonces[6]. Con todo, a partir de las reformas estatutarias acordadas desde 2006, se crearon unos nuevos modelos de Comisiones Bilaterales que, en algunos casos, reformaron sus normas de funcionamiento, incluyéndolas dentro del marco de las relaciones bilaterales verticales.

Por último, en el supuesto de que fracasen todos los intentos de solución amistosa, es necesario arbitrar el recurso ante los tribunales que interpreten el reparto competencial conforme a los mandatos constitucionales. Esto es, acudir al Tribunal Constitucional, cuya interpretación a través de las más de 1.300

---

5 Debe mencionarse que ya existían algunos órganos específicos, previstos en las respectivas normas estatutarias para la prevención de conflictos, como: la Junta de Cooperación con la Comunidad Foral de Navarra, la Comisión Arbitral y la Junta Arbitral con el País Vasco, o la Junta Arbitral prevista en la Ley Orgánica de Financiación de las Comunidades Autónomas, para dirimir, en primera instancia, los conflictos que se suscitasen en la aplicación de determinados artículos de dicha Ley.

6 GALICIA, acuerdo de 10 de marzo de 2003 (BOE de 24 de marzo de 2003); COMUNIDAD VALENCIANA, acuerdo de 10 de julio de 2000 (BOE de 8 de agosto de 2000); ILLES BALEARS, Acuerdo del 25 de noviembre de 2005 (BOE de 13 de diciembre de 2005); ARAGÓN, Acuerdo de 12 de noviembre de 2001 (BOE de 14 de diciembre de 2001); CANTABRIA. Acuerdo del 16 de octubre de 2002 (BOE de 5 de febrero de 2003); EXTREMADURA, Acuerdo del 13 de abril de 2005 (BOE de 26 de mayo de 2005); ASTURIAS, Acuerdo del 19 de julio de 2004 (BOE de 17 de septiembre de 2004); CASTILLA-LA MANCHA, Acuerdo del 20 de septiembre de 2000 (BOE de 11 de noviembre de 2000); CANARIAS, Acuerdo del 10 de julio de 2001 (BOE de 4 de septiembre de 2001); MADRID, Acuerdo del 3 de octubre de 2000 (BOE de 23 de octubre de 2000), etc.

sentencias dictadas sobre esta materia se han convertido en un factor primordial para la construcción del Estado autonómico.

2.2. Las relaciones de cooperación entre instituciones estatales y autonómicas

En un Estado compuesto, además de la delimitación precisa de los ámbitos competenciales respectivos, también deben establecerse mecanismos que permitan facilitar la colaboración, cooperación o coordinación entre todas estas Administraciones, con el fin de establecer sinergias, evitar duplicidades, ofrecer un mejor servicio público a los ciudadanos e incrementar la eficacia de sus actuaciones. Al respecto, aunque en la Constitución no se establezcan estas pautas de cooperación, el Tribunal Constitucional, en su Sentencia 18/1982, de 4 de mayo (FJ 14), ya apuntó que se desprendía un deber general de colaboración entre las distintas Administraciones, estatal y territoriales, al concretar que: «La obligación de remitir los Boletines Oficiales se explica como un deber de colaboración, dimanante del general deber de auxilio recíproco entre autoridades estatales y autónomas. Este deber, que no es menester justificar en preceptos concretos, se encuentra implícito en la propia esencia de la forma de organización territorial del Estado que se implanta en la Constitución».

Estas prescripciones sobre los instrumentos u organismos de cooperación tampoco se recogieron en los Estatutos de la primera época[7] y solo fueron incorporadas en parte de ellos

---

7 Únicamente se recoge en la Ley Orgánica de Reintegración y Amejoramiento del Régimen Foral de Navarra (LORAFNA); en concreto, en el Capítulo IV del Título II, se ocupa de las relaciones de la Administración del Estado. Así, establece la posibilidad de establecer convenios de cooperación (artículo 65), posibilidad de información mutua (artículo 67) y el derecho de información en la elaboración y celebración de Tra-

tras las reformas estatutarias de 2006. A pesar de la falta de estas referencias normativas al más alto nivel, las necesidades prácticas del funcionamiento del Estado autonómico propiciaron, desde su inicio, la creación de este tipo de mecanismos y la formalización de numerosos acuerdos en esta línea.

Primero en la Ley 20/1992, de 26 de noviembre, de Régimen Jurídico de las Administraciones Públicas y del Procedimiento Administrativo Común, en cuyo Título I, *De las Administraciones Públicas y sus relaciones* (artículos 4-8), se establece un conjunto de principios sobre los que debían articularse las relaciones entre las Administraciones Públicas, y el marco normativo general de las Conferencias Sectoriales y los otros órganos de cooperación, así como de los Convenios de colaboración y los Planes y programas conjuntos. La Ley 40/2015, del de octubre, de Régimen Jurídico del Sector Público[8], que vino a derogar a la anterior, amplió estas prescripciones, dotando de un mayor contenido a la regulación sobre las relaciones entre las distintas Administraciones. Ello se contempla fundamentalmente en el Capítulo VI del Título Preliminar, que regula los Convenios —tipos, contenidos, requisitos, eficacia— y en el Título III, al regular las relaciones interadministrativas. En este último, además de establecer los principios generales de las relaciones interadministrativas, contempla los órganos de cooperación —la Conferencia de Presidentes, las Conferencias Sectoriales y Grupos de trabajo, las Comisiones Bilaterales de Cooperación y las Comisiones Territoriales de Coordinación— e, incluso, las relaciones electrónicas y la transferencia de tecnología entre las Administraciones.

---

tados y Convenios (artículo 68). Además, crea la Junta de Cooperación para resolver las posibles discrepancias que se suscitaran respecto a la aplicación e interpretación de la LORAFNA (artículo 69).

8 BOE, núm. 236, de 02/10/2015.

Conforme a esta legislación, sucintamente referenciada, se ha consolidado un conjunto de instrumentos y organismos de cooperación y colaboración, los cuales pasamos a detallar a continuación[9].

2.2.1. Los instrumentos de cooperación

Los convenios y protocolos de colaboración son acuerdos entre la Administración del Estado y una o varias CCAA —incluso pueden participar instituciones municipales— a fin de cooperar en actuaciones conjuntas de todo tipo. Constituyen un instrumento de uso muy frecuente por la libertad contractual y flexibilidad que permite esta figura. Estos convenios interadministrativos ya se utilizaron en la primera fase de construcción del Estado autonómico, como fórmula jurídica para iniciar o completar los primeros traspasos de recursos humanos y materiales a las CCAA. Su número ha aumentado con el desarrollo del Estado autonómico, pasando de los 14 convenios acordados en 1979, a los cerca de 1.000 existentes recientemente[10].

Los planes y programas conjuntos nacen con el objetivo de abarcar una política pública desde el momento de su formulación y programación, hasta su gestión y aplicación. Se trata de propiciar una planificación conjunta para evitar la concurrencia descoordinada de Administraciones en un determinado ámbito material, tanto en las competencias compartidas como en las competencias concurrentes, sobre las que a las CCAA les corresponde la ejecución y, en su caso, la legislación de desarrollo. En muchos casos están ligados a las Conferencias sectoriales.

---

9 Para un análisis más amplio sobre estos instrumentos y organismos, puede consultarse: José María VIDAL BELTRÁN (2020), pp. 37-84.

10 Para un análisis más amplio sobre estos convenios, puede consultarse: José María VIDAL BELTRÁN y José María PÉREZ MEDINA (2008), pp. 17-47.

La colaboración procedimental supone la participación de una Administración Pública en procedimientos de otra Administración, a través de informes consultivos o de un trámite de audiencia, cuando las actuaciones pueden incidir en el ámbito competencial de esta última o en el caso de que exista algún tipo de concurrencia tangencial de ambas Administraciones en una determinada competencia. Con este mecanismo, que se ha incorporado en alguna normativa estatal —por ejemplo, en la coordinación de los Servicios de las CCAA competentes en los supuestos de violencia de género (Ley Orgánica 1/2004)—, se facilita el intercambio de información y se permite a una Administración conocer las alegaciones de la otra Administración en el ejercicio práctico de sus respectivos ámbitos competenciales, evitando futuros conflictos competenciales.

La participación autonómica en las decisiones e instituciones estatales. En esta relación también debemos reseñar los instrumentos que permiten articular la participación de las CCAA en los órganos del Estado y en los procesos de decisión de éste. En términos conceptuales podemos distinguir dos tipos de participación: la procedimental —aquella en la que se produce la intervención de las Administraciones territoriales en el proceso de formación de la voluntad del órgano central, normalmente a través de la emisión de informes— y la orgánica —que consiste en designar o intervenir en la designación de miembros de instituciones, órganos u organismos del Estado—.

Cabe matizar que esta participación en los procesos de toma de decisiones se articula en la mayor parte de los casos, frente al planteamiento propio de los órganos de cooperación, en los que coinciden ambas Administraciones en el ejercicio de sus competencias respectivas, sobre competencias exclusivas del Estado que pueden incidir en el ámbito competencial o de desarrollo autonómico[11].

---

11 Una mención específica merece la participación de las CCAA en la formación de la voluntad estatal ante las Instituciones Europeas. Resulta evidente que, con la integración de España en la Unión Europea, muchos

Aunque ya desde los primeros Estatutos de Autonomía se contemplaba la posibilidad de dicha participación autonómica, las reformas estatutarias aprobadas desde 2006 ampliaron esta posibilidad y detallaron las previsiones de la participación de las CCAA en ámbitos tales como la planificación hidrológica, la gestión de la red viaria estatal o el deporte y el tiempo libre, o en organismos económicos del Estado (Banco de España, Tribunal de Cuentas, Consejo Económico y Social...). También destacamos numerosas normas de la legislación estatal en las que se ha contemplado esta participación y, con diversos vaivenes —presentando mayor intensidad en épocas de Gobiernos progresistas— la han ampliado haciendo de ella un mecanismo más de cooperación orgánica con el Estado en aquellos ámbitos sectoriales que afecten a sus competencias. Así, pueden reseñarse un conjunto importante de órganos colegiados de la Administración General del Estado en los que ya se articula esta participación, como, entre muchos otros, el Consejo Superior de la Función Pública, el Consejo Superior de Fundaciones, la Comisión Interterritorial de Cooperación al Desarrollo, el Consejo Nacional de Agua o el Consejo Asesor de Telecomunicaciones y de la Sociedad de la Información.

2.2.2. Los órganos de cooperación

La cooperación multilateral o sectorial, se concreta en el establecimiento de determinados órganos de cooperación de un sector determinado de la actividad pública en el que participan el Estado y las CCAA. Entre dichos órganos, las *Conferencias Sectoriales* constituyen el modelo principal, las cuales, según marca la doctrina del Tribunal Constitucional, no pueden sustituir a los

ámbitos competenciales de las CCAA pueden resultar afectadas por las decisiones de las instituciones europeas. No obstante, esta cuestión ya se analiza en otro apartado de la presente obra al que nos remitimos.

órganos propios de las CCAA, ni sus decisiones pueden anular las facultades decisorias de los mismos, debiendo ser «órganos de encuentro para el examen de problemas comunes y para la discusión de oportunas líneas de acción» (STC 76/1983).

Este tipo de órganos existen en todos los modelos de Estados compuestos y constituyen uno de los principales pilares de cooperación y coordinación interadministrativa. Se articulan sobre el principio de cooperación, de modo que las decisiones adoptadas en su seno no pueden ser impuestas a ninguna de las partes: la clave de su éxito reside en la negociación y el consenso.

Hasta la actualidad, en España existen 46 Conferencias Sectoriales. No obstante, su número de reuniones, su funcionamiento y la naturaleza e importancia de los temas que tratan son desiguales —el número de reuniones celebradas por estas Conferencias oscila entre las 50 y 60 anuales[12]—. Además, la mayor parte de éstas cuenta con órganos preparatorios o de apoyo (Comisiones Sectoriales, Grupos de Trabajo y Ponencias Técnicas), que reúnen a responsables de niveles inferiores de la Administración General del Estado y de las CCAA.

Los Consorcios también suelen citarse en el ámbito de esta cooperación multilateral. Son de entes o sociedades, con personalidad jurídica propia, creados para la gestión de servicios o intereses públicos compartidos entre la Administración General del Estado y las CCAA. Se regulan por unos estatutos que establecen sus fines, las particularidades de su régimen orgánico, funcional y financiero, y la proporción en que los representantes de las Administraciones consorciadas se integran sus órganos de decisión.

La cooperación bilateral entre el Estado y una Comunidad Autónoma, para el tratamiento de temas de cooperación, y no

[12] Así, por ejemplo, en el último lustro, se han celebrado: 59 reuniones en 2015; 40 reuniones en 2016; 59 reuniones en 2017; 66 reuniones en 2018; y, 49 reuniones en 2019.

solo para la resolución de conflictos como mecanismo previo a la interposición de un recurso ante el Tribunal Constitucional, también ha sido desarrollada en el Estado autonómico.

A propósito, las *Comisiones Bilaterales de Cooperación* son los órganos de cooperación de carácter bilateral por excelencia, aunque no los únicos. En España se han articulado sobre una doble proyección: por una parte, están las Comisiones Bilaterales que abarcan la relación general entre el Estado y una Comunidad Autónoma y, por otra, otros órganos de cooperación bilateral de carácter especial, que se ocupan de materias específicas —esencialmente traspasos, seguridad, materias tributarias o conflictos—. Este tipo de Comisiones han tenido una importancia fundamental a lo largo de todo el desarrollo del Estado autonómico.

La Conferencia de Presidentes es el órgano político de máximo nivel en materia de cooperación interterritorial. Forman parte del mismo el Presidente del Gobierno, que la preside, y los Presidentes de las diecisiete CCAA y de las Ciudades de Ceuta y Melilla; asimismo pueden invitar a las reuniones a Ministros u otras personalidades, en razón de los temas a tratar.

Se trata de un órgano habitual en buena parte de los modelos de Estados compuestos como Alemania, Austria, Suiza, Italia y Canadá, en los que constituye la cúspide del sistema de cooperación multilateral, al tiempo que se erige en impulsor del desarrollo de esta práctica de cooperación. En España, sin embargo, no estaba contemplado en ningún marco normativo y no se constituyó hasta 2004.

La primera Conferencia de Presidentes tuvo lugar el 28 de octubre de 2004. A partir de entonces, tan solo se han celebrado seis reuniones (2005, 2007, 2009, 2012, 2017), y no se institucionalizó hasta 2009, con la aprobación del Reglamento interno de la Conferencia de Presidentes (BOE, 19 de diciembre de 2009). Sin embargo, en la década que hemos iniciado puede producirse la consolidación de esta institución; las reuniones periódicas, de carácter semanal, iniciadas el 15 de marzo de 2020, entre el Presidente del Gobierno y todos los Presidentes Autonómicos para comentar las medidas a adoptar y los avances en la crisis del coronavirus, han supuesto un punto de inflexión muy importante en la consideración general sobre la necesidad de mantener y dar un papel más activo a la Conferencia de Presidentes.

2.3. La cooperación horizontal entre CCAA

Por último, también deberíamos referir, aunque no sea un mecanismo específico de cooperación entre las instituciones estatales y autonómicas, la *cooperación entre CCAA*. Al respecto, es necesario apuntar que, en este caso, la Constitución tiene un mandato específico en el artículo 145.2, al establecer que: «Los Estatutos podrán prever los supuestos, requisitos y términos en que las Comunidades Autónomas podrán celebrar convenios entre sí para la gestión y prestación de servicios propios de las mismas, así como el carácter y efectos de la correspondiente comunicación a las Cortes Generales. En los demás supuestos, los acuerdos de cooperación entre las CCAA necesitarán la autorización de las Cortes Generales». Se trata más bien de una restricción que, como apunta parte de la doctrina, debería suprimirse.

A su vez, estos instrumentos también se contemplan en buena parte de los Estatutos, aunque limitan su articulado a recoger la posibilidad de celebración de convenios y acuerdos de cooperación. No obstante, las reformas estatutarias aprobadas a partir de 2006 regulan de manera más detallada esta cuestión. Dicho lo cual, se trata de un mecanismo poco utilizado hasta el momento, frente a lo que ocurre en otros modelos de Estados compuestos o si lo comparamos con las cifras de convenios celebrados entre CCAA y Administración General del Estado[13].

---

13 Al respecto, puede consultarse: María Josefa RIDAURA MARTÍNEZ (2013), pp. 215-244; o, José Manuel TEROL BECERRA (2005).

3. PROPUESTAS DE REFORMA CONSTITUCIONAL EN MATERIA DE RELACIONES INTERGUBERNAMENTALES PLANTEADAS POR LA DOCTRINA

En el ámbito que estamos analizando y quizás debido a los escasos mandatos constitucionales, las propuestas de reforma que se han planteado desde diversas posiciones doctrinales mantienen, casi de manera uniforme, la necesidad de incorporar al texto constitucional estas relaciones intergubernamentales.

En términos generales, podemos apuntar que proponen constitucionalizar diversos instrumentos u organismos de colaboración, cooperación o participación para dotarles de un peso y una posición específica en la configuración del modelo autonómico y, con ello, propiciar y mejorar el funcionamiento y la eficiencia del conjunto del sistema. No obstante, estas propuestas no son homogéneas y pueden advertirse ciertas especificidades en muchas de ellas, por lo que no es posible categorizar diversas posiciones o tendencias de una u otra parte de la doctrina; es por ello que realizaremos análisis específicos de cada uno de los posicionamientos.

3.1. Posiciones doctrinales en el marco de una propuesta global de reforma constitucional

Entre las posiciones de aquellos autores o conjunto de autores que, en el marco de una propuesta integral de reforma de la Constitución o de la Constitución territorial, analizan su posible reforma en materia de relaciones intergubernamentales, podemos apuntar, en un recorrido cronológico, las propuestas de: la monografía conjunta de Martín Cubas, Pérez Tapias, Romero González, Soler Sánchez y Vidal Beltrán; Aja Fernández; Caamaño Domínguez; Montilla Martos; Martín-Serrano Jiménez; y Aguzo Zamora.

En la obra *El federalismo plurinacional. ¿Fin de viaje para el Estado autonómico?*, los autores plantean un decálogo de reformas para intentar resolver la encrucijada en la que se encontraba el modelo autonómico en 2013, donde las relaciones intergubernamentales ocupan un lugar destacado. Así, en cuarto punto señalan la necesidad de constitucionalizar, y con ello reforzar el papel y las posibilidades de actuación de la Conferencias de Presidentes y las Conferencias Sectoriales para mejorar los mecanismos de cooperación multilateral, conforme a un conjunto de desarrollos normativos y acuerdos que deberían adoptarse[14]. En los puntos siguientes proponen reforzar la cooperación horizontal, la cooperación bilateral, la participación territorial en las decisiones generales y la participación de las CCAA en el ámbito de la Unión Europea, apuntando, sin concretar, cómo debería reformarse el texto constitucional para la inclusión de estas propuestas[15].

La reflexión y la propuesta de incorporación en la Constitución de estas relaciones que realiza Aja Fernández en su monografía sobre el *Estado autonómico y reforma federal*, tras constatar la falta de previsiones constitucionales y el desarrollo de un conjunto de instrumentos y organismos en la legislación y la práctica política, se limita a plantear la necesidad de que

> «la Constitución recogiera sus caracteres principales, potenciando las conferencias (con mayor peso de las CCAA en su funcionamiento), configurando la coordinación, reforzando los programas comunes… y dando perspectivas a dos grandes novedades que no están bien asimiladas: la Conferencia de Presidentes y la Conferencia para asuntos relacionados con la Unión Europea…»[16].

Asimismo se refiere al Senado como el lugar propio de estas relaciones.

---

14 Joaquín MARTÍN CUBAS, José Antonio PÉREZ TAPIAS, Joan ROMERO GONZÁLEZ, Margarita SOLER SÁNCHEZ y José María VIDAL BELTRÁN (2013), pp. 80-83.

15 *Ibid.*, pp. 83-89.

16 Eliseo AJA FERNÁNDEZ (2014), p. 384.

Por su parte, Caamaño Domínguez, en su obra *Democracia federal: Apuntes sobre España*, formula una reflexión similar, coincidente en el análisis y el diagnóstico. Sin embargo, esta necesidad de cooperación en el marco de una gobernanza multinivel y de una integración colaborativa entre los Ejecutivos no ubica en el Senado el lugar privilegiado para el desarrollo de estas relaciones intergubernamentales, sino que apuesta por «un órgano constitucional de nueva creación que les diese mayor estabilidad institucional y que, al tiempo, actuase como organizador y sede normalizada de encuentro entre el ejecutivo federal y los de los estados federados»[17].

La obra de Montilla Martos, sobre *Reforma federal y Estatutos de segunda generación. Los Estatutos de Autonomía de segunda generación como modelo para la reforma federal de la Constitución*, cuenta con un capítulo dedicado a las relaciones de colaboración entre el Estado y las CCAA[18]. En él realiza un profundo análisis sobre la ausencia de la regulación de las relaciones de colaboración en el marco constitucional y las aportaciones estatutarias en la colaboración horizontal y la vertical —en especial en las relaciones de las CCAA con la Unión Europea— para, acto seguido, adentrarse en una propuesta sobre la necesaria constitucionalización de las relaciones de colaboración entre el Estado y las CCAA.

En un primer momento, Montilla Martos profundiza en el debate en torno a la bilateralidad o la multilateralidad en la constitucionalización de las relaciones de colaboración del Estado autonómico, para acabar concluyendo que, por motivos funcionales, políticos o jurídico-constitucionales, en la Constitución procede incluir un modelo «de carácter esencialmente multilateral»[19], matizando que esto no supone negar el reconocimiento de las relaciones bilaterales, aunque sí acotar su

---

17 Francisco CAAMAÑO DOMÍNGUEZ (2014), p. 261.

18 José Antonio MONTILLA MARTOS (2015), pp. 117-176.

19 *Ibid.*, p. 133.

ámbito de actuación. Es más, esta bilateralidad es más propia de la regulación autonómica en la materia, y de hecho se ha desarrollado en los Estatutos de Autonomía, especialmente a partir de 2006 siendo coherentes con el sistema toda vez que no contradigan el marco multilateral común. Su propuesta en materia de relaciones intergubernamentales pasa por formalizar en la Constitución un escenario estable de colaboración multilateral, en el que se reconozca constitucionalmente, y se desarrollen legislativamente, los elementos necesarios para el adecuado funcionamiento de estas relaciones[20].

A partir de estas premisas detalla los diversos instrumentos y organismos de esta colaboración susceptibles de su constitucionalización. En concreto, postula la constitucionalización de los convenios de colaboración, tanto los del Estado con las CCAA —vinculados al principio de colaboración voluntaria y no al ejercicio de competencias—, como los que puedan celebrarse entre las propias CCAA, entre los que destaca la necesidad de potenciarlos en esta fase del Estado autonómico, al tiempo que señala la dificultad que ha supuesto el procedimiento que para estos convenios se establece en el artículo 145.2 de la Constitución, que debería modificarse. Asimismo, apuesta por la constitucionalización de las conferencias sectoriales como un elemento esencial en la colaboración interterritorial, sobre el que la Constitución apenas debería indicar que son el órgano técnico de relación entre el Estado y las CCAA y de estas entre sí, para dar pie a su adecuado desarrollo legislativo[21].

---

20 Ibid., p. 137.

21 Este planteamiento, en sus exactos términos, es recogido por Eduardo VÍRGALA FORURIA (2017), pp. 357-406. Aquí, el autor formula una reflexión general sobre el sistema autonómico, del cual extrae dos problemas a abordar: la necesaria actualización del modelo de organización territorial, a fin de garantizar su buen funcionamiento, y el "problema real", que no se resolvería automáticamente al resolver el primero: la integración de Cataluña y Euskadi, para lo cual plantea

También plantea la formalización, desarrollo legislativo y la constitucionalización de la Conferencia de Presidentes como un elemento necesario en la colaboración y en cualquier construcción federal, pudiendo cumplir la función de «máximo órgano de cooperación política». A su vez, y ligado a esta construcción de la cooperación política, propone la reforma del Senado para convertirlo en una verdadera Cámara de representación territorial. En este sentido, afirma que

> «cuando se produzca esta reforma constitucional no resultará difícil su articulación con los restantes elementos del modelo mediante las oportunas modificaciones normativas, pero en tanto no exista la pieza central de la cámara de representación territorial, los restantes puntos de encuentro tendrán un funcionamiento distorsionado»[22].

Por último, profundiza sobre la participación como una modalidad de colaboración. En concreto, señala el principio de participación autonómica en las decisiones del Estado como una valiosa aportación de los Estatutos de segunda generación al modelo de colaboración y cooperación entre el Estado y las CCAA, aunque matiza que deben articularse sobre una construcción multilateral. Por otra parte, analiza la participación autonómica en la designación de algunos integrantes de órganos constitucionales conforme se ha recogido en algunos Estatutos y en pronunciamientos del Tribunal Constitucional, especialmente las SSTC 49/2008, 101/2008, y 31/2010, siendo necesaria una referencia constitucional a dicha participación para poder garantizarla.

---

respuestas específicas que incluyen tanto el referéndum de autodeterminación como el reconocimiento del derecho de secesión. Dicho lo cual, en relación con el primer problema, se refiere, entre otras cuestiones, al necesario reconocimiento constitucional de los mecanismos de colaboración y cooperación. Es en este punto en el que toma la propuesta formulada por Montilla Martos, asumiéndola como propia.

22 José Antonio MONTILLA MARTOS (2015), p. 150.

Tres años más tarde hallamos, en *Estudios sobre la reforma de la Constitución de 1978 en su cuarenta aniversario*, un repaso minucioso por buena parte del articulado de nuestra Constitución, junto con su correspondiente propuesta de reforma. En esta monografía, en la que participan diversos autores, el propio Montilla Martos[23] se ocupa de abordar las relaciones intergubernamentales, perfilando su planteamiento anterior hasta presentar una redacción alternativa para los artículos 143, 144 y 145 CE. Tanto en el caso del artículo 143 CE como en el del artículo 144 CE, su planteamiento pasa por una sustitución completa de sus contenidos actuales, de carácter transitorio y ya agotados, por unos nuevos que tracen las líneas maestras de las relaciones intergubernamentales.

En el artículo 143 CE[24] pasarían a establecerse los principios que rigen las relaciones intergubernamentales, tanto verticales como horizontales: el principio de lealtad institucional, el principio de colaboración y el principio de participación en las decisiones comunes. Dentro del mismo artículo, un segundo apartado mencionaría, con carácter abierto, las instituciones que acogen dichas relaciones, sin perjuicio de la posibilidad de creación de nuevos órganos no mencionados; también refiere los convenios de colaboración verticales y horizontales como los documentos en que quedarían plasmadas dichas relaciones. Por último, el tercer apartado se destinaría a consagrar la participación de las CCAA en las decisiones que corresponde adoptar al Estado cuando afecten a sus intereses, señalando expresamente que participarán en la designación de los integrantes de los órganos constitucionales y organismos económicos y sociales del Estado.

Los dos siguientes artículos están dedicados a desplegar, dentro de los límites constitucionalmente razonables, los caracteres básicos de los órganos e instrumentos mencionados en la propuesta de redacción del apartado segundo del artículo 143 CE.

---

23 José Antonio MONTILLA MARTOS (2018), pp. 359-394.

24 *Ibid.*, pp. 359-361.

Por lo que respecta al artículo 144 CE[25], se hace en él una sucinta descripción de los órganos llamados a acoger en su seno las relaciones intergubernamentales. En concreto, propone la siguiente redacción:

> «1. La Conferencia de Presidencias es el máximo órgano político de relación entre el Estado y las Comunidades y de éstas entre sí. Reúne al titular de la Presidencia del Gobierno con los titulares de las Presidencias de las Comunidades para tratar asuntos de su interés, preparar acuerdos de colaboración y coordinar sus políticas. Su organización, funciones y funcionamiento serán establecidos en una ley que requerirá la aprobación del Senado. El Senado, más allá de las funciones legislativas previstas en el Título III y en este Título, es el órgano ordinario de relaciones entre el Estado y las Comunidades, y de éstas entre sí. Sus funciones específicas en este ámbito serán establecidas en su reglamento. Las Comunidades participan a través del Senado en los asuntos de la Unión Europea. 3. Las Conferencias Sectoriales son el órgano técnico de relación entre el Estado y las Comunidades, y de éstas entre sí. Una ley que requerirá aprobación del Senado regulará su composición y funcionamiento, sin perjuicio de lo que establezca su reglamento propio»[26].

Finalmente, el artículo 145 CE[27] queda reservado al reconocimiento constitucional de aquellos instrumentos en los que se plasmarán los acuerdos alcanzados en los órganos de relación interterritorial. En el primer apartado se menciona el convenio de colaboración entre el Estado y las CCAA como el instrumento ordinario para hacer efectivas las relaciones de colaboración verticales. Estos convenios serán suscritos por el Gobierno, en representación del Estado, y por la autoridad que determine cada Estatuto de Autonomía para la suscripción de acuerdos por parte de la respectiva Comunidad Autónoma. El apartado segundo posibilita la celebración de convenios entre CCAA

---

25 *Ibid.*, pp. 362-364.

26 *Ibid.*, p. 363.

27 *Ibid.*, pp. 365-366.

para la gestión y prestación de servicios propios en los términos que establezcan los estatutos de autonomía. En esta ocasión se hace una modificación parcial de la actual letra de la Constitución, eliminando la distinción entre convenios de colaboración y acuerdos de cooperación, exigiendo la comunicación a las Cortes Generales de estos acuerdos a mero título informativo, sin exigir en ningún caso su autorización, y remitiendo prácticamente toda la regulación a los estatutos de autonomía[28].

Otra de las monografías que analizan, de manera específica, la reforma constitucional que necesita el Estado autonómico es la de Agudo Zamora[29]. Aquí también se consagra un capítulo específico a «la colaboración y participación de las Comunidades Autónomas en la gobernanza del Estado». Tras repasar la regulación de los mecanismos y organismos de colaboración desde una triple perspectiva —la colaboración vertical, la colaboración horizontal y la Conferencia de Presidentes—, propone una reforma constitucional conforme a los principios de lealtad federal, que debe establecer las líneas básicas del régimen jurídico de la Conferencia de Presidentes; incluir una referencia a la necesaria existencia de las conferencias sectoriales; reconocer y fijar un mínimo marco legal a los convenios de colaboración que permita desarrollar su definición, tipología, reglas generales del procedimiento, o incluso la atribución de valor normativo para algunos convenios de especial relevancia a través de su autorización parlamentaria en forma de ley; incluir el principio de bilateralidad para el tratamiento de determinados asuntos, siguiendo la línea abierta por algunos estatutos aprobados desde el 2006 e inter-

---

28 Otros autores sostienen que la regulación estatutaria de la cuestión daría lugar a una heterogeneidad indeseada, toda vez que la ausencia de armonía entre los distintos regímenes jurídicos estatutariamente previstos resultaría en una reducción de las posibilidades de acuerdos de este tipo. Al respecto, puede consultarse Javier TAJADURA TEJADA (2011), pp. 45-70.

29 Miguel AGUDO ZAMORA (2020).

pretado conforme a la STC 31/2010. De igual modo sostiene la necesidad de reformar el contenido del artículo 145 de la Constitución, estableciendo la posibilidad de que las CCAA puedan celebrar convenios entre ellas con objeto de cooperar en materias de interés común, y proponiendo que una ley Orgánica de Cooperación fijase el régimen jurídico de los convenios; y establecer la participación de las CCAA en la conformación del Senado y en la elección de los miembros del Consejo general del Poder Judicial, del Tribunal Constitucional y del Tribunal de Cuentas[30].

3.2. Posiciones doctrinales específicas de reforma constitucional de las relaciones intergubernamentales

Antes de proceder con la exposición de este apartado, cabe hacer una apreciación sobre el modo en que se producen estas propuestas de reforma, pues hemos constatado una especial tendencia a identificar las problemáticas en materia de relaciones intergubernamentales, más que a articular recomendaciones o propuestas sistemáticas y completas sobre la cuestión. Abundan, así, extensos diagnósticos que culminan en un momento propositivo más bien sucinto, de trazo grueso, identificando las líneas generales hacia las que orientar la renovación de las relaciones interterritoriales o, a lo sumo, incorporando propuestas sobre aspectos concretos a transformar de órganos determinados, pero sin llegar a presentar idea completa del modo en que debería reorganizarse el sistema de relaciones interterritoriales.

Aclarado este extremo, hacemos notar, como lo hicimos al comienzo de este epígrafe, la dificultad para categorizar distintas tendencias por sectores doctrinales, de modo que examinaremos una serie de posicionamientos que organizaremos según el tipo de relaciones a las que atienden.

---

30 *Ibid.*, pp. 85-86.

En primer lugar nos referiremos a las relaciones horizontales, sobre las cuales, Tajadura Tejada[31] sostiene su necesaria flexibilización[32]. Su propuesta, que no se limita a plantear una reforma de la Constitución, sino que alcanza a todo el bloque de constitucionalidad, pasa por terminar con la excesiva rigidez que hoy sufren las relaciones interautonómicas, lo que ha traído como consecuencia una muy limitada operatividad de los instrumentos previstos en el artículo 145. Al respecto, propone una reforma de dicho artículo basada en tres elementos[33], a saber: la supresión del apartado primero del artículo, la supresión, también, de la distinción entre convenios de colaboración y acuerdos de cooperación; y por último, la supresión de la remisión a los Estatutos de Autonomía, la cual se torna innecesaria una vez desaparecida la distinción entre acuerdos y convenios. En lugar de tal remisión estatutaria, propone una regulación uniforme para todo el territorio, contenida en una Ley Orgánica (que denomina «General de Cooperación»), a la cual debe referirse expresamente el propio texto constitucional. Una vez depurado este artículo, propone la siguiente redacción alternativa: «Las Comunidades Autónomas podrán celebrar convenios entre ellas con objeto de cooperar en materias de interés común. Una Ley Orgánica de Cooperación fijará el régimen jurídico de los convenios»[34].

Esta propuesta queda inscrita en el marco de una reforma del Título VIII en su conjunto, de modo que este artículo se ubicaría en un nuevo capítulo del Título VIII dedicado al prin-

---

31 Javier TAJADURA TEJADA (2011).

32 Es una contante en la doctrina la necesaria flexibilización de las relaciones intergubernamentales horizontales. A título ilustrativo: José Antonio MONTILLA MARTOS (2018).; Ignacio GONZÁLEZ GARCÍA (2016), pp. 155-212; Eliseo AJA FERNÁNDEZ et al. (2015), pp. 71-83; María Jesús GARCÍA MORALES (2010), pp. 163-190.

33 Javier TAJADURA TEJADA (2011), p. 69.

34 *Ibid.*, p. 70.

cipio de cooperación y en el que quedaran constitucionalizados los instrumentos básicos del federalismo cooperativo[35].

La propuesta de Gálvez Muñoz y Ruiz González[36] sobre relaciones horizontales —de las cuales resaltan su escasez y su bilateralidad— se centra en una institución concreta, la Conferencia de los Gobiernos de las CCAA, de la cual hacen un examen completo, identificando su origen en la Reunión de Zaragoza de 2008, su evolución[37] y sus rasgos más característicos. Su propuesta pasa por la transformación de dicha Conferencia de los Gobiernos de las CCAA en una Conferencia de Presidentes Autonómicos, haciendo de esta un foro de diálogo y un instrumento de cooperación, en el que deliberar sobre cuestiones de interés común, adoptar compromisos políticos y coordinar una posición autonómica común a mantener en los espacios cooperación vertical[38]. A pesar de no hacer referencia explícita a la constitucionalización de este órgano, sí sostiene su formalización para poner fin a su actual inestabilidad. El objetivo último es lograr una mejora en las relaciones de cooperación intergubernamental y fortalecer el Estado autonómico en su conjunto, para lo que deberían superarse los recelos que albergan los diferentes actores[39] y asumir el deber de cooperación como corolario del principio de lealtad constitucional.

Por último, Huergo Lora[40] nos presenta un conjunto de figuras en materia de relaciones horizontales que, si bien no implican una necesaria reforma del texto constitucional, sí resultan de interés al caso que nos ocupa. A su parecer, las relaciones de colabora-

---

35 *Ibid.*, p. 70.

36 Luis A. GÁLVEZ MUÑOZ y José G. RUIZ GONZÁLEZ (2014), pp. 351-358.

37 *Ibid.*, pp. 352-353.

38 *Ibid.*, pp. 351-355.

39 *Ibid.*, p. 357.

40 Alejandro HUERGO LORA (2020), pp. 123-141.

ción entre CCAA, hasta la fecha débiles y escasas, podrían dinamizarse[41], bien mediante la creación de instancias de coordinación con capacidad para establecer criterios orientadores que sirvan como marco dentro del cual cada gobierno autonómico ejerce sus competencias, así como también con capacidad para controlar el cumplimiento de esos criterios comunes; bien mediante la creación de órganos mancomunados en los que se delegue el ejercicio de las competencias autonómicas que ostenta cada una de las CCAA. Este planteamiento resultaría especialmente interesante aplicándolo a los órganos autonómicos facultativos.

Huergo Lora se ocupa, asimismo, de la Conferencia de Presidentes[42], reivindicando su incorporación al texto constitucional. Para ello toma como referencia los planteamientos del informe «Ideas para una reforma de la Constitución» y del Acuerdo del Consell de la Generalitat Valenciana sobre la reforma constitucional, de febrero de 2018[43], de los que extrae que tal constitucionalización no se limitaría a un mero reconocimiento, sino que debe ir acompañada de una serie de precisiones, como la frecuencia de las reuniones —dos veces al año como mínimo—, la determinación de un conjunto de facultades de proposición —capacidad de la Conferencia de Presidentes para acordar la formulación de propuestas a las Cortes Generales o en relación con la proyección exterior de España—, preparación —diseño de las agendas a desarrollar en Conferencias sectoriales y promoción de debates sobre los acuerdos y las discusiones principales de la UE— y de evaluación del sistema de financiación. Esto daría

---

41 *Ibid.*, pp. 139-141.

42 Resulta oportuno traer a colación su análisis sobre la incidencia del diseño institucional del Senado en las relaciones verticales, pues dado que el éxito de los proyectos de ley o reglamentos estatales no depende de la conformidad de esta cámara, se hace innecesaria la obtención de acuerdos entre los Gobiernos autonómicos y el Estado, a diferencia de lo que sucede en Alemania: Ibid., pp. 128-131.

43 *Ibid.*, pp. 127.

respuesta a la insuficiencia e inoperancia práctica que ha demostrado la actual regulación por vía reglamentaria de este órgano.

Por lo que se refiere a las propuestas de reforma constitucional centradas en la transformación del Senado en sede natural de las relaciones intergubernamentales, destacamos las aportaciones de Solozábal Echevarría[44], Arenilla Sáez[45], García Roca[46] y Julio González García[47], que procedemos a desarrollar a continuación. Todos ellos recogerán, de igual manera, reflexiones sobre las Conferencias sectoriales, las Conferencias bilaterales o la Conferencia de Presidentes, y que merecerán también nuestra atención.

El primero de ellos formula su propuesta a modo de respuesta al documento «Por una reforma constitucional federal» elaborado por la Fundació Rafael Campalans, y al cual haremos referencia, junto con las observaciones de Solozábal Echevarría[48], en el momento oportuno. Dejando al margen su reflexión sobre la reforma del Senado, nos centraremos en sus propuestas sobre el resto de instituciones canalizadoras de las relaciones intergubernamentales. En primer término, propone la incorporación en el texto constitucional, de la Conferencia de Presidentes y de las Conferencias sectoriales[49]; en una formulación particularmente formalista, hace mención de aquellos aspectos esenciales que, sobre tales órganos, debiera recoger la Constitución —su función, qué tipo de acuerdos pueden adoptar o la frecuencia de su convocatoria, su estructura interna, su funcionamiento o su articulación con la colaboración bilateral, en el caso de las Conferencias sectoriales—, pero sin aportar contenidos concretos al respecto. No obstan-

---

44 Juan José SOLOZÁBAL ECHEVARRÍA (2014), pp. 61-85.

45 Manuel ARENILLA SÁEZ (2016), pp. 1247-1271.

46 Javier GARCÍA ROCA (2016), pp. 16-31.

47 Julio GONZÁLEZ GARCÍA (2018), pp. 171-182.

48 Juan José SOLOZÁBAL ECHEVARRÍA (2014), pp. 68-80.

49 *Ibid.*, pp. 80-82.

te, sí realiza sucintas caracterizaciones de ambas instituciones, identificando a la Conferencia de Presidentes como el órgano de impulso político y propuesta política, y a las Conferencias sectoriales como órgano de información, de comunicación mutua de los distintos entes territoriales, en base al cual resulta posible articular el Estado autonómico.

Arenilla Sáez propone, fundamentalmente, una reforma constitucional del Senado que sea capaz de enfrentar sus propias problemáticas —escasa consolidación institucional y su subordinación respecto del Congreso de los Diputados— a partir de su conversión en verdadera Cámara de representación territorial. Esto supone, entre otras cosas, el fortalecimiento de las estructuras de coordinación y cooperación entre los distintos niveles territoriales. Es claro al indicar que únicamente la previa reforma del Senado otorgará a la Conferencia de Presidentes el papel que le corresponde como mecanismo de relación intergubernamental, y por el contrario, seguirá siendo insuficiente[50] mientras no se produzca dicha reforma. Por lo que respecta a las Conferencias sectoriales, no plantea ninguna propuesta de reforma constitucional en sentido estricto, pero indica que resultaría más efectivo, para la adopción de acuerdos generales, la constitución de grupos de trabajo que se vincularan a la ejecución de actuaciones concretas de tipo horizontal.

Como particularidad de su planteamiento, cabe mencionar que pone de manifiesto una aparente pérdida de centralidad de la Administración General del Estado[51], situación que debería revertirse a fin de impulsar la dirección del conjunto del Estado integrando, mediante diferentes instrumentos de planificación, a los demás entes territoriales. Del mismo modo, incluye referencias a los gobiernos locales[52], los cuales deben

---

50 Manuel ARENILLA SÁEZ (2016), p. 1265.

51 *Ibid.*, pp. 1260-1261.

52 *Ibid.*, pp. 1266.

articularse con el resto de instancias territoriales mediante mecanismos de cooperación y colaboración.

En cuanto a García Roca, podemos decir que resulta llamativo el estilo de su propuesta, dado el especial compromiso que muestra con el escenario político del momento y con la reforma constitucional que sería deseable impulsar en materia de organización territorial, a fin de superar la crisis que atraviesa el modelo. Tal reforma, dice, sería «el único camino seguro entre dos aventuras peligrosas: la secesión y el inmovilismo»[53]. No obstante, junto con esta reforma del texto constitucional, caben y deben producirse, al tiempo, modificaciones en normas estatutarias o legales.

Dicho lo cual, en materia de relaciones de colaboración y coordinación identifica, como problemas fundamentales, la ausencia de transparencia y la ineficacia de las mismas. Un adecuado abordaje de tales problemas pasaría por reformar el artículo 145.2 de la Constitución[54], suprimiendo la necesidad de autorización de los convenios entre CCAA. También refiere la atribución de facultades de coordinación al Estado que compensen la ineficacia de la colaboración horizontal; por último, se precia una reforma integral del Senado[55] que aúne una doble representación, nacional y territorial —quedando transformado, en consecuencia, en Cámara de representación territorial. A propósito, menciona la posibilidad de una nueva denominación del mismo, como Consejo de las CCAA[56]—, y que albergue todos los órganos y mecanismos de colaboración y cooperación, alzándose como sede natural de estas relaciones. Por último, indica que este Senado acogerá la participación de las CCAA en las decisiones de la Unión Europea[57], y le

---

53 Javier GARCÍA ROCA (2016), p. 18.

54 *Ibid.*, p. 23.

55 *Ibid.*, pp. 24-25.

56 *Ibid.*, p. 23.

57 *Ibid.*, pp. 19-20.

serán atribuidas funciones legislativas cuando se trate de leyes de impacto territorial o de financiación y tributos cedidos.

El último de los autores a tratar en este bloque, hemos señalado, es Julio González García, cuya propuesta queda inscrita en un contexto más amplio de necesaria reforma del modelo territorial en su conjunto, dirigida a impulsar un modelo de federalismo cooperativo para España. Con todo, centra su reflexión en el diseño institucional del Senado, el cual merece una profunda reforma a nivel constitucional, transformándolo en Cámara de representación territorial y sede de las relaciones intergubernamentales. Al margen de sus funciones legislativas en aquellas materias de relevancia territorial, se ocuparía de impulsar y dirigir el diseño de mecanismos cooperativos[58], como la Conferencia de Presidentes, y de articular mecanismos conjuntos para configurar la política española en Europa.

Como contrapunto a todos estos autores, Ignacio González García[59] relativiza la importancia del Senado en la materia. Sus planteamientos, si bien no pasan por una reforma de la letra de la Constitución, sí aportan interpretaciones originales que en ocasiones van a contracorriente de la doctrina mayoritaria y que merecen toda nuestra atención.

En primer término, cabe poner de manifiesto que para Ignacio González García no es sino la voluntad política, el aspecto determinante para el buen funcionamiento de las relaciones intergubernamentales, constituyéndose en «verdadera piedra angular sobre la que pivotan»[60]. Aunque una regulación del régimen jurídico de las mismas es procedente y necesaria, deberían moderarse las expectativas sobre la capacidad transformadora del Derecho en este ámbito. Es por ello que sería adecuado un

---

58 Julio V. GONZÁLEZ GARCÍA (2018), pp. 180-181.

59 Ignacio GONZÁLEZ GARCÍA (2016), pp. 155-212.

60 *Ibid.*, p. 158.

marco jurídico flexible, en el que se contengan las garantías mínimas constitucionalmente exigibles y se mejoren técnicamente los mecanismos de cooperación que pudieran resultar eficaces.

Sobre tales premisas, plantea un conjunto de problemáticas de técnica jurídica o diseño institucional, a las cuales ofrece soluciones o alternativas. Por lo que respecta a las relaciones verticales, señala el carácter voluntario de la Conferencia de Presidentes[61] como uno de sus más notables obstáculos. A su parecer, es posible empezar a dar pasos dirigidos hacia el fortalecimiento institucional de la Conferencia de Presidentes sin necesidad de esperar a una revisión de la Cámara alta, mucho más difícil e improbable. Sería conveniente, dice, que la formalización de esta Conferencia de Presidentes se hubiera producido, no reglamentariamente, sino vía convenio de colaboración vertical, así como también que sus acuerdos y decisiones se adoptaran por unanimidad. En contraste con la preocupación generalizada de la doctrina sobre la ausencia de una Conferencia de Presidentes horizontal, relativiza la importancia de tal omisión, mas en caso de que se crease un órgano de este tipo, debería hacerse mediante acuerdo de cooperación entre las CCAA[62].

Siguiendo su examen sobre las deficiencias en el ámbito de las relaciones verticales, refiere la problemática participación de las asambleas legislativas en la fase interna de celebración de convenios de colaboración[63]. Ésta carece de un criterio común para todo el Estado y sufre frecuentes deficiencias técnicas que deberían abordarse. No obstante, el núcleo de la cuestión no reside en el equilibrio entre flexibilidad y democratización, tal y como apunta buena parte de la doctrina, sino en insertar adecuadamente la intervención parlamentaria, en coherencia con la lógica estructural del sistema. Recogiendo el

---

[61] *Ibid.*, pp. 164-169.

[62] *Ibid.*, p. 169.

[63] *Ibid.*, pp. 173-177.

planteamiento de Albertí Rovira[64], las asambleas autonómicas intervendrían en esta fase interna de los convenios cuando sus potestades parlamentarias se vieran comprometidas, bastando, para garantizar la democratización en los demás casos, con las genéricas facultades de control sobre el Ejecutivo. Ello requeriría un conjunto de reformas, no constitucionales, pero sí estatutarias y de los reglamentos de las Cámaras autonómicas, para ajustar sus previsiones en el sentido indicado.

También en relación con la suscripción de convenios verticales, plantea el debate sobre la fuente normativa llamada a regular la entrada en vigor de los mismos[65], pues se plantea el interrogante sobre si debe hacerlo una ley de bases estatal o el Estatuto de Autonomía. La premisa es la siguiente: la condición suspensiva de la eficacia que rige tras la comunicación a las Cortes Generales sobre los convenios horizontales carece de sentido cuando nos encontramos ante convenios verticales, toda vez que en este caso no existe la dualidad entre convenios de colaboración y acuerdos de cooperación, por lo que resulta innecesaria una suspensión dirigida determinar y, en su caso, rectificar, si estamos ante uno u otro instrumento. Aclarado este extremo, Ignacio González García sostiene que debe ser una ley estatal la que determine la entrada en vigor de tales convenios verticales, en aras de la homogeneidad y de un tratamiento uniforme para todo el territorio, imposible de garantizar mediante la vía estatutaria.

Lo más llamativo de su propuesta, con todo, es su original interpretación del artículo 145.2 de la Constitución. Aunque comparte con la doctrina mayoritaria su juicio sobre la deficiente técnica jurídica del precepto, se muestra disconforme con el excesivo control estatal que concluyen del mismo —y que sería el responsable de la escasez de relaciones horizontales que padece nuestro modelo autonómico—. Por el con-

---

64 Enoch ALBERTÍ ROVIRA (1994), p. 123.

65 Ignacio GONZÁLEZ GARCÍA (2016), pp. 183-186.

trario, él sostiene que esta deficiencia técnica ha dado lugar a interpretaciones alejadas de la voluntad del constituyente, mas un correcto entendimiento del mismo acotaría el ámbito de autorización de los acuerdos de cooperación a sus justos términos. Para ello, dice, hay que poner en conexión este apartado segundo del artículo 145 con el inmediatamente anterior, referido a la prohibición de federación de las CCAA. Tal prohibición otorga soporte jurídico para una concepción restrictiva de la facultad de autorización de las Cortes, en la medida en que esta se constituye en el criterio que debe regir la decisión sobre la autorización o no de estos acuerdos de cooperación, y únicamente será posible negar dicha autorización, o condicionarla, si se está ante un caso de federación de CCAA mediante la creación de un órgano interautonómico al que se le hayan transferido competencias autonómicas y que cuente con capacidad para tomar decisiones vinculantes para las partes.

Una consecuencia lógica de esta interpretación del artículo 145.2 CE es que las Cortes Generales, como órgano llamado a realizar este control, quedan implícitamente habilitadas para recalificar[66] en acuerdos de cooperación aquellos convenios de colaboración que les sean comunicados, con la consiguiente necesidad de autorización que ello implica; de lo contrario, esta potestad quedaría vaciada. Esta postura contrasta con un conjunto de opiniones doctrinales que sostienen que ha sido por vía estatutaria que se ha habilitado a las Cortes[67] para realizar dicha recalificación, a priori no exigible constitucionalmente. Con todo, el Tribunal Constitucional podrá controlar y revisar el acto de autorización o de recalificación, pero se trataría, en fin,

---

66 *Ibid.*, p. 208.

67 Véase al respecto Javier TAJADURA TEJADA (2011); María Jesús GARCÍA MORALES (2010), pp. 163-190

de una «potestad cuasi jurisdiccional que excepcionalmente el ordenamiento atribuye, en primera instancia, al Parlamento»[68].

Para concluir con esta sección, no podemos dejar de mencionar un conjunto de reflexiones que, abordando de manera integral las relaciones intergubernamentales, aportan perspectivas de reforma de pincelada gruesa, más líneas maestras a seguir que auténticas propuestas, en fin, una suerte de "propuesta para propuestas" que podría resultar conveniente tener en cuenta. García Morales[69], Aja Fernández, García Roca, Montilla Martos y Díez Bueso[70], y Tur Ausina[71] serán nuestros autores de referencia en este punto.

García Morales, con propuestas algo más específicas que los demás autores, presenta, en primer lugar y de manera pormenorizada todo un conjunto de deficiencias del sistema, para las cuales sugiere las siguientes respuestas: frente al uso de la colaboración financiera vertical como instrumento de injerencia estatal en las competencias autonómicas, no propone renunciar a la misma, pero sí tomar conciencia de sus riesgos[72]. Asimismo, es necesario que la colaboración formalizada mediante Conferencias sea más transversal y participada; a propósito, podrían ser copresididas por el Ministro del ramo y un representante autonómico designado por turnos[73]. Por lo que respecta a las Conferencias bilaterales[74], sería oportuno dotarles de espacio propio más allá de los traspasos o la resolución de conflictos entre el Estado y las CCAA; por ejemplo, depositando en ellas el seguimiento de los proyectos normativos del Estado.

---

68 Ignacio GONZÁLEZ GARCÍA (2016), p. 189.

69 María Jesús GARCÍA MORALES (2016).

70 Eliseo AJA FERNÁNDEZ et al. (2015), pp. 71-83.

71 Rosario TUR AUSINA (2013), pp. 213-262.

72 María Jesús GARCÍA MORALES (2010), p. 179.

73 *Ibid.*, pp. 179-180.

74 *Ibid.*, pp. 181-182.

En cuanto a la colaboración horizontal, lo que precisa primero y ante todo es de mayor voluntad política. Junto con esto, la autora propone aprovechar la red existente de Conferencias sectoriales y otorgarles efectos bidimensionales, creando un doble turno de reunión, primero horizontal y acto seguido vertical, lo cual favorecería, además, la multilateralidad de la que hoy se carece.

Junto con todo lo anterior, propone institucionalizar la Conferencia de Presidentes[75] definiendo con mayor rigor sus propias funciones, sus procedimientos y dotándole de una infraestructura sólida que prepare y dé continuidad a sus reuniones —por ejemplo, introduciendo Secretariados permanentes y participados—. También sería positivo que se postulara como coordinadora de las Conferencias sectoriales, una suerte de Conferencia de Conferencias, con las que se relacionara fluidamente.

Por último, hace una mención a la necesaria transparencia[76] que debe regir todo el sistema de relaciones intergubernamentales, y que si bien debe quedar modulada en su grado y forma dependiendo del instrumento cooperativo de que se trate —sobre todo en el nivel político parece irremediable un cierto nivel de opacidad—, las Administraciones autonómicas deberían, pues, disponer de los instrumentos de información y comunicación necesarios a tal efecto.

Por lo que respecta al texto de Aja Fernández, García Roca, Montilla Martos y Díez Bueso, cabe reseñar que se trata de un artículo monográfico nacido a la luz de la encuesta realizada por el *Informe de las Comunidades Autónomas* sobre los principales problemas del modelo autonómico, cuyo bajo nivel de respuesta hizo deducir a los autores que la situación todavía no era la idónea para plantear estas reformas. No obstante, la reflexión se ha reformulado desde una dimensión académica,

---

75 *Ibid.*, pp. 185-186.

76 *Ibid.*, pp. 186-187.

presentando las grandes líneas por las que debería transitar una reforma constitucional sobre la cuestión. Por lo que respecta a las relaciones interterritoriales, se destaca la necesidad de una revisión de las mismas, habida cuenta su debilidad y su escasa, cuando no nula, regulación constitucional.

La fórmula que se aporta para superar la situación en que se hallan dichas relaciones consiste, principalmente, en un reconocimiento constitucional de las mismas que trace sus líneas maestras, sin perjuicio de un posterior desarrollo estatutario y legal. Deberían quedar recogidos, en el texto constitucional, los principios[77] de colaboración, coordinación y participación de las CCAA, aportando así las bases de una descentralización cooperativa robusta. La idea rectora de la propuesta consiste en diseñar un sistema de relaciones general, multilateral, sin cerrar la puerta al posible desarrollo de órganos de colaboración bilateral. En coherencia con esto, los instrumentos[78] llamados a canalizar estas relaciones interterritoriales, y que deberían reconocerse a nivel constitucional, serían los convenios entre CCAA —obligatoriamente comunicados a las Cortes Generales, pero sin requerir de su autorización— y los acuerdos alcanzados en el seno de las Conferencias sectoriales y la Conferencia de Presidentes, incluyendo también la Conferencia de Presidentes horizontal. Todos estos órganos deberían contar, asimismo, con su debido reconocimiento en la Constitución.

De igual modo, sería oportuno incorporar al texto constitucional la participación de las CCAA en los órganos del Estado, y en el desarrollo y la ejecución del Derecho europeo. A propósito, sería recomendable la incorporación de una cláusula europea[79] en la Constitución, con la que ya cuentan países como Alemania. Resultaría oportuno incluir la doctrina del Tribunal Constitucional sobre la fase descendente del Derecho de la Unión Europea

---

77 Eliseo AJA FERNÁNDEZ et al. (2015), pp. 78-79.

78 *Ibid.*, p. 79.

79 *Ibid.*

y, en cuanto a su fase descendente, integrar en el Senado la actual Conferencia para Asuntos Relacionados con la Unión Europea.

Por último la transformación en Cámara representativa de las CCAA reforzaría intensamente el sistema de relaciones intergubernamentales aquí sucintamente diseñado.

Para concluir con este apartado, cabe mencionar a Tur Ausina, cuyo análisis sobre la situación de las relaciones interterritoriales en España queda vinculado al modo en que se ha desarrollado el propio Estado autonómico, cuya apertura e indefinición, así como la ausencia de un sistema de reparto competencial bien definido, ha dado lugar a un tipo de relaciones dominadas por el conflicto y, por tanto, principalmente desarrolladas en sede jurisdiccional. Ante este panorama, Tur Ausina hace un minucioso diagnóstico de las causas y aspectos problemáticos que motivan este específico desarrollo autonómico y plantea, como respuesta, una serie de propuestas que, si bien no pasan necesariamente por la reforma constitucional, sí cabe tener en cuenta como perspectiva general de las cuestiones que deberían abordarse para mejorar la dimensión cooperativa del modelo autonómico.

Ante la dinámica conflictiva identificada, causa de la carencia de relaciones colaborativas fluidas entre los entes territoriales, propone asumir una lógica federalista[80] que equilibre las potencias centrífugas y centrípetas del sistema, la autonomía y la participación. Esta lógica, concebida esencialmente en términos de fuentes —aunque no sólo—, se sostiene sobre la idea de un único ordenamiento integrado por normas producidas por múltiples instancias de poder y que requieren ser articuladas. En un contexto multinivel como el nuestro —y en este sentido, tiene también muy presente la integración española en la Unión Europea— la federalización es la única forma coherente de fun-

---

80 Rosario TUR AUSINA (2013), pp. 218 y 223-224.

cionamiento del sistema, en el que se aúnan autonomía en la toma de decisiones, y participación y articulación de voluntades.

Bajo esta amplia propuesta se engloban, sin limitarse a ellas, respuestas concretas para potenciar este tipo de relaciones, a saber: residenciar las relaciones de colaboración en sede gubernativa, más propicia para la negociación que otras instancias; incorporar un «deber jurídico de colaboración» que enfrente la actual lectura del principio de colaboración como voluntario, haciendo de los mecanismos cooperativos instrumentos obligados, pese a que la decisión última sí sea de carácter voluntario; apostar por técnicas jurídicas flexibles de adopción de acuerdos que faciliten estas relaciones —al contrario de lo que ocurre con la actual redacción del artículo 145.2 de la Constitución—; en este sentido, una «Ley de participación interinstitucional»[81] sería una vía a explorar.

Por último, cabe apuntar que, pese a que el Senado resultaría un elemento importante para impulsar las relaciones de colaboración entre el Estado y las CCAA, que sin duda favorecería su desarrollo, no se presenta como absolutamente relevante, como sí ocurre para otros autores.

4. PROPUESTAS DE REFORMA CONSTITUCIONAL EN MATERIA DE RELACIONES INTERGUBERNAMENTALES PLANTEADAS POR INSTITUCIONES O GRUPOS DE INVESTIGACIÓN

Otra de las perspectivas desde la que debemos analizar analizar una posible una posible reforma constitucional, en el ámbito de las relaciones intergubernamentales, es la referida a las propuestas que sobre esta cuestión que se han realizado en los manifiestos,

---

[81] *Ibid.*, p. 259.

los dictámenes o los informes institucionales que se han elaborado expresamente o, incluso se han aprobado de manera formal por la Institución. Entre estas propuestas destacaremos las que han tenido un mayor eco y se han planteado en la última década.

4.1. «Por una reforma federal del Estado autonómico»

En primer lugar, e intentando seguir un relato cronológico, puede referirse la propuesta planteada, bajo la coordinación de Gregorio Cámara, en el seno de la Fundación Alfonso Perales, con el objetivo de elaborar una «Propuesta del Grupo de Reflexión creado por el PSOE-A sobre la reforma de la Constitución para el establecimiento de un modelo federal para España», con el título «Por una reforma federal del Estado autonómico»[82].

De ella debemos destacar el profundo y extenso análisis que se realiza, en el punto 5, sobre: «Relaciones intergubernamentales. Lealtad federal. Coordinación, colaboración, cooperación. Conferencia de presidentes. Integración europea»[83], en cuyas primeras páginas se analiza el estado de la cuestión, planteando los problemas advertidos en las relaciones intergubernamentales del Estado autonómico actual. Sostienen una falta de «cultura de la colaboración», así como de previsión constitucional de los mecanismos y procedimientos de colaboración, y de los foros de encuentro en los que se dan estas relaciones intergubernamentales, si bien en la práctica dicha carencia se ha suplido tanto jurisprudencialmente —mediante la introducción por parte del Tribunal Constitucional de los

---

[82] Fundación Alfonso Perales (2012). Grupo de Reflexión creado por el PSOE-A sobre la reforma de la Constitución para el establecimiento de un modelo federal para España. La Fundación Alfonso Perales, pasó a denominarse en 2022 Fundación Andalucía, Socialismo y Democracia.

[83] *Ibid.*, pp. 45-56. La coordinación de dicho apartado correspondió a José Antonio Montilla Martos.

principios que deben regir las relaciones intergubernamentales— como por la vía normativa *infraconstitucional* —los pactos autonómicos de 1992 y la reforma de 1999 de la Ley 30/1992; y ahora, el Título III de la Ley 40/2015—.

A partir de estas premisas, consideran que la Constitución debe contener un conjunto de postulados sobre las relaciones intergubernamentales formulados desde una lógica federal. En primer término, consagrar explícitamente los principios de lealtad federal, colaboración y participación[84], a partir de los cuales desarrollar una regulación flexible de los procedimientos y órganos de colaboración, al igual que propusiera en su momento el Consejo de Estado en su Informe sobre modificaciones de la Constitución española.

En segundo término, estas relaciones intergubernamentales deberían quedar articuladas de la siguiente manera, explícitamente referenciada en la letra de la Constitución: un primer nivel simbólico-político debe quedar ocupado por la Conferencia de Presidentes, encargada de establecer la orientación política general del Estado federal y adoptar los grandes acuerdos sobre la evolución del modelo; en un segundo nivel, de decisión política ordinaria sobre el desarrollo del Estado federal, se situaría un Senado gubernamental, según el modelo alemán, con funciones políticas de impulso y veto sobre las actuaciones que afecten directamente a la configuración y desarrollo del modelo territorial; un tercer nivel técnico, encargado de negociación de aspectos técnicos de la relación y la preparación de los acuerdos, se configuraría a partir de las actuales Conferencias sectoriales, aunque sin renunciar a las relaciones bilaterales.

Por lo que respecta a los instrumentos de colaboración, habría que incorporar referencias explícitas en el texto constitucional sobre los convenios de colaboración —constitucionali-

---

84 *Ibid.*, p. 51.

zando su existencia y estableciendo un mínimo marco común, además de reformar el artículo 145.2 de la Constitución— y sobre los procedimientos participados —recogiendo las referencias a las modalidades de participación previstas en los Estatutos de Cataluña y de Andalucía o la filosofía de los acuerdos de la CARUE de 2004, si bien en el caso de la designación de órganos constitucionales debería remitir a la correspondiente ley reguladora del órgano correspondiente—.

4.2. *«Cinco propuestas para la reforma constitucional en clave federal»*

En el documento «Cinco propuestas para la reforma constitucional en clave federal»[85], de la Fundación Ciudadanía y Valores, coordinada por el Javier Tajadura Tejada, la propuesta número 4, titulada «Propuesta de debate sobre la constitucionalización de los órganos de cooperación e integración política», ante todo, destaca la primacía de la *bis expansiva* de la descentralización y la dinámica centrífuga del poder del Estado hacia las CCAA en el desarrollo del Estado autonómico. A razón de lo cual proponen, además de la reforma del Senado, regular adecuadamente y a nivel constitucional la composición y funciones de las Conferencias Sectoriales y de Presidentes, si bien la regulación detallada de estas instituciones debe remitirse a una Ley Orgánica de Cooperación. Asimismo, proponen recoger el principio de lealtad federal en un nuevo artículo 2 de la Constitución y desarrollarlo en el nuevo Título VIII, en el sentido de lo que ya manifestó el Consejo de Estado en su Informe sobre la Reforma Constitucional de 2006, frente a los contornos vagos e imprecisos del principio de solidaridad.

---

85 Fundación Ciudadanía y Valores (2012).

4.3. «Propuestas para una reforma constitucional. Mejora de la calidad democrática y reforma del modelo territorial»

En las «Propuestas para una reforma constitucional. Mejora de la calidad democrática y reforma del modelo territorial», elaborada por Profesores de Derecho Constitucional de la Universidad de Zaragoza[86] en 2013 y coordinada por Contreras Casado, se abordan numerosas cuestiones en torno a estos dos conceptos. Por lo que a materia de relaciones intergubernamentales respecta, destacamos que plantean la constitucionalización, en términos generales, del modelo de organización territorial del Estado, así como la introducción de reformas para mejorar su funcionamiento en diversos aspectos, entre los cuales se halla la clarificación de la distribución de competencias entre el Estado y las CCAA; la constitucionalización de la lealtad institucional; o la supresión del Senado a favor de un parlamento unicameral. Sin embargo, no se recogen propuestas específicas sobre las relaciones intergubernamentales.

4.4. «Declaración de Granada»

Otro de los documentos que debemos destacar, desde una perspectiva menos doctrinal, pero de mayor calado político, es la que denominamos coloquialmente «Declaración de Granada» del PSOE, adoptada con el enunciado de «Un nuevo pacto territorial: La España de todos» (Declaración del Consejo Territorial, Granada, 6 julio 2013).

En ella se parte de la necesidad de revisar y actualizar el Estado de las Autonomías, pues, entre otras razones, la configuración que se hizo del mismo en la Constitución de 1978 dejó excesivamente abiertos e imprecisos algunos de los aspectos esenciales de cualquier modelo territorial descentralizado, lo

---

86 Manuel CONTRERAS CASADO (coord.) (2013).

que ha redundado en la falta de piezas esenciales para el adecuado desarrollo del sistema autonómico. Entre éstas se hallan los mecanismos de cooperación interautonómica, lo que reclama, también en este ámbito, de una profunda reforma constitucional. En concreto, para resolver las disfunciones señaladas, se propone la creación de mecanismos de cooperación institucional, característicos de los Estados federales y de los que actualmente carece el modelo español; asimismo, plantea la necesidad de constitucionalizar la participación autonómica en la gobernación del Estado y en la Unión Europea, tanto en su fase ascendente como descendente.

4.5. «Por una reforma constitucional federal»

La Fundació Rafael Campalans también elaboró, en 2013, un documento de reflexión y propuestas, titulado: «Por una reforma constitucional federal»[87]. Entre sus propuestas para avanzar en una reforma constitucional en sentido federal, además de aspectos como la conversión del Senado en un órgano federal[88], la reforma de la distribución de competencias o, la

---

87 Fundació Rafael Campalans (2013). En este documento de la Fundació Rafael Campalans, ligada al Partit dels Socialistes de Catalunya, se recogen las opiniones y aportaciones de: Xavier Arbós, Meritxell Batet, Carme Chacón, Jaume Collboni, Miquel Iceta, Eduard Roig, Joaquín Tornos y Francesc Vallès.

88 Juan José SOLOZÁBAL ECHEVARRÍA (2014), pp. 75-77; formula, como el propio título indica, una serie de observaciones a este documento. Al respecto, cabe señalar que al diseño de un Senado como auténtica Cámara de representación territorial, opone la exigencia constitucional de que los senadores sean representantes del pueblo español, lo que excluiría esta configuración del Senado a modo de Cámara de delegación de los Gobiernos subestatales. Por su parte, él mismo plantea la supresión del carácter provincialista de esta Cámara, y dotarle de carácter autonómico mediante la designación parlamentaria de los Senadores por las asambleas legislativas autonómi-

regulación de la financiación en la Constitución, plantean la inclusión en el texto constitucional de algunos aspectos relacionados con las relaciones de colaboración entre las CCAA y con el Estado[89], conforme ahora detallaremos.

Al respecto, y habiendo constatado previamente las deficiencias de la colaboración, tanto horizontal como vertical, y tanto en el plano político como en el jurídico, proponen: en cuanto a las relaciones horizontales, modificar el artículo 145.2 para suprimir los obstáculos que éste impone a dicha colaboración, de modo que se limite a señalar la libertad y la conveniencia de la misma. Sobre la colaboración vertical, la Constitución debería recoger y mencionar las técnicas de dicha colaboración, así como el principio de lealtad federal, y garantizar la responsabilidad de los distintos Gobiernos que participen en órganos o procesos mixtos de decisión ante el Parlamento por su actuación. También sería procedente que recogiera la distinción entre las relaciones de colaboración y coordinación obligatorias y voluntarias, así como la expresión clara de que cada Comunidad no resulta afectada por la decisión de órganos "multilaterales" de colaboración voluntaria, sino en el alcance de su compromiso.

En cuanto a los instrumentos de las relaciones de colaboración, esta reforma constitucional debería clarificar su régimen, recogiendo expresamente la existencia de la Conferencia de Presidentes como órgano de diálogo sobre los principales problemas del Estado, así como de acuerdo político y coordinación. También debería ordenar las formas de colaboración, el sistema de conferencias sectoriales, o las comisiones bilaterales entre el Estado y cada Comunidad, de composición paritaria

---

cas, a través de un sistema electoral mayoritario. Con ello se reflejaría fielmente el sentir del Gobierno autonómico en el Senado, en tanto que se produce una traslación de las mismas mayorías que lo invistieron, a la par que se salvaguarda el criterio de representación popular.

89 *Ibid.*, pp. 30 y 31.

y presidencia rotatoria, como «marco general y permanente de relación» intergubernamental a efectos de comunicación y cooperación en asuntos de interés común. Del mismo modo, sería procedente mencionar el régimen de convenios, planes y programas conjuntos entre Estado y CCAA. Por último, podrían fijarse los elementos fundamentales de la participación autonómica en asuntos europeos, mediante el Senado y la correspondiente conferencia para asuntos de la UE, fijando las reglas de presencia y actuación autonómica en las delegaciones españolas ante las instituciones europeas.

4.6. «El modelo territorial español treinta y cinco años después»

Otro de los documentos que debemos referir es el que elaboró de la Quadra-Salcedo Fernández del Castillo, sobre «El modelo territorial español treinta y cinco años después»[90], para la Fundación Alternativas.

En dicho documento se analiza el desarrollo del modelo autonómico, se identifican los principales problemas del mismo y se plantean los distintos aspectos cuya reforma redundaría en un mejor funcionamiento del conjunto. En materia de relaciones intergubernamentales presentan las siguientes propuestas sobre cuestiones organizativas e institucionales: el cierre del modelo y abandono del principio dispositivo —mediante la plasmación en el texto constitucional del mapa autonómico y la supresión de las referencias al procedimiento de acceso a la autonomía—; la introducción del principio de lealtad federal de manera explícita en el Título VIII, de modo que sirva como pauta de actuación y guía de las relaciones intergubernamentales; y la incorporación de cuestiones orgánicas propias de un Estado descentralizado de

---

90 Tomás DE LA QUADRA-SALCEDO FERNÁNDEZ DEL CASTILLO (2014).

corte federal[91], haciendo referencia explícita al Senado, pero sin entrar en la posible constitucionalización de otros mecanismos e instrumentos de colaboración y cooperación.

4.7. *«Una España federal en una Europa federal»*

En esta relación de manifiestos, dictámenes e informes sobre la reforma constitucional que se refieran, en alguna medida, a las relaciones intergubernamentales, también debemos referir la Declaración: «Una España federal en una Europa federal»[92]. Se trata de una declaración, de apenas un folio de extensión, con el objetivo de apoyar el modelo federal de organización territorial en España, de julio de 2014, y que suscribieron numerosas personalidades[93]. En ésta se destaca la insuficiencia de la estructura territorial diseñada por la Constitución de 1978 y se insta a los partidos políticos y a las instituciones democráticas a alcanzar los consensos y adoptar los procedimientos necesarios para proceder a una reforma constitucional en sentido federal.

Por lo que se refiere a las relaciones intergubernamentales, éstas son abordadas desde una perspectiva general y centrada en el Senado, para lo cual que se propone su establecimiento como Cámara territorial con atribuciones legislativas exclusivas en sus competencias. Seguidamente se menciona la participación de todas las CCAA en la gobernación de los problemas comunes, incluidos los europeos, y los principios que deben regir estas relaciones

91 *Ibid.*, pp. 37-39.

92 https://federalistesdesquerres.org/2014/07/declaracio-federal-una-espana-federal-en-una-europa-federal/

93 Una Declaración promovida, en julio de 2014, por Amparo Climent, Nicolás Sartorius, Juan Miguel Hernández León, Ángel Gabilondo, José Antonio Zarzalejos, Javier Nadal, Fernando Vallespín, Laura Arroyo, Frederic Monell y Rodolfo Benito [al que posteriormente se adhirieron numerosas personalidades].

intergubernamentales: principio de lealtad y de cooperación recíprocas. En los siguientes párrafos apuesta por una clarificación en la distribución competencial que evite permanentes litigios.

4.8. «Ideas para una reforma constitucional»

El documento «Ideas para una reforma constitucional»[94], elaborado en 2017 por un grupo de profesores de Derecho Constitucional y Derecho Administrativo preocupados por la crisis constitucional planteada con «*el procés*» en Cataluña, también contiene referencias a la reforma del modelo territorial.

En concreto, apuntan que la reforma del modelo territorial debe abordarse basándose en las técnicas del federalismo, lo cual no significa que el objetivo sea configurar España como un Estado federal, denominación incluida, sino servirse de las técnicas y soluciones instrumentales puestas en práctica por los países con estructuras federales.

Desde esa perspectiva, identifican un conjunto de cuestiones problemáticas que deberían ser abordadas en una futura reforma constitucional, de entre las cuales nos centraremos en aquellas referidas a la materia que nos ocupa, a saber: la necesaria participación autonómica en las decisiones e instituciones del Estado, y la constitucionalización de los instrumentos y órganos de colaboración. A propósito, la solución que proponen para la primera de dichas cuestiones pasa por la reformulación del Senado, tomando como modelo el *Bundesrat* alemán. También proponen la intervención de las CCAA en la

---

94 Elaborado en noviembre de 2017, por: Santiago Muñoz Machado (coord..), Eliseo Aja Fernández, Ana Carmona Contreras, Francesc de Carreras Serra, Enric Fossas Espadaler, Víctor Ferreres Comella, Javier García Roca, Alberto López Basaguren, José Antonio Montilla Martos, Joaquín Tornos Mas: https://www.ucm.es/data/cont/media/www/pag-31775//Ideas%20para%20una%20reforma%20constitucional.pdf

designación de los integrantes de distintas instituciones del Estado cuya actuación les afecta directamente, especialmente el Tribunal Constitucional. Por lo que se refiere a la segunda de las problemáticas señaladas, la Constitución podría recoger algunos principios y caracteres generales de la colaboración autonómica, así como la participación de las CCAA en la Unión Europea. No obstante, para todo ello también se refieren a un Senado con funciones similares al *Bundesrat* alemán.

4.9. «*Propuestas para mejorar el autogobierno de Cataluña y el funcionamiento del modelo territorial de Estado*»

Otro de los documentos que podemos referir, es la propuesta elaborada por el *Cercle d'Economia*, con el título de «Propuestas para mejorar el autogobierno de Cataluña y el funcionamiento del modelo territorial de Estado»[95].

Este documento plantea propuestas para la mejora del autogobierno, al tiempo que resalta que las prioridades políticas en Cataluña deben ser recuperar la seguridad jurídica, la confianza empresarial y la convivencia cívica. En cuanto a las relaciones intergubernamentales, proponen «[d]esarrollar un marco institucional más sofisticado y eficaz para la cooperación en las relaciones intergubernamentales de las comunidades autónomas entre sí y de estas con las instituciones políticas centrales».

Para ello, al tiempo que se constata el déficit en las relaciones de cooperación intergubernamental, o la falta de lealtad recíproca con que ha operado hasta ahora el modelo territorial, plan-

---

[95] Publicado como documento de «La opinión del Círculo. XXXIV Reunión Círculo de Economía», con el título de «Propuestas para mejorar el autogobierno de Cataluña y el funcionamiento del modelo territorial de Estado»: https://cercledeconomia.com/es/propuestas-para-modificar-el-autogobierno-de-cataluna-y-el-funcionamiento-del-modelo-territorial-de-estado/.

tean la necesidad de otorgar un papel relevante al Senado en materia de cooperación, pero de modo tal que no se concentre en él la necesidad de cooperación y lealtad institucional; al caso, sostienen que es en el ámbito de los Gobiernos, las Administraciones públicas y los organismos reguladores donde se deben desarrollar ordinariamente tales relaciones, al ser los espacios donde se concentra la formulación y aplicación de políticas y la regulación de la economía. Sería oportuno comenzar por hacer cotidiano el funcionamiento de la Conferencia de Presidentes.

4.10. Acuerdo del Consell (Generalitat Valenciana) sobre la reforma constitucional

Entre todos los documentos que reseñamos, el *Acuerdo del Consell (Generalitat Valenciana) sobre la reforma constitucional*, aprobado el 9 de febrero de 2018[96], es el que tiene un mayor peso político-institucional, al tratarse de un documento que refrenda un Gobierno autonómico y, además, de composición plural. Al respecto, queremos destacar que subyace, no solo un posicionamiento institucional, sino un intento de aportar propuestas para el consenso desde la cultura de la pluralidad territorial de nuestro país y desde la base de la lealtad constitucional, o como se plasma en dicho documento, desde «la lealtad federal» en el marco de los Estados compuestos.

Tras establecer una serie de consideraciones generales sobre los aspectos que deberían abordarse en una reforma constitucional, plantea un conjunto de propuestas agrupadas en varios ejes, de entre los que destacamos el último apartado, el

[96] https://participacio.gva.es/documents/169001280/169001322/Acuerdo+del+Consell+sobre+la+reforma+constitucional%2C+aprobado+en+su+reuni%C3%B3n+de+9+de+febrero+de+2018.pdf/8dee15c2-7157-47b8-a7ce-fe14efbcf52d?t=1571651985810

más extenso de ellos, que versa sobre «Un nuevo modelo territorial: hacia el federalismo»[97].

En el referido apartado, ante todo, se concreta el concepto y los términos conforme debe entenderse la «lealtad federal». Tras analizar la falta de constitucionalización del modelo de funcionamiento del Estado autonómico y señalar que el texto constitucional no permite una regulación eficaz de la pluralidad española, se realizan diversas propuestas, muchas de ellas vinculadas a las relaciones intergubernamentales. No obstante, en esta materia en concreto se propone la «articulación de los mecanismos de coordinación y cooperación entre comunidades autónomas y entre estas y el Estado federal, con criterios de simplificación y eficacia»; y,

> «la constitucionalización de la Conferencia de Presidentes, que deberá realizar un mínimo de dos sesiones cada año, con capacidad para formular propuestas a las Cortes Generales, fijar agendas transparentes para la celebración de conferencias sectoriales, promover debates acerca de las discusiones y acuerdos principales de la Unión Europea y de otros foros internacionales, efectuar propuestas para la proyección exterior de España en su pluralidad y evaluar el funcionamiento del sistema de financiación y proponer su revisión»[98].

4.11. «Propuestas para un debate sobre la reforma territorial desde las universidades andaluzas»

El documento «Propuestas para un debate sobre la reforma territorial desde las universidades andaluzas», a partir de los debates del Grupo de discusión organizado por la Universidad Pablo de Olavide en 2018, es otra referencia ineludible sobre

---

97 *Ibid.*, pp. 11-24

98 Apartados 4,n) y 4,u) del capítulo dedicado a «Un nuevo modelo territorial: hacia el federalismo».

propuestas de reforma constitucional en materia de relaciones intergubernamentales[99].

Debemos destacar, fundamentalmente, el capítulo dedicado a «Instituciones y técnicas de coordinación, colaboración e integración». Tras constatar el deficiente marco constitucional de las relaciones de colaboración interterritorial, propone como objetivo de una futura reforma la reversión de la tradicional tendencia hacia el bilateralismo, el cual está en el origen de las disfuncionalidades del Estado autonómico, y potenciar «el multilateralismo y la creación y el fortalecimiento de mecanismos de coordinación e integración entre los actores institucionales»[100]. Para ello, propone[101] la incorporación, al texto constitucional, de los principios básicos de lealtad institucional recíproca, colaboración y participación, que han de regir estas relaciones y que han de articularse como un deber de información y asistencia mutua. Asimismo, reconocer la existencia y las características básicas de los mecanismos de cooperación y colaboración vertical, tales como la Conferencia de Presidentes —la cual podría integrarse institucionalmente en el Senado—, y las Conferencias sectoriales, como órganos de colaboración voluntaria multilateral. Ello debería ir acompañado del reconocimiento

---

99 Dicho Grupo de discusión organizado por la Universidad Pablo de Olavide, está integrado por los siguientes miembros: Xavier Coller (coordinador, Universidad Pablo de Olavide), Lina Gálvez (Universidad Pablo de Olavide), Jean Baptiste Harguindéguy (Universidad Pablo de Olavide), Ruth Rubio (Universidad de Sevilla), Gerardo Ruiz-Rico (Universidad de Jaén), Manuel Zafra (Universidad de Granada): https://www.upo.es/investiga/ptyp/wp-content/uploads/2018/06/Propuesta-de-reforma-territorial-8.pdf.

100 https://www.upo.es/investiga/ptyp/wp-content/uploads/2018/06/Propuesta-de-reforma-territorial-8.pdf; p. 20.

101 https://www.upo.es/investiga/ptyp/wp-content/uploads/2018/06/Propuesta-de-reforma-territorial-8.pdf; p. 20-23.

de los convenios de colaboración, planes y programas conjuntos tanto entre Estado y CCAA como de estas entre sí.

Asimismo, sería preciso reconvertir instituciones como la Conferencia de Presidentes, el Senado o las Conferencias sectoriales a fin de dotarles, también, de una dimensión horizontal, y en cualquier caso, eliminar los obstáculos a las relaciones interautonómicas actualmente contenidos en el artículo 145.2 de la Constitución.

Finalmente, se propone incorporar en la Constitución o en el desarrollo legislativo elementos de reconocimiento simbólico e integración, tales como la normalización del uso de las distintas lenguas existentes en el Estado, la promoción de la obligación de los poderes públicos de adoptar políticas para facilitar el aprendizaje de las distintas lenguas, con independencia del territorio de que se trate, la desconcentración de los órganos e instituciones estatales jurisdiccionales o administrativos de control y supervisión, el establecimiento de una Presidencia del Senado rotatoria o la creación de un Consejo Audiovisual estatal en el que participen los Consejos audiovisuales autonómicos.

4.12. «Reflexiones para una reforma constitucional: la reforma de la organización territorial del Estado»

Las «Reflexiones para una reforma constitucional: la reforma de la organización territorial del Estado»[102], de la Fundación Fide (Fundación para la investigación sobre el derecho y la empresa), a partir de las sesiones de trabajo, celebradas desde febrero de 2017 a enero de 2018, suponen una propuesta consensuada de una reforma de la Constitución en materia de organización territorial del Estado.

---

102 https://thinkfide.com/wp-content/uploads/2020/10/Fide-Doc.-Reflexiones-Grupo-Reforma-Constitucional.pdf.

Entre sus propuestas, también se incluyen algunos aspectos que tienen que ver con la reforma constitucional en materia de las relaciones intergubernamentales. Así, al referir los preceptos constitucionales que regulan determinadas instituciones generales del Estado como el Defensor del Pueblo, el Consejo de Estado o el Tribunal de Cuentas, plantea la oportunidad de que en ellos se contemple expresamente el principio de cooperación de dichas instituciones con las instituciones equiparables que puedan crear los Estatutos autonómicos.

Aunque su apartado III.6 «Senado e instrumentos de cooperación y colaboración»[103] lo dedica fundamentalmente a situar al Senado como centro de todos los instrumentos de cooperación y colaboración, también señala que sería oportuno fortalecer los instrumentos de cooperación y cooperación, vertical y horizontal, especialmente en materia administrativa. A tal fin podrían reformarse los artículos 137, 145 o 153 de la Constitución, en consonancia con una nueva redacción del artículo 69. Asimismo, estas relaciones deben regirse por el principio de lealtad institucional.

4.13. «Manifiesto por una España Federal»

El objetivo del «Manifiesto por una España Federal», adoptado por la Asociación por una España Federal, es reafirmar la apuesta por un modelo federal y apenas detalla propuestas concretas sobre las relaciones intergubernamentales, aunque sí destaca la inexistencia de mecanismos regulares de deliberación y de decisión conjunta entre las CCAA y la Administración General que favorezcan la cooperación. Sostiene la necesaria reforma del Senado en órgano de representación territorial, que reúna a los Gobiernos y/o Parlamentos autonómicos, así

---

[103] https://thinkfide.com/wp-content/uploads/2020/10/Fide-Doc.-Reflexiones-Grupo-Reforma-Constitucional.pdf; pp. 10 y 11.

como la consolidación y estabilidad estructural y funcional de la Conferencia de Presidentes y de las Conferencias sectoriales[104].

4.14. «Reflexiones sobre el modelo de Estado desde la Comunitat Valenciana»

Un último documento que podemos referenciar es el que han respaldado la Fundación Conexus y la Fundación Profesor Manuel Broseta, elaborado por los profesores Garrido Mayol y Vidal Beltrán, titulado «Reflexiones sobre el modelo de Estado desde la Comunitat Valenciana»[105], con el objetivo de proteger y perpetuar el legado de la transición y formular propuestas para la España territorial del futuro.

Aunque el documento resulta bastante extenso, en el ámbito de las relaciones intergubernamentales propone, en síntesis, lo siguiente: ampliar y mejorar los mecanismos de cooperación multilateral; establecer mecanismos de participación de las CCAA en ciertas decisiones del Estado; Reforzar los mecanismos de cooperación bilateral; y, por último, en consonancia con una idea expuesta por el exministro Jordi Sevilla, adecuar la estructura de la Administración estatal al modelo de un Estado compuesto, con la aprobación del Estatuto del Gobierno.

5. CONCLUSIONES

A la luz de todo lo dicho, podemos sostener que las propuestas de reforma constitucional en materia de relaciones intergubernamentales vienen vinculadas a planteamientos de tipo fe-

---

104 https://porunaespanafederal.es/wp-content/uploads/2021/10/manifiesto-por-una-espana-federal.pdf; p. 2.

105 Reflexiones sobre el modelo TERRITORIAL - Fundación Conexus (fundacionconexus.es)

deral, presentado como una evolución del Estado autonómico hacia su fórmula más madura, sustentado en una lógica institucional que articule la autonomía y el autogobierno con la participación en los asuntos comunes como modo habitual de relación entre los territorios. Ello reclama, al mismo tiempo, una revisión integral del modelo de organización territorial, que si bien necesitaría una multiplicidad de reformas, hay dos que resultan ineludibles: la clarificación del reparto competencial y la transformación del Senado en una Cámara de representación territorial. En fin, se trata de un fortalecimiento del Estado autonómico, cuyo funcionamiento apenas queda constitucionalmente definido, como vía de resolución de los conflictos territoriales frente a aquellas posturas rupturistas o independentistas.

En cuanto a las relaciones intergubernamentales en concreto, se apuesta esencialmente por su reconocimiento constitucional, tanto de los principios de colaboración y cooperación, como de los principales órganos llamados a realizarlos, todo ello mediante fórmulas flexibles que combinen la garantía de su existencia con los adecuados márgenes de maniobra propios de la práctica política. En este sentido, la voluntad política constituye un pilar esencial e imprescindible para el auténtico desarrollo de tales relaciones.

De igual modo, cabe destacar el hecho de que buena parte de los documentos de propuesta de reforma en la materia llegan desde los territorios del arco mediterráneo (Cataluña, Comunitat Valenciana, Andalucía y Aragón) y desde partidos progresistas (un peso importante del PSOE, PSC, Compromís, Podem), lo cual nos puede ofrecer una idea aproximada del espacio desde el que pueden cobrar impulso estas reformas.

Para finalizar, identificaremos sucintamente algunas de las propuestas más relevantes a fin de mejorar el funcionamiento de las relaciones intergubernamentales en el marco del Estado autonómico:

Ampliar y mejorar los mecanismos de cooperación multilateral: la ausencia de previsión constitucional de estos mecanismos es un importante déficit que arrastra el diseño de la organización territorial española. Para paliar esta carencia se podría, entre otras medidas, incorporar al texto constitucional dichos instrumentos, reforzando el papel y las posibilidades de actuación de las Conferencia de Presidentes y las Conferencias Sectoriales, dotando de mayor entidad a la cooperación multilateral, así como eliminar las restricciones actuales, facilitando la cooperación y los acuerdos entre CCAA. Siendo conscientes de las dificultades que esto entraña, salvo por lo que se refiere a las previsiones del artículo 145 de la Constitución, bastaría con modificar algunos artículos de la Ley 40/2015, de 1 de octubre, de Régimen Jurídico del Sector Público, para de dotar de mayor capacidad a las CCAA de participar en la convocatoria y decisiones a de las Conferencias Sectoriales y los grupos de trabajo; para facilitar la cooperación entre las CCAA; para facilitar la tramitación de los Convenios entre las distintas Administraciones; o para contemplar algunas obligaciones formales concretas respecto a la convocatoria de reuniones de la Conferencia de Presidentes. En algunos aspectos bastaría con aprobar un marco normativo de desarrollo de la legislación actual.

Establecer mecanismos de participación de las CCAA en ciertas decisiones del Estado que afectan directamente al ámbito competencial autonómico: son muchas las posibilidades de dar un mejor servicio a los ciudadanos con una mayor integración e interconexión entre determinados organismos públicos estatales y autonómicos que tienen funciones o prestan servicios similares en las respectivas administraciones. Así pues, resulta conveniente promover la participación de las Administraciones territoriales en los organismos gestores de grandes servicios públicos, así como también en las propuestas de nombramientos de las personas que conforman determinadas instituciones del Estado. Por su parte, habida cuenta de que muchas de las competencias que la propia Constitución y los desarrollos estatutarios atribuyen a las CCAA, con el proceso de integración en la Unión Europea, se han cedido, en alguna medida a esta, resulta necesario reforzar la participación de las CCAA, a través de la posición del Estado español, en el ámbito de las decisiones de la Unión Europea.

Reforzar los mecanismos de cooperación bilateral: nos referimos a una cooperación bilateral directa abordada desde una perspectiva general, capaz de abarcar el conjunto de las relaciones entre las dos Administraciones y que trascienda su utilización limitada a la negociación de los traspasos y como vía de resolución extraprocesal de conflictos competenciales. Este mecanismo permitiría mantener un diálogo constante entre el Estado y una Comunidad Autónoma sobre aquellos temas que interesan a ambas partes para una mayor cooperación entre ambos, con lo que se mejoraría la eficiencia en la gestión y administración de dichos temas al tiempo que serviría para prevenir o resolver los conflictos que puedan plantearse. Aunque ya existen experiencias de este tipo en España, debe realizarse una revisión general de las Comisiones Bilaterales al más alto nivel político, a fin de convertirlas y asentarlas como estructuras permanentes que examinen los asuntos que afecten de manera exclusiva o singular a una Administración territorial, evitando que la dejadez o falta de voluntad política por alguna de las dos partes, relegue al olvido este mecanismo de cooperación, como ha ocurrido durante mucho tiempo. Así, dichas Comisiones, deberían reunirse periódicamente o cuando alguna de las partes lo proponga y funcionar por acuerdo entre ambas representaciones, estableciendo un cauce permanente de comunicación para ampliar los acuerdos cooperativos en todos los ámbitos de gestión pública y evitar los conflictos entre ambas administraciones.

Adecuar la estructura de la Administración estatal al modelo de un Estado compuesto, con la aprobación del Estatuto del Gobierno: debería avanzarse en la reestructuración del conjunto de las Administraciones y, en especial, de la estatal, para articular los diversos niveles de gobierno y adecuar su estructura a la de los Estados compuestos. Es necesario reforzar las estructuras y los espacios de codecisión, redefinir algunos de los mecanismos multilaterales ya existentes y adoptar nuevos métodos de coordinación y cooperación voluntaria o incentivada. También debería adoptarse un conjunto de acciones para conseguir mayor eficacia e integración entre las Administraciones, tales como mejorar el modelo, adaptando la Administración periférica a las necesidades que se derivan del nuevo marco de distribución del poder y más abierta a los ciudadanos; modernizar el modelo y avanzar mucho más en la implantación de la Administración electrónica y la simplificación de los procedimientos administrativos; adecuar la estructura de la Administración estatal a un Estado compuesto reformando la Ley de Gobierno; diversificar la ubicación territorial de los organismos y agencias de la Administración estatal. Para ello, sería conveniente aprobar un Estatuto del Gobierno, en el que se concreten estas pautas de funcionamiento del Gobierno en el marco de un Estado compuesto.

BIBLIOGRAFIA

AGUDO ZAMORA, Miguel (2020), *Reforma constitucional y Estado autonómico,* Madrid, Tecnos.

AJA FERNÁNDEZ, Eliseo (2014), *Estado autonómico y reforma federal,* Madrid, Alianza Editorial.

AJA FERNÁNDEZ, Eliseo, GARCÍA ROCA, Javier, MONTILLA MARTOS, José Antonio y DÍEZ BUESO, Laura (2015), «Reflexiones sobre una posible reforma constitucional del sistema autonómico», *Informe comunidades autónomas 2015*, pp. 71-83.

ALBERTÍ ROVIRA, Enoch, ORTEGA ÁLVAREZ, LUIS y MONTILLA MARTOS, José Antonio (2006), *Las Comunidades Autónomas en la Unión Europea,* Madrid, Centro de Estudios Políticos y Constitucionales.

ARBÓS MARÍN, Xavier (2014), «Acuerdos prejudiciales y conflictos intergubernamentales sobre normas con rango de ley», *Teoría y Realidad Constitucional,* núm. 24, pp. 129-154.

ARBÓS MARÍN, Xavier (2006), «Federalismo y relaciones intergubernamentales» en Xavier ARBÓS MARÍN (coord.), *La cooperación intergubernamental en los estados compuestos.* Barcelona, Institut d'Estudis Autonòmics, pp. 13-36.

ARENILLA SÁEZ, Manuel (2016), «Las posibilidades de mejora del Estado autonómico», en José María BAÑO LEÓN (coord.), *Memorial para la reforma del Estado. Estudios en homenaje al profesor Santiago Muñoz Machado,* Madrid, Centro de Estudios Políticos y Constitucionales, vol. II, pp. 1247-1271.

CASAS I RONDONÍ, Marc (2011), «La Comisión Bilateral Generalitat-Estado: Regulación y actividad práctica», *Revista catalana de dret públic,* núm. 42, pp. 335-365

BARNÉS VÁZQUEZ, Javier (2004), *Problemas y perspectivas del artículo 149.1.1ª de la CE,* Barcelona, Generalitat de Catalunya: Institut d'Estudis Autonòmics.

BREÑA SÁNCHEZ, Roberto (2006), *El primer liberalismo español y los procesos de emancipación de América, 1808-1824 (una revisión del liberalismo hispánico),* México, El Colegio de México.

CAAMAÑO DOMÍNGUEZ, Francisco (2014), *Democracia federal: Apuntes sobre España,* Madrid, Turpial.

CAAMAÑO DOMÍNGUEZ, Francisco (2000-2001), «El abandono de lo básico: Estado autonómico y mitos fundacionales», *Anuario de Derecho Constitucional y parlamentario,* núm. 12-13, pp. 87-112.

CARRASCO DURÁN, Manuel (2005), *El reparto de competencias entre el Estado y las Comunidades Autónomas sobre la actividad económica,* Valencia, Institut d´Estudis Autonòmics, Tirant lo Blanch.

ELÍAS MÉNDEZ, Cristina (2016), «The Autonomus State: The Spanish territorial organization in question?», en Eva María DOMÍNGUEZ PÉREZ (dir.), *Critical review of current and controversial legal issues in Spain,* Valencia, Tirant Lo Blanch, pp. 147-170.

ELÍAS MÉNDEZ, Cristina (2013), «Participation of the German Länder and Autonomous Communities in the European Union: a Comparative Analysis», en Alberto LÓPEZ BASAGUREN y Leire ESCAJEDO SAN EPIFANIO (eds.), *The Ways of Federalism in Western Countries and the Horizons of Territorial Autonomy in Spain,* vol. 1, Berlín-Heidelberg, Springer, pp. 201-217.

ELÍAS MÉNDEZ, Cristina (2007), «Política económica de la Comunidad Autónoma. Planificación, ordenación y promoción», en Francisco BALAGUER CALLEJÓN (dir.), *Reformas estatutarias y distribución de competencias,* Sevilla, Instituto Andaluz de Administración Pública, pp. 483-499.

FERNÁNDEZ FARRERES, Germán (2005), *La contribución del Tribunal Constitucional al Estado autonómico,* Madrid, Iustel.

GÁLVEZ MUÑOZ, Luis A. y RUIZ GONZÁLEZ, José G. (2014), «La Conferencia de Presidentes Autonómicos o la historia interminable de la cooperación horizontal en el Estado autonómico», en Joan OLIVER ARAUJO (dir.), *El futuro territorial del Estado español. ¿Centralización, autonomía, federalismo, confederación o secesión?*, Valencia, Tirant lo Blanch, pp. 351-358.

GARCÍA MORALES, María Jesús (2014), «Las relaciones intergubernamentales en España y la sentencia del Tribunal Constitucional sobre el Estatuto catalán: ¿y ahora qué?», en Alberto LÓPEZ BASAGUREN y Leire ESCAJEDO SAN EPIFANIO (coords.), *Los caminos del federalismo y los horizontes del Estado autonómico*, Vitoria-Gasteiz, Instituto Vasco de Administración Pública, vol. 2, pp. 813-840.

GARCÍA MORALES, María Jesús (2010), «Las relaciones de colaboración en el Estado autonómico a los treinta años de la Constitución», en Javier GARCÍA ROCA y Enoch ALBERTÍ ROVIRA (coords.), *Treinta años de Constitución. Congreso extraordinario de la Asociación de Constitucionalistas de España*, Valencia, Tirant lo Blanch, pp. 163-190.

GARCÍA MORALES, María Jesús (2009), «La colaboración a examen. Retos y riesgos de las relaciones intergubernamentales en el Estado autonómico», *Revista Española de Derecho Constitucional*, núm. 86, pp. 65-117.

GARCÍA MORALES, María Jesús (2009), «Los nuevos Estatutos de Autonomía y las relaciones de colaboración. Un nuevo escenario, ¿una nueva etapa?», *Revista Jurídica de Castilla y León*, núm. 19, pp. 357-426.

GARCÍA ROCA, Javier (2016), «La reforma de la Constitución territorial: un buen camino entre secesión e inmovilismo», *Teoría y Derecho. Revista de Pensamiento Jurídico*, núm. 19, pp. 16-31.

GONZÁLEZ GARCÍA, Ignacio (2016), «Las relaciones intergubernamentales en el Estado autonómico», en José TUDELA ARANDA y Carlos GARRIDO LÓPEZ (coords.), *La organización territorial del estado, hoy: actas del XIII Congreso de la Asociación de Constitucionalistas de España*, Valencia, Tirant lo Blanch, pp. 155-212.

GONZÁLEZ GARCÍA, Julio V. (2018), «Hacia un desarrollo federal de la Constitución española», *Revista Sistema*, núm. 251-252, pp. 171-182.

HUERGO LORA, Alejandro (2020), «Las relaciones interterritoriales de coordinación y cooperación en el plano gubernamental. Especialmente, la Conferencia de Presidentes», en VV.AA., *España: el federalismo necesario*, Madrid, Reus, pp. 123-141.

LATORRE VILA, Luis (2013), «¿Competencia legislativa de las Comisiones Bilaterales de Cooperación?: El acuerdo de la Comisión Bilateral de Cooperación Aragón-Estado en relación con la Ley 5/2012, de 7 de junio, de Estabilidad presupuestaria de Aragón», *Cuadernos Manuel Giménez Abad*, núm. 6, pp. 80-100.

MARTÍN CUBAS, Joaquín, PÉREZ TAPIAS, José Antonio, ROMERO GONZÁLEZ, Joan, SOLER SÁNCHEZ, Margarita y VIDAL BELTRÁN, José María (2013), *El federalismo plurinacional. ¿Fin de viaje para el Estado autonómico?*, Madrid, Díaz & Pons.

MARTIN y PÉREZ DE NANCLARES, José (2005), «Comunidades Autónomas y Unión Europea: hacia una mejora de la participación directa de las Comunidades Autónomas en el proceso decisorio comunitario», *Revista de Derecho Comunitario Europeo*, núm. 22, 2005, pp. 759-805.

MONTILLA MARTOS, José Antonio (2018), «Capítulo III. De las comunidades», en Yolanda GÓMEZ SÁNCHEZ (coord.), *Estudios sobre la reforma de la Constitución de 1978 en su cuarenta aniversario*, Cizur Menor, Thomson Reuters-Aranzadi, pp. 359-394.

MONTILLA MARTOS, José Antonio (2018), «La evolución de las competencias compartidas bases-desarrollo», *UNED. Revista de Derecho Político*, núm. 101, pp. 573-605.

MONTILLA MARTOS, José Antonio (2015), *Reforma federal y estatutos de segunda generación*, Cizur Menor, Aranzadi.

MONTILLA MARTOS, José Antonio (2006), «La legislación básica tras las reformas estatutarias», *Revista Española de Derecho Constitucional*, núm. 78, pp. 105-150.

MONTILLA MARTOS, José Antonio (2005), *Derecho de la Unión Europea y Comunidades Autónomas: El desarrollo normativo del Derecho de la Unión en el Estado autonómico*, Madrid, Centro de Estudios Políticos y Constitucionales.

MONTILLA MARTOS, José Antonio (2004), «La articulación normativa bases-desarrollo al incorporar el Derecho europeo en el Estado autonómico», *Revista de Derecho Constitucional Europeo*, núm. 2, pp. 207-231.

MONTILLA MARTOS, José Antonio (2003), «Los elementos formales en el proceso de producción normativa de lo básico», *Revista Española de Derecho Constitucional*, núm. 68, pp. 89-120.

ORTEGA ÁLVAREZ, Luis I. (2005), *Reforma constitucional y reforma estatutaria*, Madrid, Civitas.

ORTEGA ÁLVAREZ, Luis I., SOLOZÁBAL ECHEVARRÍA, Juan José y ARBÓS I MARÍN, Xavier (2006), *Legislación básica y estatutos de Autonomía*, Madrid, Centro de Estudios Políticos y Constitucionales.

PEREZ MEDINA, José María (2009), «Las relaciones de colaboración entre el Estado y las Comunidades Autónomas, desde la perspectiva de la Administración General del Estado», *Revista Jurídica de Castilla y León*, núm. 19, pp. 313-355.

QUADRA-SALCEDO JANINI, Tomás de la (2004), «¿Es el estatuto de Autonomía una norma capaz de modular el alcance de la legislación básica del estado?», *Revista Española de Derecho Constitucional*, núm. 74, pp. 135-162.

RIDAURA MARTÍNEZ, María Josefa (2013), «Las relaciones horizontales de colaboración entre Comunidades Autónomas: marco jurídico, funcionamiento y rendimiento», *UNED. Revista de Derecho Político*, núm. 88, pp. 215-244.

RIDAURA MARTÍNEZ, María Josefa (2007), «Las comisiones bilaterales de cooperación en el sistema autonómico español», *Cuadernos Constitucionales de la Cátedra Fadrique Furió Ceriol*, núm. 60/61, pp. 65-84.

SÁBATO, Hilda (coord.) (1999), *Ciudadanía y formación de las naciones. Perspectivas históricas de América Latina*, México, Fondo de Cultura Económica.

SEVILLA SEGURA, Jordi, VIDAL BELTRÁN, José María y ELÍAS MÉNDEZ, Cristina (2009), *Vertebrando España. El Estado autonómico*, Madrid, Biblioteca Nueva, Colección el Arquero.

SOLOZÁBAL ECHEVARRÍA, Juan José (2014), «Las instituciones del Estado federal. Observaciones al documento "Por una reforma constitucional federal"», en Francisco RUBIO LLORENTE *et al.* (auts.), *Una propuesta de federalización*, Madrid, Fundación Coloquio Jurídico Europeo, pp. 61-85.

TAJADURA TEJADA, Javier (2006), «La conferencia de presidentes», en Xavier ARBÓS MARÍN (coord.), *La cooperación intergubernamental en los estados compuestos*, Barcelona, Institut d'Estudis Autonòmics, Barcelona.

TAJADURA TEJADA, Javier (2011), «La cooperación horizontal como garantía del pluralismo territorial: reflexiones sobre una asignatura pendiente del Estado autonómico», en Paloma BIGLINO CAMPOS y Clara MAPELLI MARCHENA (dirs.), *Garantías del pluralismo territorial*, Madrid, Forum of Federations, Fundación Manuel Giménez Abad de Estudios Parlamentarios y del Estado autonómico y Centro de Estudios Políticos y Constitucionales, pp. 45-70.

TEROL BECERRA, Manuel José (coord.) (2005), *Relaciones con el Estado con otras Comunidades Autónomas. Cooperación, coordinación y conflicto*, Sevilla, Parlamento de Andalucía.

TOSCANO GIL, Francisco (2017), «La nueva regulación de los Convenios administrativos en la Ley 40/2015 de régimen jurídico del sector público», *Revista General de Derecho Administrativo*, núm. 45.

TUDELA ARANDA, José (2003), «A vueltas con el artículo 149.1.1ª de la Constitución. Un precepto para dos visiones del Estado», en Luis COSCULLUELA MONTANER (coord.), *Estudios de derecho público económico: libro homenaje al Prof. S. Martín-Retortillo*, Madrid, Civitas, pp. 251-272.

TUR AUSINA, Rosario (2013), «Participación institucional en un contexto multinivel. Un enfoque desde el Estado autonómico», en Enrique ÁLVAREZ CONDE y Clara SOUTO GALVÁN (dirs.), *El Estado autonómico en la perspectiva del 2020*, Madrid, Instituto de Derecho Público y Universidad Rey Juan Carlos, pp. 213-262.

VIDAL BELTRÁN, José María (2020), «Las relaciones de conflicto/cooperación en los modelos de Estados compuestos y su aplicación en el Estado autonómico», en Reyes MARZAL RAGA (dir.), *Estudios sobre el desarrollo estatutario de la Comunitat Valenciana*, Valencia, Tirant lo Blanch, 2020, pp. 37-84.

VIDAL BELTRÁN, José María (2013), «La cuestión territorial en la Constitución de Cádiz de 1812». *Revista Española de la Función Consultiva*, núm. 19, pp. 631-646.

VIDAL BELTRÁN, José María y PEREZ MEDINA, José María (2008), «Els convenis. Instruments de cooperación vertical i horitzontal», en *Jornada Tècnica sobre Registres de Convenis*, Barcelona, D. G. Relacions Institucionals. Generalitat de Cataluya, pp. 17-47.

VÍRGALA FORURIA, Eduardo (2017), «El modelo federal español (reforma territorial ¿federal?)», en Enrique ÁLVAREZ CONDE (dir.), *Reflexiones y propuestas sobre la reforma de la Constitución española*, Granada, Comares, pp. 357-406

ZÚÑIGA URBINA, Francisco (2011), «Cádiz y su influencia en la independencia y constitucionalismo liberal de Chile», en Pilar GARCÍA TROBAT y Remedio SÁNCHEZ FERRIZ (coords.), *El Legado de las Cortes de Cádiz*, Valencia, Tirant lo Blanch, Valencia, pp. 683-711.

La participación ascendente de las comunidades autónomas en la Unión Europea: propuestas *de constitutione ferenda*

MIGUEL ÁNGEL SEVILLA DURO[1]
Universidad de Castilla-La Mancha

---

1 Investigador posdoctoral y profesor universitario en formación (FPU 19/00310) en Derecho Constitucional en la Facultad de Derecho de Albacete, Universidad de Castilla-La Mancha.

1. INTRODUCCIÓN

El proceso autonómico y el proceso de integración europeo son dos vectores del sistema constitucional español llamados a interrelacionarse cada vez más. En este sentido, el modelo territorial de España, como el modelo territorial de cualquiera de los Estados compuestos de nuestro entorno, afronta en la actualidad el complicado reto de conjugar un deseo de descentralización cada vez mayor —que se ilustra con el auge de partidos de corte regionalista y nacionalista— con un modelo de integración supraestatal europeo que además de asumir una multitud de competencias como exclusivas condiciona otras tantas ejercidas por el poder central o las comunidades autónomas (CCAA).

El compromiso apócrifo que efectuó el constituyente español en 1978 al establecer nuestra organización territorial ha derivado —por obra del poder constituido y los *estatuyentes*— en la creación de entes territoriales periféricos con gran autonomía y un alto grado de homogeneidad competencial e institucional, pese a que existen algunos hechos diferenciales como los derechos históricos, la cooficialidad de lenguas o el régimen foral del sistema tributario. Tal es esta autonomía que el Índice de Autoridad Regional (RAI) de la Universidad de Oxford, que evalúa anualmente los niveles de autonomía y gobierno compartido de los entes territoriales de casi un centenar de Estados democráticos, cataloga a la Comunidad Foral de Navarra y al País Vasco como los terceros entes territoriales más autónomos del mundo, precedidos por los *Länder* alemanes y los cantones suizos; hallándose el resto de CCAA en el puesto duodécimo. Fruto de este hecho y de la llegada de los estatutos de autonomía (EEAA) de segunda generación, especialmente tras la Sentencia 31/2010, de 28 de junio, del Tribunal Constitucional, sobre el *Estatut d'autonomia de Catalunya*, durante la última década las CCAA han construido mecanismos para llevar a cabo una intervención verdaderamente efectiva fuera de las fronteras estatales; tanto para mostrar sus intereses ante las instituciones de la Unión Europea (UE) como, en lo que aquí interesa, para promover la cooperación con otras regiones de la Unión con pretensiones y objetivos comunes.

La relación de las comunidades autónomas con la UE tiene dos vertientes: una descendente, consistente en la ejecución del Derecho de la Unión, y otra ascendente, consistente en su producción o, con mayor precisión, en la determinación de la postura del Estado español en las negociaciones que llevan a ella. El objeto de este estudio, en sintonía con el propósito de la presente obra colectiva, está conformado por las propuestas de reforma de la Constitución española (CE) que abordan la inclusión de elementos, principios o concreciones de esta participación ascendente en el texto constitucional, que puede llevarse a cabo por vías internas (o indirectas) y externas (o directas); entendiéndose por vías internas cualesquiera fórmulas de participación que se desarrollan a través de los órganos del poder central (por ejemplo, las relaciones de una comunidad con las Cortes Generales, el diálogo entre el Ejecutivo autonómico y el estatal o la participación en órganos de la Administración General del Estado relativos a la Unión Europea) y por vías externas aquellas que permiten la participación de una comunidad en la UE de forma directa, esto es, sin que medie el poder central (como el diálogo del Ejecutivo autonómico con órganos de la UE, la participación de representantes de una comunidad autónoma ante una institución europea —como las formaciones del Consejo— o el papel de las CCAA en el Comité Europeo de las Regiones).

Parece apropiado sostener que siempre que se lleve a cabo sobre la base del consenso y de forma coordinada —tanto con los demás entes territoriales como con el poder central— la participación regional ascendente en la UE no perjudica a los intereses estatales, sino que los complementa y ayuda a alcanzarlos. Sin embargo, buena parte de la doctrina ha venido reiterando lo que ya anticipó el Gobierno de España a principios de siglo: no es posible que esta participación sea efectiva «sin una previa reforma constitucional que haga posible el reconocimiento expreso de la facultad de representación del Estado en favor de las comunidades autónomas en el ámbito de la Unión Europea»[2]. Pese a lo expuesto, el devenir político y jurídico de los últimos años ha demostrado un panorama diferente: esta participación es viable sin reformar el texto constitucional, lo que no obsta para afirmar que el contexto actual dista de ser constitucionalmente adecuado desde la óptica del sistema de fuentes, la distribución de competencias y la seguridad jurídica.

Poniendo el foco en este debate, a lo largo del presente capítulo se exponen todas las propuestas de reforma constitucional que han venido formulándose desde el ámbito académico y político para incluir en el texto constitucional la participación ascendente de las CCAA en la UE. Para ello se ha seguido la sistemática de 5 fases propia de las *scoping reviews*: identificación de los elementos sobre los que caben propuestas de reforma constitucional; recopilación de los trabajos que han abordado la cuestión; selección de los mismos; trazado de datos; y cotejo, síntesis y plasmación de resultados. Con dicha metodología, tras esta introducción se exponen, por un lado, las propuestas de reforma constitucional de carácter global (epígrafe 2), diferenciando entre aquellas que proponen incluir los principios básicos de la participación con una remisión de desarrollo al legislador orgánico (epígrafe 2.1) de las que abogan por incluir una «cláusula europea» (epígrafe 2.2). Por otro lado, se desarrollan las propuestas de reforma de la Constitución de carácter específico, distinguiendo las que se centran en las vías internas, ya sean sobre las relaciones intergubernamentales, el Senado o la distribución competencial (epígrafe 3.1), de las que ponen el foco en las vías externas (epígrafe 3.2). Tras ello se señalan las propuestas que simplemente abogan por incluir la participación autonómica ascendente sin especi-

2 GOBIERNO DE ESPAÑA (2002), p. 10.

ficar los concretos mecanismos para hacerla efectiva (epígrafe 4). Posteriormente se explicitan los argumentos de los autores que niegan la necesidad de reformar la Constitución española en este aspecto (epígrafe 5) y, por último, se hace alusión a las propuestas sobre la materia provenientes de partidos políticos y organizaciones del ámbito social (epígrafe 6).

2. PROPUESTAS DE CARÁCTER GLOBAL

2.1 Sobre la inclusión de unos principios básicos a desarrollar mediante ley orgánica

2.1.1 El informe del Consejo de Estado sobre la reforma constitucional

El informe del Consejo de Estado sobre la reforma constitucional supone el punto de partida —o, cuando menos, de inflexión— de las propuestas doctrinales sobre la participación ascendente de las CCAA en la UE.

En su informe el Consejo de Estado propone, en primer lugar, una modificación del Preámbulo de la Constitución, añadiendo a las proclamas de voluntad de la Nación española la de «participar activamente en el proceso de integración europea». En cuanto a la concreta cuestión de la participación de España en la UE, el Consejo de Estado estimó que habría de incluirse en una «cláusula europea» que, por razones de sistemática, abarcase todo lo relativo a las relaciones con la integración, para lo que propuso o bien un nuevo artículo 93 *bis* que estuviese dentro del Capítulo III del Título III o de un nuevo Capítulo IV del Título III —que consistiría solo en este artículo—, o bien un nuevo Título VII *bis* u VIII *bis*, lo que entiende que resulta más acertado[3].

---

[3] CONSEJO DE ESTADO (2006), p. 104.

Sin embargo, el Consejo de Estado afirmó que «la incorporación a la Constitución de un artículo que recogiese la participación de las comunidades autónomas en los asuntos comunitarios y el papel del Senado a tales efectos podría hacerse en el Capítulo III del Título III, si se procede a la modificación del artículo 93, o en el Capítulo III del Título VIII, como podría ser en el artículo 144»[4], esto es, quizá de forma separada al principio general de participación de España en la UE. Esta decisión trae causa de una evidente predilección del supremo órgano consultivo del Gobierno por la participación por vías internas y, en concreto, a través del Senado. De este modo, entiende que «sin necesidad de regular en la propia Constitución el contenido sustantivo del mínimo de participación [de las CCAA en la UE], se podría establecer el principio de participación en sí mismo, sin perjuicio de las funciones del Senado», de forma que se remitiera la regulación detallada de la participación «a una norma cuyo carácter y rango debería ser lógicamente de ley orgánica, solución que permitiría reconocer tal derecho a todas las comunidades autónomas frente a la posibilidad, difícilmente articulable, de que sean los Estatutos de Autonomía los que lo establezcan, ya que ello generaría una asimetría muy difícil de manejar en la práctica»[5]. De este modo, «el nivel de competencias de las comunidades autónomas sobre la materia objeto de la iniciativa europea debería modular el grado de participación de éstas»[6].

---

4 *Ibid.*, p. 328.

5 La redacción propuesta por el Consejo de Estado para el citado artículo es la siguiente: «1. Las comunidades autónomas participan en la fase de formación de la voluntad del Estado ante las instituciones de la Unión Europea y en la de ejecución de su Derecho en materias de relevancia autonómica, con arreglo a las leyes. 2. El Gobierno deberá informar al Senado sobre los procesos de adaptación normativa o los actos de los órganos de la Unión Europea con trascendencia para las comunidades autónomas». *Vid. ibid.*, p. 328.

6 *Ibid.*, pp. 117-127.

2.1.2 Planteamientos desde la doctrina

Lucas Murillo de la Cueva realizó una pronta y acertada aportación a esta materia al afirmar en el año 2000 la importancia de que se establecieran unas pautas mínimamente estables sobre la participación de las CCAA en la UE. Entendió que «la única solución [era] elaborar un concepto jurídico más preciso y depurado de las materias competenciales» que afectan a esta cuestión; y acertadamente pronosticó que la intervención de las CCAA en la integración variaría en función de las competencias que cada comunidad tuviese atribuidas[7]. Sobre la base del principio de participación efectiva de las CCAA (trazado en la Ley 2/1997, de 13 de marzo, por la que se regula la Conferencia para Asuntos Relacionados con las Comunidades Europeas), este autor afirmó que «la importancia que tiene la participación autonómica en los asuntos europeos debe contar, tarde o temprano, con un mínimo reflejo en la Constitución, [dado que] una materia de tal entidad no puede discurrir indefinidamente al margen de la norma fundamental (...)». Con todo, el autor no pretende una regulación exhaustiva en la CE de la participación autonómica en la UE, sino que «bastaría con una simple mención y con el establecimiento de unos principios rectores. Su configuración concreta sería labor del legislador»[8]. Sin embargo, las dificultades jurídicas —y, especialmente, políticas— de esta tesis llevan al autor a considerar que «probablemente no haya otro remedio que acudir a una nueva ley pero con una inspiración y una elaboración muy distintas a las que se han seguido hasta ahora», potenciando el principio autonómico y confiando en la CARCE [ahora CA-

---

7 Aunque el conjunto del trabajo que se cita a continuación merece la atención del lector por suponer una propuesta *de lege ferenda* tan pronta como acertada, es de especial interés lo expuesto en las pp. 93 a 99: Enrique LUCAS MURILLO DE LA CUEVA (2000).

8 *Ibid.*, pp. 113-115.

RUE —Conferencia para Asuntos Relacionados con la Unión Europea—], cuya existencia y funciones podrían incorporarse formalmente a la Constitución.

En un sentido parecido, Escobar Calero propone la inclusión de un nuevo precepto que estipule la necesidad de elaborar una ley orgánica que establezca la participación de las comunidades autónomas en la formación del Derecho de la Unión Europea (DUE)[9]; y López Castillo sugiere incluir tanto la participación ascendente de las CCAA «en la formación de la posición negociadora de España (...) integrando las delegaciones españolas», como una cláusula genérica de cumplimiento y garantía del DUE en España[10]. Esta última cuestión también es defendida por Tajadura Tejada, que considera la necesidad de establecer un «poder de sustitución» del Estado ante posibles incumplimientos; lo que se encuadra en una pretensión

9 Propone su inclusión en el párrafo cuarto de un renovado artículo 4, que dispondría lo siguiente: «Mediante ley orgánica se establecerá el procedimiento que asegure la correcta participación de los poderes y órganos del Estado y de las comunidades autónomas, en su caso, en el proceso de formación de los actos jurídicos [de la Unión Europea], de conformidad con el sistema de distribución de competencias previsto en la Constitución, así como lo previsto en los tratados constitutivos de las organizaciones o instituciones internacionales afectadas. De modo especial, se regulará el sistema de participación de las Cortes Generales y de las comunidades autónomas en el proceso de formación del Derecho [europeo] derivado». *Vid.* Concepción ESCOBAR HERNÁNDEZ (2005), p. 498.

10 En el marco de un nuevo artículo 93 *bis*, sugiere la siguiente inclusión: «En particular, las CCAA participan en la formación de la posición negociadora de España, en su caso, integrando las delegaciones españolas, e intervienen en la aplicación y ejecución del Derecho y las políticas de la UE, en atención al régimen competencial de las materias concernidas, en los términos regulados mediante ley orgánica (y según modalidades perfiladas mediante convenios y acuerdos de cooperación institucionalizada, en el Senado y en otros foros)». *Vid.* Antonio LÓPEZ CASTILLO (2005), p. 532.

más amplia de «europeizar» el Texto de 1978 haciendo que las CCAA participen en la Unión en la medida y en función de las competencias que ostentan para intervenir a nivel interno[11].

También Tudela Aranda ha afirmado que las relaciones de las CCAA con la UE exigen una reforma constitucional. A su juicio, «habría que establecer los principios esenciales llamados a regir las relaciones de las comunidades autónomas con la Unión Europea bien directamente bien a través del Estado», pues la UE incide «cotidianamente» en el ejercicio de las competencias exclusivas de las CCAA y «el Estado negocia en sede europea obviando el reparto interno de competencias». En consecuencia, y respetando la «vocación *uniformizadora* que por naturaleza tiene la Unión», en nuestra Constitución «deberían establecerse las pautas básicas de relación entre los distintos niveles territoriales de gobierno»[12]. Similares argumentos se desprenden, implícitamente, de Ricardo Alonso[13].

Otro brillante ejemplo de esta línea de *Constitutione ferenda* es el de Mangas Martín, que llega a redactar una propuesta de artículo en el que se impone un mandato de desarrollo y concreción de la participación ascendente al legislador orgánico[14]. Por su parte, González Pascual, que no habla explícitamente de reforma constitucional, también parece incluirse entre quienes proponen la constitucionalización de unos principios básicos y la concreción posterior de los mecanismos en normas

---

11 Javier TAJADURA TEJADA (2018), pp. 251-257.

12 José TUDELA ARANDA (2011), p. 271.

13 Ricardo ALONSO GARCÍA (2005), p. 559.

14 El nuevo precepto tendría los términos que siguen: «Las comunidades autónomas participan en la formación y aplicación del Derecho de la Unión con arreglo a sus competencias. Una ley orgánica regulará las distintas modalidades de participación, incluida su presencia directa, cuando sea posible en las instituciones de la Unión». *Vid.* Araceli MANGAS MARTÍN (2005), p. 556.

de rango legal. Esta autora fija la premisa de que mantener separados el proceso europeo y el proceso autonómico «es una ficción jurídica que no tiene correlato con la realidad», por lo que si se desea que los Estados descentralizados como España «tengan futuro en Europa», han de ser integrados como tales en el proyecto supraestatal, «fomentando cuando menos la participación de los entes descentralizados en el proceso europeo». La alternativa, desde su óptica, «es una recentralización que no responde al diseño constitucional y que (...) tendría en el largo plazo un altísimo coste socio-político»[15]. Para ello, propone ampliar los acuerdos respecto a los comités y grupos de trabajo de la Comisión en que participan en relación con el interés autonómico; y sugiere reforzar la independencia de las oficinas autonómicas en Bruselas —independientes de la REPER—, pues mantiene que es «mucho más adecuado» que sean estas oficinas y delegaciones quienes participen en los grupos de trabajo y Comités de la Comisión[16].

Con gran precisión, Almunia Amann, exvicepresidente de la Comisión Europea, indicó en la Comisión del Congreso para la evaluación y la modernización del Estado autonómico que hay que constitucionalizar la participación autonómica en la UE como un principio al que se debe añadir una referencia «a la necesidad de regular por ley los supuestos y la manera de incorporar a las comunidades autónomas en la delegación española en los consejos de la Unión Europea» en los asuntos que se traten en el marco de sus competencias. El también excomisario de Economía estimó necesario aludir a la participación de los parlamentos autonómicos en la UE, especialmente en la protección del principio de subsidiariedad, y enunció que «habría que mencionar la posibilidad, en los supuestos que la ley determine, de que las comunidades autónomas puedan

---

15 María Isabel GONZÁLEZ PASCUAL (2016), p. 240.

16 María Isabel GONZÁLEZ PASCUAL (2013), pp. 114-121.

acudir al Tribunal de Justicia de la Unión Europea». A todo lo anterior añadió una hipotética referencia en el Preámbulo de la Constitución sobre el compromiso de España con el proyecto de integración europea y una reforma del Senado que lo convierta en el «punto de conexión de todos los demás mecanismos de participación de las comunidades autónomas en la formación de la voluntad del Estado»[17].

Para Requejo Pagés resulta ineludible crear procedimientos de participación de las CCAA en la definición de la voluntad popular del Estado ante las instituciones europea, lo que considera que es un mandato constitucional que debió acometerse desde 1985. Afirma este autor que en la medida en que los poderes constituidos aún no lo han llevado a cabo, es tarea pendiente «consignar formalmente en la Constitución las bases de participación de las CCAA en el sistema institucional y normativo europeo», entendidas estas como los procedimientos de conformación de la voluntad de España en el ámbito de la Unión. Esta reforma pasaría, por tanto, por que las CCAA se configurasen de tal manera que el procedimiento de definición de la voluntad europea de España no padeciera en exceso de las consecuencias de la diversidad, lo que afronta el reto de la asimetría competencial de las CCAA, que sería superado con una equiparación competencial que promoviese un único foro de negociación poder central-CCAA, en lugar de la bilateralidad —reservada para la excepcionalidad—. Sin embargo, el propio autor reconoce que esta vía parece impracticable por razones políticas[18].

Siguiendo la línea de Requejo Pagés, Punset Blanco sostiene que la pertenencia de España a la Unión implica un cierto grado de recentralización (aunque el Tribunal Constitucional haya negado alteración alguna del reparto competencial, *vid.*

---

[17] Diario de Sesiones del Congreso de los Diputados, núm. 612, 3 de octubre de 2018, pp. 5-7.

[18] Juan Luis REQUEJO PAGÉS (2020), pp. 228-229.

SSTC 236/1991, 79/1992, 80/1993 y 146/1996, entre otras); y ello debe compensarse mediante «la incardinación de las CCAA en los procesos de determinación de la voluntad del Estado español en la creación y aplicación del Derecho europeo», cuestión que se reforzaría considerablemente si, además, «el Senado tuviera una composición plenamente autonómica»[19]. En directa relación con lo anterior y realizando un vasto estudio de diversas propuestas doctrinales —aunque sin aludir expresamente a la fórmula de la ley orgánica—, Álvarez Conde también enunció la relevancia de «compensar» la pérdida competencial de las CCAA en asuntos europeos por medio de una reforma constitucional[20]; y de forma similar, Parejo Alfonso ha subrayado que la recuperación plena de la democracia implica «una redefinición de sí misma de la comunidad que (...) aparece inescindiblemente vinculada (...) con las ideas de organización territorial descentralizada del Estado y de inserción de este en el proceso europeo de integración supranacional»[21].

Finalmente, también parece encuadrarse aquí la propuesta del Consell de la Generalitat Valenciana de reformar la Constitución para incluir el «reconocimiento de la potestad de las CCAA de participar en el Consejo de la Unión Europea y otras instituciones europeas a través de las conferencias sectoriales y la Conferencia de Presidentes, y la articulación de mecanismos para facilitar y dar apoyo a la participación directa en aquellas instituciones de la Unión Europea que lo permitan»[22].

---

19 Ramón PUNSET BLANCO (2020), p. 317.

20 Enrique ÁLVAREZ CONDE (2007), p. 793.

21 Luciano PAREJO ALFONSO (1994), p. 67.

22 CONSELL DE LA GENERALITAT VALENCIANA (2018), p. 18.

2.2. Sobre la inclusión de una «cláusula europea»

Montilla Martos es uno de los autores español que más profusamente ha desarrollado la cuestión de la participación de las CCAA en la UE. Su propuesta esencial pasa por reformar la Constitución española en línea con el artículo 23 de la Constitución alemana o el Título V de la italiana tras la reforma de 2001; esto es, elaborando un nuevo «artículo UE». Limitando el análisis de los pormenores de su propuesta exclusivamente a lo que aquí concierne, este autor sugiere la creación de un nuevo artículo en el que se indiquen el fundamento de la participación autonómica en la Unión, la atribución a un órgano constitucional de la función de relación entre el Estado y las CCAA en el proceso aplicativo, el «esquema básico del modelo de participación» de las comunidades y los instrumentos para garantizar el cumplimiento de las obligaciones europeas por parte de estas[23]. Además, sostiene que debería aludirse en la Constitución a las distintas instancias europeas en las que la participación autonómica es posible, como los comités de la Comisión y el Consejo, así como a «las líneas fundamentales del proceso de concertación interna previo a esa expresión externa»[24]. Como es obvio, el citado autor reconoce que la

---

[23] José Antonio MONTILLA MARTOS (2005a), pp. 152-153.

[24] José Antonio MONTILLA MARTOS (2005b), p. 92. En otros trabajos más recientes (2018a, b, c, y d) este autor ha llegado a proponer, con literalidad, nuevos artículos de la Constitución —o reformas de los ya existentes— para recoger estas cuestiones. Entre otros, propone que el artículo 143 quede redactado como sigue: «1. Las relaciones entre el Estado y las Comunidades y de las Comunidades entre sí en el ejercicio de sus competencias respectivas se regirán por los principios de lealtad institucional, colaboración y participación en las decisiones comunes. 2. Las relaciones de colaboración se desarrollarán en la Conferencia de Presidencias, el Senado, las conferencias sectoriales y otros órganos de naturaleza multilateral o bilateral que puedan constituirse. Se plasmarán en convenios de colaboración del

constitucionalización de estas facultades no garantiza un adecuado funcionamiento, pero estima que sí contribuye a su *inexcusabilidad* y a asegurar su aplicación. Afirma, en este sentido, que el necesario esfuerzo de legalización y constitucionalización de lo referido ha de partir «del bosquejo contenido en la jurisprudencia constitucional y en los acuerdos políticos»[25]. Amén de lo anterior, este autor ha apuntado en otros trabajos que, en una futura reforma, también sería necesario incluir una cláusula que estableciera que corresponde a las CCAA la

Estado con las Comunidades o de estas entre sí. 3. Las Comunidades podrán participar en las decisiones que corresponde adoptar al Estado cuando afecten a sus intereses en los términos establecidos en la legislación. Las Comunidades participarán en la designación de los integrantes de los órganos constitucionales y organismos económicos y sociales del Estado en los términos que establezcan sus leyes reguladoras». De igual forma, propone una reforma del artículo 144 en que se sostenga: «1. La Conferencia de Presidencias es el máximo órgano político de relación entre el Estado y las Comunidades y de éstas entre sí. Reúne al titular de la Presidencia del Gobierno con los titulares de las Presidencias de las Comunidades para tratar asuntos de su interés, preparar acuerdos de colaboración y coordinar sus políticas. Su organización, funciones y funcionamiento serán establecidos en una ley que requerirá la aprobación del Senado. (...). 3. Las Conferencias Sectoriales son el órgano técnico de relación entre el Estado y las Comunidades, y de éstas entre sí. Una ley que requerirá aprobación del Senado regulará su composición y funcionamiento, sin perjuicio de lo que establezca su reglamento propio». Estos preceptos se complementarían con una modificación competencial que implicase la supresión el artículo 148 y una reforma del artículo 149 en la que se incluyera la competencia exclusiva del Estado en las relaciones internacionales «sin perjuicio de que las Comunidades desarrollen actividades de relieve internacional». Propone asimismo una cláusula competencial en favor de las CCAA en las materias no previstas expresamente para el Estado.

25 José Antonio MONTILLA MARTOS (2005a), pp. 152-153.

incorporación, desarrollo y ejecución de las normas europeas al ordenamiento interno en el marco de sus competencias[26].

Bustos Gisbert, además de compartir la necesidad de reformar el Senado hacia un modelo más representativo territorialmente, sostiene la importancia de modificar el actual artículo 93 CE, si bien, como Montilla Martos, también llama la atención sobre el hecho de que una eventual reforma del citado precepto «no generará un cambio sustancial en los efectos producidos», pero sí permitirá hacer expresa la conexión entre la «constitución visible» —entendida como la literalidad del texto— y la «constitución invisible», —entendida como la conjunción del texto escrito y los contenidos añadidos como consecuencia de la integración europea y la constitución material de la Unión—. En tal sentido, afirma el autor que la creciente participación de las CCAA en la UE es positiva e «incluso insuficiente»[27], e insiste en la importancia de que el texto constitucional diferencie —como ya lo ha hecho la jurisprudencia— entre participación en política exterior y participación en política europea[28]; y la mejora de esta última no necesariamente requiere, a su juicio, de una gran reforma constitucional, sino, en ocasiones, de un mejor desarrollo legislativo. Con todo, afirma que la participación ascendente de las CCAA en la UE supone una alteración de la idea básica de toda forma de federalismo consistente en que el poder central tiene competencia exclusiva en la dirección de la política exterior[29].

La que quizá constituya la otra gran propuesta de un constitucionalista español sobre participación autonómica ascendente en la UE, junto a la del aludido Montilla Martos, es la de Albertí Rovira, que comparte tanto la necesidad de fijar consti-

---

26 Traducción propia de José Antonio MONTILLA MARTOS (2013), pp. 527-544.

27 Rafael BUSTOS GISBERT (2010), pp. 412-414 y 423-426.

28 Rafael BUSTOS GISBERT (1996), p. 504.

29 Rafael BUSTOS GISBERT (2010), pp. 423-426.

tucionalmente el principio de participación, con una remisión a su desarrollo por ley orgánica, como la defensa de incluir una «cláusula europea». Este autor ha reiterado en numerosas ocasiones la importancia de incluir en la Constitución la consolidada doctrina del Tribunal Constitucional sobre el respeto al orden constitucional interno de distribución de competencias en la ejecución del derecho y las políticas de la Unión[30]. Para él, una reforma constitucional por medio de una «cláusula europea» no puede limitarse «a mejorar simplemente el fundamento interno habilitante de la integración europea de España», sino que también debe «intentar recomponer alguno de los equilibrios básicos que se han visto alterados por la integración europea»; y concretamente dos: el equilibrio Parlamento-Gobierno y el equilibrio Estado-CCAA. Para ello se deben reconocer las facultades de participación de las CCAA «en los procesos internos de formación de las posiciones españolas a defender en Bruselas y en los propios procesos comunitarios europeos, facilitando el acceso directo de las CCAA a las instituciones de la Unión, bien para obtener información, trasladar y defender sus intereses, incluso por vía jurisdiccional, para ser consultadas en aquellas decisiones que les afecten y, en su caso, para participar en la toma de decisiones»[31]. Asimismo, ha abogado por introducir la participación interna de las comunidades autónomas «en la formación de la posición española a través del Senado, de la CARCE y de las conferencias sectoriales; la participación autonómica en las delegaciones y representaciones españolas en las instituciones comunitarias, especialmente el Consejo; y la participación directa de las comunidades autónomas en las instituciones y en los procesos de decisión comunitarios, cuando así lo permita el DUE». En paralelo, ha defendido la importancia de constitucionalizar «el procedimiento para desarrollar

---

30 Enoch ALBERTÍ ROVIRA (2006), pp. 457-482.

31 Enoch ALBERTÍ ROVIRA (2005), pp. 38-40.

y concretar el principio y los mecanismos de participación, que podría ser el de leyes con la necesaria aprobación del Senado y convenios y acuerdos entre el Estado y las CCAA»[32]. Aunque mantiene que no parece lógico que todos estos mecanismos y procedimientos se concreten en la Constitución, explicita que esta sí puede y debe «establecer firmemente el principio de participación, anclándolo al más alto nivel normativo, y señalar alguna de las vías [citadas anteriormente] por donde puede transcurrir y desarrollarse»[33]. En cuanto a su preciso encaje, Albertí Rovira ha considerado que las disposiciones relativas a la participación autonómica podrían ubicarse en un nuevo artículo 149 *bis* CE, o bien ocupar el lugar del actual artículo 148 CE, dada su actual obsolescencia[34]. Con el mismo fondo y similar forma, Sevilla Duro también ha propuesto muy recientemente la enunciación constitucional del principio autonómico de participación ascendente, trasladando la concreción de los mecanismos a normas de rango legal[35].

En la línea de estos autores, Díez de Velasco y Vallejo ha venido defendiendo, ya desde su voto separado coadyuvante con la mayoría en el Informe del Consejo de Estado sobre la reforma de la Constitución, que la opción técnicamente más

---

32 Enoch ALBERTÍ ROVIRA (2006), pp. 457-482.

33 Enoch ALBERTÍ ROVIRA (2005), p. 40.

34 Enoch ALBERTÍ ROVIRA (2006), pp. 457-482.

35 Miguel Ángel SEVILLA DURO (2021), pp. 86-90, especialmente p. 88. Todo ello sobre sin perder de vista dos reglas de doble condicionalidad sobre la participación de las CCAA en la UE. Primero: A mejor articulación de las vías internas de participación, menor uso de las vías externas; y a menor uso de las vías externas, menos complejidad y confusión se añade al sistema jurídico-institucional de la UE. Segundo: A mayor perfeccionamiento en la regulación de la participación, más efectiva es esta; y a mayor efectividad de la participación, mejor y menos problemática es la ejecución e implementación del DUE por parte de las CCAA.

preferible para abordar la participación de las CCAA en la UE es tanto una mención al proceso de construcción europea en el Título Preliminar como «incluir en un nuevo Título los temas vinculados a la participación de España» en la Unión. En este Título habrían de recogerse, entre otras cuestiones, «los sistemas de participación de las comunidades autónomas en el proceso de creación, aplicación y ejecución del Derecho comunitario», y se deberían dedicar «dos nuevos párrafos» al principio de participación de las CCAA en la UE en el marco de sus competencias: uno a la vía ascendente y otro a la descendente.

Esta defensa de una «cláusula europea» que establezca «reglas adecuadas para la articulación de España en la Unión Europea a partir del pluralismo territorial interno» también ha sido esgrimida por Cámara Villar[36], quien asimismo ha propuesto la creación de una Conferencia de Gobiernos Autonómicos adicional a la de Presidentes; concretamente: una «institucionalización simultánea, con carácter permanente (...) con al menos dos reuniones anuales más las necesarias de carácter extraordinario», si bien lo afirma con «extrema cautela», pues, a su parecer, ello solo tendría sentido mientras que no se reforme el Senado como órgano «de representación efectiva de las CCAA» al modelo del *Bundesrat*[37]. Ordóñez Solís también ha postulado, en línea con el informe del Consejo de Estado, la necesidad de la citada cláusula, pues, a su juicio, las referencias a la Unión incluidas en los estatutos de segunda generación «tenían que haber estado precedidas por un *aggiornamento* constitucional que mediante la reforma ofreciese toda la coherencia necesaria al ordenamiento español», como ya afirmó Pi i Sunyer[38]. Pese a esta cuestión, dicho autor sostiene que «más que la adopción de una nueva cláusula europea, en el sistema

---

36 Gregorio CÁMARA VILLAR (2019), p. 165.

37 Gregorio CÁMARA VILLAR (2005), p. 130.

38 Carles VIVER PI-SUNYER (2005), pp. 97-129.

constitucional español se sigue echando en falta que órganos constitucionales, como es significativamente el caso del Senado, asuman y desarrollen competencias que, sin duda, permitirían un funcionamiento más eficaz de nuestras instituciones en el contexto comunitario europeo»[39].

García Roca también ha puesto de manifiesto que los participantes en el informe sobre la reforma de la Constitución elaborado en el Instituto de Derecho Parlamentario de la Universidad Complutense de Madrid coincidieron en la importancia de «especificar» la mentada «cláusula europea» en la organización territorial del poder prevista en la Constitución[40]; cuestión que él mismo ha defendido de forma individual, afirmando que «produce sonrojo que no tengamos una cláusula constitucional europea como ya se propuso en la IX Legislatura»[41]. Esta afirmación la ha reiterado incluso ante la Comisión del Congreso para la evaluación y la modernización del Estado autonómico, donde, además, puso el acento en la necesidad de reformar la Cámara alta[42].

En la misma línea, Carmona Contreras no exige una reforma constitucional que haga «tabla rasa» con las previsiones actuales, sino una que incorpore al texto constitucional de forma expresa una «cláusula europea» que sume a lo ya presente. En concreto, la autora defiende incluir la participación autonómica en el marco de sus competencias, estableciendo en la Constitución unas líneas configuradoras básicas y dejando a la ley la fijación de aspectos concretos como la designación del representante autonómico ante la delegación española o las acciones procesales por las que las CCAA pueden hacer valer sus derechos de

---

39 David ORDÓÑEZ SOLÍS (2007), pp. 122-123.

40 Javier GARCÍA ROCA (2014), p. 32.

41 Javier GARCÍA ROCA (2012), p. 19.

42 Diario de Sesiones del Congreso de los Diputados, núm. 657, 14 de noviembre de 2018, p. 8.

participación. En paralelo, su planteamiento de la reforma del Senado pasa por determinar si debe convertirse en un «escenario de concertación *interautonómica* para asuntos europeos» (a modo de *Bundesrat*) o si tal actividad debe trasladarse a otra institución, como una futura Conferencia de Presidentes Autonómicos (al estilo austriaco) o una Conferencia de relaciones Estado-CCAA (siguiendo la estela italiana). En todo caso, sí estima pertinente elevar la Conferencia de Presidentes al rango de máximo órgano de orientación política en la materia[43].

Un punto de partida parecido tiene la tesis de Jáuregui Bereziartu, que, aunque considera imprescindible la inclusión de una «cláusula europea», cree que ello no es suficiente. A esta se ha de sumar una «cláusula externa o internacional» en el artículo 149.1.3 CE que permita superar —como a su parecer se logró en la Constitución de 1931— «la contradicción entre lo interno y lo externo (incluido en este último caso lo europeo)». A ello añade una reforma del Senado «encaminada a regular adecuadamente la participación de las CCAA en las funciones propias de cualquier cámara parlamentaria de carácter territorial» y, en el ámbito *extraconstitucional*, la reforma y dinamización de la CARUE, la Conferencia de Presidentes y las disposiciones sobre la materia de los estatutos de autonomía[44].

Otro de los autores que más atención ha prestado al objeto de este estudio es Martín y Pérez de Nanclares. Como ha venido reafirmando —con coherentes matices— desde hace casi dos décadas, es «más que recomendable» una reforma constitucional que introduzca una nueva «cláusula europea» en la que se

---

43 Ana María CARMONA CONTRERAS (2006), pp. 207-213. Con leves matices, en coautoría y más enfocado en las normas de rango legal que en la Constitución, *vid.* Ana María CARMONA CONTRERAS y Mario KÖLLING (2013), pp. 239-278.

44 Gurutz JÁUREGUI BEREZIARTU (2005), pp. 158-165 y, especialmente, pp. 161-163.

recoja un precepto expresamente dedicado a la participación autonómica en los asuntos de la Unión. A su juicio, este precepto debe incluir cinco elementos: «la previsión del principio general de participación de las CCAA en la conformación de la voluntad del Estado en asuntos europeos, la presencia de representantes de los gobiernos autonómicos en las delegaciones españolas en la UE, la participación de los parlamentos autonómicos en el control de la aplicación de los principios de proporcionalidad y subsidiariedad, la posibilidad de que las CCAA soliciten al Gobierno el ejercicio de acciones judiciales ante el TJUE y, finalmente, la previsión constitucional sobre la forma de regular las condiciones establecidas en los apartados anteriores». Desde su óptica, esta hipotética reforma debería acompañarse de un intento por solucionar el conflicto competencial entre el Estado y las CCAA, una mejora en el rol del Senado para articular la posición regional en materia europea, un aumento de los foros horizontales para concertar posiciones autonómicas comunes frente al Estado y, sobre todo, una constitucionalización del principio de lealtad federal y el absoluto respeto al mismo, así como numerosísimas propuestas de nivel legal y reglamentario de otra índole que, por acotación de este estudio, no pueden ser mencionadas[45].

Por su parte, Navas Castillo ha defendido la necesidad de incluir una cláusula de participación de las CCAA en la negociación de los Tratados de la Unión en la que se contemplase el derecho de estas de ser informadas por el Gobierno de las iniciativas de revisión de los Tratados de la UE y de los procesos de suscripción y ratificación subsiguientes, de tal forma que los Gobiernos y Parlamentos autonómicos tuviesen potestad para dirigir al Gobierno central y a las Cortes Generales las observaciones que estimasen pertinentes. De igual modo —y alineándose con

---

45 Por todas sus publicaciones, *vid.* José MARTÍN Y PÉREZ DE NANCLARES (2017), pp. 75-77.

el informe del Consejo de Estado— ha esgrimido la conveniencia de establecer los principios que han de inspirar la participación autonómica ascendente y ha sostenido la inclusión, en una futura reforma constitucional, del derecho de las CCAA a formar parte de las delegaciones españolas que participen en los procesos de revisión y negociación de los Tratados originarios y en los de adopción de nuevos Tratados, siempre en el marco de las materias que afecten a sus competencias exclusivas[46].

Por último, partiendo de la experiencia vasca, Erkoreka González, Larrazabal Basañez, Martínez Bárbara y Gabriel Rubí han estimado oportuno incluir una «cláusula europea» que actualice el actual artículo 93 CE. Estos autores entienden que una futura reforma debería inspirarse en los modelos belga o alemán, y matizan que habría de introducirse una cláusula específica de protección de los territorios forales en conexión con la Disposición Adicional Primera en aras de garantizar una mayor seguridad a estas particularidades territoriales en la participación ascendente. En paralelo, estiman que los nuevos preceptos constitucionales deberían desarrollarse legalmente de forma profusa; más allá de la citada Ley 2/1997[47].

3. PROPUESTAS DE CARÁCTER ESPECÍFICO

3.1. Sobre la modificación de las vías internas de participación ascendente

3.1.1. Relativas a las relaciones intergubernamentales

El conjunto de autores y de organismos que ha defendido la importancia de incluir previsiones constitucionales para fo-

---

46 Florentina NAVAS CASTILLO (2017), pp. 528-529.

47 Mikel ERKOREKA GONZÁLEZ, Santiago LARRAZABAL BASAÑEZ, Gemma MARTÍNEZ BÁRBARA y José GABRIEL RUBÍ (2019), p. 253.

mentar la participación de las CCAA en la UE por medio de vías internas, pero sin especificar la fórmula por medio de la cual hacerlo, es, quizá, el más numeroso.

Aparicio Pérez resalta la necesidad de una reforma constitucional que no solo haga explícitos los acuerdos apócrifos, sino que también incorpore a su texto las relaciones de colaboración entre el Estado central y la diversidad de territorios, entre otras, en materia de asuntos europeos. Todo ello con un objetivo evidente: «la Constitución no debe seguir yendo detrás de los estatutos (sean éstos cuales fueren), ni puede tampoco modularse en sus interpretaciones a través de lo que las diversas ordenaciones centrales o territoriales vayan determinando»[48]. En paralelo, González García ha afirmado que el diseño de la participación autonómica en los asuntos europeos es «una necesidad ineludible» en una futura reforma constitucional. Así, de forma poco precisa, considera pertinente reformular lo dispuesto en el texto constitucional en lo relativo a «la articulación de mecanismos de cooperación y colaboración que permitan un acceso fluido de las necesidades de las entidades *infraestatales* a Europa, en función de sus títulos competenciales»[49].

En esta estela, Mario Kölling considera que «con independencia de que el modelo territorial español se califique o no de federal, lo cierto es que la necesidad de relaciones intergubernamentales es indispensable», y valora de forma crítica el desarrollo de estas, que, a su juicio, dependen «de la voluntad del Estado central (…) al no garantizarse constitucionalmente unos procesos estables de cooperación intergubernamental», hecho que considera necesario modificar. A lo expuesto añade que tal propuesta de reforma debería aprovechar para corregir las carencias actuales de estas relaciones, a saber: el exceso de verticalidad, sectorialización, bilateralidad, escasa publicidad y absolu-

---

48 Miguel Ángel APARICIO PÉREZ (2005), pp. 35-36.

49 Julio V. GONZÁLEZ GARCÍA (2018), p. 177.

ta falta de transparencia[50]. También Castellà Andreu, tras aludir a la necesidad de adoptar una perspectiva basada en principios flexibles de reparto de competencias entre los distintos niveles de gobierno a la luz de la realidad de la Unión —enfatizando en el principio de subsidiariedad—, alude a la posibilidad de incluir en la Constitución, en línea con el Informe del Consejo de Estado de 2006, la participación de las CCAA «en las decisiones de la UE, ahora prevista por ley y, sobre todo, en acuerdos intergubernamentales»[51]; y Coller Porter, Gálvez Muñoz *et al.* proponen «articular mecanismos de colaboración y cooperación horizontal reconvirtiendo y potenciando instituciones como la Conferencia de Presidentes, las distintas conferencias sectoriales (incluyendo la CARUE) o el Senado territorial, que hasta la fecha se han desarrollado primordialmente en el marco de las relaciones verticales», así como introduciendo un «sistema de alerta temprana» en asuntos europeos[52].

En una línea análoga, Ripoll Navarro ha sido explícito al afirmar que «en el Título VIII de la Constitución debe contenerse una referencia al papel autonómico de participación europea, incluyendo tanto derechos como obligaciones al respecto», pero no por una reivindicación autonómica al gobierno central, sino por adaptar la Constitución a los Tratados Europeos. De esta forma, y al considerar que la práctica ha pasado por regular esta materia a través de reformas de EEAA y normas de rango legal, el meritado autor sostiene que la técnica operativa más adecuada consiste en una reforma de la Constitución que vaya desde

> «el reconocimiento constitucional [de la participación autonómica en la UE] (...) al perfeccionamiento de los mecanismos concretos para canalizarlo, es decir, la conferencia sectorial,

---

50 Mario KÖLLING (2017).

51 Josep Maria CASTELLÀ ANDREU (2018), pp. 118 y 123.

52 Xavier COLLER PORTER, Lina GÁLVEZ MUÑOZ et al. (2018), pp. 21 y 24-25.

el sistema de alerta temprana, reforzamiento del Comité de las Regiones, posible reforma del Senado, etcétera»[53].

Solozábal Echavarría, además de apoyar una reforma del Senado inspirada por la experiencia federal alemana y la clarificación de la distribución competencial, propone constitucionalizar la Conferencia de Presidentes y las Conferencias Sectoriales (entre ellas, la CARUE). A su juicio, no solo habrían de ser nombradas en el futuro texto constitucional, «sino configuradas constitucionalmente en sus aspectos básicos», entendiendo por tal la previsión de una frecuencia determinada de su convocatoria (sin perjuicio de otras convocatorias *ad hoc*), sus atribuciones competenciales, su carácter consultivo o resolutivo, el procedimiento de adopción de acuerdos, su estructura interna, su funcionamiento y su articulación con la colaboración bilateral, a la que, estima, podrían suplir o, al menos, servir de preparación[54].

Caamaño Domínguez propone una reforma constitucional al respecto partiendo de una premisa: el federalismo cooperativo no es viable; y «menos para un Estado plurinacional como el español», por lo que no confía en un Senado territorial sin cambiar el sistema electoral y de partidos. En consecuencia, solo un federalismo «de clarificación, democráticamente responsable» permitirá la mejora en la distribución territorial del poder de nuestro Estado. A este respecto, considera que existen órganos que, «debidamente actualizados», podrían desempeñar un importante papel en lo que aquí respecta: conferencias sectoriales, conferencia de Presidentes, Consejo de Política Económica y Fiscal…; y que a estos se les podrían añadir otros «que emitiesen informes preceptivos en relación con iniciativas normativas de

---

[53] Rafael RIPOLL NAVARRO (2019), pp. 143-144 y 149.

[54] Aunque esta idea se plasma en varios de sus lúcidos escritos sobre una necesaria reforma federal, se enfatiza con especial claridad en Juan José SOLOZÁBAL ECHAVARRÍA (2014) pp. 80-82; y en (2019), pp. 476-479.

la UE y proyectos o proposiciones de ley estatales con incidencia en competencias autonómicas», como un Consejo de lenguas o un Consejo sobre las culturas de España en el exterior. Considera que también se le podría atribuir a las CCAA, o a cierto número de ellas, un «poder de veto sobre algunas materias, de suerte que el desarrollo de una ley federal en su territorio estuviese condicionado por la concurrencia de su voluntad o por la de una mayoría de CCAA que autorizase el desbloqueo», si bien reconoce que podrían generarse situaciones puntuales de tensión y de bloqueo[55].

Muñoz Machado *et al.* han reivindicado la importancia de que la Constitución recoja «algunos principios y caracteres generales de la colaboración autonómica, así como la participación de las comunidades autónomas en la Unión Europea, quizás también a través del nuevo Senado territorial»[56]; y también Muñoz Machado, junto a Boix Palop *et al.* han resaltado que «la rigidez de nuestro sistema competencial hace particularmente necesaria la cooperación tanto entre las CCAA como de estas con el Estado», por lo que consideran de urgencia una mejora en la regulación y el funcionamiento de la CARUE[57]. De forma similar abordan la cuestión un grupo de 55 jóvenes constitucionalistas españoles firmantes de un manifiesto coordinado por Teruel Lozano y Moreno González en el que se afirma la importancia de reformar la Constitución a la luz de una «revisión de los mecanismos institucionales de integración de la voluntad territorial en el Estado, así como para la coordinación y la cooperación interterritorial, a través de los correspondientes órganos». Para ello, abogan por «estudiar la función constitucional del Senado, su composición y competencias, y la de otros órganos como la Conferencia de Presidentes y las conferencias sectoriales»[58].

---

55 Francisco CAAMAÑO DOMÍNGUEZ (2014), pp. 167-168.

56 Santiago MUÑOZ MACHADO et al. (2017), p. 16.

57 Santiago MUÑOZ MACHADO (dir.) (2013), pp. 383-386.

58 Germán TERUEL LOZANO y Gabriel MORENO GONZÁLEZ (coords.) (2021), p. 11.

Palomares Amat, por su parte, pone el foco en el rol de los parlamentos autonómicos en la adopción de decisiones relativas a la UE. A su juicio, la participación de los parlamentos regionales «debería ser equiparable a la actualmente existente con los parlamentos nacionales, y ello puede lograrse «a través de los órganos parlamentarios que tienen atribuida la potestad de colaborar con los parlamentos nacionales»; en concreto, tanto la Conferencia de Presidentes como los Vicepresidentes, nombrados a tal efecto, podrían ser «el primer canal de relación entre el Parlamento Europeo y los parlamentos regionales», entre los que podría establecerse un procedimiento de consultas periódicas[59].

Aunque no solo concernientes a la formación de la voluntad de España ante la UE, García Morales aboga por incluir en una hipotética reforma constitucional las relaciones de colaboración y sus límites, especialmente en lo referido a la distribución competencial sobre la materia objeto de este estudio[60]. De forma parecida, ya en 1985 el entonces Ministro de Asuntos Exteriores, Fernando Morán López, afirmó en el Pleno del Congreso de los Diputados que «convendría regular, pero en todo caso separadamente y en su momento, un mecanismo de coordinación y cooperación entre los órganos centrales del Estado y las CCAA, en los casos en que el desarrollo del Derecho comunitario haya de efectuarse [por las CCAA]»[61]. El procedimiento deseado para llevar a cabo su propuesta no fue expreso —fruto del momento histórico de su discurso—, pero parte de la doctrina ha entendido que aludía, implícitamente, a la reforma constitucional. Así, Ortúzar Andechaga afirmó que tal pretensión solo tenía encaje si se plasmaba en el texto consti-

---

59 Miquel PALOMARES AMAT (2005), p. 145.

60 María Jesús GARCÍA MORALES (2010), pp. 188-189.

61 Diario de Sesiones del Congreso de los Diputados, núm. 221, 25 de junio de 1985, p. 10.185.

tucional o, en su caso, en los EEAA; o bien en el alcance que dedujera de ellos el Tribunal Constitucional[62].

Cabe concluir este subepígrafe con una alusión a la fuerte inspiración alemana de muchos autores al formular propuestas de reforma constitucional sobre la materia. Un ejemplo de ello se halla en los escritos de Colino Cámara, que muestran el influjo alemán tanto en lo relativo a su visión sobre el papel de la CARUE como en lo concerniente a las oficinas de representación en Bruselas y a la necesidad de reconocer la toma en consideración de intereses particulares regionales en asuntos europeos por parte del poder central[63]. Misma perspectiva adopta Camisón Yagüe, que «con vistas a una posible modificación "europeizante" de la Constitución Española, y a fin de salvar la unidad de acción exterior en los foros de la Unión Europea» comprende que «las soluciones adoptadas en Alemania nos pueden servir de ejemplo para establecer un sistema similar de participación de las comunidades autónomas en los asuntos comunitarios». Para ello, pese a no menospreciar las diferencias entre el *Bundesrat* y el Senado español, sí que defiende que «debiera ser posible implementar en España algún tipo de mecanismo que permita a nuestras comunidades autónomas participar en los asuntos de la Unión Europea de forma conjunta y unitaria, siempre, eso sí, en función del interés general del Estado», del que también deberían ser corresponsables las CCAA[64]. Con menos concreción, pero también a la estela del modelo alemán, Elías Méndez postula incluir la participación ascendente de las CCAA «para actualizar y clarificar el modelo territorial adaptado al nuevo contexto del constitucionalismo multinivel», a lo que añade una reforma del Senado en clave territorial y la mejora en las relaciones intergubernamentales[65].

---

62 Luis ORTÚZAR ANDECHAGA (1994), pp. 103-104.

63 César COLINO CÁMARA (2018), pp. 138-140.

64 José Ángel CAMISÓN YAGÜE (2005), p. 343.

65 Traducción propia de Cristina ELÍAS MÉNDEZ (2013), pp. 215-216.

Ante estas propuestas no debe perderse de vista lo ya afirmado lúcidamente hace dos décadas por Albertí Rovira: la pretensión de extrapolar a nuestra Constitución la regulación alemana y austriaca sobre esta materia —o cualquier experiencia de derecho comparado en general— debe mesurarse en base a «la distinta funcionalidad que pueden tener las previsiones constitucionales, que juegan a veces como habilitación y otras como garantía», pues «si no sale de este plano, cabe esperar (…) que esta cuestión no encuentre una solución satisfactoria en un plazo razonable y que, a lo peor, acabe enquistándose en el debate político sobre el desarrollo autonómico y se convierta en un foco de debate y tensión permanentes»[66]. El mismo análisis precavido hace Aragón Reyes, quien, además, enfatiza en la cuestión añadiendo que «cualquier reforma constitucional sobre la distribución de competencias sería irreal y por ello inútil» si no toma en consideración las particularidades derivadas de la pertenencia de España en la UE[67].

3.1.2. Relativas al Senado

Aja Fernández es, quizá, el principal promotor de la corriente que aboga por articular la participación ascendente de las CCAA en la UE por medio de una reforma del Senado. Este autor entiende que la importante asunción competencial de la Unión Europea, apenas entrevista al aprobarse la Constitución, «significa una auténtica mutación constitucional» y «requiere de la configuración de formas de participación las CCAA en la formación de la posición de España en el seno de las instituciones [europeas] como fórmula de reequilibrio de las competencias perdidas»[68]. Tras analizar la arquitectura

---

66 Enoch ALBERTÍ ROVIRA (2004), p. 188.

67 Manuel ARAGÓN REYES (2019), pp. 201-203 y 205.

68 Eliseo AJA FERNÁNDEZ (2003), p. 239.

institucional existente para hacer efectiva esa participación en la actualidad —que califica de escasamente exitosa—, propone que esta cuestión se canalice y articule por medio de la Cámara Alta —que, a su juicio, habría de reformularse, entre otras cosas (*vid.* capítulo 1 de esta obra), en su composición; formándose por representantes de los gobiernos autonómicos—. Esta vía permitiría que la participación ascendente de las CCAA en la UE fuese más efectiva no solo porque el Senado contaría con medios técnicos y funcionariales de los propios Ejecutivos autonómicos, sino también porque se cumplirían con mayor eficacia las condiciones de permanencia y celeridad en la transmisión de información de asuntos europeos y en la formación de la voluntad de España. En paralelo, propone que este renovado Senado pueda nombrar al representante autonómico en el seno de las delegaciones españolas ante los órganos de la UE, resolviendo así las posibles controversias entre CCAA[69].

Esta visión es compartida por García Roca, Díez Bueso y Montilla Martos, que, junto al propio Aja Fernández, también han afirmado la posibilidad de que una hipotética reforma constitucional integrase «la solución actual de la Conferencia para Asuntos Relacionados con la Unión Europea con la participación mediante un Senado integrado por los representantes de las CCAA»[70]. Una opinión parecida pero menos explícita también ha sido puesta de relieve por García Gestoso[71]; y de forma semejante, Aguiar de Luque *et al.* también han reclamado

> «el establecimiento de una Cámara territorial, con atribuciones legislativas exclusivas en sus competencias, que permita la participación de todas las Comunidades en la gobernación de

69 Ibid., p. 244. Estas ideas se han mantenido a lo largo del tiempo en sus escritos, incluso reforzándose por medio de ejemplos de la actualidad política en (2014), pp. 314-317.

70 Eliseo AJA FERNÁNDEZ, Javier GARCÍA ROCA, José Antonio MONTILLA MARTOS y Laura DÍEZ BUESO (2015), p. 79.

71 Noemi GARCÍA GESTOSO (2013), pp. 354-356.

> los problemas comunes, incluidos los europeos, en base a la lealtad y cooperación recíprocas»[72].

Con anterioridad, en 1997, Moreno Fernández consideró como un «escenario deseable» aquel en que una reforma del Senado se viese acompañada de «nuevos programas auspiciados por las CCAA» en el marco de sus materias, y con la contribución institucional de la AGE, para hacerlas presentes en los procesos políticos de determinación de la voluntad estatal y de los servicios públicos[73]. Esta opinión es compartida y reafirmada por Zelaia Garagarza, que sostiene que sería imprescindible reformar la Constitución incorporando y clarificando el modelo territorial y la distribución competencial existente *de facto*. Entiende esta autora que tales bases del ejercicio del poder serían «una herramienta adecuada para evitar que las instituciones europeas argumenten que la *desconstitucionalización* del modelo territorial y el principio dispositivo no permiten la opción territorial que realiza la Constitución, pero que no la lleva a término». Con todo, reconoce que «sin excesivas reformas normativas y haciendo uso de los principios de la UE y del Estado de las Autonomías ya existentes (…) también se podría abrir una interesante línea de actuación» en relación con la participación ascendente[74]. En esta misma línea figura también Canales Aliende, que, además de citar la relevancia de reformar el Senado para mejorar la participación autonómica en la UE, aboga por reformar el papel «coordinador y de supremacía» de la Administración General del Estado respecto de los gobiernos autonómicos a la hora de intervenir en y ante la Unión. Para solventar este hecho, además de la reforma constitucional, sostuvo la necesidad de elaborar una ley de ac-

---

72 Luis AGUIAR DE LUQUE et al. (2014), p. 1.

73 Luis MORENO FERNÁNDEZ (1997), pp. 168-169.

74 Maite ZELAIA GARAGARZA (2019), pp. 408-409.

ción exterior del Estado[75] [circunstancia que pocos años después de su propuesta se plasmaría en la actual Ley 2/2014, de 25 de marzo, de la Acción y del Servicio Exterior del Estado].

Algo similar se desprende de los trabajos de Francesc de Carreras, que —desde un punto de vista de «política jurídica»— sostiene que sería conveniente dejar «establemente cerrado» el modelo autonómico [incluida la participación supraestatal] «para evitar en lo posible la reforma de la Constitución y los Estatutos…», siendo más conveniente el uso de la vía de la legislación básica. Sin embargo, estima que, «funcionalmente», es conveniente que el sistema esté «permanentemente abierto a cambios (…) bajo el obvio método de prueba y error», pero sin alterar en ningún caso la igualdad básica de todas las CCAA[76]. De forma más reciente, este autor también ha abogado por reformar la Constitución para limitar el principio dispositivo y convertir el Senado en un elemento de integración por el que canalizar la participación de las CCAA[77].

La imperiosa necesidad de reformar el Senado para mejorar la participación ascendente de las CCAA en la UE también la ha defendido Vidal Beltrán, quien, además de considerar «de posible interés» una reforma que siguiera los pasos de la Ley de Bonn, ha estimado relevante constitucionalizar «unos principios de reparto del importe de las sanciones económicas derivadas del incumplimiento del Derecho comunitario en atención al grado de responsabilidad del Estado o de las diferentes comunidades autónomas»[78]. Otra breve mención sobre la necesidad de incluir la participación ascendente de las CCAA en la UE también ha sido esbozada por Tornos Mas, que, sin entrar a analizar el cómo, afirma que además de reformarse el

---

75 José Manuel CANALES ALIENDE (2012), pp. 209-210.

76 Francesc DE CARRERAS SERRA (1997), p. 102.

77 Francesc DE CARRERAS SERRA (2009), pp. 47-112.

78 José María VIDAL BELTRÁN (2007), p. 104.

Senado y clarificarse la distribución competencial entre poder central y autonomías «deberían ser objeto de atención la falta de mecanismos de colaboración institucional, la adecuación del Poder Judicial a una estructura federal del Estado o las relaciones con la Unión Europea»[79]. Reconociendo el influjo de Tornos Mas en sus propuestas, Cosculluela Montaner también afirma la necesidad de reformar el Título VIII de la Constitución para «establecer reglas sobre el papel de las comunidades autónomas con relación a la Unión Europea»[80].

De igual forma, Cruz Villalón pese a reconocer que «el grado de nuestra integración en Europa es el mismo con o sin reconocimiento constitucional», entiende que un futuro proceso de reforma ha de tener por objeto «darle a la Constitución el protagonismo que le corresponde»; premisa en la que se encuadra su reivindicación por la siempre citada reforma del Senado para mejorar la participación de las CCAA en la toma de decisiones[81]; y también con el Senado como telón de fondo, Biglino Campos ha afirmado la importancia de reforzar la participación de las CCAA en la UE. Asumiendo que muchas de las medidas encaminadas a ello «podrían establecerse en normas de rango legal o mediante la modificación de los Reglamentos parlamentarios», la autora sostiene que ha de ser la Cámara Alta el lugar de confluencia y fijación de la posición de España ante la UE y también el de control de la actuación del Gobierno ante las instituciones europeas. Además, considera deseable que, en lugar de la actual Comisión Mixta —que, a su juicio, «dificulta que se tengan especialmente en cuenta los intereses de las comunidades autónomas»—, se cree una Comisión de asuntos europeos en cada una de las Cámaras, «reservando la actuación del Senado para aquellos asuntos europeos que afectaran más directamente a los intereses de las comu-

---

79 Joaquín TORNOS MAS (2014), p. 56.

80 Luis COSCULLUELA MONTANER (2015), p. 30.

81 Pedro CRUZ VILLALÓN (2005), pp. 24-25.

nidades autónomas»[82]. Este enfoque también es compartido por Sánchez Amor, que añade la necesidad de «reformar profundamente» la CARUE [entonces, CARCE][83]. Por contrapartida, otras autoras, como Beltrán García, sostienen que «no parece, dada la experiencia en otros países y la propia dinámica del proceso negociador en la Unión Europea, que de su reforma [del Senado] pueda lograrse una participación realmente efectiva [de las CCAA] si no va acompañada de medidas que agilicen la capacidad de reacción del Estado en el Consejo»[84]. Con un enfoque paralelo, Argullol i Murgadas ha manifestado la difícil asunción del Senado de la tarea de facilitar la participación de las CCAA en la Unión, por lo que mantiene la necesidad de que los representantes autonómicos intervengan ante sus instituciones y organismos, pero siempre asegurando una posición unitaria, para lo que podría instaurarse un órgano de diálogo interno de CCAA y poder central[85].

Por último, Sáenz Royo realiza un sugerente y crítico análisis sobre las insuficiencias de las vías normativas e institucionales de participación de las CCAA en las decisiones estatales que es extrapolable al marco europeo. A su juicio, la mejora en este ámbito pasa por una triple reforma: por una parte, reconvirtiendo el Senado en una cámara de representación territorial; por otra, previendo otras vías de participación por medio de reforma estatutaria; y, por último, mediante la mejora de las relaciones intergubernamentales, que aunque es analizada por la autora desde el plano legal, quizá también podría plasmarse en el texto constitucional. Además, enfatiza en el papel que pueden desempeñar los *lobbies* de las CCAA en la traslación de la voluntad autonómica a instancias superiores[86], como en la

---

82 Paloma BIGLINO CAMPOS (2006), pp. 743-745.

83 Ignacio SÁNCHEZ AMOR (2009), p. 37.

84 Susana BELTRÁN GARCÍA (2012), p. 151.

85 Enric ARGULLOL I MURGADAS (1998), p. 108.

86 Eva SÁENZ ROYO (2014), pp. 48-54 y 75-76.

práctica sucede ante el Consejo y la Comisión. Parejo análisis sobre la necesidad de reformar el Senado para permitir la participación autonómica en la formación de la voluntad estatal hace Arroyo Gil, que a lo anterior añade un moderado elogio a los mecanismos actuales, especialmente las Conferencias sectoriales [en lo que aquí interesa, la CARUE], cuya utilidad para canalizar la participación autonómica parece innegable. No sucede lo mismo con la Conferencia de Presidentes, que a juicio de este autor «constituye una anomalía que urge solventar», para lo que propone una reforma en la línea alemana[87].

3.1.3. Relativas a la distribución competencial

No es baladí la corriente que defiende que la mejora participativa de las CCAA en la UE pasa por una inclusión del principio de participación ascendente en el sistema de reparto competencial de la Constitución española. El exeurodiputado Bueno y Vicente ilustra bien esta postura cuando propone que al afirmar la competencia exclusiva del Estado en las relaciones internacionales del actual artículo 149.1.3ª CE se añada lo siguiente: «Salvo en lo relacionado con la representación exterior de la Federación Española, los territorios del primer nivel [las CCAA] podrán participar en esta materia. Una ley orgánica regulará esta participación»[88]. A lo anterior, suma la reforma del artículo 2 CE en clave federal y europeísta para afirmar que «la Federación Española forma parte de la Unión Europea y propugna para ella una forma política federal con poderes legislativo, ejecutivo y judicial propios, para lo cual cederá la correspondiente soberanía, previa consulta en referéndum al pueblo español»[89].

---

87 Antonio ARROYO GIL (2016), p. 396.

88 José Miguel BUENO Y VICENTE (2017), p. 340.

89 Ibid., p. 298.

En otros términos, Francisco Balaguer Callejón ha propuesto incluir en la Constitución una alusión a la cuestión objeto de este subepígrafe[90]. Si bien no ha hecho explícitos los términos de esta, sí los ha dejado entrever al afirmar la supresión de la segunda cláusula de distribución residual de la CE —que atribuye al Estado la competencia sobre aquellas materias no asumidas por los EEAA—, y la reformulación de la primera cláusula, atribuyendo a las CCAA todas aquellas competencias no atribuidas expresamente al Estado, lo que implicaría que estas asumieran competencias en la formación de la voluntad española ante la Unión[91]. Esta postura, que indirectamente implica la participación ascendente autonómica, tiene un respaldo doctrinal nada desdeñable, tal y como se muestra en el capítulo 3 de esta obra. También Roig Molés, en un completísimo trabajo sobre esta materia, puso el acento en la configuración del artículo 149.1.3ª CE, con especial atención a su afección a las vías internas (o indirectas) de participación, centrando el debate en la dicotomía colaboración-participación y proponiendo que cualquier reforma del sistema de participación ascendente autonómica tenga como primer objetivo la unidad de acción del conjunto de España[92].

Es reseñable, en último lugar, el modo en que Freixes Sanjuán ha enfatizado en cuán «absolutamente necesario» es «readaptar el reparto interno de competencias (...) en función de la evolución que la normativa comunitaria presente». Sobre la base de lo anterior, no duda en afirmar que la distribución interna de competencias no puede permanecer «al margen de la evolución del propio ordenamiento europeo»[93], razón por la que apoya incluir la participación autonómica en la UE, aun-

---

90 Diario de Sesiones del Congreso de los Diputados, núm. 675, 21 de noviembre de 2018, p. 14.

91 Francisco BALAGUER CALLEJÓN (2005), p. 582.

92 Eduard ROIG MOLÉS (2002), pp. 86-111.

93 Teresa FREIXES SANJUÁN (1997), pp. 114-115.

que sin concretar sus extremos, tal y como también hizo en una intervención ante la Comisión del Congreso para la evaluación y la modernización del Estado autonómico. Precisamente en dicha Comisión fue donde sostuvo la necesidad de «ver de qué manera se pueden introducir dentro de la propia Constitución» los elementos para «el ensamblaje en la toma de decisión entre los Estados, las regiones, sobre todo cuando tienen competencias legislativas, y la propia Unión Europea»[94]. A este respecto arguyó que la dinamicidad del modelo autonómico «no puede comportar la ausencia de límites, de la misma manera que la existencia de éstos no puede originar una petrificación del sistema incompatible con la necesaria adaptación» derivada del proceso de integración europea[95]. Esta postura está secundada, entre otros, por Cordal Rodríguez[96], y, más implícitamente, por Ardizone García[97] y Llimona Balcells[98].

3.2. Sobre la modificación de las vías externas de participación ascendente

En referencia a la participación de las CCAA en el Consejo de la Unión Europea, Argullol i Murgadas hizo una importante reflexión a partir de una interpretación sistemática de las escuetas disposiciones constitucionales existentes junto con los EEAA que reconocen tal intervención. Partiendo de esto estimó que sería pertinente clarificar el significado de «exclusivo» en relación con una determinada competencia que constituya la base sobre la cual una comunidad autónoma intervenga en

94 Diario de Sesiones del Congreso de los Diputados, núm. 445, 21 de febrero de 2018, p. 20.

95 Teresa FREIXES SANJUÁN (1997), p. 116.

96 Constantino CORDAL RODRÍGUEZ (2010), pp. 249 y ss.

97 Guillermo ARDIZONE GARCÍA (1998), pp. 553-558.

98 Joaquim LLIMONA BALCELLS (1998), pp. 513-518.

el Consejo de la Unión Europea; y sostuvo que habría de calificarse el procedimiento y alcance de la participación y establecerse o potenciarse un órgano interno que sirviera tanto para fijar una posición unitaria de España como para asegurar la comunicación entre entes de diferentes niveles territoriales[99]. En esta línea se hallan también otros autores y figuras públicas, entre las que destacan Juan José Ibarretxe, que criticó el silencio constitucional sobre la participación de las CCAA en el Consejo de la UE[100]; Hernández Lafuente, pese a que en 1997 realizó un complejo, preciso y laudatorio análisis del modelo autonómico de participación[101]; y Sanz Gandásegui[102].

En sintonía con lo ya mencionado, Cantero Martínez realizó un planteamiento muy detallado sobre la participación autonómica en la UE, considerando que no constitucionalizarla «podría equivaler tácitamente a otorgar al Gobierno central una clara potestad de intervención en las materias originariamente asignadas a CCAA por la Constitución y por sus respectivos Estatutos de Autonomía». A su parecer, a la luz del sistema de participación autonómica directa previsto en los Acuerdos de la CARCE de 2004 no existen obstáculos para que las CCAA participen al consensuar posturas a defender en el Consejo de la Unión y para que representantes autonómicos pudieran participar directamente en la delegación del Estado español ante el Consejo cuando en éste se traten asuntos que afecten a competencias exclusivas autonómicas. Sin embargo, a su juicio, esta función «debería centrarse principalmente en acompañar y asistir al representante estatal, que en última instancia sería el único legitimado para adoptar decisiones que comprometieran al Estado»[103].

---

99 Enric ARGULLOL I MURGADAS (2003), pp. 66-71.

100 Juan José IBARRETXE MARKUARTU (1998), p. 191.

101 Adolfo HERNÁNDEZ LAFUENTE (1995), pp. 166-168.

102 Francisco SANZ GANDÁSEGUI (1998), pp. 505-508.

103 Josefa CANTERO MARTÍNEZ (2005), pp. 31-64.

Por su parte, Pérez Tremps, Cabellos Espiérrez y el citado Roig Molés, en un extenso trabajo sobre la actividad europea y exterior de las CCAA elaborado a finales del pasado siglo, sostuvieron la necesidad de que la Constitución identifique la participación autonómica con el principio de autonomía y títulos competenciales materiales propios en lugar de con una «concesión» estatal[104]. Agudo Zamora, por otro lado, considera que una futura reforma sobre la materia no solo debería incorporar la doctrina del Tribunal Constitucional, emanada de su Sentencia 76/1992, de 14 de mayo, en el sentido de que ha de existir una coordinación entre el Estado y las CCAA a la hora de ejecutar el DUE en atención al sistema competencial multinivel existente[105], sino que, además, comparte las bases de la citada propuesta del Consell de la Comunitat Valenciana sobre la reforma constitucional[106], y propone asegurar constitucionalmente la designación de un representante común de todas las CCAA para que se integre en la delegación española ante el Consejo de la Unión Europea, así como garantizar la participación de funcionarios de las CCAA en la REPER[107].

De la misma forma, pero partiendo de Montilla Martos, Vírgala Foruria ha venido entendiendo que «debe asegurarse constitucionalmente la designación de un representante común de todas las CCAA que se integre en la delegación española al Consejo de Ministros de la UE y la participación de funcionarios de las CCAA en la Representación española»[108].

---

104 Pablo PÉREZ TREMPS (coord.), Miguel Ángel CABELLOS ESPIÉRREZ y Eduard ROIG MOLÉS (1998), pp. 265-266.

105 Miguel AGUDO ZAMORA (2019), pp. 116-118.

106 CONSELL DE LA GENERALITAT VALENCIANA (2018), p. 18.

107 Miguel AGUDO ZAMORA (2019), p. 118.

108 Eduardo VÍRGALA FORURIA (2017), p. 379.

4. PROPUESTAS SIN ENCAJE CONSTITUCIONAL PRECISO

Son muchos los autores que, abogando —e incluso llegando a hacer una defensa férrea— por el establecimiento en la Constitución de la participación ascendente de las CCAA en la UE no han concretado ni qué mecanismos deberían constitucionalizarse ni cuál sería la forma óptima de incluirlos en el texto constitucional.

Es especialmente ilustrativa la visión de Moratinos Cuyaubé, exministro de Exteriores de España, que durante el ejercicio de su cargo manifestó con claridad la conveniencia de insertar en la Constitución el principio —que, a su juicio cabe entender ahora implícito— de participación de las CCAA en los asuntos europeos en el marco de sus competencias, «siempre que ello se formule en consonancia con la responsabilidad última del Gobierno central en la dirección de la política exterior del Estado y en el marco de la "lealtad federal"»[109]. También Barón Crespo, diputado constituyente y expresidente del Parlamento Europeo ha sostenido —evaluando el informe del Consejo de Estado sobre la reforma constitucional— que contemplar la participación y responsabilidad de las CCAA en la elaboración e implementación del DUE permitiría «trabajar en la lógica de vertebrar la organización del Estado con participación de todos los niveles en la gobernanza multinivel y no volver a inconexos reinos de taifas o a anacrónicas aventuras nacionalistas»[110]. De forma menos valorativa, Delgado Iribarren también ha sugerido incluir en un futuro título VIII la «participación y responsabilidad de las CCAA en la aplicación del DUE»[111].

Rubio Llorente también sostuvo que la puesta en común del ejercicio de la autonomía de las CCAA con el poder cen-

---

[109] Miguel Ángel MORATINOS CUYAUBÉ (2005), p. 112.

[110] Enrique BARÓN CRESPO (2019), pp. 94-95.

[111] Manuel DELGADO IRIBARREN (2019), p. 175.

tral para fijar posiciones comunes en asuntos europeos puede resolverse, materialmente, de muchas maneras distintas, pero formalmente solo mediante una reforma constitucional[112]; y la misma idea de una inclusión de la participación cuyos términos concretos no llegan a explicitarse fue compartida por Pérez Tremps, quien sostuvo la necesidad de una reforma constitucional que rearticulase el «engranaje jurídico» para adecuar la integración de España en la UE con respeto «al Estado de las Autonomías», lo que se complementaría con la importancia de reformar «los mecanismos de representación y participación de las CCAA en el Estado», indirectamente conectados con lo anterior[113]. También López Garrido ha sostenido la necesidad de reformar la Constitución para fijar «el papel de las comunidades autónomas (o como se llamen) en la Unión Europea, en cuanto entidades con competencias legislativas exclusivas»[114], pero sin detallar los términos de su propuesta.

En la Comisión del Congreso para la evaluación y la modernización del Estado autonómico Roca i Junyent manifestó, con escasa concreción, que la participación autonómica en la UE «es fundamental»[115]; idea que igualmente sostuvo Pendás García en esa misma Comisión[116]. También en ella, Romay Beccaría —a la sazón, Presidente del Consejo de Estado—, recalcó la importancia de la participación ascendente en la UE en tanto las CCAA «forman parte de una forma de organización política del Estado autonómico con mucha personalidad, con mucha proximidad al ciudadano y que tiene mucho que aportar al

---

112 Francisco RUBIO LLORENTE (2012), p. 796.

113 Pablo PÉREZ TREMPS (2018), pp. 92, 93 y 96.

114 Diego LÓPEZ GARRIDO (2013), p. 29.

115 Diario de Sesiones del Congreso de los Diputados, núm. 408, 10 de enero de 2018, p. 44.

116 Diario de Sesiones del Congreso de los Diputados, núm. 409, 17 de enero de 2018, p. 23.

buen funcionamiento del país»[117]; y, en una sesión posterior de esta Comisión, Valcárcel Siso mantuvo que no estaría de más formalizar en la Constitución instrumentos «en lo que se refiere a la participación de las regiones en la Unión Europea»[118], pero sin especificar cuáles. También Gil-Robles y Gil-Delgado, expresidente del Parlamento Europeo, hizo una defensa tan retórica como inconcreta de la participación de las CCAA en la UE, pero exclusivamente por medio de vías internas: «¿hay que incrementar la participación de las comunidades autónomas? Sí, a través de los Estados miembros siempre; siempre a través de los propios Estados miembros sería mi respuesta»[119]. En igual comisión, Sevilla Segura, tras poner el acento en que, pese a sus posibles mejoras, el actual sistema es «razonable», hizo una proclama inespecífica en favor de la participación ascendente, incidiendo en que debería poder ejercerse en la lengua cooficial de cada territorio[120].

Por otro lado, Martínez Sierra estima que se perdió una gran ocasión para reformar la Constitución e incluir la participación autonómica ascendente en el momento del debate sobre el reparto competencial europeo. A su juicio, «la coherencia constitucional demanda una rearticulación global de las relaciones entre el Estado y las comunidades autónomas en asuntos europeos»[121]; y en la medida en que estima que la fallida Constitución europea —y, por consecuencia, el actual Tratado de Lisboa— ni «condiciona el sistema competencial español»

---

117 *Ibid.*, p. 14.

118 Diario de Sesiones del Congreso de los Diputados, núm. 415, 24 de enero de 2018, p. 21.

119 Diario de Sesiones del Congreso de los Diputados, núm. 477, 11 de abril de 2018, p. 8.

120 Diario de Sesiones del Congreso de los Diputados, núm. 415, 24 de enero de 2018, p. 56.

121 José Manuel MARTÍNEZ SIERRA (2005), p. 283.

ni «altera la configuración del principio de autonomía institucional», considera que «la pelota del desarrollo del Estado Autonómico sigue estando donde siempre estuvo: en el terreno político y constitucional español»[122], si bien no concreta cómo abordarla. De forma parecida, Andoni Ortúzar ha venido reclamando a la Administración Central «que aborde este tema sin complejos, sin apriorismos ni prejuicios»[123]; y Jorge Fernández Díaz, exministro del Interior, reconociendo los avances y esfuerzos en la materia, ha entendido la necesidad de profundizar en la participación autonómica y aboga por repensar las fórmulas que permitan su mejor ejercicio[124], sin mayor precisión.

5. PROPUESTAS DE NO REFORMAR LA CONSTITUCIÓN EN ESTE ASPECTO

Es también autorizada la posición doctrinal que afirma que la Constitución española dispone de instrumentos normativos suficientes para acomodar el DUE a la estructura del ordenamiento español, por lo que, sobre el papel, no sería imprescindible reformarla para adecuar la pertenencia de España a la Unión ni para promover la participación autonómica en Europa, con lo que ello implica para nuestro modelo de distribución territorial del poder político[125]. En voz y pluma de estos autores, el principio de autonomía del artículo 2 CE y la lógica del Título VIII habrían de ser suficientes, en su abstracción, para «garantizar la indemnidad del Estado autonómico en el seno de la Unión», como afirma Requejo Pagés[126].

---

122 *Ibid.*, pp. 299-300.

123 Andoni ORTÚZAR ARRUABARRENA (1998), p. 17.

124 Jorge FERNÁNDEZ DÍAZ (1998), p. 25.

125 Con las salvedades expuestas en el epígrafe 2.1.2. de este trabajo, *vid.* Juan Luis REQUEJO PAGÉS (2020), pp. 228-229.

126 *Ibid.*

El ejemplo más radical de esta corriente doctrinal parece ser Alegre Ávila, que tilda la reforma constitucional del Título VIII de «aventura engorrosa, fútil y (…) temeraria»[127]; y en términos más moderados, Flórez Turrado, criticando el informe del Consejo de Estado de 2006, entiende tan impertinente como innecesaria una reforma constitucional en los términos señalados *supra* habida cuenta del requerido consenso político y territorial ahora inexistente. A su parecer, resulta más oportuno

> «acometer antes las reformas estatutarias (no necesariamente de todos los Estatutos ni en el mismo tiempo) tantas veces como así lo entienda necesario cada comunidad autónoma, en virtud del principio dispositivo del que disponen y así se acuerde en sede parlamentaria estatal»[128].

En otro orden de cosas, Calonge Velázquez ha afirmado que, aun perfeccionando el sistema, el modelo de participación de las CCAA en los asuntos europeos continuaría siendo poco operativo porque, en realidad, lo que falta es la voluntad política necesaria para hacer que funcione y que lo haga con eficacia. El principio de lealtad constitucional está «pobremente expresado». A su juicio, algunas CCAA han buscado el bilateralismo y, en paralelo, el Estado en numerosas ocasiones ha retrasado u obstaculizado el conocimiento por parte de las CCAA de asuntos europeos de su concernencia[129].

En el extremo opuesto, pero con iguales consecuencias prácticas, se halla la tesis de Pérez Royo, que sostiene la imposibilidad de reformar el texto constitucional —y, por ende, de adecuar la organización territorial a la realidad de la Unión— en la medida en que la Constitución se elaboró para garantizar y «restaurar» la Monarquía; y, a su parecer, el sistema de parti-

---

127 Juan Manuel ALEGRE ÁVILA (2016), pp. 123-124.

128 Francisco Javier FLÓREZ TURRADO (2012), pp. 280-281.

129 Antonio CALONGE VELÁZQUEZ (2005), p. 843.

dos y la configuración del Senado impiden tanto una reforma federal como una mayor participación autonómica[130], lo que, por otro lado, no considera indeseable.

En paralelo, López Guerra resaltó en 1997 los beneficios del modelo actual al afirmar que la posibilidad de ajustar nuestro sistema de distribución territorial del poder a los eventuales efectos de la integración europea se ve reforzada «por la flexibilidad que resulta de que gran parte de nuestro modelo autonómico no esté recogido en normas constitucionales de difícil reforma». De este modo, entiende que «la alteración constitucional, incluyendo en el texto fundamental nuevos elementos configuradores del modelo autonómico, presenta, por el contrario, eventuales peligros: una vez constitucionalizada una norma, y aun cuando presente consecuencias claramente disfuncionales, su alteración se convierte en muy dificultosa, tanto por la misma rigidez constitucional como por la resistencia que parece existir en la psicología colectiva a tocar y retocar el texto constitucional»[131], si bien tal vez esta postura podría ser matizada por el autor en la medida en que el trabajo del que se extrae se publicó en el año 1997.

Una opinión semejante —con similar advertencia en cuanto al año de su publicación— se extrae del profundo análisis llevado a cabo por Conde Martínez acerca de la acción exterior de las CCAA, donde tras exponer las dificultades anejas a la confusión competencial existente afirma que de la Constitución se desprende una lectura «autonomista» que permite la participación real de las CCAA en la vida pública internacional sin necesidad de reforma alguna[132].

---

130 Javier PÉREZ ROYO (2015), especialmente, pp. 107 y ss.

131 Luis LÓPEZ GUERRA (1997), p. 43.

132 Carlos CONDE MARTÍNEZ (2000), pp. 60-61.

Por otro lado, sin negar expresamente la conveniencia ni viabilidad de una reforma constitucional, Ortega Álvarez estima que la mejora participativa de las CCAA en la UE pasa por perfeccionar la CARUE, la representación autonómica en el seno de la delegación española, la reforma de la Ley del Gobierno, nuevos mecanismos a incluir en estatutos de autonomía y una nueva regulación de la participación de las asambleas autonómicas en la Comisión mixta Congreso-Senado, pero no parece abogar por una modificación del texto constitucional[133]. Lo mismo sucede con Martín-Retortillo Baquer, que aunque no considera necesaria la inclusión de la participación de las CCAA en la UE en una futura reforma constitucional, sí estima pertinente introducir «alguna referencia solemne a la Unión Europea, para que no figure solo la indirecta del añadido artículo 135»[134].

Por último, Pérez Calvo manifiesta su adhesión a la propuesta del Consejo de Estado, afirmando que da «claridad» a la posición de España en la Unión y es «rica en la expresión de los valores propios del Estado de Derecho y de la democracia», al punto que considera que «una sanción jurídica expresa en la propia Constitución del principio de participación prestaría una garantía formal a las CCAA en esta materia» y «fortalecería el concepto de autonomía cooperativa e integradora que la Constitución ya contiene implícitamente». Sin embargo, sostiene que la mayoría de los mecanismos de participación no requieren de una constitucionalización expresa; en concreto, no estima necesario reformar la Constitución para lograr una mejora en el funcionamiento de las conferencias sectoriales, la presencia de funcionarios autonómicos en la REPER y en comités de la Unión Europea, la mejora en el uso de las comisiones bilaterales de cooperación, la conexión entre el Senado y la CARUE, una mejor participación de los parlamentos auto-

---

133 Luis ORTEGA ÁLVAREZ (2005), especialmente, pp. 87-125.

134 Lorenzo MARTÍN-RETORTILLO BAQUER (2016), pp. 1177-1178.

nómicos en algunas decisiones de la UE y la intervención de los miembros españoles en el Comité de las Regiones[135].

6. PROPUESTAS DESDE EL ÁMBITO POLÍTICO Y SOCIAL

La negativa de algunos partidos políticos a reformar la Constitución en esta y otras materias contrasta con las propuestas más o menos específicas surgidas en el seno de otras formaciones políticas con implantación en la totalidad del Estado.

De este modo, el PSOE, considerando la necesidad de España de «reafirmar en la Constitución su compromiso con el proceso de integración de la UE» plantea, en términos genéricos, una reforma constitucional en la que se garantice «la participación de las CCAA en los procesos de formación de la voluntad del Estado en todas las materias que sean de su competencia o sus intereses pudieran verse sustancialmente comprometidos»[136]. Esta misma idea se plasma en su Declaración de Granada: «Necesitamos también constitucionalizar la participación de las CCAA en la gobernación del Estado y en la presencia de España en Europa, tanto para contribuir a la formación de la voluntad de España, como para garantizar la ejecución en sus respectivos territorios de las decisiones que se tomen en la Unión Europea»[137].

De forma menos explícita, también Ciudadanos ha abogado por reconocer constitucionalmente la pertenencia de España a la Unión Europea, y, además, incluir «el expreso compromiso de participación en todas las instituciones de la Unión para hacer realidad los objetivos constitucionales». Para ello, han entendi-

---

135 Alberto PÉREZ CALVO (2010), pp. 67-72.

136 PARTIDO SOCIALISTA OBRERO ESPAÑOL (2015), p. 11.

137 PARTIDO SOCIALISTA OBRERO ESPAÑOL (2013), p. 7.

do que «hay que reforzar las relaciones intergubernamentales (colaboración, cooperación y coordinación) para alcanzar una mayor eficacia en el conjunto del sistema y establecer mecanismos adecuados para la necesaria participación de las comunidades en la elaboración de las decisiones de la Unión Europea»[138].

En una línea similar, Podemos ha abogado por canalizar la participación autonómica transformando el Senado «en una verdadera Cámara de representación territorial, con mayor representación de las comunidades autónomas (...) y como pieza clave de las relaciones verticales y horizontales entre Administraciones»[139]. Esta misma idea se ha desarrollado de forma más profusa en el acuerdo de Gobierno entre el PSOE y Unidas Podemos, donde se cita la necesidad de revitalizar la actividad de la CARUE, mejorar la redistribución de los Comités de la Comisión entre las CCAA, potenciar las oficinas autonómicas en Bruselas e impulsar la actividad del Comité de las Regiones[140].

Por último en lo que a las formaciones políticas se refiere, pese a que en el momento actual el Partido Popular no defiende reforma constitucional alguna, cabe destacar que en su programa electoral para las elecciones generales de 2008 incluía algunas ideas para una «reforma limitada» de la Constitución, entre las que se encontraba que «la coordinación de los asuntos y materias que se deciden en la Unión Europea [debería tener] un procedimiento especial de carácter participativo cuando resulten afectadas las competencias de las comunidades autónomas (artículo 93 CE)»[141].

---

138 CIUDADANOS (2013), pp. 9, 19 y 20.

139 PODEMOS (2019), propuesta 282, p. 118.

140 PARTIDO SOCIALISTA OBRERO ESPAÑOL y UNIDAS PODEMOS (2019), medida 9.9, pp. 42-43.

141 *Vid.* PARTIDO POPULAR (2008), p. 36.

Más allá del ideario oficial de los partidos políticos y de otros acuerdos programáticos, los autores del informe de la Fundación Alfonso Perales sobre la reforma constitucional en clave federal entienden que una hipotética reforma debe incluir previsiones constitucionales «sobre la participación de las unidades federadas en la formación de la voluntad en las instituciones europeas (fase ascendente) (...), cuando menos el principio de participación en la delegación española ante el Consejo cuando se vean afectadas competencias de aquellas, remitiendo a Acuerdos en la CARUE la concreción de las formaciones que resultarían afectadas», así como «la participación ante el Tribunal de Justicia de la Unión Europea; en los órganos preparatorios y consultivos del Consejo y la Comisión o en la designación de los integrantes de la REPER ante la Unión Europea»[142]. De forma semejante, pero menos explícita, Tajadura Tejada, Elviro Aranda, Josu de Miguel y José María Román, como autores del informe sobre la reforma constitucional de la Fundación Ciudadanía y Valores, abogan por la reforma del artículo 93 CE para incluir «una declaración general» sobre la participación de las CCAA en la UE que esté complementada con un Senado federal y la constitucionalización de la Conferencia de Presidentes y de la CARUE[143].

La Fundació Rafael Campalans también apoya impulsar y dirigir las relaciones intergubernamentales y la participación de las CCAA en las instituciones de la Unión. Para ello, propone reformar el Senado como instancia de diálogo y constitucionalizar la Conferencia de Presidentes y la CARUE, así como «fijar las reglas de presencia y actuación autonómica en las delegaciones españolas ante las instituciones europeas» y crear un nuevo Consejo de las CCAA, de carácter técnico, formado por representantes de los gobiernos autonómicos y por el que se

142 FUNDACIÓN ALFONSO PERALES (2012), p. 76.

143 FUNDACIÓN CIUDADANÍA Y VALORES (2012), p. 26.

canalizasen las relaciones intergubernamentales[144]. La Fundación FIDE, por su parte, se encuentra en la línea germanófila que aboga por convertir al Senado en una suerte de *Bundesrat* por el que canalizar la participación de las CCAA en asuntos europeos[145]; y, sin hacer expresa mención a la Cámara territorial alemana, también la Asociación por una España federal ha puesto el acento en la reformulación de nuestro Senado para hacer más efectiva esta participación interna ascendente[146].

7. CONCLUSIÓN

Las formas en que las diversas regiones de los Estados miembros de la Unión participan en la creación del DUE están condicionadas, en esencia, por dos elementos: la distribución competencial fijada por cada uno de los 27 bloques de constitucionalidad y el sistema institucional y las relaciones intergubernamentales de cada Estado. En España, la conjunción de estos dos factores configura mecanismos internos y externos que, con mayor o menor intensidad, permite que la totalidad de las CCAA transmitan sus intereses y objetivos en la fijación de la posición negociadora de España ante la UE, así como directamente ante sus órganos e instituciones. Todo ello en el marco de una Constitución que todavía está por adaptarse a la integración del Estado en la UE.

En este contexto son múltiples las propuestas planteadas por la doctrina y la sociedad civil y política en las últimas dos décadas para incluir en una futura reforma Constitución los principios, límites y concretos mecanismos que deben orientar la participación de las CCAA en la Unión. Las mismas van desde

---

144 FUNDACIÓ RAFAEL CAMPALANS (2013), pp. 20-21.

145 FUNDACIÓN FIDE (2018), p. 11.

146 ASOCIACIÓN POR UNA ESPAÑA FEDERAL (2018), p. 2.

formulaciones meramente *principialistas* —en ocasiones, tan voluntaristas como jurídicamente indeterminadas— hasta articulaciones sumamente detalladas —incluso acompañadas de propuestas de redacción de futuros artículos—. Dentro de este último bloque hay dos amplias corrientes: quienes abogan por la inclusión de un precepto que siente las bases o premisas de la participación y se remita a su concreción por ley orgánica y quienes postulan detallar con mayor profusión la cuestión objeto de estudio en una «cláusula europea». Son también múltiples las propuestas de canalizar la participación de forma transversal a través de la reforma del Senado, la distribución competencial o las relaciones intergubernamentales; y no puede obviarse tampoco la posición doctrinal, aunque minoritaria, que estima innecesaria la reforma del texto constitucional en esta materia. En cualquier caso, todas las propuestas de reforma enumeradas se encuadran en la vía del artículo 167 CE, con la puntual excepción de la pretensión de algunos autores de fijar principios o mandatos a los poderes públicos relativos al proceso de integración en el Título preliminar, lo que requeriría del procedimiento de reforma previsto en el artículo 168 CE.

Sea como fuere, lo cierto es que aunque la UE ha ido superando su «ceguera federal» (*Landesblindheit*), la participación de los entes territoriales periféricos y, en concreto, de las CCAA, todavía debe perfeccionarse. Sin embargo, para ello no siempre es imprescindible crear nuevos, revolucionarios y centrífugos mecanismos ni llevar a cabo sustanciales reformas constitucionales que los plasmen. Tal vez resulte más oportuna, coherente y eficaz la fijación y el refuerzo, por vía de ley orgánica, de los instrumentos de participación ya existentes previa consagración constitucional del principio de participación en sus dos vertientes, interna y externa; pues el optimismo de la voluntad de representar a la Europa de las regiones debe mesurarse con la ya compleja arquitectura institucional de la UE y un marco constitucional como el español cuya reforma —a falta de una cultura federal basada en la lealtad y los principios de cooperación y solidaridad— dista de ser sencilla, tal y como nuestra historia reciente demuestra[147].

BIBLIOGRAFÍA

AGUDO ZAMORA, Miguel (2019), *Reforma constitucional y Estado autonómico*, Madrid, Tecnos.

AGUIAR DE LUQUE, Luis, *et al.* (2014), *Declaración «Una España federal en una Europa federal»*.

AJA FERNÁNDEZ, Eliseo (2014) *Estado Autonómico y reforma federal*, Madrid, Alianza.

AJA FERNÁNDEZ, Eliseo (2003), *El Estado autonómico. Federalismo y hechos diferenciales*, 2.ª ed., Madrid, Alianza.

AJA FERNÁNDEZ, Eliseo, GARCÍA ROCA, Javier, MONTILLA MARTOS, José Antonio y DÍEZ BUESO, Laura (2015), «Reflexiones sobre una posible reforma constitucional del sistema autonómico», *Informe comunidades autónomas 2015*, pp. 71-83.

ALBERTÍ ROVIRA, Enoch (2006), «La cláusula europea en la reforma de la Constitución española», en Francisco RUBIO LLORENTE y José ÁLVAREZ JUNCO, *El informe del Consejo de Estado sobre la reforma constitucional. Texto del informe y debates académicos*, Madrid, Centro de Estudios Políticos y Constitucionales, pp. 457-482.

ALBERTÍ ROVIRA, Enoch (2005), «Las comunidades autónomas en la Unión Europea: las nuevas perspectivas del Tratado Constitucional y la participación interna», en VV.AA., *Las comunidades autónomas en la Unión Europea*, Madrid, Centro de Estudios Políticos y Constitucionales, pp. 11-42.

ALBERTÍ ROVIRA, Enoch (2004), «Las regiones en el debate sobre la nueva arquitectura institucional de la Unión Europea», *Investigaciones Regionales*, núm. 2, pp. 175-196.

ALEGRE ÁVILA, Juan Manuel (2016), «El Estado territorial y el título VIII de la Constitución: unas pinceladas a contracorriente», en José María BAÑO LEÓN (coord.) *Memorial para la reforma del Estado. Estudios en homenaje al profesor Santiago Muñoz Machado*, vol. II, Madrid, Centro de Estudios Políticos y Constitucionales, pp. 1209-1227.

---

147 Miguel Ángel SEVILLA DURO (2021), p. 91.

ALONSO GARCÍA, Ricardo (2005), «Reforma constitucional: La recepción en la Constitución del proceso de construcción europea», en Francisco RUBIO LLORENTE y José ÁLVAREZ JUNCO, *El informe del Consejo de Estado sobre la reforma constitucional. Texto del informe y debates académicos,* Madrid, Centro de Estudios Políticos y Constitucionales, pp. 557-561.

ÁLVAREZ CONDE, Enrique (2007), *Reforma constitucional y reformas estatutarias,* Madrid, Iustel.

APARICIO PÉREZ, Miguel Ángel (2005), «Reforma estatutaria y reforma constitucional», en Manuel José TEROL BECERRA, *El Estado Autonómico in fieri. La reforma de los Estatutos de Autonomía,* Sevilla, Instituto Andaluz de Administración Pública, pp. 9-36.

ARAGÓN REYES, Manuel (2019), «La reforma del Estado autonómico: mejora y no sustitución del modelo», *Fundamentos: Cuadernos monográficos de teoría del estado, derecho público e historia constitucional,* núm. 10, pp. 183-213.

ARDIZONE GARCÍA, Guillermo (1998), «Los entes territoriales en la toma de decisiones comunitarias», en Pablo PÉREZ TREMPS (coord.), Miguel Ángel CABELLOS ESPIÉRREZ y Eduard ROIG MOLÉS, *La participación europea y la acción exterior de las comunidades autónomas,* Madrid y Barcelona, Marcial Pons e Institut d'Estudis Autonòmics, pp. 553-558.

ARGULLOL I MURGADAS, Enric (2003), «Ámbitos materiales en los que aplicar la participación de las comunidades autónomas en el Consejo de Ministros europeo», en VV.AA., *Informe Pi i Sunyer sobre el desarrollo autonómico y la incorporación de los principios de la Unión Europea,* Barcelona, Fundació Carles Pi i Sunyer d'Estudis Autonòmics i Locals, pp. 61-71.

ARGULLOL I MURGADAS, Enric (1998), «Ámbitos materiales en los que aplicar esta participación», en VV.AA., *La participación de las comunidades autónomas en los Consejos de Ministros de la Unión Europea,* Bilbao, IVAP, pp. 95-108.

ARROYO GIL, Antonio (2016), «¿El orden federal alemán como modelo para el futuro del Estado autonómico español?», en Francisco RUBIO LLORENTE, *et al.* (coords.), *La Constitución política de España. Estudios en homenaje a Manuel Aragón Reyes,* Madrid, Centro de Estudios Políticos y Constitucionales, pp. 373-399.

ASOCIACIÓN POR UNA ESPAÑA FEDERAL (2021), *Manifiesto por una España federal.* Disponible *online* en: https://porunaespanafederal.es/wp-content/uploads/2021/10/manifiesto-por-una-espana-federal.pdf.

BALAGUER CALLEJÓN, Francisco (2005), «Reformas constitucionales relativas al Título VIII en relación con la recepción constitucional de la denominación oficial de las CCAA», en Francisco RUBIO LLORENTE y José ÁLVAREZ JUNCO, *El informe del Consejo de Estado sobre la reforma constitucional. Texto del informe y debates académicos*, Madrid, Centro de Estudios Políticos y Constitucionales, pp. 565-583.

BARÓN CRESPO, Enrique (2019), «Contenido europeísta de la Constitución española y proyección posterior hasta el debate actual», en Miguel MARTÍNEZ CUADRADO (dir.), *Reforma constitucional en la Unión Europea y en España*, Madrid, Marcial Pons, pp. 93-96.

BELTRÁN GARCÍA, Susana (2012), «Una salida para la representación de las comunidades autónomas en el Consejo de la UE», *Revista CIDOB d'afers internacionals*, núm. 99, pp. 133-156.

BIGLINO CAMPOS, Paloma (2006), «El Senado, cámara de conexión entre las Comunidades Autónomas y la Unión Europea», en Francisco RUBIO LLORENTE y José ÁLVAREZ JUNCO, *El informe del Consejo de Estado sobre la reforma constitucional. Texto del informe y debates académicos*, Madrid, Centro de Estudios Políticos y Constitucionales, pp. 733-750.

BUENO Y VICENTE, José Miguel (2017), *La reforma de la Constitución española. Una necesidad urgente*, Salamanca, Amarante.

BUSTOS GISBERT, Rafael (2010), «Integración europea y Constitución española: ¿Tancredismo, desnudez o invisibilidad?», en Javier GARCÍA ROCA y ALBERTÍ ROVIRA, Enoch (coords.), *Treinta años de Constitución. Congreso extraordinario de la Asociación de Constitucionalistas de España*, Valencia, Tirant Lo Blanch, pp. 402-428.

BUSTOS GISBERT, Rafael (1996), *Relaciones internacionales y comunidades autónomas*, Madrid, Centro de Estudios Constitucionales.

CAAMAÑO DOMÍNGUEZ, Francisco (2014), «Constitución financiera y federalismo fiscal: La propuesta catalana», en VV.AA., *Una propuesta de federalización*, Madrid, Fundación Coloquio Jurídico Europeo, pp. 129-175.

CALONGE VELÁZQUEZ, Antonio (2005), «¿Modelo de participación de las Comunidades Autónomas en la Unión Europea?», en Manuel BALADO RUIZ-GALLEGOS (dir.), *La España de las Autonomías. Reflexiones 25 años después*, Barcelona, Bosch, pp. 829-844.

CÁMARA VILLAR, Gregorio (2019), «Actualizar una buena Constitución envejecida», en Miguel MARTÍNEZ CUADRADO (dir.), *Reforma constitucional en la Unión Europea y en España*, Madrid, Marcial Pons, pp. 163-166.

CÁMARA VILLAR, Gregorio (2005), «La Conferencia de Presidentes como instrumento de integración para el Estado Autonómico: problemas y perspectivas», en José María VIDAL BELTRÁN y Miguel Ángel GARCÍA HERRERA (coords.), *El estado autonómico: integración, solidaridad, diversidad*, vol. I, Madrid, Colex e INAP, pp. 117-134.

CAMISÓN YAGÜE, José Ángel (2005), «La participación de los *Länder* alemanes en los asuntos de la Unión Europea: ¿Un ejemplo a seguir para las comunidades autónomas?», en José María VIDAL BELTRÁN y Miguel Ángel GARCÍA HERRERA (coords.), *El estado autonómico: integración, solidaridad, diversidad*, vol. II, Madrid, Colex e INAP, pp. 327-343.

CANALES ALIENDE, José Manuel (2012), «El futuro de la interrelación del Estado y las Comunidades Autónomas en la Unión Europea», en BENEYTO PÉREZ, José María y RIPOLL NAVARRO, Rafael (dirs.), *Las competencias del Estado español en relación con el proceso autonómico y europeo*, Barcelona, Bosch, pp. 187-213.

CANTERO MARTÍNEZ, Josefa (2005), «La presencia autonómica en Europa», en Isaac MARTÍN DELGADO y Luis ORTEGA ÁLVAREZ (coords.), *La reforma del Estado autonómico*, Madrid, Centro de Estudios Políticos y Constitucionales, pp. 31-64.

CARMONA CONTRERAS, Ana María (2006), «Las comunidades autónomas», en Pedro CRUZ VILLALÓN (coord.), *Hacia la europeización de la Constitución española: La adaptación de la Constitución española al marco constitucional de la Unión Europea*, Bilbao, Fundación BBVA, pp. 175-216.

CARMONA CONTRERAS, Ana María y KÖLLING, Mario (2013), «La participación de las CCAA en la negociación de la política de cohesión. *Ambitions beyond capacity*?», *Revista de Estudios Políticos*, núm. 161, pp. 239-278.

CARRERAS SERRA, Francesc de (2009), «Reformar la Constitución para estabilizar el modelo territorial», en VV.AA., *La reforma constitucional: ¿hacia un nuevo pacto constituyente? Actas de las XIV Jornadas de la Asociación de Letrados del Tribunal Constitucional*, Madrid, Centro de Estudios Políticos y Constitucionales, pp. 47-112.

CARRERAS SERRA, Francesc de (1997), «El sistema autonómico española: ¿Existe un modelo de Estado?», en VV.AA., *Asimetría y cohesión en el Estado Autonómico*, Madrid, Ministerio de Administraciones Públicas, pp. 93-104.

CASTELLÀ ANDREU, Josep Maria (2018), *Estado autonómico: pluralismo e integración constitucional*, Madrid, Marcial Pons.

CIUDADANOS (2013), *Propuestas de regeneración democrática e institucional.* Disponible *online* en: https://www.ciudadanos-cs.org/var/public/sections/page-nuestras.ideas.reformas-democraticas-institucionales/reformas-democraticas-institucionales.pdf? v=129 0.

COLINO CÁMARA, César (2018), «El funcionamiento del federalismo alemán: ¿lecciones para España?», *Informe Elcano «Relaciones España-Alemania»*, núm. 25, pp. 133-140.

COLLER PORTER, Xavier, GÁLVEZ MUÑOZ, Lina *et al.* (2018), *Propuestas para un debate sobre la reforma territorial desde las universidades andaluzas.*

CONDE MARTÍNEZ, Carlos (2000), *La acción exterior de las comunidades autónomas. La institucionalización de gobiernos territoriales y la integración internacional*, Madrid, Tecnos.

CONSEJO DE ESTADO (2006), *Informe sobre modificaciones de la Constitución española*, Informe núm. E 1/2005.

CONSELL DE LA GENERALITAT VALENCIANA (2018), *Acord del Consell sobre la reforma constitucional*, aprobado en la reunión del Consejo de 9 de febrero de 2018.

CORDAL RODRÍGUEZ, Constantino (2010), *Regiones, Länder y comunidades autónomas en la Unión Europea*, Santiago de Compostela, Andavira.

COSCULLUELA MONTANER, Luis (2015), «La reconstrucción del Estado autonómico», *El Cronista del Estado Social y Democrático de Derecho*, núm. 51, pp. 16-31.

CRUZ VILLALÓN, Pedro (2005), «La reforma del Estado de las autonomías», en VV.AA., *Autonomías y organización territorial del Estado: presente y perspectivas de futuro*, Madrid, Ministerio de Justicia, pp. 15-30.

DELGADO IRIBARREN, Manuel (2019), «Breve reflexión sobre la reforma constitucional», en Miguel MARTÍNEZ CUADRADO (dir.), *Reforma constitucional en la Unión Europea y en España*, Madrid, Marcial Pons, pp. 173-176.

DÍAZ ABAD, Nuria (2005), «Las comunidades autónomas en la UE: problemática actual», en VV.AA., *Autonomías y organización territorial del Estado: presente y perspectivas de futuro*, Madrid, Ministerio de Justicia, pp. 247-284.

ELÍAS MÉNDEZ, Cristina (2013), «Participation of the German Länder and Autonomous Communities in the European Union», en Alberto LÓPEZ BASAGUREN y Leire ESCAJEDO SAN EPIFANIO, *The Ways of Federalism in Western Countries and the Horizons of Territorial Autonomy in Spain*, vol. I, Nueva York, Springer, pp. 201-217.

ERKOREKA GONZÁLEZ, Mikel, LARRAZABAL BASAÑEZ, Santiago, MARTÍNEZ BÁRBARA, Gemma y GABRIEL RUBÍ, José (2019), «La participación de las entidades sub-estatales en el escenario de gobernanza multinivel fiscal y financiera de la Unión Europea. Balance crítico y propuestas de futuro desde la experiencia vasca», en CONSEJO VASCO DEL MOVIMIENTO EUROPEO (ed.), *Europa de las regiones y el futuro federal de Europa. Balance y perspectivas de la gobernanza multinivel de la Unión Europea*, Madrid, Dykinson, pp. 185-262.

ESCOBAR HERNÁNDEZ, Concepción (2005), «La cláusula europea en la reforma de la Constitución española», en Francisco RUBIO LLORENTE y José ÁLVAREZ JUNCO, *El informe del Consejo de Estado sobre la reforma constitucional. Texto del informe y debates académicos*, Madrid, Centro de Estudios Políticos y Constitucionales, pp. 483-499.

FERNÁNDEZ DÍAZ, Jorge (1998), «La situación del debate de esta cuestión en el Estado español», en VV.AA., *La participación de las comunidades autónomas en los Consejos de Ministros de la Unión Europea*, Bilbao, IVAP, pp. 19-25.

FLÓREZ TURRADO, Francisco Javier (2012), *¿Hacia un Estado autonómico desconstitucionalizado?*, Bilbao, IVAP.

FREIXES SANJUÁN, Teresa (1997), «El Estado de las Autonomías en el marco europeo: un modelo dinámico con poderes limitados», en VV.AA., *Asimetría y cohesión en el Estado Autonómico*, Madrid, Ministerio de Administraciones Públicas, pp. 107-116.

FUNDACIÓN ALFONSO PERALES (2012), *Por una reforma federal del Estado autonómico.*

FUNDACIÓN CIUDADANÍA Y VALORES (2012), *Cinco propuestas para la reforma constitucional en clave federal.*

FUNDACIÓN FIDE (2018), *Reflexiones para una reforma constitucional: La reforma de la organización territorial del Estado.*

FUNDACIÓ RAFAEL CAMPALANS (2013), «Por una reforma constitucional federal», *Papers de la fundació*, núm. 164.

GARCÍA GESTOSO, Noemi (2013), «La constitucionalización en España de la Unión Europea a través del principio de estabilidad constitucional: La necesidad de una verdadera reforma constitucional», en Diego LÓPEZ GARRIDO (dir.) y María Luz MARTÍNEZ ALARCÓN (coord.), *Reforma constitucional y estabilidad presupuestaria. El artículo 135 de la Constitución española*, Madrid, Centro de Estudios Políticos y Constitucionales, pp. 339-356.

GARCÍA MORALES, María Jesús (2010), «Las relaciones de colaboración en el Estado autonómico a los treinta años de la Constitución», en Javier GARCÍA ROCA y ALBERTÍ ROVIRA, Enoch (coords.), *Treinta años de Constitución. Congreso extraordinario de la Asociación de Constitucionalistas de España*, Valencia, Tirant Lo Blanch, pp. 163-190.

GARCÍA ROCA, Javier (2014), *Pautas para una reforma constitucional. Informe para el debate*, Navarra, Aranzadi.

GARCÍA ROCA, Javier (2012), *¿Reforma constitucional en clave federal?* Texto escrito de su intervención en la Jornada «Debates sobre el Estado Autonómico. Desafíos actuales y futuros», organizado por la Fundación Manuel Giménez Abad y la Fundación Konrad Adenauer Stiftung, Alicante, 22 de septiembre de 2012.

GOBIERNO DE ESPAÑA (2002), «Cuestiones técnicas que plantea la participación de las Comunidades Autónomas en las formaciones sectoriales del Consejo de Ministros de la Unión Europea», en *Informe sobre el proyecto de Ley General de Cooperación Autonómica*, tomo IV, anexo V.

GONZÁLEZ GARCÍA, Julio V. (2018), «Hacia un desarrollo federal de la Constitución española», *Revista Sistema*, núms. 251 y 252, pp. 171-181.

GONZÁLEZ PASCUAL, María Isabel (2016), «La coexistencia del proceso autonómico y la integración europea. Perspectivas de las Comunidades Autónomas en la Unión Europea», en José TUDELA ARANDA y Carlos GARRIDO LÓPEZ (dirs.), *La organización territorial del Estado, hoy. Actas del XIII Congreso de la Asociación de Constitucionalistas de España*, Valencia, Tirant lo Blanch, pp. 213-240.

GONZÁLEZ PASCUAL, María Isabel (2013), *Las Comunidades autónomas en la Unión Europea: condicionantes, evolución y perspectivas de futuro*, Barcelona, Institut d'Estudis Autonòmics.

HERNÁNDEZ LAFUENTE, Adolfo (1995), «La participación de las comunidades autónomas en los asuntos comunitarios europeos», en VV.AA., *La participación de las comunidades autónomas en los asuntos comunitarios europeos*, Madrid, Ministerio para las Administraciones Públicas, pp. 125-203.

IBARRETXE MARKUARTU, Juan José (1998), «A la búsqueda de un acuerdo político para esta participación», en VV.AA., *La participación de las comunidades autónomas en los Consejos de Ministros de la Unión Europea*, Bilbao, IVAP, pp. 183-192.

JÁUREGUI BEREZIARTU, Gurutz (2005), «La participación de las comunidades autónomas en la Unión Europea», *Revista catalana de Dret Públic*, núm. 31, pp. 137-172.

KÖLLING, Mario (2017), «Las relaciones intergubernamentales en el Estado autonómico en el marco de los asuntos europeos», *Revista General de Derecho Constitucional*, núm. 24.

LLIMONA BALCELLS, Joaquim (1998), «La práctica de las relaciones entre el Estado y las comunidades autónomas en materia europea», en Pablo PÉREZ TREMPS (coord.), Miguel Ángel CABELLOS ESPIÉRREZ y Eduard ROIG MOLÉS, *La participación europea y la acción exterior de las comunidades autónomas*, Madrid y Barcelona, Marcial Pons e Institut d'Estudis Autonòmics, pp. 513-518.

LÓPEZ CASTILLO, Antonio (2005), «A propósito de la proyectada articulación de una *cláusula europea* en la CE (Propuesta y apuntes para el debate)», en Francisco RUBIO LLORENTE y José ÁLVAREZ JUNCO, *El informe del Consejo de Estado sobre la reforma constitucional. Texto del informe y debates académicos*, Madrid, Centro de Estudios Políticos y Constitucionales, pp. 501-532.

LÓPEZ GARRIDO, Diego (2013), «Una reforma constitucional para España», *El Cronista del Estado Social y Democrático de Derecho*, núm. 33, pp. 24-30.

LÓPEZ GUERRA, Luis (1997), «Modelo abierto y modelo cerrado del Estado de las Autonomías», en VV.AA., *Asimetría y cohesión en el Estado Autonómico*, Madrid, Ministerio de Administraciones Públicas, pp. 35-47.

LUCAS MURILLO DE LA CUEVA, Enrique (2000), *Comunidades autónomas y política europea*, Madrid, Civitas.

MANGAS MARTÍN, Araceli (2005), «La reforma del artículo 93 de la Constitución española», en Francisco RUBIO LLORENTE y José ÁLVAREZ JUNCO, *El informe del Consejo de Estado sobre la reforma constitucional. Texto del informe y debates académicos*, Madrid, Centro de Estudios Políticos y Constitucionales, pp. 533-556.

MARTÍN Y PÉREZ DE NANCLARES, José (2017), «La participación de las comunidades autónomas en la Unión Europea: A vueltas con una cuestión recurrente a la espera de una adecuada regulación (constitucional)», *Informe Comunidades Autónomas 2017*, Barcelona, Instituto de Derecho Público, pp. 41-81.

MARTÍN-RETORTILLO BAQUER, Lorenzo (2016), «La reforma de la Constitución vista por un senador constituyente», en José María BAÑO LEÓN, *Memorial para la reforma del Estado. Estudios en homenaje al Profesor Santiago Muñoz Machado*, vol. II, Madrid, Centro de Estudios Políticos y Constitucionales, pp. 1165-1186.

MARTÍNEZ SIERRA, José Manuel (2005), «El Estado Autonómico e integración supranacional», en José María VIDAL BELTRÁN y Miguel

Ángel GARCÍA HERRERA (coords.), *El estado autonómico: integración, solidaridad, diversidad*, vol. I, Madrid, Colex e INAP, pp. 277-300.

MONTILLA MARTOS, José Antonio (2018a), «Artículo 143», en Yolanda GÓMEZ SÁNCHEZ (coord.), *Estudios sobre la reforma de la Constitución de 1978 en su cuarenta aniversario*, Navarra, Aranzadi, pp. 359-362.

MONTILLA MARTOS, José Antonio (2018b), «Artículo 144», en Yolanda GÓMEZ SÁNCHEZ (coord.), *Estudios sobre la reforma de la Constitución de 1978 en su cuarenta aniversario*, Navarra, Aranzadi, pp. 362-364.

MONTILLA MARTOS, José Antonio (2018c), «Artículo 148», en Yolanda GÓMEZ SÁNCHEZ (coord.), *Estudios sobre la reforma de la Constitución de 1978 en su cuarenta aniversario*, Navarra, Aranzadi, pp. 371-373.

MONTILLA MARTOS, José Antonio (2018d), «Artículo 149», en Yolanda GÓMEZ SÁNCHEZ (coord.), *Estudios sobre la reforma de la Constitución de 1978 en su cuarenta aniversario*, Navarra, Aranzadi, pp. 373-384.

MONTILLA MARTOS, José Antonio (2013), «The Function of the Constitutional Court in the Distribution of Competences: A Critical Vision», en Alberto LÓPEZ BASAGUREN y Leire ESCAJEDO SAN EPIFANIO, *The Ways of Federalism in Western Countries and the Horizons of Territorial Autonomy in Spain*, vol. I, Nueva York, Springer, pp. 527-544.

MONTILLA MARTOS, José Antonio (2005a), *Derecho de la Unión Europea y Comunidades Autónomas*, Madrid, Centro de Estudios Políticos y Constitucionales.

MONTILLA MARTOS, José Antonio (2005b), «Las comunidades autónomas en la Unión Europea: una evolución posible», en VV.AA., *Las comunidades autónomas en la Unión Europea*, Madrid, Centro de Estudios Políticos y Constitucionales, pp. 69-100.

MORATINOS CUYAUBÉ, Miguel Ángel (2005), «Las Comunidades Autónomas y la Unión Europea», en Manuel BALADO RUIZ-GALLEGOS (dir.), *La España de las Autonomías. Reflexiones 25 años después*, Barcelona, Bosch, pp. 101-115.

MORENO FERNÁNDEZ, Luis (1997), *La federalización de España. Poder político y territorio*, Madrid, Siglo Veintiuno de España.

MUÑOZ MACHADO, Santiago (2017), *Ideas para una reforma de la Constitución*. Disponible *online* en: https://ucm.es/data/cont/media/www/pag-31775//Ideas%20para%20una%20reforma%20constitucional.pdf.

MUÑOZ MACHADO, Santiago (dir.) (2013), *Las comunidades autónomas y la Unión Europea*, Madrid, Academia Europea de Ciencias y Artes.

NAVAS CASTILLO, Florentina (2017), «La acción exterior de las Comunidades Autónomas», en Enrique ÁLVAREZ CONDE (dir.) y Manuel ÁLVAREZ TORRES (coord.), *Reflexiones y propuestas sobre la reforma de la Constitución española,* Comares, Granada, pp. 521-529.

ORDÓÑEZ SOLÍS, David (2007), «Las relaciones entre la Unión Europea y las comunidades autónomas en los nuevos Estatutos», *Revista d'Estudis Autonòmics i Federals,* núm. 4, pp. 69-128.

ORTEGA ÁLVAREZ, Luis (2005), «La participación autonómica en la Unión Europea», en VV.AA., *Las comunidades autónomas en la Unión Europea,* Madrid, Centro de Estudios Políticos y Constitucionales, pp. 43-68.

ORTÚZAR ANDECHAGA, Luis (1994), «La articulación de la participación de las comunidades autónomas en la toma de decisiones y en la aplicación del derecho comunitario», en Manuel ARENILLA SÁEZ, John LOUGHLIN y Theo A. J. TOONEN (eds.), *La Europa de las regiones. Una perspectiva intergubernamental,* Granada, Universidad de Granada, pp. 95-107.

ORTÚZAR ARRUABARRENA, Andoni (1998), «La situación del debate de esta cuestión en el Estado español», en VV.AA., *La participación de las comunidades autónomas en los Consejos de Ministros de la Unión Europea,* Bilbao, IVAP, pp. 13-17.

PAREJO ALFONSO, Luciano (1994), «La participación de las comunidades autónomas en el proceso de adopción de las decisiones de la Unión Europea», en Francisco ALDECOA LUZÁRRAGA y Fernando M. MARIÑO MENÉNDEZ (coord.), *La acción exterior y comunitaria de los Länder, regiones, cantones y comunidades autónomas,* Bilbao, IVAP, pp. 65-106.

PALOMARES AMAT, Miquel (2005), *Parlaments regionals i procediment d'adopció de decisions a la Unió Europea,* Barcelona, Parlament de Catalunya.

PÉREZ CALVO, Alberto (2010), *Estado autonómico, Unión Europea y mundialización,* Documento de trabajo 163/2010 de la Fundación Alternativas.

PÉREZ TREMPS, Pablo (2018), *Las reformas de la Constitución hechas y no hechas,* Valencia, Tirant Lo Blanch.

PÉREZ TREMPS, Pablo (coord.), CABELLOS ESPIÉRREZ, Miguel Ángel y ROIG MOLÉS, Eduard (1998), *La participación europea y la acción exterior de las comunidades autónomas,* Madrid y Barcelona, Marcial Pons e Institut d'Estudis Autonòmics.

PÉREZ ROYO, Javier (2015), *La reforma constitucional inviable,* Madrid, Catarata.

PODEMOS (2019), *Programa de Podemos. Las razones siguen intactas.* Disponible *online* en: https://podemos.info/wp-content/uploads/2019/10/Podemos_programa_generales_10N.pdf

PARTIDO POPULAR (2008), *Programa de Gobierno Partido Popular 2008.* Disponible *online* en: https://www.pp.es/sites/default/files/documentos/1191-20090909122124.pdf.

PARTIDO SOCIALISTA OBRERO ESPAÑOL (2015), *Propuesta socialista de reforma constitucional.* Disponible *online* en: https://www.psoe.es/media-content/2015/10/Propuesta-reforma-constitucional.pdf.

PARTIDO SOCIALISTA OBRERO ESPAÑOL (2013), *Un nuevo pacto territorial: La España de Todos,* Declaración del Consejo Territorial, Granada, 6 de julio de 2013. Disponible *online* en: http://web.psoe.es/source-media/000000562000/000000562233.pdf.

PARTIDO SOCIALISTA OBRERO ESPAÑOL y UNIDAS PODEMOS (2019), *Coalición progresista. Un nuevo acuerdo para España.* Disponible *online* en: https://www.psoe.es/media-content/2019/12/30122019-Coalici%C3%B3n-progresista.pdf.

PUNSET BLANCO, Ramón (2020), «Algunas conclusiones sobre la federalización del Estado autonómico», en PUNSET BLANCO, Ramón y TOLIVAR ALAS, Leopoldo (dirs.), *España: El federalismo necesario,* Madrid, Reus, pp. 167-216.

REQUEJO PAGÉS, Juan Luis (2020), «Los confines europeos de la constitución territorial», en PUNSET BLANCO, Ramón y TOLIVAR ALAS, Leopoldo (dirs.), *España: El federalismo necesario,* Madrid, Reus, pp. 217-235.

RIPOLL NAVARRO, Rafael (2019), «Fortalecer la Constitución mediante su adaptación a la legislación europea», en Miguel MARTÍNEZ CUADRADO (dir.), *Reforma constitucional en la Unión Europea y en España,* Madrid, Marcial Pons, pp. 141-149.

ROIG MOLÉS, Eduard (2002), *Las comunidades autónomas y la posición española en asuntos europeos,* Valencia, Tirant Lo Blanch.

RUBIO LLORENTE, Francisco (2012), *La forma del poder. Estudios sobre la Constitución,* vol. II, 3.ª ed., Madrid, Centro de Estudios Políticos y Constitucionales.

SÁENZ ROYO, Eva (2014), *Desmontando mitos sobre el Estado autonómico,* Madrid, Marcial Pons.

SÁNCHEZ AMOR, Ignacio (2009), «Actuación exterior autonómica y sistema de relaciones entre niveles de Gobierno. La insuficiencia de las actuales reformas estatutarias», en Rafael GARCÍA PÉREZ (dir.), *La acción exterior de las Comunidades Autónomas en las reformas estatutarias,* Madrid, Tecnos, pp. 19-38.

SANZ GANDÁSEGUI, Francisco (1998), «Aspectos prácticos de la participación de las comunidades autónomas en el proceso de construcción europeo», en Pablo PÉREZ TREMPS (coord.), Miguel Ángel CABELLOS ESPIÉRREZ y Eduard ROIG MOLÉS, *La participación europea y la acción exterior de las comunidades autónomas,* Madrid y Barcelona, Marcial Pons e Institut d'Estudis Autonòmics, pp. 499-512.

SEVILLA DURO, Miguel Ángel (2021), «La participación ascendente de *Länder* y comunidades autónomas en la Unión Europea», *Revista Jurídica de la Universidad Autónoma de Madrid,* núm. 44, pp. 69-93.

SOLOZÁBAL ECHAVARRÍA, Juan José (2019), *Pensamiento federal español y otros estudios autonómicos,* Madrid, Iustel.

SOLOZÁBAL ECHAVARRÍA, Juan José (2014) «Las instituciones del Estado federal. Observaciones al documento "Por una reforma constitucional federal"», en VV.AA., *Una propuesta de federalización,* Madrid, Fundación Coloquio Jurídico Europeo, pp. 61-84.

TAJADURA TEJADA, Javier (2018), «La aplicación del Derecho europeo por las comunidades autónomas», en Luis Ignacio GORDILLO PÉREZ (coord.), *Constitución Española e Integración Europea. Treinta Años de Derecho Constitucional de la Integración: Actas del XIV Congreso de la Asociación de Constitucionalistas de España,* Valencia, Tirant Lo Blanch, pp. 189-260.

TERUEL LOZANO, Germán y MORENO GONZÁLEZ, Gabriel (coords.) (2021), *La Constitución de 1978 como pacto intergeneracional para la convivencia en democracia Una propuesta de jóvenes constitucionalistas para su actualización.* Disponible *online* en: https://pactoconstitucional.files.wordpress.com/2021/12/la-constitucion-de-1978.pdf.

TORNOS MAS, Joaquín (2014), «Del Estado de las Autonomías al Estado federal», en VV.AA., *Una propuesta de federalización,* Madrid, Fundación Coloquio Jurídico Europeo, pp. 37-60.

TUDELA ARANDA, José (2011), «¿Reforma constitucional en clave federal? (Sistematización de problemas generados por las reformas y posibles soluciones)», *Revista de Estudios Políticos,* núm. 151, pp. 231-279.

VIDAL BELTRÁN, José María (2007), «La participación de las comunidades autónomas y el uso de sus lenguas oficiales en las instituciones de la Unión Europea», *Revista de Derecho de la Unión Europea,* núm. 13, pp. 93-108.

VÍRGALA FORURIA, Eduardo (2017), «El modelo federal español (reforma territorial ¿federal?)», en Enrique ÁLVAREZ CONDE (dir.) y Manuel ÁLVAREZ TORRES (coord.), *Reflexiones y propuestas sobre la reforma de la Constitución española*, Granada, Comares, pp. 357-406.

VIVER PI-SUNYER, Carles (2005), «En defensa dels estatuts d'autonomia com a normes jurídiques delimitadores de competències. Contribució a una polèmica juridicoconstitucional», *Revista d'Estudis Autonòmics i Federals*, núm. 1, pp. 97-129.

ZELAIA GARAGARZA, Maite (2019), «Una aproximación a la (in)viabilidad del acomodo entre el estado de las autonomías y la Unión Europea», en CONSEJO VASCO DEL MOVIMIENTO EUROPEO (ed.), *Europa de las regiones y el futuro federal de Europa. Balance y perspectivas de la gobernanza multinivel de la Unión Europea*, Madrid, Dykinson, pp. 389-409.

DIARIO DE SESIONES DEL CONGRESO DE LOS DIPUTADOS

Núm. 221, 25 de junio de 1985.

Núm. 408, 10 de enero de 2018.

Núm. 409, 17 de enero de 2018.

Núm. 415, 24 de enero de 2018.

Núm. 445, 21 de febrero de 2018.

Núm. 477, 11 de abril de 2018.

Núm. 612, 3 de octubre de 2018.

Núm. 657, 14 de noviembre de 2018.

Núm. 675, 21 de noviembre de 2018.

La financiación autonómica: un compendio de propuestas como acicate para la reforma

CARMEN MONTESINOS PADILLA
Universidad Complutense de Madrid

1. EL ESTADO AUTONÓMICO. ENTRE LA TRANSFORMACIÓN LEGISLATIVA Y LA REFORMA CONSTITUCIONAL

La tónica general en la respuesta de nuestro constitucionalismo histórico a la cuestión de la organización territorial del poder fue, desde el principio, la de configurar España como un Estado unitario y centralizado. Dinámica frente a la que, con carácter previo a la entrada en vigor de la vigente Constitución de 1978

(CE), sólo encontramos dos intentos de signo distinto, coincidentes ambos con la proclamación de las dos Repúblicas[1].

El proyecto federal de Castelar fue la primera tentativa de dar respuesta a la cuestión de la división territorial del poder en España «desde una perspectiva plural». Se intentó entonces la instauración de una «sólida Federación» en la que, «sin perjuicio de la unidad nacional», los Estados regionales podían darse una Constitución política que, eso sí, en ningún caso podría contravenir lo dispuesto en la federal. Inspirado en el modelo norteamericano, el proyecto de la I República contaba con un Senado formado por cuatro representantes por cada uno de los Estados regionales, elegidos por sus respectivas Cortes, y preveía un esquema competencial en el que a la Federación le eran atribuidas las competencias consideradas como esenciales. Por su parte, el Anteproyecto de Constitución de la II República optó por una estructura articulada en torno a un Estado unitario compatible con regiones políticamente autónomas, concediendo la facultad de organizarse como tal a las que, ostentando ciertas características comunes, presentaran el correspondiente Estatuto. La República quedaba de este modo «prefigurada constitucionalmente como un proceso muy abierto de Estado *descentralizable*». Pero, ni el proyecto de cuño federal de 1873-1874, ni el ensayo de compatibilizar un Estado integral con la autonomía de las regiones de 1931-1936, gozaron del acierto político y/o del tiempo necesario «para poder mostrar su eventual virtualidad y eficacia». En todo caso, por lo que aquí más pudiera interesar, tampoco en 1978 «pudo fraguarse una neta voluntad constituyente en esta materia que pudiera sostener eficazmente un modelo»[2].

Imitando la ambigua fórmula del «Estado integral» de la II República, la indeterminación en la estructura territorial del

---

1 Gregorio CÁMARA VILLAR (2018), pp. 396-419.

2 *Ibid.*

Estado se mantuvo en la Constitución de 1978[3]. Durante la transición de la dictadura a la democracia, en España ya había una tendencia generalizada a favor del reconocimiento de la autonomía, que se identificaba con mayores niveles de democracia y de eficacia. El autogobierno era considerado además como la mejor forma de lograr la integración de las regiones que, con el tiempo, habían ido desarrollando un fuerte sentido diferenciador. Ahora bien, frente a un rechazo prácticamente unánime del centralismo, las dudas fueron siempre mucho mayores respecto del nivel de descentralización deseado. Siguiendo en cierto modo la Constitución española de 1931, la de 1978 buscó así situarse en un punto intermedio al proclamar la indisoluble unidad de la nación junto al derecho de los territorios a constituirse en comunidades autónomas (CCAA)[4]. En definitiva, la vigente CE no optó por un modelo concreto de organización territorial del poder, situación a partir de la cual se ha declarado en no pocas ocasiones la *desconstitucionalización* de nuestra estructura territorial[5].

Sobre los riesgos de la apertura del sistema se pronunciaron ya a principios de los noventa Álvarez Conde, Falcón y Tella y Alonso de Antonio[6]. Y a las consecuencias de su flexibilidad se refirió también, casi veinte años después, Rodríguez Bereijo[7], para quien la indeterminación de nuestro sistema habría abocado «al Estado a una casi permanente dinámica constituyente». Es cierto que han sido el legislador estatal y, en menor medida, las propias CCAA mediante sus respectivos Estatutos

---

3 Carlos MONASTERIO ESCUDERO (2020), p. 146.

4 Gregorio CÁMARA VILLAR (2018).

5 Entre otros, Pedro CRUZ VILLALÓN (1981), pp. 53-63 y Javier PÉREZ ROYO (2003), pp. 231-233.

6 Enrique ÁLVAREZ CONDE, Ramón FALCÓN Y TELLA y José Antonio ALONSO DE ANTONIO (1992), pp. 238-243.

7 Álvaro RODRÍGUEZ BEREIJO (2013), pp. 24-33.

de Autonomía (EEAA), quienes han ido dando forma a nuestro Estado autonómico. Se explica por ello la proliferación de las propuestas de reforma legislativa y estatutaria cuando en nuestro país se ha abordado la espinosa cuestión de la distribución territorial del poder en general, y la del sistema de financiación autonómica, más concretamente[8]. Ahora bien, a pesar de lo lacónico de nuestra «Constitución territorial», no podemos obviar los límites que el Constituyente de 1978 estableció a la estructura de nuestro «Estado de las Autonomías» en todas sus vertientes, incluida la financiera. Como nos recordó el Tribunal Constitucional (TC) en el Fundamento Jurídico (FJ) 7 de su Sentencia (STC) 204/2011, el vértice de nuestro sistema normativo de financiación, la Ley Orgánica 8/1980, de 22 de septiembre, de Financiación de las comunidades autónomas (LOFCA), «puede variar en función de decisiones políticas del legislador (orgánico y ordinario) estatal, con la participación que en él corresponda» a las CCAA. Ahora bien, el establecimiento de uno u otro modelo por el Estado sólo es posible «dentro de los márgenes que la Constitución le otorga

8 En materia de financiación, la fijación del sistema se deja a una ley orgánica (artículo 157.3 CE), la Ley Orgánica 8/1980, de 22 de septiembre, de Financiación de las comunidades autónomas (LOFCA), de modo que, dentro del marco establecido por la misma, serán los EEAA los que se encarguen de concretar los modelos de financiación. Recordemos, a este respecto, que tal y como advierte el Tribunal Constitucional (TC) en su Sentencia (STC) 31/2010 (Fundamentos Jurídicos —FFJJ— 132 y ss.), la relación entre los estatutos de autonomía (EEAA) y la LOFCA no es de jerarquía, sino de competencia. Es al Estado, a través de la LOFCA, a quien le corresponde la coordinación en materia financiera y la delimitación del alcance de la autonomía de las CCAA. En definitiva, los EEAA pueden regular la Hacienda autonómica pero siempre de conformidad con los principios de coordinación y solidaridad. Además, en lo que a los impuestos cedidos y las participaciones en los ingresos del Estado se refiere, las CCAA estarán a lo dispuesto por el Estado (STC 31/2010, FJ. 130).

y respetando los principios y las competencias financieras autonómicas en ella establecidas». En pocas palabras, la *desconstitucionalización* de nuestro sistema territorial «no es tan amplia como algunas veces se mantiene»[9].

Como nos recordara Aragón Reyes, la Constitución de 1978 «establece unas reglas y principios de obligatorio cumplimiento para el desarrollo autonómico», de modo que «(l)a organización territorial del Estado no está enteramente *desconstitucionalizada*». Tampoco en lo que al sistema de financiación respecta[10]. De este modo, aunque caben reformas sustanciales por vía legal, e incluso estatutaria, a partir de las que intentar superar algunos de los principales escollos de nuestro sistema de financiación, para muchos las mismas no son suficientes frente a unos cambios que parecen urgir, desde hace ya quizás demasiado tiempo, una reforma constitucional de calado en la materia.

La financiación autonómica sigue siendo objeto de importantes críticas cuya superación resulta muy difícil sin proceder a la correspondiente reforma de nuestra Norma Fundamental. Como señalaran hace ya más de tres lustros García Ruiz y Girón Reguera[11], el rediseño del sistema de financiación no puede plantearse individualmente por las CCAA vía estatutaria ni, añadimos nosotros, por el Estado vía ley orgánica u ordinaria. En otros términos, siendo incuestionable la apertura de nuestro sistema constitucional de distribución territorial del poder y, con él, de nuestro sistema de financiación autonómica, la *desconstitucionalización* no es, en puridad, absoluta. Y precisamente por ello también los límites consagrados en el Título VIII de nuestra Magna Carta han estado en el punto de mira cuando se ha debatido sobre las posibles reformas a partir de las que colmar las predicadas insuficiencias de nuestro sistema de financiación.

---

9 Paloma BIGLINO CAMPOS (2014), p. 9.

10 Manuel ARAGÓN REYES (2014), p. 22.

11 José Luis GARCÍA RUIZ, Emilia GIRÓN REGUERA (2005), p. 42

De hecho, si nos atenemos a las graves deficiencias de su articulación en nuestra Norma Fundamental, la financiación es posiblemente uno de los aspectos de nuestro Estado autonómico cuya reforma constitucional mayores avances podría reportar.

Como veremos, las principales propuestas en este sentido se han centrado en los caracteres del sistema que, como ha señalado Sáenz Royo, han hecho del mismo «un laberinto inextricable» y, precisamente por ello, «demasiado dependiente de las negociaciones políticas coyunturales y cortoplacistas»[12]. Nos referimos, entre otros, a la inexistencia o insuficiencia de la conexión entre responsabilidad legislativa y responsabilidad de gasto, a la inconsistencia de la corresponsabilidad fiscal en las CCAA de régimen común y a la asimetría generada respecto de las mismas a resultas de los regímenes forales vasco y navarro. Así, la exigua capacidad autonómica para la creación de impuestos propios, la insuficiencia de la cesión de competencias normativas y la concentración de la actividad financiera de las CCAA en el gasto han sido duramente criticadas, entre muchos otros, por De la Fuente, Fernández Junquera, Folgado Blanco, García-Moncó Martínez o Rodríguez Bereijo[13]. A la ausencia de una verdadera corresponsabilidad fiscal se han referido también Badenes Plá, Cantos, González González o Pérez Bernabeu[14]. Y sobre la falta de responsabilidad en la provisión de los bienes y servicios públicos regionales ha incidido López Laborda[15], en cuya opinión la mayor autonomía financiera de las Comunidades forales constituye un claro incentivo para una competencia

---

12 Eva SÁENZ ROYO (2018), p. 4377.

13 Ángel DE LA FUENTE MORENO (2012), Manuela FERNÁNDEZ JUNQUERA (2005), José FOLGADO BLANCO (2005), Alfonso GARCÍA-MONCÓMARTÍNEZ (2013), Álvaro RODRÍGUEZ BEREIJO (2006).

14 Núria BADENES PLA (2009), José María CANTOS CANTOS (2005), Ana Isabel GONZÁLEZ GONZÁLEZ (2018), Begoña PÉREZ BERNABEU (2020).

15 Julio LÓPEZ LABORDA (2006).

fiscal desequilibrada[16]. De hecho, la asimetría de nuestro sistema de financiación autonómica es uno de los aspectos más controvertidos, siendo los regímenes forales tildados en más de una ocasión de factor de desestabilización[17] y de quebrantamiento de los principios de igualdad y de progresividad[18].

Muchas de las críticas hasta aquí mencionadas han estado presididas por la expresa invocación de la indeterminación de la CE en cuanto a la regulación de la Hacienda autonómica[19], esto es, por la ya referida *desconstitucionalización* a favor de la LOFCA. Pero debido a la falta de oportunidad política que en la reforma constitucional de la estructura territorial del Estado han percibido tradicionalmente nuestros representantes, la modificación del Título VIII CE ha sido recurrentemente relegada al terreno del debate académico, sin que la reforma constitucional esté hoy en la agenda política. De hecho, como recordara el profesor García Roca en el *XI Foro de las Autonomías,* la reforma constitucional ni está, ni se le espera[20].

Quizás, como señalara Herrero de Miñón, «la reelaboración del Título VIII de la Constitución» no pueda llevarse adelante «en tanto no se resuelva el tema catalán»[21]. Ahora bien, a pesar de ser ésta una opción que efectivamente carece de propiedades taumatúrgicas, las propuestas de reforma de nuestra Magna Carta relacionadas con la financiación de las CCAA siguen siendo meritorias de especial atención. Se tratará aquí por ello de presentar

---

16 Julio LÓPEZ LABORDA (2015).

17 Juan Jesús MARTOS GARCÍA (2017), p. 108; Eva SÁENZ ROYO (2018), p. 4380.

18 Carlos MONASTERIO ESCUDERO (2020).

19 Por ejemplo, Manuel MEDINA GUERRERO (2005).

20 La reforma constitucional estuvo en el punto de mira durante la X Legislatura. *Vid.* https://www.abc.es/espana/20150807/abci-reforma-constitucion-propuestas-partidos-201508061936.html

21 Miguel HERRERO DE MIÑÓN (2016), p. 88.

al lector una visión panorámica de las principales propuestas en la materia con el fin último de ofrecerle un completo compendio de referencias bibliográficas que le permita conocer lo mejor posible el estado de la cuestión. Con tal finalidad partiremos de una genérica aproximación a las más notables dolencias que aquejan a nuestro sistema de financiación autonómica para, una vez diagnosticada(s) la(s) enfermedad(es), poder adentrarnos en los remedios que, desde la perspectiva de la reforma constitucional, parecen haber alcanzado mayor grado de consenso.

2. DEL DIAGNÓSTICO DE LAS ENFERMEDADES (...)

La indeterminación del sistema español de descentralización territorial y, por ende, del sistema de financiación autonómica, no puede entenderse, como ya apuntamos, como una plena *desconstitucionalización.* Recodemos, con Blanco Valdés, que a pesar de que la Constitución de 1978 «no establece una determinada estructura del Estado», su Título VIII concreta diversos extremos en materia de financiación. Consagra los principios de solidaridad e igualdad territorial (artículo 138), proclama la igualdad de derechos de los españoles en todo el territorio del Estado y la libertad de circulación (artículo 139), dispone el deber de los EEAA de regular las bases para el traspaso de los servicios correspondientes a la competencia regional (artículo 147.1.d) y consagra, entre las competencias exclusivas del Estado, las relativas a la regulación de las condiciones básicas que garanticen la igualdad de todos los españoles en el ejercicio de sus derechos y deberes y las referentes a la hacienda y deuda del Estado (artículo 149.1.1 y 14)[22]. Todo ello sin olvidar, claro está, el polémico artículo 135 CE y sus límites al endeudamiento[23].

---

22 Roberto BLANCO VALDÉS (2012), pp. 306-307.

23 Debemos recordar, siguiendo en este punto a Eva SÁENZ ROYO (2016), que es al Estado al que corresponde la competencia exclusi-

Ahora bien, es en los tres últimos artículos del Título VIII CE donde encontramos las especificaciones relativas a la financiación autonómica en sentido estricto. Por un lado, el artículo 156 CE dispone que las CCAA gozarán de autonomía financiera para el desarrollo y ejecución de sus competencias con arreglo a los principios de coordinación y solidaridad, añadiendo que las mismas podrán actuar como delegadas o colaboradoras del Estado para la recaudación, gestión y liquidación de sus recursos tributarios. Por su parte, el artículo 157 CE identifica las fuentes de recursos de las CCAA (apdo. 1), aunque con la importante limitación de que «los entes autónomos no podrán adoptar medidas tributarias sobre bienes situados fuera de su territorio o que supongan un obstáculo a la libre circulación de mercancías o servicios» (apdo. 2). Además, la CE prevé dos mecanismos de nivelación, uno relativo a posibles asignaciones a las CCAA en los Presupuestos Generales del Estado (PGE) en función del volumen asumido de servicios y actividades y de la garantía de un mínimo de prestación de servicios públicos fundamentales. El segundo, un fondo de compensación con destino a gastos de inversión (artículo 158). La regulación constitucional de la financiación autonómica «se cierra con la previsión de que mediante una ley orgánica podrá regularse el ejercicio de las competencias financieras» de las CCAA (artículo 157.3).

Los arts. 156, 157 y 158 CE serán, por tanto, los protagonistas de las páginas que siguen, pues es respecto de los mismos que se han identificado los principales problemas de nuestro sistema constitucional de financiación autonómica y, consecuentemente, se han formulado las más relevantes propuestas de reforma, girando unos y otras en torno a tres ejes principales: la (nece-

---

va en materia de Hacienda general (artículo 149.1.14 CE), la garantía de la realización efectiva del principio de solidaridad entre las diversas partes del territorio española (artículo 138 CE) y la regulación del ejercicio de las competencias financieras de las CCAA.

saria profundización en la) autonomía financiera de las CCAA, (el urgente refuerzo de) la corresponsabilidad fiscal y (la apremiante obligación de garantizar) la solidaridad interterritorial.

2.1. Autonomía y competencias. Las oscilaciones del modelo

Siguiendo la senda marcada por los Estados políticamente descentralizados, el artículo 156 CE reconoce autonomía financiera a las CCAA. Pues, parece evidente, «no puede haber autonomía política sin autonomía financiera, esto es, sin capacidad de decisión sobre los ingresos y sin autonomía en relación al gasto»[24]. Aunque se trata éste de un precepto que, en palabras del profesor Zornoza Pérez, no hace sino «manifestar las mismas ambigüedades existentes en la Constitución respecto al modelo de Estado», el artículo 156 CE «consagra el carácter instrumental de la erogación de los ingresos y gastos públicos» en cuanto a la efectividad del desarrollo y ejecución de las competencias de las CCAA[25]. Como apunta Medina Guerrero, con el reconocimiento constitucional del principio de instrumentalidad se está «explicitando el presupuesto lógico del que parte toda «Constitución financiera» de los Estados políticamente descentralizados», esto es, «la necesidad de gasto de un nivel de gobierno depende de la extensión de las competencias que debe desempeñar»[26].

Como apuntó el TC en el FJ 2 de su Sentencia 68/1996, la financiación autonómica se constituye como «piedra angular del propio sistema de ordenación de competencias». Y este vínculo indisoluble entre competencias materiales y financieras «permite entender la vigencia limitada de los distintos

---

24 José Antonio MONTILLA MARTOS (2015), p. 178.

25 Juan ZORNOZA PÉREZ (2018), p. 2117.

26 Manuel MEDINA GUERRERO (2005), p. 203.

modelos de financiación», pues a medida que las CCAA han ido asumiendo más competencias materiales, el correlativo incremento de la necesidad de recursos se ha plasmado en un nuevo modelo. Las consecuentes oscilaciones han sido, como podrá imaginarse, objeto de continuo vituperio y razón que ha inspirado importantes propuestas de reforma legislativa, pero también de modificación de nuestro texto constitucional[27]. Y para entender el origen concreto de dichas propuestas debemos recordar que, como apuntamos tan solo unas líneas más arriba, la autonomía financiera de las CCAA debe considerarse desde la perspectiva tanto del gasto, como de los ingresos.

Desde la óptica del gasto, la autonomía implica la competencia de las CCAA para elaborar, aprobar y ejecutar sus propios presupuestos. Ahora bien, como tempranamente advirtiera la STC 14/1989 (FJ 2), aunque la autonomía financiera garantiza la plena disposición de medios, ello no significa que las CCAA puedan financiar o subvencionar cualquier clase de actividad, «sino tan sólo aquellas sobre las cuales tengan competencias». Desde luego, el nexo competencial no parece desmesurado, pero no podemos olvidar ni que la libertad de distribución de gasto de las CCAA se encuentra ciertamente limitada por el principio de estabilidad presupuestaria, ni «la facilidad con que la jurisprudencia constitucional ha aceptado diversas medidas de control del gasto autonómico (…) al amparo de títulos competenciales tan genéricos como el del artículo 149.1.13 CE»[28]. De hecho, los límites a la financiación autonómica *ex* artículo 135 CE y las extralimitaciones competenciales del Ejecutivo en el sentido antes apuntado han sido fuente de polémi-

---

27 Las continuas oscilaciones en el modelo como consecuencia de la falta de cierre del sistema son criticadas, por ejemplo, por Alfonso GARCÍA-MONCÓ MARTÍNEZ (2017), p. 408, para quien la «permanente crisis del sistema de financiación autonómica es una crisis de Estado».

28 Juan ZORNOZA PÉREZ (2018), pp. 2121-2125.

ca y motor de ricos debates doctrinales sobre la mejor forma de parapetar una praxis difícilmente *cohonestable*, al menos en opinión de algunos, con el artículo 156 CE.

Por su parte, en lo que al ámbito de los ingresos respecta, el TC ha concluido en reiteradas ocasiones que del principio de suficiencia se deduce la obligación de que las CCAA «disfruten de la plena disposición de los medios financieros precisos para poder ejercer, sin condicionamientos indebidos y en toda su extensión, las funciones que legalmente les han sido encomendadas» (SSTC 289/2000, FJ 3; 96/2002, FJ 2; 168/2004, FJ 4; y las citadas en la STC 13/2007, FJ 5). Ahora bien, siguiendo de nuevo a Zornoza Pérez, la garantía de esa plena disposición de medios financieros no corresponde en exclusiva al Estado, sino que «debe también perseguirse mediante el empleo de los instrumentos que el artículo 157.1 CE habilita para que las CCAA obtengan recursos»[29]. El problema, sin embargo, es que para muchos ni el creciente protagonismo de los impuestos cedidos ni la posibilidad que tienen las CCAA de establecer y exigir «sus propios impuestos, tasas y contribuciones especiales», han potenciado en la práctica su responsabilidad fiscal[30].

---

29 *Ibid.*, p. 1126.

30 Del artículo 156.2 CE se ha deducido, sensu contrario, la competencia de las CCAA para la aplicación de sus propios tributos, presuponiéndose la del Estado para los suyos «salvo que se delegue o establezca otro tipo de colaboración que permita la actuación de las comunidades autónomas». La LOFCA y la normativa reguladora de la cesión de tributos han precisado así cada una de las delegaciones a favor de las CCAA para la gestión de los impuestos estatales cedidos. *Vid.* Juan ZORNOZA PÉREZ (2018), p. 2130.

2.2. Recursos y corresponsabilidad. La débil territorialización de los ingresos

La identificación de los recursos que constituyen la Hacienda autonómica tiene efectivamente lugar en el artículo 157.1 CE que, conjuntamente con el artículo 133.2 CE, enmarca el poder tributario de las CCAA, quedando así el mismo fuera del ámbito de delimitación competencial fijado por los arts. 148 y 149 CE[31]. Pero como nos recuerda la profesora Ruiz Almendral, «la Constitución no otorga peso específico a los diferentes recursos, dejando al legislador orgánico, y por tanto estatal, la función de completar el modelo de reparto de competencias financieras»[32]. Aunque la CE «contempla un amplio listado de recursos, no garantiza su peso relativo en el sistema de financiación», lo que ha permitido importantes fluctuaciones en cuanto al peso del poder tributario propio de las CCAA[33]. En palabras de Sáenz Royo, respecto de la financiación impositiva la Constitución de 1978 parece decantarse por un sistema mixto (entre un sistema puro de unión y un sistema de separación), «que sería tanto como no decantarse por nada»[34]. A partir de esta premisa podrá imaginarse que en este ámbito las propuestas de reforma han basculado desde la plena *desconstitucionalización* de los recursos autonómi-

---

31 Recordemos que el artículo 157 CE distingue entre la financiación vía impuestos, la financiación vía Presupuestos Generales del Estado, la financiación procedente del patrimonio autonómico e ingresos de derecho privado y la financiación fruto del endeudamiento.

32 Violeta RUIZ ALMENDRAL (2018), p. 2134.

33 El modelo originario diseñado por la LOFCA aseguraba la suficiencia a través de cesión de impuestos, las tasas afectas a los servicios transferidos y a través de un porcentaje de participación en los ingresos estatales. A ello se añadían las fuentes de financiación de carácter condicionado (Fondo de Compensación Interterritorial y asignaciones niveladoras) y el poder tributario de las propias CCAA mediante la posibilidad de fijar sus propios impuestos, tasas y contribuciones especiales.

34 Eva SÁENZ ROYO (2016).

cos hasta la reserva a los entes territoriales de un ámbito tributario propio, pasando por el reconocimiento expreso en nuestra norma fundamental de los impuestos exclusivos del Estado y las CCAA, e incluso del porcentaje de los cedidos.

Las sucesivas reformas del modelo, se ha dicho, han tenido siempre como objetivo dotar de corresponsabilidad fiscal a las Haciendas autonómicas[35]. Las ventajas no son difíciles de adivinar. La corresponsabilidad «contribuye a dotar de mayor claridad al reparto de competencias en el sistema autonómico, al concentrar más responsabilidades en el nivel de gobierno —el regional— que soporta las principales responsabilidades sobre el gasto». Y la claridad en las responsabilidades es esencial para el control de la actividad política por la ciudadanía[36]. La corresponsabilidad «permite que el coste de las decisiones políticas sea visible tanto para el gobierno como para los votantes» al ser las Administraciones que prestan los servicios quienes recaudan los recursos para financiar los gastos correspondientes. Y en estrecha vinculación con lo anterior, la corresponsabilidad fiscal «evita que la Administración tienda a la expansión incontenida del gasto público» y «evita también fortalecer el sentimiento de impopularidad y rechazo frente a los impuestos autonómicos y locales»[37].

A la consecución de tales finalidades se han incardinado en nuestro país la progresiva atribución a las CCAA de potestades

---

35 Los modelos de financiación han ido evolucionando hacia una mayor corresponsabilidad fiscal, reduciéndose paulatinamente el porcentaje de las transferencias y aumentando el de los impuestos cedidos y compartidos. Ahora bien, no todos los territorios dependen en igual grado de las transferencias para completar su financiación. Evidentemente, las regiones más pobres son más dependientes. Y las diferencias en cuanto al grado de dependencia han ido aumentando a medida que se ha ido avanzando en el proceso de descentralización de los ingresos. *Vid.* Sandra LEÓN (2015), pp. 50-51.

36 Sandra LEÓN (2015), p. 52.

37 Eva SÁENZ ROYO (2014), p. 107.

normativas sobre los impuestos cedidos, los recargos y la libertad de aquellas para establecer figuras impositivas nuevas. Ahora bien, muchas de las propuestas de reforma de la Constitución de 1978 se han centrado precisamente en una denostada merma del poder tributario de las CCAA derivada, entre otras cosas, de la prohibición de doble imposición y de duplicidad normativa.

La interdicción de que las CCAA puedan establecer tributos similares o equivalentes a los ya establecidos por el Estado o para las Haciendas locales habría limitado, en opinión de algunos, la posibilidad práctica de los tributos propios[38], criticándose en reiteradas ocasiones por ello la ausencia de «una verdadera profundización en el principio de responsabilidad fiscal»[39]. Pero en detrimento de dicho principio parece haber jugado también la dependencia del sistema de financiación de la negociación política, pues «mientras el sistema no se cierre jurídicamente, a los gobiernos autonómicos les es más rentable no hacer uso de su poder normativo sobre los impuestos, y tratar de negociar un aumento en el porcentaje de cesión de lo recaudado». Es decir, dada su impopularidad, tampoco el incremento de los ingresos de libre disposición y de la capacidad impositiva de las CCAA a través de los impuestos cedidos pare-

38 Violeta RUIZ ALMENDRAL (2018), pp. 2133-2139.

39 Eva SÁENZ ROYO (2018), p. 4384. La prohibición de la doble imposición y de la duplicidad normativa se encontraba ya prevista en la versión originaria del artículo 6.2 LOFCA, limitación intensificada por la propia jurisprudencia constitucional. Frente a este panorama, a partir de los años noventa, comenzó a debatirse sobre la necesidad de profundizar en el principio de «corresponsabilidad fiscal de las CCAA», del que comenzó a hablarse con el sistema de financiación aprobado para el periodo 1997-2001, en el que junto a la cesión del 15% del IRPF, a las CCAA se atribuyeron competencias normativas sobre otros impuestos estatales. La corresponsabilidad se pretendía conseguir mediante «la territorialización de un porcentaje de lo recaudado por impuestos estatales y con el reconocimiento a las CCAA de capacidad normativa sobre los mismos». *Vid.* Eva SÁENZ ROYO (2014), pp. 94-96.

ce haber contribuido, según buena parte de la doctrina especializada, a la corresponsabilidad. Y a todo lo anterior debemos añadir que los principios de igualdad y de unidad de mercado han sido además considerados como límites constitucionales a la descentralización normativa en materia impositiva[40].

Por su parte, en lo que a las transferencias del Estado se refiere, entre las principales modalidades que ha arbitrado el sistema debemos destacar el Fondo de Suficiencia (artículo 13 LOFCA), que para quienes han visto en la «territorialización de los ingresos» un riesgo para el principio de solidaridad, no puede ser considerado sino como un mecanismo insuficiente para evitarlo[41]. Ahora bien, no siendo las propuestas de reforma legislativa las que aquí nos interesan, tiene más sentido una sucinta referencia a las propuestas relativas al Fondo de Compensación Interterritorial (FCI) *ex* artículo 157.1 CE pues, como veremos, no ha faltado quien apueste por su constitucionalización como un fondo con destino a gastos de inversión. Esta es, de hecho, la propuesta de Montilla Martos para quien, además, la remisión a la Ley Orgánica (LOFCA) *ex* artículo 157.3 CE deja en manos de la mayoría parlamentaria coyuntural del Estado la decisión sobre la autonomía financiera de las CCAA y la solidaridad interterritorial[42].

2.3. La solidaridad, sus instrumentos y los regímenes forales

El artículo 158 CE «es el trasunto financiero de las garantías contenidas en el artículo 138.1 CE» al que, en opinión de al-

40 Manuel MEDINA GUERRERO (2005).

41 Carlos VIDAL PRADO (2005).

42 José Antonio MONTILLA MARTOS (2016). Junto a los referidos no debemos olvidar que el artículo 157 CE incluye como recursos de las CCAA los rendimientos procedentes de su patrimonio e ingresos de derecho privado y el producto de las operaciones de crédito.

gunos, subyace el «principio de ordinalidad»[43] y que, en todo caso, impone al Estado el deber de garantizar la realización del principio de solidaridad del artículo 2 CE «velando por el establecimiento de un equilibrio económico, adecuado y justo entre las diversas partes del territorio español»[44]. Con tal finalidad, el artículo 158.1 CE instituye las asignaciones a las CCAA en los PGE en materia de «servicios públicos fundamentales»[45]. Se trata éste de un mecanismo de equidad para evitar los desequilibrios propios de los Estados descentralizados en los que puede darse la situación en que «los entes subcentrales con menor capacidad fiscal se vean obligados a incrementar sus impuestos para poder financiar sus servicios»[46].

Tradicionalmente, hemos de recordar, aquel mínimo de servicios públicos era financiado con transferencias generales a partir del ya mencionado Fondo de Suficiencia, hasta que a partir de la reforma de la LOFCA mediante la LO 3/2009, de 18 de diciembre, se establece un fondo específico, denominado «Fondo de Garantía de Servicios Públicos Fundamentales». Ahora bien, no podemos olvidar que, como advirtió el TC en el FJ 4 de su Sentencia 96/2016, «el sistema no asegura a la Comunidad [autónoma], un volumen de recursos tal que alcance el nivel medio de gasto real en servicios públicos fundamentales» del resto de CCAA. En opinión del supremo intérprete de nuestra Constitución «esto sería tanto como hacer depender el sistema de las decisiones concretas de gasto de las Administraciones autonómicas». Es decir, «la garantía se define en términos de recursos disponibles y nunca de gasto real».

---

43 Eva SÁENZ ROYO (2014), p. 104.

44 Violeta RUIZ ALMENDRAL (2018), p. 2147.

45 El ámbito de aplicación de dichas asignaciones queda delimitado por el artículo 15 LOFCA, que considera como «servicios públicos fundamentales la educación, la sanidad y los servicios sociales esenciales».

46 Violeta RUIZ ALMENDRAL (2018), p. 2149.

Con el fin también de corregir desequilibrios económicos interterritoriales y hacer efectivo el principio de solidaridad, en su apdo. 2, el artículo 158 CE establece el mandato al legislador estatal de constituir un «Fondo de Compensación con destino a gastos de inversión cuyos recursos serán distribuidos por las Cortes Generales entre las comunidades autónomas y provincias, en su caso». El mencionado principio efectivamente «no admite excepciones por razón del territorio o del nivel de autonomía financiera», pero tampoco «es compatible, por su propia naturaleza, con un pretendido mandato de uniformidad territorial en la inversión pública»[47].

Como tendremos oportunidad de ver, los desequilibrios que pretende evitar y enmendar nuestro texto constitucional en el sentido y con los instrumentos hasta aquí apuntados, han inspirado también la formulación de propuestas de reforma constitucional que van desde la mejora de la redacción artículo 158.1 CE para asegurar una financiación común de la prestación de los servicios públicos fundamentales, hasta la constitucionalización de la garantía de nivelación total. Además, no ha faltado quien, como Pérez Bernabeu, advirtiera sobre la inadecuación del entramado de fondos diseñados para articular la participación de las CCAA en los PGE, especialmente por los problemas de equidad, vertical y horizontal[48]. Y todo ello sin olvidar, claro está, la consabida polémica sobre el sistema de concierto y convenio que, se dice, ha evolucionado de tal forma que la titularidad, recaudación, gestión e inspección de la práctica totalidad de los impuestos es competencia de las Comunidades forales, situándose así las mismas en una posición claramente diferenciada de las de régimen común. Para algunos, el desequilibrio entre ambos sistemas, el común y el foral, «es potencialmente la amenaza más seria a la estabilidad del proceso español

[47] *Ibid.*, pp. 1253-1255.

[48] Begoña PÉREZ BERNABEU (2020), pp. 194-210.

de descentralización»[49], siendo además considerado por otros como injustificable desde un punto de vista económico, e incluso como un factor de riesgo para la pervivencia del sistema político español[50]. La razón, suele argüirse, estriba en la interpretación de la autonomía en el caso del modelo de concierto económico, como «una suerte de soberanía financiera»[51].

Concluyendo, como nos recordó Balaguer Callejón, las tensiones en torno a la financiación de las CCAA «tienen su fundamento último en la indefinición constitucional del sistema derivada de la propia indefinición del modelo de Constitución territorial»[52]. Situación frente a la que, en lógica coherencia, ha sido y sigue siendo muy habitual la vindicación del cierre constitucional del modelo. Y, siguiendo en este punto a Vilalta Ferrer, los principales ámbitos de reforma se refieren, fundamentalmente, a una necesaria mejora del grado de autonomía financiera de los gobiernos autonómicos (aumento de la cesta de impuestos y de la capacidad normativa y participación en la gestión y administración de sus tributos), mayor claridad en cuanto al principio de equidad (mejora en la nivelación de los recursos entre los gobiernos autonómicos e imposición de su cumplimiento por las Comunidades forales) y mejora de los mecanismos de coordinación técnica e institucional[53].

3. (…) A LA PRESCRIPCIÓN DE LOS REMEDIOS

La progresiva equiparación en el nivel de competencias entre las CCAA de vía rápida y de vía lenta y los desequilibrios entre

---

49 Eva SÁENZ ROYO (2014), p. 105.

50 Sandra LEÓN (2015), p. 46.

51 Eva SÁENZ ROYO (2016).

52 Francisco BALAGUER CALLEJÓN (2005), p. 617.

53 Maite VILALTA FERRER (2005), pp. 650-651.

la descentralización del gasto y la de los ingresos son algunos de los factores que, una vez suprimida la cláusula de revisión con la reforma de la LOFCA en 2001, explican la renegociación en nuestro país, cada cierto tiempo, del marco de financiación autonómica[54]. La ausencia de una regulación detallada del sistema en el texto constitucional, su *desconstitucionalización* en favor de la LOFCA, explica, como venimos advirtiendo, las oscilaciones en el modelo. Y frente a dicha inestabilidad han proliferado las propuestas de reforma no sólo por la vía legal y/o estatutaria, sino también las de modificación de nuestro texto constitucional.

3.1. Del urgente cierre del sistema

El análisis diagnóstico *supra* desarrollado nos permite iniciar un compendio de propuestas de reforma de los arts. 156, 157 y 158 CE que, por lo general, comparten un sentir común sobre la necesaria determinación o cierre del sistema al más alto nivel normativo. Y es que, en palabras de Lago Montero, parece ser opinión generalmente compartida la conveniencia de «profundizar en la juridificación del modelo de financiación, desterrando del mismo poco a poco cuanto de discrecional tiene»[55]. Aunque no es posible concretar en la Constitución el modelo completo de financiación autonómica, «la experiencia comparada nos demuestra que pueden incluirse los principios que lo rigen, las reglas básicas de funcionamiento que garantizan una efectiva financiación o los adecuados mecanismos de coordinación»[56]. En este sentido, por ejemplo, para Castellá Andreu «una reforma de la financiación pasa básicamente por prever, con mayor claridad y de forma expresa, algunos principios que deben regir dicho sistema», entre los mismos, los de

---

54 Sandra LEÓN (2015), pp. 41-44.

55 José María LAGO MONTERO (2017), p. 89.

56 José Antonio MONTILLA MARTOS (2005), p. 178.

«transparencia, autonomía de gastos e ingresos, suficiencia financiera, corresponsabilidad, solidaridad, rendición de cuentas, coordinación con la Hacienda estatal y equidad»[57].

Como nos recuerda García Novoa, «el cierre del Estado autonómico tiene en la cuestión de la financiación una de sus derivadas más importantes»[58]. Y frente a la ambigüedad del sistema no son pocos quienes efectivamente anhelan una regulación más detallada que permita limitar la discrecionalidad estatal en la materia. En esta dirección apuntan muchos de los autores que se mencionan en este trabajo. Pero para evitar abrumar al lector con citas que, en ocasiones, pueden resultar en exceso reiterativas, aquí nos centraremos en dos conocidos informes: *Ideas para una reforma de la Constitución*[59] y *Reflexiones para una reforma constitucional: La reforma de la organización territorial del Estado*[60].

En el primero, un nutrido grupo de profesores de Derecho constitucional y de Derecho administrativo abogaban hace ya más de un lustro por la constitucionalización de los elementos esenciales del modelo de financiación, advirtiendo expresamente que la Constitución de 1978 puede incluir normas fundamentales del sistema «con aproximación a la atribución de recursos según las capacidades de ingreso y criterios de solidaridad, incluyendo los principios de igualdad social y de ordinalidad (arts. 156, 157 y 158 CE)». En este sentido se había pro-

---

57 Josep M. CASTELLÁ ANDREU (2018), p. 124. A la conveniencia del reflejo constitucional del principio de transparencia se refiere también, entre muchos otros, el profesor Eliseo AJA FERNÁNDEZ (2014).

58 César GARCÍA NOVOA (2012), p. 12.

59 Santiago MUÑOZ MACHADO *et al.* (2017), disponible en: www.ucm.es/data/cont/media/www/pag-31775//Ideas%20para%20una%20reforma%20constitucional.pdf.

60 Grupo de trabajo FIDE (2018), Reflexiones para una reforma constitucional: la reforma de la organización territorial del Estado, disponible en: https://thinkfide.com/wp-content/uploads/2020/10/Fide-Doc.-Reflexiones-Grupo-Reforma-Constitucional.pdf.

nunciado ya con anterioridad uno de sus autores, el profesor García Roca[61], al advertir sobre la necesidad de regular «una mínima Constitución financiera» con objeto de «determinar compromisos sobre la solidaridad interterritorial, los mecanismos de nivelación o compensación, alcanzar cierta estabilidad y obtener una garantía financiera del autogobierno» entendiendo, a este último respecto, que la autonomía no puede dejarse «al albur gubernamental mediante la creación de sucesivos fondos de liquidez autonómica porque generan un sentimiento de dependencia e inseguridad».

En el segundo, los miembros del Grupo de trabajo del *think-tank* FIDE proponían, un año después, la constitucionalización del sistema de financiación autonómica mediante el reconocimiento en nuestra Norma Fundamental de: a) los principios de transparencia, equidad, economía y rendición de cuentas; b) una garantía de suficiencia financiera de las CCAA, incluyendo el llamado principio de ordinalidad; c) una garantía de financiación común de la prestación de los servicios públicos fundamentales, asegurando autonomía en todo lo demás para fijar el nivel y las prioridades de su gasto público; d) una garantía de que los fondos destinados a gastos de inversión son regulados con mayor flexibilidad y transparencia y abarcan todas las CCAA como sus exclusivas destinatarias; y e) un «nuevo Senado» con funciones relativas a la aprobación de los PGE[62].

---

61 Javier GARCÍA ROCA (2016), p. 26.

62 A todo ello añade una serie de propuestas de modificación del texto constitucional directamente relacionadas con la distribución de competencias materiales entre Estado y CCAA. Más concretamente, en este Informe se propugna la simplificación y refuerzo de dicha distribución constitucional acotando las competencias del Estado a las enumeradas en la CE y dejando las restantes en manos de las CCAA (los EEAA ya no enumerarían las competencias que asume cada Comunidad). Además, se aboga por la derogación del artículo 150 CE y sus correlativos (como el artículo 153.b CE) y por la modi-

La urgencia del cierre del sistema, como decíamos, es invocada de forma casi generalizada por la literatura más especializada en la materia. Y es que, como apunta López Laborda, así se trataría de garantizar tanto la autonomía de las CCAA, como la calidad y previsibilidad de sus ingresos y la efectiva realización del principio de solidaridad[63]. Ahora bien, las propuestas para alcanzar dichos fines difieren de un autor a otro, no faltando quien, además, muestre sus reticencias frente a una criticada, por excesiva, territorialización de los ingresos.

3.2. De las extralimitaciones competenciales y sus necesarios reajustes

Como nos recuerda Solozábal Echevarría, «el *quid quaestionis* de todo Estado descentralizado es la distribución de las competencias, dado que el problema en estos Estados radica en si la organización territorial o las entidades miembros deciden o no sobre determinados ámbitos de la actuación pública». Propone por ello el autor una aclaración del reparto competencial entre Estado y CCAA estableciendo, a nivel constitucional, «si no una definición del concepto, sí el tipo de facultades en que consiste según el nivel de actuación, normativa o no, que comprende» y, a partir de ahí, «sustituir el sistema de doble lista del artículo (*sic*) 148 y 149 CE (...) por una nueva regulación que procediese a fijar las competencias exclusivas», tanto de las CCAA como del Estado[64].

Como es obvio, no podemos detenernos aquí en la compleja cuestión de la distribución competencial entre Estado y CCAA en general[65]. Baste con recordar la reiterada vindicación de

---

ficación del inciso final del artículo 152 CE para aclarar que todas las CCAA gozan de la correspondiente garantía institucional.

63 Julio LÓPEZ LABORDA (2015).

64 Juan José SOLOZÁBAL ECHEVARRÍA (2014), p. 37.

65 Un amplio repertorio bibliográfico sobre «comunidades autónomas y reforma constitucional», puede verse en Luis Ignacio GORDILLO

una aclaración y reordenación de las competencias exclusivas del Estado y las CCAA de conformidad con la consolidada jurisprudencia constitucional sobre la materia. En este sentido se ha pronunciado también García-Moncó[66], para quien, siguiendo el modelo alemán, sería necesario «fijar con claridad en el texto constitucional el esquema básico de las competencias del Estado y las CCAA», sin remitir su concreción a una ley orgánica como hoy lo hace el artículo 157.3 CE. En todo caso, no nos resistimos a recordar que desde los años previos a las reformas estatutarias de segunda generación, la competencia transversal que atribuye al Estado el artículo 149.1.13ª CE sobre «bases y coordinación de la planificación general de la actividad económica» ha estado en el centro del debate[67]. Y lo ha estado por la interpretación que de dicho precepto ha hecho tradicionalmente el TC, reconociendo en el mismo el fundamento de una competencia «demasiado expansiva y potencialmente restrictiva de la autonomía» de las CCAA[68].

Como bien es sabido, la recentralización competencial ha sido además objeto de duras críticas en los últimos años, especialmente durante la crisis económica y financiera que asoló Europa desde 2008. Durante la llamada «Gran Recesión», la estabilidad económica y el equilibrio presupuestario «sirvieron de prisma desde el que mirar tanto la competencia estatal sobre la ordenación económica, como las competencias autonómicas en materia de política social», y ello con el resultado indiscutible

---

PÉREZ (2012), pp. 477-483.

66 Alfonso GARCÍA-MONCÓ MARTÍNEZ (2017), p. 407.

67 Recordemos, por ejemplo, los problemas que a este respecto fueron identificados por el *Institut d'Estudis Autonòmics* en su Informe sobre la reforma del Estatuto catalán. Disponible en: https://presidencia.gencat.cat/web/.content/ambits_actuacio/desenvolupament_autogovern/iea/publicacions/12_llibres-fora-de-coleccio/FC_arxius-i-vincles/fc_Informe-Reforma-Estatuto.pdf.

68 Ignacio GARCÍA VITORIA (2018).

de la expansión de la primera, en detrimento de las segundas[69]. Dicha recentralización ha tenido, como era de esperar, repercusiones directas sobre la financiación autonómica, siendo por ello habituales las demandas de aclaración y del correspondiente reajuste del sistema de distribución de competencias[70], urgiéndose además, en reiteradas ocasiones, una sustantiva cesión de potestades normativas a favor de las CCAA[71]. Esta requerida cesión competencial de facultades legislativas, que a pesar de no ser siempre bien recibida[72], ha ido marcando la evolución del sistema, tiene mucho que ver con el contenido y alcance de la autonomía financiera. Un principio que, como veremos a continuación, parece seguir siendo algo deficitario desde el punto de vista de la territorialización de los ingresos.

3.3. De la constitucionalización de tributos y facultades

La apuesta por el reconocimiento constitucional (artículo 156 CE) de la autonomía no solo sobre los gastos, sino también sobre los ingresos, parece ser lugar común en la literatura especializada. Ya sea de forma directa, ya indirectamente. Por ejemplo, López Laborda se inclina por la constitucionalización del principio de corresponsabilidad financiera y el refuerzo de la posición constitucional de los impuestos cedidos mediante una actualización del artículo 157.1 CE a través del reconocimiento expreso

---

69 *Vid.* Carmen MONTESINOS PADILLA (2021), p. 286.

70 Por ejemplo, Alfonso GARCÍA-MONCÓ MARTÍNEZ (2013) apuesta por una reforma del artículo 149 CE y la constitucionalización de los listados de competencias exclusivas tanto del Estado como de las CCAA.

71 Alfonso GARCÍA-MONCÓ MARTÍNEZ (2016) y Manuela FERNÁNDEZ JUNQUERA (2005).

72 Por ejemplo, para Juan Jesús MARTOS GARCÍA (2017), p. 110, «(e)l aumento de la desigualdad tributaria interregional y de la competencia fiscal interna se ha producido por la continua cesión de competencias normativas en los tributos de titularidad estatal».

de la participación de las CCAA en el rendimiento de los tributos del Estado a través de competencias normativas (al menos en la fijación del tipo de gravamen). Apuesta también el autor por la inclusión de las transferencias de nivelación en la lista de recursos *ex* artículo 157.1 CE, estableciendo como límite inferior la financiación de servicios públicos fundamentales y, como límite superior, la nivelación plena. A todo lo anterior añade la conveniencia y oportunidad de la constitucionalización de la participación de las Comunidades forales en todas las políticas de solidaridad, del principio de ordinalidad y del papel del Consejo de Política Fiscal y Financiera (CPFF) como órgano para la efectiva coordinación entre Estado y CCAA en materia de financiación[73].

Como veremos unas páginas más adelante, las propuestas relativas al CPFF se encuentran estrechamente vinculadas con las referentes a la conversión del Senado en una verdadera Cámara de representación territorial[74]. Pero se trata aquí de abordar la cuestión de la corresponsabilidad, y en este sentido interesa advertir que, en materia de recursos, García-Moncó va un paso más allá al referirse a la constitucionalización (artículo 157 CE) de los tributos exclusivos del Estado, de los porcentajes de cesión de los impuestos previstos por la LOFCA[75] y de las com-

---

73 Julio LÓPEZ LABORDA (2015).

74 *Vid.* epígrafe 3.5 de este trabajo.

75 Alfonso GARCÍA-MONCÓ MARTÍNEZ (2013). La constitucionalización de los porcentajes de cesión de impuestos propuesta por García-Moncó fue ya propugnada en el Informe por una reforma del Estado autonómico, de la Fundación Alfonso Perales y coordinado por el profesor Cámara Villar que, en materia de recaudación financiera, impelía además el impulso constitucional de un incremento de la participación de las CCAA en el IRPF, IVA e impuestos especiales y, en cuanto al poder normativo, el reconocimiento de la capacidad normativa autonómica y la participación de las Comunidades en la gestión de los impuestos cedidos. *Vid.* Gregorio CÁMARA VILLAR (2012). Con posterioridad, también Montilla Martos propondría la

petencias del Estado y de las CCAA en cuanto a la capacidad normativa y de gestión de cada orden de tributos[76]. E interesa porque López Laborda y García-Moncó fueron dos de los ponentes invitados por los artífices del Informe *Pautas para una reforma constitucional*, documento de referencia en la materia[77].

En los debates de los que resultó dicho Informe hubo un amplio consenso en cuanto a la necesidad de reflejar en nuestra Norma Fundamental la «especial posición» de la LOFCA en el sistema de fuentes dada «su función constitucional». En este sentido, para López Laborda aquella especial posición habría de hacerse constar en el artículo 156 CE, en vez de en el artículo 157.1 CE, siendo este último el precepto que, como ya se indicó, ha propuesto tradicionalmente García-Moncó para el expreso reconocimiento de los porcentajes de cesión de impuestos. Pero la fijación en la Constitución de unos concretos porcentajes de cesión máxima de los tributos estatales fue cuestionada tanto por el propio López Laborda como por otros ponentes del mencionado Informe, sugiriéndose en el mismo como alternativa no fijar porcentajes, sino un umbral máximo como límite. Sobre esta cuestión se han pronunciado además otros autores con diversas propuestas, como Martos García,

---

constitucionalización de los porcentajes de cesión (topes máximos y mínimos), sugiriendo igualmente la incorporación del principio de responsabilidad financiera y la especificación del alcance de la autonomía tanto a la vertiente de los ingresos, como de los gastos (artículo 156 CE). *Vid.* José Antonio MONTILLA MARTOS (2016).

76 Alfonso GARCÍA-MOCÓ (2017), pp. 411-412. Asimismo, el autor ha sugerido constitucionalizar el Derecho comunitario en materia financiera y tributaria (vinculación jurídica de orientaciones generales en materia de política económica, principio de buena gestión financiera...) y las limitaciones de déficit y endeudamiento establecidas en la Ley Orgánica 2/2012, de 27 de abril, de Estabilidad Presupuestaria y Sostenibilidad Financiera.

77 Javier GARCÍA ROCA (2014), pp. 115-129.

más favorable a la concreción en el texto constitucional de los impuestos que son estatales, los que son autonómicos e incluso de los locales, así como de la identificación de aquellos que son cedidos o compartidos. Se estaría así, en opinión del autor, dotando de mayor estabilidad al sistema y «estableciendo un límite máximo a la desigualdad tributaria interterritorial»[78].

En todo caso, entre los participantes en el referido Informe sí que hubo consenso en cuanto a la conveniencia de incluir en el propio artículo 157 CE una referencia a las facultades normativas y de gestión de las CCAA respecto de los impuestos cedidos, apuntando además López Laborda la posibilidad de reflejar en el mismo tanto la consideración de tales tributos como fuente principal de recursos de las CCAA, como una mención expresa a las transferencias de nivelación. Y precisamente en lo que a este último punto respecta, se propuso una definición más clara, en el artículo 158 CE, de la doble finalidad de los instrumentos de solidaridad: reducción de las diferencias de renta y riqueza entre CCAA mediante fondos de desarrollo regional y garantía de la igualdad en el acceso a niveles similares de servicios públicos en todo el territorio mediante los fondos de nivelación. García-Moncó propuso adicionalmente la constitucionalización de la solidaridad horizontal emulando el caso alemán[79].

Finalmente, también hubo consenso entre los ponentes en cuanto a la necesidad de establecer claramente en nuestra Constitución que tanto las CCAA de régimen común como las de régimen foral, «deben participar en el sistema de solidaridad interterritorial», así como en cuanto a la urgencia de la reforma del Senado y de la consecuente incorporación de

---

[78] Juan Jesús MARTOS GARCÍA (2017), pp. 144-146. Recordemos en este sentido que, por ejemplo, para José Antonio MONTILLA MARTOS (2015), p. 191, el artículo 133.1 CE «debería decir que la potestad de establecer tributos corresponde al Estado y a las Comunidades».

[79] También Alfonso GARCÍA-MOCÓ (2017), p. 417.

referencias en la CE de su participación en la aprobación de las leyes financieras del Estado. Sin embargo, no se llegó a solventar si el principio de ordinalidad «debería incluirse entre los de rango constitucional», cuestión sobre la que sí se pronunciaría después claramente Montilla Martos, quien abogaría entonces por su expreso reconocimiento en el artículo 158 CE, junto con una aclaración sobre el funcionamiento práctico de la nivelación financiera y una referencia a la exigencia de un «esfuerzo fiscal similar de todos los territorios». A todo lo anterior el autor añadiría, como ya se apuntó, la propuesta de constitucionalización de la configuración del FCI como un fondo con destino a gastos de inversión, cuyos recursos deberían ser distribuidos por un «nuevo Senado»[80].

En lo que al principio de solidaridad financiera se refiere, es además destacable la propuesta de Martos García de reconocimiento constitucional de sus límites, y ello por entender el autor que de este modo podría conseguirse que el sistema fuera más racional[81]. En todo caso, volviendo a la cuestión de la autonomía desde el punto de vista de los ingresos, la consagración constitucional de los tipos de impuestos, los porcentajes de cesión o de las facultades normativas y/o de gestión no ha sido la única alternativa a debate. Así, por ejemplo, para Lozano Serrano hace tiempo que urge la reserva a los entes territoriales de un ámbito tributario propio dejándolo a salvo de que una ley estatal pueda restringir o vaciar de contenido sus decisiones[82], línea defendida también por Lago Peñas y Martí-

---

80 José Antonio MONTILLA MARTOS (2016). Montilla Martos, no debemos olvidarlo, se ha mostrado desde el principio a favor de la constitucionalización tanto de la exigencia de «un esfuerzo fiscal similar», como del principio de nivelación parcial y del principio de ordinalidad. *Vid.* José Antonio MONTILLA MARTOS (2015), pp. 198-202.

81 Juan Jesús MARTOS GARCÍA (2017), pp. 116-117.

82 Carmelo LOZANO SERRANO (2014), pp. 141-160.

nez-Vázquez o Herrero Alcalde, Goenaga y Ruiz-Huerta[83], pero frente a la que los recelos han sido también muchos, como advirtiera, por ejemplo, Rodríguez Bereijo[84].

Por aquella suerte de «reserva tributaria» en favor de las CCAA parece apostar también Saénz Royo, para quien además es inexcusable una expansión de la capacidad normativa de las CCAA a nuevas fuentes de ingresos (impuestos ligados al consumo final) y la atribución a las mismas de la regulación básica sobre mecanismos de copago y estándares mínimos de servicio a las conferencias sectoriales[85]. Para la ex diputada es esencial el principio de conexión entre la responsabilidad de gasto y la legislativa, proponiendo por ello una reforma del sistema de financiación autonómica que, partiendo de su cierre constitucional, esté inspirada en los principios de libertad de imposición y de separación y se base en un reparto constitucional de los principales tributos que funcione «como mínimo irrenunciable para cada Administración». Entiende la autora que un modelo de financiación de estas características podría dar respuesta a los principales problemas de nuestro sistema al impulsar la autonomía y garantizar tanto la unidad del mercado y la libre circulación de personas, bienes, mercancías y servicios, como el disfrute por todos los españoles «de una misma calidad de los servicios a esfuerzos fiscales semejantes»[86]. Una posición similar a la defendida por el propio Montilla Martos[87], quien propone el reconocimiento del «derecho a crear nuevos impuestos» como fuente de financiación que refuerza la

---

83 Santiago LAGO PEÑAS, Jorge MARTÍNEZ-VÁZQUEZ (2015), pp. 4 y 9-12; Ana HERRERO ALCALDE, María GOENAGA, Jesús RUIZ-HUERTA CARBONELL (2015), pp. 202-203

84 Álvaro RODRÍGUEZ BEREIJO (2010).

85 Eva SÁENZ ROYO (2018).

86 Eva SÁENZ ROYO (2014), p. 123.

87 José Antonio MONTILLA MARTOS (2005), pp. 194-196.

autonomía aunque, eso sí, partiendo de un necesario reconocimiento constitucional de los límites de la doble imposición.

3.4. De las asimetrías del sistema y sus posibilidades de reequilibrio

Junto al evidente desajuste entre la responsabilidad sobre el gasto y la capacidad de generar ingresos, debemos volver, una vez más, a los alegados desequilibrios resultantes de los regímenes de concierto y convenio, cuya extensión a las CCAA de régimen común, se ha dicho, supondría bien un claro perjuicio de las Comunidades con menos recursos, bien una reducción de la Administración del Estado a la mínima expresión[88]. La inconveniencia de la extensión del régimen de cupo/convenio a las CCAA de régimen común proclamada, por ejemplo, por López Basaguren[89] y justificada, en palabras de Muñoz Machado, en la consecuente privación al Estado de los recursos «necesarios para atender sus deudas y desarrollar las políticas de estabilidad que impone el Derecho comunitario»[90], ha llevado a las propuestas, más generalizadas, tanto de la supresión de los regímenes forales, como de su mantenimiento bajo ciertas condiciones.

La primera alternativa fue claramente defendida por Gavara de Cara en la encuesta realizada por la *Revista Teoría y Realidad Constitucional* sobre «La reforma de la Constitución»[91]. En opinión del autor, se impone la supresión de cualquier privilegio entre CCAA «que pueda suponer una falta de respeto al principio de solidaridad y de cohesión territorial». Para Gavara de Cara, en nuestro marco constitucional no debería tener cabida «un sistema de cupo no integrado en los mecanismos de compensación y solidaridad territorial, ni articulación de relaciones bilaterales

---

88 Sandra LEÓN (2015), p. 46.

89 Alberto LÓPEZ BASAGUREN (2005), pp. 632-633.

90 Santiago MUÑOZ MACHADO (2012), p. 92.

91 Juan Carlos GAVARA DE CARA (2012), p. 58.

Estado-CCAA en la negociación de dicha financiación», ni «obligaciones de porcentajes de inversión pública en CCAA incompatibles con la articulación de un sistema general». Es la posición defendida por quienes, como Alonso de Antonio, Falcón y Tella y Álvarez Conde, entienden que los regímenes forales de financiación sencillamente contravienen el artículo 157 CE[92].

Por su parte, en el ya mencionado Informe publicado por la Fundación Alfonso Perales[93], se propone expresamente el mantenimiento del reconocimiento constitucional de las instituciones del concierto y el convenio, pero incorporando en la Disposición Adicional Primera de nuestra Norma Fundamental un mandato para la actualización del régimen foral en su dimensión financiera (consideración de las transferencias del Estado para la nivelación como cargas no asumidas por las Comunidades forales). En un sentido similar, esto es, descartando la supresión de los regímenes forales pero mostrando su clara preocupación por el mantenimiento del sistema vigente, se han pronunciado, entre muchos otros, los profesores García Roca[94] y Martos García[95]. Para el primeo la metodología del cálculo del cupo podría revisarse en la ley, debiéndose sin embargo proceder a la reforma de nuestra Carta Magna para introducir normas expresas sobre «las exigencias de solidaridad y proporción de los ingresos», evitando así «agravios con las comunidades con mayor voluntad de autogobierno y que no tienen una hacienda foral». Para el segundo, siendo deseable la finalización de «la relación financiera cuasi confederada que tienen los territorios forales con el Estado central», la inconveniencia política de la reforma lleva a apostar por una modifica-

---

92 Enrique ÁLVAREZ CONDE, Ramón FALCÓN Y TELLA y José Antonio ALONSO DE ANTONIO (1992), p. 240.

93 *Vid.* nota 75.

94 Javier GARCÍA ROCA (2016), p. 26.

95 Juan Jesús MARTOS GARCÍA (2017), pp. 142-144.

ción del texto constitucional a partir de la que se consagre el deber de dichos territorios de participar en todos los mecanismos de solidaridad. Así lo han defendido también, como apunta el propio Martos García, Utrilla de la Hoz, Sevilla, Ferreiro Lapatza, López Laborda y Montilla Martos[96].

A medio camino entre unos y otros, podríamos decir, se sitúa Castellá Andreu, para quién la derogación del régimen vasconavarro resultaría «inapropiada en términos políticos, por lo que supondría de factor desintegrador de la comunidad política en los territorios forales». Pero para Castellá, el mantenimiento del régimen foral en el texto constitucional no estaría condicionado a reforma alguna de nuestra Norma Fundamental, siendo suficiente para el autor «replantear, por vía legislativa, el cupo o aportación de dichos territorios a la caja común, como contribución a los gastos comunes y aporte a la solidaridad interterritorial»[97].

3.5. De las reformas institucionales

Como indicara en su Informe de 2017 la Comisión de expertos para la revisión del modelo de financiación autonómica creada por Acuerdo de la Conferencia de Presidentes y posterior Acuerdo del Consejo de Ministros[98], nuestro Estado de las Autonomías es el resultado de un proceso de intensa descentralización de competencias. Ahora bien, en opinión de

---

96 Alfonso UTRILLA DE LA HOZ (2005), José Víctor SEVILLA SEGURA (2005), José Juan FERREIRO LAPATZA (2006), Julio LÓPEZ LABORDA (2015) y José Antonio MONTILLA MARTOS (2015).

97 Josep CASTELLÁ ANDREU (2018), pp. 124-125.

98 COMISIÓN DE EXPERTOS PARA LA REVISIÓN DEL MODELO DE FINANCIACIÓN AUTONÓMICA (2017), pp. 113-119, disponible en https://www.hacienda.gob.es/CDI/sist%20financiacion%20y%20deuda/informaci%C3%B3nccaa/informe_final_comisi%C3%B3n_reforma_sfa.pdf

la Comisión, dicho proceso no se habría acompañado «de la consolidación en paralelo de mecanismos institucionales que permitan una adecuada coordinación de las competencias de ambos niveles de gobierno», apuntando por ello la conveniencia de «definir un nuevo marco institucional capaz de mejorar la gobernanza del sistema, de acuerdo con la organización territorial de España»[99]. Y en este sentido, la Comisión se refiere a «algunos aspectos institucionales relacionados con el sistema de financiación» para su reforma en el vigente marco constitucional «con el objetivo de que las CCAA vean reforzada su participación en las decisiones que les afectan». Más concretamente, las propuestas se articulan en torno a la mejora de los contenidos, la organización y el funcionamiento del CPFF, el refuerzo del «carácter reequilibrador» del FCI y el impulso político de la Comisión General de CCAA del Senado.

En cuanto al CPFF, por ejemplo, no es infrecuente entre la literatura especializada la mención de los rasgos de su régimen jurídico que explican la clara posición de prevalencia del Estado, como lo son la falta de vinculatoriedad de sus acuerdos en cuanto al modelo de financiación autonómica y la preeminencia del Gobierno central en el procedimiento de toma de decisiones al detentar la mitad de los votos[100]. No ha faltado por ello quien, como Montilla Martos, proponga su constitucionalización como órgano de coordinación entre el Estado y las CCAA «para definir los aspectos concretos del modelo de financiación», aspirando en todo caso a los acuerdos por amplio consenso[101]. Por su parte, el reconocimiento de vinculatoriedad a los

---

99 Para Alfonso GARCÍA-MONCÓ MARTÍNEZ (2017), p. 418, el sector financiero al que se refiere el artículo 135 CE es el que requiere de un mayor nivel de coordinación, siendo a tales efectos insuficiente el CPFF tal y como hoy está configurado.

100 Juan Jesús MARTOS GARCÍA (2017), p. 138.

101 José Antonio MONTILLA MARTOS (2015), p. 202.

acuerdos del CPFF requeriría igualmente de la correspondiente reforma constitucional pues, como apunta García-Moncó, «su naturaleza vinculante puede plantear serios problemas de encaje constitucional al ser difícil de determinar en qué medida un órgano de este tipo puede vincular las decisiones» de los distintos gobiernos o parlamentos, cuyas competencias derivan precisamente de la Norma Fundamental[102]. En todo caso, el propio García-Moncó ha propuesto la supresión de dicha institución a tenor de su insuficiencia para garantizar la participación de las CCAA en el diseño del modelo de financiación[103], crítica compartida por muchos otros que, sin embargo, han apostado por su refuerzo a través de su reconocimiento constitucional[104].

Ahora bien, son las propuestas de reforma del Senado las que más han centrado la atención de la doctrina. A dicha reforma, en estrecha conexión con el sistema de financiación autonómica, se han referido, por ejemplo, Cantos Cantos, García-Moncó, García Ruiz y Girón Reguera y López Laborda[105]. Y es que, como afirma Soler Roch, la reforma de la financiación autonómica va necesariamente unida al debate sobre la reforma del Senado, pues en la medida en que el mismo no constituya una verdadera Cámara de representación territorial, no será posible compatibilizar la corresponsabilidad con una mayor uniformidad en el ejercicio por las CCAA de su poder normativo en materia tributaria[106].

---

102 Alfonso GARCÍA-MONCÓ MARTÍNEZ (2002), p. 34.

103 Alfonso GARCÍA-MONCÓ MARTÍNEZ (2016).

104 Julio LÓPEZ LABORDA (2015).

105 José María CANTOS CANTOS (2005), Alfonso GARCÍA-MONCÓ MARTÍNEZ(2016), José Luis GARCÍA RUIZ y Emilia GIRÓN REGUERA (2005), Julio LÓPEZ LABORDA (2015).

106 María Teresa SOLER ROCH (2012). Sobre la asunción por el Senado, a través de una reforma de su Reglamento, de las funciones del CPFF, José ASENSI SABATER (1997), pp. 193-194.

La articulación del Senado como una auténtica Cámara de representación territorial supondría, como recordó hace ya algún tiempo la profesora Grau Ruiz, asignarle unas competencias legislativas específicas[107]. Ateniéndonos a este respecto a lo dispuesto por el Consejo de Estado en su *Informe sobre modificaciones de la Constitución española* de 2006, «la determinación del tipo de leyes en cuyo procedimiento legislativo el Senado debe tener una especial participación, se suele realizar por referencia a su incidencia autonómica». Recordemos así que son muchas las fórmulas que, como indicara el propio Consejo de Estado, tienen reflejo en la bibliografía, desde la inclusión de una cláusula general referida a «normas con fuerza de ley que afecten al régimen y esfera de competencia de las comunidades autónomas, leyes de especial incidencia autonómica o que han de ser aplicadas y desarrolladas por las CCAA», hasta la enumeración de las leyes específicamente afectadas por el procedimiento ante la Cámara Alta según categorías normativas, materias como objeto de competencias, clases de competencias o a la mención constitucional singularizada. Sea como fuere, lo cierto es que entre la plétora de disposiciones que, según la doctrina, serían susceptibles de consideración y debate en el seno de un «nuevo Senado» se encuentran las leyes de financiación autonómica (cesión de tributos y concesión de subvenciones o ayudas financieras a las CCAA, arts. 156.2 y 157.3 CE), la Ley del FCI, las leyes

---

107 María Amparo GRAU RUIZ (2005), p. 153. Para la autora se trataría de crear un órgano en el seno del Senado, a cuyos informes o dictámenes habría que reconocerles carácter preceptivo, «y, quizás, adicionalmente, en el futuro, carácter vinculante». Ahora bien, frente a dicha propuesta, la autora baraja como alternativa (siguiendo a Lozano Serrano) el reconocimiento al Senado de la iniciativa legislativa en la elaboración de los proyectos de ley y de la capacidad decisora en última instancia «en los proyectos estatales que incidan sobre lo tributario autonómico».

que tengan por objeto la planificación de la actividad económica general o la efectividad del principio de solidaridad, entre otras.

En este sentido, por ejemplo, García Roca advierte que ese «nuevo Senado» debería ocuparse «con preferencia y especialización de las leyes de financiación y de los tributos cedidos». Para el destacado constitucionalista, es de la mayor relevancia que el reparto de los fondos que realiza el CPFF «se discuta y explique con publicidad y debate en el Senado, manteniendo informada a la opinión pública»[108]. Y en esta dirección apuntan también García Ruiz y Girón Reguera al apostar por la participación del Senado en la aprobación de los acuerdos del CPFF[109]. Además, no ha faltado quien, como García Novoa y Tornos Mas, defiendan la adopción o reforma en el Senado de la ley orgánica a que se refiere el artículo 157.3 de nuestra Constitución[110].

4. RECOPILACIÓN FINAL

La pluralidad de materias objeto de debate cuando se discuten las posibles reformas de nuestra «Constitución territorial» hace conveniente un análisis pormenorizado de las opiniones especializadas en cada una de ellas de forma individualizada. Este ha sido precisamente el objetivo del Proyecto en el que se enmarcan estas páginas, en las que nos hemos ocupado del análisis bibliográfico de las propuestas relativas a una de las materias más controvertidas en este ámbito: la financiación territorial.

Como dijimos en su momento, aquí se trataba de ofrecer al lector una visión panorámica de los remedios que han alcanzado cierto grado de consenso entre nuestra doctrina para

---

108 Javier GARCÍA ROCA (2016), pp. 24-25.

109 José Luis GARCÍA RUIZ, Emilia GIRÓN REGUERA (2005).

110 Carlos GARCÍA NOVOA (2012), p. 12; Joaquín TORNOS MAS (2010), p. 25.

intentar dar respuesta a las más sonadas deficiencias de nuestro sistema de financiación autonómica. Evidentemente, las limitaciones de un trabajo como el que ahora concluimos constriñen las posibilidades de quien se adentra en este tipo de tareas. En definitiva, en ningún momento se pretendió que estas páginas reflejaran un análisis minucioso de todas y cada una de las obras científicas sobre la materia. Una labor de tal envergadura excede con creces los límites espacio-temporales a los que necesariamente se ha visto sometida esta autora. Ahora bien, ello no ha impedido (no al menos en opinión de quien suscribe) el análisis de una muestra de estudios lo suficientemente significativa como para poder cartografiar un mapa de propuestas de reforma constitucional que, sobre financiación autonómica, podríamos considerar como considerablemente consensuado.

Partiendo de una generalmente aceptada necesidad de cierre del sistema a nivel constitucional, defendida, por ejemplo, por Lago Montero, Montilla Martos, Castellá Andreu y García Novoa, así como por varios de los participantes en el Informe coordinado Muñoz Machado y por los miembros del Grupo FIDE, podemos comenzar esta recopilación final de propuestas recordando que la constitucionalización, expresa o indirecta, del principio de corresponsabilidad es ampliamente defendida por la doctrina especializada, siendo partidarios de dicha opción, entre muchos otros, López Laborda, García-Moncó, Martos García o el propio Montilla Martos. En esta línea, pero arriesgándose a entrar más en detalle, no podemos dejar de recordar la postura de Lozano Serrano, Lago Peñas, Martínez-Vázquez, Herrero Alcalde, Goenaga, Ruiz-Huerta y Sáenz Royo, quienes han abogado por el reconocimiento constitucional de un ámbito tributario propio de las CCAA. En todo caso, como hemos tenido oportunidad de ver a lo largo de este trabajo, en cuanto a la profundización en la autonomía financiera y, con ello, a la corresponsabilidad, tampoco falta quien se decante por la inclusión en el artículo 157 CE del doble listado de impuestos cedidos total y parcialmente a las CCAA, incluso proponiendo la consagración constitucional de los porcentajes de cesión o, en su caso, de horquillas de máximos y mínimos. Estas son las alternativas defendidas, entre otros, por López Laborda, Martos García y García-Moncó.

En cuanto al principio de ordinalidad, su reconocimiento constitucional ha sido propugnado por los profesores Aja Fernández y Montilla Martos, así como por varios de los autores de los informes coordinados por los profesores Cámara Villar y Muñoz Machado. Y en estrecha conexión con la ordinalidad debemos igualmente destacar la defensa de la necesidad de la consagración constitucional del deber de participación en el sistema de solidaridad interterritorial por parte de las CCAA de régimen foral. En este sentido se han pronunciado varios de los ponentes del Informe coordinado por García Roca, Martos García, Utrilla de la Hoz, Sevilla, Ferreiro Lapatza, López Laborda y Montilla Martos.

Finalmente, es ampliamente compartida por la doctrina la idea de la conversión del Senado en una verdadera cámara de representación territorial y de la consecuente fijación constitucional de su participación en la aprobación de las leyes de financiación autonómica, incluida la propia LOFCA. Recordemos, en este sentido, los trabajos, entre muchísimos otros, de Cantos, García-Moncó, Laborda, Soler Roch, Grau Ruiz, García Roca, García Ruiz y Girón Reguera. Otras propuestas de reforma en materia institucional, como la constitucionalización del CPFF, no han sido, sin embargo, tan compartidas. Pero dichas divergencias no tienen por qué entorpecer el debate. Muy por el contrario, y al igual que ocurre en el caso de los regímenes forales, la diversidad de opiniones y propuestas es un acicate para el diálogo sobre una reforma de nuestra Constitución financiera que debería operarse más pronto que tarde.

BIBLIOGRAFÍA

AJA FERNÁNDEZ, Eliseo (2014), *Estado autonómico y reforma federal*, Madrid, Alianza.

ALONSO DE ANTONIO, José A., FALCÓN Y TELLA, Ramón, ÁLVAREZ CONDE, Enrique (1992), «El Estado Autonómico (Título VIII)», *Revista de Derecho Político,* núm. 37, pp. 191-262.

ARAGÓN REYES, Manuel (2014), «Problemas del Estado autonómico», *Asamblea: Revista Parlamentaria de la Asamblea de Madrid,* núm. 31, pp. 13-34.

ASENSI SABATER, José (1997), «El acuerdo sobre financiación de las autonomías: una función trasladable al Senado», en Alberto PÉREZ CALVO (coord.), *La participación de las Comunidades autónomas en las decisiones del Estado. II Jornadas de Pamplona sobre el Estado autonómico,* Pamplona-Madrid, Instituto Navarro de Administración Pública-Gobierno de Navarra.

BADENES PLÁ, Núria (2009), «Reflexiones sobre la experiencia en la financiación autonómica española: qué repetir y qué evitar», *Documentos y Aportes en Administración Pública y Gestión Estatal,* núm. 13, pp. 1-24.

BALAGUER CALLEJÓN, Francisco (2005), «La financiación de las comunidades autónomas y la constitucionalización del Estado Autonómico», en José Mª VIDAL BELTRÁN, Miguel Ángel GARCÍA HERRERA, *El estado autonómico: integración, solidaridad, diversidad,* Vol.1, Madrid, INAP, pp. 607-618.

BLANCO VALDÉS, Roberto (2012), *Los rostros del federalismo,* Madrid, Alianza editorial.

BIGLINO CAMPOS, Paloma (2005), «Reforma de la Constitución: reforma de los Estatutos de Autonomía y configuración constitucional del orden de competencias», *Revista de las Cortes Generales,* núm. 65, 2005, pp. 7-29.

CÁMARA VILLAR, Gregorio (2018), «La organización territorial de España. Una reflexión sobre el estado de la cuestión y claves para la reforma constitucional», *Revista De Derecho Político,* núm. 1(101), pp. 395-430.

CÁMARA VILLAR, Gregorio (2012), *Por una reforma federal del Estado autonómico,* Sevilla, Fundación Alfonso Perales.

CANTOS CANTOS, José María (2005), «La reforma de la financiación autonómica», en Isaac MARTÍN DELGADO (coord.), *La reforma del Estado autonómico,* Madrid, Centro de Estudios Políticos y Constitucionales, pp. 215-244.

CASTELLÁ ANDREU, Josep (2018), *Estado autonómico: pluralismo e integración constitucional,* Madrid, Marcial Pons.

COMISIÓN DE EXPERTOS PARA LA REVISIÓN DEL MODELO DE FINANCIACIÓN AUTONÓMICA (2017), disponible en https://www.hacienda.gob.

es/CDI/sist%20financiacion%20y%20deuda/informaci%C3%B3nccaa/informe_final_comisi%C3%B3n_reforma_sfa.pdf

CRUZ VILLALÓN, Pedro (1981), «La estructura del Estado o la curiosidad de un jurista persa», *Revista de la Facultad de Derecho de la Universidad Complutense*, núm. 4, pp. 53-63.

FERNÁNDEZ JUNQUERA, Manuela (2005), «Potestad tributaria y estado autonómico», en Manuel BALADO RUIZ-GALLEGOS (dir.), *La España de las autonomías. Reflexiones 25 años después*, Barcelona, Bosch, pp. 917-930.

FERREIRO LAPATZA, José Juan (2006), «El sistema de financiación autonómica de Cataluña: Estatuto y Constitución», *Revista Catalana de Dret Públic*, núm. 32, pp. 37-74.

FOLGADO BLANCO, José (2005), La financiación autonómica en España, en Manuel BALADO RUIZ-GALLEGOS (dir.), *La España de las autonomías. Reflexiones 25 años después*, Barcelona, Bosch, pp. 607-620.

FUENTE MORENO, Ángel de la (2013), «Algunas propuestas para la reforma del sistema de financiación de las comunidades autónomas de Régimen Común», *Revista del Instituto de Estudios Económicos*, núm. 1-2, pp. 27-54.

GARCÍA-MONCÓ MARTÍNEZ, Alfonso (2017), «Esbozo de un nuevo modelo de financiación autonómica en la Constitución», en Enrique Álvarez Conde (dir.), *Reflexiones y propuestas sobre la reforma de la Constitución española*, Granada, pp. 408-420.

GARCÍA-MONCÓ MARTÍNEZ, Alfonso (2016), «La necesaria reforma de la financiación autonómica en la Constitución», en José Mª BAÑO LEÓN (coord.), *Memorial para la reforma del Estado: estudios en homenaje al Profesor Santiago Muñoz Machado*, Vol. 2, Tomo II, Madrid, Centro de Estudios Políticos y Constitucionales, pp. 1833-1841.

GARCÍA-MONCÓ MARTÍNEZ, Alfonso (2013), «La sostenibilidad del modelo actual de financiación autonómica», en Enrique ÁLVAREZ CONDE, Clara SOUTO GALVÁN (dirs.), *El Estado autonómico en la perspectiva del 2020*, Madrid, Universidad Rey Juan Carlos, Instituto de Derecho Público, pp. 58-87.

GARCÍA-MONCÓ MARTÍNEZ, Alfonso (2002), «El nuevo modelo de financiación autonómica: Lecciones de una reforma», *Nueva fiscalidad*, núm. 6,

GARCÍA NOVOA, César (2012), *Financiación autonómica y reforma del Senado*, Madrid, Marcial Pons.

GARCÍA ROCA, Javier (2016), «La reforma de la Constitución territorial: un buen camino entre secesión e inmovilismo», *Teoría y Derecho. Revista de pensamiento jurídico*, núm. 19, pp. 16-31.

GARCÍA ROCA, Javier (2014), *Pautas para una reforma constitucional. Informe para el debate,* Cizur Menor, Thomson Reuters Aranzadi.

GARCÍA RUIZ, José Luis, GIRÓN REGUERA, Emilia (2005), «La financiación autonómica: ¿competencia constitucional o estatutaria? », *Revista Española de Derecho Constitucional,* núm. 75, pp. 33-58.

GARCÍA VITORIA, Ignacio (2018), «La reforma de la 'Constitución económica'», *Agenda Pública* (*on line*). Disponible en: http://agendapublica.elpais.com/la-reforma-de-la-constitucion-economica/

GONZÁLEZ GONZÁLEZ, Ana Isabel (2018), «La financiación autonómica en la Constitución Española», en Ramón PUNSET BLANCO, Leonardo ÁLVAREZ ÁLVAREZ (coords), *Cuatro décadas de una Constitución normativa (1978-2018). Estudios sobre el desarrollo de la Constitución española,* Cizur Menor, Civitas-Thomson Reuters, pp. 611-635.

GORDILLO PÉREZ, Luis I. (2012), «Repertorio bibliográfico sobre la reforma constitucional», *Teoría y Realidad Constitucional,* núm. 29, pp. 459-484.

GRAU RUIZ, Mª Amparo (2005), «El papel del Senado en la financiación de las comunidades autónomas», en *La Reforma Constitucional, XXVI Jornadas de Estudio, Madrid, Dirección del Servicio Jurídico del Estado,* 2005, pp. 153-168.

Grupo de trabajo FIDE (2018), Reflexiones para una reforma constitucional: la reforma de la organización territorial del Estado, disponible en: https://thinkfide.com/wp-content/uploads/2020/10/Fide-Doc.-Reflexiones-Grupo-Reforma-Constitucional.pdf

HERRERO ALCALDE, Ana, GOENAGA, María, RUIZ-HUERTA CARBONELL, Jesús (2015), «Finanzas autonómicas: visibilidad, transparencia y atribución de responsabilidades», *Papeles de Economía Española,* núm. 143, pp. 185-204.

HERRERO DE MIÑÓN, Miguel (2016), *Tres conferencias sobre la reforma constitucional,* Valencia, Tirant lo Blanch.

LAGO MONTERO, José María (2017), «Vías de reforma del sistema de financiación autonómica», en Juan LÓPEZ MARTÍNEZ, José Manuel PÉREZ LARA (dirs.), *La reforma de la financiación territorial,* Valencia, Tirant lo Blanch, pp. 89-103.

LAGO PEÑAS, Santiago, MARTÍNEZ-VÁZQUEZ, Jorge (2015), «El sistema de financiación autonómica: *¿Quo vadis?*», *Papeles de Economía Española,* núm. 143.

LEÓN, Sandra (2015), *La financiación autonómica. Claves para comprender un (interminable) debate,* Madrid, Alianza editorial.

LÓPEZ BASAGUREN, Alberto (2005), «El concierto económico y la financiación de la comunidad autónoma del país vasco: entre mito y realidad», en Miguel Ángel GARCÍA HERRERA, José Mª VIDAL BELTRÁN y Jordi SEVILLA SEGURA (coords.), *El estado autonómico: integración, solidaridad, diversidad,* Vol. 1, pp. 619-634.

LÓPEZ LABORDA, Julio (2015), «Sugerencias para una reforma de la regulación constitucional de la financiación autonómica», *Presupuesto y gasto público,* núm. 81, pp. 9-20.

LÓPEZ LABORDA, Julio (2006), «Veinticinco años de financiación autonómica balance y perspectivas», *Mediterráneo económico,* núm. 10, pp. 197-219.

LOZANO SERRANO, Carmelo «La reforma constitucional de la financiación», *Gaceta sindical: reflexión y debate,* núm. 23, pp. 141-160.

MARTÍN CUBAS, Joaquín *et al.* (2013), *El federalismo plurinacional. ¿Fin de viaje para el Estado autonómico?,* Madrid, Díaz & Pons.

MARTOS GARCÍA, Juan Jesús (2017), «Federalismo fiscal y Constitución española», en Juan LÓPEZ MARTÍNEZ, José Manuel PÉREZ LARA (dirs.), *La reforma de la financiación territorial,* Valencia, Tirant lo Blanch, pp. 105-161.

MEDINA GUERRERO, Manuel (2005), «Algunas consideraciones sobre la eventual reforma del sistema de financiación», en Manuel José TEROL BECERRA, *El estado autonómico "in fieri": la reforma de los estatutos de autonomía,* Junta de Andalucía, Instituto Andaluz de Administración Pública, pp. 195-212.

MONASTERIO ESCUDERO, Carlos (2020), «La financiación de las CC.AA.: ¿Cuánta asimetría tolera el principio federal?», en Ramón PUNSET BLANCO, Leopoldo TOLIVAR ALAS (coords.), *España: El federalismo necesario,* Madrid, Reus, pp. 143-165.

MONTESINOS PADILLA, Carmen (2021), «Las consecuencias sociales de la gran recesión. Un análisis político-constitucional con perspectiva de futuro», en Ignacio GONZÁLEZ GARCÍA (dir.), Estado de derecho y reforma constitucional, Valencia, Tirant lo Blanch, pp. 267-308.

MONTILLA MARTOS, J.A. (2016), «La financiación autonómica en la reforma constitucional», en Teresa FREIXES SANJUÁN, Juan Carlos GAVARA DE CARA (coords.), *Repensar la Constitución. Ideas para una reforma de la Constitución de 1978: reforma y comunicación dialógica,* Parte primera, Madrid, BOE, pp. 227-255.

(2015), *Reforma federal y estatutos de segunda generación. Los Estatutos de Autonomía de segunda generación como modelo para la reforma federal de la Constitución,* Cizur Menor, Thomson Reuters Aranzadi.

MUÑOZ MACHADO, Santiago (2012), *Informe sobre España. Repensar el Estado o destruirlo*, Barcelona, Crítica.

PÉREZ BERNABEU, Begoña (2020), «El desequilibrio financiero vertical y horizontal del actual sistema de financiación autonómica de las CCAA de régimen común: principales líneas de reforma», *Documentos de Trabajo del Instituto de Estudios Fiscales*, núm. 5, pp. 194-210.

PÉREZ ROYO, Javier (2003), «Una asignatura pendiente: La reforma de la Constitución», *Revista Española de Derecho Constitucional*, núm. 69, pp. 215-235.

RODRÍGUEZ BEREIJO, Álvaro (2013), «Las reformas necesarias para España: la constitución y la articulación territorial del Estado español», *Cuadernos de pensamiento político FAES*, núm. 40, pp. 23-36.

RODRÍGUEZ BEREIJO, Álvaro (2010), «Constitución española y financiación autonómica», en Francesc PAU I VALL (coord.), *La financiación autonómica*, Madrid, Tecnos, pp. 25-64.

RODRÍGUEZ BEREIJO, Álvaro (2006), «Descentralización política y descentralización fiscal: la experiencia española», *Repertorio Aranzadi del Tribunal Constitucional*, núm. 20.

RUIZ ALMENDRAL, Violeta (2018), «Artículo 157», en Pablo PÉREZ TREMPS, Alejandro SAIZ ARNAIZ (dirs.), *Comentario a la Constitución española. Cuarenta aniversario 1978-2018. Libro-Homenaje a Luis López Guerra*, Tomo II, Valencia, Tirant lo Blanch, pp. 2134-2145.

SÁENZ ROYO, Eva (2018), «La financiación autonómica después de 40 años. Laberinto inextricable y reforma imprescindible», en Rafael RUBIO NÚÑEZ, Benigno PENDÁS GARCÍA (dirs.). *España constitucional (1978-2018): trayectorias y perspectivas*, Vol. 5, pp. 4377-4389.

SÁENZ ROYO, Eva (2016) «La financiación autonómica: un diagnóstico desde la perspectiva constitucional», en José TUDELA ARANDA, Carlos GARRIDO LÓPEZ (coords.), *La organización territorial del Estado, hoy (Actas del XIII Congreso de la Asociación de Constitucionalistas de España)*, Valencia, Tirant lo Blanch, pp. 91-119.

SÁENZ ROYO, Eva (2014), *Desmontando mitos sobre el Estado autonómico*, Madrid, Marcial Pons.

SEVILLA SEGURA, José Víctor (2005), «Saldos fiscales y solidaridad interterritorial», en José María DURÁN CABRÉ, Núria BOSCH ROCA (coords.), *La financiación de las comunidades autónomas: políticas tributarias y solidaridad interterritorial*, Barcelona, Universidad de Barcelona, pp. 251-262.

SOLER ROCH, Mª Teresa (2012), «Prólogo», en Aurora RIBES RIBES, *Poder normativo autonómico y tributos cedidos*, Valencia, Tirant lo Blanch.

SOLOZÁBAL ECHEVARRÍA, Juan José (2014), «Una propuesta de cambio federal», en Juan José SOLOZÁBAL ECHEVARRÍA (ed.), *La Reforma federal: España y sus siete espejos*, Madrid, Biblioteca Nueva, pp. 19-68.

TORNOS MAS, Joaquín (2010), «El estatuto de autonomía de Cataluña y el Estado Autonómico, tras la sentencia del Tribunal Constitucional 31/2010», *El Cronista del Estado Social y Democrático de Derecho*, núm. 15, pp. 18-25.

UTRILLA DE LA HOZ, Alfonso (2005), «La solidaridad interterritorial en el sistema de financiación foral», en José María DURÁN CABRÉ, Núria BOSCH ROCA (coords.), *La financiación de las comunidades autónomas: políticas tributarias y solidaridad interterritorial*, Barcelona, Universidad de Barcelona, pp. 203-220.

VIDAL PRADO, Carlos (2005), «Principio de solidaridad y financiación autonómica», en Manuel José TEROL BECERRA, *El estado autonómico "in fieri": la reforma de los estatutos de autonomía*, Junta de Andalucía, Instituto Andaluz de Administración Pública, pp. 389-399.

VVAA. (2012), «Encuesta sobre la reforma de la Constitución», *Teoría y Realidad Constitucional*, núm. 29, pp. 11-76.

VILALTA FERRER, Maite (2005), «La reforma del sistema de financiación de las comunidades autónomas», en José Mª VIDAL BELTRÁN, Miguel Ángel GARCÍA HERRERA, *El estado autonómico: integración, solidaridad, diversidad*, Vol.1, Madrid, INAP, pp. 635-651

ZORNOZA PÉREZ, Juan (2018), «Artículo 156», Pablo PÉREZ TREMPS, Alejandro SAIZ ARNAIZ (dirs.), *Comentario a la Constitución española. Cuarenta aniversario 1978-2018. Libro-Homenaje a Luis López Guerra*, Tomo II, Valencia, Tirant lo Blanch, pp. 2117-2131.

Estado social autonómico y reforma constitucional: debates cerrados, debates inconclusos y nuevos debates después de más de cuarenta y cinco años de vigencia constitucional

EVA SÁENZ ROYO
Universidad de Zaragoza

RA AUTONÓMICA Y SUS (DISCUTIDOS) LÍMITES. 4.3. LA FINANCIACIÓN DEL SISTEMA SANITARIO. 5. EDUCACIÓN: LOS PRINCIPALES DEBATES SUSCITADOS EN TORNO A LA DISTRIBUCIÓN COMPETENCIAL Y FINANCIERA. 5.1. LA (¿INSUFICIENTE?) EXTENSIÓN DE LA LEGISLACIÓN BÁSICA EN LA FIJACIÓN CURRICULAR Y SU FALTA DE CONTROL. ESPECIAL DISCUSIÓN SOBRE LA PROTECCIÓN DEL CASTELLANO. 5.2. LAS BECAS ESTATALES EN LOS PRESUPUESTOS GENERALES DEL ESTADO: REGULACIÓN Y FINANCIACIÓN ESTATAL; ¿GESTIÓN DESCENTRALIZADA? 5.3. BECAS Y AYUDAS AUTONÓMICAS: ¿SIGUIENDO LA NORMATIVA ESTATAL DE BECAS? 5.4. LA FALTA DE TRANSPARENCIA EN LOS PRESUPUESTOS EDUCATIVOS. 6. CONCLUSIONES. BIBLIOGRAFÍA.

1. INTRODUCCIÓN

Las relaciones entre Estado social y el Estado autonómico han sido objeto de análisis en nuestro país de manera tardía y fundamentalmente de una forma tangencial. En este sentido, son abundantes los análisis jurídicos sobre concretas políticas sociales y el papel de las autonomías, pero escasea la literatura especializada que aborde la interrelación de una manera global[1]. A ello se añade la desconexión total existente hoy en día entre la literatura jurídica y la económica en un campo como el bienestar social donde ambas dimensiones deben ir de la mano.

Desde mi punto de vista, todo análisis del Estado social autonómico debe plantearse a partir de una doble perspectiva: la

---

[1] Podemos encontrar los siguientes estudios en los que se interrelacionan los dos principios: Antonio J. PORRAS NADALES (1997); Juan José SOLOZÁBAL ECHEVARRÍA (1999); Gerardo RUIZ-RICO RUIZ (2002); María Concepción PÉREZ VILLALOBOS (2002); Miguel Ángel GARCÍA HERRERA (2002); Eva SÁENZ ROYO (2003); Remedio SÁNCHEZ FÉRRIZ (2005); Andoni PÉREZ AYALA (2005); Ainhoa LASA LÓPEZ (2005); Vicente J. NAVARRO MARCHANTE y Gerardo PÉREZ SÁNCHEZ (2012); Joaquín TORNOS MAS (2016); Aida TORRES PÉREZ (2017); Tomás DE LA QUADRA-SALCEDO JANINI (2017).

competencial y la financiera. Quién tiene la competencia para decidir una prestación social y quién debe financiarla en nuestro Estado Autonómico han de ser las principales cuestiones que han de plantearse. A lo largo de este artículo veremos los diferentes puntos de vista que estas cuestiones han suscitado en la literatura especializada en las diferentes políticas prestacionales. Veremos, pues, los principales debates y las diferentes perspectivas que esta materia ha suscitado durante los más de cuarenta y cinco años de vigencia de la Constitución de 1978.

2. PRESTACIONES CONTRIBUTIVAS: LOS PRINCIPALES DEBATES SUSCITADOS EN TORNO A LA DISTRIBUCIÓN COMPETENCIAL Y FINANCIERA

Al Estado le corresponde la competencia exclusiva en materia de régimen económico de la Seguridad Social (artículo 149.1.17). Esto se ha traducido en la práctica en una competencia exclusiva del Estado en materia de prestaciones contributivas: la llamada caja única. Actualmente el Estado tiene competencia exclusiva (normativa y de ejecución) respecto a las pensiones contributivas y a las prestaciones por desempleo.

En los debates constituyentes se plantearon diversas alternativas. Desde su centralización tanto legislativa como ejecutiva[2], pasando por la atribución al Estado de toda la competencia normativa[3], hasta la reserva estatal sólo de las bases y a los Te-

---

2 *Vid.* Voto Particular núm. 14 que presenta Fraga Iribarne como portavoz del Grupo Parlamentario de Alianza Popular al Anteproyecto de la Constitución elaborado por la Ponencia.

3 *Vid.* Voto Particular del Grupo Parlamentario Socialistas del Congreso al artículo 138 del Anteproyecto; las Enmiendas presentadas al artículo 138 del Anteproyecto núm. 309 (Grupo Parlamentario Socialistes de Catalunya) y 357 (Grupo Socialista del Congreso). En esta línea puede situarse el informe de la Ponencia designada para estudiar las

rritorios Autónomos del desarrollo legislativo y la ejecución[4]. Finalmente se termina otorgando al Estado la «legislación básica y el régimen económico de la Seguridad Social, sin perjuicio de la ejecución de sus servicios por las CCAA»[5].

Según ha interpretado el TC, en materia de régimen económico de la Seguridad Social, el Estado retiene todas las potestades normativas (STC 27/1983, FJ 1). Pero además de la legislación, puede comportar la atribución de las competencias de ejecución necesarias para configurar un sistema materialmente unitario (SSTC 124/1989, FJ 3; 195/1996, FJ 6; 40/2014; 7/2016).

---

enmiendas al Anteproyecto de Constitución que da nueva redacción a la competencia exclusiva estatal en Seguridad Social y elimina el calificativo «básico», atribuyendo al Estado la legislación entera (Boletín Oficial de las Cortes de 17 de abril de 1978). El Grupo Parlamentario de Alianza Popular avanza respecto a su posición inicial y se suma a esta línea cuando en el Debate en la Comisión de Asuntos Constitucionales y Libertades Públicas celebrado el 15 de junio de 1978, Silva Muñoz propone que el ahora artículo 141.16 atribuya al Estado la competencia exclusiva en «la Seguridad Social, sin perjuicio de la ejecución de sus servicios por las comunidades autónomas».

4 *Vid.* las Enmiendas presentadas al artículo 138 del Anteproyecto núm. 101 (de los Diputados Josep Verde i Aldea, Jon Paredes i Hernández y Josep Pau Pernau, pertenecientes a Minoría Catalana), 202 (Grupo Parlamentario de la Minoría Catalana) y 665 (Grupo Parlamentario Vasco y defendida por Vizcaya Retana en el Debate en la Comisión de Asuntos Constitucionales y Libertades Públicas celebrado el 15 de junio de 1978).

5 Esta redacción ya aparecía en el artículo 138.19 del Anteproyecto de la Constitución (BOE de 5 de enero de 1978). Defendida por Martín Toval en la Enmienda «in voce» presentada por el Grupo Parlamentario Socialistas de Cataluña en el Debate en la Comisión de Asuntos Constitucionales y Libertades Públicas (Diario de Sesiones del Congreso de los Diputados de 15 de junio de 1978), se mantendrá sin apenas cambios hasta su redacción definitiva.

La atribución al Estado de competencias exclusivas sobre el régimen económico de la Seguridad Social —y, por tanto, de las prestaciones contributivas— preserva la vigencia efectiva de los principios de caja única y solidaridad financiera, lo que conlleva la titularidad estatal de todos los fondos de la Seguridad Social y la disponibilidad directa del Estado sobre estos fondos (STC 133/2019).

Doctrinalmente no existe una discusión competencial en esta materia y parece estar bastante clara la competencia exclusiva del Estado y su responsabilidad financiera. No obstante, en la práctica son dos las cuestiones que se suscitan. Por una parte, si las CCAA pueden mejorar las pensiones contributivas con cargo a sus presupuestos autonómicos. Por otra parte, si es posible trasladar la gestión de las cotizaciones y las prestaciones de los trabajadores y los pensionistas a las CCAA.

2.1. *¿Son posibles los complementos autonómicos a pensiones contributivas?*

Legalmente se niega esta posibilidad (artículo 42.4 LGSS), pero en la práctica se reconocen algunos complementos.

En julio de 2003 el PNV presentó una moción en las Juntas Generales de Álava reclamando sólo para los perceptores de pensiones de viudedad unos incrementos con los que equiparar dichas pensiones al Salario Mínimo Interprofesional (SMI). En octubre de 2003, el denominado Grupo Mixto-Unidad Alavesa presenta una proposición de norma foral con parecidos propósitos a la moción del PNV igualando las pensiones de viudas y viudos al SMI. Finalmente, se aprobó la Norma Foral 28/2005, de 20 de junio, por la que se establecía la normativa y bases reguladoras de la prestación asistencial de mejora de las condiciones y calidad de vida para las personas que dispongan de una *pensión contributiva* inferior al salario mínimo interprofesional vigente el 1 de enero de 2005 y que preveía complementar en ese territorio las pensiones contributivas cuya cuantía no alcance el SMI. En agosto el Ministro de Trabajo y Asuntos Sociales presentó un requerimiento a las Juntas para que deje sin efecto la norma foral aprobada so pena de acudir a los tribunales para lograrlo. El Tribunal Superior de Justicia del País Vasco suspendió la norma foral invasora al ser interpuesto un recurso por el Partido Popular. Finalmente se aprobó la Norma Foral 56/2005, de 21 de noviembre, de modificación de la Norma Foral 28/2005, de 20 de junio, por la que se establece la normativa y bases reguladoras de la prestación asistencial de mejora de las condiciones y calidad de vida para las personas que dispongan de una *renta* inferior al salario mínimo interprofesional vigente el 1 de enero de 2005. Como se puede observar se evita el concepto de *pensión contributiva* y se sustituye por el de *renta*, pero los beneficiarios son los mismos, según el artículo 3 «todas las personas que dispongan de una renta inferior al salario mínimo interprofesional vigente en el año natural, siempre que no proceda de rentas del trabajo».

Semejante es el caso de los complementos previstos en Cataluña a las pensiones de viudedad. El artículo 20 de la Ley catalana 13/2006, de 27 de julio, de prestaciones sociales de carácter económico, prevé un complemento a las pensiones de viudedad y a favor de familiares previstas en la Seguridad Social en aquellos casos que se carezca de un nivel de ingresos. Las discrepancias entorno a esta posibilidad se manifestaron mediante el acuerdo de la Comisión Bilateral de Cooperación Administración General del Estado-Generalidad de Cataluña de 16 de abril de 2007, por el que el gobierno catalán se comprometió a promover la modificación de dicho precepto, suprimiendo las referencias expresas a las prestaciones del sistema de Seguridad Social. Esta reforma se acometió mediante Ley 5/2007, de 4 de julio, de medidas fiscales y financieras y en el artículo se elimina efectivamente la referencia a las pensiones de viudedad apareciendo como una ayuda para el mantenimiento del hogar familiar en caso de fallecimiento del cónyuge o familiar[6]. No obstante, se añade una DA 2 a la Ley 13/2006 por la cual se presume salvo prueba en contra la necesidad que da derecho a la prestación en caso de obtener una pensión de viudedad, lo cual no lo convierte en la práctica sino en un complemento a la misma.

Esta vez sin controversia jurídica, en Murcia se aprobó el posible complemento a prestaciones contributivas por la Orden de 2 de enero de 2005 de la Consejería de Trabajo y Política Social de la Región de Murcia.

El reconocimiento en la práctica de la posibilidad autonómica de mejora de una pensión contributiva exigiría de un debate para su posible reconocimiento jurídico que actualmente no está presente. Solo algunos autores han afirmado claramente la constitucionalidad de que las CCAA mejoren las pensiones contributivas con sus propios presupuestos autonómicos, fundamentándolo o bien en la competencia autonómica de Asistencia Social[7] o bien en la de desarrollo legislativo de la Seguridad Social del artículo 149.1.17[8].

---

6 Artículo 20: «Prestación para el mantenimiento de gastos del hogar para determinados colectivos 1. Se crea una prestación de derecho subjetivo para las personas que no pueden atender con sus ingresos los gastos propios del mantenimiento del hogar habitual, por el hecho de que el cónyuge, o el familiar hasta el segundo grado de consanguinidad o afinidad, con quien compartían estos gastos ha muerto. Esta prestación tiene como finalidad garantizar el uso de la vivienda habitual facilitando una vida independiente. 2. Tienen derecho a ser beneficiarios de la prestación regulada por este artículo las personas que acrediten tener que hacer frente con sus únicos ingresos al mantenimiento del hogar habitual que compartían con el cónyuge o familiar que ha muerto y siempre que dependiesen económicamente de estos».

7 Borja SUÁREZ CORUJO (2006), pp. 238-239, 267-268, 295-297.

8 Eva SÁENZ ROYO (2003), 209.

2.2. ¿Es posible descentralizar la gestión de las pensiones contributivas?

El origen de la discusión se sitúa en el propio texto constitucional que establece que es competencia exclusiva del Estado la «legislación básica y régimen económico de la Seguridad Social, sin perjuicio de la ejecución de sus servicios por las comunidades autónomas».

Sin embargo, actualmente al Estado le corresponden todas las funciones ejecutivas relativas al patrimonio de la Seguridad Social (su función recaudatoria) realizada por la Tesorería General de la Seguridad Social (TGSS)[9] y la gestión de sus fondos con destino al pago de las prestaciones económicas resultantes de su acción protectora a través del Instituto Nacional de la Seguridad Social (INSS).

Políticamente se está negociando traspasar la gestión de las cotizaciones y las prestaciones al País Vasco. Concretamente se habla la subrogación de las instituciones autonómicas en la posición que ocupa la Tesorería General de la Seguridad Social en materia de inscripción de empresas, afiliación, altas y bajas, gestión y recaudación de cotización, su aplazamiento y el pago de las pensiones. Esta opción estaría avalada a primera vista tanto jurisprudencial como legalmente.

El TC ha admitido que en el ejercicio de la función recaudatoria cabe como posibilidad que el Estado encomiende a las CCAA «funciones delegadas de recaudación» de los ingresos

---

[9] La afiliación, altas y bajas, la gestión y control de la cotización, la recaudación de las cuotas y demás recursos de financiación del sistema de la Seguridad Social, el aplazamiento y fraccionamiento de las cuotas, la disponibilidad directa sobre esos fondos propios a través de la Tesorería General de la Seguridad Social o la potestad sancionatoria sobre las infracciones que recaen directamente sobre la actividad económica de la Seguridad Social (*Vid.* SSTC 124/1989, FFJJ 5 y 6; 195/1996, FJ 8).

estatales de Seguridad Social, siempre y cuando las cantidades recaudadas se ingresen en su totalidad en las cuentas de la TGSS. Si el Estado les encomendase las mencionadas funciones delegadas de recaudación «ello sólo sería compatible con la Constitución en tanto que quedara asegurado el que los fondos recaudados fluyeran automáticamente a la caja única centralizada de la Tesorería General de la Seguridad Social, sin retenciones de ningún género y sin posibilidad alguna de constituir fondos autonómicos separados del patrimonio único en que tales fondos se integran» (STC 124/1989). Además, el TC define como actuaciones «instrumentales» los actos relacionados con la inscripción de empresas, y la afiliación, altas y bajas de trabajadores. Respecto a estos actos considera que la TGSS sólo puede disponer de una «facultad de supervisión», siendo su ejecución competencia de las CCAA al considerarlos «deberes no inmediatamente económicos» (STC 195/1996, FJ 4).

Legalmente, según el Estatuto vasco, corresponde a la comunidad autónoma la competencia sobre el desarrollo legislativo y la ejecución de la legislación básica del Estado, salvo las normas que configuran el régimen económico de la misma, así como la gestión del régimen económico de la seguridad social (18.2 artículo). Aunque este artículo y la Disposición Transitoria Quinta atribuyen a ésta la «gestión económica» de la Seguridad Social, esta previsión no ha sido aplicada hasta la actualidad, con el argumento de la «caja única».

En todo caso, tal y como señala la STC 133/2019,

> «las concretas facultades que integran la competencia estatutaria de gestión del régimen económico de la Seguridad Social serán sólo aquellas que no puedan comprometer la unidad del sistema o perturbar su funcionamiento económico uniforme, ni cuestionar la titularidad estatal de todos los recursos de la Seguridad Social o engendrar directa o indirectamente desigualdades entre los ciudadanos en lo que atañe a la satisfacción de sus derechos y al cumplimiento de sus obligaciones de seguridad social. Tales facultades autonómicas deben, en suma, conciliarse con las competencias exclusivas que sobre

> la gestión del régimen económico la Constitución ha reservado al Estado, en garantía de la unidad y solidaridad del sistema público de Seguridad Social».

En este ámbito, existe una discrepancia doctrinal en torno a los efectos sobre la caja única que podría tener una gestión autonómica. Mientras que hay autores que no consideran la existencia de peligros claros a una recaudación y pago autonómico de las prestaciones contributivas[10], otros consideran que en la práctica rompería la unidad del sistema[11]. Una parte de la doctrina admite ciertas competencias autonómicas, pero muy residuales. Para algunos autores, parece aplicable en la materia la regla del artículo 156.2 CE, de modo que las CCAA sí pueden actuar como delegados o colaboradores del Estado «para la recaudación, la gestión y la liquidación de los recursos tributarios de aquél, de acuerdo con las leyes y los Estatutos». Parece que tal posibilidad también pueda ofrecerse en orden a los recursos económicos de la Seguridad Social, siempre que el órgano delegado de la recaudación de las cuotas de la Seguridad Social las ponga inmediatamente a disposición de la Tesorería General[12]. Para otros autores, respecto a las tareas instrumentales de inscripción de empresas, afiliación, altas o bajas de los trabajadores deben seguir siendo responsabilidad estatal por cuanto lo contrario supondría una interferencia en el régimen económico unitario de la Seguridad Social, limitándose la facultad de las CCAA para las gestiones meramente ad-

---

10 Eduardo ROJO TORRECILLA (2020), p. 227.

11 Luis Ángel LÓPEZ PRIETO y otros (2020); FEDECA (2020).

12 Quedaría así neutralizada la tentación de retener dentro del territorio de la Comunidad los ingresos que son jurídicamente estatales, tentación que siempre podrá encontrar una justificación dado que el nivel de satisfacción de las necesidades sociales de la propia población de la Comunidad nunca será completa. Efrén BORRAJO DACRUZ (1990), p. 35-37.

ministrativas de toma de datos, intermediadoras, sin que puedan realizar valoraciones sobre el fondo de las solicitudes[13].

3. ASISTENCIA SOCIAL: LOS PRINCIPALES DEBATES SUSCITADOS EN TORNO A LA DISTRIBUCIÓN COMPETENCIAL Y FINANCIERA

La Asistencia Social ha sido tradicionalmente entendida como la protección social destinada a los pobres y personas con especiales dificultades de integración. Viene integrada por prestaciones de carácter técnico y personalizadas —Servicios Sociales en sentido estricto— o prestaciones de carácter económico (por ejemplo, las rentas o ingresos mínimos de inserción).

Curiosamente la Constitución española excluyó al Estado de toda competencia en asistencia social y otorgó la competencia a las comunidades autónomas. Una materia sobre la que hasta ese momento existía una regulación central y uniforme en todo el Estado, se convertía con la aprobación de la Constitución española y sobre todo con la de los Estatutos de Autonomía, en una materia de competencia exclusiva de las CCAA y, por tanto, de posible regulación diversa dentro del territorio del Estado. Las razones que llevan a semejante radicalidad, en el sentido de no reservar al Estado aparentemente ninguna posibilidad de actuación, no se deducen claramente de los debates constituyentes. Tal previsión desde que se establece en el Dictamen de la Comisión de Asuntos Constitucionales y Libertades Públicas sobre el Anteproyecto de Constitución no es objeto de discusión. Ello a pesar de que parecía compartirse por parte tanto de Alianza Popular como por los socialistas, e incluso por Minoría Catalana, la necesidad de reservar al Estado una regulación básica en dicha materia.

---

13 Javier AIBAR BERNARD (2021), pp. 17-18.

Si realmente existió en el momento de elaboración de la Constitución alguna razón para excluir al Estado en esta materia, que damos por supuesto que la hubo en aplicación del llamado por economistas y sociólogos «principio de caridad», no se me ocurre otra que la de considerar la Asistencia Social como algo residual y excepcional en un modelo constitucional de Estado social basado en el pleno empleo. Apreciación, sin duda, que la práctica posterior ha desmentido, ya que la Asistencia Social cobra una importancia renovada, sobre todo en momentos de crisis como los que hoy vivimos en los que aparecen nuevos fenómenos de marginalidad y exclusión.

La evolución histórica de estos más de cuarenta y cinco años ha demostrado la necesidad de intervención desde el centro en esta materia. En las sucesivas intervenciones en materia de Asistencia Social por parte del Estado no se ha discutido que pueda intervenir en la materia. Los debates que se han suscitado se centran en: cuál es el título competencial del Estado (el principio de supletoriedad, el artículo 149.1.17 o el artículo 149.1.1 CE); la interpretación del artículo 149.1.17 y la posible gestión de las CCAA (distinción o no entre legislación básica y régimen económico); y la posibilidad o no de mejora por parte de las CCAA de las prestaciones asistenciales previstas por el Estado. Veamos la diferente forma en la que se han resuelto estas cuestiones a lo largo del tiempo.

3.1. La intervención del Estado en Asistencia Social a partir del principio de supletoriedad

En una materia sobre la que se pasaba de la centralización absoluta a la mayor descentralización posible, es lógico pensar que durante un período transitorio (hasta que las CCAA hicieran uso de sus competencias) quedaba por determinar la vigencia de toda una legislación estatal sobre la materia. En este sentido existía, por ejemplo, la Ley 45/1960 que preveía pensiones asistenciales para ancianos y enfermos incapacitados. La vigencia de estas normas se mantuvo y el Estado siguió aprobando normas en la materia. Así lo hizo al aprobar el Real Decreto 2620/1981, de 24 de julio, que preveía pensiones asistenciales, permitiendo la concesión y gestión de las mismas a las CCAA.

El Estado siguió actuando competencias que ya no le correspondían encontrando la base para dictar esas normas en una interpretación del principio de supletoriedad entendido como un título competencial. En esta línea, aprobará ayudas asistenciales a discapacitados, personas afectadas por el VIH o subvenciones a instituciones en el ámbito de la discapacidad o en el más amplio de la acción social[14]. Incluso, desde la Ley 33/1987, de 23 de diciembre, se prevé que un porcentaje de la cuota íntegra del IRPF que va a parar a las arcas del Estado central se destinaría a «fines de interés social», específicamente a programas —a partir de 1991 no sólo de carácter nacional[15]— dirigidos a sectores sociales especialmente vulnerables (ancianos, discapacitados, drogodependientes, etc.)[16]; y para más ahondamiento, se crea el Ministerio de Asuntos Sociales (Real

---

14 Ley 13/1982, de 7 de abril; Real Decreto 620/1981, de 5 de febrero -derogado por Real Decreto 946/2001, de 3 de agosto-; RD-Ley 9/1993, de 28 de mayo; Resoluciones dictadas por la Dirección General de Acción Social del Ministerio de Trabajo y Seguridad Social de 14 de septiembre de 1983 y de 2 de enero de 1985.

15 Real Decreto 223/1991, de 22 de febrero, por el que se modifica el artículo 2 del Real Decreto 825/1988, de 15 de julio, que regula los fines de interés social de la asignación tributaria del IRPF, y los artículos 1 y 2 b) del Real Decreto 195/1989, de 17 de febrero, por el que se establecen los requisitos y procedimientos para solicitar ayudas para dicha asignación.

16 Así lo determina el artículo 2 del Real Decreto 825/1988, de 15 de julio, por el que se regulan los fines de interés social de la asignación tributaria del Impuesto sobre la Renta de las Personas Físicas y el artículo 3 del Real Decreto 195/1989, de 17 de febrero, por el que se establecen los requisitos que deben cumplir las organizacio-

Decreto 727/1988, de 11 de julio), que sería el encargado de conceder estas ayudas de acción social a partir de la asignación tributaria del IRPF para fines de interés social.

A la vista de todas estas actuaciones y la creación de todo un Ministerio, no parece que se trate, como se sugería en un principio, de una actuación transitoria, en espera a su regulación por las comunidades autónomas. Se trataba ya de una intervención estatal en Asistencia Social que se consideraba no transitoria e independiente a las posibles intervenciones autonómicas. No obstante, se trata de una intervención que, a partir de las SSTC 118/1996 y 61/1997, queda claro que no puede legitimarse a través del principio de supletoriedad.

Según la interpretación que hace hoy el Tribunal Constitucional del principio de supletoriedad, que sería el aplicable en este caso, la aprobación de cada uno de los EEAA y la asunción por parte de cada comunidad autónoma de la competencia en Asistencia Social supondría la desaparición de dichas prestaciones o, al menos, la cesación en la concesión de nuevas[17]. Es

---

nes o entidades sociales para solicitar estas subvenciones estatales así como el procedimiento para la obtención de las mismas.

17 La difícil interpretación del significado del principio de supletoriedad contenido en el último inciso del artículo 149.3 CE se pone de manifiesto en la discusión doctrinal que hubo sobre el mismo, así como en la evolución de la jurisprudencia constitucional. No obstante, a la luz precisamente de esta evolución, marcada fundamentalmente por las SSTC 118/1996 y 61/1997, puede afirmarse que este principio no puede utilizarse como título competencial del Estado y regular materias que los Estatutos de Autonomía asumen como propias, incluso en el caso de competencias compartidas. Entre los muchos trabajos tanto de administrativistas como constitucionalistas sobre este principio me gustaría destacar los de Francisco BALAGUER CALLEJÓN (1991); Javier BARNES VÁZQUEZ (1997); Paloma BIGLINO CAMPOS (1997) o Eduardo GARCÍA DE ENTERRÍA (1997). Entre los autores que más han tratado el tema y con una interpretación del principio claramente diferente destacan las

decir, aunque las CCAA, asumida su competencia estatutariamente en Asistencia Social, no prevean prestaciones asistenciales para enfermos e incapacitados, el Estado no podría hacerlo ya que en ese caso estaría empleando el principio de supletoriedad del artículo 149.3 CE como título competencial sustantivo.

3.2. La Ley 26/1990, de 20 de diciembre, de pensiones no contributivas: la utilización del artículo 149.1.17 CE, la financiación estatal, la gestión autonómica y las dudas sobre la posible mejora autonómica de las pensiones no contributivas

A través de la Ley 26/1990, de 20 de diciembre (en adelante, LPNC), se declararon las pensiones asistenciales para ancianos y discapacitados, financiadas por el Estado y ahora ya alegando la competencia estatal en Seguridad Social (artículo 149.1.17 CE). Con la aprobación de esta ley nos encontramos por primera vez y a efectos de legitimar la intervención estatal en materia de Asistencia Social con la definición legislativa de una materia competencial —la Seguridad Social—. Mediante esta legislación el legislador del centro hace una interpretación amplia del concepto de Seguridad Social del artículo 149.1.17 CE, de manera que incluye en él pensiones tradicionalmente asistenciales[18]. Legislativamente se prevé su gestión por parte de las CCAA (DA 4 Ley 26/1990, de 20 de diciembre; 373 Texto Refundido LGSS, RDL 8/2015, de 30 de octubre).

---

obras de Iñaki LASAGABASTER HERRARTE (1999) o Javier TAJADURA TEJADA (2006).

[18] Parte de la doctrina ya había considerado la posibilidad de incluir en el concepto de Seguridad Social del artículo 149.1.17 CE las pensiones no contributivas. *Vid.* Ángel GARCÉS SANAGUSTÍN (1996), pp. 176-180; José María BAÑO LEÓN y Rafael de LORENZO GARCÍA (1991), pp. 129 ss.

Doctrinalmente se apoya la intervención estatal en materia de Asistencia Social a partir del artículo 149.1.17, aunque dentro de esta opción existen algunas variantes en función de la posible mejora de las comunidades autónomas. Por una parte, están aquéllos que consideran que la delimitación legislativa del concepto de Seguridad Social supone una merma automática del concepto de Asistencia social y las prestaciones asistenciales al pasar al sistema de Seguridad Social no pueden ser mejoradas por las CCAA[19]. Por otra parte, aquellos otros que consideran que la delimitación legislativa del concepto de Seguridad Social no implica reducción automática de la Asistencia Social y justifican la mejora en las prestaciones asistenciales estatales por las CCAA en virtud de su competencia en Asistencia Social[20]. Hay otra parte de la doctrina que apoya también la intervención estatal en materia de Asistencia Social, pero a partir del artículo 149.1.1 CE. Según esta doctrina, no habría inconveniente en, una vez que el Estado fijara una cuantía mínima de las prestaciones asistenciales para todo el territorio, las CCAA mejoren la misma en virtud de su capacidad de desarrollo de la regulación estatal (artículo 149.1.1 CE) y de su competencia en Asistencia Social (artículo 148.1.20 CE) [21].

La intervención estatal en pensiones no contributivas a partir del título competencial de Seguridad Social ha sido avalada claramente por la jurisprudencia del Tribunal Constitucional. También ha sido avalada la gestión autonómica de las prestaciones no contributivas, que en la práctica la han asumido to-

---

19 En esta línea Fco. Javier FERNÁNDEZ ORRICO (2002); Manuel ALONSO OLEA (2003); Miguel RODRÍGUEZ-PIÑERO Y BRAVO-FERRER, M. (2003).

20 Bernardo GONZALO GONZÁLEZ (2000); Ángel GARCÉS SANAGUSTÍN (1996), p. 192; Emilio PALOMO BALDA (2003), p. 35; Magdalena NOGUEIRA GUASTAVINO (2003), pp. 2, 17; Luis Esteban DELGADO DEL RINCÓN, (2023), nota 19, p. 56; p. 62.

21 Eva SÁENZ ROYO (2003); Eva SÁENZ ROYO (2009).

das las CCAA. Este modelo de descentralización en la gestión no ha estado exento de problemas ya que en su aplicación las autonomías utilizaron diferentes criterios respecto al cómputo de las rentas, su imputación o las reglas de cálculo, provocando diferencias en el reconocimiento de las pensiones no contributivas. Esto dio lugar a un elevado número de sentencias del Tribunal Supremo, exigiendo una revisión de la normativa estatal en 2009[22]. Con ello resulta evidente que un modelo de gestión descentralizada exige de una necesaria evaluación de la aplicación por las instancias centrales que no siempre es fácil.

Sobre las posibles mejoras a esas pensiones estatales por parte de las CCAA la jurisprudencia constitucional ha mantenido una posición ambigua que ha terminado precisando el legislador.

Entiende el Tribunal Constitucional que el legislador puede hacer una interpretación amplia del concepto de Seguridad Social del artículo 149.1.17 CE. Para perfilar el concepto de Seguridad Social presente en el artículo 149.1.17 CE, diferenciado del de asistencia social del artículo 148.1.20 CE, el TC se remite a lo que establezca la legislación general. Se concibe la Seguridad Social como un sistema de configuración legal donde la incorporación o no de medidas hasta el momento asistenciales depende de la voluntad legislativa.

Así se pronunció en la STC 76/1986. En este sentido señala que «De la legislación vigente se deduce la existencia de una asistencia social externa al sistema de Seguridad Social, y no integrada en él» que es a la que se refiere el artículo 148 CE. «En el momento actual —con independencia de que la evolución del sistema de Seguridad Social pueda ir en la misma dirección— es característica de la asistencia social su sostenimiento al margen de toda obligación contributiva o previa colaboración económica de los destinatarios o beneficiarios» (FJ

---

22 Enrique MARTÍN-SERRANO JIMÉNEZ (2018), pp. 175-180.

6). Por tanto, el carácter contributivo es el criterio delimitador de la competencia en Seguridad Social, pero sólo mientras el legislador estatal así lo siga manteniendo.

La STC 239/2002, admite que históricamente y en el momento constituyente la diferencia entre la Seguridad Social y la asistencia social radicaba en que la primera se condicionaba a la previa contribución de sus beneficiarios y no así la segunda. Pero considera que el artículo 41 CE introduce un cambio innovador, consistente en lo esencial en la estatalización de la Seguridad Social. Es decir, que es el artículo 41 CE el que permite que el título competencial en materia de Seguridad Social sea delimitado legislativamente (FFJJ 3 y 5). En este sentido, admite que existe una asistencia social «interna» al sistema de Seguridad Social y otra «externa» de competencia exclusiva de las CCAA (FFJJ 5, 6 y 7). En el mismo sentido, STC 33/2014.

En la STC 239/2002, no se llega a admitir de manera general la posible mejora de las mismas pensiones por parte de las CCAA. La constitucionalidad del complemento económico extraordinario para las pensiones no contributivas aprobado por la Junta de Andalucía por Decretos 284/1998, de 29 de diciembre, y 62/1999, de 9 de marzo, se fundamenta en su «no interferencia» ni en el régimen jurídico básico de la Seguridad Social, ni en la de su régimen económico (FJ 7). Y esta «no interferencia» la basa en el hecho de que las ayudas sean de carácter extraordinario y de pago único y de que se financien con los créditos de los presupuestos autonómicos (FJ 8). No queda resuelto si una ayuda de carácter permanente pagada por presupuestos autonómicos sería igualmente constitucional.

Tras dicha sentencia, el legislador estatal primero prohibió expresamente la posibilidad de mejoras autonómicas a las pensiones no contributivas por Ley 52/2003, de 10 de diciembre, y luego previó por Ley 4/2005, de 22 de abril, su posible mejora con un límite. Actualmente se reconoce legalmente la posibilidad de mejora con un límite (364.2 LGSS) y son varias las CCAA que reconocen complementos a las mismas.

3.3. Ley 39/2006, de 14 de abril, de Promoción de la Autonomía Personal y Atención a las personas en situación de dependencia: la intervención estatal a partir del artículo 149.1.1 CE, la financiación estatal del mínimo común, la gestión autonómica y la posible mejora autonómica

La siguiente intervención estatal en materia de Asistencia Social será la Ley 39/2006, de 14 de abril, de Promoción de la Autonomía Personal y Atención a las personas en situación de dependencia, en adelante Ley de Dependencia. Esta Ley desarrolla políticas que tratan de atender a unas situaciones de necesidad determinadas sin necesidad de previa contribución. Al objetivar las situaciones de necesidad con el reconocimiento de diversos grados de dependencia y no condicionarse su reconocimiento a las partidas presupuestarias anualmente establecidas, se configuran estas ayudas como derechos subjetivos perfectos y no de concesión discrecional, lo que venía a ser tradicional en el ámbito de la Asistencia Social, aunque no definidor de ella. Dicho brevemente, se prevé en esta ley que, en determinadas situaciones de necesidad, las situaciones de dependencia, el Estado establezca una protección mínima a cargo de los Presupuestos Generales del Estado, y mediante un acuerdo entre el Estado y cada comunidad autónoma se podrá ampliar el mínimo estatal establecido financiado conjuntamente entre el Estado y la comunidad autónoma en cuestión. Concretamente para atender a estas situaciones de dependencia se prevén o bien servicios, como la teleasistencia, ayuda a domicilio, centros de día, de noche, de atención especializada y centros residenciales, o bien las prestaciones económicas correspondientes. Pues bien, esta intervención desde el centro el legislador estatal la justifica exclusivamente en el artículo 149.1.1 CE (DF 8).

Autores han considerado que podría haberse vuelto a utilizar el artículo 149.1.17 CE[23] o han criticado el uso del artículo 149.1.1 CE[24]. No obstante, ya tempranamente la STC 13/1992, legitimó la fijación por el Estado de la cuantía y límite de edad de los beneficiarios de pensiones asistenciales en el artículo 149.1.1 CE. También más tarde el Tribunal Constitucional ha amparado la intervención estatal en materia de dependencia en este artículo 149.1.1 CE (por todas STC 18/2016, FJ 7 b). Igualmente, autores defienden la preferencia de este título competencial para legitimar la intervención del Estado en materias típicamente asistenciales, reconociendo que las CCAA mantienen intactas sus competencias en la materia y, por tanto, su capacidad de mejora[25]. En el ámbito de la dependencia, con el uso del artículo 149.1.1 CE, no se han planteado dudas sobre la posible mejora autonómica y su gestión descentralizada.

Una de las grandes novedades incorporadas por la Ley de Dependencia fue que el desarrollo de la ley se hace de manera cooperativa a través del Consejo Territorial del SAAD. Se trata éste de un órgano de cooperación multilateral, semejante a las clásicas Conferencias Sectoriales, con la participación del Estado, las CCAA y, en su caso, las Entidades Locales (artículo 12 LD), pero con unos poderes hasta ahora inéditos en nuestras Conferencias Sectoriales. No se trata ahora sólo de pactar los criterios de reparto de fondos (que también —artículo 8.2.a LAAD—), sino también de pactar el contenido de los Reales Decretos y demás disposiciones que desarrollen la ley.

También a diferencia —como veremos— de otros sectores del bienestar social como la educación y la sanidad, en cuanto a la financiación, es un sistema que ha apostado desde el principio por la transparencia. Es transparente ya que al Estado le corres-

---

23 Enrique MARTÍN-SERRANO JIMÉNEZ (2018), p. 188.

24 Manuel Ramón ALARCÓN CARACUEL (2007), p. 14.

25 Eva SÁENZ ROYO (2003); Eva SÁENZ ROYO (2009).

ponde pagar el nivel mínimo común a través de los Presupuestos Generales y, cuando está vigente el nivel acordado, se desagregaba en los convenios el dinero que aportaba el Estado en el nivel mínimo y en el nivel acordado. Pero también porque siempre se ha exigido que las CCAA justifiquen el gasto del dinero estatal para pagar los mínimos, así como desagregar las cantidades específicas que dedican a la dependencia[26]. Este nivel de transparencia hubiera sido imposible dejándolo a los presupuestos autonómicos ya que raramente desagregan las partidas dedicadas a dependencia de las de servicios sociales en general.

Son dos los principales problemas detectados en el desarrollo de la Ley de la Dependencia. Por una parte, la política de reducción de gastos generada por la crisis y la consiguiente reducción drástica de la financiación estatal del nivel mínimo y la suspensión de la financiación del nivel acordado a partir del Real Decreto-ley 20/2012, de 13 de julio, hasta 2018 incluido. Esto supuso una paralización en la evolución de este sistema de protección y que fueran las CCAA las que financiaran fundamentalmente esta protección social establecida desde el Estado. Por otra parte, las dificultades de una aplicación homogénea del sistema a través de una gestión descentralizada. En gran medida, la aplicación homogénea ha dependido del esfuerzo del Estado a través de la elaboración de guías de interpretación y de la puesta en marcha de instrumentos de evaluación y control[27].

---

[26] Enrique MARTÍN-SERRANO JIMÉNEZ (2018), pp. 199-207.

[27] Enrique MARTÍN-SERRANO JIMÉNEZ (2018), pp. 207-219.

3.4. La renta de ingreso mínimo vital: la financiación estatal, la mejora autonómica y la apertura del debate sobre la necesaria gestión estatal

En desarrollo de su competencia en Asistencia Social, se han ido aprobando distintos programas autonómicos de prestaciones económicas que, con diferentes denominaciones, están dirigidos a personas y familias que carecen de recursos económicos suficientes para cubrir sus necesidades básicas. En términos generales estas prestaciones podríamos denominarlas rentas mínimas de inserción. Existía, no obstante, hasta 2020 una enorme heterogeneidad en cuanto al acceso, cuantía, cobertura y duración de las ayudas[28].

Por Real Decreto-ley 20/2020, de 29 de mayo, y luego Ley 19/2021, de 20 de diciembre, se establece la renta de ingreso mínimo vital en el ámbito estatal y financiada por los Presupuestos Generales del Estado. A partir de esta renta mínima estatal, se permite que las autonomías la mejoren y —como novedad respecto a unas prestaciones no contributivas— se prevé la gestión estatal a través del INSS (artículo 25 1 y 2 LIMV)[29].

---

[28] Andoni MONTES NEBREDA y Jorge ONRUBIA FERNÁNDEZ (2020), p. 246.

[29] La Disposición adicional quinta de la LIMV prevé excepcionalmente que, por «la especificidad que supone la existencia de haciendas forales», las comunidades autónomas del País Vasco y Navarra podrán asumir, en su ámbito territorial, «las funciones y servicios correspondientes» que esta ley atribuye al INSS en relación con el IMV en los términos que se acuerde. Una semana después de aprobarse la LIMV, se modifica su Disposición adicional quinta por la Disposición final trigésima de la Ley 22/2021, de 28 de diciembre, de Presupuestos Generales del Estado para el año 2022, atribuyendo a las comunidades autónomas de régimen foral, «en atención al sistema de financiación de dichas haciendas forales, el pago (...) del ingreso mínimo vital». Al amparo de dicha Disposición adicional, se han suscrito convenios con las comunidades autónomas del País Vasco y

Precisamente contra esa gestión estatal se interpone un recurso de inconstitucionalidad por la Generalitat de Cataluña que será resuelto por la STC 158/2021.

La STC 158/2021, en primer lugar, circunscribe la competencia estatal en la materia al artículo 149.1.17 CE, aunque el voto particular que formula la magistrada doña María Luisa Balaguer Callejón, al que se adhiere el magistrado don Juan Antonio Xiol Ríos, añade que el artículo 149.1.1 CE también podría servir de título competencial del Estado en esta materia[30]. Al interpretar el artículo 149.1.17 CE señala que la determinación del modelo de gestión de la prestación forma parte de la legislación básica de la Seguridad Social (FJ 4) y además la gestión afecta al régimen económico al «conllevar la realización de los correspondientes ingresos y gastos en su caja única» (FJ 5). Con estas afirmaciones el TC confunde la facultad de regular el modelo de gestión de las prestaciones, con la facultad para gestionar el modelo previamente diseñado (tal y como pone de manifiesto el voto particular, punto 2), además de mezclar la competencia en Seguridad Social con la competencia en régimen económico.

En definitiva, por una parte, el TC da tratamiento al ingreso mínimo vital estatal de prestación contributiva al limitar las competencias autonómicas a los aspectos instrumentales que no guarden relación con el régimen económico de la Seguridad Social (FJ 5). Sin embargo, el TC admite la posible concurren-

---

Navarra, en virtud de los cuales se les traspasa, sin límite temporal, la competencia de la gestión integral del IMV. La STC 19/2024, de 31 de enero, ha avalado la constitucionalidad de la gestión del IMV por parte del País Vasco y Navarra. Desde diciembre de 2023, todas las comunidades autónomas pueden solicitar su gestión.

30 A favor de la utilización del artículo 149.1.1 CE en esta materia se había pronunciado también la doctrina. *Vid.* Ainhoa LASA LÓPEZ (2005), p. 529.

cia de este ingreso mínimo vital estatal con ayudas autonómicas «sobre el mismo espacio físico o sobre el mismo objeto jurídico» (FJ 5), reconociendo indirectamente su posibilidad de mejora.

Con esta sentencia se diluye la distinción entre la Seguridad Social y su régimen económico como materias competencialmente distintas dentro del artículo 149.1.17 CE y que hasta el momento había permitido incluir las prestaciones no contributivas en el ámbito de la Seguridad Social, pero no en su régimen económico, y con ello admitir su gestión autonómica. Al incluir el ingreso mínimo vital en el ámbito del régimen económico de la Seguridad Social se modifica la interpretación del título competencial del artículo 149.1.17 CE con los problemas que puede generarse respecto a la actual gestión autonómica de las pensiones con contributivas[31]. No obstante, se abre el debate[32] sobre la necesaria o no gestión centralizada de prestaciones económicas estatales.

---

31 Tomás DE LA CUADRA-SALCEDO JANINI (2022), p. 27.

32 A favor de la descentralización de su gestión y su fusión con las rentas mínimas de inserción autonómicas Andoni MONTES NEBREDA y Jorge ONRUBIA FERNÁNDEZ (2020), p. 255. También la STC 133/2019, que incluye el subsidio extraordinario de desempleo en la competencia estatal de legislación básica de Seguridad Social (artículo 149.1.17 CE), exige la gestión descentralizada de dicho subsidio. A favor de la descentralización de la gestión con el argumento de que al ser regladas no cabría la desigualdad en su aplicación Tomás DE LA QUADRA-SALCEDO JANINI (2022), pp. 13-15. A favor de la centralización, Eva SÁENZ ROYO (2022b), pp. 58-69.

4. SANIDAD: LOS PRINCIPALES DEBATES SUSCITADOS EN TORNO A LA DISTRIBUCIÓN COMPETENCIAL Y FINANCIERA

Durante el régimen de Franco, la prestación de la asistencia sanitaria era de carácter contributivo y estuvo íntimamente vinculada al haz de derechos de los trabajadores y de sus familias, dejando fuera a importantes colectivos sociales. La necesidad de que la protección de la salud se extendiera a colectivos ajenos a los trabajadores explicaría que en los debates constituyentes fuera constante e indiscutido el reconocimiento de un derecho a la salud a todos los ciudadanos desvinculado del régimen público de Seguridad Social y financiado por impuestos. De ahí la separación constitucional tanto en la distribución de competencias como en el capítulo referente a los principios rectores de política social y económica entre la regulación del derecho a la salud (artículos 43 y 149.1.16 CE) y el sistema de Seguridad Social (artículos 41 y 149.1.17 CE). Esta separación competencial de la prestación sanitaria respecto al esquema de la Seguridad Social ha sido ratificada por la jurisprudencia del Tribunal Constitucional (por todas, STC 98/2004). La regulación normativa de la prestación sanitaria pertenece en el esquema constitucional al ámbito material «sanidad».

La segunda cuestión debatida en sede constituyente consistía en determinar las competencias que corresponderían al Estado y a las CCAA. Aunque también se demandan competencias plenas tanto legislativas como ejecutivas para las CCAA[33], son constantes las propuestas de legislación básica estatal y desarro-

---

[33] En la Enmienda núm. 202 que presenta el Grupo Parlamentario de la Minoría Catalana al Anteproyecto de Constitución a los efectos de modificar la redacción del artículo 138 en su totalidad, se reservan a los Territorios Autónomos la legislación exclusiva y la ejecución en Sanidad Pública y política de higiene.

llo legislativo y ejecución de las CCAA[34]. De ahí que el texto inicial del Anteproyecto de la Constitución (BOE de 5 de enero de 1978), que preveía la reserva al Estado de una genérica programación en materia de Sanidad interior, además de la coordinación general (artículo 138.18), ya en el artículo 143.1.15 del Dictamen de la Comisión de Asuntos Constitucionales y Libertades Públicas sobre el Anteproyecto de Constitución (Boletín Oficial de las Cortes de 1 de julio de 1978) se convierte en «bases y coordinación general de la Sanidad». Esta distribución competencial se mantendrá sin modificaciones hasta la finalización de los debates. Por tanto, exceptuando Minoría Catalana, todos los grupos parlamentarios estaban de acuerdo en la necesidad de que los españoles gozáramos de una igualdad básica en asistencia sanitaria establecida desde el centro. A partir de este mínimo se concedería a las CCAA la posibilidad de introducir mejoras y, sobre todo, de gestionar las decisiones estatales.

Con la primera legislatura socialista y el ministro Ernst Lluch a la cabeza del Ministerio de Sanidad se aprobó la Ley General de Sanidad en 1986. Su aprobación supuso el comienzo de la implantación en España del sistema nacional de salud, la universalización de la asistencia sanitaria, su financiación vía impuestos y la descentralización en la gestión. Actualmente gozamos los españoles de un sistema nacional de salud universal,

---

34 *Vid.* Voto Particular del Grupo Parlamentario Socialistas del Congreso al artículo 138 del Anteproyecto; las Enmiendas al artículo 138 del Anteproyecto núm. 101 (de los Diputados Josep Verde i Aldea, Jon Paredes i Hernández y Josep Pau Pernau pertenecientes a Minoría Catalana), 309 (Grupo Parlamentario Socialistes de Catalunya), 357 (Grupo Socialista del Congreso) y 664 (Grupo Parlamentario Vasco). En el Debate en la Comisión de Asuntos Constitucionales y Libertades Públicas (Diario de Sesiones del Congreso de los Diputados de 15 de junio de 1978), Vizcaya Retana, del Grupo Parlamentario Vasco, insiste en la necesidad de que al Estado le correspondan únicamente las bases mínimas sobre la Sanidad interior.

financiado por nuestros impuestos y con un amplio reconocimiento de servicios. El Estado fija los servicios cubiertos, los beneficiarios y el alcance del copago.

Todas las CCAA han asumido la competencia de gestión en sus Estatutos y también las funciones que venía desempeñando y los servicios que venía prestando el Instituto Nacional de la Salud (INSALUD), lo que supone una descentralización completa de la asistencia sanitaria del Sistema Nacional de Salud. Además, las CCAA pueden mejorar los servicios incluidos por su competencia de desarrollo (asistencia dental para menores, cirugías de cambio de sexo, métodos anticonceptivos...). Hasta 2001 este sistema era financiado a través de los Presupuestos Generales del Estado. A partir de 2001 básicamente a través de los Presupuestos de las comunidades autónomas.

A continuación, trataré los principales debates existentes sobre esta descentralización sanitaria.

4.1. La competencia del Estado de "coordinación sanitaria": competencia sustantiva ejercida a través del Consejo Interterritorial

Por lo que se refiere a la coordinación general atribuida al Estado en materia sanitaria, que resulta adicional a la competencia legislativa básica (artículo 149.1.16), en las iniciales SSTC 32/1983 y 42/1983, quedó caracterizada la función coordinadora como una competencia específica que no cabe confundir con la colaboración (exigencia ésta implícita en la propia esencia de la forma de organización del Estado que se implanta en la CE) y que es también distinta a la competencia para la fijación de las bases. No quedaba demasiado claro si suponía una competencia sustantiva adicional del Estado que le permitiera limitar las competencias autonómicas.

Doctrinalmente se habían hecho dos interpretaciones distintas de la competencia estatal en coordinación de la Sanidad.

Aquélla que mantiene un «concepto material» que la configura como una competencia sustantiva diferente del concepto de bases[35]. Y aquélla que la considera una competencia instrumental para el ejercicio de la competencia básica y que «no expande la competencia estatal ni un ápice»[36].

La posterior evolución de la jurisprudencia constitucional se decanta por una concepción sustantiva que debe ejercerse con ciertas precauciones y sin que suponga el vaciamiento de las competencias autonómicas (STC 82/2020, FJ 6).

Según la legislación vigente y la práctica a raíz de la gestión del covid-19 la competencia de coordinación es una competencia claramente sustantiva, en la que el Estado puede imponer una medida en contra del criterio de alguna comunidad autónoma y supone un cierto sacrificio de las competencias autonómicas.

En virtud del artículo 151.2.a de la Ley 40/2015, de 1 de octubre, de Régimen Jurídico del Sector Público, y del artículo 65 de la Ley 16/2003, de 28 de mayo, de cohesión y calidad del Sistema Nacional de Salud, modificada por Real Decreto-ley 21/2020, de 9 de junio, la competencia de coordinación en sanidad es una competencia sustancial que se traduce en la posibilidad de que el Ministerio de Sanidad tome decisiones en materias de competencia autonómica. Esas decisiones —«declaración de actuaciones coordinadas»— se podrán tomar por el Ministerio de Sanidad unilateralmente en casos de urgente necesidad o previa propuesta mayoritaria de las CCAA en el seno del Consejo Interterritorial.

Durante la gestión de la pandemia se aprobaron «Declaraciones de actividades coordinadas» en Salud Pública previo acuerdo del CISNS para el control del ocio nocturno (14 de agosto de

---

35 Marta LEÓN ALONSO (2010), p. 399; Juan José SOLOZÁBAL ECHEVARRÍA (2021), p. 38.

36 Santiago MUÑOZ MACHADO (1982), p. 537.

2020), medidas sobre el inicio del curso escolar (27 de agosto), sobre vacunación o coordinación con Entidades Locales (9 de septiembre). Con posterioridad se han aprobado otras «Declaraciones de actividades coordinadas» en cuestiones como inicio de curso escolar, proceso de vacunación o la asistencia a acontecimientos deportivos. Estas «Declaraciones de actividades coordinadas» se tomaron por el gobierno previo acuerdo en el seno del CISNS y suponen una afectación en las competencias autonómicas en ejercicio de la competencia estatal de coordinación. Esta competencia estatal así ejercida cumple —desde mi punto de vista— con las precauciones exigidas por la jurisprudencia constitucional y su práctica parece haberse consolidado.

4.2. Las posibilidades de mejora autonómica y sus (discutidos) límites

La posibilidad de las CCAA de reconocer nuevas prestaciones sanitarias o medicamentos, siempre que se mantenga una coherencia y coordinación con los reconocidos estatalmente y sean financiados con sus propios recursos, ha sido algo avalado tanto jurisprudencialmente (STC 98/2004, FJ 7; en el mismo sentido, SSTC 64/2017 y 80/2017) como reconocido legalmente (DA quinta Real Decreto 63/1995, de 20 de enero; artículo 8 quinquíes Ley 16/2003, de 28 de mayo). Esta posibilidad se condiciona a «la garantía previa de suficiencia financiera de la misma, en el marco del cumplimiento de los criterios de estabilidad presupuestaria». Esta nueva condición, añadida por el Real Decreto-Ley 16/2012, fue declarada constitucional en la STC 139/2016.

Gracias al reconocimiento de esta posibilidad de mejora, las CCAA han ido incorporando algunas novedades. La primera fue referida a la prestación farmacéutica y consistió en la asunción por parte de Andalucía, a través de un Decreto 195/1998, de la financiación pública de los medicamentos excluidos por la normativa estatal contenida en el Real Decreto 1663/1998, de 24 de julio. La misma medida sería tomada poco después por Navarra (Decreto Foral 258/98). En esa misma línea, las distintas CCAA han ido aprobando otras mejoras en la cartera de servicios, siendo las más comunes la asistencia dental básica en determinadas franjas de la población, ortodoncia dental para menores (Cantabria), métodos anticonceptivos, cirugía de cambio de sexo en transexuales o financiación de productos ortoprotésicos.

No obstante, los márgenes de mejora que tienen las CCAA han sido precisados y matizados en recientes sentencias del Tribunal Constitucional a raíz de la aprobación del RD-ley 16/2012, de 20 de abril. Este RD-ley introdujo dos novedades que han tenido repercusiones competenciales: la vinculación del acceso a la condición de asegurado (o beneficiario), que implicó la exclusión de los extranjeros en situación de irregularidad; y la exigencia de aportación de los beneficiarios a la prestación farmacéutica ambulatoria, el denominado «copago farmacéutico».

El Tribunal Constitucional (SSTC 134/2017; 145/2017; 2/2018; 17/2018 y 18/2018) ha excluido la posibilidad de que una comunidad autónoma pueda ampliar los sujetos beneficiarios. Resulta, sin embargo, una decisión muy discutida en el propio seno del Tribunal Constitucional y por la doctrina[37].

---

[37] Consideran que el ámbito subjetivo «resulta ahora susceptible de mejora por las CCAA, con fundamento general en el principio de autonomía y fundamento específico en la competencia autonómica de desarrollo legislativo en materia de sanidad» los Votos Particulares a las SSTC señaladas en la nota anterior de los Magistrados don Fernando Valdés Val-Ré, don Juan Antonio Xiol Ríos, don Cándido Conde-Pumpido Tourón y la Magistrada doña María Luisa Balaguer Callejón. Igualmente, el Voto particular que formula el Magistrado don Antonio Narváez Rodríguez a las mismas sentencias.
También en contra de esta interpretación restrictiva de la competencia autonómica para mejorar el ámbito subjetivo de la prestación sanitaria se han pronunciado diferentes autores: Tomás DE LA QUADRA-SALCEDO JANINI (2017), p. 27; Aida TORRES PÉREZ

Frente a una línea jurisprudencial que permitía una mejora, pero no un empeoramiento autonómico en la prestación farmacéutica (SSTC 98/2004; 71/2014; 85/2014), a partir de la STC 64/2017 y en sucesivas sentencias (SSTC 134/2017; 140/2017; 145/2017) se impide la posibilidad de mejora de las CCAA en la prestación farmacéutica para reducir la aportación del ciudadano o aumentar los sujetos beneficiarios de la exención al copago. Esta decisión es también muy controvertida[38].

4.3. La financiación del sistema sanitario

Una de las cuestiones claves que habrán de aclararse en los próximos años es la financiación del Estado de bienestar en España, sobre la que actualmente existe mucha confusión y poca transparencia. Especialmente en los ámbitos sanitario y educativo.

La financiación de los servicios sanitarios establecidos por el legislador estatal se debe financiar por las CCAA. Así se establece por el artículo 10 Ley 16/2003, de 28 de mayo, de cohesión y calidad del Sistema Nacional de Salud. Concretamente, el mínimo común en asistencia sanitaria establecido por el Estado se financia a través del Fondo de Garantía de Servicios Públicos Fundamentales, integrado fundamentalmente por ingresos autonómicos, pero también estatales. La necesidad de

---

(2017), pp. 77-79; José Antonio MONTILLA MARTOS (2018), p. 2; Luis Esteban DELGADO DEL RINCÓN (2019), pp. 111-112; Eva SÁENZ ROYO (2022), p. 77.

38 Se manifiestan a favor de la posibilidad de reducción autonómica de la aportación del usuario los Votos Particulares a estas sentencias de los magistrados don Fernando Valdés Val-Ré, don Juan Antonio Xiol Ríos, don Cándido Conde-Pumpido Tourón y la magistrada doña María Luisa Balaguer Callejón. Parte de la doctrina se ha manifestado igualmente en contra de la interpretación restrictiva de la capacidad de mejora en la prestación farmacéutica. Así, Aida TORRES PÉREZ (2017), pp. 72-73; Eva SÁENZ ROYO (2022), p. 77.

un Fondo fundamentalmente autonómico para la financiación de los mínimos en sanidad se interpreta del artículo 158.1 CE. Sin embargo, es muy diferente —y desde nuestro punto de vista más correcta— la interpretación que se hace de ese artículo 158.1 CE en lo que respecta a la financiación de la dependencia, donde son los Presupuestos Generales del Estado los que financian el mínimo común fijado en la ley estatal, mientras los presupuestos autonómicos financian las posibles mejoras en el sistema. Se trata de una diferente interpretación del artículo 158.1 CE que debería corregirse y precisarse. Además, las mejoras autonómicas financiadas exclusivamente por los ingresos autonómicos no se disgregan en los presupuestos autonómicos. Existe un grave problema de transparencia y de rendición de cuentas que deberá solventarse en los próximos años[39].

5. EDUCACIÓN: LOS PRINCIPALES DEBATES SUSCITADOS EN TORNO A LA DISTRIBUCIÓN COMPETENCIAL Y FINANCIERA

La aprobación de la Constitución española supondrá, además de la consolidación de un sistema educativo dual, público y privado, la cancelación del centralismo en las políticas educativas vigente en España a lo largo de toda su historia.

En el texto del Anteproyecto de la Constitución (BOE de 5 de enero de 1978) se consagraban amplios poderes a las CCAA en materia de enseñanza, limitándose el papel del Estado a establecer los requisitos de expedición y homologación de títulos y convalidación de los estudios académicos y profesionales (artículo 138.30)[40]. Salvo demandas aisladas de autonomía plena

---

39 Eva SÁENZ ROYO (2022), p. 65 y ss.

40 Se manifiesta a favor de esta redacción originaria del Anteproyecto el Grupo Parlamentario del Partido Nacionalista Vasco en la En-

de las CCAA en esta materia[41], mayoritariamente se cree en la necesidad de una intervención básica por parte del Estado[42]. Finalmente se opta por una fórmula, adoptada ya en el artículo 143.1.28 del Dictamen de la Comisión de Asuntos Constitucionales y Libertades Públicas sobre el Anteproyecto de Constitución (Boletín Oficial de las Cortes de 1 de julio de 1978), en la que a la regulación estatal de las condiciones de obtención, expedición y homologación de títulos académicos y profesionales se añaden las normas básicas para el desarrollo del artículo en que se recoge el derecho a la educación «a fin de garantizar el cumplimiento de las obligaciones de los poderes públicos en esta materia» (artículo 149.1.30)[43]. En definitiva, al Estado se le otorga una competencia normativa plena en las condiciones de obtención de títulos oficiales, una competencia ejecutiva plena en su expedición y homologación y una competencia básica en la regulación de otros aspectos relacionados con el artículo 27.

---

mienda que defiende Aguirre Querexeta en el Debate en el Pleno del Congreso de los Diputados (Diario de Sesiones del Congreso de los Diputados de 20 de julio de 1978).

41 En la Enmienda núm. 202 que presenta el Grupo Parlamentario de la Minoría Catalana al Anteproyecto de Constitución a los efectos de modificar la redacción del artículo 138 en su totalidad, se reserva a los Territorios Autónomos la legislación exclusiva y la ejecución en educación y enseñanza en todos sus grados.

42 *Vid.* Voto Particular del Grupo Parlamentario Socialistas del Congreso al artículo 138 del Anteproyecto; las Enmiendas al artículo 138 del Anteproyecto núm. 101 (de los Diputados Josep Verde i Aldea, Jon Paredes i Hernández y don Josep Pau Pernau pertenecientes a Minoría Catalana), 309 (Grupo Parlamentario Socialistes de Catalunya) y 357 (Grupo Socialista del Congreso).

43 Lo que sería la redacción definitiva del título competencial estatal en materia educativa fue defendida en la Enmienda «in voce» suscrita por UCD y defendida por Meilán Gil en el Debate en la Comisión de Asuntos Constitucionales y Libertades Públicas (Diario de Sesiones del Congreso de los Diputados de 15 de junio de 1978).

Por tanto, la atribución al Estado de competencias normativas básicas en políticas educativas asegura un nivel básico común de prestaciones educativas en todo el territorio. En un primer momento, se interpretó por parte del Tribunal Constitucional (STC 5/1981; STC 25/1981) que en materia educativa la regulación correspondía exclusivamente al Estado, excluyendo los poderes normativos autonómicos. No será hasta la STC 137/1986 cuando nuestro Alto Tribunal reconozca que al Estado sólo le corresponde la normación básica a la que se refiere el artículo 149.1.30ª CE, legitimando los poderes normativos autonómicos en todo aquello que no sea la regulación de lo básico.

En la práctica, el modelo autonómico de Estado en materia educativa se ha traducido, básicamente, en la fijación por el legislador estatal de la estructura de los niveles educativos y de los contenidos mínimos de cada uno de ellos. El resto del "currículum" corresponde a las comunidades autónomas, gozando aquéllas con peculiaridades lingüísticas de la posibilidad de incorporar además la enseñanza de la lengua propia.

La capacidad de mejora de las CCAA ha sido insuficientemente utilizada y difícilmente evaluable. Los ámbitos de las mejoras se han centrado fundamentalmente en los programas autonómicos de material escolar y en la regulación y financiación de las escuelas infantiles de primer ciclo.

A continuación, trataré los principales temas que se debaten en torno a la descentralización educativa.

5.1. La (¿insuficiente?) extensión de la legislación básica en la fijación curricular y su falta de control. Especial discusión sobre la protección del castellano

Respecto a la fijación de los contenidos mínimos curriculares y su evaluación, la doctrina ha denunciado que la Alta Inspección no vigila su cumplimiento efectivo[44]. También se ha denunciado que la aplicación de la LOMCE ha llevado a una mayor diferenciación en los currículos de las diversas CCAA, que «tienen cada vez menos elementos comunes entre sí»[45]. También son recurrentes las quejas sobre la existencia de 17 exámenes diferentes de la EBAU y su diferente dificultad, habiendo voces que piden un único examen (así, Fernando REY, Consejero de Educación de Castilla y León, reiteró la denuncia en 2018 y 2019).

No obstante, una de las cuestiones más polémicas es que el legislador estatal no establece de forma objetiva y clara el marco jurídico básico de la enseñanza en castellano, por ejemplo, reservando al Estado la fijación de un mínimo de horas o porcentaje de la enseñanza. Entre otras razones, por la falta de un marco jurídico básico, la STC 14/2018 declaró inconstitucional el cauce arbitrado por la LOMCE de concesión de ayudas públicas para la enseñanza en la lengua oficial del Estado (FJ 11). Muy polémica ha sido la eliminación del adjetivo *vehicular* para calificar a la lengua castellana por la LOMLOE, siendo que este adjetivo introducido en la LOMCE no añadió nada de seguridad jurídica. Ante la inacción legislativa el Tribunal Superior de Justicia de Cataluña (STSJ CAT 5407/2021), en aplicación de la doctrina del Tribunal Supremo, ha fijado el porcentaje del 25% en la enseñanza del castellano, aunque este porcentaje solo afecte a las aulas y niveles educativos solicitados por los demandantes. La doctrina denuncia que la fijación de este porcentaje por un tribunal es «profundamente anómalo y excede de la función judicial»[46].

---

44 Francisco GALVÁN PALOMO (2011), pp. 3-4; Jaime Antonio FOCES GIL (2017), pp. 134, 175-176.

45 Informe ANELE (Asociación Nacional de Editores de Libros y Material de Enseñanza). El libro educativo en España. Curso 2019-2020. Madrid, 5 de septiembre de 2019. En línea: https://anele.org/wp-content/uploads/2019/09/190905INF-ANELE-Informe-Libro-Educativo-19-20.pdf (consulta 26/6/20).

46 Magdalena NOGUEIRA GUSTAVINO (2021).

5.2. Las becas estatales en los Presupuestos Generales del Estado: regulación y financiación estatal; ¿gestión descentralizada?

Actualmente, tanto en el ámbito no universitario como en el universitario, el gobierno central regula y financia becas de apoyo al estudio. Más controvertida es la gestión de dichas becas.

La jurisprudencia constitucional (SSTC 330/1993; 188/2001; 25/2015; 95/2016) defiende la gestión descentralizada de las becas a través de mecanismos de cooperación y coordinación. Jurídicamente se prevé esa gestión descentralizada del pago condicionada al traspaso de la competencia (Real Decreto 1721/2007, de 21 de diciembre, modificado parcialmente por el Real Decreto 472/2014, de 13 de junio y Real Decreto 293/2016). Solo el País Vasco tiene transferida la competencia, mientras Cataluña y Andalucía hacen la gestión a partir de convenios con el Ministerio. Se prevé la transferencia a Cataluña de la gestión para el curso 2022-2023. En contra de esta gestión descentralizada por cuestiones de posible falta de homogeneidad en la ejecución y falta de transparencia se ha pronunciado la doctrina[47]. También parece ir en contra de esta tendencia la última STC 158/2021, en la que considera que la gestión de la renta mínima de inserción forma parte de la competencia básica del Estado.

5.3. Becas y ayudas autonómicas: ¿siguiendo la normativa estatal de becas?

Tanto en el ámbito universitario como no universitario, y al margen de la gestión de las becas estatales, las CCAA, en virtud de su competencia legislativa de desarrollo, pueden establecer con cargo a sus presupuestos un sistema adicional o complementario de becas y ayudas al del Estado. Para el ámbito univer-

47 Eva SÁENZ ROYO (2022), p. 134.

sitario así se prevé expresamente en el artículo 45.4 LOU. Con la aprobación de la LOMLOE también se reconoce expresamente en el ámbito no universitario (artículo 83.6 LOE en redacción dada por la LOMLOE). En la práctica todas las CCAA han desarrollado su propia política de becas y ayudas al estudio[48].

Sorprendentemente esta práctica, consolidada en nuestro Estado Autonómico, se pone en duda, por primera vez, en la STS 306/2019, de 8 de marzo, que parece admitir un sistema de becas autonómicos con cargo a los presupuestos autonómicos, pero con las mismas condiciones establecidas en las estatales, sin posibilidad de flexibilizar o de aumentar los beneficiarios. Esa misma argumentación es seguida por la STS 656/2019, de 21 de mayo.

5.4. La falta de transparencia en los presupuestos educativos

Uno de los problemas en la financiación de la educación es la falta de claridad en los presupuestos autonómicos, ya que resulta imposible conocer el peso exacto de lo financiado por vía del Estado o lo financiado por los propios recursos autonómicos. Esto va en grave detrimento del necesario control político de las decisiones de cada instancia. Debe ser este uno de los principales debates de futuro en materia de financiación del Estado de bienestar[49].

6. CONCLUSIONES

La descentralización que supuso la Constitución de 1978 en el ámbito del Estado de bienestar ha dado lugar a una serie de debates a lo largo de estos más de cuarenta y cinco años, mu-

---

48 Pueden verse las diferentes ayudas al estudio programadas por las distintas CCAA en Educaweb. Becas de las CCAA para estudiar.

49 Eva SÁENZ ROYO (2022), pp. 147-148.

chos de los cuales han sido concluidos, pero muchos otros quedan todavía por resolver.

Al margen de algunos debates específicos en determinados ámbitos competenciales (el debate todavía abierto sobre el título competencial para la intervención estatal en Asistencia Social, o sobre la competencia estatal de coordinación sanitaria, o sobre la Inspección educativa y la extensión de la competencia básica en educación), existe respecto a los cuatro grandes pilares del Estado de bienestar debates trasversales y comunes que deberán ser despejados en los próximos años.

En primer lugar, el debate sobre la capacidad de mejora de las comunidades autónomas respecto a los mínimos fijados estatalmente en materia de bienestar. Después de ciertas ambigüedades jurisprudenciales, este debate ha quedado concluido gracias al reconocimiento legislativo específico de esa capacidad de mejora en ámbitos como las prestaciones no contributivas, las prestaciones en dependencia, la renta mínima vital, las prestaciones sanitarias o las becas y ayudas al estudio. Queda por concluir el debate sobre posibilidad de mejora autonómica respecto a las pensiones contributivas o, a raíz de los últimos y polémicos pronunciamientos del Tribunal Constitucional, respecto a los beneficiarios del Sistema Nacional de Salud o de la prestación farmacéutica. Una reforma constitucional que especificara esa capacidad de mejora autonómica evitaría las ambigüedades jurisprudenciales y los vaivenes legislativos presentes en estos más de cuarenta y cinco años de vigencia constitucional.

En segundo lugar, el debate sobre la gestión autonómica de prestaciones reconocidas por el Estado queda aún por dilucidar, sobre todo a raíz de la STC 158/2021. No parece haber duda de la gestión autonómica cuando las prestaciones son servicios como el caso de los servicios sanitarios, educativos o los servicios de dependencia. Las dudas surgen sobre todo cuando las prestaciones son de carácter económico. La gestión descentralizada de las pensiones no contributivas está reconocida legalmente, aunque ha conllevado ciertos problemas de heterogeneidad en su aplicación. La jurisprudencia constitucional ha reconocido la posible gestión descentralizada tanto de las pensiones contributivas como de las becas y ayudas estatales al estudio. En la práctica la gestión de unas y otras sigue siendo centralizada, con alguna excepción. Sin embargo, la STC 158/2021, ha amparado la gestión centralizada de la renta de ingreso mínimo vital. En un mundo en el que se pueden tramitar telemáticamente dichas prestaciones quedará por dilucidar si efectivamente tiene alguna justificación su gestión descentralizada. Una precisión constitucional en esta materia evitaría igualmente los cambios legislativos y jurisprudenciales.

En tercer lugar, un debate crucial en los próximos años será el de la financiación de nuestro Estado de bienestar. En este punto uno de los principales déficits es el de la falta de transparencia, especialmente en materia sanitaria y educativa. Mientras que en materia sanitaria se ha establecido legislativamente que son las CCAA las que tienen que financiar los servicios sanitarios mínimos establecidos por el Estado, en materia de prestaciones no contributivas, renta mínima vital o dependencia —de manera mucho más coherente con el sistema competencial— son los Presupuestos Generales del Estado los que financian ese mínimo común fijado por la ley estatal. Resultará necesario en los próximos años un debate sobre quién (Estado o comunidad autónoma) tiene que financiar qué prestación y una reforma para especificarlo del artículo 158.1 CE. También habrá de debatirse (y ya se ha puesto de manifiesto doctrinalmente[50]) sobre una contabilidad presupuestaria que permita conocer la utilización que hace cada comunidad autónoma de su autonomía tributaria para mejorar las prestaciones sociales. Mientras que en el ámbito de la sanidad y la educación resulta

---

50 En este sentido: Enrique MARTÍN-SERRANO JIMÉNEZ (2018), p. 254; Eva SÁENZ ROYO (2022), pp. 153-154.

imposible una contabilización de las mejoras autonómicas con recursos propios, se ha conseguido esa disgregación a través de la vía cooperativa en el ámbito de la dependencia. Los avances en esta cuestión deberían ser sustantivos en los próximos años.

BIBLIOGRAFÍA

AIBAR BERNARD, Javier (2021), «Los límites constitucionales para la transferencia de la seguridad social a las comunidades autónomas», *Trabajo y derecho: nueva revista de actualidad y relaciones laborales,* núm. 77.

ALARCÓN CARACUEL, Manuel Ramón (2007), «Cuestiones competenciales en la Ley de dependencia», *Temas Laborales. Monográfico sobre Protección Social de la dependencia. Revista Andaluza de Trabajo y Bienestar Social,* núm. 89, pp. 125-148.

ALONSO OLEA, Manuel (2003), «La descentralización de las Políticas de la Protección Social en la Constitución Española y en los Estatutos de Autonomía», *Foro de Seguridad Social,* núm. 8-9, pp. 4-7.

BALAGUER CALLEJÓN, Francisco (1991), «La integración del Derecho autonómico y la aplicación supletoria del Derecho estatal», *Revista de Administración Pública,* núm. 124, pp. 95-148.

BAÑO LEÓN, José María y LORENZO GARCÍA, Rafael de (1991), «Las actividades sociales y humanitarias en la Constitución y en la legislación autonómica», en Rafael DE LORENZO GARCÍA, Miguel Ángel CABRA DE LUNA y Enrique GIMÉNEZ-REYNA RODRÍGUEZ (coords.), *Las entidades no lucrativas de carácter social y humanitario,* Madrid, La Ley.

BARNES VÁZQUEZ, Javier (1997), «Una reflexión sobre la cláusula de supletoriedad del artículo 149.3 CE a propósito de la STC 118/1996. ¿Disposición transitoria o posible instrumento de equilibrio? Normas supletorias como complemento indispensable de las bases, una hipótesis de máxima efectividad de las competencias estatales y autonómicas», *Revista Española de Derecho Administrativo,* núm. 93, pp. 83-98.

BIGLINO CAMPOS, Paloma (1997), «La cláusula de supletoriedad: Una cuestión de perspectiva», *Revista Española de Derecho Constitucional,* núm. 50, pp. 29-59.

BORRAJO DACRUZ, Efrén (1990), «La Seguridad Social en la Constitución española: Desarrollos legales y criterios del Tribunal Constitucional», *Documentación Laboral,* núm. 30, pp. 11-54.

DELGADO DEL RINCÓN, Luis Esteban (2023), «El derecho a la prestación social del Ingreso mínimo vital: algunas consideraciones sobre sus elementos y problemas competenciales», *Revista de Derecho Político,* núm. 116, pp. 47-76.

DELGADO DEL RINCÓN, Luis Esteban (2019), «Nuevos avances en la universalización de la asistencia sanitaria en España: a propósito de la reforma apresurada, imprecisa e incompleta introducida por el Decreto Ley 7/2018, de 27 de julio», *Revista de Estudios Políticos,* núm. 186, pp. 105-136.

FEDECA, 2020. En línea: https://fedeca.es/noticias/comunicado-fedeca.

FERNÁNDEZ ORRICO, Fco. Javier (2002), *Las pensiones no contributivas y la asistencia social en España,* Madrid, Consejo Económico y Social CES.

FOCES GIL, Jaime Antonio (2017), *Política y educación en el Estado autonómico,* Madrid, Centro de Estudios Políticos y Constitucionales.

GALVÁN PALOMO, Francisco (2011), «Sistema educativo y Alta Inspección», *Revista de la Asociación de Inspectores de Educación en España,* núm. 15.

GARCÉS SANAGUSTÍN, Ángel (1996), *Las prestaciones económicas en el ámbito de la protección asistencial,* Barcelona, Cedecs.

GARCÍA DE ENTERRÍA, Eduardo (1997), «Una reflexión sobre la supletoriedad del Derecho del Estado respecto del de las comunidades autónomas», *Revista Española de Derecho Administrativo,* núm. 95, pp. 407-416.

GARCÍA HERRERA, Miguel Ángel (2002), «Estado, comunidades autónomas y derechos sociales», *Anuario Jurídico de la Rioja,* núm. 8, pp. 107-147.

GONZALO GONZÁLEZ, Bernardo (2000), «Reparto competencial y complementariedad de las prestaciones sociales básicas», *Foro de Seguridad Social,* núm. 1.

LASA LÓPEZ, Ainhoa (2005), «Derechos sociales y Estado Autonómico: el estatuto de autonomía como instrumento normativo de garantía de los derechos sociales», en José María VIDAL BELTRÁN y Miguel Ángel GARCÍA HERRERA (coords.), *El estado autonómico: integración, solidaridad, diversidad,* vol.1, Madrid, INAP, pp. 511-530.

LASAGABASTER HERRARTE, Iñaki (1999), «La interpretación del principio de supletoriedad y su adecuación a los principios constitucionales rectores del Estado de las Autonomías», *Revista Española de Derecho Constitucional,* núm. 55, pp. 43-76.

LEÓN ALONSO, Marta (2010), *La protección constitucional de la salud,* Madrid, La Ley.

LÓPEZ PRIETO, Luis Ángel *et al.* (2020), «La problemática transferencia de la Seguridad Social a las comunidades autónomas», *Revista Notario del siglo XX*, núm. 90, pp. 78-87.

MARTÍN-SERRANO JIMÉNEZ, Enrique (2018), *El principio de cooperación como solución del Estado Autonómico. Una propuesta para la reforma (constitucional o no) del sistema público de protección social en España*, Granada, Comares.

MONTES NEBREDA, Andoni y ONRUBIA FERNÁNDEZ, Jorge (2020), «Las prestaciones monetarias y la equidad: análisis desde una perspectiva territorial», en Luis AYALA CAÑÓN y Jesús RUÍZ-HUERTA CARBONELL (dirs), *4º Informe sobre la Desigualdad en España: una perspectiva territorial*, Madrid, Fundación Alternativas.

MONTILLA MARTOS, José Antonio (2018), «La doctrina del Tribunal sobre las bases. Competencias cada vez menos compartidas», *Blog de la Revista catalana de dret públic*. Disponible en: https://bit.ly/2OONG6N. Consulta 9/1/2020

MUÑOZ MACHADO, Santiago (1982), *Derecho Público de las comunidades autónomas*, Madrid, Civitas.

NAVARRO MARCHANTE, Vicente J. y PÉREZ SÁNCHEZ, Gerardo (2012), «Estado Autonómico, políticas y servicios sociales», en AAVV, *Derechos sociales y principios rectores. Actas del IX Congreso de la Asociación de Constitucionalistas de España*, Valencia, Tirant lo Blanch.

NOGUEIRA GUASTAVINO, Magdalena (2003), «Comentario a la STC 239/02, de 11 de diciembre. El mito de Pandora y Asistencia Social del siglo XXI», *Revista General de Derecho del Trabajo y de la Seguridad Social*, núm. 1.

NOGUEIRA LÓPEZ, Alba (2021), «No es función judicial fijar la lengua vehicular ni los contenidos educativos», *Agenda Pública. El País*. En línea: https://agendapublica.elpais.com/noticia/16172/no-es-funcion-judicial-fijar-lengua-vehicular-ni-contenidos-educativos (consulta 30/12/2021)

PALOMO BALDA, Emilio (2003), «Descentralización de la protección social en España: pensiones y prestaciones de desempleo», *Foro de Seguridad Social*, núm. 8-9

PÉREZ AYALA, Andoni (2005), «En torno al Estado Social Autonómico», en José María VIDAL BELTRÁN y Miguel Ángel GARCÍA HERRERA (coords.), *El estado autonómico: integración, solidaridad, diversidad*, vol.1, Madrid, INAP, pp. 557-582.

PÉREZ VILLALOBOS, María Concepción (2002), *Estado social y comunidades autónomas. El diseño constitucional de la autonomía social en España*, Madrid, Tecnos.

PORRAS NADALES, Antonio J. (1997), «Estado social y Estado autonómico», en VV.AA., *Estudios de Derecho Público. Homenaje a Juan José Ruiz Rico,* Madrid, Tecnos, pp. 1229-1255.

QUADRA-SALCEDO JANINI, Tomás de la (2022), «La competencia sobre la gestión del ingreso mínimo vital: ¿una competencia exclusiva del Estado susceptible de traspaso?», *Revista General de Derecho Constitucional,* núm. 37.

QUADRA-SALCEDO JANINI, Tomás de la (2017), «El Estado Autonómico Social. El efecto de irradiación de los derechos sociales sobre el modelo constitucional de distribución de competencias», *Revista General de Derecho Administrativo,* núm. 46.

RODRÍGUEZ-PIÑERO Y BRAVO-FERRER, Miguel (2003), «Seguridad Social y asistencia social en el Estado de las Autonomías», *Relaciones laborales,* núm. 1, pp. 105-118.

ROJO TORRECILLA, Eduardo (2020), «¿Es transferible la gestión económica de la Seguridad Social? Federalismo versus Caja única», *Revista de Trabajo y Seguridad Social,* núm. 445, pp. 219-227.

RUIZ-RICO RUIZ, Gerardo (2002), «El Estado social autonómico: eficacia y alcance de las normas programático-sociales de los Estatutos de Autonomía», *Revista Española de Derecho Constitucional,* núm. 65, pp. 11-48.

SÁENZ ROYO, Eva (2022), *La financiación de la sanidad y de la educación en el Estado autonómico. Reformas necesarias a la luz de la experiencia comparada,* Madrid, Marcial Pons.

SÁENZ ROYO, Eva (2022b), «Protección social asistencial y Estado Autonómico: cuestiones resueltas y cuestiones pendientes», *Cuadernos Manuel Giménez Abad,* núm. 24, pp. 58-69.

SÁENZ ROYO, Eva (2009), «Derechos de protección social y Estado Autonómico: los márgenes constitucionales de actuación del Estado y de las comunidades autónomas», en Antonio EMBID IRUJO (dir.), *Derechos económicos y sociales,* Madrid, Iustel, pp. 25-66.

SÁENZ ROYO, Eva (2003), *Estado social y descentralización política. Una perspectiva constitucional comparada de Estados Unidos, Alemania y España,* Madrid, Gobierno de Aragón/Thomson Civitas.

SÁNCHEZ FÉRRIZ, Remedio (2005), «Derechos sociales y comunidades autónomas: los márgenes de las políticas autonómicas», en José María VIDAL BELTRÁN y Miguel Ángel GARCÍA HERRERA (coords.), *El estado autonómico: integración, solidaridad, diversidad,* vol.1, Madrid, INAP, pp. 477-516.

SOLOZÁBAL ECHEVARRÍA, Juan José (2021), «Algunas consideraciones constitucionales sobre el estado de alarma», en M. Paloma BIGLINO CAMPOS y Juan Fernando DURÁN ALBA (dirs.), *Los efectos horizontales de la Covid-19 sobre el sistema constitucional: estudios sobre la primera ola,* Madrid, Fundación Manuel Giménez Abad/Universidad de Valladolid.

SOLOZÁBAL ECHEVARRÍA, Juan José (1999), «El Estado social como Estado autonómico», *Teoría y realidad constitucional,* núm. 3, pp. 61-78.

SUÁREZ CORUJO, Borja (2006), *La protección social en el Estado de las Autonomías,* Madrid, Iustel.

TAJADURA TEJADA, Javier (2006), «La redefinición del modelo autonómico a partir de la STC 61/1997 y el nuevo concepto de supletoriedad», *Revista Española de Derecho Constitucional,* núm. 78, pp. 151-184.

TORNOS MAS, Joaquín (2016), «Derechos sociales, comunidades autónomas y crisis económica», *Informe comunidades autónomas*

TORRES PÉREZ, Aida (2017), «Autonomía política y Estado social ante la crisis económica: la tendencia a la uniformidad territorial en menoscabo de la diversidad de políticas sociales», *Revista Vasca de Administración Pública,* núm. 109-II, pp. 57-88.

Autonomía local y reforma constitucional

JOAQUÍN MARTÍN CUBAS
BORJA SANJUÁN ROCA
JORGE CASTELLANOS CLARAMUNT
Universitat de València

1. INTRODUCCIÓN

La Constitución española en vigor se aprobó en 1978. Esta fecha no resulta baladí en relación con el ámbito de gobierno de lo local. La crisis del Estado del Bienestar clásico en la década de los setenta supuso un cambio de patrón claro en las concepciones imperantes sobre los gobiernos locales y sobre su importancia relativa en el gobierno de nuestras sociedades que —podemos decir— ha vuelto vieja por inadecuada la Constitución en este ámbito. La afectación ha sido claramente importante en los países que, como el nuestro, hemos construido nuestra estructura constitucional del gobierno territorial a partir de las tesis napoleónicas-jacobinas que definieron los planteamientos centralistas del liberalismo francés a partir del siglo XVIII, durante todo el siglo XIX y buena parte del siglo XX. A partir de esos planteamientos, el gobierno de lo local quedó circunscrito durante ese tiempo a la solución de unos pocos aspectos de la vida de los núcleos urbanos relacionados con cuestiones de seguridad e higiene —cuidado de las vías de tránsito, abastecimiento de agua, retirada de residuos, mataderos y servicios funerarios, etc.— en el marco de una legislación que le venía impuesta a los municipios desde el gobierno del Estado, convirtiendo a los entes locales en meros ejecutores de las políticas decididas en el centro del sistema o, si se prefiere, en meros *administradores*.

Sin embargo, este orden de cosas cambió a partir de los años setenta del pasado siglo cuando grandes transformaciones a nivel sistémico de carácter social, político y económico —la *crisis del estado de bienestar clásico*— obligaron a los poderes locales a movilizar recursos y energías en forma de nuevas políticas para afrontar los problemas que ya no podían ser resueltos desde el nivel de gobierno estatal: políticas de promoción económica y desarrollo local, políticas sociales, gobierno del territorio, hasta llegar a las políticas emergentes más recientes —energías, nuevas tecnologías de la comunicación, identidades, ...—.

Esta tendencia se ha visto reforzada, además, por la fuerza imparable de la globalización, los fenómenos a ella asociados y sus consecuencias en términos de incapacidad de los Estados, en cuanto sujetos políticos autosuficientes, para resolver los problemas de los ciudadanos. Precisamente son éstos, los ciudadanos, los que han vuelto sus miradas a su ámbito político más cercano buscando las respuestas que no encuentran en el ámbito estatal. Frente a la fuerza de la *globalización* se ha extendido la esperanza en la fuerza de la *glocalización*. Esto es, lo local se ha vuelto proactivo y participativo en la búsqueda de soluciones de muchos de los problemas reales de los ciudadanos. Los actuales entes locales son verdaderos gobiernos y no meramente administradores. Desde el punto de vista cuantitativo son más las políticas que se desarrollan desde este nivel de gobierno, son más los servicios que se prestan y son más los recursos humanos y materiales que se requieren. Desde un punto de vista cualitativo y en virtud de la proximidad, los ciudadanos se han vuelto más protagonistas en la resolución de sus problemas, participan más, se generan dinámicas sociales y económicas novedosas de tal suerte que el gobierno de lo local se vuelve más flexible y adaptativo a cada comunidad local y su problemática particular. El gobierno multinivel se ha impuesto y no hay ninguna duda de que los entes locales representan un verdadero poder territorial del Estado.

Es en ese sentido en el que aparece apropiada la pregunta sobre la reforma de la Constitución en lo que se refiere al ámbito local de gobierno. La actual redacción constitucional, como veremos, responde a una tradición que, en gran manera, ya ha sido superada por los hechos. La Constitución española ni ha previsto la necesaria mayor intervención de los entes locales en la vida política de nuestras sociedades ni tampoco su mayor imbricación en la toma de decisiones que les ha de corresponder en el marco de un entramado de gobiernos multinivel. Que eso sea así avala el interés por adecuar la Constitución a las nuevas circunstancias de tal forma que la nueva regulación constitucional genere rendimientos óptimos para nuestras instituciones de gobierno local. Esto no es óbice para advertir desde el primer momento que las opciones constitucionales sobre la materia pueden estar afectadas por otros enfoques, perspectivas, valores o principios que prefiguran alternativas diferenciadas y no necesariamente en el sentido apuntado. De hecho, en nuestro país el abanico de planteamientos de reforma constitucional en este ámbito, como veremos, oscila entre propuestas de recentralización del poder político y recorte de la autonomía local hasta propuestas de una mayor descentralización y, por tanto, incremento del poder y autonomía de los entes locales. Intentaremos en las páginas que siguen resumir el estado de la cuestión desde la revisión de la doctrina constitucional y de otras aportaciones de áreas jurídicas afines y también implicadas en el estudio de los asuntos locales.

2. LA CONSTITUCIÓN ESPAÑOLA DE 1978 Y EL GOBIERNO DE LO LOCAL

Un artículo que pretende describir las propuestas de reforma constitucional en relación con el ámbito local de gobierno ha de partir necesariamente de la descripción de la actual regulación constitucional. A ello vamos a dedicar este primer epígrafe que, tras una somera descripción de la realidad local —conviene retener la diversidad y complejidad del mundo local—, apuntará los grandes trazos de esa regulación constitucional; los grandes problemas jurídico-constitucionales que, a juicio de la doctrina, de ella se derivan; y las tres grandes sensibilidades o concepciones sobre el poder local que, en ese marco constitucional, se han definido en la práctica político-legislativa de nuestro país.

Si nos centramos, en primer lugar, en la descripción somera de la realidad local, actualmente, el territorio español se encuentra dividido en 8.132 municipios que responden a una rica diversidad en las múltiples dimensiones que podamos contemplar. Destacamos dos: la territorial (por comunidades autónomas con relación a la media de habitantes por municipio y a la media de superficie por municipio) y la poblacional.

Con relación a la media de habitantes por municipio y a medida de superficie por municipio según comunidad autónoma, la diversidad de situaciones según comunidad autónoma queda bien reflejada en la siguiente tabla:

Tabla 1: Número de municipios, población y superficie por comunidades autónomas en 2021[1]

	núm. municipios	% Total	media hab/ mun	media sup/ mun
Andalucía	786	9,67	10.771	111,39
Aragón	731	8,99	1.818	65,25
Asturias	78	0,96	13.061	135,97
Islas Baleares	67	0,82	17.486	74,50
Canarias	88	1,08	24.727	84,61
Cantabria	102	1,25	5.715	51,59
Castilla y León	2.248	27,64	1.065	41,76
Castilla-La Mancha	919	11,30	2.225	86,41
Cataluña	947	11,65	8.216	33,91
Comunitat Valenciana	542	6,67	9.331	42,92
Extremadura	388	4,77	2.742	107,32
Galicia	313	3,85	8.632	94,49
Madrid	179	2,20	37.876	44,81
Murcia	45	0,55	33.583	251,47
Navarra	272	3,34	2.431	36,03
País Vasco	251	3,09	8.847	28,26
La Rioja	174	2,14	1.839	28,90
Ceuta	1	0,01	84.202	18,87
Melilla	1	0,01	87.076	14,24
	8.132		5.835	62,07

Con respecto a la diversidad en el tamaño poblacional, hay que señalar especialmente la acumulación residencial en ciudades de tamaño medio y grande, especialmente los municipios de más de 100.000 habitantes y, entre ellos, las dos grandes urbes, Madrid y Barcelona. La contraparte es el conocido

1 Registro de Entidades Locales (minhap). Datos a partir del Padrón de 1 de enero de 2020.

como *minifundismo* municipal español: casi 7.000 de los 8.000 municipios, el 85% del total, tienen menos de 5.000 habitantes; alrededor de la mitad de los municipios de nuestro país tienen una densidad menor a 12 habitantes por kilómetro cuadrado y, de ellos, entorno a «1.300 municipios cuentan con menos de 100 habitantes: el 16% del total».

Tabla 2: Número municipios y población según tramos de población España[2]

	núm. municipios	% Total	Población	% Total
Menos 5.000	6.829	83,98	5.718.667	12,05
5.000 - 10.000	544	6,69	3.839.533	8,09
10.001-20.000	343	4,22	4.825.794	10,17
20.001-50.000	267	3,28	7.837.552	16,52
50.001-100.000	86	1,06	6.189.990	13,04
Más de 100.00	63	0,77	19.040.837	40,13
Total	8.132		47.452.373	

El mapa de los entes locales se completa con la existencia de 50 provincias, de las cuales, solo 38 son de régimen común y están gobernadas como tales por diputaciones provinciales; 3, por consejos o cabildos insulares; 3, por diputaciones forales; y 6, por comunidades autónomas uniprovinciales. Los entes locales intermedios se distribuyen en 83 comarcas; 3 áreas metropolitanas; más de mil mancomunidades; otros tantos consorcios; y otro tipo de agrupaciones, junto con las entidades locales menores o, en la expresión legal en vigor *Entidades de Ámbito Territorial Inferior al Municipio* (EATIM).

La Constitución, siguiendo nuestra tradición constitucional, es escueta en sus referencias a las entidades locales. Son reguladas en el Título VIII de la Constitución, *De la Organización Territorial del Estado,* dedicándoles escasamente cuatro artí-

---

2 INE 1 de enero de 2020.

culos: el 147 y los que integran el Capítulo II —arts. 140-142—, dedicados específicamente a los principios organizativos y al principio de suficiencia financiera de las mismas.

El artículo 137 CE establece que «el Estado se organiza territorialmente en municipios, en provincias y en las comunidades autónomas que se constituyan. Todas estas entidades gozan de autonomía para la gestión de sus respectivos intereses». De esta forma, el Estado español se organiza en tres niveles de poder territorial no ordenados jerárquicamente, sino competencialmente: el Estado central —la STC 56/1990 recomendó esta denominación para distinguir el uso de Estado en un sentido amplio que abarca los tres poderes territoriales—, las comunidades autónomas y las Entidades Locales.

El municipio, junto a provincias e islas, se configuran como elementos básicos de nuestra organización territorial, caracterizados por ser «entes públicos territoriales» y estar dotados de autonomía para la gestión de sus propios intereses. De hecho, la dicción del artículo 137 ha llevado a distinguir

> «dos subniveles territoriales [locales]: el *nivel municipal*, integrado por un único tipo de entidad local (municipio), y el *nivel supramunicipal*, compuesto, a su vez, por una pluralidad de tipos de entidades locales, de ámbitos territoriales diversos (provincia, isla y agrupaciones de municipios diferentes de la provincia). Cabe advertir que no está constitucionalmente previsto un nivel *inframunicipal*, integrado actualmente por las entidades de ámbito territorial inferior al municipio, cuya naturaleza jurídica se ha visto afectada en la última reforma de la legislación básica estatal»[3].

En relación con el municipio, el artículo 140 establece dos principios básicos de su institucionalidad: la autonomía local y el carácter representativo de las corporaciones locales. Según este artículo, el gobierno y administración municipal han de

---

[3] Alfredo GALÁN GALÁN (2022), pp. 17-18.

ser democráticos y corresponde a «sus respectivos ayuntamientos, integrados por los alcaldes y los concejales». La Constitución requiere que la elección de los concejales se realice por los vecinos del municipio mediante sufragio universal, igual, libre, directo y secreto, en la forma establecida por la ley. Sin embargo, para la elección de alcaldes y alcaldesas deja la posibilidad de que «sean elegidos por los concejales o por los vecinos». Ahora bien, la Ley Orgánica 5/1985, de 19 de junio, del Régimen Electoral General (LOREG) ha optado por la elección popular de los concejales dejando a éstos la elección del alcalde de la Corporación municipal, salvo en los casos de municipios muy pequeños ya sean gobernados por concejo abierto o que rija un sistema electoral de voto limitado en listas abiertas en cuyo caso el candidato más votado es elegido alcalde.

En relación con la provincia, el artículo 141 CE desarrolla el llamado principio de autonomía provincial. Las Diputaciones provinciales u «otras corporaciones de carácter representativo», instituciones existentes en España desde 1836, son los órganos de gobierno de la provincia. La provincia cuenta con personalidad jurídica propia y se define como la agrupación de municipios —lo que, a juicio de la doctrina, incide en el carácter instrumental o vicarial al servicio de este último—. La Constitución otorga a la provincia una importante dimensión estatal para el cumplimiento de las actividades del Estado, además de su propia dimensión como ente local autónomo. Junto al artículo 141 CE otros artículos confieren atribuciones a las provincias. Así, por ejemplo, la provincia es la circunscripción electoral para la elección de diputados y senadores y cuenta con iniciativa en la iniciación del proceso autonómico (arts. 68, 69 y 143). Finalmente, la Constitución refuerza la institución provincial haciendo que la modificación de los límites provinciales requiera una Ley orgánica de las Cortes Generales (artículo 141 *in fine*).

El gobierno de las provincias está encomendado a «Diputaciones u otras Corporaciones de carácter representativo», recogiéndose así, de modo tácito, la necesidad de que los miembros de estas corporaciones representativas se elijan democráticamente. La LOREG ha establecido, sin embargo, un sistema de elección indirecta de los diputados provinciales por parte de los concejales a partir de los resultados de las elecciones locales.[4]

La Constitución, por otro lado, posibilita la existencia de otro tipo de agrupaciones de municipios que se adicionan a las diputaciones, pero que no las sustituyen (artículo 141.3). Hablamos de áreas metropolitanas, comarcas u otras entidades locales de carácter asociativo como mancomunidades o consorcios.

Señalar, por último, que las haciendas locales, según el artículo 142 CE, «deberán disponer de los medios suficientes para el desempeño de las funciones que la ley atribuye a las Corporaciones respectivas y se nutrirán fundamentalmente de tributos propios y de participación en los del Estado y de las CCAA». Existen numerosas Sentencias del TC [5] sobre el carácter necesario e imprescindible del principio de *suficiencia financiera* de las haciendas locales como complemento y presupuesto para la efectiva autonomía local.

Así pues, nuestra carta magna contiene una regulación muy escueta de las entidades locales. Apenas si proclama la autonomía local (artículo 137) y ofrece algunas pautas organizati-

---

4 La LOREG, en su artículo 205, establece: «Constituidos todos los Ayuntamientos de la respectiva Provincia, la Junta Electoral de Zona procede inmediatamente a formar una relación de todos los partidos políticos, coaliciones, federaciones y de cada una de las agrupaciones de electores que hayan obtenido algún Concejal dentro de cada partido judicial, ordenándolos en orden decreciente al de los votos obtenidos por cada uno de ellos… Realizada esta operación la Junta procede a distribuir los puestos que corresponden a los partidos, coaliciones, federaciones y a cada una de las agrupaciones de electores en cada partido judicial mediante la aplicación del procedimiento previsto en el artículo 163, según el número de votos obtenidos por cada grupo político o cada agrupación de electores».

5 Entre ellas las SSTC 179/85, 201/88, 135/92, 68/96, 171/96.

vas básicas para municipios (artículo 140), provincias (artículo 141.1 y 2), islas (artículo 141.4) y otras posibles agrupaciones de municipios (artículo 141.3). Por lo demás, la Constitución garantiza la *suficiencia financiera* local (artículo 142).

Esta regulación constitucional se ha enfrentado a tres grandes órdenes de problemas: el alcance de la autonomía local; la competencia para la regulación del régimen local; y la falta de previsión de la representación del poder local y su articulación con el resto de los poderes territoriales del Estado.

La afirmación garantista de la autonomía local, en primer lugar, se enfrenta a la no previsión de cauces e instrumentos formales y materiales específicos para su defensa, y, en consecuencia, deja abierto el problema del alcance real de la autonomía local. El artículo 149.3 deja a los entes locales fuera del reparto competencial y en manos del legislador, ya sea estatal o autonómico, al establecer que «las materias no atribuidas expresamente al Estado por esta Constitución podrán corresponder a las Comunidades Autónomas en virtud de sus respectivos Estatutos» y añadir, sin solución de continuidad, que «la competencia sobre las materias que no se hayan asumido por los Estatutos de Autonomía corresponderá al Estado». El Tribunal Constitucional (TC) quiso dar solución a esta insuficiencia garantista importando de la jurisprudencia del Tribunal Constitucional alemán la técnica de la *garantía institucional*; sin embargo, tal técnica difícilmente permitía garantizar la autonomía local cuando en nuestro país el poder de los entes locales ha sido siempre producto de la libre voluntad del propio legislador. Por lo tanto, «no nos permite en positivo construir con solidez una autonomía local políticamente potente»[6]. De hecho, el propio TC abandonó progresivamente esta técnica para utilizar otros dos mecanismos complementarios: el establecimiento de unos

---

[6] Joaquim FERRET I JACAS (2006), p. 49.

«estándares mínimos de autonomía y el entendimiento principal de la autonomía»[7]; mecanismos que, a pesar de su interés, no dejan de representar la mejor evidencia de la debilidad de las garantías establecidas. En la práctica asistimos a la conclusión paradójica de que la autonomía local afirmada por la Constitución queda en manos de uno de los poderes constituidos —el legislador—, precisamente uno de los actores frente a los cuales se garantiza tal autonomía en la Constitución[8].

Un segundo problema respecto al poder de los entes locales es discernir competencialmente los papeles respectivos de los legisladores estatal y autonómico respecto a la autonomía local[9]. Según establece el artículo 149, en su apartado 1, entre las materias sobre las que el Estado tiene competencia exclusiva se encuentra, en su apartado 18, «las bases del régimen jurídico de las administraciones públicas» entre las cuales hay que considerar la administración local. Se ha señalado hasta la saciedad por parte de los defensores de una mayor autonomía local que la competencia exclusiva garantizada al Estado en su literalidad no es exactamente la del "régimen local". Pero el TC, a partir de la STC 32/1981, ha entendido que «la garantía constitucional de la autonomía local es de carácter general y configuradora de un modelo de Estado y ello conduce, como consecuencia obligada, a entender que corresponde al mismo la fijación de principios o criterios básicos en materia de organización y competencia de general aplicación en todo el Estado».

Y el Estado central no ha dudado en ejercer esa

> «posibilidad, prácticamente irrestricta, de acuerdo con la interpretación que se ha venido haciendo de tales capacidades reguladoras, de definir su alcance o dimensión misma. Así, y pese a que el artículo 148.1.2 CE determina, con claridad, que

---

7 Francisco VELASCO CABALLERO (2009), p. 37.

8 José ESTEVE PARDO (1991), pp. 192-193.

9 Francisco VELASCO CABALLERO (2009), pp. 153-154.

> pasarán a ser competencias de las Comunidades Autónomas, pudiendo, por tanto, asumirlas éstas, en sus Estatutos, en virtud del principio dispositivo, "... las funciones que correspondan a la Administración del Estado sobre las Corporaciones locales..."; éste, acogiéndose al artículo 149.1.18 CE, que le faculta, con carácter general, para regular "las bases del régimen jurídico de las Administraciones Públicas...", ha venido, en la práctica, esgrimiendo dicho título competencial, para desplazar, condicionar y limitar, considerablemente, a través de su intensa acción normativa, tanto el margen de autodeterminación que le ha de corresponder al legislador autonómico, como la virtualidad misma del principio de autoorganización local. Ello le ha permitido erigirse en guardián, al tiempo que, en verdadero arquitecto, de la extensión que ha de alcanzar el modelo constitucional de autogobierno local. La consecuencia que de ello se desprende no ha sido otra que atribuirle, de modo reiterado, un carácter preferentemente administrativo a la autonomía local, lo que viene a contrastar con la naturaleza netamente política que se le reconoce, desde un primer momento, a las Comunidades Autónomas. Tal distinción se basa en argumentos que no resisten un análisis objetivo de los mismos»[10].

El tercer orden de problemas está asociado a la falta de regulación constitucional de la representación del poder local y su articulación con el resto de los poderes territoriales del Estado. Apenas, el artículo 69.1 otorga al Senado la función de "representación territorial", pero, como es sabido, la regulación que la misma Constitución realiza de su sistema electoral hace inviable una representación directa y plena de los poderes territoriales autonómicos y local. De ahí que las relaciones entre órganos centrales del Estado y comunidades autónomas hayan pivotado fundamentalmente sobre relaciones de tipo bilateral. No han existido o no se han desarrollado con la intensidad y extensión deseable foros de carácter multilateral y horizontal. Ni que decir tiene que el Poder Local no se ha visto reflejado en un mecanismo de representación público e institucionalizado,

---

[10] José María PORRAS RAMÍREZ (2005).

correspondiendo esta representación a una mera asociación de adscripción voluntaria: la *Federación Española de Municipios y Provincias* y sus derivadas autonómicas. En definitiva, no existe en nuestro país una adecuada institucionalización de las relaciones entre los diferentes niveles de gobierno o poderes territoriales del Estado y no existe, sobre todo, en el caso del mundo local.

Indudablemente, existen muchos otros problemas que afectan al poder de los entes locales en nuestro país —la garantía de una financiación suficiente, la planta local (especialmente, el gran número de municipios de escasa entidad poblacional) y otros— que serán analizados con detenimiento al tratar de las posibles reformas constitucionales.

Al inicio de este epígrafe hemos afirmado que, a lo largo de la práctica político-legislativa de nuestro país en relación al gobierno de lo local y en el marco de la regulación constitucional, se han definido tres grandes sensibilidades o concepciones sobre el poder local: una primera a la que denominaremos *concepción matriz o moderada*, que caracterizó el estándar de la autonomía local durante tres lustros —desde 1985 hasta 2000— y que vino definida por la Ley 7/1985, de 2 de abril, Reguladora de las Bases del Régimen Local (LRBRL) en su primera versión; la segunda, una *concepción desarrollada* del gobierno y la autonomía local, impulsada por el movimiento municipalista en la década de los 90 y que, en parte inconclusa, vendría definida por el *Pacto Local* de 1999 y el *Libro Blanco para la Reforma del Gobierno Local* de 2005; y la tercera, una *concepción reduccionista* de la autonomía local, que quedó fijada por la Ley 27/2013, de 17 de diciembre, de Racionalización y Sostenibilidad de la Administración Local (LRSAL), todavía vigente.

La *concepción matriz o moderada* de la autonomía local en nuestro país viene definida por la aprobación en 1985 de la LRBRL, al rebufo de esta sentencia 32/1981. Esta ley ha sido el marco normativo de referencia desde ese año para la vida local española. Esta ley supuso un gran impulso para la vida local. Durante las dos décadas siguientes los entes locales vivieron una etapa sin precedentes caracterizada por la asunción de importantes responsabilidades en el gobierno de los asuntos propios, trazando —con mayor o menor tino según los casos— políticas particulares para enfrentar sus desafíos de futuro. Ahora bien, ese soplo de aire fresco no tardaría en enfrentarse con sus límites, carencias y excesos[11].

De hecho, muy pronto —a finales de la década de los noventa—, fruto de la constatación de esa realidad problemática y de la presión del denominado *movimiento municipalista,* las principales fuerzas políticas impulsaron lo que hemos llamado *concepción desarrollada* de la autonomía local. En primer lugar, acordaron en 1999 el llamado *Pacto Local,* acuerdo que supuso un segundo impulso para el fortalecimiento de la vida local. Se sucedieron toda una suerte de medidas encaminadas a la modernización del gobierno local: la reforma de la Ley Orgánica del Tribunal Constitucional (LOTC) o la de la LOREG, entre otras muchas de carácter sectorial, para terminar con la reforma parcial de la LRBRL en 2003. En cualquier caso, quedó pendiente la denominada *segunda descentralización,* esto es, que se facilitara un mayor margen de autonomía a los entes locales desde las comunidades autónomas. Todo parecía indicar que este objetivo iba a figurar en la agenda reformista de la primera década del nuevo siglo. En ese escenario, el gobierno de Rodríguez Zapatero impulsó en 2005 el *Libro Blanco para la Reforma del Gobierno Local,* caracterizado por su impronta a favor de una mayor autonomía local. En cualquier caso, la iniciativa —al albur de la pugna constitucional respecto a la reforma de los estatutos de autonomía— acabaría orillada para mejores momentos. Lo que es peor, las reformas de los estatutos de autonomía que se produjeron a partir de 2006 no fueron en esta dirección y nos encontramos en la misma situación de partida: «la lógica

11 Manuel ZAFRA VÍCTOR (2009), p. 13.

conservadora con la que en general se contempla el mundo local y, especialmente, la transferencia del poder al mismo»[12].

Por último, la de la autonomía local apareció al albur de las consecuencias de la crisis económica de 2008, una de las más intensas y persistentes de nuestra historia y de un cambio de gobierno que llevaría al poder al Partido Popular. Para afrontar los desafíos de la crisis y, en particular, para dar respuesta a los requerimientos de la Unión Europea —*sine qua non* de su apoyo— se diseñó una reforma estructural de las administraciones públicas a fin de conseguir una fuerte reducción de los gastos públicos. Entre otras medidas, se aprobó, con relación a las consideradas *administraciones locales*, la LRSAL, todavía en vigor. Esta ley, frente a la LRBRL de 1985, reduce al poder local a una mera administración para la gestión de algunos asuntos difícilmente atribuibles a niveles de gobierno superiores. La ley, a través de diferentes mecanismos, acota las competencias de los entes locales a un máximo —*servicios obligatorios*—, supeditando la garantía constitucional para decidir autónomamente a un mero cálculo de eficiencia —el *coste efectivo* fijado por orden ministerial—. De esta forma, la supuesta racionalización y sostenibilidad debe ser juzgada *servicio a servicio* y no *en su conjunto*, y al margen de las circunstancias particulares de los municipios y de sus prioridades políticas; todo lo cual paradójicamente no deja de ser irracional y poco sostenible, además de poco compatible con la autonomía que los entes locales tienen garantizada. Cierto que el alcance de la ley ha sido posteriormente matizado por la jurisprudencia constitucional (SSTC 41/2016, 111/2016, 180/2016, 44/2017, 45/2017, 54/2017, 93/2017 o 101/2017, entre otras), pero como ha señalado Manuel Zafra, «el melancólico balance que suscita la reforma local surge ante la marginalidad de municipios y provincias en el Estado de las Autonomías…: no consiguen ganar el estatus institucional y la

---

12 José TUDELA ARANDA (2006), p. 158.

relevancia política de un nivel de gobierno; es decir, erigirse en *sujeto* y superar la condición pasiva de *objeto* de distribución de competencias»[13].

O, como desde otra perspectiva ha señalado Ruiz-Rico,

> «a raíz del artículo 135 CE se inicia un proceso deconstructivo del sistema de derechos sociales y del autogobierno de las entidades locales, mediante el blindaje constitucional de la estabilidad presupuestaria y su rango como *valor estructural* ... se inicia una tendencia legislativa *recentralizadora* por el Estado, cuya constitucionalidad ha sido rebatida desde la Administración local. El desapoderamiento competencial de los entes locales, la férrea limitación de su capacidad autoorganizativa y el asedio a su autonomía local, subvierten el modelo de gobernanza municipal»[14].

Sea como sea, la doctrina en general ha sido crítica con la decisión del constituyente de no abordar con decisión la definición de la estructura y la distribución del poder territorial de nuestro Estado y la consecuente definición, en cada caso, de garantía y mecanismos de articulación, en especial por lo que se refiere al poder local:

> «La opción constitucional de deferir la toma de estas decisiones al legislador infraconstitucional se ha demostrado en la práctica, desde la perspectiva de la defensa del interés local, como insatisfactoria. De ahí, precisamente, que se defienda, desde el propio mundo local, la reforma del texto constitucional para dotarlo de una mayor densidad regulatoria de los Gobiernos locales»[15].

Y decimos «en general» porque normalmente las propuestas de reformas explícitas son las de aquellos autores que entienden que hay que empoderar más a los entes locales para mejo-

---

13 Manuel ZAFRA VÍCTOR (2015), p. 457.

14 Catalina RUIZ-RICO RUIZ (2017), pp. 13-14.

15 Alfredo GALÁN GALÁN (2022), pp. 15-16.

rar el rendimiento de nuestras instituciones, lo que no impide entender que el silencio sobre posibles cambios constitucionales posiblemente se pueda relacionar con una aquiescencia tácita en relación a la regulación constitucional existente en la actualidad por parte de quienes prefieren un mayor control o sujeción de los entes locales respecto a niveles territoriales superiores del sistema político.

3. LA NATURALEZA DEL GOBIERNO LOCAL Y SUS DERIVACIONES CONSTITUCIONALES

Una posible reforma de la Constitución en relación a un gobierno de lo local tiene que ver con tres grandes órdenes de problemas: en primer lugar, la naturaleza del poder local —¿verdadero poder del Estado o mera administración al servicio de un poder central? —; en segundo lugar, el alcance de la autonomía local —¿garantía fuerte o débil de la autonomía local?—; y en tercer lugar, la afectación de las decisiones anteriores al sistema de fuentes del Derecho Local.

3.1. ¿Poder del Estado o mera administración?

Como hemos visto en esta breve introducción, la naturaleza del gobierno local es una cuestión todavía debatida, ya sea desde planteamientos teóricos ya sea desde su plasmación práctica. El Título VIII de la Constitución regula la *organización territorial del Estado,* esto es, la distribución horizontal del poder territorial. Su artículo de apertura, el artículo 137, dice escuetamente que el Estado se organiza territorialmente en municipios, en provincias —esto es, *entes locales* dotados de autonomía— y en las comunidades autónomas que se constituyan —igualmente, dotadas de autonomía para la gestión de sus respectivos intereses—. No hay dos sin tres, pues la redacción del artículo por el constituyente esconde a la tercera organización territorial que, además, es la más poderosa de todas ellas, el propio Estado gobernado por sus órganos centrales. En la práctica el artículo 137 está definiendo un Estado que reparte su poder desde un punto de vista territorial en tres niveles de gobierno —Estado central, comunidades autónomas y entes locales—, esto es, los tres poderes territoriales del Estado. Desde esta perspectiva, los entes locales son un *poder* territorial del Estado. Sin embargo, el propio articulado del texto constitucional parece esconder este hecho al intitular el Capítulo II de este Título VIII refiriéndose a la «Administración Local». Incluso, el TC en un primer momento pareció asumir esta dicción cuando en la temprana STC 32/1981, afirmaba que

> «la Constitución prefigura ... una distribución vertical del poder público entre entidades de distinto nivel que son fundamentalmente el Estado, titular de la soberanía; las Comunidades Autónomas, caracterizadas por su autonomía política, y las provincias y municipios, dotadas de *autonomía administrativa* de distinto ámbito».

La doctrina, sin embargo —y también posteriormente el TC en una doctrina más matizada— ha dejado ampliamente constancia y denuncia de lo que no puede entenderse si no como una rémora del pasado y de la necesaria *naturaleza política* de la autonomía local. No obstante —y como hemos visto—, nada es casualidad cuando hablamos de un texto constitucional. La concepción de lo local como una *mera administración* al servicio de las decisiones del poder central de un Estado siguen vigentes en nuestro país y en buena parte ello es consecuencia de la propia regulación constitucional.

> «Una de las cuestiones más debatidas desde la aprobación de la CE ha sido la relativa al carácter político administrativo de la autonomía local. Los defensores de la autonomía administrativa justifican su postura tomando como base la carencia de potestad gubernamental y legislativa que sufren los entes locales. No obstante, en lo que respecta a la potestad gubernamental esta postura es discutible, pues el propio artículo 140 CE establece que "el Gobierno y la Administración corresponde a sus respectivos Ayuntamientos", por lo que esta alusión de

> la Carta Magna no deja lugar a dudas del carácter político de la autonomía local. Sin embargo, la complejidad para defender la autonomía política aumenta cuando nos referimos a la potestad legislativa. Si bien es cierto que esta potestad solo le viene reconocida constitucionalmente al Estado y a las CCAA, los órganos locales pueden dictar normas dentro de su ámbito de actuación política que se podrían entender semejantes a algunas de las leyes dictadas por los Parlamentos autonómicos en determinadas CCAA de pequeño tamaño. Piénsese en la relevancia de una ordenanza del Ayuntamiento de Madrid o del de Barcelona y compárese con una ley emanada, por ejemplo, del Parlamento de La Rioja. La diferencia radica por tanto en una cuestión de rango normativo»[16].

Así pues, una reforma constitucional debería afrontar antes que nada este problema y regular sin ambigüedades en el artículo 137 y en el capítulo II de este Título VIII la solución adoptada. La importancia de ello no se le escapa a nadie, no es lo mismo ser una mera *administración* al servicio de otro poder que un verdadero *poder*, ya sea éste plenamente autónomo, ya sea copartícipe necesario para decidir sobre determinados ámbitos competenciales, sean estos los que fueren por decisión constitucional. El análisis objetivo de la realidad local es que los gobiernos locales no se limitan a *administrar* decisiones ajenas, sino que *gobiernan* los intereses locales optando entre opciones políticas alternativas en el margen de su autonomía —que, todo hay que decirlo, es mínimo en la medida en que están sujetos a la potestad legislativa de otros—. De ahí que las alternativas que normalmente se barajan respecto a la intitulación del Capítulo II son tres: mantener la nomenclatura de este nivel de gobierno como «administración local»; aceptar su naturaleza de «gobierno local» o «poder local»; o, finalmente, referirse a este nivel de gobierno, recogiendo su pluralidad institucional, como «los entes locales».

---

16 Miguel Jesús AGUDO ZAMORA y María Dolores MONTERO CARO (2010), p. 85.

3.2. El alcance de la autonomía local, ¿garantía fuerte o débil?

Quizá sea el alcance de la autonomía local —«Por autonomía local se entiende el derecho y la capacidad efectiva de las Entidades locales de ordenar y gestionar una parte importante de los asuntos públicos, en el marco de la Ley, bajo su propia responsabilidad y en beneficio de sus habitantes» (artículo 3.1 CEAL)— la cuestión sobre el gobierno de lo local más debatida en la doctrina. De hecho, esta definición de su alcance contrasta con la actual regulación interna en nuestro país. De la lectura conjunta de la *Carta Europea de Autonomía Local* se desprende que esta se construye sobre la *subsidiariedad* como preferencia democrática mientras que, por su parte, la LRSAL acaba con la cláusula general habilitante para la provisión o ejercicio de servicios demandados por la población de los respectivos municipios. Y, aunque la STC 41/2016 matiza la norma estableciendo que el listado de competencias atribuidas no puede ser entendido como un catálogo cerrado, el ejercicio de competencias pasa a descansar sobre los principios inspiradores de esa norma —eficiencia, estabilidad y sostenibilidad, así como sobre la suficiencia financiera y la inexistencia de duplicidades— y no sobre el principio de subsidiariedad como elemento estructurante de la normativa legal. Una combinación de elementos que en su conjunto podría, tal y como recoge el Dictamen 567/2013 conllevar un vaciamiento y afección ilegítima a la autonomía local en el sentido apuntado[17].

Como hemos ya explicado, la Constitución dice «garantizar» la autonomía local, pero deja su alcance al albur de las decisiones del legislador —estatal o autonómico— y de la interpretación que de la cuestión haga finalmente el TC, cuyos miembros son elegidos precisamente por el poder legislativo, ya sea directamente —electos por el Congreso y por el Senado— ya lo

---

17 Eva NIETO GARRIDO (2018).

sean indirectamente —electos por el Gobierno o por el Consejo de Gobierno del Poder Judicial—, pero en ningún caso por ningún tipo de representación institucional procedente de los Entes Locales. El TC, entre cuyas misiones está decidir sobre los conflictos competenciales entre los tres poderes territoriales del Estado, sin embargo, solo tiene la legitimación de parte de un poder entre ellos. Aunque su regulación, está fuera del objeto de este trabajo, no parece aventurado plantearse también, junto con una mayor participación de los entes locales en el proceso legislativo, la necesaria reforma de la regulación constitucional del TC en lo que se refiere a esta cuestión.

Lo cierto es que la «garantía» que se define en la actual Constitución para la autonomía local, ciertamente es una garantía muy débil:

> «derecho de la comunidad local a participar, a través de órganos propios, en el gobierno y administración de cuantos asuntos le atañen, graduándose la intensidad de esta participación en función de la relación existente entre los intereses locales y supralocales dentro de tales asuntos o materias» (STC 32/1981, 27/1987, 170/1989, entre otras).

La garantía queda en primer término, como ya hemos visto, en manos del legislador autonómico o estatal: «la determinación de cuáles sean estos intereses es obra de la ley, que les atribuye, en consecuencia, competencias concretas, pero que, en todo caso, debe respetar la autonomía y, como substrato inexcusable de ésta, reconocerles personalidad propia» (STC 84/1982, entre otras). De hecho, durante mucho tiempo los entes locales ni siquiera han tenido legitimación directa para acudir al TC en defensa de su autonomía. Hubo que esperar a la reforma de la LOTC de 1999 para abrir esa posibilidad y, aun así, en términos muy restrictivos —artículo 73.ter.1—. Pero más allá de su falta de legitimación para defender lo que la Constitución les garantiza, el problema reside en la falta de concreción de lo que la Constitución protege como «autonomía local». Ya hemos visto que la técnica de la *garantía institu-*

cional no es aplicable a nuestro país —la LRSAL sería un buen ejemplo de ello— y que el establecimiento de unos *estándares mínimos de autonomía* y el *entendimiento principal de la autonomía* tan trabajosamente establecidos por el TC, se rinden a una evidencia incontestable: la autonomía local llega hasta donde el legislador —estatal o autonómico— deciden siempre que se les respete *un margen de libre decisión o de discrecionalidad*; una expresión esta, la del TC, que en demasiadas ocasiones ha resultado sarcástica para los responsables del gobierno de lo local.

En fin, sobre esta cuestión es mayoritaria la doctrina constitucional que reivindica una mejor concreción formal y material de esta garantía de la autonomía local en la Constitución. Respecto a los cauces formales, una vez abierta la posibilidad de recurso en defensa de la autonomía local, parece que lo más sencillo sería abrir el campo de los entes locales legitimados para recurrir ante el TC. No sería descabellado que la propia Constitución regulara este aspecto de forma graciosa hacia el poder local.

Otra cosa es la garantía de un ámbito material de autonomía. Aunque lo estudiaremos más adelante en el epígrafe dedicado a la regulación de las competencias, podemos adelantar que en pocos casos se avienen los críticos del texto constitucional, entre los que nos encontramos, a concretar la fórmula para garantizar ese ámbito material de autonomía, más allá de la referencia genérica a cualquiera de las técnicas federales del reparto competencial entre niveles de gobierno. Entre estas técnicas, la más radicalmente autonomista sería que los niveles de gobierno estatal o autonómico se limitarán a establecer objetivos de calidad respecto a determinados servicios que deberían ser provistos desde los gobiernos locales y dejar enteramente en manos de los entes locales su regulación y ejecución según las circunstancias de cada caso. Desde luego, no se trata de una concepción sencilla, pero de su concreción deriva el mantenimiento de la concepción del gobierno local como una mera *administración* al servicio de otros poderes o como un verdadero *poder* del Estado.

3.3. Afectación al sistema de fuentes de Derecho Local

Finalmente, las opciones anteriores se muestran definidas en la capacidad normativa de los entes locales o, dicho desde otra perspectiva, en la afectación que de la concepción de la naturaleza del gobierno de lo local se produce en el sistema de fuentes del Derecho Local. Indudablemente, la autonomía local implica capacidad normativa para regular aquellas materias o ámbitos en los que sean competentes dotada de legitimación democrática directa. Pero una vez más, es la concepción de la naturaleza del gobierno local la que determina la asimilación de la norma local a un mero *reglamento administrativo* que desarrolla o concreta una norma superior —ley o reglamento— aprobada por otro poder territorialmente superior —Estado o comunidad autónoma— o la consideración de la norma local fruto de un *poder normativo autónomo.* De hecho, la jurisprudencia del TC en este caso sí que ha derivado hacia esta segunda posibilidad al afirmar que, por razón de la configuración de la autonomía local y del principio democrático «las ordenanzas locales han de tener, por fuerza, unas posibilidades de regulación superiores a las que tienen las normas reglamentarias estatales de ejecución de ley» (SSTC 233/1999, entre otras).

Aun así, las posibilidades de afianzar esta concepción con una reforma de la Constitución están abiertas. Desde el punto de vista subjetivo, con la actual redacción, sólo incumbe a municipios, provincias e islas, no al resto de las entidades locales (artículo 137 CE), aspecto que podría ser precisado, aunque fuera por delegación de esa capacidad normativa en otro tipo de entes. Respecto a la configuración de la capacidad normativa local, podrían regularse con más previsión *principios coadyuvantes* de la garantía de la autonomía local, algunos ya recogidos a nivel legislativo como la atribución universal de potestad normativa, la prevalencia de la norma local sobre los reglamentos estatales o autonómicos o el entendimiento de la ley como límite y no como fundamento del poder normativo local. Se podría explorar el establecimiento principal o como regla de reservas constitucionales de regulación local —un mínimo de ordenanza local, en palabras de Velasco Caballero—, los principios que han de guiar el alcance de las reservas de ley establecidas constitucionalmente —por ejemplo, modulación de las exigencias de la reserva de ley cuando la norma *infralegal* en presencia es una norma municipal— y la afirmación de la legitimidad de normas locales independientes cuando los poderes legislativos no han regulado la materia de referencia. Por último, la Constitución podría abordar el establecimiento de criterios claros y sistemáticos en torno a la diversidad de formas de ejercicio de la potestad normativa por los entes locales: la ordenanza, los reglamentos orgánicos, los bandos, los decretos de alcaldía, los planes urbanísticos u otros instrumentos normativos como, por ejemplo, las relaciones de puestos de trabajo.

4. COMPETENCIAS

Es obvio que la naturaleza que atribuyamos al gobierno de lo local determina y/o condiciona la regulación de su ámbito competencial. Así, por ejemplo, de nada sirve garantizar autonomía a los entes locales si previamente o de forma paralela no se establece sobre qué pueden normar autónomamente, esto es, cuál es su ámbito competencial asegurado constitucionalmente para el cumplimiento de sus tareas como poder del Estado. Desde otra perspectiva, si se concibe el gobierno local como un instrumento de la normación por parte de un poder superior —sea estatal o autonómico— la cuestión puede quedar en manos del legislador respectivo. Ya hemos visto como en la práctica ni la Constitución de 1978 ha establecido un listado de materias competencia de los entes locales ni la técnica de la *garantía institucional* permite deducir esa relación de materias sobre la que los entes locales tendrían competencias aseguradas al margen de lo que disponga la ley. Sea como sea, si partimos de la garantía de autonomía para los entes locales en el marco de una distribución vertical del poder resulta necesario fijar constitucionalmente las funciones —y, en este caso, habría que decidir sobre el establecimiento de una cláusula general de competencia, de competencia complementaria o, en su caso, de competencia *ultra vires*— y materias sobre las que pueden intervenir los gobiernos locales. Como dice Sosa Wagner, *autonomía* y *competencias* son nociones perfectamente unidas. Y esto al margen de que en las relaciones entre poderes se puedan delegar o compartir ámbitos de gobierno o gestión.

En la actualidad, la LRBRL en su artículo 2.1 establece que

> «la legislación del Estado y la de las Comunidades Autónomas, reguladora de los distintos sectores de acción pública, según la distribución constitucional de competencias, deberá asegurar a los Municipios, las Provincias y las Islas su derecho a intervenir en cuantos asuntos afecten directamente al círculo de sus intereses, atribuyéndoles las competencias que proceda en atención a las características de la actividad pública de que se trate y a la capacidad de gestión de la entidad local, de conformidad con los principios de descentralización y de máxima proximidad de la gestión administrativa a los ciudadanos».

El TC, como hemos adelantado, también así lo ha entendido al entender que

> «corresponde al legislador estatal la fijación de los principios básicos en orden a las competencias que deba reconocerse a las entidades locales, estableciendo y garantizando, al fin, su derecho a intervenir en cuantos asuntos afecten directamente al círculo de sus intereses y fijando al respecto unas directrices para llevar a cabo la asignación de tales competencias, directrices que se concretan en atender, en cada caso, a las características de la actividad pública y a la capacidad de gestión de la entidad local, de acuerdo con los principios de descentralización y máxima proximidad de la gestión administrativa a los ciudadanos» (STC 214/1989).

Es conocida la regulación que de la cuestión ha realizado la LRBRL, en relación a los municipios, en sus artículos 25 y 26. Según el apartado primero del artículo 25,

> «el Municipio, para la gestión de sus intereses y en el ámbito de sus competencias, puede promover actividades y prestar los servicios públicos que contribuyan a satisfacer las necesidades y aspiraciones de la comunidad vecinal en los términos previstos en este artículo»;

y el apartado segundo precisa que «el Municipio ejercerá en todo caso como competencias propias, en los términos de la legislación del Estado y de las Comunidades Autónomas», en una serie de materias relativas a urbanismo, medio ambiente urbano, abastecimiento, evacuación y tratamiento de aguas, infraestructuras viarias, evaluación e informe de necesidades sociales, policía local y protección civil, entre otras. Los servicios que deban implantarse como consecuencia del ejercicio de estas competencias, según el apartado tercero, deberán determinarse por ley «conforme a los principios de descentralización, eficiencia, estabilidad y sostenibilidad financiera», a cuyo efecto —según el apartado cuarto— esta ley

> «deberá ir acompañada de una memoria económica que refleje el impacto sobre los recursos financieros de las Administraciones Públicas afectadas y el cumplimiento de los principios de estabilidad, sostenibilidad financiera y eficiencia del servicio o la actividad. La Ley debe prever la dotación de los recursos necesarios para asegurar la suficiencia financiera de las Entidades Locales sin que ello pueda conllevar, en ningún caso, un mayor gasto de las Administraciones Públicas».

Es más, según el apartado quinto, «la Ley determinará la competencia municipal propia de que se trate, garantizando que no se produce una atribución simultánea de la misma competencia a otra Administración Pública». Esto es, una atribución en principio razonable de competencias para poder alcanzar los fines a cuyo servicio están los municipios, pero que queda ampliamente condicionado por el principio de *sostenibilidad fi-*

nanciera a través de mecanismos que, establecidos por niveles territoriales superiores, realizan el control servicio a servicio y por la imposibilidad de *duplicidad*, al margen de que las necesidades sociales queden cubiertas por la administración ejerciente.

Como hemos adelantado, estas previsiones han supuesto un recorte evidente de la autonomía de los entes locales para afrontar los retos en el ámbito de los intereses locales. En otras palabras, parece necesario que la Constitución fije el ámbito competencial propio de los entes locales mediante alguna de las técnicas al uso en la tradición federal de reparto de competencias y, a los mismos efectos, se plantea la posible introducción en la Constitución de principios y reglas conducentes a la prometida y nunca realizada *segunda descentralización* desde el poder autonómico al local. Al respecto no hay concreciones sobre la técnica a utilizar más allá del llamamiento genérico a la introducción en la Constitución de un catálogo de funciones y materias competencia de los entes locales al estilo de lo dispuesto en el artículo 25 de la LRBRL con alguna llamada a que al listado de materias recogidas en ese artículo se añada, entre otras posibles, el fomento de la participación ciudadana y de la utilización de las tecnologías de la información y la comunicación y el desarrollo económico local o, en otro orden de cosas, se ha apuntado la necesidad de ampliar «las competencias de las entidades locales en servicios de proximidad al ciudadano»[18], invocando el «principio de subsidiariedad», tal como ha sido desarrollado por el Consejo de Europa y la Carta Europea de la Autonomía Local:

> «dicho catálogo habría de incluir un listado de materias sobre las que se establezca la competencia local en concreto, lo que implicaría, necesariamente, modificar el modelo actual basado en los intereses locales, así como el esquema vigente de atribución de competencias por los legisladores sectoriales, sustituyéndose éstos por el legislador básico estatal junto con el legislador estatutario, propiciando la creación del llamado

---

18 Ana MUÑOZ MERINO y Javier SUÁREZ PANDIELLO (2018), p. 35.

"bloque de la constitucionalidad local" y reforzando, por tanto, la posición objetiva de los entes locales respecto del legislador sectorial. En su lugar, si no se procede en la línea que se sugiere, seguiremos encontrándonos una realidad de los hechos en la que la práctica continuada del legislador sectorial (singularmente autonómico) ha omitido, o descartado, reiterada y sistemáticamente la atribución de competencias a los entes locales, inclinándose permanentemente por la delegación de competencias mediante un perverso régimen subvencional»[19].

5. GOBIERNO MULTINIVEL

Ligado al problema de la naturaleza del gobierno local y, quizá, con sustantividad propia está la necesidad de clarificar la articulación de los entes locales con los otros dos poderes del Estado. Y, en este punto, una de las decisiones fundantes que debe fijar una posible reforma constitucional de este ámbito de poder es la responsabilidad sobre el régimen local entre el Estado y las comunidades autónomas. En la configuración constitucional actual, como se ha descrito con anterioridad, el régimen local se caracteriza por una naturaleza bifronte que le permite relacionarse tanto con el Estado como con la comunidad autónoma respectiva. Pero cabe una configuración constitucional alternativa que es la de dejar todo el régimen local —o, tendencialmente— en manos de las comunidades autónomas, algo más propio de los sistemas federales de gobierno:

> «Las consecuencias prácticas de mantener una u otra posición son muchas y de importancia. Así, en el ámbito de las relaciones interadministrativas (piénsese, por ejemplo, en la atribución de competencias o en el otorgamiento de subvenciones u otras fuentes de financiación). Según la tesis mantenida, se afirmará que los Gobiernos locales pueden relacionarse directamente y con normalidad tanto con el Estado como con las

19 Santiago GARCÍA ARANDA (2013), pp. 209-210.

> comunidades autónomas, o bien, en cambio, que solo deben relacionarse con su comunidad autónoma, de manera que la relación con el Estado no será directa, sino siempre mediatizada por esa comunidad. Por supuesto, habrá también quien mantenga posiciones más intermedias, como defender que la relación de las entidades locales no es exclusiva, pero sí preferente con el nivel autonómico»[20].

Por supuesto, este tipo de decisiones puede afectar a todos los ámbitos y dimensiones que estamos analizando, pues en el segundo caso la Constitución tendría un papel menor en la definición del régimen local que los estatutos de autonomía.

Relacionado también con la articulación de las relaciones entre los entes locales y en muy estrecha relación con la garantía de la autonomía local, está el principio de la sujeción de la autonomía local a un sistema de control de carácter únicamente jurídico y nunca de oportunidad política. Cierto que este es un principio claramente asentado en la doctrina del TC, pero —a pesar de ello— la LRSAL no ha brindado la experiencia de la puesta en práctica de un control de oportunidad política a través de técnicas jurídicas de regulación legal que merman la capacidad decisoria de carácter político de los entes locales. Un claro ejemplo, como hemos señalado, son las posibilidades de intervención de la administración del Estado en los municipios por cuestiones financieras, la necesidad de un informe previo de la Administración General del Estado para el nombramiento y cese de los interventores que ocupen puestos de trabajo provistos por el sistema de libre designación; las facultades atribuidas al interventor del Ayuntamiento que van más allá de un mero ejercicio de fiscalización; o, en el anteproyecto de reforma de la ley en vigor, la imposibilidad de nombrar personal eventual en los municipios menores de 5.000 habitantes o la posibilidad de intervención en municipios con menos de

---

20 Alfredo GALÁN GALÁN (2022), p. 20.

5.000 habitantes con un plan económico financiero en vigor en diferentes circunstancias: la disolución del órgano de gobierno de la corporación, la superación del nivel de deuda permitido, el incumplimiento reiterado de las obligaciones de emisión de información al Ministerio de Hacienda y Administraciones Públicas, entre otras. O, desde otra perspectiva, la necesidad de informe de las comunidades autónomas y del interventor de la corporación para el ejercicio de competencias impropias y de actividades económicas, y también para la aprobación definitiva de los expedientes relativos a las citadas actividades económicas —salvo cuando éstas vayan a ser ejercidas en régimen de monopolio—. Como se ha defendido:

> «La sumisión de las entidades locales a controles jurídico-financieros antes incluso, del incumplimiento de cualquier disposición implica una tutela preventiva sin sustrato constitucional. Además, según el Tribunal Constitucional, "sitúa a la Entidad Local en situación de subordinación y dependencia del Estado, y es contrario a la garantía constitucional de la autonomía local" (desde STC 4/1981)»[21].

Más allá de estas cuestiones, la doctrina ha puesto el acento en dos líneas de trabajo para afianzar el poder de los entes locales: por un lado, una mejor articulación funcional horizontal de los poderes territoriales del Estado, que inevitablemente va pareja a una mejor institucionalización de la representación en los órganos centrales de carácter gubernamental de las comunidades autónomas, del Estado o de la Unión Europea; y, por otro lado, una mayor participación de los entes locales en los procesos legislativos que derivan en la acotación del ámbito competencial y de la autonomía local.

En la actualidad los entes locales están sujetos a relaciones verticales de poder en la que los pocos foros institucionales en los que pueden expresar directamente su voz son secundarios

---

21 Catalina RUIZ-RICO RUIZ (2017), p. 18.

en el entramado del poder político que caracteriza nuestro sistema constitucional. De ahí la necesidad de impulsar una mejor articulación funcional horizontal de los poderes territoriales del Estado y una mejor institucionalización de la representación en los órganos centrales de carácter gubernamental de las comunidades autónomas, del Estado o de la Unión Europea. En este ámbito, no hay que dejar de señalar la propuesta de una mejor institucionalización de la FEMP —y, cómo no, de sus derivadas autonómicas—, que se traduce en cuestiones como la participación de estas federaciones en órganos de cooperación multilateral o la estabilidad en su sistema de financiación. Estas relaciones más horizontales de carácter gubernamental se relacionan también con la plasmación de los principios a los que se deben sujetar, esto es, principios como los de colaboración, cooperación, coordinación o, en su caso, codecisión. La Constitución española de 1978 establece como principios en las relaciones entre las distintas administraciones los de colaboración y cooperación. Nada dice al respecto de la coordinación o el de codecisión.

En relación con la capacidad de coordinación por parte de niveles de gobierno superiores —ya sea, por ejemplo, el autonómico o, también, un ente local supramunicipal como la diputación provincial con relación a los municipios— existe una jurisprudencia consolidada del TC. Ha sido claramente establecida por el TC la capacidad de las comunidades autónomas de especificar las atribuciones de los entes locales mediante el ejercicio de la coordinación siempre asegurando en todo caso el derecho de la comunidad local a participar a través de órganos propios en el gobierno y administración de la materia de que se trate y ponderando en todo caso el alcance o intensidad de los intereses locales y supralocales implicados (SSTC 32/1981, 109/1998, 51/2004 o 92/2015, entre otras muchas). Interesante en este sentido es la Sentencia 82/2020, de 15 de julio, en la que el TC reconoce que la facultad de coordinación permite someter a los entes locales coordinados —en este caso, las diputaciones provinciales— a un cierto poder de dirección por parte de las comunidades autónomas. Ahora bien, según el TC

> «es esta posibilidad de afectación de la autonomía constitucionalmente reconocida la que exige la existencia de límites a la función de coordinación. Límites que, tanto en la doctrina constitucional como en la propia legislación básica, han quedado concretados en una serie de exigencias sustantivas y procedimentales que se imponen a toda previsión de la referida facultad de coordinación».

Como el propio TC se encarga de recordar, cabe extraer

> «para el supuesto de la previsión de una facultad autonómica de coordinación sobre las diputaciones que la misma, además de estar específicamente atribuida y suficientemente predeterminada, debe responder a la protección de intereses generales o comunitarios. Se trata de una doble exigencia constitucional de *predeterminación* y *proporcionalidad*».

Y más en concreto todavía, el propio TC establece que la coordinación

> «deberá someterse a las siguientes condiciones: además de estar específicamente atribuida y suficientemente predeterminada, tal previsión de coordinación deberá responder a la protección de intereses generales o comunitarios, de modo que se graduará el alcance o intensidad de la propia coordinación de función de la relación existente entre los intereses locales y supralocales o comunitarios existente en tales asuntos o materias. Así, tal coordinación debe realizarse a través de la adopción de planes sectoriales en cuya tramitación debe garantizarse la participación de los propios entes locales coordinados con la finalidad de armonizar los intereses públicos afectados».

Estos límites o condicionantes de la facultad de coordinación por poderes territoriales superiores —entre los que se encuentra la participación de los entes locales en los planes sectoriales, pero no exactamente la codecisión— deben ser establecidos con precisión en la Constitución

En lo que se refiere a la segunda línea de trabajo, una mayor participación de los entes locales en los procesos legislativos de los que deriva la acotación de su ámbito competencial y del alcance de su autonomía local, las propuestas que se manejan se sitúan en un amplio abanico de posibilidades que van desde la exigencia de consulta e informe previo, comisiones mixtas de estudios para los asuntos que afecten a los entes locales, representación a través de sistemas electorales hasta la capacidad de veto de carácter absoluto o, lo que es más razonable, cuando se dieran determinadas circunstancias o condiciones. Medidas pensadas para evitar en la medida de lo posible disfunciones no deseables para los intereses locales y facilitar una mayor participación y colaboración en la elaboración de las normas legales, impulsando el trabajo de las *Comisiones de Gobierno y Administración Local* constituidas en los parlamentos autonómicos y garantizando la presencia de una representación institucionalizada de los entes locales.

6. ORGANIZACIÓN DE LA PLANTA LOCAL

La organización de la planta local en España es fuente de acalorados debates. Ya hemos descrito al inicio de este trabajo, por un lado, la diversidad de entes locales y, por otro lado, su diferente distribución por el territorio estatal. De ahí, la dificultad de encontrar criterios homogéneos para la planta de los entes locales a lo largo y ancho de todo el territorio del Estado que va inextricablemente unido a la consecución de una adecuada articulación competencial de la pluralidad de entidades locales de ámbito supramunicipal que evite solapamientos y duplicidades no queridas. En torno a este problema se han articulado una serie de debates recurrentes, entre los que destacan cuatro: ante todo y en primer lugar, la necesidad de dar respuesta a la escasa entidad o escala funcional de la mayor parte de los municipios españoles —como hemos dicho, el 85% de los mismos tiene menos de 5.000 habitantes—; un segundo lugar, la necesidad de articular verdaderos gobiernos metropolitanos para las grandes aglomeraciones urbanas conformadas por diversos municipios; en tercer lugar, el cuestionamiento de la provincia como ente local y, unido a él, la cuestión sobre la institución o entidad que ha de responsabilizarse del gobierno de la misma; y, finalmente, en cuarto lugar, la cuestión sobre quién ha de recaer la responsabilidad de fijar la planta local en nuestro país, si el estado central o las comunidades autónomas.

El ente local más homogéneo en cuanto estatus jurídico, sin entrar ahora en sus diferentes dimensiones materiales —superficie, población, presupuesto, recursos humanos, etc. — quizá sea el municipio. Precisamente, uno de los temas más debatidos en la doctrina es cómo solucionar la pequeña entidad o escala funcional de muchos de los municipios españoles. Algunas propuestas han ido por la promoción o la obligación de la fusión de este tipo de municipios para lograr una mejor capacidad de respuesta de los gobiernos locales municipales, sin embargo, en la práctica y pese a legislaciones en algunos casos claramente favorables a la misma, la fusión no se ha producido salvo en contadísimos casos que, por su excepcionalidad, se han convertido precisamente en noticia en los medios —por ejemplo, el caso de la fusión de los municipios de Don Benito y Villanueva de la Serena—. Otra propuesta menos popular es la asunción de sus competencias desde un nivel de gobierno territorialmente superior, ya sean las diputaciones provinciales, ya sean otras formas de gobierno representativo de la provincia. Finalmente, la alternativa más extendida es la *supramunicipalidad* a través fundamentalmente de mancomunidades de servicios locales o, en su caso, consorcios. El tema es que la dificultad de someter a una horma idéntica todos los servicios que prestan o pueden prestar los municipios aconseja buscar fórmulas flexibles de colaboración, pero tampoco en esta cuestión existen respuestas universales. Posiblemente, la mejor respuesta a estos problemas radica en la *intermunicipalidad* basada en pactos voluntarios tipo *mancomunidades* o *consorcios* para los servicios y escalas que sean en cada caso más apropiados, lo que no está reñido con la búsqueda de escalas territoriales *plurifuncionales* y homogéneas de gobierno con la suficiente solidez y fortaleza para dar estabilidad y sostenibilidad a la gestión de estos servicios. La Constitución debería afrontar esta cuestión.

El segundo gran reto se relaciona con la necesidad de articular verdaderos gobiernos metropolitanos para las grandes aglomeraciones urbanas conformadas por diversos municipios. En nuestro país existe ya grandes aglomeraciones urbanas —en torno a Madrid, Barcelona, Valencia, Bilbao, Vigo y otras grandes ciudades— que, sin embargo, no tiene bien resuelto el problema de la articulación general de políticas y servicios que a ellas interesan. Aquí el panorama también es diverso: el área metropolitana de Madrid, en la medida en que su extensión coincide en gran parte con el territorio de la Comunidad de Madrid podríamos decir que, en la práctica, es la que mejor resuelto tiene este problema porque el gobierno del área —si así se le puede considerar— es ejercido por una comunidad autónoma con todas las facultades que a estas se le atribuyen entre otras la legislativa y con competencia directa en materia clave para la vida metropolitana. El área metropolitana de Barcelona en la actualidad tiene a su disposición un ente metropolitano, pero con facultades y competencias limitadas para el rendimiento institucional que se espera de esta forma de ente territorial; el área metropolitana de València solo dispone de dos entes metropolitanos de carácter *monofuncional*—la *Entidad Metropolitana para el Tratamiento de Residuos* (EMTRE) y la *Entidad Metropolitana de Recursos Hidráulicos* (EMSHI)— que no pueden asumir los problemas generales de la gobernanza metropolitana; el resto de áreas metropolitanas carecen de ente territorial metropolitano de gobierno y solo en algunos caso se han constituido mancomunidades o consorcios para paliar en parte esta ausencia. Una vez más, la Constitución debería afrontar esta cuestión sobre la que cabe diversas alternativas como hemos visto.

La tercera gran cuestión que se plantea sobre la planta local es la *provincia* como ente local y, unida a ella, la cuestión sobre la institución o entidad que ha de responsabilizarse del gobierno de esta. Las sensibilidades al respecto varían en función de distintas variables, especialmente la territorial —no en todos los territorios del Estado se acepta de igual manera este tipo de ente para el gobierno de los intereses locales; en algunos territorios, especialmente en Cataluña, se prefieren fórmulas de ámbito comarcal (el intento de sustituir las *provincias* por *veguerías* es suficientemente revelador) —, los intereses políticos de carácter local —en la Comunitat Valenciana, el mantenimiento de la provincia de Alicante se vive por buena parte de sus habitantes como una cuestión identitaria y de poder frente a un posible centralismo de la capital de la comunidad mientras que en las otras provincias existe una cultura más abierta a las fórmulas comarcales— y, finalmente, la variable institucional —en la actualidad hay provincias que se gobiernan como ente local y provincias que se gobiernan como comunidad autónoma, las uniprovinciales, generándose un fuerte asimetría entre unas y otras en relación a su gobernanza, por no hablar de los territorios forales—. También aquí los planteamientos en torno a una posible reforma constitucional se mueven entre el mantenimiento del statu quo, la supresión de las provincias y fórmulas de flexibilización en el sentido de dejar en manos de las comunidades autónomas su propia configuración de este tipo de entes locales provinciales o no. Sobre esta decisión se superpone la del mantenimiento o no de la diputación provincial como la respuesta de régimen común frente a las salvedades constitucionalmente garantizadas —gobierno de las islas, de las comunidades autónomas uniprovinciales y territorios históricos—. Y de mantenerse la diputación provincial la cuestión sobre la fijación de las funciones que debe tener encomendadas (instrumentales o sustantivas), lo que conducirá a determinar la clase de competencias, el tipo de legitimación y, en última instancia, su sistema electoral —cuestionable por su carácter indirecto frente al principio general establecido, entre otras relevantes normas, por la Carta Europea de la Autonomía Local—.

Al respecto, valga como ejemplo, reflexiones como las de Tajadura Tejada en las que argumenta que

> «el hecho de que, en las CCAA uniprovinciales, la diputación provincial ha sido ya suprimida confirma que, en el nuevo Estado Autonómico, las instituciones autonómicas pueden desempeñar muchas de las antiguas funciones provinciales. La existencia de un cuarto escalón de gobierno no resulta justificada. Con estas premisas, podría plantearse la supresión general de las diputaciones provinciales —tal y como ha sido propuesto por algunos partidos en sede política— mediante la oportuna reforma del Texto Constitucional... En la Constitución territorial debe quedar muy clara la existencia de tres niveles de gobierno (Municipio, Comunidad Autónoma, Estado) y para ello debe suprimirse la referencia existente (artículo 137) a un cuarto nivel —el provincial— cuyo carácter confuso y problemático ha sido puesto de manifiesto en estas páginas. En última instancia, las mismas razones que en las CCAA uniprovinciales justificaron la desaparición del escalón provincial de gobierno, son aplicables también a las pluriprovinciales. El mantenimiento o supresión de las Diputaciones provinciales conecta únicamente con la cuarta y última dimensión de la provincia como entidad local (artículo 141) con autonomía para la gestión de sus intereses (artículo 137). Intereses qué no son distintos de los municipales»[22].

En cuarto y último lugar, se ha suscitado la cuestión sobre en quién ha de recaer la responsabilidad de fijar la planta local en nuestro país, si el Estado central o las comunidades autónomas. Al respecto, la respuesta más extendida en la doctrina que se pronuncia sobre la necesidad de reformar la Constitución en este aspecto es que sea una competencia autonómica, a efectos de adaptar ésta lo más posible a las especificidades del territorio de que se trate. No obstante —como se ha señalado—, al respecto hay dos grandes posturas:

---

22 Javier TAJADURA TEJADA (2019), pp. 251-252.

Una primera, normalmente ligada a planteamientos federalistas de gobierno (Tudela, por ejemplo), según la cual debería procederse a la «interiorización» autonómica de la planta orgánica de lo local, de tal forma que la Constitución debería fijar la atribución a las comunidades autónomas la competencia para que decidan, entre otras cosas, el mantenimiento de la provincia y de la diputación provincial o su sustitución por otras fórmulas de gobierno.

Una segunda, normalmente ligada a planteamientos unitaristas del gobierno (Parejo, Tajadura, por ejemplo), según la cual debería asegurarse en la Constitución el mantenimiento de la fijación de la planta orgánica del gobierno de lo local en manos de los órganos centrales del Estado en cuanto que esta es una «pieza esencial para la configuración y articulación del poder público del Estado y por ello requiere una regulación básica uniforme».

7. FINANCIACIÓN DE LOS ENTES LOCALES

Afirmar la autonomía local en términos meramente formales tiene un escaso recorrido si los entes locales no tienen la posibilidad de acceder a los recursos materiales que les puedan permitir no solo cumplir con los servicios esenciales para la población sino, además, poder optar a políticas diferenciadas que definan su desarrollo futuro. Esto es, ningún ente puede ser autónomo sin los recursos materiales suficientes para disfrutar de la capacidad de opción entre diferentes alternativas de decisión política, en el marco de sus competencias, sobre el futuro de un territorio. Por tanto, la reforma constitucional del gobierno de lo local debe afrontar el reto de asegurar una financiación suficiente, aspecto inescindible de la autonomía y de su ámbito competencial. Para que la autonomía sea efectiva —y, a la postre, el sistema de distribución territorial del poder que se diseñe constitucionalmente— los entes locales deben tener garantizados los recursos económicos necesarios para su ejercicio.

De hecho, la actual Constitución española ya garantiza, en su artículo 140, la autonomía de los municipios y determina, en su artículo 142, que las haciendas locales deberán disponer de los medios suficientes para el desempeño de las funciones que la ley atribuye a las corporaciones respectivas, recursos que se nutrirán fundamentalmente de tributos propios y de su participación en los del estado y de las comunidades autónomas. De esta forma, no solo es el estado central sino también la comunidad autónoma la constitucionalmente responsable de garantizar la suficiencia financiera de los entes locales. No está de más recordar que la reforma del artículo 135 de la Constitución estableció que «todas las Administraciones Públicas adecuarán sus actuaciones al principio de estabilidad presupuestaria», añadiendo también que «las Entidades Locales deberán presentar equilibrio presupuestario» y que «una ley orgánica desarrollará los principios a que se refiere este artículo, así como la participación, en los procedimientos respectivos, de los órganos de coordinación institucional entre las Administraciones Públicas en materia de política fiscal y financiera». Precisamente, la Ley orgánica 2/2012, de 27 de abril, de estabilidad presupuestaria y sostenibilidad financiera se ocupó de establecer legalmente la sostenibilidad financiera como principio rector de la actuación económico-financiera de las administraciones públicas. Por lo demás, el Real Decreto Legislativo 2/2004, de 5 de marzo, por el que se aprueba el texto refundido de la Ley Reguladora de Haciendas Locales, es la base del sistema de financiación local. Además de garantizar la suficiencia financiera de las corporaciones locales, se reconoce a los ayuntamientos capacidad para desarrollar políticas tributarias, subir o bajar los tipos impositivos de sus impuestos y establecer beneficios fiscales potestativos en aquellos supuestos previstos por la ley.

De acuerdo con la normativa referida, los recursos con los que cuentan las entidades locales proceden, en su mayoría, de los tributos y precios públicos que gestionan —representan casi la mitad del total de sus ingresos—, las participaciones en los tributos del estado y de las comunidades autónomas, así como de las multas y sanciones en el ámbito de sus competencias. La estructura de los ingresos tributarios, sin perjuicio de las especialidades de los regímenes jurídicos forales, es igual para todos los municipios (Título II LRBRL), manifestándose las diferencias en la distinta capacidad que se concede a los mismos para modular los tipos de gravamen o los coeficientes en las distintas figuras tributarias (IBI, IAE, IVTM, ICIO, IIVTU). Estos ingresos (tributos propios) junto con los ingresos patrimoniales alcanzan el 46% del total de sus ingresos.

La distribución de la participación municipal en los ingresos del Estado se realiza de acuerdo con los criterios establecidos en el artículo 115 LRHL, según los cuales y con la excepción de los ayuntamientos de Madrid, Barcelona y la Línea de la Concepción, el 75% de esta distribución es en función del número de habitantes de cada municipio ponderado mediante la aplicación de un coeficiente multiplicador según estratos de población en los que quedan primados los municipios mayores. Hay que tener en cuenta, además, que a las provincias y las capitales de provincia o comunidad autónoma y a aquellos municipios que tengan más de 75.000 habitantes, se les cede una parte del IRPF, del IVA y de los impuestos especiales sobre alcoholes, hidrocarburos y labores del tabaco (entre el 1% y el 3%). Por otro lado, los municipios de carácter turístico se financian mediante una participación en los tributos del Estado de carácter mixto. Precisamente, una de las debilidades institucionales que comúnmente se achacan al sistema de financiación local es, justamente, la dependencia de transferencias y de participación de ingresos impositivos del Estado central[23].

En principio, las entidades locales no participan en los ingresos de las comunidades autónomas, siendo esta una de las

---

[23] Comisión de expertos (2017); Ana MUÑOZ MERINO y Javier SUÁREZ PANDIELLO (2018), p. 22.

principales reivindicaciones de los ayuntamientos. Tradicionalmente las comunidades contribuyen a la financiación local mediante programas de subvenciones condicionadas o incondicionadas. Algunas comunidades, sin embargo, como la valenciana, ha instituido un *Fondo de Financiación destinado a las entidades locales de la Comunitat Valenciana* que se dota anualmente y se estructura en tres partes: el *Fondo de Cooperación Municipal Incondicionado*; las *Líneas de Participación en los Fondos Europeos* y las *Líneas de Financiación para proyectos municipales financiadas por el Instituto Valenciano de Finanzas* y gestionadas por este.

Respecto a las diputaciones, el grueso de sus ingresos, algo más del 70%, proviene de su participación en los ingresos del Estado y los fondos provenientes de la cooperación local del Estado y Fondos Europeos. Y ellas, a su vez y como hemos visto, cooperan con los municipios mediante aportaciones económicas a través de los *planes provinciales*, recayendo la ayuda sobre materias como el saneamiento y control ambiental, la ingeniería, el urbanismo o el bienestar social. La diputación, en cualquier caso, debe asegurar el acceso de la población de la provincia al conjunto de los servicios mínimos de competencia municipal y la mayor eficacia y economía en la prestación de éstos mediante cualesquiera fórmulas de asistencia y cooperación municipal.

Desde el punto de vista del óptimo en la articulación funcional de la financiación de los entes locales en un estado multinivel como el español, la *Teoría del Federalismo Fiscal*[24] ha acumulado evidencia acerca de las condiciones que estimulan una estructura territorial más eficiente: entre otras, reglas de financiación que incentiven la suficiencia, la corresponsabilidad fiscal, la solidaridad entre territorios y un funcionamiento estable de la gestión macroeconómica con especial atención

---

24 Teresa TER-MINASSIAN (1997), Roy BAHL (1999), Robin BOADWAY y Anwar SHAH (2009), Charles R. HANKLA, Jorge MARTÍNEZ-VÁZQUEZ y Raúl Alberto PONCE RODRÍGUEZ (2019).

en el logro de la estabilidad presupuestaria y la sostenibilidad financiera de todos los niveles de gobierno[25].

Al respecto las propuestas de reforma en el caso español que se han definido caminan todas ellas en el fortalecimiento de las garantías de la financiación suficiente mediante una regulación más efectiva que asegure una financiación objetiva y suficiente —orientada, por otro lado, a una mayor eficiencia por el lado del gasto y de la corresponsabilidad fiscal por el lado de los ingresos—, así como la mejora sustancial del sentido de responsabilidad en la gestión y control del gasto público y, finalmente, una mayor estabilidad en los ámbitos competenciales gestionados por los entes locales —ya sea fijando constitucionalmente y con mayor claridad este ámbito, ya sea limitando las delegaciones no consensuadas inopinadas a los entes locales—. En ese sentido, se apuntan algunos mecanismos que deberían regularse constitucionalmente como los *Fondos de Financiación Local* y, en su caso, los *Fondos de Cooperación Local*; incorporando también la evaluación y compensación del impacto económico producido por las decisiones de otros niveles de gobierno y administraciones —como, por ejemplo, la compensación a los territorios rurales de montaña por los perjuicios que sufren en favor de las zonas urbanas— o, dicho de otra forma, por los servicios prestados —cuidado de las masas forestales, restricciones en el uso de los recursos naturales, instalación de aerogeneradores, extracciones mineras, depósitos de residuos de distinto tipo, regulaciones burocráticas inasumibles por su coste en relación a los recursos materiales y humanos de los que disponen, etc.— que podría articularse, en su caso, a través de la creación de *Fondos de Solidaridad Interterritorial* a favor de los territorios rurales atendiendo a sus externalidades positivas frente a las negativas de los territorios urbanos; y, en relación

---

25 Jorge MARTÍNEZ-VÁZQUEZ, José Manuel TRÁNCHEZ-MARTÍN y Eduardo SANZ-ARCEGA (2021), p.88.

con la delegación, si ha resultado exitosa en algunas materias, se propone su adscripción definitiva, si fuera el caso, a través de la modificación del artículo 148 de la Constitución.

Con relación al reparto del poder fiscal se propone, por ejemplo, por Martínez Vázquez

> «una lista cerrada de tributos y ejercicio de la autonomía tributaria restringido tan solo a tipos impositivos, fijando en una ley estatal los tipos mínimos y máximos para cada impuesto, de modo que la existencia de un mínimo umbral de tributación no afecte a la eficiencia en la localización de los recursos, que, a contrario, quedaría muy influenciada simplemente por razones de carga tributaria y de recaudación de impuestos por la Administración tributaria que tenga la mayor ventaja comparativa en cada caso»[26].

También, en orden al fortalecimiento de la autonomía tributaria, se recomienda la delimitación del poder fiscal de los Gobiernos subcentrales —regionales y locales— a una lista cerrada de tributos, que podría ser revisada y ampliada para obtener ganancias de autonomía y responsabilidad, como, por ejemplo, a través de la incorporación de tramos autonómicos colegiados en IVA e impuestos especiales[27].

Con relación a la participación de los entes locales en los ingresos del Estado y de las comunidades autónomas, existen propuestas en el sentido de clarificar y simplificar el actual sistema de reparto, haciendo, por ejemplo, hincapié en el principio de correspondencia y el sentido distributivo de estos ingresos para los entes locales de acuerdo con sus necesidades reales. De esta forma, es reiterada la propuesta de establecer un sistema diferenciado entre los municipios pequeños y los municipios grandes

---

26 Jorge MARTÍNEZ-VÁZQUEZ (2015).

27 Jorge MARTÍNEZ-VÁZQUEZ, José Manuel TRÁNCHEZ-MARTÍN y Eduardo SANZ-ARCEGA (2021), p.100.

(Madrid y Barcelona, al margen), incorporando una simplificación fiscal de carácter general para los municipios pequeños[28].

También, aunque en un sentido crítico, se ha pronunciado voces que exigen establecer límites más precisos a los mecanismos de intervención de las corporaciones municipales en aplicación del principio de sostenibilidad presupuestaria que supongan una vulneración de la autonomía local y que ocasionan controles de oportunidad respecto a la distribución del gasto más allá del estricto respecto a aquel principio —entre otras voces, la de los propios entes locales a través de las alegaciones de la FEMP a la propuesta de reforma local, el pasado 9 de marzo—. Así, por ejemplo, los mecanismos institucionales de toma de decisiones sobre la articulación multinivel de las reglas fiscales y de distribución de los límites de déficit y deuda deberían tener una mayor participación los entes locales. Entre otras cosas y respecto de los órganos de cooperación financiera —*Consejo de Política Fiscal y Financiera* y *Comisión Nacional de Administración Local*— el Estado central debería observar una disminución de su influencia que elimine su capacidad de veto y, por ende, la sensación de que opera con criterios arbitrarios, por ejemplo, aceptando que los acuerdos, especialmente los relativos a la fijación de límites de déficit y deuda, deban aprobarse por una mayoría cualificada de votos, por ejemplo, con un doble umbral de miembros y población representada, a semejanza del sistema imperante en el Consejo Europeo[29].

A tenor de la situación provocada por la crisis de la Covid-19, el Congreso de los Diputados apreció la situación de emergencia extraordinaria, tal y como habilita el artículo 135.4 de la

---

[28] Francisco PEDRAJA CHAPARRO y Javier SUÁREZ PANDIELLO (2011), p. 37; Francisco PEDRAJA CHAPARRO y José Manuel CORDERO FERRERA (2012), pp. 15-18.

[29] Jorge MARTÍNEZ-VÁZQUEZ, José Manuel TRÁNCHEZ-MARTÍN y Eduardo SANZ-ARCEGA (2021), p.100.

Constitución y el artículo 11.3 de la LOEPSF. Esto provocó la suspensión de las reglas fiscales con importantes efectos sobre la autonomía financiera de las corporaciones locales, incluyendo aquellas que no estaban sometidas a planes de ajuste y sobre las que, en condiciones ordinarias, operan los límites de la regla de gasto y destino de sus recursos sobrantes de ejercicios anteriores, conocidos como superávit y/o remanentes de crédito, obligatoriamente destinados a la amortización de endeudamiento. De este modo, en ausencia de situación excepcional, los recursos municipales quedan limitados en volumen, mediante un límite a su crecimiento, y en destino, a través de esta obligatoriedad, limitando la autonomía local incluso sobre los recursos propios. El análisis de los efectos que ha conllevado la suspensión de las reglas fiscales que ha dejado sin efecto estas dos previsiones de forma temporal, puede conllevar la revisión del corsé normativo sobre los recursos financieros de las entidades locales, puesto que en la actualidad el diseño institucional de la sostenibilidad presupuestaria se encuentra distribuido de forma inequitativa entre los diferentes poderes territoriales ahondando en el cuestionamiento del principio de autonomía.

8. LA CALIDAD DEMOCRÁTICA EN EL FUNCIONAMIENTO DE LOS ENTES LOCALES

El gobierno abierto, la transparencia y la responsabilidad de los gobernantes ante los gobernados es un pilar incuestionable de los regímenes democráticos. A tal fin, desde hace una década en nuestro país se vienen promocionando políticas de gobernanza democrática que afectan de forma directa o indirecta a la calidad de la democracia y, en concreto, a la calidad democrática en el funcionamiento de los entes locales:

> «la gobernanza local exige una adaptación a las recientes disposiciones legales no sólo por razones imperativas sino de modernización en los procesos, políticas y estrategias de calidad democrática. En esta línea, el artículo 2 c) Ley 40/2015, de 1

> de octubre, de Régimen Jurídico del Sector Público se aplica a las Entidades que integran la Administración Local y a los organismos públicos y entidades de derecho público vinculados o dependientes. Entre sus principios incluye (artículo 3) la participación, objetividad y transparencia de la actuación administrativa, lealtad institucional, planificación y dirección por objetivos y control de la gestión y evaluación de los resultados de las políticas públicas. La calidad de la gestión local no puede disociarse actualmente de la calidad democrática, permeabilizando los principios del Estado democrático en la cotidianeidad organizativa y funcional de los Municipios. Los valores constitucionales se transmutan pues, en indicadores de excelencia de las entidades locales y paralelamente intensifican la legitimidad democrática de sus actuaciones»[30].

Estos principios y valores de la *gobernanza democrática* pueden ser incorporados, en caso de reforma, en el texto constitucional, sea con carácter general para todo gobierno y administración, sea con carácter particular con relación al poder local. Entre otras posibilidades que se derivan de los diferentes planteamientos de *gobernanza democrática* podemos destacar algunas de las posibilidades sobre las que se ha reflexionado en los últimos lustros, se hayan o no indicado en sentido estricto como propuestas de reforma constitucional: la incorporación de la perspectiva territorial estratégica y con carácter transversal en todos los niveles de gobierno; la transparencia y acceso a la información pública; la integridad institucional: y/o el gobierno abierto y participativo.

8.1. Afectación a las prácticas gubernamentales sobre el territorio

En materia de desarrollo sostenible y de acuerdo con los *Objetivos de Desarrollo Sostenible* aprobados por *Naciones Unidas*, cada vez son más las voces en el mundo académico que exigen o apoyan la incorporación de una perspectiva territorial

---

30 Catalina RUIZ-RICO RUIZ (2017).

estratégica en la estructura organizativa de la presidencia de los gobiernos —especialmente, los autonómicos y estatal— en cuanto principal agente responsable de impulsar la dirección política de un territorio del que forman parte los entes locales; incorporación que debe hacerse de forma integral, esto es, contando con todos los departamentos del gobierno atenido, pues se trata de una política de corte transversal que a todos las políticas generales o sectoriales afecta. En ese sentido, suele ser recomendado la constitución de comisiones interdepartamentales de reflexión estratégica desde la perspectiva territorial, así como el impulso al trabajo de Comisiones Mixtas entre gobiernos y los entes locales. Asimismo, el impulso de esta visión estratégica con un carácter participado debe extenderse a todos los territorios y, por tanto, al mundo local —desde los pequeños municipios, pasando por comarcas, provincias u otras entidades locales— que dieran sentido a las políticas públicas en estos ámbito por encima de las legislaturas; e implica, también, la adopción del gobierno y la gestión relacional con el objetivo de involucrar a la ciudadanía en la construcción del desarrollo futuro de los territorios sobre los que gobiernan los entes locales; participación ciudadana —individual y organizada— que tiene su contraparte en la exigencia de mayores dosis de transparencia y control democrático en todo tipo de entes locales.

8.2. Transparencia y acceso a la información pública

La Ley estatal básica 19/2013, de 9 de diciembre, de transparencia, acceso a la información pública y buen gobierno regula con carácter básico esta materia. Ni que decir tiene que son muchas las voces desde la academia española que han reivindicado la consideración de la transparencia como derecho fundamental en una futura reforma constitucional. En general, las prácticas de buen gobierno contempladas son comunes a todas las Administraciones Públicas (la transparencia, la plena dedicación e imparcialidad, el cumplimiento de las incompatibilidades la buena gestión y la sujeción al ordenamiento jurídico) al objeto de reforzar los derechos de los ciudadanos en este orden. Desde un punto de vista material destaca el tratamiento que se hace en la legislación básica de la denominada *publicidad activa*, esto es, la publicación *motu proprio* sin necesidad de solicitud por parte de los ciudadanos de datos en poder de la administración autonómica. Es la información que se ofrece a través del denominado *Portal de Transparencia* del que todas las entidades locales deben disponer. La incorporación al texto constitucional de un mínimo de exigencias que reforzaran la necesaria transparencia de los gobiernos locales en nuestro sistema de gobierno territorial, aun no formulada expresamente, se deriva de muchas de las reflexiones doctrinales al respecto.

8.3. Políticas de integridad institucional

En lo que se refiere a la exigencia de integridad a nuestros gobernantes, es obvio que las entidades locales no se libran de las desviaciones del deber público que supone la corrupción. Los cargos y empleados públicos de los entes locales están obligados por las leyes, ya sean estatales o autonómicas, que regulan las incompatibilidades y los conflictos de intereses en el ejercicio de sus responsabilidades ya sea para los altos cargos como para los trabajadores de la Administración. Un segundo aspecto relevante es el refuerzo y la puesta en marcha de sistemas específicos de control ya sea a través de *Inspecciones de Servicios* o de nuevas entidades responsabilizadas de forma específica de la lucha contra la corrupción —la *Agencia Valenciana Antifraude*, por ejemplo, en la Comunitat Valenciana—. Un tercer aspecto relevante es el establecimiento de *códigos de conducta* que orienten su consecución en aras de un mayor aseguramiento de la integridad de nuestros gobiernos.

8.4. Políticas de gobierno abierto y participación

La Ley 19/2013, que no solo es *de transparencia* sino también *de buen gobierno,* ha previsto específicamente en su artículo 6.2 que

> «las Administraciones Públicas publicarán los planes y programas anuales y plurianuales en los que se fijen objetivos concretos, ... Su grado de cumplimiento y resultados deberán ser objeto de evaluación y publicación periódica junto con los indicadores de medida y valoración...».

Además, en virtud de los artículos 132 y 133 de la nueva Ley de procedimiento Administrativo Común de las Administraciones Públicas de 2015, todas las administraciones, incluidas las locales, están obligadas —salvo casos excepcionales— no sólo a hacer público su Plan Normativo con las iniciativas legislativas o reglamentarias que piensen impulsar —reglamentos y ordenanzas locales— y colgarlas en su Portal de Transparencia; sino que, además, deberán someterlas a consulta y audiencia a los ciudadanos y organizaciones representativas afectados.

Conviene insistir, en cualquier caso, en que la gobernanza democrática no pretende sustituir las responsabilidades decisorias de los gobiernos representativos. Al contrario, la legitimidad del liderazgo que aporta la elección democrática de los gobiernos locales se presenta como elemento articulador imprescindible del sistema. Sólo los procesos democráticos pautados y plenos de garantías para la libertad y la igualdad de todos los ciudadanos permiten liderazgos legítimos y eficaces para el desarrollo de nuestros territorios. La reforma constitucional, así pues, que se sugiere en este ámbito es la de reforzar los gobiernos locales democráticos que establece nuestra Constitución con la incorporación explícita de los principios que refuerzan los valores de la gobernanza democrática —gobiernos estratégicos, abiertos, participados, multinivel, transparentes e íntegros— junto con algunas exigencias puntuales de carácter operativo como la planificación y la evaluación como exigencias democráticas; en definitiva, *buenos gobiernos* al servicio de una mayor calidad de nuestra democracia y de la vida de las ciudadanas y los ciudadanos en el ámbito local de gobierno.

BIBLIOGRAFÍA

AGUDO ZAMORA, Miguel Jesús y MONTERO CARO, María Dolores (2010), «El modelo constitucional español de gobierno local», en Javier Eduardo QUESADA LUMBRERAS y Fátima E. RAMALLO LÓPEZ (coords.), *Gobierno y democracia local: la experiencia andaluza y andina,* Unión Iberoamericana de Municipalistas, pp. 83-104.

ARROYO GIL, Antonio (2016), «Autonomía local. Una reflexión constitucional», en José TUDELA ARANDA y Carlos GARRIDO LÓPEZ (coords.), *La organización territorial del Estado, hoy (Actas del XIII Congreso de la Asociación de Constitucionalistas de España),* València, Tirant lo Blanch, pp. 123-154.

BAHL, Roy (1999), «Implementation Rules for Fiscal Decentralization», *Working Paper at AYSPS,* paper 9901.

BAÑO LEÓN, José María (coord.) (2016), *Memorial para la reforma del Estado. Estudios en homenaje al Profesor Santiago Muñoz Machado,* Madrid, Centro de Estudios Políticos y Constitucionales, vol. 2.

BOADWAY, Robin y SHAH, Anwar (2009), *Fiscal Federalism: Principles and Practice of Multiorder Governance,* Cambridge, Cambridge University Press.

CARPIO GARCÍA, Maximino (2005), «La Autonomía de la administración local y la segunda descentralización», en Manuel BALADO RUIZ-GALLEGO (dir.), *La España de las autonomías. Reflexiones 25 años después,* Barcelona, Bosch, pp. 845-858.

ESTEVE PARDO, José (1991), *Organización supramunicipal y sistema de articulación entre administración autonómica y orden local,* Barcelona, Civitas.

FAJARDO SPÍNOLA, Luis Domingo Antonio (2017), «Municipio y reforma constitucional», en Juan CANO BUESO y Rafael ESCUREDO RODRÍGUEZ (coords.), *Estudios en homenaje a Alfonso Guerra. La Constitución a examen: la reforma de la Constitución en España,* València, Tirant lo Blanch, pp. 397-415.

FERRET I JACAS, Joaquim (2006), «Nuevas reglas de distribución de competencias sobre régimen local», *Anuario del Gobierno local,* núm. 1, pp. 39-52.

FONT I LLOVET, Tomàs (2018), «El municipio constitucional: balance y perspectiva de reforma», en Benigno PENDÁS GARCÍA (dir.), *Es-*

paña constitucional (1978-2018) trayectorias y perspectivas, vol. 5, Madrid, Centro de Estudios Políticos y Constitucionales, pp. 4337-2356.

GALÁN GALÁN, Alfredo (2022) «La reforma constitucional de la autonomía local: una asignatura todavía pendiente», *Claves del Gobierno Local*, núm. 35, pp. 13-25.

GARCÍA ARANDA, Santiago (2013), «Las competencias locales: una reforma pendiente», *Revista de Derecho UNED*, núm. 13, pp. 187-214.

HANKLA, Charles R., MARTÍNEZ-VÁZQUEZ, Jorge y PONCE RODRÍGUEZ, Raúl Alberto (2019), *Local Accountability and National Coordination in Fiscal Federalism: A fine Balance*, Edward Elgar Publishing.

MARTÍNEZ-VÁZQUEZ, Jorge (2015), «Tax Assignments at the Regional and Local Levels», en Ahmad ENTHISHAM y Giorgio BROSIO (eds.), *Handbook of Multilevel Finance*, Cheltenham, Edward Elgar, pp. 358-388.

MARTÍNEZ-VAZQUEZ, Jorge, TRÁNCHEZ-MARTÍN, José Manuel y SANZ-ARCEGA, Eduardo (2021), «Estructura territorial y reforma institucional del Estado autonómico», *Papeles de Economía Española*, núm. 168, pp. 88-105.

MUÑOZ MERINO, Ana y SUÁREZ PANDIELO, Javier (2018) «Reformando la financiación local. Un viaje o una excursión», *Presupuesto y Gasto Público*, núm. 92, pp. 19-37.

NIETO GARRIDO, Eva (2018), *El Estatuto Constitucional de los Entes Locales. La autonomía local y la vinculación negativa a la ley. Una propuesta de reforma constitucional*, Pamplona, Aranzadi.

PEDRAJA CHAPARRO, Francisco y CORDERO FERRERA, José Manuel (2012) «La participación municipal en los ingresos del Estado: diagnóstico y propuestas de reforma», en *Jornada Haciendas locales*, Zaragoza, Fundación Giménez Abad, pp. 1-18.

PEDRAJA CHAPARRO, Francisco y SUÁREZ PANDIELLO, Javier (2011) «Financiación municipal: equilibrios, especialización e incentivos», *Revista Española de Control Externo*, núm. 38, pp. 15-42.

PORRAS RAMÍREZ, José María (2005), «El autogobierno local en el Estado Autonómico. Premisas para una reforma necesaria», en José María VIDAL BELTRÁN y Miguel Ángel GARCÍA HERRERA (coords.), *El estado autonómico: integración, solidaridad, diversidad*, vol.1, Madrid, INAP, pp. 583-604.

RODRÍGUEZ-ARANA MUÑOZ, Jaime (2018), «El marco constitucional de la provincia y de otros entes supramunicipales», en Benigno PENDÁS GARCÍA (dir.), *España constitucional (1978-2018) trayectorias y perspectivas*, vol. 5, Madrid, Centro de Estudios Políticos y Constitucionales, pp. 4357-4376.

RUIZ-RICO RUIZ, Catalina (2017), *Reforma de la administración local y problemática jurídico-constitucional*, València, Tirant lo Blanch.

SALAZAR BENÍTEZ, Octavio (2010), «La autonomía local en serio: la bella durmiente...30 años después», en Javier GARCÍA ROCA y Enoch ALBERTÍ ROVIRA (coords.), *Treinta años de Constitución. Congreso extraordinario de la Asociación de Constitucionalistas de España*, València, Tirant lo Blanch, pp. 191-224.

SOSA WAGNER, Francisco (2016), «Los artículos sobre la Administración local de la Constitución», *Temas para el debate*, núm. 258, pp. 33-36.

TAJADURA TEJADA, Javier (2019), «El futuro de las provincias y las diputaciones provinciales ante una reforma de la Constitución territorial», *Teoría y Realidad Constitucional*, núm. 43, pp. 229-256.

TER-MINASSIAN, Teresa (1997), *Fiscal Federalism in Theory and Practice*, Washington DC, Fondo Monetario Internacional.

TUDELA ARANDA, José (2006), «La organización territorial en las reformas estatutarias», *Revista Aragonesa de Administración Pública*, núm. 29, pp. 121-170.

VELASCO CABALLERO, Francisco (2009), *Derecho local: sistema de fuente*, Madrid, Marcial Pons.

ZAFRA VÍCTOR, Manuel (2020), *La autonomía local en una constitución reformada*, Madrid, Centro de Estudios Políticos y Constitucionales.

ZAFRA VÍCTOR, Manuel (2015), *Respaldo político para buenas ideas: mi experiencia en dos direcciones generales sobre gobiernos locales*, Madrid, Iustel. http://www.femp.es/comunicacion/noticias/abel-caballero-pide-una-reforma-constitucional-que-recoja-con-nombres

Autodeterminación, secesión y derecho a decidir en el Estado autonómico

JOSU DE MIGUEL BÁRCENA
Universidad de Cantabria

1. INTRODUCCIÓN

El presente trabajo tiene como objetivo analizar desde una perspectiva histórica el desarrollo teórico y la aplicación del fenómeno crítico por excelencia de todo proceso de descentralización territorial: la posibilidad de que un Estado se desintegre o que una parte del mismo se independice para formar un Estado propio o pasar a formar parte de otra unidad estatal, como ocurrió en el caso de Crimea y la Federación rusa. España ha visto cómo su estructura constitucional se ha visto sometida a fuertes tensiones soberanistas desde hace prácticamente dos décadas. No indagaremos sobre las razones de esas tensiones, por todas conocidas, sino que trataremos de llevar a cabo una tarea de exégesis conceptual a partir de las propuestas teóricas realizadas y una praxis política fuertemente mediatizada por la jurisprudencia constitucional[1].

La secesión —entendido como fenómeno general— es una palabra de origen latino (*secessio*) que se ha utilizado en contextos muy diversos: por ejemplo, la filosofía ha detectado en las comunidades eremitas y ascéticas de los albores del medievo, construidas al margen de la sociedad, el germen de la noción de progreso[2]. La teología también ha abordado los cismas religiosos como fenómenos de separación espiritual que anteceden por su trascendencia y efectos a otras secesiones contemporáneas, algunas de las cuales suelen ser caracterizadas como económicas cuando se aborda por ejemplo la cuestión de la desigualdad material[3]. Sin embargo, la RAE recoge la acepción territorial cuando propone como definición para la secesión la «acción por la cual se separa de una nación una parte de su pueblo y de su territorio».

Las particularidades del marco político español, tendente a crear confusión terminológica como consecuencia de la mezcla de intereses académicos y partidistas, obligan a realizar algunas precisiones alrededor de los diversos usos que se dan en torno a la propia secesión, el derecho de autodeterminación y el conocido como «derecho a decidir», noción que ha tenido un gran éxito entre la literatura especializada, la clase política y los medios de comunicación. En nuestra opinión, cada uno de los usos merece ser analizado por separado con detenimiento, pues de uno u otro modo han encontrado reflejo en las distintas propuestas de reforma y desmantelamiento de la Constitución (territorial) española que se han realizado hasta

---

1 Lo que en nuestra opinión diferencia al caso español de otros casos donde se han producido tensiones territoriales; al respecto, Josu de MIGUEL BÁRCENA (2019).

2 Gabriel ZAID (2016).

3 Gianfranco VIESTI (2019) aborda la secesión territorial a partir de la lógica territorial y económica.

el momento. Comencemos por el derecho de autodeterminación, que en nuestra opinión alcanza un significado propio y distinto en el marco del derecho internacional público.

2. EL DERECHO DE AUTODETERMINACIÓN EN EL MARCO AUTONÓMICO

Cuando se ha tratado de fundar Estados a partir de entidades políticas previas, como fue el caso de Estados Unidos en el siglo XVIII o Alemania e Italia casi cien años después, la autodeterminación era (y en cierta manera es) el resultado de la adaptación de las tesis *kantianas* de la autonomía individual al hecho nacional o colectivo, como demostró Kedourie en su obra imprescindible sobre el tema[4]. Desde este punto de vista, secesión y autodeterminación aparecen en todo momento vinculadas a la teoría del poder y proceso constituyente, siendo la distinción entre derecho internacional y constitucional al respecto, algo puramente funcional. Dicha distinción descansaría, única y exclusivamente, en la distinta perspectiva desde donde el ejercicio del principio de autodeterminación es observado y si su situación genera, o no, variaciones en el actual mapa de Estados mundial[5].

Sin embargo, cuando hablamos en concreto de *derecho* de autodeterminación nos referimos al conjunto de facultades que disfrutan distintos sujetos colectivos de acuerdo a los límites y las garantías ofrecidas por el derecho internacional. Como veremos a continuación, el derecho internacional reconoce la posibilidad de independizarse, respecto de una serie de situaciones tasadas, a territorios que poseen una naturaleza jurídica distinta y separada del territorio de la metrópoli (colonias, territorios no autónomos, territorios bajo administra-

---

4 Elie KEDOURIE, (1985).

5 Como ha señalado Javier RUIPÉREZ ALAMILLO (2003).

ción fiduciaria) o del Estado ocupante (territorios ocupados). El acervo internacional también reconoce el principio de autodeterminación interna, que hace referencia a la posibilidad de que todos los pueblos establezcan libremente su condición política y a proveer su desarrollo económico, social y cultural, como señala el artículo 1.1 del Pacto Internacional de Derechos Civiles y Políticos y del Pacto de Derechos Económicos, Sociales y Culturales, ambos suscritos en 1966.

El debate propiciado por el proceso descolonizador concluyó con la aprobación en el seno de la Asamblea General de las Naciones Unidas, en una primera fase, de las Resoluciones 1514 (XV) y 1541 (XV), y en una segunda, de la no menos trascendental Resolución 2625 (XXV), que sintetizaban en sus respectivos textos el contenido del derecho que nos ocupa. Los artículos 1 y 55 de la Carta de Naciones Unidas habían hecho ya una referencia expresa al derecho de autodeterminación, si bien su tenor literal no permite otra calificación que la de su valor puramente programático respecto de la futura acción de la Organización en este ámbito. Además, el principio de autodeterminación interna, leído de una manera aséptica y descontextualizada, podría servir para los propósitos de cualquier movimiento político que plantee la separación de una parte del territorio del Estado al que pertenezca: pero la aplicabilidad del derecho de autodeterminación a cualquier pueblo por el mero hecho de serlo, requiere una previa profundización en el análisis del contenido de los Pactos Internacionales de 1966 y del momento histórico en que se concluyeron.

La Resolución 1514 (XV), conocida como la Carta de la Descolonización, apunta con claridad al marco en que se circunscribe el derecho que analizamos, pues se trata de la «Declaración sobre la concesión de la independencia a los países y pueblos coloniales». Esta Resolución afirmó por primera vez que el fenómeno colonial es contrario a la Carta de Naciones Unidas, concretando además el contenido del derecho a la libre determinación de los pueblos en términos prácticamente iguales a como lo hicieran seis años más tarde los Pactos Internacionales de 1966: «1. La sujeción de pueblos a subyugación, dominación y explotación extranjeras constituye una denegación de los derechos humanos fundamentales, es contraria a la Carta de Naciones Unidas y compromete la causa de la paz y de la cooperación mundiales. 2. Todos los pueblos tienen el derecho de libre determinación, en virtud de ese derecho, determinan libremente su condición política y persiguen libremente su desarrollo económico, social y cultural».

En principio, la referencia a *todos los pueblos* es lo suficientemente amplia e indeterminada como para que dé cabida a los planteamientos más dispares. Sin embargo, hoy es mayoritariamente aceptado por la doctrina internacionalista que los destinatarios del derecho no son todos los pueblos sino, por una parte, aquéllos que se encuentran sometidos a dominación colonial, extranjera o racista y, por otra, aquellos que no encontrándose en alguna de éstas situaciones forman parte de un Estado ya constituido que no esté dotado «de un gobierno que represente a la totalidad del pueblo perteneciente al territorio, sin distinción por motivos de raza, credo o color». Este último caso estaría ligado a uno de los aspectos de mayor relevancia del principio democrático, en virtud del cual la denegación del derecho a participar en la vida pública, impidiendo a los miembros de ese pueblo el acceso real al gobierno para el desarrollo político, económico o cultural, tendría como consecuencia, de forma excepcional, el derecho a la libre determinación de ese pueblo. Esta cláusula es conocida como «cláusula de salvaguardia», y ha sido interpretada por determinados sectores de la doctrina internacionalista como vía legítima para la separación de cualquier territorio[6].

Sin embargo, los que defienden esta vía internacional de la secesión, olvidan que la cláusula de salvaguardia fue concebida

---

[6] César, SEPÚLVEDA (1991), p. 487.

en pleno movimiento descolonizador con un objeto muy definido: presionar a los nuevos Estados surgidos en el curso del mismo para que respetaran los derechos de muchos pueblos que quedaran divididos por las fronteras establecidas artificialmente por las potencias coloniales, y que de esa forma se habían convertido en una minoría frente a otro grupo étnico que ostentaba el poder en el momento del acceso a la independencia. En conclusión, debe afirmarse que el derecho internacional no reconoce el derecho cualquier pueblo que forma parte de un Estado ya constituido a escindirse o separarse de éste[7].

El concepto de pueblo que utiliza la terminología de las Naciones Unidas tiene una connotación territorial muy concreta que, si bien es discutible desde un punto de vista normativo, no lo es desde el objeto que persigue. Y es que cuando las resoluciones hablan de «pueblo sometido a dominación colonial, extranjera o racista» no se refieren a un pueblo en sentido estricto, sino al conjunto de habitantes de un determinado territorio, lo que incluye no solamente a los componentes de un pueblo concreto, sino al conjunto de los pueblos, e incluso a las partes de los pueblos que habitan en dicho territorio. El adagio latino *uti possidetis iuris* no sería más que el corolario de este concepto territorial de pueblo, puesto que reivindica la intangibilidad de las fronteras establecidas en la época colonial, con independencia de las injusticias históricas y de los conflictos larvados que puedan derivarse del establecimiento de unas fronteras que, en numerosos casos, fueron trazadas con tiralíneas, sin tener en consideración las realidades étnicas y culturales de los habitantes de los diferentes territorios[8].

También es necesario hacer referencia al contenido y formas de ejercicio de la libre determinación de los pueblos de acuerdo al derecho internacional. En cuanto a la primera cuestión,

---

7 Alessandro PIZZORUSSO (1993), pp. 113 y ss.

8 José Antonio CARRILLO SALCEDO (1976), pp. 48 y 49.

la Resolución 2625 (XXV) configura simultáneamente el principio de autodeterminación de los pueblos como «un derecho de los pueblos y un deber de los Estados». En virtud del mismo,

> «todos los pueblos tienen el derecho de determinar libremente, sin injerencia externa, su condición política y proseguir su desarrollo económico, social y cultural, y todo Estado tiene el deber de respetar este derecho de conformidad con las disposiciones de la Carta».

Por otra parte, la Resolución 2625 (XXV) viene a legitimar el uso de la fuerza por parte de los movimientos de liberación nacional reconocidos por la Organización, establece el carácter internacional de las guerras de liberación nacional y, en consecuencia, considera aplicable a los miembros de los movimientos de liberación nacional el contenido de los Convenios de Ginebra de 12 de agosto de 1949.

En la última década, la doctrina internacionalista se ha cuestionado también si se pueden detectar avances o cambios significativos sobre el derecho de autodeterminación, en particular tras la Opinión consultiva de 22 de julio de 2010 del Tribunal Internacional de Justicia, relativa a la declaración unilateral de independencia de Kosovo. Como se sabe, dicha Opinión señala que el derecho internacional no contiene ninguna prohibición de las declaraciones unilaterales de independencia, confirmando la tesis por la cual las normas internacionales están dispuestas a recoger los pedazos descompuestos de un Estado: se reconocen así las efectividades nacidas de la revolución, la guerra civil y hasta de una intervención extranjera, como fue el caso de la antigua provincia de Serbia. La incomunicabilidad entre derecho constitucional e internacional lleva al Tribunal a desplegar la cuestionable tesis de que los actuantes de la declaración unilateral de independencia de Kosovo lo hacían en tanto poder constituyente y no poder constituido derivado de la administración autónoma creada por Naciones Unidas[9].

En cualquier caso, con respecto a la Opinión de Kosovo existe cierto consenso en precisar tres cosas: la primera, su carácter excepcional vinculado al devenir de la desintegración de la antigua Yugoslavia, lo que no la convierte en un posible precedente aplicable a otros supuestos de hecho. La segunda, que el Tribunal no explora la posibilidad de que el derecho internacional haya avanzado hacia el reconocimiento de un principio de autodeterminación previsto como *remedio* para resolver situaciones de injusticia manifiesta. La tercera y última, que la Opinión no legaliza *per se* en el derecho internacional cualquier cambio de estatus territorial, como lo demuestra la Resolución 68/262 aprobada por la Asamblea General de la ONU, el 27 de marzo de 2014, que insta a los Estados, organizaciones internacionales y órganos especializados a no reconocer los cambios en el estatuto de Crimea y Sebastopol como consecuencia del carácter ilícito del referéndum que precedió su anexión a Rusia[10].

Pese a todo lo dicho hasta ahora, en el contexto español las alusiones al derecho internacional para justificar y legitimar la separación de una comunidad autónoma del Estado han sido recurrentes. Por ejemplo, el proyecto de reforma del Estatuto de Autonomía del País Vasco aprobado en 2004 («primer plan Ibarretxe»), señalaba en su Preámbulo:

---

9 Ver las opiniones críticas aparecidas en la Revista Española de Derecho Internacional, Vol. 63, n.º 1, 2011, dedicado a la opinión consultiva de la Corte Internacional de Justicia de 22 de julio de 2010 sobre la conformidad con el Derecho internacional de la declaración unilateral de independencia de Kosovo.

10 En circunstancias distintas, el Consejo de Seguridad, en la Resolución 1808 (2008), de 15 de abril, reafirmó el compromiso de todos los «Estados miembros con la soberanía, la independencia y la integridad territorial de Georgia», con respecto a las DUI de Osetia del Sur y Abjasia realizadas a principios de la década de 1990.

> «El pueblo vasco tiene derecho a decidir sobre su propio futuro, tal y como se aprobó por mayoría absoluta el 15 de febrero de 1990 en el Parlamento Vasco, y de conformidad con el derecho de autodeterminación de los pueblos, reconocido internacionalmente, entre otros, en el Pacto Internacional de Derechos Civiles y Políticos y en el Pacto Internacional de Derechos Económicos, Sociales y Culturales».

La Ley 19/2017 del Parlamento de Cataluña, del referéndum de autodeterminación, también comenzaba su Preámbulo con un aserto parecido al realizado por la Cámara vasca 13 años antes, añadiendo eso sí que «En dictámenes recientes, el Tribunal Internacional de Justicia afirma que, durante la segunda mitad del siglo XX ha habido casos de nuevos estados que han ejercido el derecho a la autodeterminación sin que el ejercicio de este derecho a decidir estuviera motivado por el fin del imperialismo. El Tribunal constata que el derecho a decidir de los pueblos ha evolucionado y que en contra de esta evolución no ha surgido ninguna norma ni costumbre en el orden internacional que prohíba estas nuevas prácticas». Esta alusión más o menos explícita a la Opinión de Kosovo, tiene su origen en varios de los informes del Consejo Asesor para la Transición Nacional de Cataluña, donde se apuntaba que en el derecho internacional estaba arraigando la tesis de que toda comunidad política que tenga una población, un territorio y un poder público propio, si manifiesta su voluntad democrática de autodeterminarse, incluida la voluntad de secesión, pacíficamente y respetando los derechos de los ciudadanos y de las minorías, puede hacerlo sin que ello suponga cometer una infracción internacional[11].

---

11 Ver en especial, Consejo Asesor para la Transición Nacional de Cataluña, Informe núm. 1: «La consulta sobre el futuro político de Cataluña», de 25 de julio de 2013, p. 70.

3. EL DERECHO DE SECESIÓN EN EL DEBATE ACADÉMICO ESPAÑOL

El derecho de secesión implica el reconocimiento de un derecho colectivo que, cumplidas ciertas exigencias y sin someter en general a una causa su ejercicio, permite su *accionabilidad* a uno de los sujetos territoriales previstos en una Constitución. Estas cláusulas tendrían más sentido en Constituciones escritas y rígidas, pues como veremos a continuación, la posibilidad de la separación de una parte del Estado también tiene cierto predicamento en el constitucionalismo anglosajón, de carácter flexible y parcialmente codificado, como es el caso de Canadá y el Reino Unido. Aragón Reyes señala —en opinión que compartimos— que dado el carácter perpetuo del Estado constitucional, la incorporación del derecho de secesión en su seno es una operación contradictoria que resulta necesario evitar por desestabilizadora[12]. Quizá sea este el motivo por el que, superada la teoría del Estado socialista, que preveía el *ius secessionis* en la Unión Soviética, Yugoslavia e implícitamente Checoslovaquia, solo las Constituciones de Etiopía (artículo 39), Uzbekistán (artículo 74) y la Federación de las islas de Saint Christopher y Nevis (artículo 113), reconocen actualmente el derecho a separarse a alguna de sus partes[13].

En el caso español, existen algunas propuestas para incluir el derecho de secesión en la Constitución de 1978, teniendo en cuenta el desafío independentista catalán y las reivindicaciones que en el futuro puedan provenir de otros nacionalismos, como el vasco. Se apuntan, en tal sentido, algunas razones que desgranamos resumidamente a continuación. La primera,

---

12 Manuel ARAGÓN REYES (2014).

13 Nación, nacionalidad y pueblo en el caso de Etiopía; Nevis en el caso de la Federación de Saint Christopher y Nevis y, por último; la República de Karakalpakistán en el caso de Uzbekistán.

que resulta necesario separar el asunto de la secesión, de los desarrollos del federalismo. Al mezclarse ambas reivindicaciones, se pueden originar procesos de diferenciación institucional que provoquen desajustes graves en el funcionamiento del Estado autonómico[14]. La segunda, la necesidad de reforzar la normatividad de la propia Constitución, lo que implica el reconocimiento implícito de que en este momento la norma fundamental no produce los efectos deseados desde hace tiempo en todo el territorio español (téngase en cuenta además que estas propuestas son anteriores a las crisis del otoño de 2017). De este modo, previendo la posibilidad de secesión, los partidos nacionalistas que suelen ejercer el poder institucional en el País Vasco y Cataluña, verían legitimadas sus pretensiones en la Constitución y se implicarían más en dar un cumplimiento efectivo a sus disposiciones cuando gobiernan[15]. La tercera y última razón alude a que el diseño de una cláusula de secesión técnicamente bien perfilada obligaría a sus partidarios a realizar un análisis racional y no meramente coyuntural de los costes y beneficios de separarse frente a mantenerse en el Estado.

A partir de una noción de norma fundamental donde tampoco existe un contenido necesario, se podría reconocer una fracción de soberanía a una parte del *demos,* sin que esto tuviera consecuencias para la viabilidad del edificio constitucional. Para ello, es necesario distinguir entre unidad e indivisibilidad, manteniéndose la primera porque a pesar de la posible secesión, se mantendría la unidad de lo previo y de lo posterior. Sin embargo, la soberanía seguiría perteneciendo al pueblo español en su conjunto, que permitiría que en un momento dado, y por los procedimientos constitucionales establecidos, los ciudadanos de un determinado territorio decidan la separación, reestructurándose en ese momento la unidad del Estado a par-

---

14 Eduardo VÍRGALA FORURIA (2017).

15 Benito ALÁEZ CORRAL, B. (2016), p. 272 y ss.

tir de esa nueva situación. Se evitaría así la transformación del actual Estado español en una forma política confederal, donde las partes constituyentes seguirían ostentando un residuo fuerte de soberanía. Sin embargo, este aserto no aporta explicaciones definitivas para sortear este asunto capital, consecuencia —nos parece— de la exclusión de la teoría de la Constitución federal: si las comunidades autónomas pueden separarse del Estado español, es porque tienen atribuidas facultades de soberanía, como acaba de reconoció el Tribunal de Justicia de la Unión Europea con respecto al artículo 50 TUE y la retirada del Reino Unido del proyecto comunitario[16].

El ejercicio del derecho de secesión por una comunidad autónoma, como hemos apuntado, se sometería entonces a una serie de condiciones sucesivas: la aprobación inicial del parlamento autonómico para activarlo, seguida de una fase decisoria a través de referéndum vinculante del cuerpo político autonómico. En ambos casos se exigirían mayorías más o menos claras y cualitativas (2/3). Con ello se busca proteger a las minorías *recursivas* y dificultar una decisión de graves consecuencias para la vida de los ciudadanos tanto del Estado matriz como del Estado sucesor. Al margen de estos criterios, se introducirían obligaciones de negociación en atención a unos principios concretos, periodos de latencia para reconducir la crisis territorial o la prohibición de volver a ejercer el derecho de secesión al menos durante una generación (18-20 años). En definitiva, se trata, a nuestro modo de ver, de prever una cláusula de secesión tan compleja que parece no estar dirigida

---

16 Asunto C-621/2018, Wightman y otros vs. Secretary of State for Exiting the European Union. El considerando núm. 56 el Tribunal de Justicia señala: «De ello se deduce que el artículo 50 TUE persigue dos objetivos, a saber, primero, consagrar el derecho soberano de un Estado miembro a retirarse de la Unión Europea y, en segundo lugar, establecer un procedimiento que permita que dicha retirada se realice de manera ordenada».

a su ejercicio práctico, sino a la domesticación del fenómeno, como apuntó tiempo atrás Norman.

Por el contrario, en países sin Constitución rígida o parcialmente codificada, como es el caso de Canadá y Reino Unido, se ha abierto —sin duda pragmáticamente— la posibilidad de que una parte del territorio del Estado pueda abandonarlo. Ello no se ha hecho, sin embargo, a partir del ejercicio de un derecho colectivo concreto, sino de la puesta en marcha de un *procedimiento* democrático que tras la consulta correspondiente pudiera en última instancia terminar en secesión. En Canadá, después de dos referéndums en Quebec (1980 y 1995), el Tribunal Supremo elaboró una *teoría de la claridad*, que tras verificar si a la provincia francófona le correspondía un derecho a la autodeterminación de acuerdo al ordenamiento jurídico internacional, exploraba las posibilidades que ofrecía el principio democrático. En el país norteamericano no existe una prohibición constitucional para la realización de consultas referendarias, lo que permite plantear tanto a nivel nacional como provincial, cuestiones referidas a la unidad del *demos* y la división territorial.

En el caso del Reino Unido, a pesar de su singularidad constitucional, en la que rige un principio de soberanía parlamentaria condicionado, se entendió que el parlamento de Escocia carecía de capacidad para convocar un referéndum en un tema —la unión entre el Reino Unido y Escocia— que, como *reserved matter*, estaba vedado a su competencia. Por ello, solo fue posible la convocatoria de una consulta sobre la separación, en septiembre de 2014, tras la aprobación de una modificación de la *Scotland Act* para atribuir expresamente ese poder al parlamento escocés[17]. En cualquier caso, a pesar de la distancia cultural, aquí puede quizá aplicarse la tesis mantenida por Solozábal, que ha señalado que al margen de la idiosincrasia

---

17 Alberto LÓPEZ BASAGUREN (2016), p. 174.

constitucional de Canadá o del Reino Unido, un referéndum *sobre* soberanía se puede convertir en un referéndum *de* soberanía, con unas consecuencias políticas y jurídicas imposibles de soslayar para los poderes públicos concernidos[18]. Pese al intento palmario de Cameron, por aquel entonces primer ministro del Reino Unido, de desvincular soberanía y *devolution*, el vértigo de un posible triunfo del «sí» en el referéndum, le llevó en el último momento a proponer in extremis una reforma del *federalismo* para aumentar los poderes autónomos de Escocia.

4. EL DERECHO A DECIDIR EN EL SISTEMA CONSTITUCIONAL ESPAÑOL: DE LA TEORÍA A LA PRAXIS

España cuenta con una versión teórica y normativa —por así decirlo— del derecho de autodeterminación o de secesión, impulsado por los nacionalismos periféricos a lo largo de los últimos años: se llama «derecho a decidir». Se ha apuntado que originalmente la expresión puede provenir de la teoría feminista en relación con la interrupción del embarazo. En cualquier caso, es posible trazar una genealogía del término a partir del devenir político y teórico del nacionalismo vasco. Sabemos que desde sus orígenes, el Movimiento de Liberación Nacional Vasco (MLNV), dirigido orgánicamente por la banda terrorista ETA, tenía como objetivo lograr la autodeterminación del pueblo vasco, mediante la combinación de la política y la violencia militar. Obviamente, el uso de esa violencia hacía inviable la atención democrática a dicha reivindicación. En 1996 apareció un libro, que pasó desapercibido pero que ha tenido un impacto muy importante en el curso posterior de nuestra historia reciente: se trata de *Una vía hacia la paz*, obra

---

18 Juan José SOLOZÁBAL ECHEVARRÍA (2014), p. 224.

publicada por el ideólogo del PNV Juan María Ollora. En dicha obra, Ollora, siguiendo los parámetros que venían marcando los sindicatos nacionalistas vascos (ELA y LAB), cambiaba los parámetros de la política vasca, al plantear que la superación de la presunta doble violencia que sufriría el País Vasco (ETA y el Estado español), solo sería posible si se construía un «ámbito vasco de *decisión*». Ese ámbito era un espacio territorial y cultural donde concurrían los diferentes actores que desde la perspectiva de la negociación y la praxis democrática, podrían alcanzar nuevas cuotas de soberanía para Euskadi[19].

El año 1998 es especialmente importante porque en el mes de julio se formaliza la Declaración de Barcelona de los partidos nacionalistas de Cataluña, Galicia y País Vasco y en el mes de septiembre se alcanza el Acuerdo de Lizarra, que en la parte referida a lo que se conoce como «proceso», señalaba como «clave para la resolución del conflicto» el hecho de que Euskal Herria tuviera «la palabra y la *decisión*»[20]. Se ponen las bases, por tanto, para lo que hemos llamado como primer ciclo soberanista de la España democrática, que se inicia en 1998 pero que tiene como primer gran expresión jurídica la reforma del estatuto de autonomía auspiciada por el lehendakari Ibarretxe. En la presentación de la misma, durante el debate de política general que tiene lugar el 25 de octubre de 2003 en el Parlamento vasco, el por aquél entonces presidente de la comunidad autónoma propone transformar el «ámbito vasco de decisión» en «derecho a decidir».

En la aparición súbita del «derecho a decidir» quizá también tuvo algo que ver la Ley que la Asamblea Nacional de Quebec realizó en el año 2000 para contestar de manera inme-

---

19 Juan María OLLORA OCHOA DE ASPURU (1996).

20 De 1998 también data la Asamblea de Electos Municipales (Udalbiltza), con concejales pertenecientes a partidos nacionalistas y un marcado carácter soberanista.

diata a la Ley de Claridad realizada por el Parlamento federal ese mismo año[21]. En dicha norma, en el artículo 3 del Título I, se señala (traducción y cursivas nuestras) lo siguiente: «El pueblo de Quebec tiene el *derecho* inalienable a *decidir* libremente el régimen político y el estatus legal de Quebec». Esa fecha coincide con la aprobación por parte del PNV, durante su III Asamblea General, de la ponencia política «Reconocimiento del ser para decidir», que aparentemente conjugaba el existencialismo y algunas pulsiones constitucionales ya expresadas en el periodo de entreguerras. Según apuntó von Krockow en su estudio clásico, la decisión implica para Schmitt, como la lucha para Jünger y la resolución en el caso de Heidegger, la idea de un tiempo histórico que se reduce a cero y el hombre puede recuperar la responsabilidad de sus actos[22]. Esta aproximación teórica explica, a pesar de las objeciones éticas que puedan plantearse, que el «derecho a decidir» esté tan vinculado a «políticas de secesión» donde se delinea un sujeto que pretende recuperar el control mediante un ejercicio nominal de autoatribución de soberanía.

Por ejemplo, en el Preámbulo de la Propuesta de Estatuto Político de la Comunidad de Euskadi, aprobada en la Cámara vasca el 30 de diciembre de 2004 (primer plan Ibarretxe), se reconocía, con amparo en el derecho internacional y en una interpretación expansiva del foralismo, «El […] *derecho* del pueblo vasco *a decidir su propio futuro*, integrando en dicho sujeto a la Comunidad Autónoma Vasca, la Comunidad Foral de Navarra y los tres territorios vascos del país vasco francés» (cursivas nuestras). La alusión del Preámbulo se concretaba en el artículo 13 del propio estatuto, donde se reconocía un «de-

---

21 Bill 99 (2000) An Act respecting the exercise of the fundamental rights and prerogatives of the Québec people and the Québec State, National Aseembly of Québec.

22 Christian Graf VON KROCKOW (2017).

recho a la libre *decisión* de las ciudadanas y ciudadanos vascos» para manifestar su voluntad clara e inequívoca de alterar íntegra o sustancialmente el modelo y régimen de relación política con el Estado español. El artículo 1 b) de la Ley 9/2008 de la Ley del Parlamento vasco de convocatoria y regulación de una consulta (segundo plan Ibarretxe), establecía por último una pregunta en la que se aludía a un proceso de negociación para alcanzar un «Acuerdo Democrático sobre el ejercicio del *derecho a decidir* del Pueblo Vasco» (cursivas nuestras).

Cerrado el ciclo soberanista vasco, como consecuencia de la STC 103/2008 que luego examinaremos y de la derrota electoral del PNV en los comicios autonómicos de 2009, se abre el propiamente catalán, que tuvo su primera y gran expresión formal en la enorme manifestación de septiembre de 2012 durante la Diada. A partir de ese momento, se produce en Cataluña un gran incremento social y político de las reivindicaciones secesionistas, no conocidas con anterioridad. La Resolución 5/X del Parlament de Cataluña, de 23 de enero de 2013, puso en evidencia las coordenadas que iban a tutelar en el futuro la política partidista e institucional catalana. Tales coordenadas repetían, quizá con mayor contundencia, los conceptos manejados apenas unos años antes por el PNV de Ibarretxe y otros partidos vascos, al llegar a reconocer que Cataluña tenía *carácter* de sujeto político y jurídico soberano. Como sujeto con tal *carácter*, y en virtud de la irresistible legitimidad democrática, tenía también *derecho a decidir* su propio futuro.

A pesar de las numerosas alusiones directas o indirectas al derecho de autodeterminación garantizado en el ámbito internacional, comentadas con anterioridad, nos parece que con el «derecho a decidir» en todos los casos se ha tratado de llevar la demanda de secesión a un estadio previo a su ejercicio pleno como derecho: el de una *procedimentalización* que respete el principio de autodeterminación del pueblo español, que se expresaría en última instancia a través de las atribuciones reconocidas en el Título X CE (artículo 168 CE). Esta *procedimen-*

talización parte de dos posturas *políticas* con respecto a cómo tratar la demanda de secesión en España: bien como una vía potenciadora de una expresión democrática determinada, bien como mecanismo estabilizador que en atención a sus exigencias formales (neutralidad del discurso y mayorías cualificadas), serviría para que las fuerzas nacionalistas se disuadieran de poner en marcha el proceso. Los partidarios de este marco procedimental, que no está tan lejos de la teoría de la claridad canadiense, se dividen también entre quienes lo asientan en la existencia de un derecho subjetivo de los ciudadanos «a ser consultados sobre la secesión» y entre quienes adoptan una postura más pragmática, consistente en dar una salida negociada y razonable a un problema político de gran envergadura, que si no se aborda afectará a la viabilidad del Estado constitucional y a la paz civil. Esa salida negociada debería comenzar, por tanto, por conocer el *quantum* poblacional que en una comunidad autónoma es favorable a separarse de España.

No habría, en cualquier caso, un *derecho* de secesión de una parte del territorio español, pero sí una especie de obligación constitucional de que sus ciudadanos fueran consultados sobre si quieren seguir formando parte del Estado al que pertenecen. Barceló i Serramalera señala así que estaríamos ante

> «un derecho individual de ejercicio colectivo de los miembros de una comunidad territorialmente localizada y democráticamente organizada que permite expresar y realizar mediante un procedimiento democrático la voluntad de redefinir el estatus político y el marco institucional fundamentales de dicha comunidad, incluida la posibilidad de constituir un Estado independiente»[23].

Este derecho (¿subjetivo, fundamental?) tendría que ser canalizado por el legislador español en atención al principio sustantivo de no-dominación que preserva la capacidad individual

---

[23] Mercè BARCELÓ I SERRAMALERA (2017).

y grupal de elección y de autodeterminación (arts. 9.2 y 10.1 CE), conciliándolo con el límite estructural de la unidad del Estado y la soberanía popular contenido en el artículo 1.2 CE. Caamaño también ha propuesto la reforma del artículo 92 CE para incluir la posibilidad de que las Cortes Generales y los territorios a los que se refiere la Disposición Transitoria Segunda CE (Cataluña, Galicia y País Vasco), soliciten un referéndum para «verificar la voluntad ciudadana acerca de la aceptación de un sistema de autogobierno»[24]. Frente a esta eventualidad, Ruiz Soroa advierte que, siendo la secesión una demanda que todo Estado democrático debe atender, no conviene confundir un «derecho a salir de un Estado», con un «derecho a permanecer en un Estado» de una manera concreta[25].

Otro gran problema de los partidarios de articular la demanda de secesión a través de un supuesto procedimental previo es la forma en que dicha demanda debiera tramitarse. Aquí se han apuntado diversas fórmulas con la vista puesta en el asunto catalán: utilizar el actual artículo 92 CE para que se convoque un referéndum territorial específico (de Carreras), crear una modalidad de referéndum distinto a los previstos en la Constitución, mediante una ley orgánica (Rubio Llorente y Aguado Renedo) y, por último, reglar el procedimiento de secesión a través de una simple ley ordinaria (Ruiz Soroa), con el objetivo de concretar el sujeto que tiene la iniciativa, la posible tramitación, el establecimiento de mayorías y las circunstancias de la negociación en caso de separación efectiva. Nos remitimos a los trabajos concretos de cada uno de los autores citados para mayor detalle[26].

---

24 Francisco CAAMAÑO DOMÍNGUEZ, (2014), p. 97.

25 José María RUIZ SOROA (2014), p. 191.

26 Francesc de CARRERAS SERRA (2014); César AGUADO RENEDO (2014) y Francisco RUBIO LLORENTE (2013).

5. JUSTICIA CONSTITUCIONAL Y SECESIÓN EN EL ESTADO AUTONÓMICO

Como acabamos de señalar, el llamado «derecho a decidir» ha sido usado desde comienzos de la década de 1998, en distintas fases e intensidades, por los partidos nacionalistas y las instituciones del País Vasco y Cataluña para intentar negociar estatutos constitucionales diferenciados o para avanzar en la consecución de amplias mayorías que puedan persuadir al Estado a realizar un referéndum de secesión. La principal jurisprudencia sobre el tema se encuentra en la sentencia 103/2008, que anula la Ley del Parlamento Vasco 9/2008, de convocatoria y regulación de una consulta popular, y en la sentencia 42/2014, que aborda la constitucionalidad de la Resolución 5/X, de 23 de enero de 2013, de soberanía y del derecho a decidir del pueblo catalán.

Resulta interesante recordar, a modo de inventario, que a comienzos de la década de 1990, dos ciudadanos del País Vasco promovieron una iniciativa legislativa popular que planteaba una reforma constitucional para introducir la posibilidad de modificar el estatus político, social, económico y cultural de los territorios forales, mediante la inclusión del derecho de autodeterminación en la Disposición Adicional 1ª de la Constitución. Rechazada la iniciativa por la mesa de la cámara autonómica, el Tribunal Constitucional resolvió el recurso de amparo interpuesto por los promotores mediante la sentencia 76/1994. En dicha decisión señaló que estando previsto en la Constitución un procedimiento específico de reforma, lo que incluye las mayorías requeridas en cada cámara, la necesidad o no de referéndum y los sujetos (tasados) que están legitimados para promover dicha reforma, no cabía añadir otros requisitos previos, ya sea una iniciativa legislativa popular, ya un referéndum consultivo[27].

5.1. La STC 103/2008 y el segundo «plan Ibarretxe»

En la importante sentencia 103/2008, el Tribunal Constitucional anuló la Ley del Parlamento Vasco 9/2008, de convocatoria y regulación de una consulta popular al objeto de recabar opinión ciudadana en la comunidad autónoma, sobre la apertura de un proceso de negociación para alcanzar la paz —en aquellos momentos la organización terrorista ETA seguía operativa— y la normalización política. La inconstitucionalidad del conocido como «segundo plan Ibarretxe» se asentó en tres argumentos fundamentales: la invasión de la competencia del Estado en materia referendaria (artículo 149.1.32 CE), la inobservancia del procedimiento parlamentario en la elaboración de la Ley y, por último, la vulneración del artículo 2 CE, referido a la unidad de la nación española[28]. Nos interesan, básicamente, la primera y la tercera de las tachas de inconstitucionalidad.

La STC 103/2008 comienza estableciendo, según doctrina más o menos consolidada, un estándar de democracia constitucional, derivado del artículo 23 CE, donde se insertarían dos modalidades *inorgánicas* de expresión de la voluntad popular, la representativa y directa, a las cuales no cabría incorporar una tercera variante en la que se recaba una opinión *no general* de individuos y colectivos (FJ 2). Esta variante no puede reconducirse al derecho fundamental previsto en el artículo 23 CE, porque son

---

27 La sentencia parece recoger los argumentos utilizados por la Corte Constitucional italiana en un caso similar sobre un referéndum consultivo también del Véneto (Sentencia núm. 470/1992).

28 Javier TAJADURA TEJADA (2009) y Javier CORCUERA ATIENZA (2009).

«formas de participación que difieren [de aquéllas] no sólo en cuanto a su justificación u origen, sino también respecto de su eficacia jurídica que, por otra parte, dependerá en la mayoría de los casos de lo que disponga el legislador (aunque en su labor configuradora esté sometido a límites como los derivados de la interdicción de la arbitrariedad —artículo 9.3 CE— y del derecho de igualdad —artículo 14 CE—). No puede aceptarse, sin embargo, que sean manifestaciones del derecho de participación que garantiza el artículo 23.1 de la Constitución, pues no sólo se hallan contempladas en preceptos diferentes de la Constitución, sino que tales preceptos obedecen a manifestaciones de una ratio bien distinta: en el artículo 23.1 CE se trata de las modalidades —representativa y directa— de lo que en el mundo occidental se conoce por democracia política, forma de participación inorgánica que expresa la voluntad general (STC 119/1995, FJ 4)» (FJ 2).

Como se confirmará en la sentencia 31/2015, el Tribunal parece estar pensando, cuando habla de esta forma no constitucionalizada de democracia, en un concepto participativo en el que se organizan básicamente, a través de lo dispuesto por el legislador y la administración, intereses. En tal razón, los individuos y colectivos participarán en los asuntos públicos en tanto que *uti singulus* y *uti socius*, no *uti cives*, categoría que permite al sujeto participar en la ciudad política a través de las facultades, límites y garantías del artículo 23 CE. En cualquier caso, la alambicada construcción del Tribunal plantea otros problemas de orden fundacional.

En particular porque la palabra *inorgánica* con la que se adjetiva la participación democrática parece una cautela dentro de en un planteamiento de modelo democrático dual —representativo y directo— que se opondría a la idea monista de democracia (representativa) pensada originalmente por el poder constituyente. Esta aproximación de la sentencia 103/2008, revelaría una concepción cercana a la democracia de *identidad* que después permitirá reconocer el «derecho a decidir» como un objetivo político legítimo en el sistema constitucional, siempre que se lleven a cabo las reformas necesarias (STC

42/2014)[29]. Algunos párrafos de la sentencia que venimos analizando parecen abundar en esa caracterización democrática *dual*, pese a las reservas establecidas por el propio Tribunal con posterioridad:

> «En tanto que instrumento de participación directa en los asuntos públicos, el referéndum es, junto con el instituto de la representación política, uno de los dos cauces de conformación y expresión de la voluntad general. Pero conviene destacar que se trata de un cauce especial o extraordinario, por oposición al ordinario o común de la representación política, pues no en vano el artículo 1.3 CE proclama la Monarquía parlamentaria como forma de gobierno o forma política del Estado español y, acorde con esta premisa, diseña un sistema de participación política de los ciudadanos en el que priman los mecanismos de democracia representativa sobre los de participación directa» (FJ 2).

La tricotomía anteriormente descrita —representativa, directa y participativa— permite al Tribunal Constitucional establecer una doctrina de fondo sobre la posición del referéndum en el Estado autonómico, cuestión polémica y central en el posterior contencioso catalán. El problema inicial que planteaba la Ley del Parlamento Vasco 9/2008, era que reconstruía la institución del referéndum a través de formas participativas, sectoriales y consultivas que encubrían un auténtico referéndum de autodeterminación del pueblo vasco. A este respecto, el Tribunal señala que el referéndum es una institución de carácter material, cuya concreción obedece a la identidad del sujeto consultado, de manera que siempre que sea éste el cuerpo electoral, cuya vía de manifestación propia es la de los distintos procedimientos y garantías, estaremos ante una consulta referendaria, especie del género «consulta popular»:

> «Para calificar una consulta como referéndum o, más precisamente, para determinar si una consulta popular se verifica por vía de referéndum (artículo 149.1.32 CE) y su convocatoria

29 Eloy GARCÍA LÓPEZ (2015) y Javier TAJADURA TEJADA (2016).

> requiere entonces de una autorización reservada al Estado, ha de atenderse a la identidad del sujeto consultado, de manera que siempre que éste sea el cuerpo electoral, cuya vía de manifestación propia es la de los distintos procedimientos electorales, con sus correspondientes garantías, estaremos ante una consulta referendaria» (FJ 2).

Tras verificar que la Ley 9/2008 del Parlamento Vasco implicaba la celebración de un referéndum al pretender «conocer la voluntad de una parte del pueblo español a través de la voluntad del cuerpo electoral de esa Comunidad Autónoma» (FJ 3), el Tribunal establecerá en la sentencia 103/2008 una parte de la doctrina, que después se mostrará oscilante, sobre qué nivel institucional es el adecuado para establecer el referéndum y su posible regulación. Será un tema que no abordaremos, aunque cabe señalar que en la decisión que venimos citando el Tribunal apunta dos ideas fundamentales: la primera, que el referéndum no puede ser deducido tácitamente del principio de autoorganización que la Constitución reconoce a las comunidades autónomas a través de sus estatutos (artículo 147.2 c) CE). Es por ello que la convocatoria de la consulta directa no puede basarse en inexistentes títulos implícitos (FJ 3), pues dicha facultad recae claramente en el Estado como consecuencia del reconocimiento realizado por el artículo 149.1.32 ª CE. La segunda idea de interés es que la sentencia deja caer un argumento *obiter dicta* que será después desarrollado con más o menos plenitud en la STC 31/2010, sobre el Estatuto de Cataluña: la regulación del referéndum está asignada al Estado en su entera caracterización, en virtud no solo del artículo 92.3 CE —que curiosamente solo habla de los referéndums previstos en la Constitución— sino del artículo 81 CE, que obliga a desarrollar el derecho fundamental del artículo 23 CE.

Efectivamente, en el FJ 69 de la sentencia 31/2010, el Tribunal señala de manera clara que el artículo 122 del estatuto de autonomía, donde se prevé «el establecimiento del régimen jurídico, las modalidades, el procedimiento, la realización y la convocatoria por la propia Generalitat o por los entes locales, en el ámbito de sus competencias, de encuestas, audiencias públicas, foros de participación y cualquier otro instrumento de consulta popular» no es inconstitucional interpretado en el sentido de que la excepción que en él se contempla, relativa a lo previsto en el artículo 149.1.32 ª, se extiende a la institución del referéndum *en su integridad*, y no solo a la autorización estatal de su convocatoria. Aserto contradictorio con lo establecido en el FJ 147 de la misma sentencia, donde el Tribunal descarta que sea inconstitucional que la consulta referendaria para la reforma del estatuto sea convocada por la Generalitat y no por el Rey. Se afirma, en tal sentido, que si bien la consulta popular referendaria

> «no podría celebrarse sin sujeción a los procedimientos y formalidades más elementales de cuantos se regulan en la LO 2/1980, sí cabría excepcionar la aplicación a ella de los procedimientos y formalidades menos necesarios a los fines de la identificación de la consulta como un verdadero referéndum» (STC 31/2010, FJ 147)[30].

La STC 103/2008 sobre la Ley del Parlamento Vasco 9/2008, terminó con otra cuestión de especial trascendencia, que lógicamente ha tenido un peso central en la prolija jurisprudencia que con posterioridad se ha ido produciendo al hilo del desafío soberanista catalán. La Ley convocaba una consulta partiendo del reconocimiento inicial de la existencia del «derecho a decidir del pueblo vasco» en relación a la apertura de negociaciones cuyo contenido y sentido se indicaban en el artículo único y se precisaban en la exposición de motivos, cifrándose en la consecución de un acuerdo en el que se establezcan «las bases de una nueva relación entre la Comunidad Autónoma del País Vasco y el Estado español». Para ello contemplaba como sujetos de esa nueva relación a la comunidad autónoma del País Vasco y al Estado español, entendido éste en su acepción de Estado global

---

[30] Una crítica a esta solución, en César AGUADO RENEDO (2011).

y no, como es obligado cuando de la relación con una comunidad autónoma se trata, en su condición de Estado central.

Según el Tribunal, la existencia de «un pueblo vasco», titular de un «derecho a decidir», equivale a otorgar soberanía a una fracción del pueblo español. El procedimiento que se quiere abrir, con el alcance que le es propio,

> «no puede dejar de afectar al conjunto de los ciudadanos españoles, pues en el mismo se abordaría la redefinición del orden constituido por la voluntad soberana de la Nación, cuyo cauce constitucionalmente no es otro que el de la revisión formal de la Constitución por la vía del artículo 168 CE [...]. La cuestión que ha querido someterse a consulta de los ciudadanos de la Comunidad Autónoma del País Vasco afecta (artículo 2 CE) al fundamento del orden constitucional vigente (en la medida en que supone la reconsideración de la identidad y unidad del sujeto soberano o, cuando menos, de la relación que únicamente la voluntad de éste puede establecer entre el Estado y las Comunidades Autónomas) y por ello sólo puede ser objeto de consulta popular por vía del referéndum de revisión constitucional» (FJ 4).

Es decir, el reconocimiento de un derecho de secesión —que aunque no aparece así expresado, sobrevuela la sentencia— a una comunidad autónoma solo sería posible mediante el uso del artículo 168 CE, porque se incide en «cuestiones fundamentales resueltas con el proceso constituyente y que resultan sustraídas a la decisión de los poderes constituidos». El respeto a la Constitución impone que

> «los proyectos de revisión del orden constituido, y especialmente de aquéllos que afectan al *fundamento de la identidad* del titular único de la soberanía, se sustancien abierta y directamente por la vía que la Constitución ha previsto para esos fines. No caben actuaciones por otros cauces ni de las Comunidades Autónomas ni de cualquier órgano del Estado, porque sobre todos está siempre, expresada en la decisión constituyente, la voluntad del pueblo español, titular exclusivo de la soberanía nacional, fundamento de la Constitución y origen de cualquier poder político» (FJ 4) (cursivas nuestras).

El Tribunal parece recurrir, curiosamente, a las cláusulas de identidad *schmittianas* para proteger aspectos del orden constitucional. Pero cuidado, esta protección de aspectos que afectan al *fundamento de la identidad* del titular único de la soberanía no se hace frente al poder de reforma de los arts. 167 y 168 CE, sino frente al referéndum previsto en el artículo 92 CE. La jurisprudencia sobre el *procés* reforzará esta exclusión, llevándola hasta límites insospechados y quizá creando una paradoja inversa a la postura constitucional estadounidense: la secesión queda dentro de lo jurídicamente *decidible*, pero fuera de lo políticamente discutible.

5.2. El «derecho a decidir» como aspiración política legítima

El 23 de enero de 2013, el Parlamento de Cataluña aprobó la Resolución 5/X, en la que se declaraba al pueblo de Cataluña, como un sujeto político y jurídico de «carácter» soberano, con «derecho a decidir». La Resolución contaba con un preámbulo histórico muy amplio, habitual en casi todos los actos institucionales del *procés*, apelando finalmente a una serie de principios (soberanía, legitimidad democrática, transparencia, diálogo, cohesión social, europeísmo, legalidad, parlamentarismo y participación) en la línea abierta por el Tribunal Supremo canadiense en la *Reference* antes citada. El gobierno de la nación impugnó la Resolución mediante el procedimiento previsto en el Título V de la LOTC, en concreto los arts. 76 y 77, que prevé la suspensión automática y temporal de las disposiciones y resoluciones de las comunidades autónomas, de acuerdo al artículo 161.2 CE. Un año después, el Tribunal Constitucional resolvió la impugnación mediante la sentencia 42/2014, que incorpora elementos de continuidad y ruptura con la 103/2008, comentada en el epígrafe anterior.

La primera gran tarea del Tribunal en la sentencia 42/2014 es razonar si la Resolución del Parlamento de Cataluña es un objeto ideal de control: basándose en el ATC 135/2004, referido a una decisión de trámite del primer plan Ibarretxe, señala que estamos ante un acto perfecto y definitivo que expresa la voluntad de la comunidad autónoma de Cataluña. Para que esa voluntad pueda ser declarada inconstitucional, debe además producir efectos jurídicos. El Tribunal reconoce que aunque la Resolución no es vinculante para los poderes públicos y ciudadanos, produce efectos jurídicos, porque

> «lo jurídico no se agota en lo vinculante. Pudiera sostenerse que la Resolución impugnada no tiene sobre la ciudadanía, el Gobierno de la Generalitat o el resto de las instituciones catalanas efectos jurídicos de otro tipo [...]. Pero el Tribunal, en primer lugar, entiende que el punto primero de la Resolución impugnada, en cuanto declara la soberanía del pueblo de Cataluña [...] es susceptible de producir efectos jurídicos, puesto que, insertado en el llamamiento a un proceso de diálogo y negociación con los poderes públicos (principio cuarto), [está] encaminado a "hacer efectivo el ejercicio del derecho a decidir para que los ciudadanos y ciudadanas de Cataluña puedan decidir su futuro político colectivo"» (FJ 2).

La brillantez del aforismo con el que comienza el anterior párrafo («lo jurídico no se agota en lo vinculante») evita que el Tribunal nos dé una explicación más acabada sobre el núcleo argumental de la controlabilidad de la Resolución: coincidimos con Tajadura Tejada en que aunque la apertura de un proceso político no produce efectos jurídicos *concretos*, proyecta una potencia hermenéutica *indirecta* de consecuencias incalculables, al permitir disciplinar los actos normativos posteriores que se puedan realizar desde un parlamento autonómico y constituido que sin embargo representa a un sujeto, el pueblo catalán, al que se le atribuye naturaleza soberana[31]. No puede decirse que el despliegue del *procés* no haya confirmado este razonamiento.

---

31 Una opinión diferente a esta tesis, Enric FOSSAS ESPADALER (2014).

En cuanto a las cuestiones de fondo, el Tribunal Constitucional realizó una interpretación conforme de la Resolución, anulando su primera parte, referida a la cualidad soberana del pueblo catalán, y salvando la segunda, donde se enmarcaban los principios políticos y constitucionales que tenían por objeto transformar el derecho a decidir en una aspiración política legítima en el sistema político español. En retrospectiva, puede considerarse un error el haber intentado aplicar la técnica de la interpretación conforme, a un texto donde era visible una clara voluntad de ruptura constitucional por parte del órgano productor del mismo, lo que diluía necesariamente los motivos para fundar la presunción de validez del acto que se quiere preservar. El Tribunal termina recreando el contenido de la Resolución impugnada, invadiendo las funciones del legislador y tratando de romper el vínculo lógico entre la proclamación —clara y meridiana— de soberanía y la afirmación del derecho a decidir que ello conlleva.

En gran medida, la consecuencia más inmediata de este error es la posible creación de un «marco constitucional» para que se desenvuelva el proceso soberanista. Dicho marco declara las demandas de independencia como una aspiración legítima, sin que ello comporte el ejercicio de un derecho de autodeterminación reconocido por el ordenamiento jurídico (FJ 3). Corresponde —señala el Tribunal— a las instituciones autonómicas la realización de peticiones concretas en el contexto de la distribución competencial constitucionalmente reconocida (arts. 87.2 y 166 CE), peticiones que deberán estar guiadas por los principios de diálogo, legitimidad democrática y legalidad.

> «El planteamiento de concepciones que pretendan modificar *el fundamento mismo del orden constitucional* tiene cabida en nuestro ordenamiento, siempre que no se prepare o defienda a través de una actividad que vulnere los principios democráticos, los derechos fundamentales o el resto de los mandatos constitucionales, y el intento de su consecución efectiva se realice en el marco de los procedimientos de reforma de la

Constitución, pues el respeto a esos procedimientos es, siempre y en todo caso, inexcusable» (FJ 4) (cursivas nuestras).

De este modo, la concreción de la secesión exigiría en todo caso el uso del poder de reforma constitucional, tal y como se había planteado en la STC 103/2008: dicho poder, al no verse limitado por cláusula de intangibilidad alguna, determina que España no se presente como un modelo de «democracia militante», por lo que a priori cualquier idea o proyecto político es defendible a través de medios que respeten el principio democrático y los derechos fundamentales:

> «[...] la primacía de la Constitución no debe confundirse con una exigencia de adhesión positiva a la norma fundamental, porque en nuestro ordenamiento constitucional no tiene cabida un modelo de "democracia militante" [...] Este Tribunal ha reconocido que tienen cabida en nuestro ordenamiento constitucional cuantas ideas quieran defenderse y que "no existe un núcleo normativo inaccesible a los procedimientos de reforma constitucional"» (FJ 4).

En cierta forma, el Tribunal Constitucional parecería estar construyendo, siguiendo los pasos del Tribunal Supremo canadiense, una especie de «derecho a decidir» como supuesto procedimental previo a la separación efectiva entre el Estado y una comunidad autónoma. El encaje constitucional del debate político —y posible transformación jurídica— del derecho a decidir queda así establecido en el fundamento 4 de la STC 42/2014:

> «[...] debe concluirse que las referencias al "derecho a decidir" contenidas en la resolución impugnada, de acuerdo con una interpretación constitucional conforme con los principios que acaban de ser examinados, no contradicen los enunciados constitucionales, y que aquellas, en su conjunto, con las salvedades que se han hecho a lo largo de esta Sentencia, expresa una aspiración política susceptible de ser defendida en el marco de la Constitución» (FJ 4)[32].

---

32 Nótese que el propio Tribunal, en el FJ 3 de la STC 42/2014, alude a Canadá para recordar que su Tribunal Supremo rechaza la posi-

A nuestro modo de ver, esta construcción habría exigido, por parte del Tribunal Constitucional, una argumentación más acabada y profunda, sobre todo si lo que se pretende es dotar de «legitimidad constitucional» a la secesión. Si no lo hace, se debe quizá a dos motivos: por un lado —ya apuntamos en el apartado anterior— el Tribunal parece aceptar como compatible con la democracia representativa en la Constitución española, el ejercicio de un derecho, el de secesión, que implica un entendimiento *decisionista* y plebiscitario de la participación política muy alejado del canon consensual refundado en Europa después de la II Guerra Mundial. Por otro, el Tribunal se ha acostumbrado a resolver la mayor parte de las cuestiones más complejas, recurriendo a la inexistencia de cláusulas de intangibilidad en la CE 1978. El artículo 168 CE es el centro de gravedad de la jurisprudencia del Tribunal relacionada con los límites a la democracia o los problemas territoriales más graves. El ATC 9/2012, referido a un amparo relacionado con la reforma del artículo 135 CE, fue, en este sentido, una ocasión perdida. La reforma constitucional es un instrumento de garantía democrática, una institución para introducir la variable tiempo en el ámbito de la norma fundamental y, sobre todo, un mecanismo para articular la continuidad histórica del Estado o forma política que aquella organice.

Siendo esto así, resulta difícil imaginar que a través de una reforma constitucional, se pueda introducir un derecho colectivo que sirva para fragmentar el *demos* que sostiene al Estado, dotando a la Constitución de un carácter temporal impropio de normas de su rango e importancia política (no parece absurdo que podamos aplicarle la noción de *conatus* de Spinoza, pensada para todo ente autorreferencial que tiene propensión

---

bilidad de referéndums de autodeterminación unilaterales. Fossas recuerda que lo que el famoso Dictamen sobre Quebec hace es, por el contrario, vedar las secesiones unilaterales.

a perseverar en su ser). Naturalmente, podría considerarse el artículo 168 CE como una especie de poder constituyente próximo a lo reconocido, por ejemplo, por la Constitución alemana (artículo 146), pero nos parece que en ausencia de una doctrina más consistente sobre la reforma constitucional, el recurso a la inexistencia de una «democracia militante» en España para legitimar la posibilidad de la secesión de una comunidad autónoma, como se hace en FJ 4 de la STC 42/2014 (y en otras sentencias posteriores sobre el *procés*), resulta muy poco convincente, dada la cantidad e importancia de los bienes constitucionales que están en juego. El Tribunal parece haberse quedado en este tema a mitad de camino entre el silencio y la prolija justificación del Tribunal Supremo canadiense.

A tenor de esta cuestión, también es necesario apuntar algo más sobre la equívoca doctrina referida a la democracia (militante) contenida en la STC 42/2014 y su relación con los límites materiales a la reforma. Como hemos apuntado, según nuestro Alto Tribunal, la ausencia de un modelo de democracia militante se explica por la inexistencia de cláusulas de intangibilidad al poder de reforma constitucional. Esta explicación es constante desde la STC 48/2003 sobre la Ley Orgánica de Partidos Políticos. Sin embargo, la reforma constitucional y la defensa de la democracia se sitúan en planos metodológicos paralelos, no necesariamente de continuidad. Los límites a la reforma son ámbitos materiales, presentes de una u otra forma en toda Constitución, que aportan identidad institucional —por así decirlo— a la comunidad política, tal y como lo teorizó Schmitt[33]. Suponen, es indudable, una limitación al pluralismo político desde el punto de vista de la reforma constitucional, que puede ser calificada de intolerable si nos atenemos a una idea de conversación pública sin exclusiones temáticas: no lo ha entendido así el propio Tribunal, curiosamente, cuando ha circunscrito la

---

33 Carl SCHMITT (2003).

discusión constitucional sobre la unidad del sujeto soberano al uso del procedimiento de reforma (STC 103/2008, FJ 4).

Sin embargo, la defensa de la democracia, donde puede encajarse una forma «militante» que consideramos indisociable de las circunstancias históricas alemanas, es un dispositivo que busca expulsar de la legalidad a aquellos grupos que tienen como objetivo destruir la democracia representativa y el régimen de libertades que la sostiene. Por decirlo de otra manera, Loewenstein —creador original de la noción— sitúa su propuesta para la defensa de la democracia en el contexto del posible abuso de derecho (por ejemplo, del artículo 17 del Convenio Europeo de Derechos Humanos), mientras que Schmitt impugna con las cláusulas de eternidad la idea de que el poder constituyente y los poderes constituidos puedan ser considerados una misma cosa. Este es el motivo por el que creemos que todas las democracias, pueden prever mecanismos que eviten su propio suicidio, al margen de que las Constituciones sobre las que se asienten reconozcan o no límites a su propia reforma.

Pero más allá de estos defectos estructurales de la jurisprudencia del Tribunal, el desafío interpretativo principal que presenta la STC 42/2014 es si en sus significativos silencios, sobre todo si la comparamos con la STC 103/2008, habría una aceptación implícita del referéndum consultivo que viera en esta figura una posible manifestación del «derecho a decidir» de un pueblo distinto al española. Una parte de la doctrina así lo consideró[34]. Aunque el sujeto de ese derecho no sería nunca el pueblo de una comunidad autónoma, podría llegar a entenderse que al no manifestarse el Tribunal Constitucional en sentido contrario, quedaría abierto el camino para aceptar la consulta del artículo 92 CE, como un procedimiento previo que habilite con posterioridad una reforma constitucional que

---

[34] Así lo vieron por ejemplo, con respecto a la STC 42/2014, Joan VINTRÓ CASTELLS (2018) y Joan RIDAO I MARTÍN, J. (2014).

prevea la cláusula de secesión. En tal sentido, el FJ 4 de la sentencia que venimos analizando contiene una frase que podría dar lugar a distintas elucubraciones, en lo referido al encauzamiento del «derecho a decidir»:

> «El planteamiento de concepciones que pretendan modificar el fundamento mismo del orden constitucional tiene cabida en nuestro ordenamiento, siempre que no se *prepare* o defienda a través de una actividad que vulnere los principios democráticos, los derechos fundamentales o el resto de los mandatos constitucionales» (cursivas nuestras).

Nos parece que el verbo «preparar», que también es utilizado en otras sentencias al repetir el mismo párrafo, no está aludiendo a la posible organización estatal o autonómica de un referéndum consultivo sobre la posible separación de Cataluña u otras comunidades autónomas del resto de España. Convenimos con de la Quadra-Salcedo Janini, cuando apunta que en realidad aquí el Tribunal quizá esté sugiriendo que para dicha posibilidad la asamblea legislativa autonómica tiene reconocida por la Constitución la iniciativa de reforma constitucional (arts. 87.2 y 166 CE)[35]. Baste recordar que la sentencia 42/2014 termina señalando que si tal propuesta se produjera, «el Parlamento español deberá entrar a considerarla» (FJ 4), en una especie de remedo —bastante limitado, dicho sea de paso— del «deber de negociación» desarrollado en la opinión del Tribunal Supremo de Quebec.

BIBLIOGRAFÍA

AGUADO RENEDO, César (2014), «Sobre un eventual referéndum consultivo catalán en el proceso soberanista», *Cuadernos de Alzate*, núm. 46-47.

AGUADO RENEDO, César (2011), «Referéndum autonómico y jurisprudencia constitucional», *Teoría y Realidad Constitucional*, núm. 28.

---

35 Tomás de la QUADRA-SALCEDO JANINI, T. (2017).

ALÁEZ CORRAL, Benito (2016), «Constitucionalizar la secesión como forma de conciliar la funcionalidad de la legalidad constitucional y el principio democrático en el debate territorial español», en TUDELA ARANDA, José y GARRIDO LÓPEZ, Carlos (coords.), *La organización territorial del Estado, hoy. Actas del XII Congreso de la Asociación de Constitucionalistas de España,* Valencia, Tirant lo Blanch

ARAGÓN REYES, Manuel (2014), «Problemas del Estado autonómico», *Asamblea. Revista Parlamentaria de la Asamblea de Madrid,* núm. 31.

BARCELÓ I SERRAMALERA, Mercè (2017), «El derecho a decidir como instrumento constitucional para la canalización de problemas territoriales», *Fundamentos. Cuadernos monográficos de Teoría del Estado, Derecho Público e Historia Constitucional,* núm. 9.

CAAMAÑO DOMÍNGUEZ, Francisco (2014), «El derecho a decidir y el gambito de dama», *Cuadernos de Alzate,* núm. 46-47.

CARRERAS SERRA, Francesc de (2014), «El derecho a no decidir pero sí a salir del maldito embrollo», *Cuadernos de Alzate,* núm. 46-47.

CARRILLO SALCEDO, José Antonio (1976), «Libre determinación de los pueblos e integridad territorial de los Estados en el Dictamen del Tribunal Internacional de Justicia sobre el Sahara Occidental», *Revista Española de Derecho Internacional,* Vol. XXIX, núm. 1.

CORCUERA ATIENZA, Javier (2009), «Soberanía y autonomía. Los límites del derecho a decidir», *Revista Española de Derecho Constitucional,* núm. 86.

FOSSAS ESPADALER, Enric (2014), «Interpretar la política. Comentario a la STC 42/2014, de 25 de marzo, sobre la Declaración de soberanía y el derecho a decidir del pueblo de Cataluña», *Revista Española de Derecho Constitucional,* núm. 101.

GARCÍA LÓPEZ, Eloy (2015), «Derecho a decidir y democracia. Una reflexión acerca de la procedencia de admitir la noción de "democracia de la identidad" en la Constitución de 1978 y de sus poco meditadas implicaciones prácticas», *El Cronista del Estado Social y Democrático de Derecho,* núm. 55.

KEDOURIE, Elie, (1985), *Nacionalismo,* Madrid, Centro de Estudios Constitucionales.

LÓPEZ BASAGUREN, Alberto (2016), «Demanda de secesión en Cataluña y sistema democrático. El *procés* a la luz de la experiencia comparada», *Teoría y Realidad Constitucional,* núm. 37.

OLLORA OCHOA DE ASPURU, Juan María (1996), *Una vía hacia la paz,* San Sebastián, Erein.

PIZZORUSSO, Alessandro (1993), *Minoranze e maggioranze,* Turín, Einaudi.

QUADRA-SALCEDO JANINI, Tomás de la (2017), «Los límites constitucionales a las consultas referendarias autonómicas», *Revista General de Derecho Constitucional,* núm. 25.

RIDAO I MARTÍN, Joan (2014), «La juridificación del derecho a decidir en España», *Revista de Derecho Político,* núm. 91.

RUBIO LLORENTE, Francisco (2013), «Un referéndum para Cataluña», *El País,* 11 de febrero.

RUIPÉREZ ALAMILLO, Javier (2003), *Proceso Constituyente, Soberanía y Autodeterminación.* Madrid, Biblioteca Nueva.

RUIZ SOROA, José María (2014), «Regular la secesión», *Cuadernos de Alzate,* núm. 46-47.

SCHMITT, Carl (2003), *Teoría de la Constitución,* Madrid, Tecnos.

SEPÚLVEDA, César (1991), *Derecho internacional.* México, UNAM-Fondo de Cultura Económica.

SOLOZÁBAL ECHEVARRÍA, Juan José (2014), «La autodeterminación y el lenguaje de los derechos», *Cuadernos de Alzate,* núm. 46-47.

TAJADURA TEJADA, Javier (2009), «Referéndum en el País Vasco», *Teoría y Realidad Constitucional,* núm. 23.

TAJADURA TEJADA, Javier (2016), «La STC 42/2014, de 25 de marzo, respecto a la Resolución del Parlamento de Cataluña 5/X, de 23 de enero de 2013, por la que se aprueba la declaración de soberanía y del derecho a decidir del pueblo de Cataluña: la introducción del "derecho a decidir" en el ordenamiento jurídico español», *Instituciones de derecho parlamentario, VIII. La última jurisprudencia relativa al Parlamento,* Vitoria-Gasteiz, Parlamento Vasco.

VIESTI, Gianfranco (2019), *Verso la secessione dei ricchi? Autonomie regionale e unità nazionale,* Roma, Laterza.

VINTRÓ CASTELLS, Joan (2018), «El Tribunal Constitucional y el derecho a decidir de Cataluña: una reflexión sobre la STC de 25 de marzo de 2014», *Revista Catalana de Dret Públic* (blog).

VÍRGALA FORURIA, Eduardo (2017), «El modelo federal español (Reforma territorial ¿federal?)», en Enrique ÁLVAREZ CONDE, y Álvarez Torres, Manuel (coords.), *Reflexiones y propuestas sobre la reforma de la Constitución Española,* Granada, Comares, pp. 357-389.

VON KROCKOW, Christian Graf (2017), *La decisión. Un estudio sobre Ernst Jünger, Carl Schmitt y Martin Heidegger,* Madrid, Tecnos.

ZAID, Gabriel (2016), *Cronología del progreso,* México, Debate.

¿Problema territorial o de convivencia? Una historia y dos propuestas

JON ARRIETA ALBERDI
Universidad del País Vasco / Euskal Herriko Unibertsitatea

1. PRESENTACIÓN Y PLANTEAMIENTO

En este artículo en el que afrontaré el tema específico de los hechos diferenciales, me adentro en cuestiones que he tratado desde la perspectiva histórica y, más concretamente, la de la historia del derecho y de las instituciones. Siendo así, no puedo evitar tener en cuenta, como punto de partida, los trabajos que he publicado desde, al menos, 1997, en diferentes momentos y circunstancias. Forman un cuerpo compacto y procuraré aprovechar lo sustancial del mismo. Soy consciente, y debo dejar constancia de ello, de que trabajos y publicaciones anteriores han estado relacionados con el estado de la cuestión que presidía cada uno de esos momentos, de manera que se hacía frente a determinadas facetas de la cuestión (derechos históricos, hechos diferenciales, simetrías y asimetrías...), en una coyuntura también concreta y específica, siempre con la mirada puesta, como se nos pide en esta ocasión, en la intención de ofrecer alguna propuesta o vía de futuro que contribuya a mejorar el estado de cosas. Así, los artículos dedicados a los derechos históricos de 1997 y 2001 se inscriben totalmente en los dos cursos de verano de la UPV/EHU de 1997 y 1998, dirigidos por Miguel Herrero de Miñón y Ernest Lluch, con los que colaboré muy activamente. Lo mismo puede decirse de otros dos cursos, nuevamente en el marco de los Cursos de Verano citados, esta vez de los años 2007 y 2008, que se publicaron con el lema de «Conciliar la Diversidad», llevado al título del libro del que fui editor junto con Jesús Astigarraga. Teníamos muy en cuenta las «Forms of Union» que tuve ocasión de trabajar junto con el llorado John H. Elliott en un seminario celebrado en Oxford en abril de 2006, editado por el ilustre hispanista con quien suscribe, y que tanto tiene que ver con el tema que tratamos ahora[1].

Es interesante y estimulante, al menos así ha sido en mi caso, que la obra colectiva en que se inscribe este artículo responda al propósito de fijar una "cartografía del debate territorial". La coincidencia, en la misma expresión, de las palabras cartografía y territorial apunta a una redundancia, pues la cartografía consiste en especificar, en mapas, la localización y el espacio ocupado desde diferentes puntos de vista, que dan lugar a la geografía física, geológica… pero también a la humana. En nuestro caso ¿por qué la cartografía territorial lleva consigo un debate? En sentido estricto podríamos, siendo fieles a la expresión, dibujar la cartografía territorial de ríos, pantanos, cuencas fluviales… para el "debate" sobre los trasvases, o estudiar a fondo la orografía peninsular para el debate sobre el cambio climático o para la adopción de medidas estructurales en materia de medio ambiente.

En nuestro caso nos interesan, lógicamente, los mapas políticos, que son los que pueden ofrecernos el panorama en un momento dado, por ejemplo el mapa de las comunidades autónomas españolas en el momento presente, que era en 1978 casi como un mapa mudo, pendiente de ser colmatado. Pero, basta añadir el factor de los cambios y evoluciones a lo largo del tiempo para obtener lo que en terminología clásica se llaman atlas históricos. Debo confesar que, como historiador, tanto en la investigación como en la docencia, soy y he sido siempre ferviente partidario del uso de los atlas históricos. Cuando era estudiante de Historia en la Facultad de Letras de Zaragoza, nos disputábamos el acceso al uso del *Grosser Historischer Weltatlas* (Munich,1954-1970), pues solo había un par de ejemplares en

---

1 Miguel HERRERO DE MIÑÓN y Ernest LLUCH MARTÍN (1998) y (2000); Jon ARRIETA ALBERDI y Jesús ASTIGARRAGA GOENAGA (eds.) (2009); Jon ARRIETA ALBERDI y John ELLIOTT (eds.) (2009).

la biblioteca. Siempre tengo a mano el *Atlas Histórico Mundial* (sobre todo el volumen I, De los orígenes a la Revolución Francesa) de Hermann Kinder y Wernr Hilgemann[2]. Por la vertiente geopolítica que atiende de forma sobresaliente, soy usuario habitual de la *Geopolítica del Imperio*, publicado en 1940 por Jaime Vicens Vives[3]. En el terreno de la historia del derecho disponemos de una auténtica joya: el *Atlas histórico-jurídico* de Alfonso García-Gallo, en el que colaboró decisivamente la profesora Ana Barrero[4]. Este atlas histórico-jurídico resulta ser muy valioso para el debate territorial pues representa de forma fiel y precisa cómo se desenvolvió la historia de España a lo largo de su configuración territorial, plagada de debates que lo han sido en gran parte por disputas en la posesión de dominios y áreas de influencia.

El debate territorial actual en España es el que se plantea como consecuencia también de la nueva configuración a que dio lugar la promulgación y puesta en vigor de la Constitución Española (en adelante CE) de 1978. Como en toda innovación, fue necesaria y obligada la definición de los caracteres sustanciales que el nuevo orden constitucional supuso para España. En el tema que nos ocupa, el llamado territorial, trataré en este artículo de abordar la pluralidad y la diversidad, así como la necesidad de una nueva forma de enfocar la cuestión que atienda a las condiciones previas, necesarias a su vez para convertir en realidad efectiva el equilibrio entre la diversidad y la unidad, entre lo común y lo propio. Esas condiciones previas se han cuidado muy poco en España, en general, pero en particular en la educación a través de la escuela. En una parte final dedicada a plantear alguna propuesta que pudiera contribuir a mejorar el estado de cosas, me centraré en dos aspectos: la enseñanza de las lenguas españolas y la de la historia de los españoles como comunidad de ciudadanos.

---

2 Manejo ed. Istmo (1995).

3 Jaime VICENS VIVES (1940), p. 61.

4 Alfonso GARCÍA-GALLO y DE DIEGO (1997).

2. OSCILACIÓN ENTRE UNIDAD Y PLURALIDAD TERRITORIAL

2.1. Manifestaciones de la incidencia del tiempo anterior en su conexión con el presente

Merece la pena, incluso diría que es necesario, abordar la cuestión a modo de varias preguntas: en qué consiste la pluralidad, cómo se manifiesta, cuándo, cómo y por qué nació, cómo evolucionó hasta llegar a la situación actual ¿Por qué se puede, o se debe, ir a tiempos anteriores y, en concreto, al análisis de la oscilación entre la unidad monista y la unidad plural o, si se quiere, entre unidad y pluralidad? Trataré de clasificar ordenadamente los motivos para ello:

- La solidez y raigambre de los hechos. Los llamados hechos diferenciales son, como ya se admite pacíficamente, realidades basadas en su propia trayectoria histórica que conviene, por lo tanto, conocer bien.
- La fuerza de los tractos ininterrumpidos, presentes con claridad en la CE al menos en dos supuestos importantes para esta cuestión: la Disposición Adicional Primera y el artículo 149, 1, 8ª.
- La significación de determinadas interrupciones en forma de aboliciones y aminoraciones, pero, al mismo tiempo, el valor de la superación de aquellas por diferentes vías, actualmente, gracias a la Constitución, con garantías de continuidad.
- La influencia que ejerce el lenguaje, la terminología habitualmente usada, que arrastra determinadas connotaciones, casi siempre negativas cuando no peyorativas. Asimétrico puede entenderse como cercano a distorsionante, para algunos hasta el punto de representar un Polifemo deforme o causante de un "reino de taifas". Muy lejos de

la consideración de que las diferencias "hermosean" el panorama de la Monarquía (en un texto del tiempo de Carlos II) o en la representación de esta como una diadema que adorna la excelsa cabeza regia.

2.2. Los hechos diferenciales en perspectiva histórica. Fases significativas. Fechas y puntos de inflexión

Una respuesta adecuada a las preguntas que plantea la diversidad territorial en la historia de España nos obliga a contemplar la península ibérica para, con visión diacrónica, atender al panorama que a lo largo del tiempo se nos ofrece desde el punto de vista de la oscilación entre unidad y pluralidad. Veámoslo brevemente.

El ciclo evolutivo que presenta la historia de España dibuja una curva que parte de la diversidad propia de la situación anterior a la llegada de los romanos, en la que no existía ni atisbo siquiera de una unidad política de la península. Conviene recordar que los pueblos, tribus y colectivos humanos que habitaban la península antes de la llegada de los romanos proporcionan la clara imagen de una acusada pluralidad. La unidad de Hispania como distrito o suma de distritos jurisdiccionales y administrativos aportada por la dominación romana, equivale a situar la realidad peninsular en la perspectiva unitaria que se desprende del hecho de ser así considerada desde la metrópoli, a lo cual contribuyeron evidentes factores geopolíticos.

Tras la caída del poder romano, el espacio peninsular dejó de ser un continente políticamente unitario, hasta que, una vez superada la división en varios reinos (suevo, bizantino, visigodo) el reino de Toledo recuperó la unidad de la Hispania romana, espiritualmente unida por la Iglesia católica.

Es importante destacar que esa unificación fue consagrada historiográficamente por Isidoro de Sevilla. Un fragmento de su Historia de los reyes godos resume muy bien el desenlace: Leovigildo unificó por vía militar la península y su hijo Recaredo (año 583) la perfeccionó mediante la unidad religiosa[5]. La unidad no era solo un hecho sino el cumplimiento de un ideal y el logro de una uniformidad jurídica ajustada al mapa peninsular y sus habitantes, que se puso de manifiesto en un libro de leyes para toda la península, el *Liber Iudiciorum* (654), con vocación de territorialidad, universalidad y esperanza de que tuviera duración indefinida.

Ante la ocupación musulmana de la mayor parte del reino de Toledo en el año 711, la recuperación de la unidad que había conseguido aquel reino se convirtió en un objetivo deseable y deseado, a veces soñado, activado en varios focos de resistencia a lo largo de una estrecha franja del norte de Iberia. En todos ellos, no solo en el clásico núcleo asturleonés, estuvo presente la pretensión de restaurar la unidad. Junto con el foco asturiano, nacieron y se impulsaron las iniciativas de los núcleos vasconavarro, aragonés y catalán. Por todo ello, puede decirse que el año 711 marcó, por una parte, una primera gran ruptura de la unidad, pero también el nacimiento de la pluralidad. Basta tener en cuenta que todas las estructuras medievales de los reinos ibéricos nacieron y crecieron como consecuencia de la progresión hacia el sur de los núcleos surgidos en el norte peninsular, excepto en el caso de Portugal, que nació de la escisión de un condado del reino de León. Se formaron así los cuatro básicos bloques políticos cristianos (Portugal, Castilla, Navarra y Corona de Aragón) que completaron la recuperación del territorio aún ocupado por los reinos islámicos en 1492.

Se suele considerar con mucho predicamento la unidad conseguida por los Reyes Católicos, pero se debe tener en cuenta que cuando murió la reina Isabel, su cónyuge viudo se retiró a sus dominios dinásticos, concretamente a Nápoles. Podría haberse

---

5 Cristóbal RODRÍGUEZ ALONSO (1975), pp. 259-262.

seguido una línea dinástica propia de la Corona de Aragón, pero no fue así y, finalmente, el heredero de Fernando el Católico fue Carlos de Gante (Habsburgo o Austria), que se encontró, al inicio de su mandato en 1516, con la necesidad de gobernar cuatro grandes bloques dinásticos, en los que aplicó un modelo de relación en el que la simetría era la derivada del principio de que todos los miembros de la Monarquía estaban amalgamados en plano de igualdad jurídica formal, la llamada unión *aeque et principaliter*[6].

España, en el plano internacional, pasó a ser una pieza codiciada en 1700 a raíz del fallecimiento de Carlos II sin heredero. Todo el proceso se explica bien si se contempla desde la perspectiva de los planes, auténticos proyectos, de Luis XIV. Consiguió, finalmente, poner a su nieto en el trono de una Monarquía que, aunque perdió sus dominios europeos, conservó los americanos y asiáticos. La Guerra de Sucesión fue una guerra internacional a la que en un momento dado, 1705, se sumó el escenario ibérico como teatro de los enfrentamientos bélicos, lo que añadió al conflicto el componente de la guerra civil, dentro de la cual el balance final fue también de pérdida y derrota para los que, a partir de la fecha citada de 1705, tomaron decidido partido por la candidatura del Archiduque Carlos al trono. No obstante, para el tema que nos ocupa, las principales consecuencias de la Guerra de Sucesión fueron que la hasta entonces Monarquía de dimensión euroamericana, quedó reducida en la parte europea al espacio peninsular ibérico, y que los reinos de la Corona de Aragón perdieron su ubicación como iguales y principales para pasar a integrarse en la Corona castellana[7].

---

6 Santiago MUÑOZ MACHADO (2014) p. 39, en relación a la afirmación de Solórzano Pereira y otros que explicaron la unión aeque et principaliter como la que permite al rey gobernar a los reinos como si lo fuera de cada uno de ellos.

7 Antonio ÁLVAREZ-OSSORIO ALVARIÑO, Bernardo GARCÍA GARCÍA, Virginia LEÓN SANZ (2006).

La Guerra de Sucesión dio lugar a un intenso debate y a un enfrentamiento bélico, a una guerra civil cuyos protagonistas se vieron envueltos en un conflicto que tuvo más que ver con los movimientos en el tablero internacional que en el doméstico. Todo aquel proceso fue analizado y valorado de forma lúcida y crítica por Juan Amor de Soria, destacado dirigente del alzamiento contra Felipe V y miembro del partido austracista, exiliado en Viena, donde fue capaz de dar a luz una valiosa obra: *Enfermedades de la Monarquía.* En esta obra, hacía un balance de las «enfermedades» de España. Con una fuerte dosis de autocrítica, proponía la formación de una institución parlamentaria general para toda España que, reuniendo a los representantes de las Coronas de Castilla y de Aragón, sirviera para «concordar armoniosamente las providencias respectivas y las asistencias recíprocas». A lo que sigue una concentrada síntesis de su opinión al respecto:

> «Esta disposición servirá a hermanar y concordar las dos coronas y sus naciones, deshaciéndose y destruyendo una de las causas de la enfermedad de la monarquía por la discordia y antipatía que entre ellas [las coronas de Castilla y Aragón] ha reinado y de que traté en el capítulo VIII de la primera parte, pues escarmentados unos y otros del daño que han debido sufrir por su desunión, se dedicarán fácilmente a hermanar y conciliar sus ánimos por el bien público, por el del Rey y por los propios respectivos intereses»[8].

El panorama que describe Amor de Soria, con valiente espíritu autocrítico, es el de una España en la que había primado una de sus «enfermedades»: la discordia y antipatía entre las dos coronas que se habían enfrentado en cruel guerra civil. Era imprescindible aplicar el remedio más directo: «hermanar y conciliar sus ánimos». Así lo demandaban «el bien público y el Rey», a la sazón Felipe V, pero también «los propios respectivos intereses». Este panorama dieciochesco descrito tan lúcida-

---

8 Ernest LLUCH MARTÍN (2000), p. 189.

mente no mejoró en el siglo XIX, sino que, por el contrario, el enclaustramiento de España en el espacio peninsular dio lugar a una intensificación de las «discordias y antipatías», en forma de guerras civiles y pronunciamientos militares. Pertenece a ese ciclo el alzamiento militar de 1936 y la dictadura que se implantó hasta la nueva «bisagra» de la historia de España: la Constitución Española de 1978.

A modo de conclusión de este apartado, es procedente decir que la oposición entre unidad monista y pluralidad es una cuestión de aparición constante, en la que la mirada a la historia de España de largo alcance puede ser útil. Visto desde el presente, o, si se quiere, desde 1978, caminando hacia atrás, tenemos el precedente de una dictadura, una república efímera, otra dictadura, constituciones decimonónicas entre las que más destacó en la búsqueda de la relación federal no llegó a cuajar. Como supuesto contrario, diferente, demostrativo de la posibilidad de una relación paccionada, equilibrada... podemos acudir a los siglos de relación igualitaria entre los reinos, pero con un reconocimiento pleno de la legitimidad y autoridad de las instancias centrales de coordinación: la forma de unión *aeque principaliter* que presidió la realidad española desde el siglo XIV (Corona de Aragón) hasta 1700 (la Monarquía de España y de las Indias).

2.3. El "debate territorial" en mapas: la inversión de la periferia[9]

En las oscilaciones entre unidad y diversidad en la historia de España se debe reconocer que la supremacía de Castilla sobre una «periferia» ibérica, tuvo vigencia a lo largo de todo el tiempo abierto desde el ascenso al trono de Carlos V en 1516. Pero en el proceso de formación de un estado español moderno, iniciado en pleno siglo XIX, se cambiaron las tornas desde

9 Reproduzco varios párrafos de Jon ARRIETA ALBERDI (2009-2010), pp. 64-66.

el punto de vista de la estructura económica y demográfica, de manera que cuando España se vio abocada a la necesidad de construir su futuro exclusivamente en el espacio peninsular, con el sentimiento de pérdida de sus últimos dominios ultramarinos, fue, precisamente, una gran parte de su periferia geográfica la que pasó a tener un papel destacado en la puesta de las bases del progreso económico. Fue el caso de Cataluña y del País Vasco, que pasaron a liderar en el último tercio del siglo XIX la conversión de España en un Estado obligado a dar cuerpo a un ente unitario coincidente con un espacio de producción de bienes y colocación de los mismos en un mercado protegido, también peninsular. La gran aparente contradicción es que fueron precisamente esos dos territorios los que impulsaron un cambio cualitativo en sus aspiraciones políticas, que se manifestó incluso en planteamientos nacionalistas que pueden llegar a la expresión secesionista.

Se trata, en mi opinión, de una cuestión que no se suele tener en cuenta al hablar de centro y periferia. Se suele ignorar el cambio producido en estos conceptos en el siglo XIX, sobre todo a partir del momento de impulso de la industrialización y de la conversión de España en una auténtica unidad de mercado y de espacio arancelariamente protegido, claramente favorable precisamente a los focos sustanciales de progreso económico futuro: País Vasco y Cataluña. Castilla había ostentado una supremacía demográfica, económica, política e ideológica que quedó neutralizada ante el ascenso de una «periferia» que disfrutó del proceso contrario y, en consecuencia, pasó a tener mejores niveles de renta. Ahora bien, los beneficiarios no fueron solamente los grupos financieros e industriales. El proceso de industrialización atrajo, como es sabido, a sectores de población provenientes de otras regiones españolas, gentes que aspiraban a vivir en mejores condiciones que en sus comunidades de origen. El trasvase de población operado en España en los últimos cien años es un factor nada despreciable, pues dio lugar a un reajuste en la ubicación geográfica y a un considerable aumento de la pluralidad interna en las zonas de acogida. Desde los años 60 y 70 del siglo XX, el concepto étnico o excluyente de vascos o catalanes es sencillamente inaplicable, pero impide que se pueda hablar de ventajas y privilegios de los vascos o catalanes como si los únicos favorecidos fueran los «autóctonos». Otra cosa es que abunden entre vascos y catalanes los que continúan empeñados en arrogarse la exclusividad representativa de su comunidad[10].

2.4. El debate territorial jurídico-administrativo en la Constitución Española como problema

La cartografía territorial jurídico-administrativa se puede considerar como una cuestión de las que en cronología histórica se llaman de larga duración, a la que se enfrentó la Constitución de 1931. Si entonces hubo una realidad que, dentro de esta cuestión, se vivió como un problema, el catalán, y, en menor medida, el vasco, en 1978 se había invertido el orden y el «problema» vasco aparecía como más acuciante que el catalán. Es digno de ser destacado que ahora, en 2023, el orden de jerarquía de problemas de nuevo se ha alterado.

La cuestión de la pluralidad y diversidad que presenta España convertida en problema de convivencia y coexistencia tiene su manifestación más intensa e incluso dramática al haberse producido en Cataluña un amplio, serio y problemático, para el conjunto de la nación, movimiento de desconexión y desprecio del plano autonómico de relación entre las comunidades. Este dato es insoslayable si abordamos la cuestión de los hechos diferenciales, pues el citado movimiento es la máxima expresión de la diferencia, del distanciamiento, de la negación de la continuidad de la convivencia. Los protagonistas de la pretensión independentista utilizaron profusamente una palabra

---

[10] Jon ARRIETA ALBERDI (2009-2010), p. 66.

significativa: la desconexión, la superación de la «pantalla» de comunidad autónoma. Dieron por finalizada toda una fase. Este simple dato nos sitúa en una nueva dimensión al abordar la conciliación entre unos hechos diferenciales, pues la continuidad de su tratamiento como se viene haciendo en forma de previsiones que sirvan para su aplicación en Cataluña está pendiente de recuperación de las condiciones idóneas[11]. En todo caso, será necesario preparar el terreno y, mientras tanto, no podemos prescindir del estado de cosas en que nos encontramos, sin renunciar, por supuesto, a la mejora de esas condiciones previas a la que me referiré como propuesta concreta de este artículo.

3. LA CONSTITUCIÓN TOMA UNA OPCIÓN A FAVOR DEL RECONOCIMIENTO DE LA PLURALIDAD Y DIVERSIDAD EN MATERIAS SIGNIFICATIVAS COMO LOS REGÍMENES JURÍDICOS, LAS LENGUAS Y CULTURAS

Lo cierto es que, situados en la «curva» oscilatoria entre unidad y diversidad, la CE tomó una opción ante las posibilidades que en ese momento se abrían. Esa opción fue la de dar un giro cualitativo en relación con el periodo anterior, una dictadura que durante cuatro décadas había aplicado un intenso centralismo, contrario al reconocimiento de toda manifestación de pluralidad y diversidad que sobrepasara el nivel de un «sano regionalismo». Al adoptar la orientación favorable al reconocimiento de la pluralidad y la diversidad en España, la propia CE tuvo que proceder a concretar de forma coherente y convincente en qué consistía y en qué se mostraban estos conceptos en el texto constitucional. Una breve mirada nos permite

---

[11] Muñoz Machado y sus consideraciones sobre el retorno a la constitucionalidad: Santiago MUÑOZ MACHADO (2016), pp. 194-205.

afirmar que la CE reconoce una estructura política y jurídica que presenta una diversidad de casos y situaciones. Llegados a este punto no podemos sino constatar que estamos ante una obviedad. Así lo presenté en un largo artículo dedicado a esta cuestión: la pluralidad, una obviedad que debe ser explicada[12].

Ahora bien, ¿se trata de una obviedad que solo cabía aceptar y seguir consecuentemente o de una opción entre pluralidad y unitarismo, entre uniformidad y diversidad, entre pluralismo o monismo? Los argumentos a favor de la segunda alternativa permiten afirmar que la Constitución optó por el reconocimiento y apertura hacia un futuro de consolidación y crecimiento de ciertas «situaciones jurídicas preexistentes». Quizá no se caía suficientemente en la cuenta de que esas «situaciones» equivalían a la existencia de ordenamientos jurídicos, en dimensión total o parcial, con su correspondiente base territorial: «regímenes forales» de determinados «territorios históricos» (Disposición Adicional Primera); derechos civiles, forales o especiales que «existen» en determinadas comunidades autónomas (artículo 149.1.8ª), pueblos de España dotados de sus instituciones propias (Preámbulo).

Es opinión compartida que estamos ante un texto que, frente a la alternativa entre monismo excluyente y aceptación de la pluralidad, se inclinó claramente por esta segunda vía, que quedó plasmada con claridad. Era incompatible con el unitarismo uniformista. Desde entonces, la vía que la Constitución abrió a este respecto condicionó de forma determinante todo el desarrollo posterior.

Si existe una pluralidad y diversidad reconocidas en la Constitución, procede añadir que, para un correcto análisis, contamos con fundamentos precisos y explícitos para confirmar que, efectivamente, la pluralidad está consagrada constitucionalmente, precisamente porque el tiempo precedente, al menos durante cuatro décadas, había estado presidido por la adhesión al princi-

---

12 Jon ARRIETA ALBERDI (2009-2010), p. 11.

pio opuesto. Siendo así, la opción por la pluralidad no solo era novedosa, sino que se oponía a la realidad anterior. Una parte sustancial de la diversidad afloró como si hubiera estado latente en las cuatro décadas de régimen monista y centralista. Ese afloramiento se debe a que toda la Constitución está cargada de historicidad, que estará siempre presente salvo en los casos en que se pretenda proceder a una creación «*ex novo*» al cien por cien. No es este el caso de los hechos diferenciales, pues también son históricos: una característica que a veces se olvida o se da por supuesta y de innecesaria mención. Pero si seguimos prestando atención a la cuestión de las diferencias y particularidades dignas de atención y tratamiento hacia el futuro, será muy conveniente, por no decir necesario, tener en cuenta la perspectiva histórica, que debe empezar prestando atención a una larga duración, como se ha propuesto en la primera parte de este artículo.

4. LAS DUDAS Y VACILACIONES TERMINOLÓGICAS DEL TRIBUNAL CONSTITUCIONAL

La Constitución tomó la delantera en el reconocimiento de la pluralidad, pero lo hizo con una riqueza de expresiones, vías de reconocimiento e incluso de restitución, que ni siquiera el Tribunal Constitucional (en adelante TC) tuvo forma de asimilar en una larga primera fase de tratamiento de la pluralidad y diversidad, que no podían sino tener relación con el pasado, con la dificultad añadida de tener que dar un salto atrás que sobrepasara las cuatro décadas de monismo franquista.

El TC empezó usando un término curioso y significativo al hacer frente a la cuestión: no quedaban fuera de su ámbito «situaciones históricas anteriores». Puesto que «[l]a Constitución no es el resultado de un pacto… sino una norma del poder constituyente que se impone con fuerza vinculante general en su ámbito, sin que queden fuera de ella situaciones históricas anteriores» (Sentencia del Tribunal Constitucional 76/1988, de 26 de abril, fundamento jurídico 31). La Constitución ponía las bases para que se pudiera producir una confluencia entre estas «situaciones jurídicas anteriores» y las nuevas entidades anteriormente inexistentes, de manera que los «derechos históricos habrán de acomodarse o adaptarse al nuevo orden territorial». Pero no podemos ignorar el grado en que éste último debía adaptarse a las «situaciones jurídicas anteriores». Estas no eran «instancias territoriales históricas que conserven unos derechos anteriores a la Constitución y superiores a ellas», sino que se acomodan al nuevo orden, pero también la Constitución se «acomoda» a la historia, no solo en el caso de los llamados territorios históricos sino también en el nuevo orden territorial representado por las comunidades autónomas tal como quedan previstas en el artículo 143, pues se formarán dichas comunidades por «provincias limítrofes con características históricas, culturales y económicas comunes». Las comunidades autónomas deberán compartir características directamente históricas, si bien las culturales y económicas requieren también de una trayectoria histórica común. En realidad, no se diferencian tanto de las comunidades calificadas de «históricas», aunque el adjetivo separa a estas últimas como si lo fueran con mayor intensidad que las derivadas del régimen común del citado artículo 143.

5. TRATAMIENTO PROGRESIVO Y CADA VEZ MÁS CONSCIENTE Y MADURO DE LAS DIFERENCIAS. ESTADO DE LA CUESTIÓN

Varios de los términos y expresiones que desde el proceso constituyente de 1978 han nacido, o se han elaborado, especialmente los que se refieren o tienen algo que ver con la pluralidad, han adquirido carta de naturaleza y se usan con frecuencia. Uno de ellos es el de «hecho diferencial», que se ha extendido mucho y es objeto de atención, si bien no deja de ser un sinónimo de otras expresiones o palabras que también han estado y están presentes para el mismo asunto, como singularidad, particularidad o especialidad. Parece que tiene menos uso actualmente la palabra «peculiaridad», aunque tuviera mayor presencia anteriormente.

Se trata de palabras que, al menos inicialmente, no dejaban de reflejar cierto sentido de la excepción, aceptables siempre que no se superara una determinada medida, modesta y no muy llamativa. Serían prescindibles, pero se aceptaban con cierto tono de concesión graciosa o paternal. Se debe ello a que durante 40 años de franquismo esa había sido la tónica que había presidido estas diferencias. Los regímenes forales de derecho público estaban reducidos al régimen fiscal de Navarra y Álava, y los de derecho privado quedaban contenidos en las Compilaciones de derecho foral de algunos territorios y se habían redactado con claro espíritu de selección restrictiva. Es cierto que esa orientación fue modificada por la Constitución, pero quedaba pendiente de cómo se iba a desarrollar, cuál iba a ser la intensidad, profundidad y autosuficiencia de los posibles cambios. Esas preguntas quedaban planteadas en la propia presentación del texto constitucional e iban tomando cuerpo en varios artículos. El caso de las lenguas españolas resulta siempre significativo. Quedaba abierta la forma de tratamiento, la intensidad y capacidad de elevación de las lenguas «vernáculas». No era fácil de prever el grado que han alcanzado: la cooficialidad.

Si bien en el tratamiento de los hechos diferenciales se empezó por los de carácter jurídico e institucional, lo cierto es que la evolución real de la cuestión ha sido el resultado de una progresiva aplicación de principios constitucionales fundamentales y posibles líneas de desarrollo de los mismos en una dirección determinada, marcada por la atención que, como hechos diferenciales, se ha dado a caracteres identitarios como la lengua y la cultura.

Un repaso actual de los trabajos dedicados a los hechos diferenciales permite constatar que apenas habían sido tratados específicamente antes de 1997. En mi caso, abordé la cuestión por esas fechas, en torno en gran parte a los Cursos de Verano de la UPV/EHU anteriormente citados, partiendo del punto de vista que actuaba como estímulo en esas fechas: los derechos históricos reconocidos en la Disposición Adicional Primera[13]. Al volver ahora a aquel artículo de 1997 me doy cuenta de que, por una parte, puedo mantener totalmente lo sustancial que defendí en el mismo: los derechos históricos traducidos en su materialidad objetiva, es decir, regímenes jurídicos especiales, aparecían, con la misma claridad que en la Disposición Adicional Primera en el artículo 149.1.8ª de la Constitución, al declararse en la octava competencia exclusiva del Estado, que en ese momento, 1978, se reconocía la competencia de las comunidades autónomas para la conservación, modificación y desarrollo de los derechos civiles, forales o especiales, «allí donde existan». Por otra parte planteé la pregunta de si la reivindicación del derecho al disfrute de determinados derechos históricos o, incluso, de la condición de nacionalidad histórica, estaba restringida a vascos y navarros. No me resultaba difícil «pronosticar» que las comunidades autónomas integrantes de la antigua Corona de Aragón iban a presentar sus credenciales. Así ha sido[14].

Por esas fechas, entre los primeros que abordaron la cuestión de los hechos diferenciales me fijé en Jesús Leguina Villa, cuyo tratamiento de la cuestión, en 1996, sigue siendo muy valioso. Partía este autor de la afirmación de que «los "hechos políticos diferenciales" que la Constitución reconoce, consagra y garantiza, al decidir sobre la organización territorial del Estado, son sólo dos: las nacionalidades y los territorios forales»[15]. Ponía el acento en que estos últimos eran no solo los da la Disposición Adicional Primera, sino también los del artículo 149.1.8ª. Actual-

---

13 Jon ARRIETA ALBERDI (1997).

14 Jesús MORALES ARRIZABALAGA (2009), quien además de centrarse en el caso de Aragón trata diversos aspectos de la cuestión con aguda visión histórica. Sobre cómo han quedado los nuevos estatutos de los territorios de la antigua Corona de Aragón: Jon ARRIETA ALBERDI (2011).

15 Jesús LEGUINA VILLA (1996).

mente, todos los análisis dedicados a la identificación de cuáles son los hechos diferenciales reconocidos y consagrados como tales por la Constitución coinciden en los más sustanciales, siendo ya indiscutible que los regímenes especiales de la Disposición Adicional Primera y los de ámbito foral civil del 149.1.8ª están en un mismo plano a efectos de reconocimiento de la diferencia. Al referirse a la otra importante distinción que la Constitución hace entre nacionalidades y regiones, la doctrina no ha hecho sino constatarla. Algo más tarde se añadió otra de carácter indudable: el representado por las lenguas, a las que es inherente tanto la diversidad como la condición de ser fruto de una evolución histórica, desde su inicio hasta su situación actual.

Al artículo citado de Leguina siguieron varios como el publicado en 1997 por Javier García Roca, seguido de otro más específico[16] para confirmar los criterios clasificatorios y los resultados. A esas alturas, como dice este autor, no se trataba ya de descubrir el Mediterráneo, sino, simplemente, de poner fin a los casi tres siglos de «absurdo uniformismo» transcurridos desde principios del siglo XVIII[17]. En ese mismo año de 1997, el administrativista José Manuel Castells se centraba en el caso vasco[18], con un primer análisis que luego completó a modo de monografía, en 2007[19].

Importante aportación, con un alto grado de perfeccionamiento en la identificación y ordenada clasificación de los hechos diferenciales, contamos con el artículo de Pineda Martínez[20]. Se añadió en 2013 Cuevas Lanchares, que confirma las clasificaciones a la sazón asentadas, a las que añade una interpretación integral y comprensiva[21].

---

16 Javier GARCÍA ROCA (2000).

17 Javier GARCÍA ROCA (2000), p. 74.

18 José Manuel CASTELLS ARTECHE (1997).

19 José Manuel CASTELLS ARTECHE (2007).

20 Raquel PINEDA MARTÍNEZ (2005).

21 Juan Carlos CUEVAS LANCHARES (2013).

Para una recapitulación que sirva de balance de este estado de la cuestión, destaca Aja Fernández, quien ofreció una meditada valoración en el capítulo 9 de su monografía publicada en 2014[22], dedicado a los derechos históricos y la asimetría. Se extiende sobre los antecedentes de la cuestión, ofrece una esmerada clasificación acompañada de mapas, incluyendo el de las áreas de implantación de las lenguas españolas[23] y confirma el valor que, a efectos de identificación de derechos forales históricos, tuvieron las Compilaciones de derecho civil foral. Esta monografía de Aja Fernández cierra, en cierto modo, la oferta que la doctrina ha completado en el análisis de los hechos diferenciales. Leguina Villa, sin embargo, sigue siendo el que aportó una aguda valoración del «para qué» se inició y mejoró el tratamiento de la diversidad de regímenes jurídicos en España, que merece ser reproducida para reparar en cada una de sus afirmaciones:

> «la Constitución no solo no niega tales derechos colectivos diferenciados, sino que los recupera, los devuelve a sus legítimos dueños, los actualiza y los protege como pieza esencial del ordenamiento del Estado autonómico y del sistema político pluralista»[24].

6. DEPURACIÓN CONCEPTUAL. ASIMETRÍA: ¿UNA CARENCIA O DEFECTO, O PRODUCTO DE UNA SIMETRÍA QUE TIENE SU LÓGICA Y RAZÓN DE SER?

Si hay una asimetría en España, ¿a qué se debe? ¿desde cuándo? ¿por qué existe? ¿en qué se manifiesta? Centramos la atención en aspectos y cuestiones de orden jurídico, normativo, institucional… y nos olvidamos de factores previos que han condicionado de forma decisiva la «asimetría» en España.

---

22 Eliseo AJA FERNÁNDEZ (2014).

23 *Ibid.*, p. 333.

24 Jesús LEGUINA VILLA (1996) p. 158.

Empezaré por poner un ejemplo conectado con un apartado anterior de este artículo. En España se tomaron decisiones muy importantes en el último tercio del siglo XIX con vistas a la ordenación estructural del país, en términos económicos y sociales. Estaba pendiente de determinación cómo ordenar el futuro industrial, lo cual implicaba decidir dónde y cómo se organizaría la industria pesada, la siderurgia y la manufactura de metales, la industria textil... Lo mismo puede decirse del mundo financiero y bancario. La concentración de algunas de estas premisas estructurales en el País Vasco y Cataluña tuvo consecuencias importantes en términos demográficos y de trasvase de población de unas regiones a otras, de modo que, vistas a posteriori o, si se quiere, desde el momento presente, se pueden conectar con la «asimetría». ¿Se hubiera evitado esta mediante una distribución «simétrica» de la siderurgia y de la industria textil por toda España? Se puede defender la idea de que en 1978 hubiera sido mejor adoptar un modelo centralista y homogéneo, prescindiendo de las diferencias derivadas del mantenimiento de un régimen foral de derecho público (Vascongadas y Navarra) y de los regímenes forales de derecho privado. Para conseguir ese resultado, sin embargo, habría que partir de cero en Euskadi y Navarra y habría que suprimir las Compilaciones de derecho civil foral o especial, vigentes a la sazón. Ahora bien, en ese caso la operación no hubiera tenido por objeto conseguir una «simetría» sino, simplemente, proceder a una igualación, a una «nivelación» (como se decía en el siglo XIX ante este asunto) total, centralista y homogeneizadora en el sentido pleno. Como en toda igualación en el que el punto de partida consistía en una realidad diversa, se plantearían dos posibilidades: o una vía de sincretismo ecléctico equilibrado y aceptado por las partes, o echar mano de uno de los integrantes de la diversidad para aplicarlo directamente al conjunto, es decir, a los otros integrantes, que tendrían que aceptar y asimilar el modelo propuesto.

En cambio, si se pretendía, como así fue, dar continuidad a la diversidad, mediante la actualización y desarrollo de los regímenes forales a la sazón vigentes, con arreglo a la Constitución y los estatutos de autonomía, no sé hasta qué punto se puede calificar el resultado como «asimétrico». El uso de este término como antónimo de "simetría" no deja de sugerir la idea de una conformación incorrecta o mejorable, pues la simetría aparece como reflejo del logro de un resultado más deseable, más canónico. Se oponen a ella, en principio, las «peculiaridades», «singularidades» y «particularidades» como si llevaran por sí mismas la semilla de la división y la ruptura de un hipotético ideal. Comparto las matizaciones planteadas por Fossas Espadaler al enfocar el problema de «diferente de qué» y destacar que se trata de hechos que han requerido su propio largo proceso histórico[25]. La insistencia en las «singularidades» debe equilibrarse con la singularidad general que trajo consigo la propia Constitución: un cambio sustancial en la forma de ordenar las singularidades.

Si la distinción simetría/asimetría adolece de algunas deficiencias por las connotaciones que encierra, ¿cuál podría ser la terminología adecuada? Nos puede orientar hacia una respuesta acertada el hecho de que esta pregunta se planteó a mediados del siglo XIX y fue respondida cartográficamente por de D. Francisco Jorge Torres Villegas en su *Mapa Político de España*, publicado en 1852 (segunda edición 1857)[26], en que se distingue una España uniforme «puramente constitucional», de una España «foral» (Vascongadas y Navarra) y de una España «incorporada o asimilada», integrada por los territorios de la Corona

---

25 Enric FOSSAS ESPADALER (2000), pp. 34-37.

26 Este mapa político de España, incluido en el primer tomo, p. 298, de la obra de este autor, *Cartografía hispano-científica, o sea, Los mapas españoles, en que se representa a España bajo todas sus diferentes fases*. La imagen es de acceso libre en: *https://upload.wikimedia.org/wikipedia/commons/e/e5/T.V.%281857%29 - %287%29 MAPA POLITICO DE ESPAÑA.jpg*

de Aragón (Torres Villegas no añade el adjetivo «antigua»). Si la referencia al debate territorial actual sobre el estado de las autonomías visto a modo de representación cartográfica obliga a considerar los criterios para la obtención de resultados que ayuden a mejorar el estado de la cuestión y las perspectivas de futuro, resulta ser muy ilustrativa la comparación con este mapa de 1852. Es muy significativo e incluso útil para nuestro tema, pues plasma fielmente la «cartografía» de los hechos diferenciales a la altura de 1852. Tiene el gran aliciente de que Torres Villegas aplica el mismo criterio que el que nos interesa para esta cuestión actualmente: el de las diferencias en régimen jurídico-administrativo y de derecho privado, partiendo del modelo aplicable a la mayoría de las provincias. De hecho, serían treinta y cuatro las que «son iguales en todos los ramos económicos, judiciales, militaras y civiles». En el lenguaje actual constitucional que distingue nacionalidades y regiones, esas treinta y cuatro provincias colmarían el apartado de las regiones.

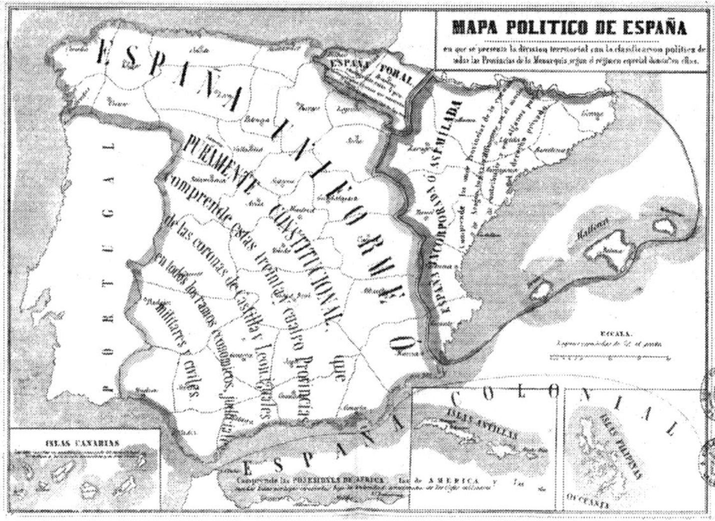

Torres Villegas llevó a la parte gráfica de su libro una serie de mapas «iluminados», es decir, en color, que presenta en un índice. En la explicación de su contenido se indica que en este mapa «político» (diferente del dedicado a la división administrativa, judicial, de Correos etc.) se presenta «la división territorial con la clasificación política de todas las provincias de la monarquía, según el régimen especial dominante en ellas. En este mapa aparece todo el reino español en cuatro distintas porciones».

La coincidencia con el asunto que nos ocupa, es decir, el de la «cartografía del debate territorial», no puede ser mayor. Torres Villegas no tiene duda en distinguir una «España uniforme o puramente constitucional, que comprende las treinta y cuatro provincias de las coronas de Castilla y León, iguales en todos los ramos económicos, judiciales, militaras y civiles». Esta España uniforme o «puramente constitucional» se distingue de «la España foral, compuesta de estas cuatro provincias exentas o forales que conservan su régimen especial diferente de los demás, no contribuyendo para el gobierno central de la corte con impuestos, sino por vía de donativo voluntario y de corta entidad». Se trata de las provincias Vascongadas y Navarra. Es interesante recordar que la pervivencia del régimen especial foral en estos cuatro territorios fue objeto de un intenso debate que culminó en la ley de 25 de octubre de 1839. Este mapa de 1852 lo refleja fielmente.

Las once (Huesca, Zaragoza, Teruel, Gerona, Barcelona, Tarragona, Castellón, Valencia, Alicante, Mallorca, Menorca e Ibiza) provincias de la Corona de Aragón (no de la «antigua» Corona de Aragón) forman una España incorporada o asimilada. ¿A qué o a quién? Sin duda, a la España uniforme o constitucional. ¿Por qué se consideran asimiladas o incorporadas? Sin duda debido a que esa asimilación fue el desenlace de la Guerra de Sucesión y de la Nueva Planta, pero sin que esta última evitara que estas provincias, incluyendo las del reino de Valencia, fueran «todavía diferentes en el modo de contribuir y en algunos puntos del derecho privado»[27].

---

27 En la crítica de Javier Ugarte a la utilización de este mapa («Cartografía e ingeniería jurídica», *El País*, 16.X.1998) debe tenerse en

Contamos con el análisis del valor cartográfico e histórico-jurídico de este mapa, elaborado por Rafael Company[28]. Considera este autor que la expresión de «incorporada» se debe a la vía militar utilizada y se extiende en las consecuencias que atribuye a esta forma de dominación. Creo más posible, sin embargo, que el mapa de la España «incorporada» (la Corona de Aragón) se considera como tal como consecuencia de la Nueva Planta que redujo sensiblemente el estatus jurídico de los territorios de la Corona de Argón, que quedó «asimilada» a Castilla: la «incorporación» equivale a la pérdida del plano horizontal e igualitario de relación con Castilla. Pero ello no impidió, como dice Torres Villegas, que quedaran «todavía» algunas diferencias.

El mapa de Torres Villegas refleja perfectamente la delimitación territorial derivada de los varios regímenes jurídicos que se podían distinguir en la España de 1852. Si podemos constatar que el mapa de esa diferente composición como resultado de la Constitución y de los estatutos de autonomía es casi el mismo,

---

cuenta el hecho de que Torres Villegas considera incorporadas o asimiladas las provincias en que subsistía derecho privado foral, que se reconocería como tal al promulgarse el Código Civil en 1889. Ugarte afirma que si había alguna particularidad jurídica solo se da daba en Vascongadas y Navarra, como, efectivamente, constata Torres en el mapa «administrativo». Pero al plasmar un mapa «político» el autor quiere precisar que tanto en las provincias «exentas» como en las de la Corona de Aragón, subsistió el derecho privado foral, subsistencia que se confirmó en el artículo 12 del Código Civil, promulgado en 1889, y en las Compilaciones de derecho civil que estaban vigentes en 1978. Es cierto que en el mapa de Torres Villegas no se incluye como territorio diferenciado a Galicia, pero en eso también es correcto, pues se sumó más tarde a la condición de territorio foral en el seno de la codificación civil.

28 Rafael COMPANY MATEO (2014) describe muy bien cómo el mapa lo usaron Joseba Agirreazkuenaga, y Miguel Herrero de Miñón sobre la información facilitada por Ernest Lluch quien, a su vez, había consultado a su hermano, el geógrafo Enric Lluch.

podemos preguntarnos si la asimetría actual merece ser así considerada o si la lógica de su existencia y mantenimiento, es, más bien, consecuencia de la persistencia de sólidas raíces y motivos para ser tenida en cuenta, pues nos ofrece la imagen no de una asimetría sino, simplemente, de una simetría derivada de la realidad de España como nación en dos momentos de su historia. Esta conclusión contrasta con la impresión de que la palabra «asimetría» queda, en relación a su contrario, en una cierta desventaja. Parece sugerir que descompensa, desequilibra... Ahora bien, si tomamos las referencias que en la CE aluden a diferencias y diversidades, hemos podido comprobar, tanto en su realidad presente, constitucional, como en virtud de sus precedentes históricos, que no son muestra de deformidad sino que se han incluido para conseguir el equilibrio y armonía entre caracteres diversos, pero conciliables e incluso complementarios[29].

Con la intención de proceder a un cierto borrón y cuenta nueva, la Constitución contiene una cláusula de derogación de normas decimonónicas: la Derogatoria Segunda. Pero si se lee con atención, entre otros, el tan citado en este trabaja artículo 148, 1, 8 CE, una de sus consecuencias, que puede pasar desapercibida, es que procedió, implícita pero efectivamente, a la derogación de la Nueva Planta. Su aplicación en los reinos de la Corona de Aragón en las primeras décadas del siglo XVIII había cortado la posibilidad de que el derecho privado tuviera órganos y medios de renovación en el plano normativo. Pero la Constitución dio un vuelco sustancial y cualitativo: los parlamentos autonómicos de los entonces, 1700-1716, rei-

[29] Lo expresa equilibradamente Gregorio CÁMARA VILLAR (2018), p. 421, cuando aboga por la «redefinición de las condiciones básicas de vida en común dentro del sistema político y jurídico global de España, definido en la Constitución, con respeto y amparo de las singularidades, porque la gran mayoría de la ciudadanía catalana, como la española en su conjunto, lo que pretende es mejorar su situación y su interrelación en todos los ámbitos».

nos cuyas Cortes fueron suprimidas, pueden ahora reactivarlas para abordar el desarrollo de su derecho civil foral. Y lo están haciendo con toda normalidad, incluso en el caso de Valencia, cuyo derecho foral parecía haber quedado sepultado en 1707. La revisión de este antecedente ha quedado planteada explícitamente en el preámbulo del estatuto de autonomía valenciano, que dedica amplia atención a su derecho foral[30] y está siendo analizada desde el punto de vista histórico-jurídico por el iushistoriador Palao Gil[31].

7. ¿CUENTA LA CONSTITUCIÓN CON UNA LÓGICA PARA ORDENAR LA DIVERSIDAD? GAYO NOS OFRECE UNA ORIENTACIÓN: LA COMPLEMENTACIÓN ENTRE LO COMÚN Y LO PROPIO[32]

Con arreglo a los puntos anteriores sobre la terminología constitucional referente a la diversidad y pluralidad, queda claro que en 1978 se abrió cabalmente la posibilidad de reconocer que España era plural, además de en ordenamientos jurídicos de derecho público y privado, en dos realidades significativas: los pueblos y las patrias. La utilización del adjetivo «común» para la segunda abre una línea de interpretación que resuelve el hipotético dilema: en España se reconocen varios pueblos (Preámbulo) pero es el pueblo español, es decir, el conjunto de los pueblos de España, el que ostenta la soberanía; la nación indisoluble es patria común de los españoles, compatible con la que puedan sentir como más próxima los españoles.

---

30 Artículos 4.4.; 8; 3.5. 1; 37. 2; 64. 2 y 71. 1 c.

31 Javier PALAO GIL (2008); (2010).

32 Instituciones, 1: «Todos los pueblos que son regidos por leyes y costumbres se sirven de un (derecho) en parte suyo propio, en parte común de todos los hombres».

Es muy vivo el debate en España sobre su condición de nación única, monista, que no permite que el término pueda referirse a determinadas partes de la misma. Si hay una nación, se dice, no puede haber varias. Este mismo razonamiento no se aplica a otros términos como pueblo o patria. Cuando se habla de una nación de naciones ¿hasta dónde pueden llegar los motivos para rechazar la expresión si es evidente que la misma implica la condición de nación común que acoge a varias naciones? ¿acaso estamos ante un supuesto diferente del que se da cuando decimos o pudiéramos decir que España es un pueblo de pueblos o una patria de patrias? Rubio Llorente puso de manifiesto la coherencia de una nación común que «engloba» naciones «que también son políticas». Se trata de que se reconozca la titularidad de la soberanía a esa nación común, de la misma forma que se atribuye la titularidad de la soberanía al pueblo español. No es contradictorio, sino todo lo contrario, con el reconocimiento de la diversidad que, como dice este autor, existe «en el seno» de la nación. No le cuesta nada llegar a la conclusión de que «el estado español no es un estado plurinacional si por tal se entiende el que es resultado de un pacto entre naciones diversas, sino la forma jurídico-política de una nación de naciones, titular única de la soberanía»[33]. Pero, como he recordado más arriba, la titularidad única de la soberanía la tiene, artículo 2 CE, el pueblo español, lo cual no impide que existan en España los pueblos mencionados en el Preámbulo, con uso del término en plural, como se hace en todo tipo de textos, comentarios orales y en el tratamiento mediático sin que ello genere especial problema. No deja de ser todo ello muestra de la posibilidad de la conciliación entre lo común y lo propio.

Esta cuestión se puede conducir, para una mejor comprensión, a la idea, concepto y palabra de patria. Un hispanista preclaro y de reconocida autoridad y prestigio, Sir John Elliott, nos

---

33 Francisco RUBIO LLORENTE (2014), p. 26.

ha recordado que nuestra Constitución recoge la expresión de patria común. A lo que añade: «el sentido de patria común que aporta la Constitución de 1978 contiene en sí mismo una de las claves para resolver los problemas actuales»[34].

He traído a colación a John Elliott a propósito de la idea de "patria común" por lo que tiene de significativo, si bien es oportuno reconocer que fue el profesor Meilán Gil quien expuso magistralmente la misma idea[35]. Meilán toma una cita sobre patria común que él plasmó en un libro «una docena de años antes» (sin especificar la fuente) que merece ser reproducida:

> «Los esfuerzos deben dirigirse a desarrollar la máxima virtualidad que encierra la expresión patria común. Desde la pluralidad que define el deseo constitucional de vivir juntos debería ahondarse en ese patriotismo común, no uniforme, tampoco descalificador y mucho menos excluyente. Se trata de un proceso paciente y positivo de integración, que avala la historia y recuerda Mommsem en el comienzo de monumental obra sobre Roma».

Añade que no se trata de una negociación a modo de regateo, y, menos aún, de forzar de nuevo la Constitución. «La solución de los problemas necesita su *kairós*. El tiempo condiciona. No es ajeno a los juristas».

8. LA DIVERSIDAD ABARCADA POR LO COMÚN

8.1. De regímenes jurídicos. Sus dos manifestaciones sustanciales

La CE impulsó regímenes jurídicos históricos, con dos manifestaciones sustanciales: Disposición Adicional Primera y artículo 149.1.8ª. Varias páginas anteriores de este artículo han sido necesarias para destacar este hecho que se traduce en la

---

34 John H. ELLIOTT (2015), pp. 45-46.

35 José Luis MEILÁN GIL (2015).

existencia y posibilidad de actualización y desarrollo de regímenes forales de derecho público y de derecho privado. Se trata del reconocimiento de dos áreas de pervivencia de regímenes forales. La Constitución no las crea ni descubre, simplemente constata su existencia. Por lo tanto, no se trataba de llevar a cabo una innovación sino de decidir en qué sentido se orientaría el futuro de estas dos sensibles muestras de continuidad jurídica. La decisión tomada, como una de las opciones posibles, fue la de respetar, amparar y facilitar la actualización (Disposición Adicional Primera) y el desarrollo (artículo 149.1.8ª). Me remito a los apartados anteriores sobre este particular.

8.2. La diversidad de lenguas y culturas. Los logros derivados del impulso dado a estos componentes

Volvamos a la perspectiva «cartográfica» para este apartado dedicado a las lenguas y culturas, partiendo de los dos mapas que nos han servido de ilustración: el de 1852 y el de 1978. Son muy parecidos, como vengo diciendo, por haberse basado en el mismo criterio: el de los regímenes jurídicos de los territorios. Pero en el primero no comparece el que sí es procedente en el segundo: el que atiende a las diferencias de lengua y cultura[36]. Actualmente es posible, como no podía ser menos, añadir al mapa político el lingüístico, a lo que procedió Aja Fernández plasmando las comunidades que cuentan con lengua propia cooficial[37].

---

[36] Rafael COMPANY MATEO (2014) destaca la existencia del mapa de Torres Villegas, pero pone de manifiesto que no alcanzó el nivel de un mapa etnográfico. De ahí el título de su artículo: un mapa existente sobre los regímenes jurídicos, pero inexistente como mapa etnográfico por la falta de atención al criterio lingüístico cosa que juzga como oportunidad perdida.

[37] Eliseo AJA FERNÁNDEZ (2014), p. 333.

No entro ahora en si es una casualidad o no que con este criterio se obtenga casi el mismo gráfico, es decir, que se pueda superponer, con coincidencia casi plena, el mapa de los regímenes jurídicos con el lingüístico. Lo que procede destacar es que no parece correcto ni operativo considerar que las lenguas españolas (artículo 3 CE) conduzcan a una asimetría. Por dos razones, al menos: la consideración que merece esa diversidad y la posibilidad de tener y usar dos lenguas. Los hablantes del catalán, gallego o euskera son, salvo contadas excepciones, bilingües, lo cual elimina, en mi opinión, que se deba tratar la cuestión como un problema. El bilingüismo es la manifestación, incluso me atrevería a decir la demostración, del doble plano en que se mueven los bilingües, pues ponen de manifiesto la posibilidad de conciliar lo común y lo propio en una materia sensible, pero muy presente en la vida cotidiana. Esta misma consecuencia podría, o debería, ser válida para las otras diferencias "existentes" (como dice el artículo 149.1.8ª CE) en España. De nuevo comparece la dualidad, la complementación entre lo común y lo propio.

8.3. Pluralidad en regiones, nacionalidades, pueblos y patrias

Más problemático podría ser el caso de una innovación tan significativa como fue la de la distinción entre regiones y nacionalidades, recogida en el artículo 2 de la Constitución y que se conecta constantemente con el problema «territorial» de España, entendido sobre todo como un problema de «distribución»: de competencias, de condiciones más o menos ventajosas en aspectos como la financiación, pero también en la salud, el transporte y/o medios de comunicación.

En este punto del debate entra otro elemento lingüístico que aumenta, al menos aparentemente, la complejidad de la cuestión, pues al sustantivo nacionalidad ha venido a añadirse el adjetivo de «histórica». Si ponemos este binomio en el artículo 2 y en la distinción entre regiones y nacionalidades, podría pensarse que a las segundas les caracteriza, incluso podríamos decir que se les exige, ser «históricas», mientras que las regiones no lo serían o no necesitarían serlo. En el momento constituyente se usó el término por su significado neutro y polivalente, falto aún de concreción, pero abocado a traducirse en comunidades autónomas, pues tanto las regiones como las nacionalidades se deberían organizar como tales, y en ambos casos se partía de las provincias a la sazón existentes, como demarcaciones perfectamente definidas. Ya me he referido en el punto 4 (*in fine*) a los requisitos historicistas que, a su vez, exige el artículo 143.

Una conclusión clara para avanzar en esta materia puede ser la de reconocer, como mera constatación interpretativa, que todas las comunidades autónomas son, o deben ser, históricas. Ahora bien, es claro que el proceso seguido ha dado lugar a que unas, como en la igualdad entre las personas, son más históricas que otras. Las razones históricas de las provincias para aspirar a formar una comunidad autónoma pueden residir en que lo fueron desde 1833 tal como se definieron por Javier de Burgos, momento en el cual, a su vez, se tuvieron en cuenta factores históricos condicionantes o se introdujo alguna innovación que, en su caso, se habría convertido en histórica a la altura de 1978.

8.4. La situación actual: ocho regiones y ocho nacionalidades. Consecuencias y reflexiones

A la expresión «nacionalidades y regiones» se le ha dado un sentido de opción alternativa. O se trata, en los casos ya específicos de las comunidades autónomas constituidas como tales, de encuadrarlas en el apartado de las regiones o en el de las nacionalidades. Es cierto que al hacerse esta distinción se partía de la idea de que las nacionalidades iban a ser pocas, tan solo, en principio, tres. El resto quedaría en el capítulo de las regiones. Pero no ha sido así, como lo prueba el hecho de que a esas tres se han sumado varias comunidades autónomas que han pasado de un grupo a otro (Andalucía, Aragón, Valencia, Baleares, Canarias). Algunos de los nuevos estatutos aprobados en 2006-2007 han introducido elementos de diferenciación o intensificado elementos identitarios que aparecen con claridad, particularmente los de los antiguos reinos de la Corona de Aragón. Existe una cierta homogeneidad en los motivos y factores que permiten distinguir nacionalidades, que en los nuevos estatutos de autonomía se concretan en la lengua, el derecho, las instituciones y en la historia, con menciones específicas de acontecimientos y fechas[38].

El aumento de comunidades autónomas que se consideran, según su estatuto de autonomía, nacionalidades históricas, ha tenido una incidencia importante no solo en la equiparación del número de unas y otras sino en otro aspecto que no se ha destacado, en mi opinión, suficientemente. Veámoslo.

Si las nacionalidades fueran una excepción a la regla común, siendo España la suma de ambas, el bloque de las regiones es el que más se acercaría a la concepción de España como ente común. España se compondría de una mayoría de regiones, que son las que proporcionan la parte sustancial de la imagen de España como nación común, y unas pocas nacionalidades. El bloque unitario formado por las regiones se acercaría más a la nación común que las nacionalidades, dado que si estas se distinguen por su excepcionalidad, esta última estaría basada en su diferencia con el bloque mayoritario preferente formado por las regiones. Dicho de otro modo, si las nacionalidades, siendo solo dos o tres, se caracterizan por determinados elementos que las diferencian del bloque mayoritario, no solo no pertenecen al ámbito de las regiones y se diferencian de él, sino que se distancian también del concepto, digamos estándar, de la nación común, dado que, tal como la propia redac-

---

[38] Jon ARRIETA ALBERDI (2011).

ción del texto constitucional nos la presenta, la nación común se concibe como un bloque más cercano a lo que representa la suma de las regiones que a las excepcionales nacionalidades.

En la nueva situación en la que nos encontramos, con las nacionalidades y las regiones repartidas casi al 50%, desaparece o se suaviza considerablemente la identificación entre España y las regiones, pues las nacionalidades no son ya casos excepcionales respecto a la regla común. Pero el otro interesante efecto es que las nacionalidades, siendo ya ocho (Euskadi, Cataluña, Galicia, Andalucía, Aragón[39], Valencia Islas Baleares y Canarias) puestas en un mapa, claramente ocupantes del espacio periférico, en el sentido geográfico, se vinculan implícitamente con mayor fuerza a la idea de España como ente común, pues este no es la suma de catorce regiones y tres nacionalidades, sino de nueve regiones y ocho nacionalidades, incluyendo Canarias (u ocho y nueve si se incluye entre las segundas a Navarra) .

¿Era este fenómeno extraño o impredecible? Me planteé esta cuestión en 1997 con la pregunta: derechos históricos ¿solo los vascos o navarros? La respuesta afirmativa suponía claramente renunciar a una directa mirada a la historia de España, especialmente si se hacía desde la perspectiva de la historia de las coronas, reinos y otras realidades histórico-jurídicas y de las normas que regulaban sus instituciones. No creo que debamos sorprendernos de la progresiva incorporación de otras comunidades autónomas a la afirmación de la posesión de caracteres de identificación colectiva, como las instituciones jurídicas, la lengua y la cultura. Esta previsión era lógica si se partía, simplemente, de una interpretación integral y coherente del tratamiento que la Constitución había prefigurado para uno de sus objetivos fun-

39 Jesús MORALES ARRIZABALAGA (2009), *per tot.*, pero especialmente pp. 227-249, en que analiza las cuestiones sustanciales que fundamentan la nacionalidad histórica aragonesa, con amplio y detenido estudio de la trayectoria histórica de larga duración.

damentales: el reconocimiento de la pluralidad de comunidades con derecho, lengua y cultura propios.

8.5. Lo común y lo propio en una interpretación integral del ordenamiento jurídico. Coincidencia de varios criterios en las mismas comunidades autónomas

Actualmente, se puede afirmar que se ha procedido a tomar conciencia de que los tres criterios para la identificación de hechos diferenciales (régimen jurídico, leguas y culturas) se dan al mismo tiempo y en gran medida en los mismos sujetos titulares. Bastaba una interpretación integrada del conjunto del texto constitucional y una mera clasificación identificativa:

a) Nacionalidades, en 1978: Euskadi, Cataluña y Galicia. Actualmente, desde 2007, cinco más: Andalucía, Aragón, Valencia, Baleares y Canarias.

b) Autonomías singulares de indiscutida acogida en la Disposición Adicional Primera: Euskadi y Navarra.

c) Territorios forales de derecho civil propio: Euskadi, Navarra, Cataluña, Galicia, Aragón y Baleares.

Si ponemos en común los tres niveles nos encontraremos con el siguiente resultado. Nacionalidades con derecho civil propio y derecho foral político-administrativo solo una Euskadi. Cataluña y Galicia se muestran como nacionalidades con derecho civil propio; c) Navarra, como comunidad foral con derecho civil y régimen foral administrativo propios; d) Aragón y Baleares, nacionalidades con derecho civil propio.

Esta recapitulación nos permite confirmar que los pueblos, instituciones (en particular instituciones jurídicas) regímenes de raíz histórica de ordenación institucional del ámbito público y del privado, lenguas y culturas, no dan lugar a una suma informe de elementos dispersos, sino que tienen una coherencia histórica que ha comparecido en el proceso de configuración de España, en la que las diferencias no tienen por qué ser consideradas como asimetrías discordantes.

9. DOS PROPUESTAS PARA UNA MEJORA DEL ESTADO DE COSAS EN LA CONCILIACIÓN DE LA DIVERSIDAD EN ESPAÑA[40]

Los temores a una excesiva tendencia a la fragmentación o a una orientación extralimitada y desvirtuadora de la pluralidad ha adquirido altas proporciones, y la alarma intensamente esgrimida últimamente en España ante una posible desintegración de la nación aparece expresada de manera clara y explícita, sin que sean raras las posturas de disgusto y disconformidad profunda con el estado actual de cosas. Entre las propuestas, ideas y planteamientos que están en la base o, al menos, acompañan a la cuestión, no faltan los que se muestran muy críticos y contrarios a los hechos diferenciales. Vienen a decir, especialmente en el caso de las nacionalidades, que no deberían existir o no deberían haber sido recogidos o reconocidos. Resulta lógica y explicable la reacción de quienes consideran que el aumento de las comunidades autónomas que acceden a la condición de nacionalidades contribuye a un exceso de diferenciación y de manifestación de diversidad[41].

Se pueden poner en cuestión las formas y las maneras, el acierto y equilibrio de las proporciones, los resultados y con-

---

40 Parto de la reproducción de los apartados finales del artículo publicado en Ius Fugit 2009-2010.

41 Manuel ARAGÓN REYES (2016) p. 370, lamenta el uso generalizado del término nacionalidades, desgastado…, como muestra de «términos ambiguos y perturbadores y a la larga estériles, pues no arreglan los males sino que los empeoran».

secuencias, pero lo que no tiene sentido es plantear unos problemas para cuya hipotética solución se emiten juicios que se asientan en la consideración de lo que la Constitución debería haber establecido, y no de lo que aquélla elevó a la condición de línea básica de desarrollo. Se puede denunciar la política lingüística de una comunidad autónoma, de varias de ellas o de todas, pero no parece que la solución pueda basarse en la ignorancia de que la Constitución asienta el principio del respeto y protección de las lenguas españolas y la revitalización de las mismas en las comunidades autónomas correspondientes. Si se hace una valoración negativa de las consecuencias derivadas de este principio y se imputan las causas a la existencia del mismo, la consecuencia coherente sería la de promover la rectificación de la línea adoptada desde su raíz, lo cual se traduciría, en buena lógica, en la reforma de la Constitución en aspectos sustanciales de la misma.

Llegado a este punto, intentaré en esta parte final plantear dos propuestas concretas y específicas para dos áreas de la docencia: la de las lenguas y la de la historia.

9.1. En la enseñanza de las lenguas españolas, con el castellano como lengua común

La pluralidad lingüística es, seguramente, la que mejor encarna la cuestión de la convivencia entre lo común y lo propio. Me definí al respecto en 2009 con la propuesta de avanzar por un camino que apenas se ha iniciado en España, que no es otro que el del acercamiento de todos los españoles al conocimiento de las lenguas españolas en el período escolar obligatorio. Las comunidades con lengua propia deben cuidar del conocimiento de la lengua común castellana, pero la aproximación de todos los escolares españoles a las otras lenguas españolas está muy poco desarrollada. Me parecía en 2009 que se estaba dejando pasar demasiado tiempo para dar el lugar que le corresponde al papel aglutinador que tendría el reconocimiento de las lenguas oficiales de las comunidades autónomas españolas a través del conocimiento de las mismas por todos los españoles. No se trata de propugnar un aprendizaje en profundidad, sino de la adquisición en breve tiempo de conocimientos básicos del gallego y del catalán, que se podrían llevar a cabo por vía comparativa con el tratamiento en profundidad de la común lengua castellana. En cuanto al euskara, todos los españoles deberían aprender y conocer en la primera enseñanza los caracteres de esa lengua para tener una estimación positiva de la misma, considerándola propia, en coherencia con la calificación de «española» que le da la propia Constitución. Suscribo totalmente la opinión del constitucionalista Castellà Andreu que aboga por una

> «[l]ey de lenguas por parte del Estado que precisara el "valor" para el Estado de la pluralidad lingüística, estableciera algún tipo de enseñanza de las lenguas y literaturas (además de la historia) territoriales de toda España o la posibilidad de uso de dichas lenguas en las instituciones del Estado, particularmente en las representativas. Se trata de factores integradores, cuya concreción debe hacerse con prudencia para no generar el efecto contrario»[42].

Sería una manifestación de lo que el profesor Castellà llama vía *infraconstitucional* de integración. que considera complementaria de las menciones a factores simbólicos que podrían incorporarse al título preliminar de la Constitución de forma consensuada[43]. En esta línea, Herrero de Miñón propone la conveniencia de fórmulas de mixtura e interpenetración[44], que rompan las barreras que a menudo cierran la comunica-

---

[42] Josep Maria CASTELLÀ (2018), p. 129. Así se ha hecho en los títulos preliminares y primeros artículos de algunos estatutos de autonomía, como explico en ARRIETA ALBERDI (2011) a propósito de los nuevos estatutos de los territorios de la antigua Corona de Aragón.

[43] Josep Maria CASTELLÀ ANDREU (2018), pp. 127-129.

[44] Miguel HERRERO DE MIÑON (2016), p. 97, para «reafirmar la voluntaria integración como un proceso de autodeterminación histórica».

ción entre grupos y comunidades y dificultan la integración en proyectos comunes debido a que prevalece la disposición previa de compartimentos estancos.

El conocimiento básico del catalán y el gallego adquirido en la primera enseñanza, juntamente con la habituación a su uso en los medios de comunicación, tendría en mi opinión un efecto de normalización y acercamiento mutuo. Debería ser algo habitual y natural que en los medios de comunicación visuales la traducción del catalán y el gallego no se escuche, sino que figure en subtítulos y que estos, con el tiempo, no sean necesarios salvo en los casos en que la complejidad o la importancia del asunto lo hicieran necesario. A veces es cuestión de buena voluntad, como la que ponían los participantes en una tertulia futbolística ante las declaraciones en directo, en italiano, por un conocido entrenador portugués en la rueda de prensa inmediata a la derrota de su equipo, la Roma, ante el Sevilla. Sería deseable que el silencio y respeto con el que le escucharon, comprendiendo lo que decía, fuera el mismo si se tratara de otro conocido entrenador que hablara en catalán.

La defensa de la multilateralidad en la relación entre las comunidades autónomas y entre estas y el Estado tratada y defendida en este artículo, resulta pertinente para llevarla al terreno lingüístico en la línea aquí expresada, en la medida en que sería muestra de una coordinación solidaria en forma de redes de aceptación mutua, que serían muestra, a su vez, de la capacidad real de entender, admitir y asumir la pluralidad, por la vía de contraprestaciones recíprocas. Por parte de los bilingües se tendría que manifestar la aceptación de la lengua común no solo por razones prácticas, sino también por las de orden afectivo y sentimental. Los monolingües castellanos se acercarían a la compresión de las lenguas románicas españolas, acercamiento que facilitaría también el conocimiento de dos lenguas (francés y portugués) de países vecinos. Recientemente se han levantado algunas voces de llamada en esta dirección como la de Beatriz Gallardo (diario El País, 24 de septiembre de 2023, *Mi lengua, sus dialectos*).

9.2. En la enseñanza de la historia. La historia en la CE y en los Estatutos de Autonomía y su especial valor para la formación del ciudadano[45]

Un área de la vida pública y de la convivencia muy significativa e importante, en relación con lo tratado en los párrafos precedentes y en el conjunto de este artículo, es el de la historia de España y la forma de entenderla y transmitirla. Se trata de una cuestión en la que también puede aparecer con fuerza, justificada, la idea de la fragmentación y de la dispersión, asociada a la acentuación de las visiones particulares que prescinden de la consideración de una historia común o, incluso, la evitan expresamente. De nuevo nos encontramos con las dificultades para dar con términos de conciliación entre lo común y lo propio. En la línea de las tesis mantenidas en este artículo, pienso, sin embargo, que merece la pena recordar el valor de una vía de equilibrio y acercamiento.

Bartolomé Clavero, el historiador del derecho sevillano (fallecido el 30 de septiembre de 2022), autor de una amplia obra y serena reflexión sobre estos temas, en un artículo de 2009 seguido de otro de 2022, formula el principio de que la Constitución Española de 1978 «no solo trae bases estrictamente jurídicas, sino también morales y políticas». Se traduce esta propuesta de Clavero[46] en que se puede, incluso diría que se debe, tomar como punto de referencia las modificaciones de orden cualitativo y de considerable alcance aportadas por la Constitución de 1978. Supuso un cambio sustancial en lo que afecta a la renovación de la conexión entre el pasado y el futuro, en general, pero específicamente en la historia jurídica de la España que abría un nuevo ciclo.

---

45 Tomo para este apartado la parte correspondiente de: Jon ARRIETA ALBERDI (2009) y (2022).

46 Bertolomé CLAVERO SALVADOR (2009), p. 212; (2022).

¿Cómo no conectar en toda su plenitud estas sustanciales innovaciones con el cambio cualitativo aportado por la Constitución para entender en qué consiste la «pluralidad» e incorporar su análisis a la docencia ordinaria? Frecuentemente se alude a la necesidad de una labor de «pedagogía», por ejemplo, como señala Tudela Aranda, para que las reivindicaciones catalanas sean consideradas «aceptables» en el resto de España[47]. Pero ¿cómo se consigue ese objetivo? ¿se trata de lo que los españoles puedan considerar «aceptable» o de lo que deben conocer con disposición afectiva abierta y de enriquecimiento personal, de manera que esa postura sustituya a la de hacer concesiones de aceptación más o menos resignada? Por supuesto que esta misma consideración es pertinente para el caso recíproco: el reconocimiento de una nación común española con disposición afectiva constructiva, con la particularidad de que las diversas comunidades deben empezar por mirarse a sí mismas. Cataluña y Euskadi no son realidades monolíticas que pueden mirar al resto de España como si la pluralidad fuera ajena a su estructura interna.

La Constitución contiene en su propio texto las claves para entender la pluralidad y diversidad españolas, en la medida en que procede a la restitución y revitalización de una concepción integradora de la convivencia entre los pueblos de España, lo cual exige también el reconocimiento sincero y explícito de lo que estos pueblos comparten como necesario elemento común. El principio del jurista romano Gayo se confirma plenamente. La complementariedad entre lo común y lo propio, con el necesario reconocimiento mutuo por todas las partes implicadas, es una de las claves de la Constitución, y es la trayectoria histórica de los pueblos que se mencionan en el texto la que contiene una explicación convincente de su existencia, asentada en un pasado que se proyecta al futuro. Si la Constitución procedió a cambiar sustancialmente el rumbo en impor-

---

47 José TUDELA ARANDA (2011), p. 267.

tantes ámbitos de la vida colectiva, la propia explicación de la historia de tales cambios podría incorporarse al terreno de los contenidos comunes aplicables a la enseñanza, en la medida en que para todos los españoles podría ser ilustrativo el conocimiento de la existencia en el pasado de eliminaciones de instituciones jurídicas y de limitaciones sobre las lenguas y culturas, que hicieron necesaria la recuperación de su vitalidad.

Tiene todo ello tiene mucho que ver con las preguntas que se planteaba López Atxurra (historiador y catedrático de Didáctica de las Ciencias Sociales en la Universidad del País Vasco) de las que entresacamos:

> «Ante la variedad cada vez mayor en la composición humana de nuestras aulas: ¿Qué oportunidades da el currículo y los textos escolares de historia para que todos los escolares se reconozcan? ¿Es una historia inclusiva o excluyente? ¿Ayuda la historia escolar a construir la identidad personal y social de los alumnos más allá de la identidad nacional? ¿Cuáles son las ideas básicas que han de ser objeto de consenso?»[48].

10. VALORACIONES FINALES

10.1. La opción que tomó la Constitución Española como punto de partida asentado

Se pueden defender posturas contrarias a las planteadas en este artículo. Pero, a estas alturas, tras 45 años de vigencia de un estado de comunidades autónomas, ¿qué recorrido tendría una vuelta al monismo centralista? Para situar en sus debidos términos la cuestión, no sirven las apreciaciones que parecen construidas sobre lo que la Constitución debería haber establecido al respecto, en lugar de sobre lo que realmente dice. Puede que

---

48 Rafael LÓPEZ ATXURRA (2007), p. 172.

esto último sea la causa de deficiencias y problemas, pero también son numerosos los resultados positivos logrados gracias a la configuración que ha propiciado, fruto de un modelo que no coincide con el de la construcción del estado basado en la iniciativa de uno de sus componentes que se impone sobre los demás.

Ante todas estas dificultades y opiniones contrastadas, no se debe perder de vista que, como dice el profesor Agudo Zamora: «Los derechos históricos deben ser factores de inclusión y no de exclusión»[49]. La asimetría o, simplemente, la diferencia, no puede darse en forma de desigualdad o de limitación de las vías de acceso al mejor nivel posible de prestación de servicios. El objetivo de convertir en general, homogéneo y equiparable todo aquello que afecta a las condiciones de vida, salud, educación, transporte y otros servicios, no debe regirse por criterios asimétricos, y ello no solo en virtud de las regulaciones internas sino también de las europeas, que, como la experiencia demuestra, inciden operativamente en este terreno. Por otra parte, casi siempre se mide la asimetría considerando las relaciones y comparaciones entre comunidades autónomas, mientras que se presta menos atención, aunque creo que en los últimos años se está resolviendo esta carencia, a la asimetría interna existente en aquéllas.

Las diferencias se dan, sin embargo, en otro género de aspectos de la vida comunitaria española, como consecuencia de su propia historia. Una hipotética igualdad plena no resulta posible en España, como hemos visto a lo largo de los capítulos anteriores, en los que, en definitiva, se defiende la tesis de que es la propia Constitución la que reconstruye implícitamente la historia de la composición plural y diversa de la nación española, entendida como comunidad de ciudadanos que se integran en comunidades autónomas, algunas de las cuales tienen y ejercen diferencias, como las que aparecen en sus lenguas e instituciones.

---

49 José AGUDO ZAMORA (2014), p. 49.

10.2. Problema territorial o de convivencia

El adjetivo «territorial» añadido al sustantivo «problema», es válido para cuestiones como el reparto de competencias, la capacidad prestacional, la financiación equilibrada, justa y adecuada. Todos estos factores de distribución territorial son de carácter objetivo, mensurables, susceptibles de ser tratados y encaminados si se aplican criterios razonables, acordados, pactados. Ahora bien, no podemos ignorar que no solo cuentan las diferencias y la diversidad en cuanto tales, sino en gran parte se trata de factores que concurren en función de la forma en que se viven y se transmiten y por el modo en que son sentidos por quienes reciben las muestras externas y responden ante ellas. Efectivamente, los reproches y acusaciones entre comunidades y grupos de personas, de unas comunidades a otras y dentro de algunas de ellas, se deben más bien a la mirada crítica hacia quienes presentan una serie de diferencias, juzgadas por otros grupos de personas como atentatorias al principio de igualdad. Por todo ello, creo que podríamos llegar a la conclusión de que estamos ante un problema «convivencial» o, dado que el adjetivo no existe, «de convivencia».

John Elliott se adelantó a elevar esta valoración a una de sus conclusiones, en un seminario celebrado en Oxford en abril de 2006, cuando tanto la Gran Bretaña como España estaban en un proceso de reacomodación de sus integrantes: la llamada «*devolution*» en el primer caso y una importante revisión de los estatutos de varias comunidades en el segundo. Es llamativo que expresara su preocupación por la falta de atención de «nuestros peligrosamente a-históricos políticos» a la experiencia histórica que en España y Gran Bretaña había sido tan rica y dinámica, no solo, añadía, en términos jurídicos y constitucionales, sino desde la vital perspectiva de la unión de «mentes y corazones». Veía en el centro del problema la «*convivencia*» (usaba la palabra original castellana) «*que sigue siendo crucial para nuestra supervivencia*»[50]. Una frase que podría sonar excesiva en 2006, pero que resultó ser muy acertada, y que Elliott ha sabido llevar al terreno del análisis profundo y detenido en su estudio comparativo final entre los casos de Escocia y Cataluña.

La preocupación personal del gran hispanista (fallecido el 10 de marzo de 2022) por llamar la atención de los españoles sobre la importancia y gravedad de las deficiencias en la "convivencia" le llevó a examinar el texto constitucional de 1978. Procedió a leerlo con atención para extraer del mismo lo que consideraba digno de atención para su aplicación real y efectiva en el orden de problemas y deficiencias que ocasiona el «*living together*». Nos ha dejado un texto magnífico, fruto de su intervención en el acto de su proclamación como Doctor Honoris Causa por la Universidad de Cantabria, celebrado en el paraninfo de la misma el 28 de enero de 2015, en el que la *laudatio* corrió a cargo del profesor José Ignacio Fortea. Este discurso es accesible gracia a su publicación por el profesor Castellà Andreu[51]. He mencionado varias veces al profesor Elliott, con agradecimiento por su magisterio y emocionado recuerdo de su capacidad de explicar en pocos párrafos (como en su discurso en la Universidad de Cantabria) gran parte de lo que he intentado exponer en este artículo.

10.3. Reconocimiento sí, pero recíproco

La cuestión de la diversidad y las diferencias se convierte, o se puede convertir, en «problema» si no se acierta en la capacidad de aplicar la dualidad, la compatibilidad y complementariedad

---

50 John ELLIOTT (2009) p. 19. La frase textual sigue teniendo pleno sentido: «The problems of living together - of what Spaniards call convivencia - are the problems of every age, and remain crucial to our survival».

51 https://clubtocqueville.com/espana-patria-comun-monarquia-compuesta-y-constitucion-de-1978-discurso-inedito-de-sir-john-elliott).

entre lo común y lo propio. Y esta dificultad puede surgir de lo común hacía lo propio por superposición de lo primero sobre lo segundo. Pero se debe subrayar la cuestión vista en sentido contrario: una opción por lo propio que excluya e ignore lo común o, peor aún, que tome la situación actual como una estación de paso para que esa elección excluyente se convierta en definitiva, es decir, para ser bien claros y precisos, se convierta en independencia. El independentismo catalán lo ha expresado con un término bien contundente: la desconexión.

Podemos hablar, en ese sentido, de la necesidad de equivalencia entre los reconocimientos mutuos, particularmente entre determinadas comunidades autónomas y las instancias centrales del Estado. Las reivindicaciones y planteamientos de futuro que puedan hacer las comunidades autónomas deben tener en cuenta las que se les puedan plantear para cumplir con una necesaria reciprocidad. Este razonamiento es pertinente cuando se trata de reclamaciones de reconocimiento de competencias y transferencias. Pero lo es aún más si se aspira a ser reconocidos con un determinado estatus o condición estructural nueva. La intensidad de la reciprocidad aumenta en ese caso, pues no tiene sentido plantear una exigencia, ser reconocido como nación, que no tenga el correspondiente reconocimiento de pertenencia a la nación común. Este caso lo tenemos explícitamente planteado en las exigencias de reconocimiento de que España es o sea un estado plurinacional. Las dos comunidades autónomas que están en este plano de exigencia, Euskadi y Cataluña, deberán ser coherentes con el recíproco reconocimiento de que existe una nación común, un pueblo común, una patria común. Definir a España como una realidad plurinacional puede tener sentido, siempre que sus integrantes nacionales reconozcan una nación común pues, de lo contrario, la misma reivindicación carecería de un espacio válido para la interlocución.

En el momento actual la diversidad, las diferencias, los casos especiales... están bastante bien definidos. Los problemas surgen por el espacio que falte por recorrer en el equilibrio y la conciliación entre esas diferencias y en las denominaciones más adecuadas para los titulares de aquellas. Lo importante no sería, sin embargo, el nombre que se dé o pudiera dar a estos integrantes, sino qué grupos (llámense regiones, nacionalidades o naciones) forman España como ente que los protege y acoge como nación o patria común y la aceptación de la misma por sus miembros integrantes de forma plena, incluyendo la adhesión afectiva a la comunidad social y humana formada por su ciudadanía.

Esta cuestión nuclear, que lo ha sido también en este artículo, la podemos formular en la siguiente pregunta: ¿trae consigo el reconocimiento de varias comunidades autónomas como nacionalidades el alejamiento de aquellas respecto a una España común? Lo he tratado en el punto 8.3. y me permito ahora insistir en que se ha producido un cambio sustancial en esta importante cuestión. Es precisamente la manera de concebir España como realidad compartida la que cambia. Las nacionalidades, al ser más numerosas y sumarse de manera más proporcional a las regiones, pueden aparecer como entes más cercanos, más vinculados y comprometidos con la idea de España y con los correspondientes sentimientos nacionalistas. Estos últimos son propios de la realidad española y no solo caben en la Constitución sino que pueden contribuir a la coherencia equilibrada entre leyes, instituciones y la necesaria adhesión a su estructura y obligatoriedad. Lo ha expresado muy agudamente, y coincido totalmente con él, Tudela Aranda, cuando considera aceptable el término «nación» si se parte de «la existencia de una nación común» y, en esa línea, no ve inconveniente al «reconocimiento simultáneo de otros hechos nacionales que conviven entre sí y que, complementándose mutuamente, han hecho posible la nación y el estado común». Aboga por «un marco identitario renovado para toda la nación española», pero insiste en que

> «[e]l éxito de esta apuesta solo es posible si los ciudadanos de todas las comunidades autónomas visualizan el compromiso po-

lítico de las diferentes fuerzas políticas. Un proyecto semejante es un proyecto de ilusión colectiva y así debe ser transmitido»[52].

Las sensibilidades nacionalistas no tienen por qué ser vistas con sospecha. Si se desenmascaran y se descubre que son disfraz de la secesión, esas sensibilidades cambian de nombre. Mientras no se dé ese paso ¿qué diferencia hay, o habría, entre un «nacionalista» y un «nacionalitarista» que se considere a sí mismo conforme con esa condición por las garantías que la Constitución le ofrece? El sentimiento o sensibilidad nacionalista puede tener signo español, es decir, el de raíz castellana extendida, o puede ser el propio de alguna parte de España. Pero esos sentimientos o sensibilidades son numerosos y varios, compatibles entre sí si no se formulan como excluyentes y caen en el monismo que, a su vez, se suele predicar de los nacionalismos que se critican desde la pretensión de la pluralidad: si se reclama la plurinacionalidad española desde el País Vasco o Cataluña, por ejemplo, deben reconocer estas comunidades la pluralidad existente en el seno de ellas, pues también contienen realidades diferenciables.

Como muestra de la confusión que existe y se genera en este asunto, sirva el caso de Navarra y los navarros, celosos de asegurar y «mejorar» su autogobierno, siguiendo la vía conocida y muy practicada históricamente de ser fiel y leal: Navarra y su argumento de introducir «amejoramientos». Evidentemente, esta postura no es incompatible con un alto grado de «sensibilidad»[53]. No es inferior ni diferente de la que tienen y practican los «nacionalistas», siempre que estos no pasen ni planteen pasar al estatus cualitativamente diferente de la secesión.

---

52 Reproduzco literalmente estos párrafos de José TUDELA ARANDA (2016) pp. 306-307.

53 José TUDELA ARANDA (2011) p. 276.

10.4. ¿Qué se puede hacer que no se haya hecho?

Esta es una pregunta que se concreta, por mi parte, en las dos propuestas que he planteado, repitiendo literalmente las que hice el 2009. Decía entonces que se estaba dejando demasiado tiempo en España sin hacer frente a esas dos propuestas: atender a la «pedagogía», pero no en abstracto y sin especificar, sino llevándola a las aulas, en las que se explique cómo y por qué merece la pena conocer la riqueza lingüística española y la trayectoria que sus pueblos han recorrido en común.

Se está trabajando intensamente en España a la búsqueda de fórmulas jurídicas renovadoras, que sean factibles y positivas para mejorar el estado de cosas. Pero lo cierto es que estamos en un largo «mientras tanto» que no atiende a la tarea de explicar cómo la CE ha sido el mejor resultado vivido en España en la conciliación de su trayectoria histórica con la vertebración del territorio y sus habitantes. No veo otra forma de que se conozcan, en primer lugar, los hechos diferenciales, pero para que se tomen como elementos de conocimiento mutuo y comprensión de cuál es nuestro marco de convivencia constitucional. Como eso ni se ha hecho, ni se hace ni, me temo, se hará, se seguirán explotando estereotipos, acusaciones, reproches, pretensiones de superioridad más o menos veladas... y las nuevas generaciones crecerán en un ambiente de crispación y agravio comparativo, con escasas posibilidades de caminar hacia metas compartidas.

Aunque pueda parecer, no faltan razones para ello, que estamos en tiempo de división y desconexiones, hay motivos para hacer frente a esa tendencia y seguir prestando atención a los temas tratados en este artículo. Entre una forma de unión política que pretenda volver al monismo excluyente y la que aboga por una relación mecánica y fría entre cuerpos diferenciados y desligados salvo para una mínima conexión, cabe seguir por la senda del mantenimiento y mejora de un entramado más ligado afectivamente, en el que se consideren positivamente los lazos de unión y de sentimientos compartidos. En el momento en que escribo estas líneas debe reconocerse que estamos muy lejos del ambiente y condiciones propicias para las propuestas planteadas en este artículo. Nos hallamos más cerca, me temo, de la «enfermedad» que Juan Amor de Soria identificó perfectamente desde Viena en 1741. Me permito parafrasear la cita que he reproducido en el punto 2.2. y adaptarla con pequeñas variaciones para recordar de nuevo que es urgente:

> «hermanar y concordar las dos coronas [Castilla y la Corona de Aragón] y sus naciones, deshacer y destruir la discordia y antipatía que entre ellas ha reinado y que escarmentados unos y otros del daño que han debido sufrir por su desunión, se dediquen a hermanar y conciliar sus ánimos por el bien público y por los propios respectivos intereses».

BIBLIOGRAFÍA

AGUDO ZAMORA, Miguel (2019), *Reforma constitucional y Estado autonómico,* Madrid, Tecnos.

AJA FERNÁNDEZ, Eliseo (2014), *Estado autonómico y reforma federal,* Madrid, Alianza.

ÁLVAREZ-OSSORIO ALVARIÑO, Antonio, GARCÍA GARCÍA, Bernardo y LEÓN SANZ, Virginia (coords.) (2006), *La pérdida de Europa: la guerra de Sucesión por la Monarquía de España,* Madrid, Fundación Carlos de Amberes.

ARAGÓN REYES, Manuel (2016), «¿Sustituir o reformar el estado autonómico?», *Revista Española de Derecho Constitucional,* núm. 108, pp. 359-373.

ARRIETA ALBERDI, Jon (2023), «La función actual de la historia del derecho en la formación del jurista», en *La Historia del Derecho en la Universidad del siglo XXI,* Madrid, Dykinson, pp. 59-98.

ARRIETA ALBERDI, Jon (2011), «La Constitución y los derechos históricos: una visión de síntesis desde los territorios de la Corona de Aragón», en Josep SERRANO DAURA (coord.), *Catalunya i la Corona d'Aragó. De la Península a la Mediterrània,* Actes de la XI Jornada d'Estudis Locals, Bot, pp. 51-68.

ARRIETA ALBERDI, Jon (2009-2010), «Entre Monarquía compuesta y Estado de las Autonomías. Rasgos básicos de la experiencia histórica española en la formación de una estructura política plural», *Ius Fugit,* núm. 16, pp. 11-74.

ARRIETA ALBERDI, Jon (2009), «La cuestión vasca y catalana en el debate parlamentario español: de Sabino Arana a la Constitución de 1978 y la renovación estatutaria», *La questió catalana i la questió basca al debat parlementari espanyol (1808-2008)*, III Seminari Catalunya-Euskadi, Generalitat de Catalunya, Departament de Cultura i Mitjans de Comunicació, Barcelona, pp. 243-280.

ARRIETA ALBERDI, Jon (2000-2001), «Las imágenes de los derechos históricos: un estado de la cuestión», en Miguel HERRERO DE MIÑÓN y Ernest LLUCH MARTÍN (coords.), *Derechos históricos y constitucionalismo útil*, Bilbao, Fundación BBVA, pp. 227-299 (publicado también en *Derechos históricos y constitucionalismo útil*, ed. Crítica, Madrid, pp. 221-274);

ARRIETA ALBERDI, Jon (1997), «Los derechos históricos son derechos actuales», *Talaia. Revista para el debate*, núm. 1, pp. 92-100;

ARRIETA ALBERDI, Jon y ELLIOTT, John (eds.) (2009), *Forms of Union: the British and Spanish Monarchies in the Seventeenth and Eighteenth Centuries*, Donostia-San Sebastián, Eusko Ikaskuntza (RIEV, Cuadernos: 5).

BALAGUER CALLEJÓN, Francisco (2017), «La crisis catalana y el patrimonio constitucional europeo», *El Cronista del Estado Social y Democrático de Derecho*, núm. 71-72 octubre-noviembre, pp. 152-155.

CÁMARA VILLAR, Gregorio (2018), «La organización territorial de España. Una reflexión sobre el estado de la cuestión y claves para la reforma constitucional», *Revista de Derecho Político*, núm. 101, pp. 395-430.

CASTELLÀ ANDREU, Josep María (2018), *Estado autonómico: pluralismo e integración constitucional*, Madrid, Marcial Pons.

CASTELLS ARTECHE, José Manuel (2007), *Hecho diferencial de Vasconia, evidencias e incertidumbres*, Fundación para el estudio del Derecho Histórico y Autonómico de Vasconia, Donostia-San Sebastián.

CASTELLS ARTECHE, José Manuel (1997), «El hecho diferencial vasco», *Revista Vasca de Administración Pública*, núm. 47, 2, pp. 113-126.

COMPANY MATEO, Rafael (2014), «Torres Villegas, 1852 i 1857: un mapa cèlebre, un mapa inexistent», *Revista de Catalunya*, núm. 286 (abril-maig-juny), pp. 66-82.

CUEVAS LANCHARES, Juan Carlos (2013), «Los hechos diferenciales», en Jaime FERRI DURÁ (dir.), *Política y gobierno en el Estado autonómico*, Valencia, Tirant lo Blanch, pp. 161-181.

ESTEBAN ALONSO, Jorge de (2017), «La exaltación del 1 de octubre», *El Cronista del Estado Social y Democrático de Derecho*, núm. 71-72 octubre-noviembre.

ELLIOT, John H. (2015), Discurso de Investidura como Doctor Honoris Causa en la Universidad de Cantabria, Universidad de Cantabria, pp. 35-46.

ELLIOTT, John H. (2009), «Introduction», en Jon ARRIETA ALBERDI y John H. ELLIOTT (eds.), *Forms of Union: the British and Spanish Monarchies in the Seventeenth and Eighteenth Centuries, RIEV, Cuadernos*, 5, Donostia-San Sebastián, pp. 13-19.

ELLIOTT, John H., (1992-2009) «A Europe of Composite Monarchies», *Past and Present,* núm. 187, pp. 48-71. Reprinted in J.H. ELLIOTT, *Spain, Europe, and the Wider World, 1500-1800,* New Haven and London.

ESTEVE PARDO, José (2017), «Vía unilateral: final de trayecto», *El Cronista del Estado Social y Democrático de Derecho,* núm. 71-72 octubre-noviembre.

FOSSAS ESPADALER, Enric (2000), «El concepto de Hecho Diferencial», en *Estado Autonómico y Hecho Diferencial de Vasconia,* Donostia-San Sebastián, pp. 33-42.

GARCÍA-GALLO y DE DIEGO, Alfonso (1997), *Atlas histórico jurídico,* Porrúa, México.

GARCÍA ROCA, Javier (2005), «El riesgo de la generalización de asimetrías en las reformas estatutarias y los límites del principio dispositivo», en Isaac MARTÍN DELGADO y Luis Ignacio ORTEGA ÁLVAREZ (coords.), *La reforma del Estado Autonómico,* Madrid, Centro de Estudios Políticos y Constitucionales, pp. 85-110.

GARCÍA ROCA, Javier (2000), «A qué llamamos, en Derecho, hechos diferenciales», *Revista Vasca de Administración Pública,* núm. 11 pp. 73-110.

GARCÍA ROCA, Javier (1997), «Asimetrías autonómicas y principio constitucional de solidaridad», *Revista Vasca de Administración Pública,* núm. 47 (2) pp. 45-96.

HERRERO DE MIÑON, Miguel (2016), *Tres conferencias sobre la reforma constitucional,* Valencia, Tirant lo Blanch.

HERRERO DE MIÑON, Miguel y LLUCH MARTÍN, Ernest, (2000), *Derechos históricos y constitucionalismo útil,* Fundación BBVA, Bilbao, (publicado también en Crítica, Madrid, 2001).

HERRERO DE MIÑON, Miguel y LLUCH MARTÍN, Ernest (directores del Curso) (1998), *Foralismo, Derechos Históricos y Democracia,* Fundación BBV, Bilbao.

JIMENO ARANGUREN, Roldán (2007-2008), «Los Derechos históricos en la renovación del régimen autonómico de Navarra (2004-2006)», *Ius Fugit,* núm. 15, pp. 339-367.

MORALES ARRIZABALAGA, Jesús (2009), *Aragón, nacionalidad histórica. La declaración del Estatuto de 2007, su fundamento y sus efectos constitucionales*, Gobierno de Aragón, Zaragoza.

LEGUINA VILLA, Jesús (1996), «La reforma del Senado y los hechos diferenciales», Miguel HERRERO DE MIÑÓN (coord.), *Tribuna sobre la Reforma del Senado*, Madrid, Real Academia de Ciencias Morales y Políticas, pp. 138-162.

LÓPEZ ATXURRA, Rafael (2007), «La enseñanza de la historia y el pacto de ciudadanía: interrogantes y problemas», en Mercedes ARBAIZA VILLALONGA y Pilar PÉREZ-FUENTES HERNÁNDEZ (eds.), *Historia e identidades nacionales. Hacia un pacto entre la ciudadanía vasca*, Bilbao, Servicios Redaccionales Bilbaínos, pp. 167-187.

LLUCH MARTÍN, Ernest (2000), *Aragonesismo austracista (1734-1742). Conde Juan Amor de Soria*, Zaragoza. (El texto de la *Enfermedad crónica y peligrosa de los reinos de España y Indias* (1741), ed. Con estudio introductoria de Ernest Lluch, 2ª paginación, pp. 73-375).

MEILAN GIL, José Luis (2015), *El itinerario desviado del estado autonómico y su futuro*, Cizur Menor, Aranzadi.

MUÑOZ MACHADO, Santiago (2016), *Vieja y nueva Constitución*, Crítica, Madrid.

MUÑOZ MACHADO, Santiago (2014), *Cataluña y las demás Españas*, Crítica, Madrid.

PALAO GIL, Javier (2010), «Abolición y reintegración del Derecho civil valenciano en la perspectiva del Antiguo Régimen», en Francisca RAMÓN FERNÁNDEZ (coord.), *El Derecho civil valenciano tras la reforma del Estatuto de Autonomía*, Valencia, Tirant Lo Blanch, pp. 13-66.

PALAO GIL, Javier (2008), «Del Derecho foral al Derecho civil valenciano: historia y evolución de una reivindicación secular», *Revista Valencia d'estudis autonòmics*, núm. 51 pp. 162-199;

PINEDA MARTÍNEZ, Raquel (2005), «La diversidad en el Estado Autonómico: un análisis teórico de los hechos diferenciales», en José María VIDAL BELTRÁN y Miguel Àngel GARCÍA HERRERA (coords.), *El estado autonómico: integración, solidaridad, diversidad*, vol. 2, Madrid, INAP, pp. 669-718.

RODRÍGUEZ ALONSO, Cristóbal (1975), *Las Historias de los Godos, Vándalos y Suevos*, Estudio, edición crítica y traducción, León.

RUBIO LLORENTE, Francisco (2014), *Una propuesta de federalización*, Madrid, Fundación Coloquio jurídico europeo, pp. 13-29.

TORRES VILLEGAS (1852), Francisco Jorge, *Cartografía hispano-científica, o sea, Los mapas españoles, en que se representa a España bajo todas sus diferentes fases,* Madrid, 2 tomos.

TUDELA ARANDA, José (2016), *El fracasado éxito del Estado autonómico. Una historia española,* Madrid, Marcial Pons.

TUDELA ARANDA, José (2011), «¿Reforma constitucional en clave federal? (Sistematización de problemas generados por las reformas y posibles soluciones)», *Revista de Estudios Políticas* (nueva época) Madrid, enero-marzo, pp. 271-279.